그들만의 세상

아시아의 미군과 매매춘

국립중앙도서관 출판시도서목록(CIP)

그들만의 세상 : 아시아의 미군과 매매춘 / 산드라 스터드반트 ; 브렌다 스톨츠퍼스 〔공〕엮고 지음 ; 김윤아 옮김. — 서울 : 잉걸, 2003
p. ; cm

원서명: Let the Good Times Roll : Prostitution and the U.S. Military in Asia
원저자명: Sturdevant, Saundra P.
원저자명: Stoltzfus, Brenda
참고문헌수록
ISBN 89-89757-06-1 03330 : ₩13500

334.222-KDC4
306.742-DDC21 CIP2003001632

그들만의 세상

아시아의 미군과 매매춘

산드라 스터드반트 · 브렌다 스톨츠퍼스 엮고 지음
월든 벨로 · 신시아 인로 · 아이다 산토스 · 브루스 커밍스 해설
김윤아 옮김

도서출판

2003

Let the Good Times Roll
Prostitution and the U.S. Military in Asia

그들만의 세상
아시아의 미군과 매매춘

펴낸날 2003년 12월 20일 초판 1쇄

지은이 산드라 스터드반트 · 브렌다 스톨츠퍼스
옮긴이 김윤아
펴낸이 김진수
펴낸곳 도서출판 **잉걸**
등록 : 2001년 3월 29일 제15-511호
주소 : 서울시 관악구 신림8동 1667 신대동 빌딩 302호 (우 151-903)
전화 : 02) 855-3709
전자우편 : ingle21@naver.com

ISBN 89-89757-06-1 03330
Printed in Korea.

■ 책값은 뒤표지에 있습니다. 잘못 만들어진 책은 바꿔 드립니다.

클럽에서 일했던, 클럽에서 일하고 있는, 클럽에서 일할 여성들에게 이 책을 바친다.

'가브리엘라(필리핀 전국여성단체연합)'의 지도자 중 한 사람으로 필리핀 전역에서 성노동에 종사하는 여성들의 조직화와, 그들이 현실을 직시하고 힘을 얻는 데 도움을 주고자 헌신했던 아둘 드 레온(Adul de Leon)에게도 이 책을 바친다. 그녀는 친구이자 동료로서 이 책을 저술하기 위한 연구작업에 정보를 제공해주었고, 처음부터 매춘여성의 조직화와 자조력 계발 방안을 찾기 위한 조사연구에 여러모로 도움을 주었다. 1991년 3월 17일, 아둘은 필리핀에서 자궁경부암으로 사망했다. 우리는 그녀가 한없이 그립다.

필리핀

한국

오키나와

일러두기

1. 원서(미국판)가 1993년에 발간되어 해설을 비롯해 본문 내용 중에 적지 않은 부분이 현재 상황과 시·공간적인 차이를 드러낸다. 하지만 전세계에 여전히 미군을 주둔시키고 있는 미국의 전략이나 기지촌 여성문제는 본질적인 측면에서 시대를 뛰어 넘는 현재진행형이므로 과거와 현재의 맥락 이해를 위해서도 원서의 내용을 가감 없이 실었다.
2. 기지촌 매춘여성(들)을 일컫는 데 있어서 저자들은 매춘부(prostitute)라는 표현보다는 주로 '성노동을 파는 여성들(women selling their sexual labor)'이라고 쓰고 있다. 따라서 이 책에서는 저자들의 의사를 반영해 매춘여성과 성노동을 파는 여성으로 기술된 걸 모두 그대로 살렸다.
3. 미군에 대한 표현도 인종차별적 시각을 배제하려는 저자들의 표현을 살려 직접적으로 백인(white)과 흑인(black)이라고 언급한 부분이 아닌 곳에서는 '유럽계 미국인(Euro-American)'과 '아프리카계 미국인(African-American)'을 그대로 따랐다.
4. 저자들의 원주는 각 장별로 구분해 미주로 처리했고, 본문 각주는 독자들의 이해를 돕기 위해 옮긴이가 실은 것이다. 또 본문에도 〔 〕로 묶인 부분은 옮긴이가 부기한 내용이다.
5. 이 책의 저술을 위해 저자들이 활발하게 인터뷰를 진행하던 당시(1989년)의 미국 달러에 대한 필리핀 페소화 환율은 1달러에 20페소, 원화는 660원 정도였다. 이를 기준으로 필리핀 페소화를 원화로 환산하면 1페소가 33원에 해당한다. 10년 이상이 지난 현재(2003년 11월)는 1페소가 약 21.5원에 교환된다.

뜻밖에 생긴 일들

1958년, 미군이 한국에 핵무기를 배치했다. 또한 1958년은 군인으로 한국에 파견된 젊은 남자와 내가 결혼식을 올린 해이기도 했다. 나는 그를 따라 로스앤젤레스에서 일본 선적의 유조선을 타고 요코하마 항에 도착했으며, 이후 모지에서 한국 화물선에 몸을 실어 부산으로 들어왔다.

내가 한국에 머무는 것은 불법이었기 때문에 외무성에 가서 허가를 받아야 했다. 믿을 만한 사람에게 돈을 좀 쥐어주고 나는 내 여권에 3개월간의 체류기간을 더 연장한다는 도장을 받을 수 있었다. 당시 미군 당국은 한국으로 파견되는 모든 사병과 대부분의 장교들이 아내와 동행하는 것을 허락하지 않았다. 나는 미군을 남편으로 둔 8명의 아내 가운데 한 사람이었다. 내 남편만 빼고 모두 장교들이었다. 이병이었던 남편은 대학 졸업 후 정보부에서 훈련을 받았다. 한국에서 남편은 시위현장에서 사진을 찍는 일로 시간을 보냈다. 정장 차림의 한국 중년남자들은 미국이 지원하고 자금까지 대주고 있는 이승만 정부에 대항해 시위를 벌였다. 사진을 찍고 영자신문에서 기사를 오려내 모으는 것이 남편의 일이었다. 남편은 한 달에 87달러를 받았다. 나는 매일 세 가지 일을 해치우면서 암시장에 의존하며 살아야 했다. 미군이 느슨하게 아내와의 동행을 금하던 정책은 결국 일종의 "강경 금지"로 선회했다. 오늘날 한국에 주둔 중인 4만에 가까운 미군 가운데 아내와 함께 있는 사람은 거의 없다.

쉬는 날, 미군들의 생활이란 싸구려 술과 슬롯머신을 갖춘 기지촌 주변의 클럽에서 시간을 보내는 게 대부분이었다. 미군들은 기지에서조차 수도꼭지에서 나오는 물을 먹지 않았다. 주말이면 한껏 부풀린 헤어스타일의 한국 여성연예인들이 미국에서 유행하는 풍으로 노래를 불렀다. 항상 장교전용클럽의 무대에만 올라 사병들이 가는 클럽에서는 결코 볼 수 없었던 '김시스터즈'가 아주 큰 인기를 누렸다. 김시스터즈는 미군들이 즐기던 방송의 쇼 프로그램 중 당시 미국 최고의 인기 TV프로그램 〈에드 설리번 쇼〉에 출연하기까지 했다.

떠들며 즐기고 마시는 여가 속에서 미군들은 욕정을 풀고자 "무스"를 찾았다. "지난밤에는 정말 못생긴 무스와 보냈어", "그래, 얼마를 지불했는데?", "이봐, 그게 무슨 얘깃거리가 되냐……어둠 속에선 다 똑같잖아." 몇 년이 지난 뒤, 대학원에서 일본어를 공부하면서 비로소 나는 젊은 처녀를 가리키는 일본어 "무스메(むすめ)"를 미군들이 무스로 표현했다는 걸 알았다. 미군들이 써오던 그 말의 기원이 골격이 크고 털이 많은 북미산 뿔사슴(moose) [말코손바닥사슴, 엘크로 더 많이 알려져 있음]에 있는 게 아니었다.

"무스"는 성노동에 종사하는 한국 여성들을 가리켰다. 술집 주변에서 그들을 볼 수 있었다. 미군들을 상대로 술집에서 일하는 것 말고 다른 일은 할 수 없는 그들이었다. 주말이면 미군시설 문밖에 "무스"들이 모여들었다. 미군들의 월급날에는 100명에서 150명가량이 정문 앞에 몰리곤 했다. 기지를 나온 수많은 미군은 모여든 여성들 속에 파고들어 가슴을 주무르고 사타구니를 더듬으면서 품평회를 하듯 했다. 그러곤 "무스"와 흥정을 했다.

비무장지대(DMZ)를 방문해서도 욕정에 사로잡혀 천박한 유흥거리를 찾았다. 한국전 당시 시신이 켜켜이 쌓였던 어느 고지가 북쪽 어딘가의 사정권 안에 들어있거나 말거나 오로지 관심거리는 "무스"였다. 아주 많은 "무스"가 있다고 알려진 곳이 문산이었다. 문산의 미군들은 병영에서도 망원경을 이용해 훔쳐보기를 즐겼다. 그러면서 달아오른 성욕을 주체하지 못하기도 했다.

그들에게 군용담요로 바지를 해 입은 모습으로 매월 10갑들이 미제 담배 1상자를 받으려고 사병들의 막사를 청소하는 나이 지긋한 한국 여성들이나 꾀죄죄한 한복에 무거운 짐을 가득 싣고 지게를 짊어진 노인들은 관심 밖의 사람들이었다.

서울거리에서는 수없이 많은 어린이들을 볼 수 있었다. 대부분 고아들이라고 했다. 커다랗게 부푼 배와 퀭한 눈들은 눈앞의 죽음을 예고하고 있었다. 얼마 지나지 않아 겨울로 접어들자, 하루 일과 중 첫 번째 일을 하러 가는 길목에서 나는 아침마다 여러 주검을 목격했다. 첫 번째 일이란 미국인과 사업을 원하는 한국 남성들에게 영어를 가르치는 일이었다. 모든 걸 얼어붙게 만드는 밤 추위를 이기지 못하고 동사한 주검들의 작은 몸은 뻣뻣하게 굳어 있었다. 한낮이 되면 트럭을 몰고 온 미군들이 뻣뻣한 주검을 짐칸에 집어던졌다. 그러곤 어디론가 실어 날랐다. 미군들은 이런 얘기를 일절 하지 않았다. 고작 한다는 얘기가 "강추위가 데려갔다"거나 "너무 추워서 오줌마저 얼어버렸다"면서 "여기는 모든 게 노랗다"고 할 뿐이었다.

하루 일과의 내 마지막 일은 형편이 좋은 집 학생들에게 영어를 가르치는 일이었다. 경복고등학교에 다니는 학생들이었다. 그들은 유럽의 전설을 동화로 만든 『푸른 수염 *Blue Beard*』[원작은 불어]을 암기해서 치르는 영어경시대회를 준비 중이었다. 그들은 영어의 각 단어가 뜻하는 바를 제대로 알지는 못했다. “비슷하지만 결코 같지는 않다”는 말을 베이커가 한 적이 있다. 낮 동안 나는 베이커와 탑이 운영하는 보험대리점에서 서무로 일하고 있었다. 사무실은 서울 도심에 서 있던 반도호텔 안에 있었다. 서울 북쪽 변두리에 자리한 베이커의 커다란 벽돌집에서 숙식을 제공받으며 나는 월 100달러의 봉급을 받았다.

섹스는 공공연했다. 심지어 평범한 시민이라도 미군과 교류를 하기만 하면 그 가정 내에서도 섹스를 벌였다. 베이커의 집에 머무는 동안 낮 생활은 한국인에 의해, 밤은 베이커에 의해 좌우되었다. 저녁 식탁에서 그는 내 얼굴 위로 담배연기를 뿜어대면서 끊임없이 섹스에 대해 떠들었다. 그의 한국인 아내 애니는 “왜 당신은 한시도 가만히 있지 못하고 아이 만들 얘기만 하죠?”라고 묻곤 했다. 미국 중앙정보국(CIA) 요원 하나도 같이 살고 있었다. 그는 북한을 침공해야 한다고 늘 목소리를 높이는 인물이었다. 자리를 함께 하지 않는 날 보면, 젊은 한국 여자들을 바꿔가면서 자신의 방에 불러들이느라고 항상 정신이 없었다. 또 한 사람, 날카로운 턱을 감추려고 길렀으나, 염소수염과 다를 바 없는 수염을 가진 키 큰 남자가 집 뒤 아파트에 살고 있었다. 그는 젊은 한국 남자들을 좋아했다. 그 자신의 세계에서 어쩌면 그건 자연의 순리인지도 몰랐다. 베이커의 오스트레일리아 출신 사업친구, 바로 탑이었다. 그는 로프티라고 불리는 잘생긴 한국 남자와 살고 있었다. 탑은 교육을 받은 로프티가 보험계약을 성사시키는 걸 보곤 자랑스러워했다.

사교를 한답시고 모여서 떠드는 얘기 중 김치에 대해 이러쿵저러쿵 쏟아내는 무분별한 언사를 빼고 나면 온통 섹스에 관한 것뿐이었다. 미군들이 돈을 주고 여성을 사는, 썩을 대로 썩고 모욕적인 소비행태인 섹스가 그렇게 구심점을 형성하리라곤 생각도 못했다. 뒤돌아보면 내 사고와 느낌이 얼마나 고립감에 빠졌던지 지금도 생생하다.

전쟁과 파괴가 가져온 명료한 상황 앞에 나는 이방인이 아니었다. 전쟁터로 젊은 남자들이 파병되고, 그러면서 세대는 이어지는, 내 가족사도 그 속에 있었기 때문이었다. 고향으로 귀환한 미군들이 매매춘을 했다는 얘기를 하는 법은 없었다. 술을 앞에 놓고 현지 여성과 홍정을 했던 구매행위에 대해서 말이다.

나는 파병되었다가 돌아온 남자들이 말할 때 쓰는 단어와 행동을 살펴보았다. 내 아버지는 미주리주의 아주 가난한 농장의 11남매 중 한 사람이었다. 아버지와 삼촌들은 그들의 사촌들이 그랬던 것처럼 전쟁터로 파병되었다. 증조부께서 형제가 13명이나 있었기 때문에 나는 당숙이 무척 많았다. 전쟁터에서 돌아온 젊은 남자들의 형편이란 불안정했기에 한편으로 다양한 양상을 보였다. 직업을 갖고, 가족끼리 혹은 사회 속에서 의사소통을 하고 역할을 찾는 데 있어서 문제가 적지 않았다. 전쟁에서 겪은 일이 그들을 그렇게 만들었던 것이다. 삼촌 한 사람은 태평양 전쟁에 참전했다. 오키나와 전투에서 그가 했던 일은 장작처럼 쌓여있는 미군 시체에서 인식표를 떼어 낸 후, 그 시신들을 화장하는 것이었다. 정서적으로 볼 때 그는 영원한 폐인이었다.

나는 그런 식으로 내 개인적 렌즈를 통해 아버지의 정서적 결핍 여부 또한 관찰했다. 많은 훈장을 받은 아버지는 제2차 세계대전 당시 전투기 조종사였다. 내가 10살이 될 때까지 아버지를 보지 못했다. 그는 항상 전쟁터에 나가 있었다. 1960년대 초에는 미 공군장교로 김포공군기지에 주재하기도 했다. 그 이전 한국전쟁 당시에는 오키나와기지에서 중대장으로 근무했다. 그의 임무는 만일의 사태 발발시 북한을 폭격해서 남아있는 건물이 하나도 없을 만큼 초토화시키는 것이었다. 또 이승만 시대가 부활할 것을 전제로, 하와이에 망명 중인 이승만을 귀환시키는 일을 준비한 책임자이기도 했다.

아버지는 베이커와 닮은 구석이 있었다. 섹스에 대해 많은 말을 했다. 베이커와 다른 점이 있다면, 군 생활을 오래한 사람이 그렇듯이 섹스를 농담거리로 삼았다는 것이다. 대부분 썰렁하기 짝이 없는 얘기였지만 말이다. 한국을 떠나면서 아버지는 한국인 사업가와 한국정부 관료들이 감사의 뜻으로 베푼 연회에서 여성들의 시중을 받은 일이 있었다. 그 일은 어머니와 큰소리로 다투게 만든 원인이기도 했지만, 아시아에서 복무했던 다른 공군조종사들에겐 웃음을 터뜨릴 수 있는 얘깃거리가 되기도 했다. 아버지가 그런 얘기를 하고나면 꼭 덧붙이는 말이 있었다. "공자 왈, 여자가 제멋대로 날아다니면 비행기가 추락한다고 했어." 그러면 조종사들의 아내를 포함해 같이 있던 사람들은 항상 웃음을 터뜨리곤 했다. 그 후 나는 아버지의 언사와 같은 여성 폄하식의 얘기가 군대에서는 끝도 없이 펼쳐진다는 걸 알게 되었다. 미모가 빼어난 젊은 한국 여성들로 하여금 한국을 방문하는 미국 국회의원을 접대하게 하는 곳이 있다고 한다. 국회의원과 동행한 미국인 사업가가 사업을 제대로 하려면 서울의 최고급 호텔에 특별 룸서비스를 준비시켜야 한다.

각 개인에게 미치는 전쟁의 영향을 설명한다는 것은 특별한 의미를 갖는다. 타인의 생명을 빼앗고 영토를 파괴한 개인의 경험은 독특한 방식으로 사람을 잔인하게 만든다. 하지만 그런 파괴행위는 가해자 자신 정신세계의 아주 필수적인 부분마저 말살시킨다. 이렇게 파괴된 정신을 원래대로 돌이킬 방법은 없다. 일시적으로 경감시킬 수 있을 뿐이다. 전쟁에 적극적으로 참여하는 행위와, 파괴를 독려하고 정당화하는 군대의 정신풍토 속에서의 생활은 타인의 고통과 피해를 야기한 현실 앞에서도 무감각하게 만든다. 그 속에서 파괴자는 자신의 고통과 피해, 또 내면에서 커져만 가는 정신적 공허감을 애써 부정한다. 그래야 생존할 수 있다.

군대를 위한 매매춘은 야전군의 무기만큼이나 필수적이라, 이는 다른 곳과 마찬가지로 아시아에 주둔 중인 미군에게도 그대로 적용된다고 알고 있다. 그래서 미군기지 정문 바로 앞에 즐비한 술집과 사창가를 볼 수 있다. 매매춘이 충실히 임무를 수행한 군인에게 주는 포상의 일환으로 행해지고 있는 것에 대해 우리는 이것이 의미하는 바를 잘 헤아려야 한다. 포상을 받은 미군이 기지를 나설 때면 정문에서 콘돔을 지급하라는 군 차원의 명령이 하달된다. 이런 식으로 매매춘을 할 수 있다는 건 미군들에게 축복이나 다를 게 없다. 또 군대가 자신의 병사들을 위해 매춘을 조장하는 것은 통제적 요소로서의 의미도 갖는 점을 이해해야 한다. 병사들이 휴가 중일 때 어디에 있는지를 알 수 있는 방법이기도 하기 때문이다. 또한 군대에서의 매매춘은, 집단의 생존을 위해 필요하다고 얘기되는 자기희생을 겨냥해 집단의 결속을 강화시키는 핵심 동인[動因]으로 작용하는 게 틀림없다. "사내들은 어쩔 수 없다"는 말은 이러한 매매춘의 중심 기능을 설명하는 데 즐겨 사용돼 왔다.

군인이 여성의 성노동을 사는 행위는, 그 실재를 인정하지 않기 때문에 논의조차 되지 않는 가운데 군인의 정신적 공허감을 일시적으로 덜어주기 위해 제공되기도 한다. 하지만 미군 전체를 놓고 보면 그런 공허감이 대단할 수도 있다. 실전에서 벌어지는 적과의 교전, 고유의 문화를 가진 나라를 점령해 도덕적 기초마저 황폐화시키고 그 위에 적대적인 문화 풍토를 조성해온 역사를 볼 때 말이다. 그 나라들은 개인의 구매력에 따라 행복감을 느끼고 풍부한 일체감을 가진 문화를 국민들이 구가하던 곳이었다. 1945년 제2차 세계대전 종전

후, 전후시기에 미국은 유색인의 나라들에서 선전포고도 없이 인종주의까지 가세한 전쟁과 점령을 일삼았다.

군사문화와 군사적 행동에 의해 야기된 공허감을 일시적이나마 경감시키려고 섹스를 추구하는 것은 이미 상처받은 타인을 섹스를 통해 다시금 지배·통제하고 욕보이려고 기를 쓰는 것에 다름없다. 그것은 육체뿐만 아니라 정신에 가해지는 폭력이다. 강간이다. 나는 그런 일을 1950년대 말 한국에서 너무나 많이 목격했다. 이 책『*Let the Good Times Roll* 먹고 마시고 즐기자』에 실린 수많은 사진과 여성들의 체험담은 그들의 인생·건강·정신·문화, 그리고 말 그대로 침탈당한 그들의 나라가 의미하는 바가 무엇인지를 알게 해준다. 내 개인적으로는 남자들의 얘기도 귀담아 듣고 술집과 사창가에서 그들이 벌이는 행태를 관찰하는 한편, 내면의 공허감 때문에 누군가에게 슬픔과 분노를 유발시키면서 술집과 사창가를 들락거리는 그들도 사진에 담았다.

군대에 의한 제3세계 여성들의 성노동 소비는 하나의 거대성장산업이다. 만약 그것이 기업화되고 창고에 적재된 상품을 파는 식이었다면 매매춘 가격은 의약품·석유와 함께 계속 상승곡선을 그렸을 것이다. 전 세계의 자연자원과 인력자원을 통제·착취하고 수중에 넣는 것을 목표로 삼는 자국 기업의 지배력을 강화하려고 미국이 국민안보국가(National Security State)라는 미명 아래 벌이는 전쟁은 그러한 노동시장을 만들어내고 있다. 미군과 기업의 활동은 농업·어업·임업 등을 통해 생계를 이어온 비도시지역민들의 전통적 경제기반을 파괴한다. 여성을 포함한 수많은 가족이 그런 경제상황으로부터 내몰린다. 생계수단을 파괴당한 민중들이 자신의 지역에서 쫓겨나, 생존을 향한 절망적인 몸부림이 도시의 팽창을 가져왔다. 그들은 삶의 터전에서 쫓겨나 주변부로 내몰린 것이다. 또한 세계은행과 국제통화기금(IMF)의 구조조정 정책은 제3세계 민중의 농촌이탈을 가속화하고 도시로 유입된 그들의 목을 더욱더 옥죄고 있다.

그런 사회일수록 쫓겨나고 주변부로 내몰린 여성들에게 시장에서 활용 가능한 기술을 익힐 기회를 제공해야 할 것이다. 그들 자신과 가족을 부양할 수 있고 인간의 존엄성이 보장된, 건강한 사회에 기여하는 구성원으로서 일을 할 수 있게끔 전략이 마련돼야 할 것이다. 그렇지 않기 때문에 많은 여성이 술집과 사창가에서 일하고 있다. 그들의 일이란 것이 자신의 나라를 점령했거나, 주둔하고 있는 군대를 상대하는 일이 되기 십상이다. 물론 삶의 터전에서 쫓겨나 주변부로 내몰린 여성들이라고 성노동을 파는 일에 바로 스며드는 건 아니다. 처음에는 대부분 공장일이나 가정부, 다른 서비스업종에서 일한다. 그러다가 피치 못할 여러 사정으로 그런 범주의 일에서 벗어나 매춘 관련 일에 종사하게 된다. 공장이든 가정부든, 또 다른 서비스 영역이든지 간에 여성에게 요구되는 일 가운데 하나가 성노동을 강요받는 것이고, 또한 여성은 성적 피해자가 되기 쉬운 게 변하지 않는 현실이기 때문이다.

우리는 지금 새로운 세계질서를 확립하고 유지하려는 미국이 막강한 군사력을 휘두르는 시대에 살고 있다. 미군, 동맹국의 군대, 그리고 점령군, 그들이 미군이든 유엔군이든, 그도 아닌 다른 나라의 군대거나 미군이 훈련시키는 현지 군대라 하더라도 모든 군대는 성노동을 요구한다. 1950년대 말 나는 한국에서 전쟁이 한 나라에, 그 나라의 국민과 주둔군에게 어떤 영향을 미치는지 목격했다. 하지만 오늘날 우리가 세계 도처에서 목도하는 전쟁의 참상에 비한다면, 당시 한국의 상황은 덜 비참했다.

전쟁이 몰고 오는 참상을 안다면, 우리는 변화를 위해 힘을 모아야 한다. 실제 그런 일은 일어나고 있다. 다양한 형태로 전쟁에 맞서고 있는 것이다. 환경·여성·노동·평화·토착운동, 그리고 정의를 위해 활동하는 단체들 사이에 연대가 자라나고 있다. 휴머니즘에 입각해 세계를 가로지르며 사람과 단체들이 교류하고, 조직하고, 저항하고 있는 것이다. 모든 차이를 존중하고 포괄하는 토대 위에서 비폭력을 중심에 놓고 지성과 양심에 따라 서로 힘을 북돋고, 지구의 파괴와 인류의 멸망이 불러올 실제적 공포라는 맥락 속에서 변화를 주기 위해 조직화하는 등, 이 모든 연대를 확산시키는 건 시간과의 싸움이다.

시간은 결정적 요소다. 미 제국은 유사 이래 지구상에서 볼 수 없었던 가장 강력한 군사 기술력을 보유하고 있다. 미국의 지배집단과 기업들은 전 세계 민중을 상대로 전쟁의 파괴력을 앞세우는 것만이 그들의 유일한 관심거리임을 노골적으로 밝히고 있다. 그것은 그들의 의지며, 그들에겐 실현 가능한 일이 돼가고 있다. 게다가 파괴적인 전쟁을 갈구하고 있다. 지구 곳곳의 다양성을 존중하는 지구 공동체의 실현을 위해, 시간이 우리 편에 서도록 우리는 일하며 맞서 싸우고 기도해야 한다. 생명의 가치를 새롭게 자리매김하는 사회와 문화를 창출해야만 한다.

2003년 5월

캘리포니아 스리리버스에서

산드라 스터드반트

이 책은 브렌다 스톨츠퍼스(Brenda Stoltzfus)와 산드라 스터드반트(Saundra Sturdevant)가 1980년대 중반부터 후반까지 진행한 연구작업의 결실이다. 브렌다는 '메노나이트①중앙위원회(MCC, Mennonite Central Committee)' 위원으로서 5년간 필리핀에서 지냈다. 그녀는 수빅 해군기지 부근의 술집에서 일하고 있는 여성들의 협력 여부를 파악하기 위하여 마닐라에서 타갈로그어를 집중적으로 공부한 뒤 올롱가포로 갔다. 거기서 그녀는 자주 술집에 들러 그곳에서 일하는 여성들과 친분을 쌓았다.

2년 뒤 술집에서 일하는 여성들의 쉼터인 '버클로드(Buklod)'가 설립되었다. 타갈로그어로 '연대'라는 뜻을 지닌 '버클로드'는 필리핀의 전국여성단체연합인 '가브리엘라'와 '필리핀 기독교교회협의회(PNCC)'의 연계 사업의 일환이었다. 실제 술집에서 일했던 4명을 포함해서 현재 7명의 필리핀 여성으로 임원이 구성돼 있고 야간 케어센터도 운영하고 있다.

산드라 스터드반트는 시카고 대학에서 중국근현대사를 전공하고 박사학위를 받았다. 그녀는 베이징에 살면서 《포린 랭귀지스 프레스 *Foreign Languages Press*》에서 일하던 1980년대 초부터 전문적으로 사진을 찍기 시작했다. 이후 그녀는 중국과 그 밖의 동아시아, 동남아시아, 중미 국가에서 사진작업을 계속했다. 1986년부터 1988년까지는 홍콩에 위치한, '미국친우봉사회(AFSC, American Friends Service Committee)'의 동아시아 퀘이커②국제대표(QIR, Quaker International Representative)로 활동했다. 이 때 그녀가 중점을 둔 주요 문제 중 하나가

---

① 메노(Menno)파 교도. 16세기 프리슬란트(Friesland)에서 일어난 프로테스탄트의 일파. 메노 시몬스는 1536년 카톨릭 신부직을 그만두고 재세례파(再洗禮派)에 가담하여 뮌스터에 성인왕국(聖人王國)을 건설하려다가 추방되었다. 그 후 25년간 목축을 생업으로 하면서 북유럽에 흩어져 있는 재세례파교도들을 모아 네덜란드에서 한 단체를 만들었다. 그 단체가 17~18세기에 크게 부상하여 메노나이트교회가 된 것이다. 오늘날 세계 여러 나라에 퍼져 있으나 대부분 미국과 캐나다에 집중되어 있다.

② 친우회(the Society of Friends) 또는 친구들의 교회(Friends Church)를 일컫는다. 절대적 평화주의를 준수하면서 노예제 철폐, 여성권리 신장, 사형제 폐지, 정신질환자에 대한 사회적 보호 등을 주창해오고 있다. 교도 자신은 퀘이커보다 프렌드(Friend)로 칭하길 좋아한다.

여성노동과 미군 기지촌에서의 매매춘이었다.

1988년 7월 산드라는 오키나와의 나하에서 국제회의를 개최했는데, 회의에는 한국, 오키나와, 일본, 필리핀, 미국의 서부해안 지역에서 각각 두 명씩의 여성들이 참가했다. 그 회의는 미군 기지촌에서 일어나는 매매춘에 초점을 두었고, 여기서 브렌다와 산드라가 처음 만났다. 이를 계기로 두 사람의 공동연구가 시작되었다.

두 사람은 1989년 3월부터 9월까지 이 책을 저술하기 위한 현장조사로 시간을 보냈다. 각 나라에서 그들은 술집지역으로부터 3~5분이면 닿는 곳에 거주를 했다. 얻은 숙소마다 아주 작긴 했지만 생활하는 데 큰 지장은 없었다. 올롱가포와 동두천에서는 술집에서 일하는 여성들 바로 옆집에 살거나 가까운 이웃에 자리를 잡았다. 그 지역의 재래시장에서 식품을 구입하면서 지역사회에 스며들 수 있었고 대화를 시작할 기회도 얻게 되었다. 거리와 클럽에서 일어나는 일을 관찰하면서 사진을 찍고, 클럽에서 일하는 여성이나 미군들, 때때로 포주나 술집주인들과도 이야기를 나누면서 대부분의 시간을 보냈다.

이 작업은 세 나라에 있는 지역 여성단체와 노동단체의 도움으로 가능했다. 필리핀에서는 '버클로드'의 도움으로 브렌다가 올롱가포에서 여성들과 인터뷰를 할 수 있었다. 몇몇 여성이 산드라가 사진을 찍을 수 있도록 클럽에 들어가는 데 도움을 주었고 그들의 집에서 사진 찍는 것도 허락했다.

14살 무렵 처음 술집에서 일할 때부터 브렌다와 알고 지낸 '리타'라는 여성은, 사진을 찍고 자료를 모을 수 있도록 브렌다와 산드라를 사마르의 고향마을까지 데리고 가주었다. 브렌다는 이 여성과 그녀의 어머니를 인터뷰했다. 또 한 명의 여성 '매들린'은 마닐라 외곽의 이주민 지역에 있는 자기 집으로 두 사람을 데리고 갔는데, 그곳은 사팡퍼레이라 불리는 곳으로 페르디낭 마르코스(Ferdinand E. Marcos)③ 시절 마닐라에 형성된 무허가촌을 철거하면서 강제로 이주시킨 사람들이 모여 사는 곳이었다.

한국에서는 '두레방'④이 조사작업을 도와주었다. 두레방은 주로 미군과 결혼해서 그들로

---

③ 1917년에 태어나 1965년 국민당 공천으로 처음 대통령에 당선되었다. 1970년대부터 독재체제를 강화, 영구집권의 기반을 구축하면서 21년간 장기집권하였다. 1986년 2월 대통령에 당선되었으나 유례없는 부정선거로 국민의 엄청난 저항과 여론에 밀려 하와이로 망명하여 거기서 1989년 숨졌다.

④ 1986년 한국기독교장로회 여신도회전국연합회가 시작한 두레방은 미군부대가 있는 의정부와 동두천에서 미군들을 대상으로 매매춘을 하는 여성들을 위해 만든 곳이다. 지금까지 기지촌 여성들을 위한 상담, 영어교실, 전업기회를 찾아주기 위한 제빵 프로그램, 친교와 사귐을 위한 공동식사, 기지촌 여성의 자녀들을 위한 놀이방·공부방 등의

부터 생계를 부양받고 있거나 미군 클럽에서 일하는 여성들을 위한 곳이다. 두레방 활동가들은 자기 이야기를 기꺼이 해줄 수 있는 여성들을 소개해주고, 브렌다의 자문아래 한국어로 그 여성들과 인터뷰를 한 뒤 그 내용의 초기 번역을 해주었다. 두레방이 동두천 술집지역에 있지 않았기 때문에 산드라는 술집지역에서 시간을 보내면서 직접 대상과 접촉하며 사진을 찍었다. 그녀는 거리에서 사진을 찍는 것 이외에도 몇몇 클럽과 여성들의 방을 출입할 수 있었다.

서울에서는 지역 노동단체의 도움을 받아 클럽으로 오기 전에 여성들이 일했던 곳과 유사한 소규모 봉제공장을 방문하여 사진을 찍을 수 있었다. 그리고 지역 내 풀뿌리조직들의 도움으로 클럽여성들의 출신지역과 비슷한 농촌을 둘러보고 사진을 찍었다.

오키나와에서의 조사 작업은 아주 힘겨웠다. 오키나와에는 여성센터가 없었다. 산드라와 브렌다는 미 해병기지 캠프 한센 부근에 있는 '킨' 거리(술집지역)에서 모든 사람과 직접 만나야 했다. 매매춘에 야쿠자가 개입하고 있어서 사진촬영이 매우 어려웠다.

클럽마다 "사진촬영 금지"라는 커다란 표지가 붙어 있었다. 누구든 사진을 찍으려고만 하면 직접적이고 즉각적인 반응이 나타났다. 모든 조명이 켜지고 근육질의 오키나와 남성이 그 '위반자'를 에워쌌다. 시비가 빨리 해결되면 문제될 게 없지만, 그렇지 못한 경우 그 '위반자'는 문 밖으로 떠밀려 거리로 쫓겨난다. 심지어 술집주인과 지배인들은 미군 헌병이나 오키나와 경찰조차 술집에 들어오지 못하게 하려고 기를 썼다. 그들은 그런 일을 꽤 성공적으로 처리했다.

게다가 캠프 한센에는 여성 해병대원이 거의 없었기 때문에 산드라와 브렌다는 술집지역에서 생활하는 사람들 속에서 쉽게 눈에 띄었다. 많은 클럽에서 필리핀 여성들에게 그녀들과 이야기를 나누지 말라고 지시했다. 어떤 클럽에서는 두 사람이 들어서자 [벌거벗은] 고고댄서들에게 모두 수영복 차림을 하도록 했다.

간단히 말해 클럽 내에서 사진을 찍는다는 것은 거의 불가능했고 거리에서 카메라를 사용하는 것도 다소 조심스러웠다. 그나마 산드라가 중국어를 할 수 있었기 때문에 대만에서 살았던 적이 있는 오키나와 여성 소유의 클럽 한 곳에서 사진을 찍을 수 있었다. 그곳은 하드록 바로 필리핀 여성을 고용하지 않았다. 의심할 여지없이 이는 주인의 결정에 의한

프로그램들을 운영해 왔다. 최근에는 생계해결이나 재활에 초점을 맞추기보다는 삶의 질에 초점을 맞춰 미술치료, 공예, 컴퓨터교육, 사진반 등의 프로그램을 운영한다.

것이었다.

브렌다는 타갈로그어를 구사하여 필리핀 여성과 접촉할 수 있었다. 술집 업주들은 금방 의심스러워했기 때문에, 브렌다는 많은 필리핀 여성이 일하러 나가기 전에 들러 수다를 떠는 유흥가의 양장점에서 오후시간을 보냈다. 몇몇 여성과 친분을 쌓은 후에야 프로젝트에 대해 설명하고 인터뷰 동의를 얻을 수 있었다.

오키나와에서 직접적인 도움을 받지는 못했지만, 여성운동과 지역사회활동에 참여하고 있는 개인들의 열렬한 지원은 결정적이었다. 그들이 보여준 우정, 진행방법 제안, 식사초대, 그리고 함께 했던 생활은 여러모로 힘이 되었다. 또한 이러한 연계망 덕분에 산드라와 브렌다가 킨 거리에서 100세의 오키나와 여성이 소유하고 있는 집을 거처로 구할 수 있었다.

인터뷰와 사진촬영에 응한 여성들에게는 이 자료가 어떤 식으로 사용될 것인지를 설명하고 그들의 동의를 얻었다. 대부분이 공개되는 것에 개의치 않았으나, 몇몇은 가명을 쓰거나 사진촬영에 응하지 않는 방식으로 신분을 감추는 쪽을 택했다. 일례로, 마사지로 태아를 자궁벽으로부터 효과적으로 분리시켜 출혈과 함께 배출시키는 전통적 낙태술을 취재했을 때는 낙태시술을 하는 힐롯(전통적 여성 치료사)과 시술을 받는 여성이 얼굴만은 찍히지 않게 해달라고 요구하여 그에 따랐다.

목에 한두 대의 카메라를 걸고 거리나 술집에서 사진을 찍는 유럽계 미국인 여성 한 명은 두드러져 보였다. 특히 야간에 사진을 찍으며 플래시를 터뜨리는 경우와 산드라가 끊임없이 카메라를 매만지는 모습은 눈에 잘 띌 수밖에 없었다. 그러나 거리와 술집의 분위기가 흥청거릴 때면 많은 술집주인이나 지배인들이 사진촬영을 허가해주었다. 그렇더라도 일부 사진촬영을 막는 경우에는 곧바로 그 요구에 따라야 했다.

브렌다는 각 나라에서 인터뷰를 하면서 녹음기를 사용했다. 필리핀과 오키나와에서는 타갈로그어로 인터뷰를 했다. 번역단계에서 진행자의 의견이나 주관이 개입되지 않도록 하기 위해서였다. 인터뷰 도중에 질문이 필요한 경우에는, 인터뷰에 응한 여성이 대답하기에 앞서 그 질문을 반복하도록 했다. 1차 인터뷰를 마친 후, 브렌다는 녹음내용을 다시 들려주고 당사자와 토론을 했다. 필요한 경우에만 내용을 수정하고 첨가했다.

여성들이 자신의 이야기를 편안하게 할 수 있는 환경을 제공하기 위해서는 진행자의 역할을 최소화시키는 것이 중요했다. 인터뷰에 응하는 방식은 각 여성마다 다양했다. 어떤 경우에는 이야기를 하라는 말로 시작해서 끝날 때까지 브렌다가 아무런 질문도 하지 않았다.

예를 들어, '린다'는 혼자 90분짜리 테이프 3개를 다 채웠다. 브렌다는 "잠시 쉬면서 식사나 할까요?"라고 한마디했을 뿐이다. 대부분의 경우 여성들이 이야기를 시작하면 브렌다는 듣기만 하다가, 가끔 내용을 분명히 하기 위해서나 여성이 좀더 많은 이야기를 하도록 격려하기 위해서 질문을 했다. 인터뷰를 마칠 때쯤에는 각 여성에게 이 책의 독자들에게 하고 싶은 말이 있는지 물었다. 몇몇 여성은 이야기를 덧붙이기도 했으나 다른 사람들은 이미 모두 말했다고 했다.

내용상의 문제를 다룰 때는 되도록 중립적인 방식으로 질문을 하려고 노력했다. 그러나 완전한 중립성과 객관성은 가능하지 않다. 필리핀에서는 브렌다와 인터뷰에 응한 여성 사이에 맺어진 이전의 관계가 크건 작건 이야기하는 방식에 영향을 미쳤다. 필자들은 사전에 신뢰가 형성된 이런 관계가 여성들이 아주 자유롭게 자기 이야기를 하게끔 해준다고 여기는 편이다. 그러나 오키나와에서 만난 여성들 또한 놀랄 정도로 솔직했다. 여기에는 자기 나라 말을 할 줄 알고 진정으로 자신의 삶에 대해 관심을 보이는 사람에게 자기 이야기를 털어놓으면서 느끼는 카타르시스 효과도 어느 정도 기여했을 것이다.

필리핀과 오키나와 여성의 이야기는 모두 직접 번역했다. 번역은 항상 가능한 한 원어의 의미에 충실해야 한다는 것과 이에 따르는 어색함의 문제를 제기한다. 필자들은 원어의 의미를 살리기 위해 영어에서 사용되지 않는 용어라도 그대로 사용하는 방향을 택했다. 대신 전체적인 이야기는 부드럽게 흐르도록 했다. 이 책은 글로 써진 것이 아니라 말로 표현된 그녀들의 이야기를 옮겨 쓴 것임을 염두에 두는 것이 중요하다.

한국에서의 인터뷰 내용은 직접 번역하지 못한 부분이 적지 않다. 두레방 활동가가 초기 통역을 도와주었고, 덕분에 인터뷰가 어떤 방향으로 진행되었는지 충분히 알 수 있었다. 미국으로 돌아올 때까지 한국의 동료들이 녹음테이프를 전부 번역해주었고 브렌다는 편집을 했다.

편집은 전체 길이, 이야기의 흐름, 중복 등을 고려하면서 진행했다. 여성들이 한 말에서 어떠한 단어도 추가하지 않았다. 암시되고는 있지만 말로 표현되지 않아 명확한 이해를 돕기 위해서 필요하다고 여겨진 것은 괄호 속에 넣어 표시했다.

브렌다와 산드라 두 사람은 사진과 인터뷰뿐 아니라 성병진료소, 미군 개개인, 앞서 언급한 지역 단체와 센터 등, 현장에서 일하는 사람들을 관찰하고 그들과 대화를 나누면서 술집지역의 정치·경제·사회적 체계에 대한 자료도 모았다. 이 자료는 각 국의 기지촌 상황을 소개하는 기초 정보며, 이 책의 마지막 부분에 제시된 분석의 출발점이다.

이 책에서 가장 중요한 기록은 여성들이 이야기한 삶의 이력과 사진이다. 도입부는 독자들이 이 여성들의 이야기를 각 나라와 지역의 사회·정치·경제적 맥락에서 보다 넓게 이해할 수 있도록 돕기 위한 것이다. 마지막 장은 여성들의 이야기에서 도출할 수 있는 내용과 다른 자료를 활용해 해석적 분석을 시도했으나, 포괄적인 학술적 분석은 아니다. 고민 끝에 의도적으로 그렇게 하지 않았다. 포괄적이고 구조화된 분석을 하다보면 정작 그 여성들의 목소리는 사라져 버리고, 실제에 있어서는 이미 여러 방면에서 여성들을 눌러온 억압들이 존속될 수 있기 때문이다. 그런 이론화나 분석은 성노동에 종사하는 여성들 자신에 의해 수행되는 게 최선일 것이다. 우리는 그 날을 고대한다.

브렌다와 산드라는 이 작업을 끝낼 수 있도록 도움과 지원을 아끼지 않았던 가족과 친구들에게 깊은 감사의 마음을 전한다.

'두레방'의 유복님과 문혜림(페이 문), 다카자토 스즈요, 빌과 맥신 랜달, 하루미 미야기, 시게미, 카미야마 미요코, '버클로드 센터'의 알마 불라완·린다 쿠나난·엠마 캐츠용·엘사 루이즈·펠리 글로리아·펄라 에스카누엘라·릴리 모라다·마로우 보티스타, '래틀스네이크 프로덕션', 로이스 밀러와 프리먼 밀러, 프리실라 스터키와 데니스 카우프먼, 드워드 해스팅스, 카미 모리에에게 특별히 감사한다. 또 '뉴프레스 출판사' 직원 여러분께도 감사의 마음을 전한다. 특히 깊은 관심과 풍부한 감성으로 이 작업을 꾸려나간 편집자 데이비드 스턴바크와 킴 웨이머에게 감사한다. 그 외 '베터니 존스 디자인'에게도 감사한다.

이 프로젝트의 기금은 '스카그 재단', '캐나다 교회연합', '감리교회 국제목사연합', '버클리 시 예술기금', '메노나이트 중앙위원회'의 지원과 친구들의 기부로 조성되었다.

미국의 호수에서 민중의 태평양으로

월든 벨로 Walden Bello■

태평양사령부

태평양 지역에서 미국의 존재를 이해하는 데는 5개 주권국과 미크로네시아 전역에 걸쳐 있는 초국적 병력주둔상황을 살펴보는 것이 최선의 방법일 듯하다. 미 태평양사령부①는 기동부대와 고정기지가 통합된 매우 비밀스런 복합체를 이루고 있다. 고정기지는 태평양 서부·중부·남부 지역의 주요 국가들을 망라해 자리 잡고 있으면서 해당지역 국가들을 단지 명목상의 주권국으로 전락시켜버릴 정도로 그 영향력을 행사하고 있다.

이 복합체는 거대하다. [1990년대 초] 33만 명의 군인과 여성이 관계하고 있으며, 이 중 절반이 태평양 서부지역에 있다. 약 300개의 기지와 시설이 있고, 미 해군함대 총력의 절반, 미 해병대의 2/3, 육군 2개 사단이 주둔하고 있으며, 사단 중 하나[제2보병사단]는 한국에 배치되어 있다. 미 공군 전투비행대도 여럿 있다.

그러나 미국의 제국주의적 확장범위를 나타내는 이 수치와 조지 스틸(George Steele) 해군대장이 키플링(Kipling)② 식으로 묘사한 제7함대 생활 중 특징적인 하루와는 맞아떨어지

■ 월든 벨로(Walden Bello) 필리핀대학 사회학 교수. 캘리포니아주 오클랜드의 '식품과 개발 정책연구소 Institute for Food and Development Policy' 상임대표를 역임하고, 태국 방콕에 위치한 '남반구 포커스 Focus on the Global South'를 설립했다. 국내 소개된 저서로 『어두운 승리 : 신자유주의, 그 파국의 드라마 *Dark Victory: The United States Structural Adjustment and Global Poverty*』가 있으며 주요저서로는 『미국의 호수 : 태평양의 핵위험 *American Lake: Nuclear Peril in the Pacific*』 (London: Penguin, 1987, 공저)이 있다.

① 본부는 하와이에 있으며 아시아와 태평양 지역을 책임구역으로 삼고 있다. 미국은 전 세계를 5개 지역으로 나눠 각각 지역 사령부를 두고 있으며, 그 중 태평양사령부의 책임구역은 전 세계 표면적의 50%에 이르고 있다. 그 외의 지역 사령부는 유럽사령부(유럽, 아프리카, 중동 일부 책임), 북부사령부(아이슬란드, 포르투갈, 쿠바 등지), 남부사령부(중남미 지역), 중부사령부(중동 지역)가 있다. 이를 통해 2003년 현재 이라크와 아프가니스탄을 제외하고도 30여 개국 750여 기지에 약 25만 명의 미군을 주둔시키고 있는 것으로 알려진다.

② 러디어드 키플링(Rudyard Kipling, 1865~1936), 인도에서 출생한 영국의 작가. 야생동물에 의해 키워진 소년 모글리의 모험담을 그린 유명한 작품 『정글북 *The Jungle Books*』(1894, 1895)의 저자다. 『산중야화 *Plain Tales from the Hills*』(1887) 외 많은 단편소설을 발표했으며, 인도의 군대생활을 그린 시 『병영의 노래 *Barrack-Room Ballads*』(1892), 『7대양 *The Seven Seas*』(1896) 등을 통해 영국 제국주의를 찬양함으로써 영국의 애국시인으로 칭송되기도 했다. 1907년 노벨문학상까지 수상했으나, 말년에 접어들수록 제국주의에 대한 신봉이 지나쳐 오히려 비판적인 평가를 받았다.

지 않는다.

> 제7함대의 어느 날, 몇 척의 함정이 일본 동쪽으로 상당히 진입하고 몇 척은 제7함대의 책임구역(AOR)을 벗어난다. 잠수함전투훈련이 도쿄만에서 진행 중이다. 전위 구축함을 앞세운 항공모함과 잠수함이 오키나와 작전지역에서 훈련을 하고 있는 동안, 기동타격부대를 실은 다른 항공모함이 케냐의 몸바사를 순시한다. 육해군 합동훈련에 참가한 레디그룹브라보(Ready Group Bravo) 잠수함과 함대가 한국의 해안으로 상륙을 진행 중이며…… 홍콩, 일본 벳푸, 대만 카오슝, 마닐라, 태국 사타힙, 싱가포르, 말레이시아 페낭에서 순양함들이 계속 순시한다…… 기동타격부대를 실은 항공모함이 비상사태를 경계하면서 육지와 상당한 거리를 두고 아시아 대륙을 따라 움직인다. 이 항공모함을 지원하기 위해 제72항모기동부대의 정찰기들이 인도양에서 해양감시를 지휘하고 있다…….[1)]

제7함대는 미 군사력의 가장 중요한 도구다. 이 복합체의 북쪽 거점은 한국-일본이며 남쪽 거점은 필리핀 기지단지에 자리하고 있었다. 미크로네시아는 거대한 후방지역이다. 전통적으로 태평양 지역의 미군주둔은 동북아시아, 중국의 심장부, 동남아시아에 무력을 행사하는 데 이용되어 왔다. 최근에는 페르시아만과 인도양에서도 미국이 무력을 행사할 수 있도록 돕고 있다.

조지프 거슨(Joseph Gerson)의 표현대로 미 군사조직의 '쐐기돌'인 일본은 수많은 기지와 시설을 제공할 뿐만 아니라 세계 제3위의 국방예산에 의해 지원 받고 있는 자체 군대로도 기여하고 있다. 친미적 정치지도부는 지금까지 대외정책에서 미국의 전략을 충실히 따라왔으며, 일본의 산업체는 무기 시스템 상에 필요한 고성능 마이크로 칩과 같은 주요 첨단기술 요소를 제공해주고 있다.[2)]

한국은 미군이 아시아 대륙 내에 유일하게 주둔하고 있는 곳이다. 미국 정부는 소련과 중국을 견제하기 위한 기존 정책이 더 이상 유효하지 않다고 발표했으나 4만 명③의 미군과 현장 핵무기를 철수시킬 계획은 없다. 최근까지 그들의 과제는 한국과 미국에 유리한 조건이 아니라면, 한국의 분단 상황을 고착시켜 통일을 어렵게 만드는 것이다.

수빅 해군기지, 클라크 공군기지와 같은 필리핀 군사시설은 미국이 전략적 견지에서

③ 미 국방성 발표 자료에 따르면 2002년말 기준 3만7천여 명의 미군이 한국에 주둔하고 있다.

가장 중요하게 여기던 곳으로, 1950~60년대의 핵심 지역이었던 동북아시아·중국·인도차이나 반도와 1970년대 이후 중요성이 대두한 인도양·페르시아만에 힘을 행사할 수 있는 중심에 위치하고 있었다. 클라크에서 불과 10마일(약 16km)도 채 못 되는 곳에 있는 피나투보산의 맹렬한 화산폭발〔1991년 6월〕로 인해 미국은 공군기지를 포기할 수밖에 없었다. 하지만 미 정부는 수빅 시설을 계속 사용하는 협정을 맺기 위해 협상을 벌여왔다. 수빅 기지는 오랫동안 인도양에서 미 해군력을 행사하는 데 있어 필수불가결하다고 여겨져 왔던 곳이다.

태평양 중앙에 있는 미크로네시아는 서태평양지역의 전방 미군부대를 지원하는 후방지역으로 활용된다. 뿐만 아니라 필리핀에서 미군이 철수할 경우④에 대비한 후퇴지역이자 미사일 시스템 개발을 위한 실험 지역이기도 하다. 1940년대 후반부터 1960년대 초까지 최소한 66개의 핵폭탄이 마샬군도에서 폭발했으며, 이로 인해 섬 주민들은 떠돌이가 되었고 숱한 사람들이 방사능 낙진에 노출되었다.[3)]

아시아 본토와 인도양에서의 전력투사(power projection) 차원 이외에도, 그 기지들은 미국이 주권국의 내정을 간섭할 수 있는 발판으로 이용되어 왔다. 예를 들어 필리핀의 클라크와 수빅 기지는 정부군이 반군을 진압하는 것을 음으로 양으로 도왔다. 미국의 필리핀 내정간섭 사건으로 가장 널리 알려진 예는 1989년 12월에 발생한 사건으로, 코라손 아키노(Corazon Aquino) 대통령 정부를 전복시키려는 반군을 향해 클라크 기지의 팬텀 전투기가 "위협 비행"을 했다. 한국에서는 1980년 5월 한미연합사령부의 미 사령관이 결정적 시점에서 군대가 움직일 수 있도록 하여 유명한 광주학살이 자행되었다.[4)]

다국적 주둔군은 주둔지역 내에 하부경제와 하부문화를 형성함으로써 경제와 문화에 왜곡된 영향을 끼치고 있다. 가령 미군기지에서 필리핀으로 5억 달러 이상의 돈이 유입되면서 하부경제가 형성되었는데, 이는 주로 매춘·유흥·무기밀수·마약·강탈로 이루어진 것이다. 경제에 '이로운' 영향을 미친다는 미 국방성의 선전과는 반대로, 기지는 건강한 경제를 구축하기 어렵게 만든다. 한국·오키나와·필리핀·태국에서는 군대의 사기진작에 성적유희가 필수적이라고 여기는 미국 군부의 은총을 즐길 수 있도록 형성된 수백만 달러 규모의 유흥산업에서 성노동을 강요받고 있는 여성들이 제도적으로 천대받고 있다.

미크로네시아를 미국의 폐쇄된 "전략적 식민지"로 전환시킴으로써 한때 번창하던 섬들의

④ 미군 측 기지사용기간 연장요구를 필리핀 의회가 거부함에 따라 1992년 11월 미군이 필리핀에서 완전 철수했다.

경제는 파괴되고 거의 전적으로 미국 정부가 충당해주는 원조금에 의존하여 살게 되었다. 미국의 원조는 섬에 따라 성인 인구의 절반을 포괄하는 거대한 식민지 관료체제를 양산했다. 태평양 중앙지역 국가들이 극단적인 대미 경제의존과 더불어, 자유연합협약(Compact of Free Association)이라는 형태로 계속 미국과 식민지적 관계를 맺어 왔다는 사실은 그리 놀라운 일이 아니다. 뿐만 아니라 전통적인 생활방식이 단절되고 자신들이 밟고 사는 땅과 생산적인 관계를 맺지 못하게 되자, 미크로네시아 전역에서 10대들의 자살률이 위험수위에 이르렀다.

적을 찾아서

40여 년 동안 미국의 대외군사전략은 "소비에트가 전파하는 공산주의를 봉쇄한다"는 이데올로기와 전략으로 정당화되었다. 봉쇄정책은 미국의 군사적 전략과 동맹전략을 통일해 합법화시켰고, 이로써 미국은 베트남 전쟁에서의 패배뿐 아니라 중·소 분쟁까지 견뎌낼 수 있었다. 그러나 미하일 고르바초프(Mikhail Gorbachev)의 등장으로 인해 소련이 미국의 적국 명단에서 빠지게 되자, 소비에트 태평양함대를 저지한다는 명분을 갖던 미 태평양사령부는 뚜렷한 임무가 없는 주둔군이 돼버렸다. 유럽과 미국에서의 기지폐쇄와 군대감축에 맞추어 태평양 지역에서도 유사한 수준의 감축이 이루어져야 한다는 국내여론이 뜨거워지면서 1990년 리처드 체니(Richard Cheney) 국방장관은 서태평양 지역 주둔 미군을 10% 감축하겠다고 발표했다. 그러나 실질적인 군축 계획을 세우는 대신 위협적인 새로운 적을 찾아내는 데 보다 많은 군사력을 투하했다.

1988년 '장기통합전략 대통령특별위원회(Presidential Commission on Long-Term Integrated Strategy)'가 제출한 **선별적 억제정책(Discriminated Deterrence)**에서 정해진 전략적 견해에 따라 태평양사령부는 소련의 위협에서 소위 제3세계의 "테러 위협"을 내세워 미국 태도의 방향전환을 모색했다.

당연히 미 군부의 눈에 북한은 "가장 선호하는 적"의 위치에 있었다. 태평양사령부 찰스 라슨(Charles Larson) 최고사령관이 미 의회증언에서 주장한 바처럼 "북한은 지역안정에 가장 큰 당면 위협이다."[5] 최근 영변에 있는 북한 원자로에 대한 논쟁도 북한이 핵무기를 만들 수 있는 능력에 대한 순수한 관심보다는 그럴듯한 지역적 위협을 찾아내려는 미국의 노력에서 기원한다.

그러나 '대체代替 적'을 찾는 노력은 북한으로 끝나지 않는다. 사실 거대한 미군이 주둔하는 주된 목적이, 이미 한국이나 미국과 외교관계를 맺고 있는 중국과 소련을 주요 동맹국으로 삼고 있으면서도 고립 처지에 놓인 나라의 핵무장을 저지하기 위한 것이라는 견해는 받아들이기 어렵다.

'대체 적'에는 다른 유력한 후보들이 있다. 가령 필리핀에 미군기지를 유지시키는 문제에 관한 논쟁에서 일부 국방전문가들은 중국과 인도네시아가 미래에 품게 될 야심을 저지하기 위해서는 이들 전초기지가 필요하다고 주장한다. "인도의 팽창주의" 또한 남아시아뿐 아니라 동남아시아에 위협이 되고 있다고 한다. 실제로 미 국방성의 최고 계약자 중 하나인 제너럴 다이내믹사는 인도를 차세대 크루즈 미사일의 핵심 표적으로 삼았다. 52쪽에 달하는 요약 보고서에서 이 회사는 "인도와 파키스탄이 카슈미르지역에서 전쟁을 벌이는 2000년도 시나리오를 그려보았다"면서 "미국은 307 크루즈 미사일로 인도 내 표적들을 무력화시킴으로써 인도가 파키스탄에 핵무기를 사용하지 못하게 개입할 수 있다"고 했다.[6)]

그러나 태평양사령부에 고위급 장교들의 수가 늘어가면서, 제3세계가 아니라 일본이 미국에 위협이 된다는 견해가 대두되었다. 일본에 주둔한 해병사령관 헨리 스택폴(Henry Stackpole) 소장은 《워싱턴포스트 *Washington Post*》 지와 가진 인터뷰에서 이 나라에 미군이 주둔하는 목적은 "이미 엄청나게 전력이 증강된" 일본의 군사력을 더 이상 증강시키지 못하도록 하기 위해서라고 했다. 미 정부가 "경솔하다"고 비난했지만, 스택폴 소장은 이미 일본은 "총 없이 경제적으로 대동아공영을 달성했다"고 주장하면서 "어느 누구도 일본의 재무장과 부활을 원하지 않는다. 그래서 우리가 이를 막고 있다"[7)]고 했다.

스택폴의 의견은 적절한 적을 찾기 위한 편의주의적 발상이라기보다는, 일본의 경제적 요구를 둘러싸고 아시아-태평양지역이 빠르게 통합되는 데 있어서 거대한 미군의 주둔이 실질적인 보호우산을 제공해주고 있다는 현실에 대해 상당한 심리적 불편감을 드러낸 것이다.

일본의 경제적 헤게모니

아시아-태평양지역은 군사적으로는 미국이 지배하고 경제적으로는 일본이 지배하는, 생각하기에 따라서는 독특한 지역이다.

현재 일본은 이 지역에서 가장 중요한 무역상대국이다. 여전히 이 지역 대부분의 경제가 미국 시장에 크게 의존하고 있지만 일본은 수입흡수국(import absorber)으로 미국을 강하게 밀어내고 있으며 몇 년 안에 미국을 능가하게 될 것이다. 1989년 일본은 이 지역에서 703억 달러를 수입했고 미국은 1,013억 달러를 수입했다. 한편 일본이 이 지역으로 수출한 금액은 924억 달러인 반면 미국은 겨우 679억 달러만 수출했다.[8)]

일본은 이 지역에서 가장 활발한 투자자로, 1989년도 한 해 동안 직접 투자한 금액이 415억 달러에 이른다. 이에 비해 미국의 투자액은 32억 달러로 나타났다. 엔화의 강세와 보다 값싼 노동력을 찾으려는 일본 기업들의 노력으로 1985년부터 1989년 동안 일본 전체 투자액 중 절반이 이 지역에 퍼부어졌다. 아직까지 미국 자본이 중요하게 작용하지만 많은 사업체들이 일본 업체와의 경쟁으로 압박을 받고 있으며 실질적으로는 이 지역을 일본의 경제적 영향권으로 양보한 상태다.

이 지역의 기술, 특히 첨단기술 분야의 주요 원천은 일본이다. 1987년 일본이 동아시아와 동남아시아 지역에 수출한 첨단기술제품의 규모는 미국의 두 배였다.[9)]

일본은 미국과 함께 매년 40억 달러를 이 지역에 제공하는 주요 원조국이다. 이는 미국 원조의 두 배를 넘는 수준이다. 외무성 경제국장인 마쯔우라가 "(우리는) 아무 곳에나 단순하게 돈을 투자해서는 안 된다. 제공자에게 장기간의 이익을 돌려 줄 수 있는 곳에 원조를 해야 한다"고 했던 것처럼, 사실 일본의 차관 및 보조금의 대부분이 아시아-태평양 지역을 대상으로 하고 있다.[10)]

이는 일본의 지역적 경제지배일 뿐만 아니라 미국의 우려를 낳는 세계적인 지배력 확장이기도 하다. 그러나 일본에 의한 경제통합이 견고해질수록 지역적 불안정성과 미-일 관계의 악화가 동시에 발생할 경우 일본의 군사력 증강을 촉발할 수 있는 곳이 아시아-태평양 지역이다.

비록 일본 정계를 좌우하는 자민당 주류의 현 정책이 미-일 동맹관계를 충실히 지키면서 미 군사력의 보호를 받는 대신 외교정책에 있어서 다소 의무적으로 미국을 따르고 있지만, 독립적인 재무장을 주장하는 우익 민족주의자의 로비도 점점 강력해지고 있다.

미-일 안보조약 파기를 주장해온 이시하라 신타로⑤는 자민당 내에서 점점 영향력 있는

⑤ 1999년 도쿄도지사에 당선된 후 2003년 재선돼 현재에 이르고 있다. 일본의 대표적 극우 정치인이자 작가. 1954년 대학시절 소설 『태양의 계절』로 아쿠타가와상 수상. 80년대부터 시리즈물로 낸 것이 『'No'라고 말할 수 있는 일본 *The Japan That Can Say No*』이었으며, 일본의 대동아공영권 구축을 부르짖고 난징대학살을 중국의 조작이라고 주장하는

흐름을 만들어 내고 있다. 또한 일본 방위청은 일본의 보다 독자적인 행보와 군사력 증강을 꾸준히 주장하고 있으며, 방위청의 "일본 구출(Buy Japan)" 정책과 일본자위대 수뇌부에 의해 군수산업이 막강해지고 있다. "주변국들과의 관계에서 일본을 보호하기 위해서는 힘이 필요하기" 때문에 보다 큰 군대를 원한다던 전 합참의장 쿠리스 히루미 장군의 발언은 군 장성들의 분위기를 반영한 것이다.[11)]

일본의 군사적 잠재력은 실로 대단하다. 현재 세계 제3위의 해군력을 보유하고 있다. 사실 일본의 해상자위대는 서태평양의 미 해군함대보다 크다.[12)] 방위비 예산은 이미 세계 3위 규모이나, 이는 GNP의 1%를 약간 넘는 정도다. 미국의 방위비가 GNP의 5.8%에 달하는 것과는 대조적이다. 만약 일본이 군대에 보다 많은 돈을 투여하고자 GNP 2조3천억 달러 중 1%만 더 방위비로 돌려도 대규모의 재무장과 지역의 불안정을 초래할 수 있다.⑥

더욱이 반도체, 전기광학, 고성능 컴퓨터, 디지털 영상, 초전도체 등과 같은 최첨단 기술 분야에서 일본의 우세는 핵무기 수준을 훌쩍 넘어서는 첨단무기 개발이 가능하도록 해준다.[13)] 그러나 한 분석가는 "기술적 도약"이 없더라도 3자간(미-소-일) 군사적 균형의 시대에 오히려 일본이 더 의미 있는 이점을 가질 수 있다고 말한다.

> 무엇보다도 일본은 다른 경쟁자들보다 빠르고 값싸게 무기를 생산하는 생산기술 상의 이점을 활용할 수 있다. 그들은 진일보한 군사시스템을 전문적으로 구축하는 데 있어 대량생산으로 비용을 절감할 수 있는 유연한 생산체계를 활용할 수 있다. 더욱이 신뢰성면에서 일본의 강세는 경제적 경쟁자와 군사적 적들 앞에서도 공공연히 입증되었다. 최신 전자장비를 모두 결합한 미국의 무기시스템이 지속적으로 기능장애를 일으키는 반면, 일본은 약간 덜 복잡하지만 보다 믿을 수 있는 시스템으로 결정적인 우위를 차지하고 있다. 일본이 100% 신뢰할 만한 시스템을 생산한다면 미국과 소련도 이에 뒤지지 않고 따라갈 수 있을까?[14)]

등 끊임없이 극우적 망언을 서슴지 않아 세인의 입방아에 오르내리고 있다. 최근 "한일합방은 조선인의 총의로 선택"했다는 망발(2003년 10월 28일)로 거센 비난을 사기도 했다.

⑥ 일본의 재무장을 우려한 국내외 반발로 1976년 일본정부는 방위비 예산을 GNP의 1% 내로 제한한다고 공표했으나, 1987년 나카소네 내각이 GNP의 '1% 정도'로 한다고 발표함으로써 실질적으로 방위비 상한선을 철폐한 바 있다. 최근까지도 1%에서 많이 벗어나고 있지는 않지만 경제규모로 볼 때 그 절대금액은 400억 달러를 넘는 형편으로 일본의 자위대 증강 및 군국주의화 우려는 계속 높아가고 있다. 2002년 일본의 방위비 지출은 435억 달러로 알려졌으며 지출규모면에서 90년대 이후 세계 2~5위권 안에서 움직이고 있다.

페르시아만의 걸프전 때처럼 워싱턴 당국이 미국의 전략적 우선순위를 달성하기 위해 일본을 밀어붙인다는 사실을 일본인 스스로 직시하고, 미국인들이 미국의 경제적 혼란에 대해 일본을 비난할수록, 독자적인 안보정책에 끌리는 일본인의 수가 늘어나게 될 것이다. 실제 대부분의 미국인들이 일본을 미국의 안녕을 가장 심각하게 위협하는 국가로 인식하고 있다는 조사결과는 일본의 10대들이 미래 전쟁에서 가장 가능성 있는 적으로 소련보다 미국을 꼽고 있다는 여론조사결과와 상응한다.[15] 미 태평양해군사령부를 무시하고 "일본의 진정한 독립을 위한 전쟁"을 선언하는 일본 핵잠수함의 무용담을 담은 만화가 오늘날 일본에서 가장 유명한 연재만화 중 하나라는 점은 이런 시대상을 무언으로 드러내고 있는 것이다.[16]

사실 일본인들 속에서 여전히 지배적인 반전 정서가 영구적으로 지속될 것이라거나, 독자적인 무장을 위한 로비 활동을 저지할 만큼 일본인들이 강하다고 생각하는 사람은 아무도 없다.

대안적 안보체제

일본과 미국간의 협력관계 해체는 아시아-태평양 지역에서 가능성으로서 뿐만 아니라 임박한 위험으로 나타나고 있다. 깊어진 불화는 "길고 끔찍한 냉전"이 아닌 상태에서 한 방향으로 내닫는 극도로 불안정한 군비경쟁을 조장한다.[17] 그러나 냉전의 종식으로 유발된 이 지역 내의 동요와 유동성은 미-일 양국의 공격적인 힘을 분산시키는 효과와 맞물리면서 이 지역의 민중들에게 이득을 가져올 수 있는 기회를 제공하고 있다. 미국과 일본의 설계와는 근본적으로 다른 미래의 실현을 위해 보다 많은 자율성과 공간을 개척해 나갈 수 있는 기회가 생긴 것이다.

시대에 뒤떨어진 봉쇄 패러다임을 대체할 대안적 안보체제의 창출은 그 지역의 하부단위 수준에서 과거의 중요한 성과를 바탕으로 삼아 건설해야 한다. 1980년대 초와 중반에 이루어진 레이건 행정부의 군사력 증강은 아시아-태평양 전역에서 반전반핵운동을 출현시키는 원동력이 되었다. 막연히 '비핵자치태평양운동(NFIP, Nuclear Free & Independent Pacific Movement)'이라 불리는 이 운동은 핵으로 무장된 핵 함대의 뉴질랜드 입항 반대, 사실상 ANZUS(오스트레일리아-뉴질랜드-미국) 동맹의 실질적인 붕괴, 남태평양 11개국의 남태평양비핵지대(South Pacific Free Zone) 설정, 미국의 강력한 폐기 압력에도 굴하지 않은 팔라우 국민들의 비핵헌법 수호, 그리고 비핵헌법 제정을 포함한 필리핀에서의 강력한 미군기지 반대운동 출현 등 상당한 성과를 올렸다.

태평양 반핵운동은 세 가지 특징을 나타낸다. 우선 비무장·비핵화·불간섭의 원칙이 상호 공고하게 결합되어 있다. 둘째, 제3세계 평화운동 속에서 국경을 초월해 활발한 연대를 이뤄내고 있으며, 이런 연대는 제1세계 내 운동(일본, 미국, 오스트레일리아, 뉴질랜드)과 제3세계 운동(필리핀, 한국, 미크로네시아, 남태평양) 사이에서도 활발하다. 셋째, 대중운동과 정부간 성공적인 전술적 협력관계를 맺고 있다(NFIP 운동과 뉴질랜드 및 바누아투 정부). 사실 비무장지역이라는 개념은 너무나 타당하고 대중의 지지를 받는 것이기 때문에 몇몇 정부는 상당한 대중적 압력이 없어도 수사적으로라도 이를 지지하고 있다. 예를 들어, 말레이시아와 인도네시아의 보수적 정권도 동남아국가연합(ASEAN, Association of Southeast Asian Nations)에 속한 국가들이 비핵지대가 될 것을 주장한다.

각국에서 분출되는 에너지를 지역전체의 비핵화와 비무장화를 이룰 수 있는 동력으로 돌릴 수 있는 시간이 무르익었다. 이 목표를 달성하기 위한 기본적 메커니즘은 미국·일본·구소련 연방국가들·중국, 그리고 기타 모든 아시아-태평양 국가들이 가맹국으로 참여하는 비무장 및 비핵화를 위한 다자간 조약의 체결일 것이다. 이 조약은 무엇보다도 태평양에서의 핵실험 금지, 이 지역 내에서의 핵무기 저장 및 이동 금지, 화학 및 생물학적 무기 금지, 서태평양 지역에서의 외국 기지 철수, 한반도에서의 미군철수, 상주 육군·공군·해군의 대폭적 감축, 상당 규모의 해군배치 축소, 첨단무기류 연구개발 금지, 판매나 원조를 통한 재래식 무기 이동에 대한 엄격한 제한 등의 내용을 담아야 할 것이다.

대안적 안보체제의 근본적인 목표는 지역적 갈등을 군사력과 외부 개입을 통한 해결에서 외교를 통한 해결로 전환하는 것이다. 따라서 초강대국의 분쟁뿐 아니라 캄보디아 내전이나 남중국해의 남사군도를 놓고 벌이는 위험한 영유권분쟁과 같은 지역적 충돌도 외교적 절차를 밟아야만 해결될 수 있다는 제재조항들이 마련돼야 한다.

미국을 격리시키면서 아시아-태평양 지역의 각국 정부를 포괄하는 승리의 전략을 성공적으로 짜기 위해서는 각국 수준에서 몇몇 정부와 비정부기구, 민중조직과 대중운동이 전술적으로 연대해 온 이전의 경험을 끌어낼 필요가 있다. 그러한 전략만이 현 시점에서 유일하게 진정한 범지역적 군사력이 될 수 있다. 물론 중국과 구소련 역시 저항을 보일 수 있지만, 비핵화협약으로 인해 가장 부정적인 영향을 받는 나라는 미국이 될 것이다. 이런 노력에 대한 동남아시아 정부들의 뒷받침과 일본의 재무장에 반대하는 지역대중운동 및 일본 평화세력의 압력은 내·외적 정당성에 있어 여전히 큰 문제를 안은 채로 자위대를 운영하려는 일본정부에 대항력으로 작용함으로써 일본의 중립화에 기여하게 될 것이다.

이후 몇 년은 아시아-태평양 지역의 국가간 관계가 변동하는 시기가 될 것이다. 2000년은 미국과 일본 사이의 긴장감이 높아지면서 새로운 정치적 힘의 균형시대가 될 수도 있을 것이다. 아니면 보다 독자적일 뿐 아니라 비핵화되고 상당히 비무장화된, 질적으로 새로운 태평양이 될 것이다. 봉쇄정책의 종식에 따라 드물게 열린 변화의 기회를 맞고 있다. 결과는 기회를 제대로 활용하려는 이 지역 진보세력의 용기와 의지에 상당부분 달려있다.

---

1) Admiral George Steele, "The seventh Fleet", *Proceedings of the U.S. Naval Institute*, January 1976, p. 30.

2) Joseph Gerson, "Japan: Keystone of the Pacific" in *The Sun Never Sets*, eds. Joseph Gerson and Bruce Birchard (Boston: South End Press, 1991), pp. 167~96.

3) Glenn Alcalay, "U.S. Nuclear Imperialism in Micronesia" in *On the Brink: Nuclear Proliferation and the Third World*, eds. Peter Worsley and Kofi Buenor Jadjor (London: Third World Communications, 1987).

4) 많은 사람이 현대 한국의 민주화운동이 광주항쟁에 의해 촉발된 것으로 생각한다.

5) Admiral Charles Larson, Statement before U.S. Senate Armed Services Committee, Washington, D.C., 13 March 1991, p. 5.

6) Seema Sirohi, "U.S. Arms Markets' Post-Cold War Scenarios", *Pacific News Service*, 15~19 April 1991.

7) *Washington Post*, 27 March 1990.

8) Richard Cronin, *Japan's Expanding Role and Influence in the Asia-Pacific Region: Implications for U.S. Interests and Policy* (Washington, D.C.: Congressional Research Service, 7 September 1990), pp. 75~76

9) 위의 같은 책, p. 9.

10) K. Matsuura, "Administering Foreign Aid: The View from the Top", *Economic Eye* (Spring 1989), pp. 12~13.

11) "Beneath Talk of a New Partnership with U.S., Serious Tensions Grow", *Los Angeles Times*, 11 December 1990, H3.에서 인용.

12) 위의 같은 보도.

13) Steven Vogel, *Japanese High Technology, Politics, and Power* (Berkeley: Berkeley Roundtable on the International Economy, March 1989), pp. 98~99.

14) 위의 같은 책.

15) "Beneath Talk of a New Partnership with U.S., Serious Tensions Grow", *Los Angeles Times*, 11 December 1990, H3.

16) 위의 같은 보도.

17) George Friedman and Meredith Lebard, *The Coming War with Japan* (New York: St. Martin's Press, 1991), p. 403.

매매춘의 동반자들

신시아 인로 Cynthia Enloe[■]

"일본에 있는 미 점령군이 어쩔 수 없이 일본여자들과 관계를 맺게 되자, 군 당국은 지난주 일본어회화집을 발간해서 병사들을 돕기 시작했다. 유용한 구문으로 제시된 예를 보면, '당신은 매우 예쁘군요', '데이트 할래요?', '우리 어디서 만날까요?' 등이 있다. 그리고 이 책은 한결같이 반복되는 이별의 '달콤한 슬픔'이 왔을 때를 대비해 안녕을 고하는 방법을 14가지나 소개하고 있다."

《타임 *Time*》 1946년 7월 15일자.[1)]

최근 런던을 방문했을 때 나는 한 친구에게 일하는 것을 하루 쉬고 함께 영국의 유명한 '대영제국전쟁박물관'에 가자고 설득했다. 사실 나는 상당히 갈팡질팡하고 있었다. 이전에도 런던을 방문한 적은 있었지만, 대영제국전쟁박물관에 간 적은 없었다. 걸프전이 발발〔1991년〕한 지금이 아주 적기라고 여겨졌다. 박물관에 가면 최근의 이런 군사적 갈등을 전체적으로 조망하고 다른 전쟁과의 연관성뿐 아니라, 인적·이념적·기술적 특성을 밝히는 데 도움을 얻을 수 있을 것 같았다. 하지만 나는 아주 실망하고 말았다.

전시된 것이라곤 대영제국의 "위대한" 전쟁 경험에 관한 것뿐이었다. 그것만이 전시가치가 있다고 여긴듯했다. 말라야·아덴·케냐·포클랜드 등 20세기에 영국이 전쟁을 일으켰던 지역은 전시할만한 사례로 보질 않았다. 실제로 큐레이터에게 아시아·아프리카·카리브해 지역 따위는 안중에도 없는 것 같았다. 무공훈장을 받은 인도 병사 두 사람의 초상화만 형식적으로 걸려있을 뿐, 영국군대가 제1차·2차 세계대전 중에 이들 식민지의 남성과 여성에게 얼마나 의존했었는지 오늘날의 방문객이 알아볼 수 있도록 전시된 것은 없었다. 나는

■ 신시아 인로(Cynthia Enloe) 미 클라크대학교 여성학 교수. 캘리포니아대학교에서 정치학을 전공했으며 군사주의와 여성문제에 관한 한 세계적인 권위를 인정받고 있는 여성학 학자다. 클라크대학교에 여성학과를 창설해 1972년부터 여성학과 교수를 맡아 국제정치 지형 속의 군사주의와 그에 연관된 여성문제를 천착해왔다. 저서로는 ***Does Khaki Become You?*** (London: Pandora Press, 1988)와 ***Bananas, Beaches and Base: Making Feminist Sense of International Politics*** (Berkeley: University of California Press, 1990) 등이 있다.

다음 여행 때 '구르카박물관'①에 꼭 가보리라 마음을 다졌다. 대영제국전쟁박물관에서 주목받는 시민이라곤 영국인이 유일했다. 그중에서도 지하에서 영국을 찬미하는 시를 읊으며 독일의 맹공에 대응한 "용감한" 런던토박이들이 가장 칭송의 대상이 되었다. 게다가 여성이란 존재는 한 유리전시대 속에서나 찾아볼 수 있었다. 가정주부에게 검소하게 살 것을 당부하는 포스터를 전시한 상자 속에서 말이다. 백인 영국 여성들이 흑인 미국군인들과 데이트를 시작하고 아이까지 갖게 되자 격렬한 정치적 소동이 일어난 사실을 나타내는 전시물은 어디에도 없었다.

전쟁에 대한 박물관의 묘사에 실망한 나와 내 친구는 사실적인 전시를 기획하기 위해서는 어떤 접근법을 취해야 할 것인가에 대해 생각하게 되었다. 우리라면 최전선의 참호(들락거리는 쥐나 겨우 구경할 수 있는), 공습에도 아랑곳 않은 런던토박이의 서정시, 설명 하나 없는 인도 시크교도 영웅의 초상화 옆에 무엇을 전시하게 될까?

매춘업소. 내가 박물관 전시를 기획한다면 거기에는 군인을 상대로 하는 매춘업소를 만들어 넣을 것이다. 장교용 방과 사병용 방이 따로 있고 백인군인과 흑인군인이 출입하는 문도 분리되어 있다. 구석에 앉은 모습의 업소(정식 매춘업소라기보다 클럽이겠지만) 주인 마네킹은 감시의 눈길을 보낸다. 업주는 남자 혹은 여자일 수도 있고, 그 지역 사람이거나 외국인일 수도 있다. 여자들은 백인 유럽인, 북아프리카 베르베르인, 나미비아인, 푸에르토리코인이 될 수도 있고 한국인, 필리핀인, 일본인, 베트남인, 아프리카계 미국인, 인도인이 될 수도 있다. 시대와 지역에 따라 허리에 천을 감고 있거나, 휴양지 해변과 청량음료, 항공모함이 그려진 티셔츠로 미니스커트를 감싸고 있는 모습일 것이다.

이 사실적인 전쟁박물관에서는 방문객들이 버튼을 누르면 여성들이 매춘업소 혹은 클럽으로 오게 된 경위와, 그들이 먹여 살려야 하는 아이들·형제·부모에 대한 얘기를 들을 수 있다. 여러 여성이 외국 남성의 성행위와 겉모습을 자신과 관계된 현지 남성의 그것과 비교할지도 모른다. 아마 일부 여성은 영국·미국·프랑스 또는 유엔군이 어떻게 자기 나라에 오게 되었는지 자신만의 분석을 덧붙이기도 할 것이다.

박물관을 찾은 사람들은, 해외로 파병되어 있는 동안 매춘업소와 클럽을 자주 드나든

① 영국 햄프셔(Hampshire)주 윈체스터(Winchester)에 위치. 네팔 구르카족 출신 영국군 용병부대인 구르카부대의 역사를 살펴볼 수 있다. 그 외 네팔·인도·티베트 관련 자료와 제1·2차 세계대전 관련 전시물이 있다. 구르카용병부대는 양차 세계대전 중에도 맹위를 떨치고 1982년 영국이 아르헨티나와 벌인 포클랜드 전쟁에도 투입되었다.

군인들의 목소리를 듣기 위해 그 옆의 녹음장치로 건너뛸 수도 있다. 남자들은 여기 여자들이 자기 나라의 여자들과 다르다거나 비슷하다는 등 자신들의 추측을 이야기한다. 뻔뻔할수록 자신의 성적 무용담을 떠벌릴 것이다. 그러나 일부 병사들은 성행위에 관심을 갖는 것만큼 타국에서의 외로움, 군인이 되어야 남자가 된다는 말의 의미, 상사와 동료의 기대를 충족시킬 수 있을 것인가에 대한 불안감을 토로하기도 한다.

전쟁, 또 무력으로 유지되는 평화기는 성적 관계가 특별한 의미를 갖는 시기다. 성을 삭제해 그것을 "편집실 바닥"에 내동댕이치는 박물관 큐레이터, 또는 언론인·소설가·정치평론가는 관객들에게 왜곡되고 전혀 도움이 되지 않는 설명만을 늘어놓는다. 즉 전쟁을 벌이거나 군사력으로 평화를 유지하는 것과 관련해 현실과 동떨어진 신화와 불안, 불평등 같은 얘기나 한다.

이 책에 제시된 체험담과 사진들이 생생한 이유는 이런 이유 때문이다. 군대가 병사들의 사기와 기강을 유지하기 위해 남자다움이라는 특별한 가정에 의존하고 있음을 우리는 이를 통해 알 수 있다. 성적 "휴식과 오락(R&R, Rest and Recreation)" 기간이 없다면, 미국 군대의 명령으로 젊은 남성을 멀고 지루한 항해와 육상훈련에 보낼 수 있을까? 아시아 여성은 성적으로 고분고분하다는 신화가 없다면 많은 미국인 남성들이 씩씩한 군인으로만 행동할 만큼 충분히 자신의 정체성을 유지할 수 있을까? 아시아의 미군기지 주변에서 매춘을 해왔던 여성들은 군대화된 남성성이 어떻게 만들어지고, 담배 연기 뿌연 술집과 빈약한 살림의 하숙집에서 그것이 어떻게 재형성되는지 말해준다. 군대화된 남성성 형성을 조사한 대부분의 연구가 초점을 둔 것처럼 우리가 단지 신병훈련소와 전쟁터만을 살펴본다면, 군대조직을 유지하기 위해 어떻게 남성성이 만들어지고, 어떤 교묘한 방식으로 유지되는지 충분히 설명하지 못할 것이다.

자신의 이야기를 다 털어놓을 정도로 용기 있는 이 책의 여성들은 안보론과 경제적 보상물에 대한 이야기를 하는 것 이상으로 성이 어떻게 민간인과 군사문화 사이의 복잡한 그물망에서 중심을 차지하게 되었는지 폭로하고 있다. 또한 성관계와 경제 사이에 경계를 긋는 일이 때로는 얼마나 어려운지 상기시켜준다. 그렇다고 해서 모든 성관계가, 심지어 미군기지 주변의 매춘산업에 의해 상업화돼 있다 해도, 간단히 경제로 환원될 수 있다는 뜻은 아니다. 산드라 스터드반트와 브렌다 스톨츠퍼스에게 자신의 이야기를 들려준 여성들을 분석적 범주로 나누기보다는, 신체적 안전을 지키고 얼마간의 자존심을 유지하며 자신과 아이들의 생계를 꾸리기 위해 하루하루 외줄을 타야만 하는 데서 오는 압박과 희망, 두려움, 결핍에 대해 타당한 근거를 제공해주고 있다는 데 관심을 가져야 한다.

또한 여기 실린 이야기들은 미군기지가 지역사회에 미치는 영향을 논의할 때 항상 간과되어 왔던 점을 강조하고 있다. 그것은 매춘굴과 클럽에서 일하는 현지 여성들이 두 남성 집단, 즉 외국군인과 현지 남성 사이를 매개한다는 사실이다. 이 두 집단이 동시에 거론된 적은 거의 없지만, 이 기획에 참여해 온 여성들은 그들이 반드시 존재한다는 것을 알고 있다. 여성들은 현지 애인이나 남편과의 관계가 어떻게 자신들의 노동력이 필요한 클럽 업주들의 유혹에 넘어가기 쉬운 조건을 형성했는지 자세히 밝히고 있다. 외도, 폭력적 기질, 얼마 되지 않는 수입의 낭비, 불성실한 아버지 역할 등, 여성들과 관련된 현지 남성들의 행태는 여성들이 매춘에 종사하게 된 주요 동기가 된다. 이는 아이들에 관한 얘기도 빼놓을 수 없음을 의미한다. 여기서 이야기하는 대부분의 여성들에게는 자녀가 있다. 일부는 아버지가 현지 남성이고 일부는 외국군인이 아버지다. 매춘과 아버지 역할, 이 둘은 여성의 삶과 밀접하게 연관되어 있다.

물론 미국과 동맹관계에 있는 나라들에서 만연한 상업화되고 군대화된 성의 근원이 현지 남성이라고 주장하는 것은 아니다. 돈벌이가 되는 '휴식과 오락' 사업에 해당 정부가 기꺼이 대가를 지불하지 않았더라면, 남성 병사들을 만족시키기 위한 미군의 전략이 없었더라면, 현지와 외국의 기업주들이 가난한 여성의 성을 통해 이윤을 남기고자 하지 않았더라면, 즉 이런 개개의 조건들이 갖추어지지 않았더라면 아내를 학대하고 경제적으로 무책임한 남편이라 해도, 예를 들어 올롱가포의 술집여자로 일하게 자기 아내를 내몰지는 않았을 것이다.

그럼에도 불구하고 현지 남성들은 정치적으로 동등한 위치를 점하고 있다. 여기 여성들은 이 점을 명확히 해주고 있다. 사실 군대화된 매춘을 충분히 이해하기 위해서는 우리의 시야를 상당히 넓힐 필요가 있다. 아래에 제시된 것은 그들의 활동이 어떤 국가의 군사기지 주변에서 이루어지는 매춘의 형성과 유지에 기여하는 남성들의 목록(아마 불완전한 목록이겠지만)이다.

남편과 애인

현지인 및 외국인 술집 주인

현지 공중보건담당자

현지 지자체 도시계획입안자

현지 경찰관

현지 지방자치단체장

국고 또는 재무부 공무원

국방부 공무원

자국 군대의 남성 군인

현지 매매춘 남성

외국 매매춘 군인과 군대

외국 기지사령관

외국 군대 의료담당자

외국 국가방위계획자

외국 국회의원

이렇게 서로 다른 남성들 사이에는 그만큼 다양한 남성성이 존재할 것이다. 오키나와, 한국, 필리핀의 여성들은 섹스를 하는 동안 미국 남성들이 자신을 남자답다고 느끼게 하는 법을 어떻게 배워야 했는지 말하고 있다. 그러나 그들이 배웠던 것이 한국, 일본, 필리핀 남성 파트너를 항상 남자답게 느끼도록 해주는 것은 아니다. 성행위는 남성성, 그리고 여성성의 일상적 구조가 자리 잡은 한 부분이지만 그 구조는 국제적이다. 관광객, 식민지 관료, 국제적 전문기술자와 사업가, 군인들은 오랫동안 성애화된 남성성을 국제화시켜온 사람들이다. 여전히 전체적인 '휴식과 오락' 정책과 그에 의존한 사업들은 미군 남성들이 남자다움을 느낄 수 있게끔 수천 명의 아시아 여성들이 기꺼이 의지를 가지고 그 방법을 익힐 수 있다는 전제 위에서 작동한다. 술집 업주, 군 지휘관, 현지 재무부 관료들은 남성성의 차이에 기민하게 대응해야 하는 아시아 여성들에게 의지하고 있다.

따라서 이 남성 집단들은 기지가 위치한 술집지역에서 일하는 여성들에 의해 서로 연결되어 있다. 뿐만 아니라 이들은 상당히 직접적으로 연결되어 있기도 하다. 예를 들어 오스트레일리아의 앤마리 카스(Anne-Marie Cass)의 연구에 따르면 최소한 필리핀 남성 군인 중 일부는 미국적 형태의 군대화된 남성성에 길들여져 있음을 알 수 있다. 이런 행태를 가장 선호하는 남성은 필리핀 경찰의 정예 전투부대인 스카우트 레인저(Scout Ranger)에 소속된 군인들이다.

미국영화의 람보가 유능한 전투병의 특성을 전형적으로 보여주는 것인 양 그들은 람보처럼 행동한다. "카키색 또는 얼룩무늬의 위장복, 선글라스나 머리밴드, 풀어헤친 셔츠, 모자를 쓰지 않고 중무장을 한 채 무개 지프를 타고 다바오시 거리를 돌아다니며 항상 가지고 다니는 권총을 허공에 흔들어대는 군인"[2)]이 바로 유능한 전투병이다. 카스에 의하면 이런 식으로 빌려온 위협적인 남성성으로 인한 결과 중 하나는 그 지역 매춘부들이 만약 그렇지 않았더라면 거절했을 필리핀 군인들을 상대로 성행위를 한다는 점이었다.

외국 군대를 위한 매춘업소와 클럽으로 일하러 가는 여성은 이 모든 주요 남성 배우들 사이에서 자신이 흥정의 대상이 되고 있음을 알고 있다. 그러나 그녀는 이들 중 일부하고만 직접 접촉한다. 그래서 외국기지의 지휘관이 부대원들에게 뭐라고 충고하는지, 현지 여성들이 건강치 못하다거나 성병감염 사실을 숨기니 주의하라는 식인지, 그녀는 결코 알 수가 없다. 군인들의 안녕을 보장하기 위해 지역과 외국 군대 의료담당자 사이에 재정 분담이 어떻게 이루어지는지도 모른다. 그녀와 결혼하고 아이들을 부양하고 싶다는 군인에게 군 목사나 상관이 뭐라고 말하는지 거의 알지 못한다. 미국이 자국 정부의 군대매춘 정책에 대한 청문회를 개최하지 않기로 결정했을 때 미국 국회의원들이 벌이는 논의에도 접근할 수 없다. 결국 그녀는 자신이 가진 정보만으로 판단을 내린다.

정보의 대부분은 함께 일하는 여성들로부터 얻는다. 여성들과의 인터뷰에서 드러난 것처럼 술집여성들이 항상 서로 도움을 주거나 친밀한 관계를 유지하는 건 아니다. 그들이 처한 환경이 결속을 다지지 못하게 만든다. 집단적 행동에 나선 일이 있긴 했다. 예를 들자면 남자 손님들의 여흥을 위해 강제로 복싱경기를 시키는 것에 대해 올롱가포의 술집여성들이 항의하는 시위를 벌인 일이 있었다. 그러나 그런 연대 공간을 마련하기 위한 현지 페미니스트들의 많은 노력에도 불구하고 그렇게 행동으로 표출된 것은 예외적인 경우로 남아 있다. 여성 대다수가 정보 수집을 소규모 친구모임에 의지한다. 군 매춘산업을 특징짓는 여러 남성 집단 사이의 복잡한 관계 속에 놓인 지뢰밭을 걸어가는 데 필요한 것인데도 말이다. 그들은 서로 오르가즘을 가장하는 법, 남자에게 콘돔을 쓰도록 설득하는 법, 급여의 감액을 피하는 법, 업주의 감시를 피해 군인손님을 만나는 법, 나이가 들어도 손님이 매력을 느끼도록 유지하는 법을 비롯해 이미 사라진 지 오래인 "숫처녀"가 갖는 가치 등을 알려준다.

독자들은 냉전의 종식과 산업경제의 약점이 결합되면서 북미와 유럽의 국가들이 "군축" 압력을 받고 있는 시점에서 여성들이 말하는 이야기를 듣게 될 것이다. 미 국방성은 국내 및 해외기지 폐쇄를 발표했다. 걸프전을 통해 많은 미국 전략가들의 눈에 비친 명백한 교훈 중 하나는 현재 미국은 값비싼 비용을 치르고 종종 정치적인 위험까지 감수하고 있는 세계 도처의 기지를 유지하지 않고서도 대규모 부대를 신속하게 해외로 배치시킬 수 있는 관리능력을 갖고 있다는 것이다. 동시에 필리핀의 피나투보 화산이 끔찍한 화산재를 내뿜어, [전] 부시 행정부가 유지하기를 원했던 클라크 공군기지와 그 시설을 두텁게 덮어버리자 너무도 비경제적이라는 사실이 분명해졌다. 이 모든 것이 해외 미군기지의 수와 규모를 줄여야 한다고 말하고 있다. 따라서 아시아 여성들의 이야기를 듣는 것을 이제는 옛이야기를 더듬는 것쯤으로 여길지 모르겠다.

하지만 나는 이를 착각이라고 생각한다. 오키나와와 한국, 필리핀에는 여전히 대규모 기지가 존재하고 있다. 일부가 축소되었다고 해도 장기근무와 단기 훈련 등을 통해 이들 기지를 거쳐 가는 미국남성의 수는 수천 명에 이른다. 서울, 도쿄, 마닐라의 정부들은 워싱턴과 맺은 '휴식과 오락'에 관련된 협정(이 협정에는 미군에게 가장 유용하다고 여기는 종류의 매춘을 허용하고 통제하는 조건이 상세히 나열돼 있다)을 취소할 움직임을 보이지 않고 있다. 걸프전 당시 사우디아라비아에서 채택한 매춘불가방침(이슬람의 규율에 예민한 사우디 체제가 미국에 요구한 방침)이 다른 곳에서는 채택된 적이 없다.

여전히 매춘부로 일하는 여성들의 말에 귀를 기울이는 것은 아주 중요하다. 여성들의 이야기는 아버지 역할, 아동양육, 개개인간의 직접 차용, 가난, 민간기업, 성행위 등이 군대화된 여성성과 남성성을 형성하는 데 있어 각각 어떤 방식으로 중요한 역할을 하는지 정치평론가들에게 보다 사실적인 구도를 잡는 데 유용한 정보를 줄 것이다. 그리고 기지전환 문제를 경제적 측면에서만 접근하고 있는 기지반대 운동가들의 자신감을 흔들게 될 것이다. 현재 매춘을 통해 생계를 이어가는 여성들이 단순한 상징이 아니라 실제 운동의 주체가 되도록 하기 위해서는, 외국 군대의 기지를 생산적인 시민시설로 전환하는 운동 속에 결혼, 부모역할, 남성폭력 모두를 정치적 의제의 주요 항목으로 수용해야 할 것이다. 경청하는 것은 정치적 행동이다.

---

1) Anne Farrer Scott, "Women and War", *Hungry Mind Review*(1991년 여름호) : 23쪽에서 재인용.

2) Anne-Marie Cass, "Sexuality, Gender and Violence in the Militarized Society of the Philippines" (1990년 12월 12~16일, 오스트레일리아 브리즈번(Brisbane)에서 개최된 오스트레일리아 사회학협회 학술대회에서 발표된 미발간 논문).

올롱가포 시립공동묘지에서 바라본 수빅 해군기지. 수빅 기지는 미국 제7함대의 모항이다. 3개의 부양식 건선거(乾船渠, 큰 배를 수리할 때 그 배를 집어넣는 부두구조물)와 잘 훈련된 필리핀 현지 노동력을 활용할 수 있는 수빅 기지는 태평양지역에서 미국의 존재를 과시하는 핵심 장치였다.

필리핀

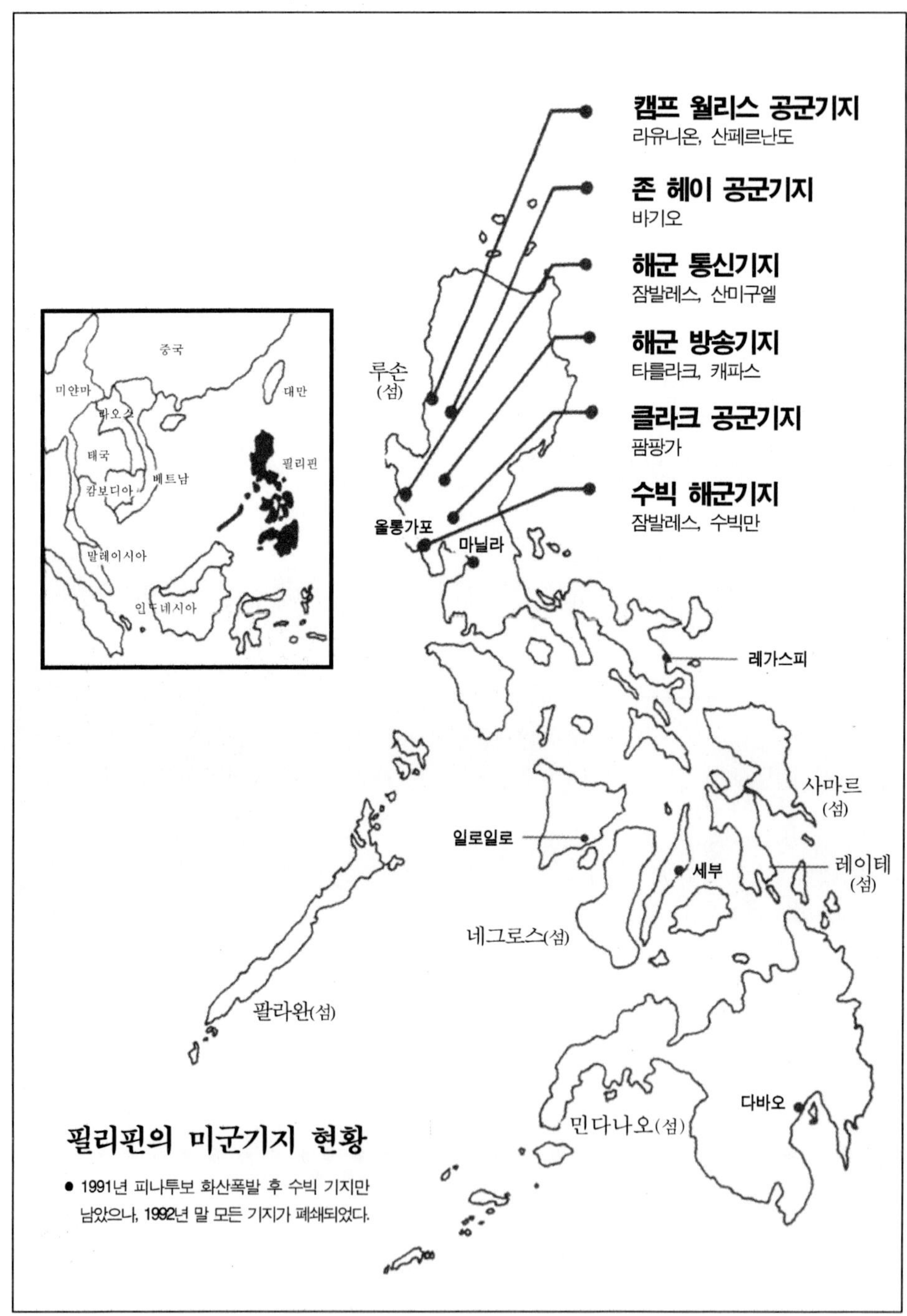

필리핀의 미군기지 현황

● 1991년 피나투보 화산폭발 후 수빅 기지만 남았으나, 1992년 말 모든 기지가 폐쇄되었다.

쌓인 먼지

필리핀의 미군기지 문제

아이다 산토스 Aida F. Santos[■]

지진대에 걸쳐있고, 태풍의 이동경로 한가운데 있으며 백여 개의 화산이 활동하는 필리핀에서 화산폭발은 늘 일어날 수 있는 일로 여겨진다. 사람에 의한 것이든 아니든 재난은 필리핀 사람들의 일상생활을 잠식하고 있다. 사실 우리는 서구 사람들을 당황케 하는 문화적 특성을 가지고 있다. 우리는 우리의 불행을 보고 웃는다. 재난을 농담처럼 말한다. 그래서 피나투보산이 600년 동안의 휴지기를 마치고 살아 움직이기 시작하여 마침내 폭발①했을 때 필리핀 사람들은 바로 농담거리를 찾아냈다. "기지반대 운동가들이 20년 동안 노력해도 못했던 것을, 피나투보가 하루 만에 해냈다."

화염과 폭발의 장대한 쇼로 시작된 것이 수도 마닐라를 포함해서 루손섬의 상당 부분과 인근 아시아 지역에까지 영향을 미친 거대한 화산폭발의 연속임이 밝혀졌다. 수천 헥타르의 농경지가 완전히 황폐화되었고 마을은 엄청난 화산재와 용암에 묻혀버렸으며 수천 가구가 집을 잃었다.

필리핀에는 크리스마스 때에 맞춰 열대 특유의 가락으로 부르는 전통 노래가 있는데, "화이트 크리스마스를 꿈꾸며"라는 표현이 나온다. 이 화산폭발은 눈 대신에 회색으로 천지를 덮어버린 무시무시한 대용물이었다. 녹색과 갈색의 풍경이 희뿌연 화산재와 얼음덩이 같은 암석 파편으로 덮여 빙하처럼 변해버렸다. 공포와 두려움, 절망감을 동시에 불러일으키는 광경이다.

그러나 피나투보산을 정치적으로 의미 있게 만든 것은 그 산이 센트럴 루손의 세 지방, 즉 팜팡가, 잠발레스, 바탄 사이에 위치한다는 사실이다. 이 세 지역에는 각기 이 나라의

■ 아이다 산토스(Aida Fulleros Santos)는 페미니스트 그룹 KALAYAAN의 공동 창설자로 전문 저술가다. 여성과 사회문제(특히 개발과 사회)를 다룬 산토스의 많은 글이 필리핀 국내외에서 출간되었다. 그녀는 '여성연구 및 지원센터 WRRC, Women's Research and Resource Center'의 지원을 받아 논문 "Towards a Feminist Consciousness in the Socio-Historical Analysis of Women and Work in the Philippines"를 출간했으며 이외에도 "Feminism and Nationalism: Co-existence or Compromise?"라는 글을 썼다. 아이다는 시인이기도 하다. 두 권의 시집이 국제상을 받았다.

① 해발 1,745m의 휴화산이던 피나투보 화산이 폭발한 건 1991년 6월이었다. 당시 200명 이상이 사망한 것으로 알려졌다.

신식민지 권력구조를 적절히 상징하는 세 개의 시설이 있다. 바로 미국의 클라크 공군기지와 수빅 해군기지, 가동이 중단된 바탄 원자력발전소(미국 웨스팅하우스사가 마지막으로 건설한 발전소)가 그것이다.

클라크 기지 포기 여부를 숙고하기 시작한 지 수개월 후인 1991년 7월, 미국 정부는 공식적으로 철수를 발표했고, 표면적으로는 피나투보 화산의 연속적인 폭발로 인한 엄청난 피해 때문이라고 철수이유를 밝혔다. 그 외 소규모 시설들 – 고산도시 바기오에 있는 캠프 존 헤이와 '휴식과 오락(R&R)' 센터, 라유니온에 있는 윌리스 공군기지, 타를라크(딸락)에 있는 캠프 오도넬, 잠발레스에 있는 산미구엘 통신시설 등 – 은 1991년 초에 폐쇄되었으며, 1991년 9월 필리핀 상원의 의결에 따라 미국-필리핀 군사협정도 종료되었다.

피나투보 화산이 폭발하기 전부터 필리핀 정부의 입장은 미군기지 시설들을 존속시키는 대가로 포괄적인 연간 보상금을 클라크 공군기지와 관계없이, 8억2천5백만 달러로 고정하고 있었으며 기지사용도 7년을 넘길 수 없다는 것이었다. 피나투보 화산이 폭발하자 모든 것이 달라졌다. 마닐라를 뒤덮은 화산재가 워싱턴 당국에겐 밝은 빛으로 작용했다. 쉽게 말해, 미국 조사단은 클라크와 수빅 지역을 복구하는 데는 엄청난 자원이 필요하기 때문에 오로지 "경제적 관점"에서만 보상금을 제시할 수 있다고 주장했다.

역사적 배경

미국-필리핀 군사기지협정(MBA, Military Base Agreement)은 법적으로 1991년 9월 16일에 시효가 만료되었다. 이는 44년간의 공공연한 미군주둔이 종결되었음을 뜻한다. 필리핀 군도에서 미국의 식민지배가 공식적으로 종료된 다음해인 1947년에 조인된 후, 군사기지협정은 늘 필리핀의 독립적 위치를 의심스럽게 하는 걱정거리로 여겨졌다. 협정은 항상 두 나라의 "특별한 관계"를 나타내는 사례로 언급되었다.

외국 군대 시설은 필리핀의 다양한 식민지 역사를 지속시킨 한 요인이기도 했다. 수빅 해군기지는 원래 스페인 식민정부가 1896년에서 1898년 사이에 건설한 것으로, 스페인 식민지배자의 체면을 세워주기 위한 '모의전투(mock battle)'② 에서 스페인이 새로운 식민지 통치자에

② 1898년 2월 스페인 식민지배하에 있던 쿠바의 아바나항에서 미국전함 메인호가 침몰하는 사건이 일어난다. 이에 미국이 쿠바의 독립과 스페인 병력의 철수를 요구하자, 스페인은 4월 24일 미국에 선전포고를 하고 미국도 25일 선전포고로 응수하면서 미국-스페인 전쟁이 시작되었다. 미국의 일방적인 독주로 진행된 전쟁에서 미국은 1898년 5월 1일 필리핀 마닐라만에 정박해 있던 스페인 함대를 격침시키면서 마닐라 점령의 교두보를 확보하게 된다. 한편

게 패한 이후 미국에 양도되었다. 짧았지만 가혹했던 일제 강점기 동안엔 일본침략군이 수빅 기지를 운영했다. 1942년 1월 초부터 일본이 지배하던 이 기지를 결국 제2차 세계대전을 거치면서 미국이 탈환했다. 제2차 세계대전에서 싸운 해병대원들은 수빅에서 훈련을 받았으며, 이후 수빅은 세계에서 가장 큰 훈련시설로 받아들여졌다. 마닐라에서 서북서쪽으로 80여km 떨어져 있으며 루손섬의 남중국해 연안에 위치해 있는 수빅은 완벽한 시설을 갖춘 세계 최상의 항구 중 하나로 이름나 있었다. 기지 자체와 관련 지역이 24,000헥타르(240km^2)의 면적을 차지하고 있으며, 여기에는 13,780헥타르의 육지와 9,525헥타르의 바다가 포함된다. 미 제7함대의 훈련 및 병참기지로 쓰이던 수빅은 태평양 지역에서 최고의 선박수리시설과 기술인력을 보유한 제1항구였다.

클라크에 있는 시설은 1898년 미국-스페인 전쟁의 막바지 무렵 미군 기병부대의 주둔지로 사용되기 시작하면서 원래 포트 스토첸버그(Fort Stotsenberg)로 불렸다. 결국 클라크 기지는 63,103헥타르(631km^2)를 차지하기에 이르렀는데 피나투보 화산이 폭발하기 전까지만 해도 그 땅의 대부분은 농경지였다. 서태평양 전역을 담당하는 최대 규모의 미군 수송기를 보유하여 완벽한 방어능력을 갖춤으로써 동남아시아를 통틀어 유일하게 전술작전용 미공군 시설이 구비된 곳이 클라크 기지였다. 미군기지반대, 반핵 운동가들은 클라크가 20만ft^2(약 18,580m^2)에 달하는 탄약 및 무기저장소를 보유하고 있다는 신뢰할 만한 근거를 갖고 있다. 이는 태평양-인도양 항공시스템에 필수적인 연결고리 역할을 한다. 수빅과 클라크 기지 모두 미군의 베트남 침공과, 보다 최근의 걸프전 동안 작전을 지원했다.

미군기지반대 운동은 오랜 역사를 가지고 있다. 하지만 이 반대 운동은 페르디낭 마르코스 통치 시절에 강력한 형태를 띠게 되었다. 국민적 반마르코스 운동의 토대로 작용했기 때문이었다. 여러 가지 사회·정치·경제적 문제를 제기하는 광범위한 운동을 통해 보다 구체적인 기지반대-반핵 운동이 일어났다.

운동을 통해 이런 군사시설들은 외국의 간섭이 가장 노골적으로 드러나는 상징으로 여겨졌다. 그러나 외국의 간섭이 미군부대 시설에만 한정된 것은 아니다. 기지반대 운동가들은 당연히,

스페인 식민치하에서 1896년부터 요원의 불길처럼 타오른 필리핀 독립투쟁이 스페인을 궁지로 몰아가자 필리핀 독립을 돕는다는 미명아래 미국이 서서히 개입하고 1898년 7월에는 미국을 등에 업은 에밀리오 아기날도(Emilio Aguinaldo)가 독립을 선언한다. 아기날도의 도움으로 필리핀에 상륙한 미국은 8월 12일 스페인과 맺은 평화의정서를 조인하는 한편, 스페인의 명분도 세워주고 필리핀을 미국의 지배 하에 두기 위해 필리핀 사람들을 배제한 채 스페인과 흥정을 벌이게 된다. 합의 결과, 8월 13일 모의전투를 벌여 간단하게 스페인의 항복을 얻어냈다. 결국 식민 지배자를 바꾸기 위해 미국과 스페인이 결탁해 저지른 기만 전투였다.

미 행정부가 이 기지들을 필리핀에 대한 정치·경제적 개입 수단으로 사용하고 있다고 믿는다.

군사기지협정은 필리핀 무역법(혹은 벨 무역법), 타이딩스 재건법, 군사원조협정과 함께 미국과 필리핀 사이에 신식민지적 관계를 형성하는 초석 중 하나였다. 이 법들은 모두 1946년 미국에 의해 필리핀의 독립이 주어진 시기를 전후해 급작스럽게 통과된 것들이다. 공식적으로 이것들은 전후 황폐화된 필리핀의 경제를 재건하는 데 미국이 지원하는 것으로 소개되었다.

그러나 실상은 동맹국이자 우방이라고 생각되던 두 나라 사이의 역학관계가 이 협정들로 인해 법적인 불균형을 초래했을 뿐이다. 새로운 식민지적 관계가 제도화되고, 이 새로운 나라가 소위 독립국이자 주권국이라는 사실을 비웃게 만들었다. "특별한 관계"란 미국의 이해를 위한 특별함으로 판명되었고, 필리핀 사람들에게 다가온 것은 서서히 진행되는 경제적 말살이었다.

예를 들어 1974년까지 효력을 발휘한 벨 무역법은 가공하지 않은 농산물과 광물의 미국 수출과 연계해 미국의 수입품을 들여오는 데 제한을 두지 않았다. 반면 설탕, 섬유류, 담배, 야자유 등과 같은 특정 필리핀 상품에는 할당량을 두어 미국 농민을 광범위하게 보호할 수 있도록 했다. 필리핀의 천연자원을 개발하는 데 있어 미국인과 미국회사에 필리핀인과 동등한 권리를 부여한 관련조항은 더욱 짐이 되었다. 또한 이 법은 달러화에 대한 페소화의 환율을 고정했다. 그 결과 이 나라에서는 미국의 경제적 이해를 보호하는 것이 필수적으로 되었다.

군사기지협정은 미국이 "공산주의라는 유령"에 대항하는 세계 경찰로 자임한 역할 중 한 부분이다. 1947년 기지협정에 조인함으로써 미국은 99년 동안 23곳의 기지 지역을 자유롭게 사용하고 사용기간이 만료되면 다시 갱신할 수 있게 되었다. 이후 이어진 재협상 과정에서 기간은 단축되었다.③ 군사원조협정을 통해서 미국은 필리핀 군대에 무기와 탄약, 군수품, 훈련과 인력을 제공할 수 있게 되었다. 이 모든 것이 평화와 질서라는 이름으로, 또는 좀더 억지스럽고 모호한 "국가적 이해"라는 이름으로 이루어졌다. 필리핀 정부가 비용을 지불하는 합동미군사고문단(JUSMAG, Joint U.S. Military Advisory Group)이 설치되었고, 아마도 지방 군대, 경찰대, 공군, 해군, 그리고 필리핀 국방군(AFP, Armed Forces of Philippines) 정보국에 의견을 제시해왔을 것이다.

외국의 식민지적 개입에 대한 저항은 1500년대 후반 스페인의 침략으로부터 시작된 이 나라의 식민지 역사만큼 오래된 것이다. 그리고 각 지방을 통치하던 엘리트들은 새로운 식민지 사회의 정치·경제적 구조를 지지해왔지만 수많은 지역사회에서 반란이 일어났다. 가장 유명한

③ 1966년 양국 합의를 통해 그 때부터 향후 25년간 사용하는 것으로 단축된 바 있다.

저항은 후크발라하프(Hukbalahap) 운동으로 1940년대 일본의 침략에 맞서 조직된 무장 활동에서 유래한다. 일본이 패하여 필리핀에서 떠난 뒤 후크는 계속해서 강요된 외국의 지배에 저항했다. 여기에는 토지개혁을 위해 싸우던 농민조직도 한 부분으로 결합되었다. (불행히도 필리핀의 역사 기록물에는 가부장적 시각으로 인해, 후크 운동에 참여한 여성들에 대한 부분은 거의 쓰여 있지 않다.)

정부에 대한 이런 조직적 저항에 대응하기 위한 군사작전은 필연적으로 필리핀 국방군의 강화를 가져왔고, 국방군의 주요 과업은 새로운 질서에 대항하는 모든 형태의 저항을 소멸시키는 것이었다. 수빅과 클라크가 위치한 센트럴 루손 지역은 싸움터가 되었다. 때때로 필리핀 정부는 대규모 평정작전을 펼쳐서 후크와 농민단체의 조직적 저항을 진압했다. 미 국방성은 지역 공산주의 운동을 포함, 모든 형태의 저항을 궤멸시킬 수 있도록 지방 군대에 장비를 제공하고 이들을 훈련시켰다. 실제 이 군대의 평정작전에 정면으로 맞섰던 사람은 시민들이었다.

1960년대와 1970년대 내내, 그리고 록사스(Roxas)에서 마르코스에 이르는 모든 행정부는 어떤 형태의 저항이든지 그것은 곧 파괴활동이며 공산주의자의 조정을 받고 있다는 꼬리표를 달았다. 역대 대통령 중 한 사람인 디오스다도 마카파갈(Diosdado Macapagal)이 대통령 선거 때면 미 중앙정보국(CIA)이 항상 일정한 역할을 한다는 사실을 공개적으로 인정한 것은 그리 오래전 일이 아니다. 공산주의는 커다란 위협이며, 다른 나라에서 일어난 사회주의 혁명의 성공은 악마의 계획으로, 이것이 동남아시아 지역에 미국이 남긴 유산의 진열장인 필리핀의 민주주의를 훼손시킬 수는 없다고 묘사되었다. 냉전과 매카시 시대의 오래된 광풍은 신식민주의의 의제로도 유용했다. 미 군사고문단과 손을 맞잡고 필리핀 국방군은 대[對] 게릴라 작전을 계획하고 수행했다.

국가주권에 대한 의문

이제 미군기지에 대한 논의가 신식민지적 설계의 역사적 유물과 뒤섞여 필리핀의 정치·경제적 주권 차원에서 중심 문제가 되어왔음을 이해할 수 있을 것이다. 1990~91년의 기지협상에서 미국 관료들은 필리핀에 대한 외국의 경제적 원조와 협정의 갱신을 거리낌 없이 연관 짓는 뻔뻔스런 태도를 보였다. 아키노 행정부는 이를 필리핀 경제를 부양하기 위한 것으로 보았고 아키노 여사는 “기지협정이 비준되면 (우리는) 다른 나라들로부터 보다 많은 지원과 원조를 더 쉽게 받을 수 있을 것으로 기대한다”고 했다.

필리핀 협상팀을 이끈 라울 망글라퍼스(Raul Manglapus)는 저명한 학계 활동가들 사이에선 지조 있는 "앰보이(Amboy, 미국 소년)"로 알려진 인물이다. 망글라퍼스를 위시한 협상단은 자신들의 이해관계에 따라 협상과정에서 필리핀 국민들을 팔아넘기려 했다. 필리핀 사람들의 정신 속에 자리 잡아버린 경제적 침체에 대한 절망감을 내세워 협상단은 미군기지시설을 유지하면서 받는 보상금이 침체된 경제에, 특히 기지 주변지역에 도움이 되며 앞으로도 계속 도움이 될 것이라는 주장을 반복했다. 그러나 협상에 상관없이 필리핀 경제는 병들어 있고, 너무 병이 깊어 기지에 대한 포괄적인 "보상"이라는 미국의 경제적 원조 약속은 거의 도움이 되지 않는다는 것을 모든 사람이 알고 있었다. 협상단을 제외한 나머지 사람들은 망글라퍼스-아미티지(Armitage)가 제안한 협정이 뻔뻔스런 매국행위였으며 '금전등록기 외교'의 전형적인 예라고 말한다.

최근의 지정학적 상황변화, 구소련과 서구세력 사이의 긴장완화에도 불구하고 워싱턴과 펜타곤은 이 지역의 안정요인이라고 의미를 부여하면서 필리핀 기지의 유지를 계속해서 주장했다. "상호 안보"는 아키노 정부를 포함해서 기지존속 지지자들이 강조하는 지점이다.

필리핀 국방군과 미 국방성 관료들은 기지협정이 거부될까봐 필리핀 군대의 미래에 대한 위협론을 만들어냈다. 협정이 거부된다면 군대의 현대화가 위태로워질 것이라고 했다. 미국은 국방군이 좌익혁명세력 및 모로민족해방전선(MNLF, Moro National Liberation Front)을 상대로 한 대 게릴라 작전 프로그램(민간인에게 해를 주고 전국 곳곳의 마을을 파괴시킬 수밖에 없는 작전)을 수행할 수 있도록 무기와 장비를 제공한다는 것이다. 여기에 반대해 인권옹호자들은 국방군의 대 게릴라전술이 단지 공산주의자들과 모로 분리주의자들만을 대상으로 한 것이 아니라고 주장한다. 사실 이 작전은 정당한 노동조합과 기타 정부 비판세력을 포함, 합법적인 대중조직을 표적으로 삼고 있다. 민족주의자들은 이런 위협을 필리핀에서 미국의 이익을 보장해주기 위한 아키노 정부의 비굴한 아첨으로 보았다. 더욱이 국방군에 대한 미국의 무기 공급은 노골적인 내정간섭을 가능케 한다.

보도에 의하면 여러 이유를 들고, 다양한 색조를 띤 반미주의가 일어나고 있다. 특히 친미의 보루로 여겨지던 곳에서조차 고개를 들고, 앤젤레스와 올롱가포시에서는 시민들이 공공연하게 기지 당국의 활동을 비난하고 있다. 심지어 충실한 기지찬성론자인 올롱가포시장 리처드 고든(Richard Gordon)조차 파나투보 화산폭발 당시 강력한 폭발을 피해 피난민들이 기지로 접근하려 하자 이를 거부한 수빅 기지사령관과 나중에 설전을 벌였다. 고든은 사령관 머서(Mercer)가 피난민들에게 나누어주라고 트럭에 실어 보내온 사과를 거절하는 극적인 조처를 취하기도 했다. 머서는 아마 늘 가난한 필리핀 사람들에게 크리스마스를 연상시키는 트럭 한 대 분의 과일이면 고든과의 문제를 해결할 수 있을 것이라 여겼을 것이다. 그러나 고든조차 돈으로 해결되지 않았다.

앤젤레스시에 사는 주민들은 피나투보산에서 흘러내리는 빗물로부터 기지를 지킨답시고 클라크 기지 내 저수지 수문을 열었던 미군이 세 개의 주요 다리 붕괴와 고속도로 유실, 그리고 시를 파괴시킨 용암에 대한 책임이 있다고 주장했다. 피나투보 화산활동에 의해 촉발될 수 있는 핵 관련 사고와 방사능유출에 대한 뉴스 보도로 인해 지역 내 불만은 더욱 높아졌다. 미군기지는 항상 핵무기 보유에 대한 혐의를 받아왔다. 미군기지 당국은 "긍정도 부정도 하지 않는" 정책으로 일관했지만, 피나투보 화산폭발 첫날 미군들이 신속히 클라크를 탈출했다는 사실은 이런 주장을 더욱 뒷받침해주었다. 이것이 바로 소위 미국과 필리핀의 특별한 관계를 보여주는 한 단면이다.

기지, 재난인가 혜택인가?

피나투보는 기지와 관련된 논쟁과 학술적 문제의 한 측면을 보여주었다. 그러나 클라크, 수빅, 그리고 그 외 소규모 군사시설들이 마침내 폐쇄되었다 해도 필리핀이 기지로부터 경제적 이익을 얻어왔다는 주장에 대해 검토해보는 것은 여전히 유용한 일이다.

필리핀 도처에 있는 미군기지 시설은 그 주변 지역사회에 사회경제적 영향을 미쳐왔다. 즉 경기가 활성화되고 미군과 미 군속의 요구에 맞춘 상품과 서비스가 늘어났으며 기지 시설들을 운영하기 위해 필리핀 노동자들이 고용되었다.

하지만 기지 주변지역, 특히 올롱가포와 앤젤레스에서 가장 눈에 띄고 가장 중요한 경제활동은 매매춘이었다. 사실 "유흥업"을 제외한 다른 산업은 존재하지 않는다. 올롱가포시장은 한 잡지와 가진 인터뷰에서 "올롱가포에는 매매춘이 없다"고 주장했지만, 1990년 1/4분기 동안 수빅과 클라크 주변에서 '휴식과 오락' 사업에 고용된 사람의 총 수는 각각 1,567명과 615명으로 등록되어 있었다.1) 여성연구기관에서 시행한 조사에서는 앤젤레스와 올롱가포에서만 등록자와 미등록자를 합쳐 약 55,000명의 매춘여성이 있을 것으로 추정했다. 이 수치에 아동 매매춘은 포함되지 않았다.2)

이들 지역에서 '휴식과 오락' 사업을 확장·영속시키는 데 기여하는 사람은 비단 미군만이 아니다(참화를 불러온 피나투보 화산폭발 이전까지 이 두 기지에는 약 10만 명의 미군과 군속이 머물고 있었다). 지역주민들도 여성들을 상대로 장사를 하면서 여기에 많은 역할을 해왔다. 지방정부도 많은 경우 외국인 소유의 시설물과 함께, 두 도시의 재정을 채워주는 지역사업자들의 세금과 공과금의 중요성을 인정해왔다.

피나투보 화산폭발 전, 클라크 주변지역은 정치적 긴장이 고조돼 있었다. 일차적으로 신인민군(NPA, New People's Army)의 공산당 지하혁명운동이 그 힘을 과시하며 미군기지 군인들을 목표로 삼기 시작했기 때문이다. 미군은 부대원들이 기지를 벗어나지 못하게 하는 조치를 취했다. 업자들이 미군들에게 세를 놓기 위해 지은 앤젤레스의 집들은 수개월 동안 비어 있었다. 많은 술집의 수입이 급감했고 절박해진 여성들은 얼마라도 벌기 위해 클라크 기지 앞에서 손님을 기다렸다.

피나투보 화산폭발로 인해 이런 상황은 더욱 극적으로 변했고, 지역경제가 기지에 대한 의존성에서 벗어나는 것이 얼마나 시급한 일인지 명료해졌다. 시간이 지남에 따라 이런 의존성은 지역의 다른 부문들을 저해한다는 점을 보여주었다. 즉 보다 나은 경제적 잠재성을 억제하고, 지역사회가 정치적 조작에 취약성을 나타내는 것으로 드러났다. 지금까지의 그 어느 때보다 기지촌의 경제적 자립과 안녕에 기여할 수 있는 산업을 개발해야 할 필요성이 커지고 있다. 결국 이들 지역사회와 필리핀 전체는 허약한 정치적 환경을 뛰어넘는 경제를 수립해야 한다. 국민의 일상적 삶이 남에 의해 좌우되는 정치적 환경 말이다. 특히 아키노 정부에 있어서 경제회복의 통로를 미국 정부의 마술적 약속에 매달리는 것은 국민을 속이는 일이다. 결국 국제정치는 빅 브라더-스몰 브라더(big brother-small brother)④ 철학을 보장하지 않는다. 오직 자국의 이익만이 영원할 뿐이다.

국가주권 문제 이상의 기지와 매춘문제

1986년 코라손 아키노(Corazon Aquino)가 정권을 잡았을 때, 그녀의 가장 중요한 선언 중 하나는 필리핀의 매매춘 산업과 관련된 것이었다. "나는 여성들에게 일자리를 제공하여…… 그들이 매춘에 의지하지 않도록 최선을 다할 것이다." 이는 기지문제에 매매춘을 결합시킨 민족주의 운동 진영의 페미니스트들이 적극적으로 활동을 펼쳐 얻은 결실이었다.

국민운동이 한 축이 되고 필리핀과 미국 정부가 다른 한 축이 돼서 쌍방 사이에 분쟁의 대상이 되어온 미군기지는 주권문제를 다룰 때마다 무엇보다 먼저 대두되었다. 그러나 현재 필리핀에서 한창 활동 중인 여성해방운동에서 기지문제는 주권문제 이상이다. 사실 기지문제는

④ 형제처럼 굳건한 동맹관계를 말한다.

국가존엄성, 계급불평등, 성정치학, 인종주의의 문제다.

피나투보 화산폭발 사고로 나라 전체가 기지문제를 좀더 자세히 살펴보는 또 다른 통로가 열렸다. 피해 지역과 기지의 피해에 대한 보도가 방송전파와 일간지를 가득 채웠다. 인류학자들이 필리핀인의 조상이라고 했던 종족, 거의 잊혀졌던 아에타(Aeta)족이 헤드라인으로 다루어졌다. 집과 재산이 파괴된 모든 사람이 최소 한 줄씩 뉴스에 소개되었다. 반면 매춘여성의 곤경에 대해서는 철저한 침묵으로 일관하며 한 차례도 주목하지 않았다. 현재까지도 이들은 기지 주변 피해지역에서 큰 부문을 이루고 있다. 아마 노동부문에서 다른 어떤 노동자보다 규모가 클 것이다. 그리고 의심할 여지없이 그들은 다른 사람보다 열악한 처지에 놓여 있다. 가부장제는 어떠한 기회도 허락하지 않는다.

아키노와 [전]부시 행정부 사이의 협정초안에는 매춘여성에 대해 어떠한 관심도 담지 않았다. 여전히 어떤 군사협정이든 기지 군인들의 비군사적 "요구"(가부장제가 항상 그 자체로서 정당하다고 간주해온 요구 중 하나인 성적 서비스)에 응할 수 있다는 해당 국가의 능력을 암묵적으로 전제하고 있다. 군국주의와 성차별주의는 가부장제라는 한뱃속에서 태어난 쌍둥이다. 그리고 역설적이게도 평화와 진보의 이름으로 지금까지 내내 인류의 역사를 혼란스럽게 해왔다.

매매춘 여성들의 삶에 기지가 미치는 영향을 세심하게 고찰해보기는커녕 그에 대해 아무런 고려도 하지 않은 채, 필리핀 협상팀은 사회경제적 활동에 필요한 교육과 기술, 기타 기초적 기능을 갖추지 못해 매매춘이 자신과 가족을 위한 유일한 선택이라고 여기는, 절박한 상황에 놓인 수천 명의 가난한 여성들의 존엄성을 팔아버렸다. 이 나라의 가부장제는 또 다시 자기 딸들을 최고 입찰자에게 팔아넘기는 것을 묵인했다.

피나투보가 화산재와 용암으로 뒤덮인 현재의 회색 풍경으로 이 지역을 파괴시키기 전까지는 술집과 나이트클럽이 앤젤레스와 올롱가포를 여타 도시와 뚜렷하게 구분해주었다(외국시설이건 자국시설이건, 군 시설물이 들어선 지역이면 어디나 마찬가지였다). 여기에는 값을 깎아야 할 대상으로서 여성이 1차 상품이 되는 "유흥" 센터가 있어서, 일상적인 성매매가 지역사회 생활 중 한 부분을 이루었다. 필리핀에서는 매매춘이 불법이기 때문에 이를 금지해온 입법자들은 "유흥"이라는 완곡한 표현으로 사실을 호도하고 있다. 우리나라에는 매매춘이 없다, 단지 필리핀 사람의 인종적 성향이라고 알려진 연예기질을 가진 사람, 혹은 "서비스 부문"에 속한 "접객 여성"들이 있을 뿐이라는 식이다. 물론 언어적 곡예나, 악취 나는 사회적 현실을 일소한답시고 이를 무균상태의 경제적 범주로 치환하고 싶어 하는 공무원의 기호보다 더 위선적인 것은 없다.

과거에 수행된 모든 연구에서 매매춘은 빈곤이라는 맥락 속에서 분석되었다. 쉬운 일이었다. 간단히 주변만 둘러봐도 가난에 빠져 허우적거리는 느낌을 주는 응답자가 눈을 똑바로 응시한다. 그러나 수년 동안 좀더 가까이에서 살펴본 여성 활동가와 늘어난 페미니스트 연구자들은 가난으로 얘기하는 것은 지나치게 단순화한 설명이라고 한다. 그렇다면 왜 모든 가난한 필리핀 사람들이 매매춘에 종사하지 않느냐는 것이다. 도덕 때문에? 가난한 사람들에게 도덕은 종종 사치다. 사실 필리핀에서 가장 뻔뻔스런 부도덕은 사회적 지위 사이에 놓인 극심한 빈부격차 속에 존재한다.

슬프게도 아직까지 민족주의 운동의 의식 속에서 거의 주변 문제로 취급되어온 가부장제에 대한 분석은 이제 시작되었을 뿐이다. 가장 믿음직한 정치활동가, 필리핀 사회를 잘 짜여진 분석틀을 가지고 분석해온 사람이라 할지라도 여성의 몸을 제도적으로 이용하는 남성의 정치적 특권인, 필리핀 가부장제의 개념을 제대로 평가하지 못하고 있다.

필리핀이나 여타 지역의 가부장적 문화는 결혼여부에 상관없이 자신의 성적 요구를 충분히 표현할 권리를 가지고 있다고 여겨 자신이 이해한 대로 실행하는 것이 절대 문제될 게 없다고 (심지어 타당하다고) 생각하는 남자들을 만들어냈다. 한편 결혼은 합법적인 성관계가 보장되고, 재생산을 위한 것으로 교회가 인정한 제도일 뿐이다(그리고 그 자체로 복잡한 문제다).

군 매매춘에는 계급차별주의, 인종주의, 성차별주의, 제국주의가 강하게 결합되어 있음을 볼 수 있다. 올롱가포에서 인기 있게 팔리는 티셔츠에는 "쌀로 힘을 내는 작은 갈색 섹스기계"라는 글귀가 쓰여 있는데, 이는 가장 혐오스런 인종주의자가 상상의 극치를 달린 작품이자, 소위 유흥업에서만 가능한 얘기다. 인종주의와 성차별주의는 현재 국가주권 문제의 지렛대로 보인다. 이 책에 담긴 여성들의 체험담은 지렛대로 작용할 원동력을 보여주는, 최고의 감동을 주는 진술로 다가온다.

"유흥업"에 종사하는 여성들을 위해 포괄적인 기지전환계획을 이끌어낸 '여성의 교육과 개발, 생산성 연구단체(WEDPRO, Women's Education, Development, Productivity and Research Organization)'3)의 한 연구는 이 문제를 간결하게 정리하고 있다. "기지-육체 거래의 기저에는 군대식 사고 속에 뿌리 깊게 자리 잡은 남성다움이라는 과장된 개념이 존재한다. 즉 아내가 됐든, 동거녀 또는 매춘부가 됐든, 군복 입은 남자들의 욕구를 채우기 위한 대상물로 전락시켜 여성의 통제와 이용을 조장하는 게 군대식 사고다." 매매춘은 가장 지독한 여성의 성적 노예화 형태며, 매매춘이 군국주의와 한 몸이 되어 여성의 노예화가 증가되고 있다는 사실이 극명하게 드러나고 있다. 군국주의가 손을 뻗치고 있는 곳마다 매매춘 역시 활성화되어 있는 것이다. 필리핀 여성단체들은 소도시의 윤락가와 심지어 시골마을에도 야자 잎으로 지은 오두막 스타일의 디스코클럽, 나이트클럽이 급격히 확산되는 것을 목격했다. 군사시설이 있는 곳에서는 지금도 젊은 여성들이 성상품으로 거래되고 있다. 실제 "유흥"의 개념은 가난한 살림살이 속에서 매춘을 일상생활로 받아들인 사람들의 심정을 악용해왔다. 미군과 기지관계자들, 그리고 필리핀 남성들까지 즐겁게 해준다는 것은 삶의 본질인 인간의 존엄성이 나날의 일상 전체에서 온데간데없이 사라졌다는 걸 뜻한다.

빈곤의 외양과 그림자

기지는 수천 명의 필리핀 사람들에게 일자리를 제공해주었다. 하지만 그것은 정말 지독한 일자리다. 그 일은 다른 어떤 분야보다 여성들을 에이즈, 성병, 성적·육체적 폭행, 알코올중독 및 약물남용, 원치 않는 임신, 기타 사회적으로 용인되지 않고 종종 생명을 위협하는 상황에 쉽게 노출되도록 했다. 정말로 필리핀 여성들은 미군과 필리핀 남성의 '휴식과 오락' 요구를 매매춘으로 채워주는 데 많은 기여를 하고 있다고 말할 수 있다. 매매춘으로 클럽과 윤락가의 금전등록기가 쉴 새 없이 여닫히고 있는 것이다. 올롱가포 같은 지역에서는 이 여성들이 시의 주요 수입원이다. 결국 이런 사실들이 필리핀에 미군기지가 존속해야 할 필요성의 근거로 이용되고 있다.

당연히 기지 철수는 사회경제적으로 부정적, 긍정적 영향을 동시에 미칠 것이다. 부정적 영향에는 일자리와 수입의 감소, 불완전고용과 실업의 증가, 경기 위축, 정부 사회복지사업에 대한 요구 증가 등이 있다. 매매춘산업에서 수입은 최소화되고 여성들은 항상 실업과 불완전고용 사이를 오가게 된다. WEDPRO 연구에서 제시된 긍정적인 영향은 이렇다. 여성의 성적 노예 형태인 매매춘의 감소로 유흥업에 종사했던 여성들이 새로운 구직기회를 얻을 수 있으며, 이로 인해 여성의 자아존중과 전체 생활형태의 개선이 이루어진다. 또한 이는 약물 및 알코올 의존성 감소로 이어지고 성병과 에이즈 감소, 범죄율과 불법행위 감소, 불법적 낙태 감소 등을 유발해 여성과 아동, 지역사회를 위한 보다 안정적이고 안전한 사회경제적 환경이 조성된다.

일반적으로 '휴식과 오락' 산업에 종사하는 여성들은 상대적으로 높은 수입을 올린다고 생각한다. 그러나 WEDPRO의 조사는 이와 다른 현실을 보여준다. 거래가 불규칙적이고 개별여성이 처한 다양한 환경이 결정적 역할을 하기 때문에, 대체로 매춘여성들의 수입은 확인이 어렵다. 매춘여성들은 "지하" 경제활동과 관련되어 있어서 경찰과 사법당국으로부터 단속의 대상이 되고 다른 힘든 경험을 당하기 쉽다. 매춘여성들의 수입을 확인하기 어려운 또 다른 이유는 '휴식과 오락' 시설 업주들이 공식적인 보고를 제대로 하지 않기 때문이다.

사실 이 여성들도 우리와 마찬가지로 보다 안락한 생활과 물질적인 것을 갈망한다. 하지만 현실이라는 나락의 깊이는 주술 같은 유흥의 번쩍거리는 겉치레, 즉 약물, 음주와 드물지 않게 벌어지는 격렬한 섹스, 저 너머에 있다. 여성들은 이를 "유흥" 분야의 일로 여긴다. 필연적으로 판에 박은 매춘여성의 전형이 널리 선전된다. 열심히 일하려 하지 않고 약물, 음주, 섹스로 "즐기는 것"을 좋아하는 아주 게으른 사람이라고 말이다. 이런 고정관념을 이 산업에 종사하는 대부분의 여성에게 적용하는 것은 정당하지 않다. 매춘여성들은 공통적으로 이렇게 한탄한다. "우리는 자기 처지를 잊으려고 약물을 복용하고 자신의 억제력에서 벗어나려고 술을 마신다. 우리는 테이블에 있는 술을 마셔야만 한다. 그래야 수수료라도 받을 수 있기 때문이다. 일하면서 너무도 많은 부분이 우리를 쇠약하게 만든다. 도대체 어쩌란 말인가?"

가장 중요하게 봐야 할 것은 여성들을 이 산업에서 벗어나기 어렵게 만드는 게 바로 그런 진부한 관념이라는 점이다. 이 일을 그만둔 후에도 "죄 많은" 여자의 이미지가 계속 그들을 괴롭힐 것이라는 점을 알고 있기 때문이다. 이런 일에서 벗어난다 해도 결국 사회의 주류와는 관계없는 주변부로 밀려나는 악순환이 벌어질 뿐이다. 유흥업을 떠난 사람들은 술집과 나이트클럽에 남겨진 그들의 동료와 멀어진 느낌을 받는다고 한다. 남은 이들은 전직 매춘부를 "마침내 일을 그만두고, 나머지 사람들은 도달할 수 없는 위치와 지위로 옮겨간 사람"이라 여기는 경향이 있다.

스멀거리듯 도시로 파고든 빈곤이 이런 일에 종사하는 여성들의 특성을 어느 정도 바꾸어 놓았다. 매춘여성들은 가장 가난하고 소외된 지역 출신들일 것이라는 일반적인 믿음과는 달리 올롱가포와 앤젤레스의 여성 대부분이 수도권을 포함, 타갈로그어를 사용하는 지역과 비사야라는 준도시화 또는 도시화된 지역 출신이라는 것이 WEDPRO 연구에서 드러났다. 그리고 여성의 상당수가 어렸을 때 근친상간과 갑작스런 임신 등 성적·육체적 학대를 경험했던 것으로 나타났다. 실제 적지 않은 수의 여성이 예기치 못한 일로 어쩔 수 없이 집을 떠나야 했다. 분석을 통해 분명하게 드러난 점은 가족의 부정적 역할이다. 친족에 의해 저질러진 성적 학대의 경험이 이 여성들을 심리적으로 마비된 상태로 살아가게 하고 있다. 그리고 여기에는 이런 문화를 사회의 기초라고 보는 가부장제가 있다. 역설적이게도 대중매체와 교회는 매춘여성들을 도덕성을 상실한 여자로 판에 박듯 유형화하지만, 이 책에 실린 이야기들은 여성이든 남성이든 매매춘을 하는 젊은이들의 최대 알선자는 바로 위선적 사회라는 점을 대신 지적한다.

여성의 몸, 마지막 식민지

피나투보산의 화산활동으로 유발된 재난은 기지의 물리적·경제적 환경을 완전히 바꾸어 놓았다. 이 재난의 영향으로 유흥업에 종사하던 수천까지는 아니더라도 수백 명의 여성들이 실직상태에 놓였고, 곧바로 재취업을 예견할 수도 없는 상황이 되었다. 슬픈 현실이지만, 일반적으로 사회는 매춘여성들의 직업에 낙인을 찍어 이 여성들을 즉각 지원하는 것에 대해 적대적이지 않다면 냉담한 편이다. 화산활동으로 사람들이 대규모 물리적·경제적 혼란에 빠진 상황에서도 구호와 복구 작업에서 가장 소외되는 사람이 매춘여성들이다.

피나투보의 화산활동에 따른 전통적인 단골고객의 감소 후 제기된 흥미로운 의문은 매춘여성들이 일을 그만둘 것인가 하는 문제였다. 매춘과 그들을 매춘으로 내몬 요인들을 이해하는 데는 화산폭발과 기지철수 후 매매춘에 계속 종사하는 여성의 규모와 정도를 살펴보는 일이 추가돼야 할 것이다.

스캔들, 고발, 역고발이 난무하는 분파적 선거분위기 속에서 기지문제에 대한 입장을 명확히 밝힌 피델 라모스(Fidel V. Ramos)가 새 대통령으로 당선되었다. 그는 "미군기지를 폐쇄하기로 한 지난해의 결정 이후 형성된 이 나라의 반미 이미지를 지우고" 싶다고 했다. 기지를 반대한 국회의원들은 선거에서 고배를 들었다. 겨우 몇몇만이 간신히 재당선되었다. 총기류, 금권, 폭력이 난무하는 가운데 이에 굴하지 않고 싸운 사회운동에도 불구하고, 인간적 매력과 정실주의 정치가 여전히 원시적인 마력처럼 유권자의 표를 흔드는 필리핀에서 기지문제는 유권자의 관심을 끌지 못했다. 기지전환 문제, 기지지역 난민촌의 궁핍상, 그리고 특히 매춘여성과 그 가족들의 어려움을 뉴스로 다룬 소수 언론인들의 훌륭한 노력이 일반 대중의 의식 속에서는 공룡처럼 보이는지도 모른다. 이런 점에서 대중의 관심을 끈 피나투보가 더 운이 좋다.

한편, 프랭크 와이즈너(Frank Wisner) 미국대사는 비록 필리핀에서 기지는 폐쇄되었지만 미국은 1958년 양국간 체결된 안보조약을 고수할 것이라고 밝혔다. 이 조약에는 미국이 필리핀 방위에 원조를 제공하도록 되어 있다.[4)]

1992년 9월 수빅 기지로부터 미군이 최종 철수하면 기지전환계획은 청사진을 만드는 단계로 남는다. 1990년 입법행정기지위원회(LEBC, Legislative Executive Bases Council)가 실시한 기지전환 연구는 배경정보 수준으로 격하된 것처럼 보인다. 아마 정부주도의 많은 연구 파일 속에서 실종되었는지도 모른다. 존경받는 학자와 경제단체의 확인과정을 거침으로써 LEBC가 제안한 프로그램이 생명력을 갖고 있었는데도 말이다. 대신 거대한 수빅 해군기지에 디즈니랜드를 세우겠다는 연구보고가 있다. 보도에 의하면 월트디즈니사는 기지 지역 4만 헥타르(400km^2)의 부지를 임차하는 데 관심을 보였다. 이외에도 유니버셜스튜디오사의 종합스튜디오 건설을 비롯해 카지노, 플라스틱공장, 조선소 건설 등이 포함된 제안서들도 있다.

올롱가포 시장이자 '수빅기지 대도시개발국(SBMA, Subic Base Metropoltitan Authority)'의 수장인 리처드 고든은 도시기반시설전환에 필요한 자금 확보를 위해 적극적으로 무상원조와 차관을 끌어오려 하고 있다. 세계은행(World Bank)은 1992년 9월까지 45만 달러의 1차 원조를 제공하겠다고 약속했다. 또한 기타 아시아 금융기관들도 차관을 제공하기로 했다. 정말로 기지부지의 새로운 개발전략의 틀 속에서 술집과 나이트클럽 여성들을 실질적으로 고려하기만 한다면, 그런 열의는 가치를 인정할만하다는 평가를 들을 것이다.

필리핀 매춘여성들은 오랫동안 싸워왔다. 더욱이 독특한 필리핀 가부장제의 뿌리를 찾으려는 최근의 시도 속에서 여성해방운동은 이 시대 기지 역사로부터 몇 가지 교훈을 얻을 수 있을 것이다. 신식민지적 질서의 영속뿐 아니라 인종주의와 성차별주의가 뒤섞인 양상을 띠고 있는 게 기지 역사다. 수빅과 클라크 주변, 그리고 군국주의가 번성한 모든 곳에서 여성의 몸은, 페미니스트 학자 마리아 미즈(Maria Mies)의 표현에 의하면, 결국 가부장제의 마지막 식민지다.

---

1) *Sunday Inquirer Magazine*, 1991. 5. 19.

2) 필리핀의 여성운동, 특히 미군 기지촌 여성운동에서는 "매춘부(prostitutes)" 대신에 "팔리는 여성들(prostituted women)"이라는 용어를 사용한다. 매춘부라는 용어는 낙인과 고정관념을 부여하지만, 후자는 여성들이 어느 정도 이 일을 자발적으로 선택하지 않았다는 것을 함축한다. 이들 지역에서 매매춘과 '휴식과 오락(R&R)' 분야에 대해 연구하고 있는 연구자들은 정부의 규제가 미치지 않는 곳에서 일하는 여성까지 포함한다면 유흥업에 종사하는 전체 여성의 수가 줄잡아 "접객 여성"으로 등록된 수의 두 배에 이를 것으로 보고 있다.

3) 페미니스트 연구단체다. WEDPRO가 펴낸 보고서에는 *Feasibility Study on Alternative Employment*와 *Economic Livelihood and Human Resource Development Needs for Women in the Entertainment Industry: Clark and Subic*이 있고, 그 후속물로

버지니아 미랄라오(Virginia A. Miralao)와 셀리아 카를로스(Celia O. Carlos), 아이다 산토스(Aida F. Santos)가 함께 저술한 *Women Entertainers in Angeles and Olongapo* (Manila, Philippines: June 1990)가 있다. 이 보고서들은 기지노동자, 도시빈민, 필리핀 원주민으로 나뉜 3개 분야 연구결과 중 일부다. 이 연구는 미국-필리핀 군사기지협정의 종료에 대비하여 포괄적인 기지전환프로그램을 이끌어내기 위해 대통령실 산하에 설치된 입법행정기지위원회(LEBC)에 의해 착수되었다. 기지의 완전 철수에 관한 연구를 전제로 위임을 받은 WEDPRO 보고서에는 앤젤레스와 올롱가포의 여성들에 대한 조사내용이 담겨 있다. 그 중 가장 최근에 조사한 자료는 매춘과 관련해 신화처럼 굳어진 얘기는 그 근거를 잃었다고 밝히고, 매춘을 조장하는 구조적 발생요인으로 가부장제의 역할을 강조하고 있다.

4) *Philippine Daily Inquirer*, 1992. 5. 29.

올롱가포의 술집 시스템

산드라 스터드반트 · 브렌다 스톨츠퍼스

필리핀에서 매매춘은 불법이다. 그러나 올롱가포, 그에 인접한 두 소도시 바리오바레토와 수빅시에는 약 15,000명에서 17,000명으로 추산되는 "접대부"들이 있다. 이 "접대부"라는 용어는 매춘부 혹은 성노동을 파는 여성을 완곡하게 표현한 것이다. 이런 여성 약 9,000명[1)]이 성병진료소(SHC, Social Hygiene Clinic)에 등록되어 있다. 따라서 결국 "합법적"인 것으로 돼버렸다. 등록되지 않은 여성은 매춘부라 불리며 불법이기 때문에 단속, 구금의 대상이 된다. 여성보다는 적은 수지만 "접객업"에 종사하는 남성들도 있다.

올롱가포에는 330개의 술집·마사지업소·유흥업소가 있다. 뿐만 아니라 양복점에서도 성노동을 팔기 때문에 그곳 여성들 역시 등록되어 있으며, 성노동을 살 수 있는 업소의 수는 증가추세다.

성병진료소는 올롱가포시 보건과와 미 해군이 함께 하는 사업이다. 미 해군은 의약품과 기술원조를 제공한다. 올롱가포 시당국은 직원들의 급여와 건물을 제공한다. 처음 여성이 고용되면 시장의 허가증(보건증)을 받기 위해 진료소에 등록해야 하며, 이 허가증이 있어야만 합법적으로 일하는 것이 가능하다[2)]. 등록하기 위해서는 흉부 X선 촬영, 성병검사, 혈액검사를 해야 하며 소변 시료를 제출해야 한다. 그런 다음 질병이 없다는 확인카드를 발급받게 되며, 이후에도 한달에 두 번씩 성병검사를 받고 일년에 두 번씩 흉부 X선 촬영 및 에이즈검사를 받아야 한다. 종업원 중 25% 이상이 등록하지 않은 업소라면 종업원들이 등록될 때까지 미군 출입금지 업소로 지정된다. 일부 클럽은 야간 부업거리를 찾는 해군 위생병을 불러 업소 내에서 자체 건강검진을 하기도 한다.

업소에서 일하는 사람들은 성병진료소 검사비용을 자신이 직접 부담해야 한다. 만약 성병검사에서 양성이 나오면 업소에 연락해서 치료를 받고 완치될 때까지 일을 못하게 한다. 손님은 업소여성에게 병이 없는지 확인할 수 있는 카드를 제시하라고 요구할 수 있지만, 자신은 병이 없다는 것을 입증할만한 카드를 들고 다니지 않는다. 미군의 경우 심각한 성병에 걸린 것으로 판명되면 기지외출을 금지시킨다. 때문에 일부는 이런 금지조치를 피하기 위해 기지 밖의 병원에서 치료를 받는다.

필리핀에서 낙태는 불법이며 카톨릭의 영향으로 죄짓는 행위로 여긴다. 그러나 올롱가포의 여성들은 낙태를 한다. 그것도 불량한 의료 및 위생상태에서 말이다. 낙태는 대개 힐롯(Hilot)[3]의 마사지에 의해 이루어진다. 힐롯은 태아가 떨어져 나올 때까지 복부를 마사지한다. 비용은 임신 개월수에 따라 지불한다. 이런 시술로 인해 여성이 감염이라도 일으킨다면 병원을 찾아야 하는데 그 때도 돈이 없어서 치료를 받기가 어려워진다. 또한 태아가 여전히 살아있는지 의사가 확인하고자 하기 때문에 치료가 지연되기도 한다.

술집에서 여성들은 요금수납인으로, 웨이트리스로, 고고댄서로, 혹은 접대부/호스티스로 일한다. 어떤 위치에 있건 손님과 2차를 나갈 수 있지만, 그렇다고 클럽의 모든 여성이 성노동을 파는 것은 아니다. 그러나 대부분의 술집들이 여성들에게 성노동을 팔 것을 요구한다. 만약 이를 거절하면 일자리 잃을 각오를 해야 한다.

필리핀의 법률에 의하면 접대부도 등록된 노동자기 때문에 최저임금과 출산수당을 받을 권리가 있다. 그러나 접객업에서는 이런 법률이 대개 무시되고 있다. 일의 형태나 업소에 따라, 여성이 받는 손님 수에 따라 벌이가 다양하게 벌어진다. 요금수납인은 600페소① 정도의 월급을 받고 고고댄서는 하룻밤에 20~40페소를 번다. 웨이트리스와 접대부의 임금은 이보다 적거나 아예 없다.

여성들은 기본적으로 아가씨음료(ladies' drink)②와 외박비(bar fine)③에서 수수료를 받아 돈을 번다. 아가씨음료는 손님이 이야기를 나누고 싶은 여성에게 사주는 혼합음료다. 외박비는 손님이 여성을 하룻밤, 혹은 숏타임 등 2차를 위해 데리고 나갈 때 술집에 내는 요금이다. 두 경우 모두 여성이 받는 수수료는 전체 요금의 절반도 되지 않는다. 아가씨음료는 한 잔당 25~40페소다. 하룻밤 외박비는 250페소에서 1,200페소에 이르기까지 술집마다 아주 다양하다. 대부분의 하룻밤 외박비는 300에서 600페소 사이이다.

손님이 여성에게 만족하지 못한 경우, 외박비를 돌려달라고 요구하는 경우도 있다. 술집 업주가 여기에 동의했을 경우, 외박비는 고스란히 그 여성 앞으로 전가된다. 뿐만 아니라 몇 분이라도 지각을 했거나, 근무 중 슬리퍼를 신은 경우, 규정된 업소 유니폼을 입지 않은

① 인터뷰가 진행된 1989년경의 페소화 환율은 원화로 환산하면 33원 정도였다.

② 한국에서는 가짜 술이라는 뜻에서 '짜가'로 불린다.

③ 여자에게 직접 주는 화대와는 성격이 다르다. 한국의 기지촌에서는 티켓으로 불리기도 하며 여성과 함께 보낼 수 있는 시간에 대한 대가를 뜻한다. 티켓은 보통 손님이 원하는 바에 따라 돈을 지불한다.

경우, 호객행위를 하지 않은 경우 등에 대해 벌금을 매기는 게 보통이다. 모든 벌금은 여성들이 받아야 할 수수료에서 뺀다.

미군과 함께 걸어가는 필리핀 여성은 누구나 제지를 당해 외박비 지불 시 받는 외박허가증의 제시를 요구받을 수 있다. 외박허가증이 없을 때는 클럽에 고용되어 있든 아니든 매춘부로 취급당해 체포될 수도 있다. 클럽에 고용되어 있다는 증거로 보건증을 제시해도 외박허가증이 없으면 클럽과 무관하게 영업하는 것으로 간주하며, 따라서 불법이다. 이런 경우에는 업주나 지배인이 와서 그녀를 데려가야만 한다. 그리고 그 여성에게는 술집 벌금이 매겨진다. 이런 벌금을 피하기 위해 여성들은 외박허가증이 없을 때 단속공무원에게 흔히 뇌물을 준다. 경찰과 관련공무원들은 이런 뇌물로 박봉을 충당하기도 한다. 매춘부로 체포되어 유치장에 가게 되면 벌금뿐 아니라 경찰들에게 성적서비스를 제공해야만 할 때도 있다.

술집 업주는 필리핀 남성, 화교, 그리고 필리핀 여성과 결혼했거나 술집을 소유하기 위해 위장결혼한 전직 미 해군 남성 등 다양하다. 그들은 대개 라이온스클럽과 로터리클럽 회원으로 활동한다. 해당 시의 시장조차 여러 개의 클럽을 소유하고 있다. 클럽 업주들은 협회까지 만들어 전체 술집시스템 내에서 발생하는 일들을 통제한다.

여성들의 수입 수준을 단정적으로 말하기는 어렵지만, 그들이 많은 돈을 번다는 건 하나의 신화에 불과하다. 몇 개 되지 않는 고위층 상대 술집에서 일하거나 하룻밤에 기꺼이 여러 명의 손님을 상대한다면 상당한 수입을 올릴 수도 있을 것이다. 그러나 수많은 손님의 요구에 맞추다보면 자기를 추스르기 위해 알코올이나 다른 약물이 필요하다는 것을 알게 된다.

생각보다 훨씬 많은 여성이 아주 가난하며 가까스로 수입과 지출을 맞추며 산다. 수수료로 얻는 수입은 미 항공모함이 들고나는 데에 좌우된다. 일반적으로 항공모함은 한달에 한두 번 들어오지만 한두 달씩 입항하지 않을 때도 있다. 입항한 배가 없는 기간이 길어지면 여성들은 수입이 없어서 집주인이나 술집 주인에게 빚을 얻어 살게 된다. 마침 배가 들어오면 여성들은 일을 해서 빚을 갚고, 고향에 있는 가족들을 도우려고 가능하다면 시골집에 돈을 부친다. 이처럼 빈곤의 악순환은 계속된다.

여성들은 클럽에 딸린 방에서 살거나 따로 셋방을 얻기도 하고 여럿이 아파트를 얻어서 지내기도 한다. 클럽에서 사는 여성들은 이를 입주(stay-in)라고 하는데, 움직임을 좀더 제한받는다. 그러나 클럽에 따라 방세를 받지 않는 곳도 있다. 대체로 방들은 작고 비좁지만, 도시 내 어느 곳에서 방을 빌리건 마찬가지다.

여성들이 살아가는 또 다른 형태는 집에 들어앉는 방식이다. 미군이 아파트 비용을 내고 정기적으로 혹은 준정기적으로 여성에게 돈을 부친다. 그가 탄 배가 들어오면, 그는 아파트에서 그녀와 함께 지낸다. 그리고 여성은 클럽 일을 그만 둔다는 데 동의한다. 물론 미군이 돈을 보내는 동안만 합의사항을 지킬 수 있다.

올롱가포에서 아프리카계 미군들이 자주 찾는 술집지역을 정글(Jungle)이라고 한다. 정글에 있는 클럽들은 좀더 작고 가정적인 분위기를 풍기는데, 전직 미군들이 소유하고 있다. 그곳의 중심가에는 아프리카계 미군 전용 술집들이 있다. 아프리카계 미군들은 정글 바깥의 술집에도 가지만, 유럽계 미군들이 정글에서 시간을 보내는 경우는 없다.

---

1) 이 연구 당시에 약 9,000명의 여성이 등록되어 있었다. 등록여성의 수치는 변동이 있으며 피나투보 화산폭발로 클라크 공군기지가 폐쇄됨에 따라 등록되었건, 되지 않았건 수많은 여성이 올롱가포와 마닐라의 관광지에서 성노동을 팔았기 때문에 상대적으로 그 수가 증가했던 것으로 보인다.

2) 업소에서 일하는 사람 중 약 90%가 여성이다.

3) 여성치료사인 힐롯은 전통적으로 약초처방뿐만 아니라 마사지와 지압을 한다.

매들린

22살

마닐라/사팡퍼레이 출신

나를 비롯해 우리 형제들은 모두 이곳 마닐라에서 태어났어요. 내가 태어난 후 우리가족은 사마르로 이사를 했대요. 사마르에 대한 기억은 있지만 거기서 그리 오래 살진 않았죠. 내가 10살 무렵 우린 다시 마닐라로 돌아왔어요.

사마르 살 때 부모님은 산에서 벼농사를 지었어요. 땅이 조금 있었거든요. 할머니 땅이긴 했지만요. 할머니가 돌아가시자, 친척들이 그 땅을 나눠가졌어요. 삼촌과 고모가 여러 명인데다 각자 가족이 있어서 한 사람에게 돌아가는 몫은 아주 적었죠. 그런데도 아버지는 형제들에게 자신의 몫마저 나눠줘 버렸어요.

우리가 마닐라로 온 건 시골에선 먹고살기가 어려워서였어요. 우린 마닐라의 무허가촌에서 살았죠. 아버지는 사진사로 일했는데 임시직이었어요. 일하는 사람이 너무 많아서 먼저 출근해 카메라를 차지하는 사람이 임자였대요. 카메라를 차지하지 못하면 한 푼도 벌지 못했고요. 때때로 벌이가 있긴 했지만, 어쩔 때는 전혀 없었어요. 안정적인 건 아무것도 없었죠. 엄마는 세탁일을 하셨어요. 처음 일을 시작할 때 종일 빨래를 해주고 50페소를 받았는데 그 일을 그만둘 때까지도 받는 돈이 똑같았어요.

그러다 마닐라 무허가촌에서 사팡퍼레이[1]로 이사를 했어요. 땅주인은 그곳에 큰 사무용건물을 세울 계획이라 무허가촌을 철거해야 한댔어요. 대신 우리에게 사팡퍼레이에 있는 땅을 줄 테니 몇 번에 나누어 갚으라더군요. 그렇게 해서 지금은 우리 땅이 되었어요. 당시는 마르코스가 대통령이던 때였죠.

어떤 점에서는 사팡퍼레이가 더 나았어요. 집과 집 사이 간격이 좀더 떨어져 있었거든요. 무허가촌에서는 우리가 실제 땅주인이 아니었기 때문에, 집들이 거의 포개져있다시피 했죠. 매일 싸움도 터졌고요. 하지만 사팡퍼레이

"같이 살아서 좋아요." 사팡퍼레이에서 가족과 함께 살고 있는 매들린. 사팡퍼레이는 마닐라에서 약 2시간 걸리는 철거민 이주지역이다. 마르코스 대통령 시절, 마닐라 무허가촌 전체를 토지개발을 위해 철거하고 주민들을 이 지역으로 이주시켰다.

는 마닐라와 꽤 떨어져 있어서 통근시간이 긴 게 흠이었어요. 마닐라의 무허가촌에서는 쓰레기더미에서 빈병을 모아 팔았죠. 언니와 난 트럭이 쏟아놓고 간 쓰레기더미에서 골판지 상자, 통조림깡통, 병, 고철을 주워 팔았어요. 그렇게 하루 종일 일해서 번 돈으로 가족이 먹을 쌀과 음식을 샀죠. 다음날도 같은 일을 반복했어요. 그래봤자 우리가 하루에 가장 많이 번 돈은 20페소였어요.

그 당시까지도 난 공부를 하지 못했어요. 사팡퍼레이로 이사하고 나서야 학교에 들어갔죠. 그 때가 11살이었어요. 그런데 학교도 3학년까지만 다니다 그만두었어요. 형편이 어려워서 별 도리가 없었죠. 굶주린 상태로 학교에 가면 허기 때문에 선생님 말이 전혀 머리에 들어오지 않더군요. 게다가 우리 집이 가난하다는 걸 뻔히 알고 있었기 때문에 공부를 그만두기로 한 거예요. 나는 돈을 벌고 싶었어요.

마닐라로 돌아와 식모살이를 시작한 건 14살 무렵이었어요. 그런 일을 해본 적이 없어서 처음에는 한 달에 150페소를 받았어요. 나중엔 300페소까지 받았지만, 하루도 쉬지 못했어요. 언젠가 딱 한번 부모님을 찾아간 게 전부였죠. 어쩌다가 집주인이 극장에 데려 가긴 하더군요. 일은 힘들었어요. 보살펴야 할 아이가 둘이었죠. 보육원에 다니는 아이가 하나, 또 한 애는 유치원에 다니고 있었고요. 자동차가 두 대였어요. 아이 둘, 차 두 대, 그 집은…… 나는 새벽같이 일어나야만 했어요. 집 구석구석을 청소했죠. 그리고 아이들이 원생복을 입고 갈 수 있도록 아침 일찍 옷을 다렸어요. 요리, 청소, 방과 후 아이들을 데려오는 것까지 모두 내 일이었어요. 지치고 지겨워서 하루하루가 견디기 힘들더군요. 급료조차 부모님께 도움이 될 만큼 충분치 않았고요. 결국 식모살이를 그만두기로 작정했죠.

마닐라의 한 친구가 올롱가포에서 일하는 자기 친구에 대한 얘기를 해주더군요. 난 "올롱가포가 어떤 데야?"라고 물었어요.

그러자 친구는 "거긴 미국인이 많아"라고 했어요.

"미국인? 난 한번도 미국 사람을 본 적이 없는데. 거기서 걔는 뭘 해?"

"웨이트리스. 같이 가보겠어?"

"거기서 뭘 할 건데?"

"우리도 웨이트리스가 될 수 있어."

"좋아."

난 결심을 했어요.

집주인에게 식모일을 그만두겠다고 했지만 날 놓아주려 하지 않더군요. 그래서 말도 없이 그 집을 나와 버렸어요. 달랑 옷 몇 벌만 챙기곤 입은 옷 그대로 여비만 가지고 떠난 거죠. 올롱가포에 도착한 그 해가 1985년이었고 난 19살이었어요.

그 무렵 올롱가포에는 배가 들어와 있어서 미국 사람들을 많이 볼 수 있더군요. 그 배는 아주 큰 항공모함이었는데, 난 세상물정에 어두워 항공모함이 뭔지도 몰랐어요. 미국인을 볼 때마다 친구에게 물었죠.

"우리가 어디에 온 거야? 여기 미국이야? 우린 비행기도 안 탔잖아."

막사이사이에 있는 대형 클럽 캘리포니아 잼(California Jam). 클럽은 아주 크고 호화로운 곳부터 작고 허름한 곳에 이르기까지 아주 다양하다. 대형 클럽에는 대개 라이브 밴드가 있는 반면, 작은 클럽에는 주크박스와 당구대가 있다. 외박비도 클럽에 따라 다르다. 호화로운 곳일수록 가격이 비싸다.

"이 바보야! 여긴 미국이 아냐. 올롱가포라고."

친구와 나는 지프니①를 타고 막사이사이로 갔어요. 내겐 미국 사람이 모두 비슷비슷해 보이더군요. 그들이 자꾸 나를 쳐다봐서 난 어쩔 줄 모를 지경이었어요. 같이 간 친구가 그러더군요.

"지원하자."

"그게 무슨 뜻이야, 지원?"

"일자리를 구하자고."

친구는 막사이사이에 있는 술집으로 나를 데려갔죠. 그곳은 아주 큰 술집이었는데, 일단 하루만 일해보기로 했어요. 너무 시끄러워서 괴롭더군요. 나는 미국인들이 스쳐 지나갈 때마다 소스라치게 놀랐어요. 얼마 지나지 않았는데

① 필리핀에서 가장 많이 볼 수 있는 대중교통 수단이다. 미군이 남긴 군용 지프를 개조해 만들면서 붙은 이름이다. 중고 엔진과 기타 부속품들을 가지고 대부분 손으로 조립해서 만든 자동차다.

함께 간 친구가 보이지 않았어요. 날 남겨두고 사라진 거예요.

그 술집에서 한 여자를 알게 되었어요. 첫날 저녁, 난 그녀에게 다가가 이렇게 물었죠.

"이름이 어떻게 되세요?"

"네넹."

"네넹, 당신 숙소에서 좀 잘 수 있을까요?"

"왜?"

"잘 곳이 없어요."

"여긴 왜 왔어?"

"친구 따라 왔어요. 그런데 걔가 가버렸어요. 걔가 어디 있는지 모르겠네요."

내가 불쌍했던 모양이에요. 나를 집으로 데려가더군요. 그래서 그곳에서 잘 수 있었어요. 그녀에겐 미국인 사이에서 태어난 아이가 하나 있더군요.

그녀가 이렇게 물었어요.

"아직 처년데 올롱가포에 왔다면, 술집에서 일할 생각이야?"

"예, 일자리가 없어서요. 집으로 돌아갈 수도 없어요. 차비도 없고. 전 일하고 싶어요."

"막사이사이 부근에 가면 일자리를 구할 수 있어. 거기에 가면 구인광고가 있을 거야."

스콧티[2)]에서 일하기 전, 난 네넹의 이웃집에서 두 달 동안 식모살이를 했어요. 그때까지도 정말 식모가 되고 싶진 않았어요. 난 그 일이 싫었거든요.

막사이사이 근처에 가서 일자리를 알아보았어요. 막상 "웨이트리스 구함"이라는 광고를 보니 두렵더군요. 당장 웨이트리스 자리를 구해야할 처지였지만, 영어를 할 줄 몰랐거든요. 미국인들이 내 말을 알아듣지 못하면 어쩌나 하고 생각했죠. 그러자 네넹이 그랬어요. "정말 일자리를 얻고 싶으면 듣기만이라도 배워. 잘 들어보면 미국 사람이 하는 말을 이해할 수 있을 거야. 만약 맥주 어쩌고 하면 그들이 원하는 게 뭔지는 모르더라도 '예 손님, 맥주 하나요' 이런 식으로 말하기만 하면 돼."

난 강해지려고 애썼어요. 스콧티에 가서 웨이트리스로 일하고 싶다고 했죠. 그러나 그 일이 실제 어떤 것인지는 몰랐어요. 단지 알고 있는 거라곤

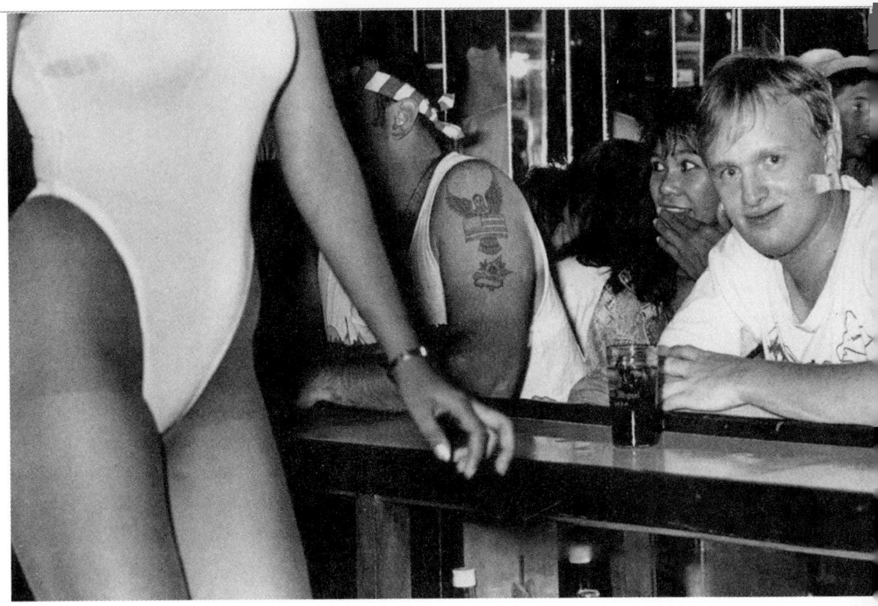

고고댄서. 전통적인 필리핀 문화에서는 의상이 매우 얌전한 편이다. 극소수의 여성만이 소매 없는 블라우스를 입는다. 수영복을 입지 않는 건 물론이다. 하지만 고고댄서로 일하는 여성들은 대개 수영복 차림이다.

술과 음식을 나르는 일이라는 것 정도였죠. 그 외 미국 사람과 함께 외박을 나간다는 건 전혀 몰랐어요.

처음에는 펜트하우스[3]에서 일했어요. 그때까지도 난 여전히 처녀였고 영어를 못했죠. 원 세상에! 그 유니폼! 난 몸을 제대로 가릴 수도 없는 그 유니폼을 입고 싶지 않았어요. 전신이 다 드러나 보이더군요. 수영복 같은 게 아주 곤혹스러웠죠. 그런 옷은 전혀 익숙지 않았거든요. 지배인은 미군들이 많이 와 있는데 내가 유니폼을 입지 않는다고 화를 냈어요. 결국 난 유니폼을 입기로 했지요. 당시 난 살이 찐 편이었는데 미군들이 내 엉덩이를 꼬집기도 하더군요. 그런 일에 익숙지 않았던 나는 "가고!"(바보라는 뜻)라고 되받았죠. 미국인들은 내가 하는 말을 알아듣지 못했고 나는 영어를 못했죠…… 하지만 화가 났거든요. 나는 술집에서 자연스럽게 이루어지는 많은 일들, 키스 같은 것은 숱하게 봤어요. '여긴 다른 세상이구나'라는 생각이 들더군요.

내가 스콧티에서 일하기 시작했을 때, 함께 일하는 사람들은 내가 처녀라는 걸 알고 있었어요. 그러나 어느 누구도 실제 하는 일이 어떤 건지 말해주지 않았어요. 친구가 된 여자 중 한 명이 그러더군요. "처녀든 아니든, 넌 미국인과 같이 나가야 돼." 나는 미국인과 나간다는 것이 그와 섹스를 한다는 뜻인 줄 몰랐어요. 여자들도 제대로 이야기해주지 않았거든요. 내가 그들에게 어떤 일을 하는지 묻자, 이렇게 답했어요. "밥 먹고, 디스코 추고, 이리저리 걷다가……." 아차 싶더군요.

어떤 사람이 나를 데리고 나가기 위해 외박비를 내려고 했어요. 친구는 내가 가야 한다고 했고요. 두렵기만 하더군요. 친구가 이랬어요. "계속 외박을 나가지 않으면 네 인생은 아무것도 달라지지 않아." 결국 미국인을 따라나섰죠. 그 미국인은 나를 호텔로 데려갔어요. 그곳조차 무섭더군요. 정말이지 같이 들어가기가 싫었어요. 호텔 안에서 그가 화를 내서 나와 실랑이가 벌어졌죠.

나는 겨우 영어 몇 마디를 알아듣는 정도였어요. 그가 내게 명령조로 말하더군요. "넌 자야 돼."

난 "알았어요, 잔다고요" 하고 답했지만 옷을 벗진 않았어요.

그가 옷을 벗으라고 했어요.

"어, 안 돼, 안 돼요."

"왜 그래? 사랑을 나누자는 것뿐인데."

"어, 안 돼, 안 돼, 안 돼요."

내 영어수준은 그런 정도였어요. 그때까지 알고 있는 거라야 "안 돼요", "예", "이름이 뭐예요?" 정도였죠.

영어로 몇 마디를 해도 발음이 좋지 않았어요. 그 미국인이 내게 욕을 하더군요.

"제기랄!"

"오, 알았어요, 예, 예."

당시 난 정말 바보였어요. 내가 옷을 벗지 않아서 그가 화를 낸 거였거든요. 이 얘기를 친구들에게 들려줬더니 이러더군요. "이 바보야. 미국 사람이 너보고 욕하는데 넌 '예'라고 하냐."

그가 화를 내며 억지로 옷을 벗기려 하는 바람에 난 호텔에서 뛰쳐나왔어요. "난 갈래요. 당신은 여기 있어요." 그는 나와 섹스를 하지 않았다며 돈을 돌려받았어요. 나는 스쿳티의 규정상 미국인이 돈을 돌려받으면 그 외박비가 여성에게 떠넘겨진다는 사실도 모르고 있었어요. 그게 빚으로 잡혔던 거예요. 난 꼼짝없이 당해야 했지요. 업주는 그 돈을 내 급료에서 빼더군요.

이른 아침, 막사이사이의 거리 청소부. 올롱가포는 내국인 이주도시다. 필리핀에서 사용되는 백여 종류의 방언 대부분을 올롱가포에서 들을 수 있다. 이 청소부가 애초 쓰던 언어는 타갈로그어도 영어도 아니었다. 올롱가포에 처음 온 많은 여성도 그렇다.

당시 내 급료는 한 달에 150페소, 하루에 5페소였어요. 외박비는 410페소였고 그 여성에게는 110페소가 돌아갔어요. 주인이 더 많이 가져가는 거죠. 내게 잡힌 외박비를 갚자니 두 달 치 이상의 급료를 빼앗겼던 셈이에요.[4] 전에 내가 2차를 나가지 않았던 때에도 손님들이 간혹 내게 아가씨음료를 사줬어요. 난 내가 마신 게 아가씨음료라는 것도 몰랐죠. 미국인이 부르는 거예요. 영어도 못했지만 그 쪽으로 가면 “이거 마셔”라고 하더군요.

나는 알지도 못하는 사람이 왜 아가씨음료를 사주는지 묻고 싶었어요. 바로 그거더군요. 아가씨가 마음에 들 경우, 아가씨를 희롱하며 즐기는 거였어요. 난 스콧티에서 오랜 시간을 보낸 후에야 그걸 알게 되었어요.

내가 처음으로 외박비를 받고 몸을 내준 사람은 마리아의 아버지였어요. 당시는 배 한 척 들어오지 않고 빚도 지고 있어서 너무너무 힘든 때였어요. 더구나 언니가 아프고 집에 먹을 게 아무것도 없다는 소식까지 듣던 참이었죠. 나는 다시 한번 외박을 나가보기로 했던 거고요. 마리아의 아버지는 올롱가포에서 2주일간 머물렀어요. 난 항상 그와 나갔어요. 아니 그 하고만 나갔죠.

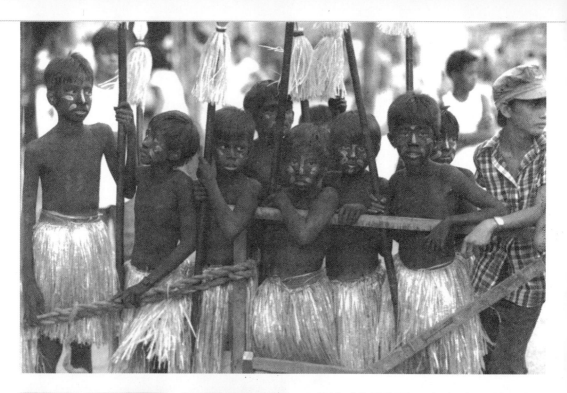

↑ 올롱가포에서는 몇 달 간격으로 마르디 그라스(Mardi Gras) 축제가 열리는데, 이것은 구경거리로 돈을 벌기 위한 일종의 "특별 이벤트"다. 주요 도로의 교통이 통제되고 그 지역에서 일하는 여성들을 포함해서 모든 사람이 참가비를 내야 한다. 거리의 아이들이 소수민족인 아에타(Aeta)족 모습을 재현한 것 같다. 하지만 아에타족은 전혀 이런 차림을 하지 않는다.

← 간간이 아에타족 사람들이 전통 무기를 팔거나 구걸하기 위해 술집 지역으로 들어온다. 많은 사람이 아에타족을 필리핀의 원주민으로 생각하고 있다. 수빅 미 해군기지는 아에타족이 대대로 살아온 땅을 차지하고 있다. 울로 낭 아포(*Ulo Ng Apo*), 즉 올롱가포(Olongapo)는 아에타 선조의 지도자들이란 뜻이다.

그러다 생리가 없어진 걸 알았어요. 임신이었어요.

임신했다는 사실을 알게 되자 괴로웠어요…… 난 집을 떠나 있는 상태였고, 게다가 처녀였단 말이죠. 만약 식구들이 내가 임신했다는 것과 올롱가포에서 이런 일을 하고 있다는 걸 알게 되면 마구 화를 낼 것 같았어요. 나는 집에 있는 식구들 앞에 부끄러웠어요. 난 집에 술집에서 일한다는 말을 하지 않았어요. 올롱가포에 있다는 것조차 알리지 않았죠. 마닐라에 있는 친구에게 편지를 보냈더니 언니가 아프고 생활비와 먹을 게 없어서 가족이 어려움을 겪고 있다고 알려주더군요. 엄마가 나를 찾아 마닐라까지 갔었다는 사실도 알 수 있었고요. 친구는 내가 아무한테도 말하지 말라고 했기 때문에 내가 어디 있는지 모른다고 했다더군요.

언니가 아프다는 소식을 듣고 가족에게 줄 돈을 벌기 위해 그렇게 미국인과 같이 나가게 된 거예요. 돈 몇 푼이 모이더군요. 번 돈을 식구들에게 주었어요. 내가 마닐라 어디쯤에서 일하고 있는지 묻더군요. 난 그냥 "바로 저 너머요"라고만 대답했어요. 거짓말을 했죠. 주소를 물었지만, 곧 집으로 돌아오겠다고만 해두고 올롱가포로 돌아갔어요.

내가 임신한 걸 식구들이 알고 화를 낼 게 두려웠어요. 배가 점점 불러오니 집에도 찾아갈 수 없었죠. 난 식구들 중 아무도 알게 해선 안 된다고 결론을 내렸어요. 계속 올롱가포에 머물렀죠. 배가 아주 불러 업주가 쫓아낼 때까지 나는 술집에 딸린 방에서 살았어요. 임신한 걸 알게 되면 미국인은 실망을 해서 외박을 청하지 않죠. 거기서 나올 땐 방 하나 빌리고 먹을 걸 살 수 있는 정도의 돈은 있었어요. 하지만 곧 돈이 바닥나서 식모자리를 찾았죠.

나쁘다는 걸 알면서도 난 너무 쪼들렸기 때문에 아이를 지우기로 결정하고 말았어요. 친구를 찾아가 낙태시킬 돈이 부족하다고 도움을 청했어요. 친구가 돈을 내주더군요. 나는 힐롯을 찾아갔어요. 내 배를 마사지해주더군요. 그러곤 내게 뭔가 물약을 주면서 사먹을 약도 일러줬고요. 그 약이 어떤 약이었는지 기억나진 않지만 아주 비쌌어요. 100페소가 넘었거든요. 낙태비용은 400페소 정도였지만 일부만 지불했어요. 유산이 되기 전까진 돈을 다 내지 않아도 되거든요. 출혈이 있기까진 꽤 오래 걸리더군요. 마사지를 세 번이나 받았지만 아주 소량의 출혈만 있을 뿐, 유산이 되지 않았어요. 힐롯이 내게 이러더군요.

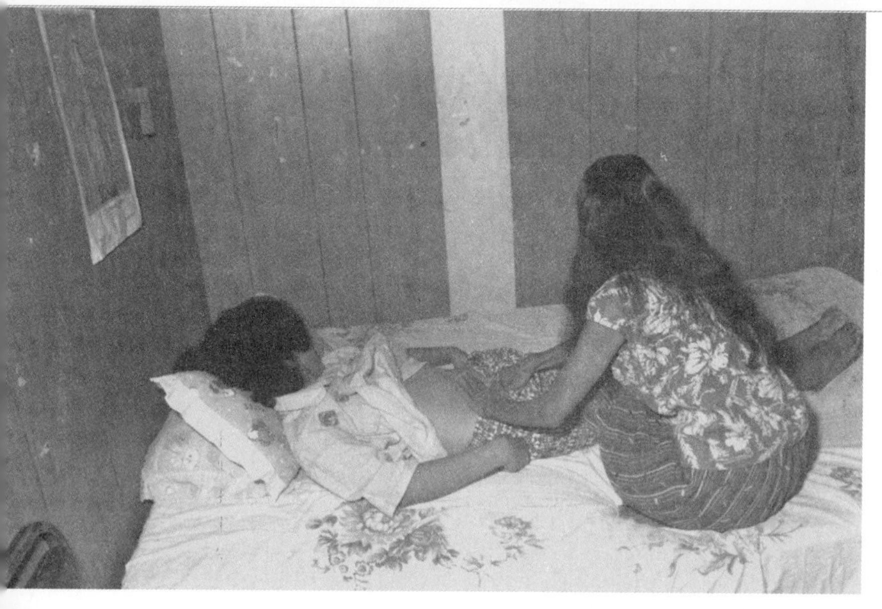

힐롯 마사지 1. 올롱가포에서는 전통적인 여성치료사인 힐롯(*Hilot*)이 대부분의 낙태시술을 한다. 여러 차례 힐롯을 방문해야 하며 임신 개월수에 따라 요금이 책정된다. 필리핀에서는 낙태가 불법이다. 때문에 낙태로 인한 합병증이 생겼을 경우, 필요한 의료서비스를 받기 어렵다.

"계속 와야겠어. 인내심을 가져. 희망을 잃지 말고. 뱃속 아이에게 너를 키울 수 없으니 밖으로 나와야 한다고 얘기를 하라고."

힐롯은 계속 오라고 하는데 난 마사지가 고통스러워서 아주 괴로웠어요. 양심에 가책을 느껴 괴롭기도 했고요. 내 양심이 자꾸 내게 뭐라 하는 것만 같더군요. 결국 아이를 지우지 않기로 했어요. 낙태는 신 앞에 죄를 짓는 일이니까요. 한편 아이에게 어떤 부작용이 생겼을까봐 두려웠어요. 친구를 찾아가 어떤 부작용이 있는지 알고 싶다고 했어요. 지장만 없다면, 유산 시술을 중단하고 싶다고 했죠. 부작용이 없다는 걸 알게 돼서 난 힐롯을 더는 찾아가지 않았어요. 그 후 아이를 낳기 전까지 계속 식모로 일했고요.

출산을 앞두고 병원에 있는 동안 병원비가 필요했지만 한 푼도 없었어요. 식모 일자리를 구해준 친구가 병원비를 좀 보태주었는데 그 역시 가난했죠. 아이가 거꾸로 있어서 나는 제왕절개술을 받아야 했어요. 제왕절개술에 드는 비용은 2,000페소였어요. 친구에게는 그만한 돈이 없었지요. 그는 도움이 되지 못해서 미안하다고까지 했어요. 대신 병원장에게 돈이 없더라도 수술을 해줄 수 없겠느냐고 사정해 보는 게 어떠냐고 하더군요. 병원에선 불가능하다고 했어요. 돈이 있어야 한다는 거죠. 올롱가포에는 친척 하나 없었고 내 친구들 역시 돈이 없었어요. 모두 술집에서 일하는데 들어와 있는 배도

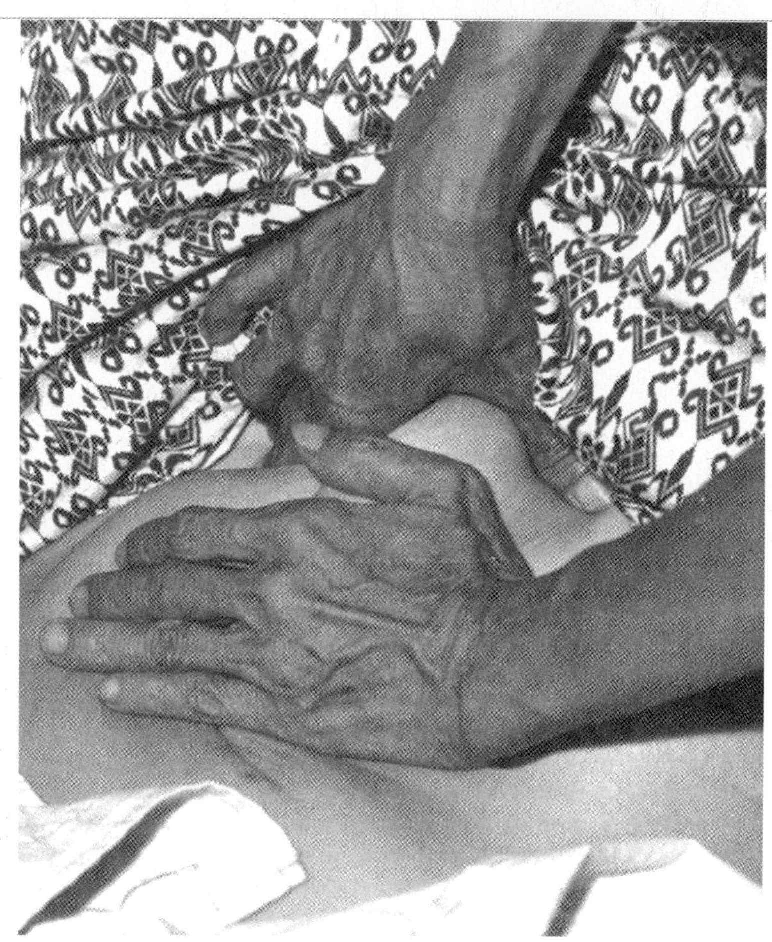

힐롯 마사지 2. 태아가 자궁에서 떨어져 유산되도록 하기 위해 힐롯이 복부를 마사지하고 있다. 이런 낙태 방법의 안정성과 영향에 대한 연구는 전혀 없다. 하지만 임신초기(3개월 내)에 시행할 경우, 상당히 성공적인 것 같다.

없었죠. 의사는 수술을 하지 않고 자연분만을 할 수 있는 방법을 찾아보겠다고 하더군요.

한동안 의사와 간호사들은 병원에 누워있는 나에게 관심을 두지 않았어요. 배가 끔찍하게 아팠는데도 그들은 아직 때가 아니라고만 했어요. 처음에는 참았죠. 나는 포도당 주사를 맞으며 침대에 누워있었어요. 온 몸이 아프더군요. 아기가 요동을 치자 너무나 소변을 보고 싶었어요. 그러나 침대도 높고 포도당도 높이 달려 있어서 포도당병을 잡을 수도, 침대에서 내려갈 수도 없었죠. 내 옆에는 아무도 없었고요.[5] 친구가 가면서 곧 다시 오겠다고 했지만 그가 돌아오기까지는 꽤 시간이 걸렸어요. 나는 정말 화장실에 가야했어요. 하지만 침대에서 내려올 수 없었기 때문에 그대로 소변을 보고 말았어요.

1986년 12월 28일은 매들린의 딸 마리아가 태어나자마자 죽은 날이다. 만성절(萬聖節, All Saints' Day)에 무덤을 다듬고 묘비에 다시 흰 칠을 한다. 좌측 덤불더미는 묘지를 벌초해 모아놓은 것이다. 뒤로 수빅 해군기지와 바탄산이 보인다.

간호사가 그걸 보고는 화를 내더군요. 난 그녀를 외면했죠.

아이를 낳는 여자들이 많더군요. 내가 그 여자들보다 먼저 병원에 와 있었지만, 간호사는 그들을 먼저 돌봤어요. 아마 그들은 돈이 있어서겠죠. 난 돈이 없으니까 무시를 했을 테고요. 배가 점점 더 아파왔어요. 난 울다 울다 비명을 질렀어요. 간호사는 여전히 때가 아니라고만 하더군요. 난 아이가 나오는 걸 느끼고 팬티를 벗었어요. 그리고 "여기요, 여기요!"하고 외쳤어요.

간호사 한 명이 다가왔어요. 의사를 불러서 애가 나오고 있다고 알리더군요. 의사는 "좋아요. 분만실로 데려갑시다. 방법을 찾아보죠"라고 했어요. 그들은 나를 분만실로 데려갔어요. 난 모든 것을 느낄 수 있었어요. 마취도 하지 않은 상태였거든요. 의사가 칼로 자르는 것도 느낄 수 있었어요. 그래도 아기가 나오지 않았어요. 너무도 고통스럽더군요. 간호사는 나를 누르고 있었어요. 난 마구 비명을 질렀어요. 의사가 자연분만이 어렵다는 걸 깨달은 모양이더군요. 의사가 말하는 걸 들을 수 있었어요. "자, 제왕절개를 준비해요." 난 의사가 아기를 잡아서 밖으로 꺼내는 것까지 느끼고 의식을 잃었어요. 아기의 울음소리를 듣지 못했죠.

정신이 들었을 때 난 침대 위에 있었어요. 막 출산을 끝낸 다른 여자들도 있더군요. 친구가 와서 준비를 하래요.

"자, 린, 준비해. 지금 나가자."

"애는?"

"마음 단단히 먹어, 애는 죽었어."

"어떻게 된 거야?"

의사가 날 보러왔더군요. 난 울었어요. 의사가 그러더군요.

"부인, 인생이란 그런 거예요. 마음 단단히 잡수세요."

그는 나와 눈이 마주치지 않으려고 했어요. 난 내 아이가 죽은 게 의사가 뭔가 잘못했기 때문이란 걸 알 수 있었어요.

그 날로 우린 병원을 나왔어요. 병원비를 다 내지도 못하고 말이죠. 돈이 없었으니까요. 병원 직원들은 아이를 내주지 않더군요. 나는 딸아이가 보고 싶었지만 곧바로 볼 순 없었어요. 난 병원장한테라도 사정하겠다고 했지요. 어떻게 가능하다면 돈을 내지 않게 해달라고요. 여전히 통증을 느꼈지만, 난 걸어서 병원장을 찾아갔어요. 친구에게 겨우 100페소가 있었죠. 내야 할 돈은 200페소였어요. 그들은 내게 모욕감을 주더군요.

"애 아빠가 미국인이라면서 돈이 없다니요?"

"미국인이지만 그 사람은 돈 한 푼 보내주지 않았어요."

우리는 100페소만 지불하고 거길 나온 거예요.

병원에서 친구 집으로 아이를 보내왔더군요. 집에 가보니 아이가 먼저 도착해 있었어요. 딸아이를 보았죠. 내게 일어난 일들로 무척 곤혹스러웠어요. 난 딸아이의 장례식도 보지 못했어요. 친구가 아이를 묻어주었지요. 난 너무 쇠약해져서 함께 갈 수가 없었거든요. 상태가 좋지 않았어요. 며칠 뒤, 친구와 나는 병원을 다시 찾았어요. 온 몸이 심하게 떨렸고 가슴에서는 원치 않는 젖이 나오면서 계속 열이 나더군요. 친구는 내가 너무 낙심해서 그렇다며 병원에 데려가 약을 타 줬어요. 다른 친구 하나가 도와줘서 약값은 낼 수 있었고요.

아이의 아빠는 내가 임신했다는 걸 알고 있었어요. 하지만 내가 술집에서 일했으니까 자기 아이가 아니라는 거예요. 난 상처를 받았고 분노가 치밀더군요. 그 때까지도 난 영어가 서툴었지만 그에게 이렇게 말했어요. "그때 내가 함께 외박을 나간 사람은 당신밖에 없었고 당신이 처음이었어요. 이 아이는

매들린, 언니와 동생, 조카들. 시팡퍼레이에서

당신 아이에요." 그는 당시 내가 관계를 했던 유일한 남자였어요. 그 후 그는 편지도 끊어버리더군요. 전엔 편지를 보내오곤 했거든요. 나는 편지를 써서 당신이 인정하든 안하든 신경 쓰지 않겠다고 해버렸어요. 그가 탄 배가 들어왔지만, 역시 나를 찾아오지 않더군요. 임신했을 때만 해도 난 아이 아빠가 보고 싶었어요. 그 사람에게 내가 임신한 모습을 보여주고 싶었던 거죠. 배가 많이 불러서 스콧티를 떠나야 했던 당시에도 난 그를 알고 있는 친구들에게 말을 남겨두었어요. 그래서 그가 마음만 먹었다면 내가 어디 있는지 알 수가 있었죠. 그러나 친구들 말이 그는 스콧티에 오지 않았대요. 그는 내가 아기를 낳았다는 것도 모르죠. 정말이지 변변치 못한 인간이에요.

미군을 아버지로 둔 아이가 많이 태어나지만 그 미군들은 아이를 버려요. 그렇게 숱하게 태어난 아이들이 장래가 없어요. 단지 동정이나 받게 될 뿐이죠. 모든 미국인이 똑같지는 않을 테지만, 난 내가 겪었던 일로 인해 미군들에게 분노를 느껴요. 미군들은 아버지로서의 책임이 싫어서 등을 돌려요. 그들은 자기 아이가 아니라고 하죠. 그들에게는 자신도 모르는 자신의 아이가 전 세계에 있어요. 혹 알고 있더라도 부양하지 않죠. 이렇게 어려운

임신한 술집여성

상황에 처한 아이들이 수없이 많아요. 미군들은 어리석기 짝이 없는 인간들이에요. 만약 아이의 아빠를 만났다면, 내가 어떻게 했을지도 모르겠어요.

1986년 12월에 출산을 하고 난 후 집으로 돌아가 식구들에게 미군과의 사이에서 아이를 하나 가졌었고 술집에서 일했다는 걸 털어놓았어요. 처음에 부모님은 그 사실을 받아들이지 못하더군요. 아무 말도 없이 침묵만 지키셨죠. 나는 상황이 더 나빠졌다고 느꼈어요. 내 고통과 그걸 받아들이지 못하는 가족의 고통으로 모든 게 혼란스럽더군요. 언니와 오빠, 동생들, 엄마 모두 눈물을 흘렸어요. 얼마간의 시간이 흐른 뒤에야 식구들은 내 상황을 이해해주려 했어요. 엄마는 괜찮다며 내가 이야기를 마친 후 위로를 해주셨죠.

그러나 아버지는 곧장 자리를 떠나셨어요. 그러시곤 3일 동안 나에게 말 한마디 하지 않으셨죠. 나는 심한 상처를 받았어요. 아버지께 말씀을 드렸죠. "집안을 돕기 위해서였어요. 나도 좋아서 그랬던 건 아니에요. 아버지께서도 저를 이해해주시면 좋겠어요." 그러자 아버지는 모든 게 당신의 잘못이라고 하시더군요. 자식 키울 능력도 없으면서 결혼을 한 당신 탓이라고 했어요. 나는 또 말씀을 드렸어요. "괜찮아요. 전 이해해요. 우린 단지 가난할 뿐이에요." 그렇지만 아버지는 내게 생긴 일이 창피스럽다고만 했어요. 그래도 그 일로 지금은 내 딸 미셸[6]을 누구보다 사랑하시죠.

3월에 난 다시 술집으로 돌아갔어요. 부모님은 내가 올롱가포로 돌아간다는 것을 아시고는 말리셨지만 난 조심하겠다고 말씀드렸어요. 스스로도 다시는 그런 일이 일어나지 않도록 하겠다고 다짐했고요. 올롱가포로 돌아가서 계속 술집에서 일했어요. 아버지는 그 일을 싫어해 화를 내셨지만요. 올롱가포로 돌아가면 두 번 다시 집에 오지 못하도록 하겠다고까지 하셨어요.

나도 올롱가포로 돌아가고 싶진 않았지만, 우리의 가난이 눈에 밟혔어요. 집은 거의 쓰러질 듯했고 바닥은 온통 오물투성이인데다가 누추하고 작아서 무척 비좁았거든요. 식구도 많은 편이라 잘 때는 옆으로 돌아누워 칼잠을 자야 했고요. 나는 학교도 마치지 못해서 좋은 일자리를 구할 수도 없었어요. 부모님을 도울 수 있는 방법을 생각해봐야 올롱가포로 돌아가는 길뿐이었죠. 엄마는 내 결정을 받아들이셨어요. 그리고 가끔 올롱가포로 오시곤 했는데 그 때마다 돈을 드렸어요. 그러나 난 다시 임신을 하게 됐어요.

피임약을 얻을 수 있는 센터가 하나 있긴 했어요. 거기서 알약을 타다 먹었지만 약에 거부반응이 있는 것 같더군요. 그래서 한 달 동안 복용을 중단하다 외박을 처음 나갔는데 또 애가 들어섰던 거예요. 내가 할 수 있는 건 아무것도 없더라고요. 그랬어요. 어쨌든 첫아이에 대한 기억을 지우기 위해서라도 아이를 갖고 싶었어요. 아이 아빠의 반응은 똑같더군요. 내가 임신한 걸 알고 나서부터, 그는 편지를 보내지 않았어요. 내가 편지를 보내도 답장이 없었죠. 미군들은 정말 책임을 두려워해요. 그들이 원하는 건 오로지 마음껏 먹고 마시며 즐기는 것뿐이에요. 아이의 장래 같은 건 안중에도 없죠.

내가 보기에 미 해군들은 여자를 같이 시간을 보내며 자신이 원하는 걸 뭐든지 해주는 도구로 취급했어요. 돈이 있으니까 여기저기서 여자를 사요. 미 해군 중에는 변태들도 있어요. 한번은 나를 데리고 나가려는 미군이 있었어요. 내가 마리아를 가졌을 때였죠. 업주조차도 내 배가 너무 부르다며 일을 그만두라고 했을 무렵인데요. 미국인 한 명이 외박비를 냈어요. 난

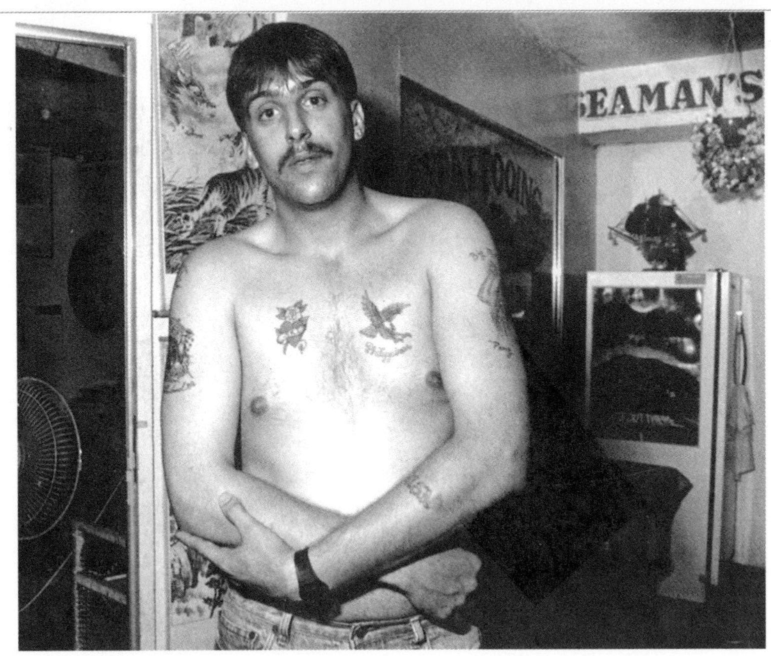

거리의 문신 시술소

임신한 상태라 원하질 않았죠. 하지만 한편으로 이런 생각이 들었어요. '돈도 없는데 난 임신 중이야. 그러니 일도 쉬어야 하고…… 돈이 필요하잖아.' 결국 외박을 나갔어요. 그 사람은 내가 싫어하는 것, 그러니까 '스리 홀(three hole)'[7] 같은 것을 요구했어요. 대가를 지불하겠다고 하더군요. 난 임신 중인데다 그 미군이 병이 있을지도 모르겠다는 생각을 했어요. 조심스러웠죠. 싫기도 했고요. 그는 마리화나에 취해서 환각상태에 빠진 것 같더군요. 나에게도 마리화나를 권하며 같이 환각에 빠지자고 했어요. 난 싸웠어요. 내게 욕설을 퍼붓더군요.

"왜 그래?"

"맙소사, 난 그러고 싶지 않아. 나랑 사랑을 나눌 순 있어도 그건 안해."

"뭐? 창녀주제에."

"너도 마찬가지야. 나보다 더한 주제에."

"뒈져라."

"너나 뒈져."

난 그와 싸우며 지지 않으려 했어요. 둘 다 죽겠구나 싶을 정도로 싸웠죠. 한편으로 흔들리기도 했으면서요. 그 사람의 눈빛이 달라 보여 무서웠거든요.

게다가 거긴 둘만 있는 호텔 방이었으니까요. 내 목을 조르더군요. "날 놔줘. 놔달라고." 날 그냥 내버려두질 않더군요. 난 점점 힘이 빠졌어요. 숨쉬기조차 힘들었죠. 울음을 터뜨렸어요. 여기서 죽는구나 싶은 생각도 들었죠.

다행히 호텔 종업원이 내 울음소리를 듣고 방문을 노크하더군요.

"무슨 일 있어요? 문 좀 열어보세요."

그 미군이 말을 했죠.

"오케이, 오케이. 괜찮아. 떠들지 말라고. 잘못했어. 오케이, 미안."

그는 말썽이 생길까봐 불안해했어요. 그러다가 호텔 종업원에게 그러더군요. "간섭하지 마."

내가 가겠다고 했어요. "나, 가야겠어."

"안 돼, 할 말이 있어."

그는 여기서의 일을 업주에게 말하지 말라고 하더군요. 누누이 강조를 했어요. 그러다 또 욕을 해댔어요. 자신이 지불한 돈을 돌려받겠다고 하더군요.

"좋아, 돈을 찾아가. 난 네가 탄 배에다 이 일을 알릴 테니까."

"내가 탄 배를 알아?"

"물론. 네 배를 알지."

나는 배 이름까지 댔어요. 그러자 그러더군요.

"오 그래, 알고 있군."

그게 바로 대다수 미 해군들이 얼마나 난폭한지를 보여주는 사례예요. 그들은 그런 식으로 제멋대로 날뛰고 싶어 했어요. 난 그게 싫었죠. 그치들은 돈만 주면 뭐든 해주길 원하고 돈이 있는 한 어디서라도 원하는 걸 얻을 수 있다고 생각했어요. 정말 싫더군요.

함께 외박을 나갔던 미국인 중 한 명은 좀 멍청했어도 내게 해를 입히진 않았어요. 그도 자신이 좋아하는 걸 하고 싶어 하더군요. 그래도 말하긴 곤란했던지 나를 돌려 세우곤 항문으로 밀고 들어오려 했어요. 난 뿌리치며 계속 할 수 없다고 싸웠죠. 아무도 나에게 그런 적이 없었고 그게 싫기만 했어요. 이전에 나는 술집에서 레슬링에 참여한 적도 있어서 미국인이 힘이 세긴 했지만, 그의 완력을 제압할 수 있었어요.[8] 그를 침대 위로 밀어버리자 나동그라지더군요. 난 재떨이를 움켜쥐고 말했죠. "좋아, 한 번만 더 그러

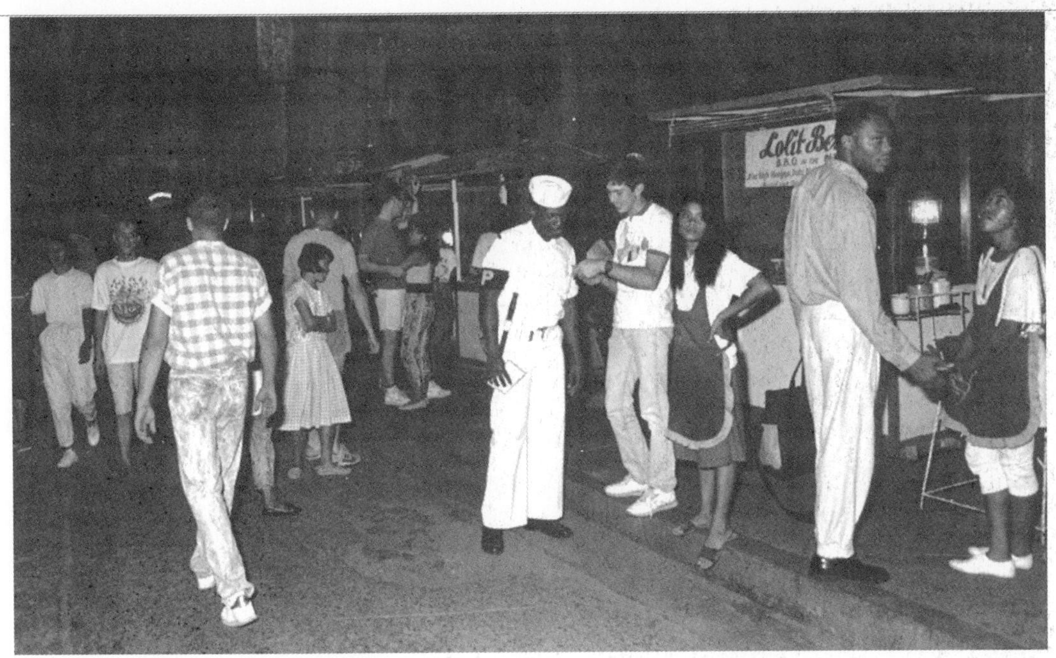

기지 정문 밖에서 신분증을 확인하고 있다. 수빅 해군기지의 정문은 막사이사이 거리와 곧바로 이어져 있다.

면…… 그러면, 흑!" 난 울음을 터뜨리고 말았지요. 그렇지만 곧 두려움도 잊어버리고 울면서 그랬어요.

"그래, 또 그러면 난, 난 정말 이걸로 널 내려칠 거야."

"어, 아냐, 아냐, 아냐. 됐어. 미안해."

나는 그를 무시한 채 옷을 입고 나와 버렸어요. 그가 돈을 돌려받으려고 할까봐 걱정스럽긴 했는데 그렇게 하진 않더군요. 그러나 다른 경우, 만약 그가 외박비를 돌려받았다면 난 그치가 타고 온 배에 가서 알렸을 거예요. 사람들이 그게 가능하다더군요. 그 미국인을 헌병대(OPM)나 해군 헌병(SP)의 조사를 받게 하여 곤란하게 만들 수 있어요. 어떻게 처리되는지는 모르지만, 내 말을 믿든 안 믿든, 가능한 걸로 알고 있어요.

바리오바레토[9]에서 일할 때도 몇 가지 이야기를 들었어요. 거기서 웨이트리스 한 명과 알게 되었는데, 그녀가 그러더군요. 미 해병 하나가 호텔에서 두 명의 여자를 죽였다고요. 죽은 여자 중 한 명은 아는 여자였대요. 그런데 시체만 발견했을 뿐 살인범은 잡히지 않았다고 했어요. 살인범이 여자들을 칼로 찔러 침대 밑에 숨겼대요. 그래서 그 호텔에 유령이 나타난다더군요. 시체가 부패되면서 악취가 나는 바람에 그들이 발견되었다고 했어요.

고고댄서들. 기지사용 재협상 교섭이 미군기지에 영향을 미치고 그 결과, 언론매체들이 올롱가포와 그 곳 여성들의 처지에 초점을 두자, 고든 시장은 "올롱가포 정화사업"을 시작했다. 정화사업 중에는 고고댄서들이 지금까지 입어왔던 아슬아슬한 비키니 대신 원피스형 의상을 입도록 한 조치도 있었다. 이 조치는 여성들로부터 아주 환영받았다.

나는 내 일이 부도덕하다고 말할 수 없어요. 그것이 올롱가포의 삶이거든요. 올롱가포는 내 인생에서 가장 고통스런 일(마리아의 출산과 죽음)이 시작된 곳이에요. 그래서 나는 내 일이 부도덕하다고 여기지 않지만, 그 일은 부도덕했죠. 내 말은 다른 사람들, 이해하지 못하는 사람들 눈에는 이 일이 부도덕하게 보인다는 뜻이에요. 그러나 그 사람들은 여자들이 왜 이런 일을 하게 되었는지 그 이유를 모르죠. "가난한 사람은 목을 매거나 칼에 의지한다"는 말이 있어요. 그게 나의 현실이고 올롱가포 술집에서 일하는 여자들의 현실이죠. 스쿼티에 있는 동료들 모두 각자 어려움이 있었어요. 거의 모두 문제 하나씩은 가지고 있었죠.

거기에는 여러 가지 다른 이유들이 있어요. 어떤 사람들은 남편이 문제였죠. 남편이 가족을 외면한 채 일도 하지 않고 술만 마시며 아내를 때렸으니까요. 내 친구 중에도 그런 친구가 하나 있어요. 아이들까지 있는 친구죠. 그녀는

술집여성들에게 이렇게 형식을 갖춘 결혼식은 극히 드물다. 여성들 역시 미군과의 결혼을 꼭 원하지 않을 수도 있다. 사진 속 신부는 술집여성이 아니다.

결혼을 하고 나서 거의 매일같이 맞고 살았어요. 남편은 늘 술에 취해 있었죠. 일도 하지 않는 건 물론이고요. 결국 스스로 일해서 벌기로 하고 올롱가포까지 흘러온 거예요. 부모에 대한 반발로 여기에 온 사람들도 있어요. 그녀들은 부모들 사는 모습에 화가 나고 인생이 지겨워서, 일을 하기 위해 올롱가포로 와요. 가장 많은 이유 중 하나는 역시 가난이죠. 가족을 돕고 싶어서 여기서 일해요. 실연 당한 뒤 여기 온 친구도 한 명 있긴 해요. 그건 참 좋지 못한 이유죠.

시골서 온 친구 하나는 원래 마닐라에서 식모살이를 하려고 했대요. 같은 고향 출신의 여자 한 명이 마닐라에서 식모로 취직시켜 주겠다고 했다는 거죠. 다른 여자들과 함께 그녀를 따라왔대요. 그러나 모두 쪽방에 갇히게 되었고 남자들이 와서 별 짓을 다하고 갔대요. 밖으로 나갈 수도 없었죠. 다행히 친구는 그녀를 불쌍하게 본 손님 하나를 만났어요. 친구가 그곳에서 나올 수 있도록 꽤 많은 돈을 지불해주었대요. 그 덕에 친구는 거길 벗어나 탈출할 수 있었죠. 그러나 그녀는 너무도 절망한 나머지 자포자기 상태가 됐어요. 자신의 인생을 망쳐버리고 싶었죠. 올롱가포로 왔어요. 그래서 일을 하고 있어요. 더 이상 갇혀 있지는 않죠. 스스로 생계를 유지해요. 하지만 엉망으로 살면서 자신이 무얼 하는지도 몰라요. 많은 약물을 복용하면서

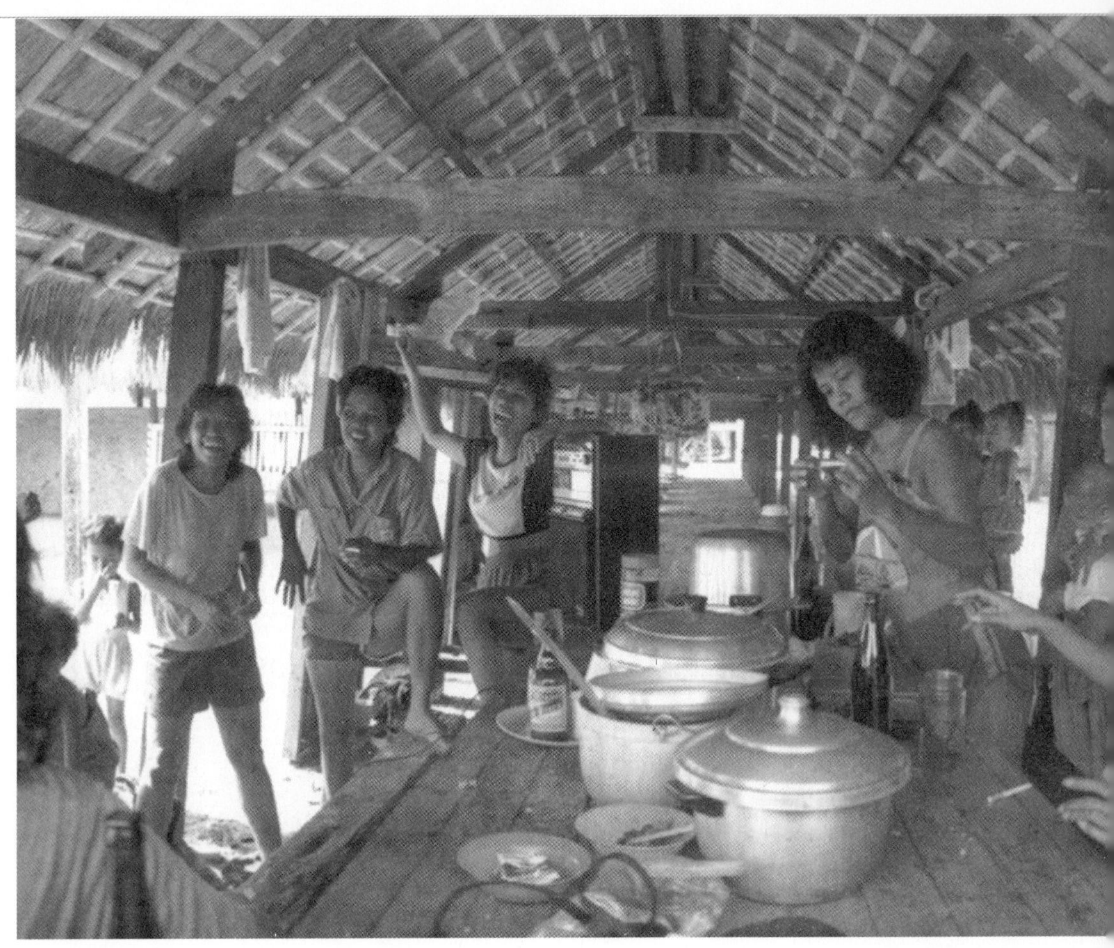

고고댄서로 일하고 있어요. 내 생각에 그녀는 카사[10]에서 있었던 일 때문에 자학하고 있는 거예요. 나랑 얘기를 할 때마다 그래요. "더 이상 미래가 없어. 난 내 인생을 망가뜨리고 싶을 뿐이야."

난 그녀가 스스로 일어나게 하려고 애를 썼어요. "넌 달라질 수 있어. 네가 그러길 바라지 않는 거야." 내가 그렇게 얘길 해도 그녀는 아니라고 했어요. 더 죄를 짓는 일이지만 죽고 싶을 뿐이라고 했죠. 그래도 그녀가 아직 젊다는 게 다행이에요. 그녀가 부모님을 도와드린다는 얘기도 들었어요. 아주 가끔씩 이긴 하지만.

미국인과 결혼하고 싶어 하는 여성들도 있긴 해요. 그게 그들의 꿈이죠. 난 정말 처음부터 그런 꿈은 없었어요. 생활이 너무 어렵고 언니가 아팠기

술집여성들의 결속을 위해 마련된 버클로드 해변모임. 버클로드는 올롱가포의 술집여성을 위한 센터로 1987년에 설립되었다. 버클로드의 운영자 7명 중 4명은 과거 술집에서 일했던 여성들이다. 사진은 클럽에서의 생활과 생존에 대해 자신들이 직접 쓴 "드리마-드리마"를 상연하는 모습이다.

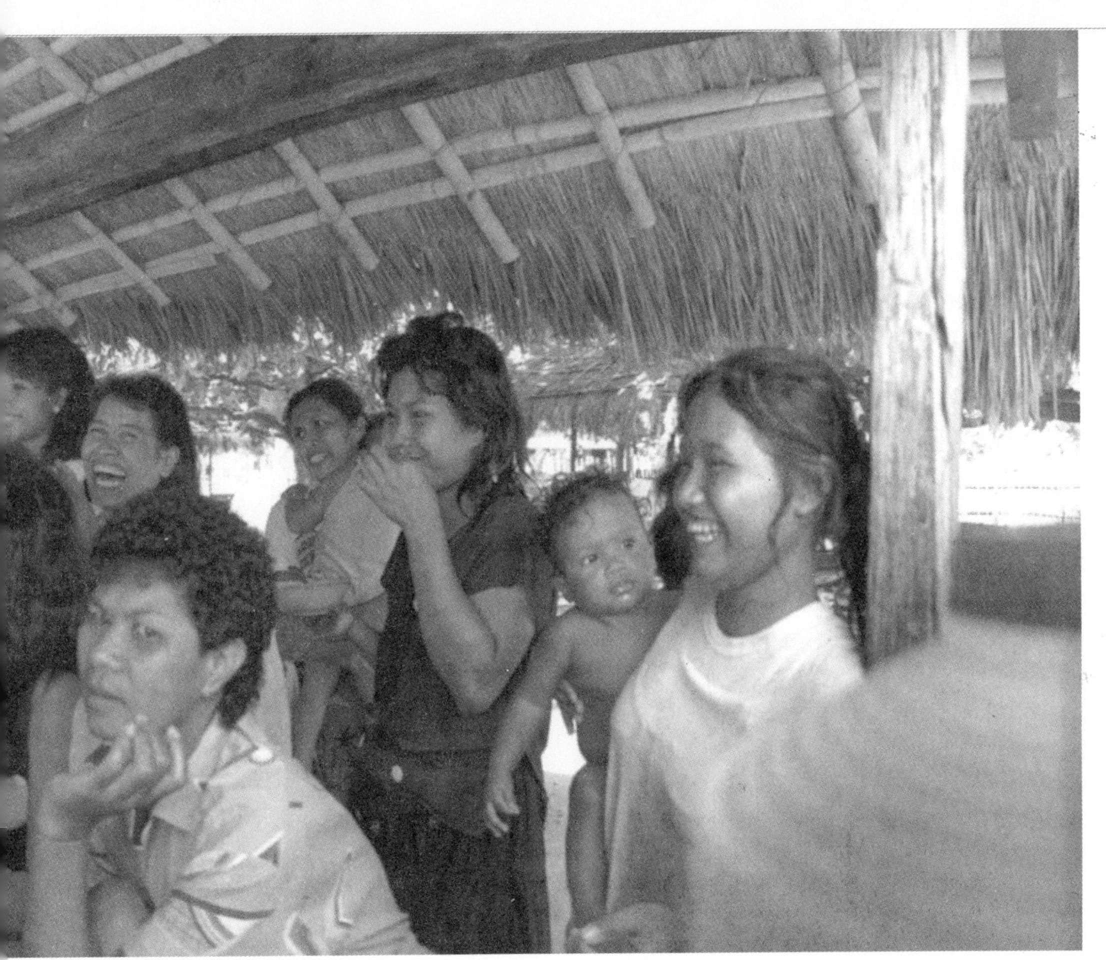

때문에 내가 정말로 원한 건 부모님을 돕는 것뿐이었어요. 미국인과 결혼한다는 건 꿈도 안 꿨죠. 물론 가정을 꾸리고 싶어요. 아이도 하나 있으니까요. 필리핀 남자는 원치 않아요. 결혼하고 나면 아내를 버리는 필리핀 남자들이 많거든요. 아이들이 있는데도 말이죠. 일도 하지 않아요. 반면에 미 해군들을 보면 돈도 있고 일자리도 있지요. 하지만 지금은 미국인을 좋아하지 않아요. 아마 내가 알 건 다 알아버렸기 때문일 거예요. 필리핀 남자와 결혼한다 해도 남편은 내 과거 때문에 날 받아들이지 못할 것 같아요. 미국인과 해도 비슷할 테지만요. 하지만 모든 사람이 다 똑같이 생각하진 않을 거예요. 내 상황을 이해하고, 나를 사랑하고, 내가 살아온 삶을 받아들일 수 있는 사람이 있다면…….

클럽에 있는 여자들과 친구가 되기는 어려워요. 아니 어려우면서도 쉽죠. 조심스럽게 따져보면, 스콧티에서 친하게 지낸 친구래 봐야 고작 몇 명 안 돼요. 스콧티 여자 대부분이 친구지만, 가까운 사이는 아니죠. 겉이 멀쩡하고 술에 취해 있지 않을 때는 친구가 되기 쉬워요. 약물을 많이 사용하는 여자와는 친구가 되기 어렵고요. 이를 테면 아침엔 친구였다가도 저녁 무렵 취하게 되면 싸우는 식이죠.

여자들이 싸울 때, 웃기는 건 한 남자를 놓고 싸우는 모습이에요. 수없이 널린 게 미군인데 말이죠. 여자들이 싸우는 것도 다 미군들이 바람둥이기 때문이에요. 가령 한 여자의 외박비를 치른 녀석이 있다고 해봐요. 그런데 다음날 다시 온 그치는 다른 여자를 데리고 나갈 거예요. 그러면 전날 함께 나갔던 여자는 상처를 입는 거죠. 질투 때문에 그녀는 지목된 다른 여자와 싸우게 돼요. 비난받아야 할 인간은 그 미군인데, 웃기는 이야기죠. 여자들이 그런 일로 싸우면 난 웃기만 해요. 그리고 이런 식으로 얘기하죠. "싸우지 좀 마. 미군은 얼마든지 있어."

그러면 또 그녀들은 이렇게 대꾸해요. "하지만 난 그 사람이 좋아. 홀딱 빠졌다고. 사랑에 빠졌단 말이야."

"멍청하긴."

나도 마리아의 아버지인 미국인과 사랑에 빠졌지만, 그가 아이를 인정하지 않은 다음부턴 미국인들과의 사랑을 쉽게 포기할 수 있었어요. 미국인들에게 분노하고 있는 거나 마찬가지죠. 그렇지만, 그치들은 여전히 여기에 있어요. 나 같으면 여기서 이런 일을 하면서 사랑에 빠지진 않을 거예요. 상처만 입을 테니까요. 또 미군들은 가는 곳마다 아내를 만들고 여자를 만들죠. 그런데도 그들 중 한 명이 내 남편이 되어주길 기대할 수 있을까요?

1) 사팡퍼레이(Sapang-Palay)는 마닐라 외곽에 있다. 마닐라의 무허가촌 사람들이 이주당한 지역이다(글렌다 이야기 참고). 이들에게 있어 주된 문제는 일자리다. 대중교통수단으로 마닐라까지 두 시간이 걸린다. 이는 돌볼 자녀가 있는 여성에겐 아주 곤란한 문제여서, 많은 여성이 생계수단으로 세탁일을 한다.

2) 스콧티는 미국인이 소유하고 있는 술집이다. 외국인이 필리핀에서 재산을 소유하거나 사업을 하는 것은 불법이지만, 많은 퇴역군인이 필리핀 여성과 결혼하거나 위장 결혼하는 방식으로 법망을 빠져나간다.

3) 펜트하우스는 스콧티와 함께 같은 사람이 소유하고 있는 술집으로 스콧티 건너편에 있다. 두 술집간의 거리는 가깝다. 여성들은 종종 이 두 곳을 오가며 일한다. 스콧티에서 일했다는 말은 펜트하우스에서 일했다는 뜻도 된다.

4) 외박비 전액, 410페소를 여성이 물어야 한다.

5) 필리핀에서는 입원하게 되면 음식과 약을 챙겨주고 환자를 돌봐줄 간병인이나 보호자가 있어야 한다. 병원에서는 아무것도 하지 않는다. 의사가 처방전을 써주면 병원 외부 약국에서 약을 사다가 간호사가 투여할 수 있도록 갖다 준다.

6) 매들린이 다른 미군과의 사이에서 낳은 두 번째 딸.

7) 스리 홀 또는 "스리 홀러(three holer)"는 질, 구강, 항문을 모두 이용한 성관계를 의미한다. 올롱가포에 있는 여자들 대부분이 항문이나 구강성교를 원치 않는다.

8) 어떤 술집에서는 강제로 여성들끼리의 복싱이나 레슬링 시합을 붙여놓고 미국인들이 구경하며 내기를 하도록 한다(리타 이야기 참고). 레슬링 훈련을 받은 매들린은 "남자를 제압할 수 있는" 힘과 자신감을 얻었다. 이것이 아마 레슬링과 복싱 경기의 유일한 긍정적 효과일 것이다.

9) 바리오바레토(Barrio Barretto)는 올롱가포 근방에 있는 만(灣)을 따라 형성된 작은 술집지역이다. 여기에 있는 술집들은 다른 곳보다 규모가 작고 여성들의 나이도 적으나, 미군들에 의해 유의해야 할 정도로 난폭한 분위기가 조성된다.

10) 카사(*casa*)는 여자들이 감금 상태에서 일했던 곳이다. 이런 시설이 보기 드문 건 아니나 은밀하고 경계가 심해서 조사가 어렵다. 젊은 여성들이 시골에서 직접 모집되거나 마닐라 도착까지 배로 보내진다. 전자의 경우 취업알선업자가 시골로 가서 마닐라에서 일하고 싶어 하는 여성들을 찾아, 여성과 식구들에게 식모나 가게 점원과 같은 좋은 일자리를 구해주겠다고 한다. 종종 가족들은 여성이 받게 될 급료를 선불로 받는다. 마닐라에 도착하는 즉시 카사에 배치되는데 감금된 상태로 성노동을 제공하게 된다. 연구자료나 통계는 없지만, 그곳에서 탈출한 여성들의 이야기에 의하면 포주와 손님들에게 심한 학대를 당하고 있다. 여성들은 하룻밤에 10명에서 12명의 손님을 받아야 한다. 손님은 외국인 관광객도 있고 필리핀 남성도 있다. 카사 같은 곳에서 일했다가 용케 탈출한 여성들은 대개 마닐라나 올롱가포의 술집에서 일하게 된다. 굳이 비교해 본다면, 술집이 여성들에게 훨씬 낫다. 게다가 그녀들은 이미 '버린 몸'이라서 결혼이 더 이상 하나의 선택이 될 수 없다. 여기에 묘사된 카사는 난희(한국)가 말한 부산의 윤락가와 비슷해 보인다(난희 이야기 참고).

리타

18살

사마르 출신

내 고향마을에서 온 젊은 여자들 대부분이 올롱가포에서 일하고 있어요. 아니, 우리 마을뿐 아니라 여러 마을에서 살던 거의 모든 젊은 여자들이 이곳 올롱가포에 있어요. 어떤 사람들은 미국인과 결혼하길 원하고 누군 돈을 벌고 싶어 해요. 나처럼 고향으로 돌아가는 사람도 많지만요. 올롱가포에 가고 싶다는 친구가 있었어요. "너랑 같이 거기에 가고 싶어." 그래서 나는 친구를 데려와 처음 얼마동안 내 집에서 머물도록 했어요. 몇 달이 지나면서 올롱가포에서의 생활이란 게 어떤 건지 알게 된 친구는 클럽에서 일을 하기 시작했죠.

예전엔 고향마을에서 마닐라에 대해서라도 제대로 알고 있는 사람이 아무도 없었어요. 대부분이 무식했던 거죠. 그 때 언젠가 취업알선업자들이 왔었어요. 내 사촌을 데려갔고요. 그녀는 결국 희생자였어요. 미리 많은 돈을 받는 대신 마닐라에서 식모로 일하기로 했거든요. 그런데 그녀를 잃어버렸어요. 취업알선업자들을 따라가서 1년가량 일했는데 가혹한 생활이었던 모양이에요. 달아났으니까요. 뭔가 그녀에게 일어난 일이 마음에 안 좋았던가 봐요. 우린 그녀가 어디로 가버렸는지도 몰라요. 그녀를 보지도 못했죠. 요즘은 고향사람들도 더 이상 무식하지 않으니까 마을로 사람을 모집하러 오는 사람도 없어요.

내 사촌 대다수가 여기 올롱가포에 있어요. 우린 서로 친구처럼 지내죠. 모두 그런 건 아니고요. 일부는 미국인과 사귄다고 우쭐한 생각이 드나 봐요. 하지만 우리가 같은 처지라는 걸 망각하고 있는 거예요. 우린 모두 호스티스인 걸요.

고향집에 가면 부모님과 지낼 수 있어서 기분이 좋았어요. 마을의 한 여자는 다른 사람들은 고향에 와서 잘난 체하고 다니는데 나는 그렇지 않다고

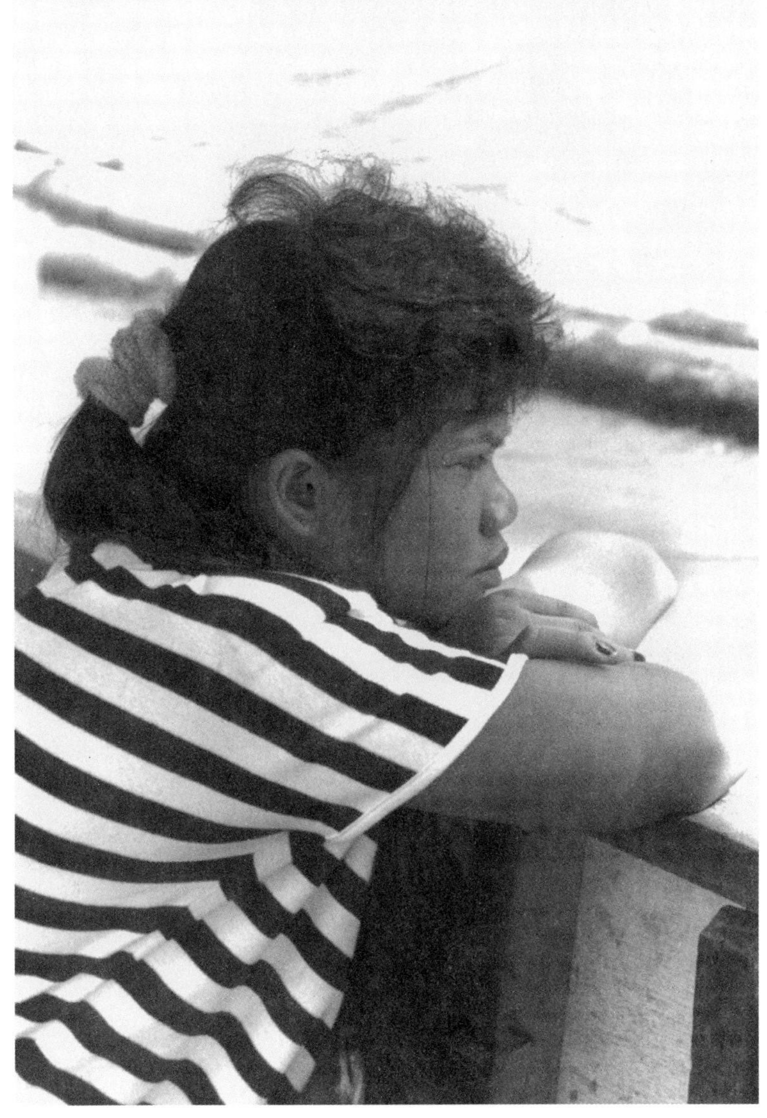

가족을 만나러 사마르로 돌아온 리타. 올롱가포에서 일하다 고향을 찾은 여성들은 악의적인 소문이나 단순한 호기심의 대상이 되기도 하고, 지나친 선물을 기대하는 사람들을 만나기도 한다. 그래서 많은 여성이 고향은 찾지 않고 돈만 부치는 길을 택한다.

하더군요. 우쭐해질 이유가 없어요. 나는 호스티스잖아요.

마을사람들은 내가 여기서 호스티스로 일하면서 생계를 꾸리고 있다는 걸 알고 있어요. 고향에 가기만 하면 사람들은 담배나 투바[1] 같은 것을 달라고 해요. 언젠가 마을사람들이 모여 춤을 추고 있을 때였어요. 나를 좋아한다는 나이 든 남자 한 명이 있었죠. 좀 소란스럽게 굴더군요. 그렇지만 거기에 모인 사람 전부가 우리 친척이었기 때문에 심하게 굴진 못했어요.

리타의 고향마을 아이들. 리타와 한고향 출신의 젊은 여성들 대부분이 올롱가포의 술집에서 일하고 있다.

그 사람은 내가 정말 좋다고 하더군요. 난 내가 호스티스라고 밝혔어요. 상관없다는 거예요. 그래도 내가 응하지 않자 화를 냈어요.

춤추던 곳엔 젊은 남자도 한 명 있었는데, 내 오래된 친구였어요. 나와 결혼하고 싶다고 하더군요. 그래서 난 그랬어요. "그럴 수 없어. 난 호스티스야." 그는 개의치 않는다고 했어요. 난 어쩌면 내가 돈을 번다는 걸 알고 돈 때문에 결혼하자는 것일 수도 있겠다는 생각까지 들었어요. 난 지금 고향에서 결혼한다는 걸 생각할 수가 없어요. 호스티스인데다가 아이까지 있으니 흉을 잡힐 테니까요. 남편과 싸움이라도 한다고 해보세요. 내 탓만 할 텐데요.2)

엄마는 그 친구 편이셨어요. "그게 낫겠다. 이제는 거기에 가지 마라. 여기서 결혼해. 그 사람한테 그런다고 해라." 하지만 난 그저 오빠 정도로 생각할 뿐이었죠.

언니는 내가 미국으로 가지 않을 거면 같이 장사를 하자고 했어요. 나도 다시 클럽에서 일하기 싫었기 때문에 그 제안이 반갑더군요. 새로운 삶을 살고 싶거든요. 난 지금 많고 다양한 미국인들을 상대하는 일에 아주 지쳐있어

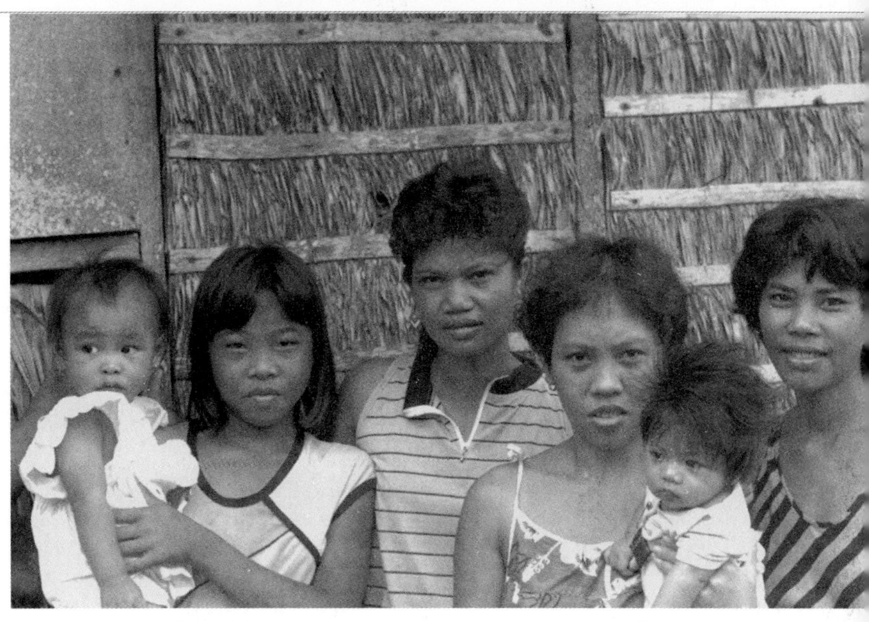
리타와 언니, 사촌들. 고향마을에서

요. 하지만 언니는 다시 결혼해서 임신 중이에요.

나에겐 일곱 명의 형제가 있어요. 원래는 열두 명이었대요. 가난해서 그랬을 거예요. 다들 죽었대요. 죽은 형제들이 아팠을 때 엄마는 의사도 부를 수 없었대요. 우리끼리는 아주 친밀해요. 가끔 내가 언니랑 싸우기도 했지만, 내가 고향을 떠난 후 싸움도 끝나버렸어요. 모두가 그리울 뿐이에요. 난 우리가 모두 모여 함께 살고 싶어요.

전에 내가 애를 낳는 바람에 엄마가 올롱가포에 오신 일이 있어요. 내가 하는 일을 아시게 되었고요. 엄마는 내게 화를 내셨지만, 그게 전부였어요. 자식이 여기서 호스티스로 일한다는 충격을 주체하지 못하시는 듯했어요. 마음이 상하셨겠죠. 갈 데까지 간 것 같으셨을 거예요. 그래도 이러시더군요. "애 아빠가 너한테 착실하면 좋겠구나." 그러면서 엄마는 역시 미국 손주[3])를 보고 좋아하셨어요.

오빠들도 막내인 내가 호스티스가 되었다는 사실 때문에 무척 슬퍼했어요. 식구들이 그러더군요.

"네가 그런 일을 안해도 빚은 갚을 수 있다."

"이미 너무 늦었어. 이제 와서 어떻게 해. 이미 애도 있고 사는 게 그런가봐."

난 너무 난처해서 울어버렸어요.

올롱가포의 작은 술집에 모여 노는 미군들. 이런 술집에선 '아가씨 음료'를 살 필요도 없고 술을 많이 마시라는 압력도 받지 않기 때문에 미군들은 때때로 이런 작은 클럽을 찾아 부담 없이 웃고 떠든다.

형제 중 둘은 아직도 고향에 있어요. 아버지 앞으로 된 땅에서 농사를 짓고 있죠. 그 땅은 저당 잡혀 있고요. 태풍으로 돈 한 푼 없었을 때 엄마가 저당 잡힌 거예요.

땅이 저당 잡혀 있다보니까 수확물의 일부만 우리 몫이었어요. 가령 야자를 말려 시장에 내다 팔아도 겨우 몇 푼만 우리에게 남았어요. 채권자가 다 가져가는 거죠. 그나마 다른 작물은 우리 거였어요. 야자만 채권자 몫이었죠. 파인애플, 카모팅카호이[4], 옥수수, 비닉[5]을 만드는 재료 등을 키웠어요. 하지만 그 땅 대부분은 야자밭이었죠.

먹고살기 위해 뭐든 심어보았지만 수확이 많지 않다보니 생활이 어려웠어요. 내가 10살 무렵, 엄마는 마닐라로 갈 거라고 하시더군요. 달리 갈 곳이 없었기 때문에 우리가족은 마닐라 언니 집에서 머물렀어요. 언니는 불라칸[6]에서 살고 있었어요. 식모로 일하다가 뒤늦게 마닐라 사람하고 결혼을 했죠. 내 생각에 형부는 주인집 옆집에서 살았던 것 같아요. 언니 부부는 고기잡이를 했어요. 우린 형부가 잡아오는 물고기와 게 등을 팔면서 도왔죠. 2년가량

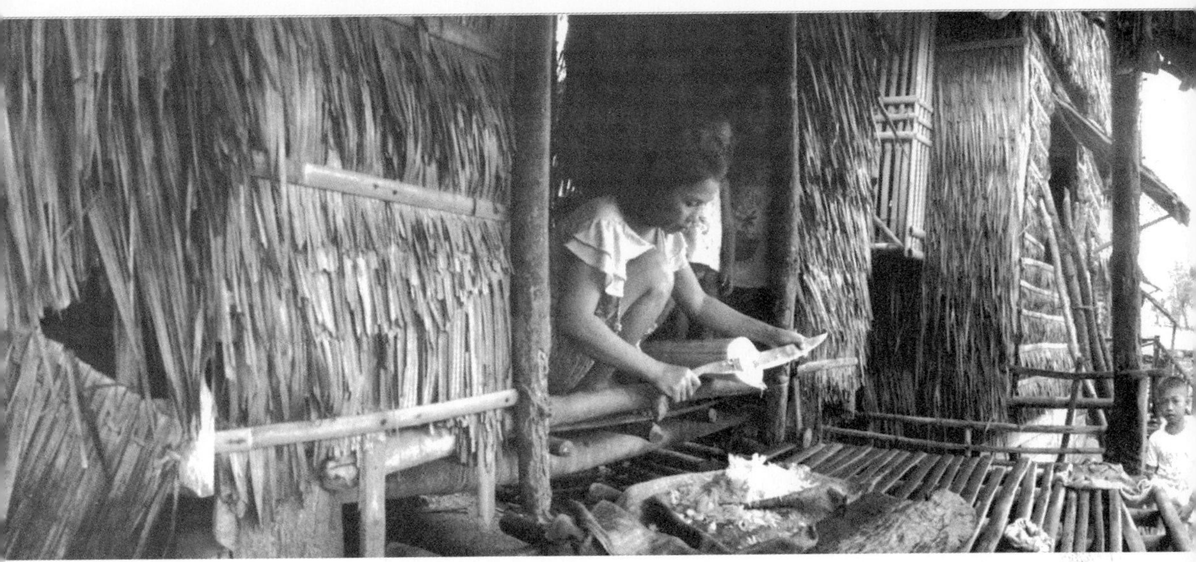

일하는 시골여성

언니 집에 있었던 같아요. 난 조카들을 돌봤어요. 몸이 성치 못한 조카도 하나 있었고요.

엄마는 식모살이를 했어요. 어느 날 엄마가 집주인에게 나를 데리고 있게 해달라고 부탁했어요.[7] 그렇게 많은 식구가 언니 집에서 신세를 지고 있기가 민망했기 때문이었죠. 그래서 난 엄마와 함께 살면서 익숙지 않은 일이었지만, 집안의 모든 일을 거들었어요.

집주인은 내가 와 있기로 하는 대신 엄마의 급료에서 25페소를 빼더군요. 하지만 주인은 괜찮은 사람이었어요. 아버지도 모셔오라고 하더군요. "남편도 올라오면 작은 집을 한 채 지어주겠소" 엄마는 주인의 호의가 오히려 수치스러워서 아버지를 모셔오지 않았어요. 엄마는 오히려 "우리 둘이 살 작은 집을 하나 빌릴 수 있는지 알아보자"고 하셨어요.

꽤 오랫동안 그 집에서 일했는데, 내가 주인집 아들에게 겁탈당할 뻔한 일이 생겼어요. 주인집 아들이 나를 자기 방으로 밀어 넣고는 문을 잠가버리더군요. 하지만 날 욕보이진 못했어요. 내가 소리를 질렀거든요. 주인이 깬 게 다행이었죠. 그 바람에 내가 놓여나고 아들은 숨어버렸어요. 그 날 엄마는 집을 알아본다고 나가셔서 집에 없었어요. 난 너무 놀라서 울었죠. 엄마가 돌아오셨을 때 나는 무조건 따라다니겠다고 했어요. "엄마, 어딜 가든 나랑 같이 가."

우린 그 집을 나왔어요. 안주인이 "왜 그래? 왜 나가려고 하는 거야?" 하고 물었지만, 나는 말할 수 없었어요. 엄마도 내게 무슨 일이 있었는지 몰랐지요. 엄마한테 말했다간 주인집 사람들과 싸울 것 같아서 아무 말도 하지 않았거든요. 주인 내외가 친절해서 난 그런 일이 생기는 걸 바라지 않았어요.

엄마는 250페소를 주고 톤도[8]에 집을 하나 살 수 있었어요. 우리는 거기서 유리병이나 플라스틱을 주워다 팔면서 먹고살았어요. 뿌리작물 같은 것으로 반찬을 만들어서 팔기도 했고요. 할 수 있는 건 뭐든지 해서 팔았죠. 처음에는 쓰레기 냄새가 고역이었어요. 그러나 차츰 익숙해지면서 나도 쓰레기더미를 뒤지고 다녔어요. 엄마는 다른 걸 했죠. 우리가 쓰레기더미를 뒤져서 모아 온 플라스틱을 큰 공장에 파는 일이었어요.

난 그 당시 학교를 다니고 있었어요. 학교를 마치면 쓰레기더미로 갔지요. 학년은 1학년이었지만, 벌써 다 큰 상태였고요. 사마르에서도 1학년이었는데 끝까지 마치지 못해서 여기 와서 다시 같은 학년에 다니게 된 거죠. 학교 갔다 오면 난 칼라메이[9]를 팔았어요. 칼라메이를 다 팔면 쓰레기더미로 가서 병을 골라냈죠. 우리가 하루에 버는 돈은 정말 적었어요. 15페소나 10페소 정도였거든요. 우리가 파는 병과 플라스틱이라 봐야 돈 될 물건이 아니었죠.

아버지도 톤도로 오셨어요. 언니, 엄마, 아버지, 나, 이렇게 모두 네 명이 함께 살게 되었죠. 언니는 커피와 빵을 팔았어요. 우린 여전히 이전과 다름없이 살았지만 생활은 그럭저럭 괜찮았어요. 먹고는 살았으니까요.

한번은 내가 쓰레기를 쌓는 불도저에 치일 뻔한 일이 있었어요. 갑자기 발이 쓰레기더미에 빠졌는데 발을 뺄 수가 없더라고요. 불도저가 점차 가까이 다가왔는데도 말이죠. 밀려온 쓰레기가 배까지 차올랐어요. 불도저가 내뿜는 시끄러운 소음과 쓰레기더미가 너무 커서 아무도 나를 보지 못했고요. 불도저는 점점 가까이 다가오고, 내가 어떻게 될지 알 수 없었죠. 이제 죽는구나 싶었어요.

그 때 한 아이가 보이더군요. 소리를 쳤어요. "얘, 도와줘."

다행히 그 아이가 내 소리를 듣고 고함을 질렀어요. 누군가 나를 봤지요.

스모키산(Smokey Mountain)에서 쓰레기 더미를 뒤지는 사람들. 스모키산은 수도 마닐라에서 쏟아져 나온 어마어마한 쓰레기가 모여 산더미를 이룬 곳이다. 꼭대기에 사람들이 모여 살고 있으며, 넝마주이로 살아간다.

몇 사람이 운전사에게 뛰어올라가 작동을 멈추라고 했어요. 운전사가 달아나더군요. 그 사람은 내가 죽었다고 생각했나 봐요.

난 쓰레기더미에 가슴까지 파묻혀 있었어요. 눈앞이 흐려지더군요. 쓰레기가 무겁고 열기가 너무 뜨거워서였어요. 한 남자가 나를 끄집어냈죠. 그리고 더 이상 아무 소리도 들리지 않았어요. 어찔한 현기증이 일었어요. 사람들이 나를 잡아주었고요. 온 몸에 칼에 베인 듯한 상처가 났더군요.

피투성이가 되어 집에 들어가자 엄마가 무척 놀라셨어요. "이게 무슨 일이냐?" 엄마가 그러셨어요. "여길 떠야겠다." 아버지 역시 거의 죽을 뻔했거든요. 똑같이 쓰레기더미에서 트럭에 치일 뻔한 거죠.

그 무렵, 톤도의 무허가촌 사람들이 한창 카바이트[10]로 이주하고 있었어요. 우리 모두 이주를 했어요. 난 우리를 이주시킨 게 대통령(마르코스)이었다고 생각해요. 집은 모조리 헐려서 트럭에 실려 치워졌죠. 철거업자들 말로는 땅을 필요로 하는 사람에게 땅을 주기 위해 돕는 거라고 하더군요. 우리는 카바이트에서 많은 땅을 얻을 수 있었어요.

하지만 돈을 벌 수 있는 방법이 많지 않아서 카바이트에서의 생활도 힘겨웠어요. 거기서 사는 사람들 역시 가난했고요. 난 카바이트에서 다섯 달가량 2학년으로 학교에 다녔지만, 이미 다 자라있었어요.

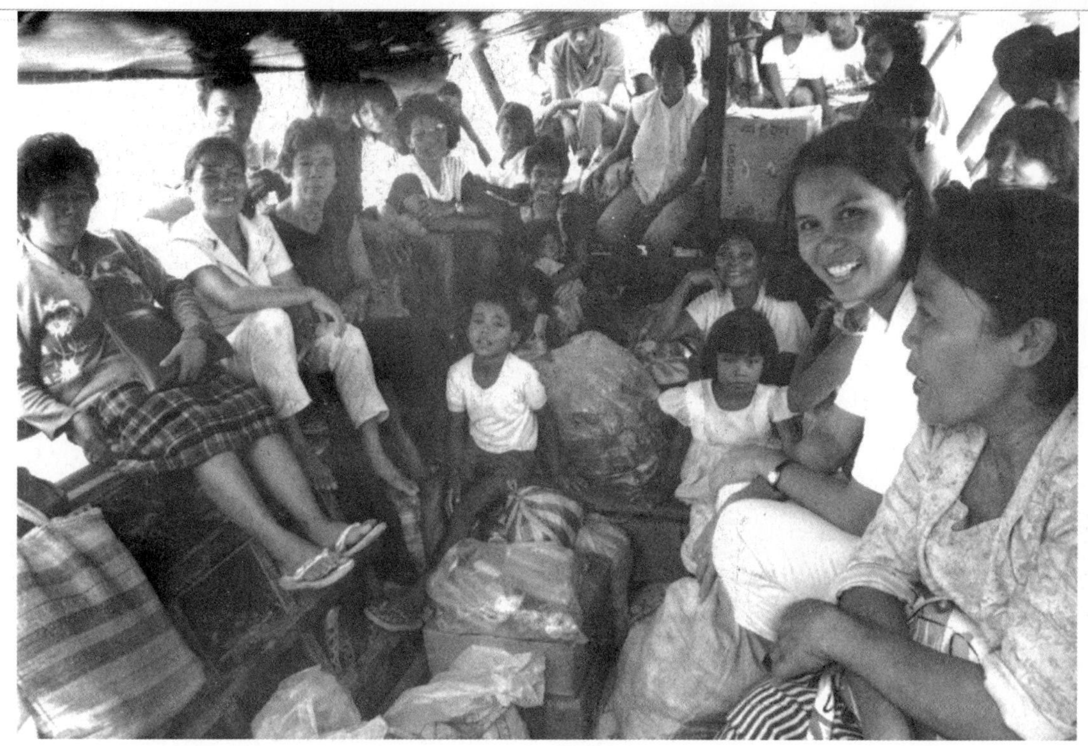

고향 가는 길. 리타의 고향은 사마르섬에서도 한참 더 들어가는 작은 섬마을이다. 여정은 아주 길다. 올롱가포에서 마닐라까지는 냉방도 되지 않는 버스를 타고 3~4시간 정도를 가야 한다. 마닐라 버스 정류장에서 내려 선착장까지는 지프니로 약 1시간 정도 걸린다. 이어 배를 타면, 마닐라에서 사마르 캣발로간까지 꼬박 24시간이 걸리는 셈이다. 캣발로간에서 리타의 고향마을까지는 다시 작은 배를 4시간 정도 더 타고 들어가야 한다. 이 사진은 긴 여정의 마지막 구간에서 찍은 것이다. 편도 교통비로 약 400페소가 들며, 도중에 음식을 사먹어야 하므로 돈이 또 든다. 배에 탄 사람들은 마을에서 장사를 하기 위해 캣발로간에서 물건을 구입해 돌아오는 길이다.

우리가족은 먹고살 길이 없어서 라구나[11]로 이사를 했어요. 라구나에는 오빠 한 명이 일자리를 얻어 살고 있었죠. 오빠는 괜찮은 일을 했어요. 일터 사람들이 식구들까지 와서 살라고 하더군요. 그래서 아버지와 엄마는 가두리 양식장에서 일감을 얻을 수 있었어요. 아버지는 경비원으로 일했죠. 양식장 물고기가 도둑맞지 않도록 손전등으로 비춰보며 감시하는 일이었어요. 벌이가 좋았어요. 카바이트에 있는 집은 라구나와 너무 멀어서 다른 사람에게 봐달라고 부탁을 했죠.

우리는 언니가 갑작스럽게 결혼할 때까지 상당히 오랫동안 라구나에서 살았어요. 태풍으로 집도 잃어버린 참이었지요. 엄마가 고향집으로 가자고 하시더군요. 다른 집이 있는 것도 아니고 카바이트의 집은 너무 멀었어요. 고향으로 돌아가기 위해 카바이트 집을 3,000페소에 팔았어요.

사촌언니가 고향에 와 있더군요. 언니는 올롱가포에서 찍은 사진을 갖고 있었어요. 그 중 미군들과 어울려 있는 고고댄서들 사진이 있었어요. "이게 뭐야?" 내가 묻자 사촌언니는 거기서 돈을 많이 벌 수 있다고 하더군요.

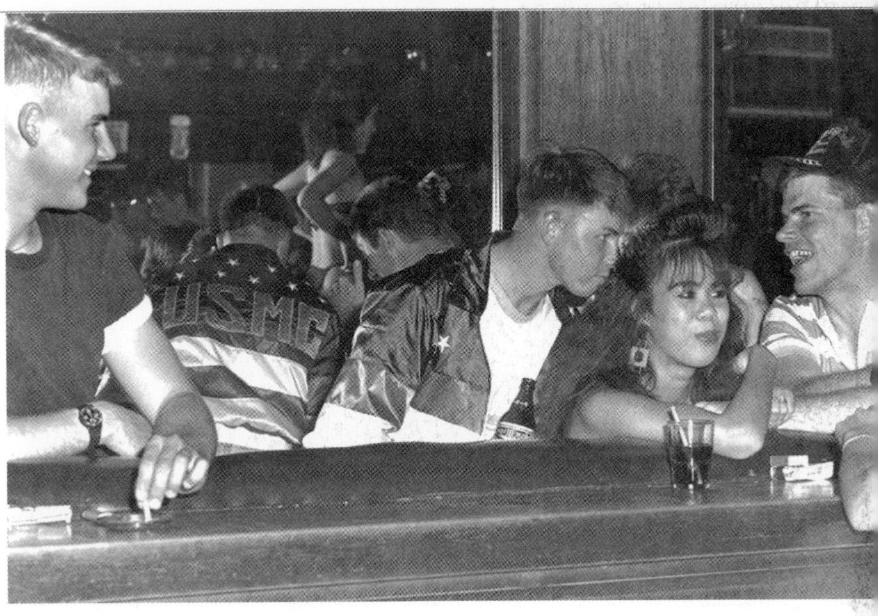

노는 남자, 일하는 여자

난 엄마가 했던 말이 떠올랐어요. '땅을 되찾을 돈이 필요하다.' 우리는 빚이 많았거든요.

사촌언니에게 물어봤어요.

"올롱가포에 식모 자리가 있을까?"

"그럼, 식모 월급도 많아, 한 달에 400페소 정도 되지."

"나도 따라가 볼까."

"그래라, 차비는 내가 내줄게."

엄마는 올롱가포가 너무 멀다고 허락해주시지 않았어요. 난 고집을 부렸죠. "우린 돈이 필요하잖아요. 지금 달리 갈 곳도 없고." 엄마는 어떤 일이 일어날지 알지 못했어요. 단지 올롱가포에 식모로 일하러 가는 줄로만 생각했으니까요.

난 이미 사진을 보았기 때문에 올롱가포에서 내가 할 일이 어떨 거라는 걸 알고 있었어요. 엄마도 그 사진을 보기는 했어요. 그러셨죠. "이렇게 되지는 마라. 내가 널 거기에 보낸다만, 식모로 일하겠다고 해서야." 몇 달 후 나는 올롱가포에 도착해서 사촌언니 집에서 지냈어요. 쉽게 일자리를 구할 수 없더군요. 사촌언니의 식모로 있으면서 200페소(한 달에)를 받았어요. 난 그 돈을 집에 보냈고요. 언니는 술집에서 일하고 있었고 고향에서 온 다른 사촌들도 술집에서 일하고 있었어요. 그 중 한 명은 카노[12)]와 계약동거까

일하러 가는 아주 어린 소녀. 뒤에는 미국인 손님(*kano*)이 앉아 있다. 법적으로는 18살 이상이라야 클럽에서 일할 수 있지만 14살가량의 어린 소녀들도 종종 볼 수 있다. 특히 대형 디스코클럽일수록 어린 소녀가 많다. 필자들이 알게 된 가장 어린 여성은 11살이었고, 임신까지 했었다. 어린이·소년·소녀들이 거리에서 자신의 성노동을 판다.

지 하고 있더군요.

친구 하나가 내게 이랬어요. "내가 너라면, 술집에서 일하겠다. 돈을 많이 벌 수 있으니까." 나도 돈을 많이 벌고 싶었어요. "그래, 술집에서 일할 거야."

펜트하우스에 찾아가기로 한 날, 친구가 걱정스러워했어요. "너무 어려서 안 된다고 할지도 몰라." 내 나이 14살이었거든요. 친구는 나에게 진한 화장을 해주고 굽 높은 구두와 멋진 옷으로 차려주더군요. 그래야 받아들일 거라면서요.

클럽 업주가 친구에게 물었어요. "아직 처녀가?"

친구가 그러더군요. "이젠 아니에요."

덕분에 난 일할 수 있게 되었어요. 사장이 날 처녀로 생각했다면 고용하지 않았을지도 모르겠어요.

일하기 시작한 지 사흘째 되던 날인데 어떤 사람이 나를 데리고 나가겠다며 외박비를 냈어요. 영어도 못할 때였죠. 시촌언니는 나를 격려하더군요. "좋아, 한번 나가봐." 나도 외박비가 무엇인지는 알고 있었어요…… 그건 순결을 잃는 것이었죠. 주변에서 그러더군요. "넌 돈을 많이 받을 수 있어."13)

난 이렇게 물어봤어요.

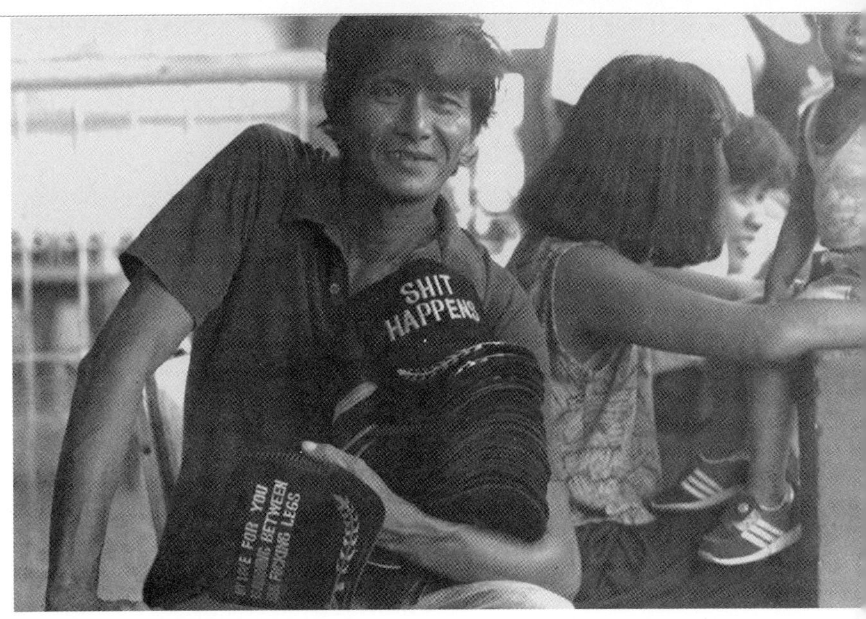

모자와 셔츠를 팔고 있는 행상. 필리핀, 오키나와, 한국을 막론하고 기지촌 유흥가에서는 이런 성관련 문구가 새겨진 모자와 셔츠를 쉽게 볼 수 있다.

"어떻게 하면 돼? 돈을 달라고 하는 법을 몰라. 영어도 모르는데."

"간단해. '기브 미 머니'라고만 해. 그 말만 하면 돼."

나는 우리가족이 진 빚을 떠올렸어요. "알았어, 가보겠어."

그 미군과 함께 나와서 호텔로 갔어요. 작고 나이가 든 사람이었어요. 그 일을 제대로 할 수 없을 것 같은 기분이 들더군요. 울어버렸죠. 난 그 사람이 나를 불쌍하게 여기길 바랐어요. 그러면 당하지 않을지도 모른다는 생각이었죠.[14] 난 울면서 사정을 했어요. "나와 섹스하지 마세요."

그가 그러더군요. "이리 와, 돈을 많이 줄게."

나는 내 처지를 생각했어요. 그가 돈까지 준 이상 나는 따르는 수밖에 없었어요. 그 돈이 얼마였는지도 몰랐어요. 달러였거든요. 하지만 내 눈엔 많아 보이더군요. 물론 시골에서 살아서 달러의 가치도 몰랐지만요. 그냥 달러가 상당히 가치 있다고만 알고 있었어요. 고작 30달러에다 500페소를 더 얹어준 건데 말이죠.

난 정말이지 싫기만 했는데 그 사람은 억지로 밀고 들어왔어요. 아주 고통스러웠고 피가 흐르더군요. 그 사람이 내 옷을 벗기려 했지만 난 벗지 않았어요. 내 옷에 상당량의 피가 묻더군요. 난 막사이사이 거리를 걸어 내려왔어요. 사촌언니 집으로 가서 문을 두드렸어요. 비가 오고 있었죠.

난 돈을 꽉 쥐고 있었고요.

사촌언니가 물었어요. "무슨 일 있었니?"

난 울면서 말했어요. "아테(*ate*, 언니) 그레이스, 어떡해. 카노에게 당하고 말았어." 사촌언니는 그가 외박비를 낸 걸 알고 있었죠. 내가 손에 돈을 쥐고 우는 모습을 보고 내가 그한테 순결을 빼앗겼다는 것도 알아챘고요.

나는 그 돈을 엄마한테 보냈어요. 엄마는 아마 내가 식모로 일한 월급이라고 여겼을 거예요. 내가 클럽에서 일하는 걸 몰랐으니까요. 엄마는 빚을 일부나마 갚을 수 있겠다고 하셨어요.

그날 이후, 난 뭔가 잃어버린 것만 같았어요. 내가 달리 할 수 있는 게 뭐지? 카노 한 사람이 제안을 하더군요. "우리 집에 와서 식모로 일할래? (한 달에) 300페소씩 줄게." 그는 필리핀 여자와 결혼한 사람이었어요.

나는 자신에게 물어보았어요. '왜 다시 식모로 일해야만 하지? 난 이미 순결을 잃었잖아.' 결국 그 제안에 응하지 않았어요. 계속 클럽에서 일하면서 외박을 나갔어요.

세 번째로 내 외박비를 낸 사람은 나이 많은 흑인이었어요. "여기. 내가 외박비를 내지."

나는 좋다고 했어요. 단순한 성관계뿐일 거라고 생각했던 내게 그는 펠라치오와 여러 가지 다른 자세를 요구하더군요. 이 일을 시작한 지 얼마 되지 않았던 나한테 말이죠. 난 그가 요구하는 것을 들어줄 수가 없었어요. 이미 나와 관계를 했으니까요. 그의 물건은 너무 커서 내 몸에 잘 들어가지도 않았어요. 내가 울기 시작하자 그는 "왜 울어?"라고 하더군요. 그 사람은 변태였어요. 내 머리를 베개로 짓누르고 있어서 소리조차 지를 수 없었어요. 누르던 베개를 가슴 위로 내리더니 강하게 누르면서 내 옷을 벗겼어요. 그리고 내게 별 짓을 다했어요. 난 울기만 했고요.

내가 그랬어요. "헌병대를 부를 거야. 당신을 잡아가도록 할 거야."

그때까진 어떻게 부르는지도 몰랐지만, 그가 겁을 먹게 하고 싶었어요.

"좋아, 그럼 나는 펜트하우스로 가서 돈을 돌려받지."

그는 클럽주인에게 돈을 달라고 요구했어요. "외박비 400페소를 돌려주쇼." 내가 섹스를 거부했다고 우기더군요. 실은 이미 관계를 마친 상태였으면서요.

늦은 오후, 해군 헌병(SP, Shore Patrol)의 브리핑 시간. 해군 헌병은 민사작전국(CMO, Civilian Military Operations)을 두고, 24시간 헌병 근무를 지시받아 항구에 정박 중인 함선에서 파견된 미군들과 함께 술집지역에서 헌병으로서의 직무를 수행한다. 이들의 역할은 지역주민들과 미군들 사이에서 발생하는 분쟁을 예방하고 중재하는 것이다.

업주가 내게 화를 냈어요.

"이 사람 지금 뭐라는 거야? 넌 왜 그랬어?"

"그 사람은 벌써 했다고요."

나는 사실이 아니라고 했지만 주인은 나를 믿지 않는 거예요. 대신 손님을 믿었죠. 난 울어버렸어요. 계속 울었죠. 그런데도 업주는 이러더군요. "시끄러. 돈을 돌려줘야 하니까, 그 돈은 네가 갚아." 이미 그 사람과 관계를 한데다가 돈까지 내가 갚아야 한다는 말을 듣고 난 더욱 크게 울었어요. 난 한 달 만에 그 돈을 갚았어요. 물론 내가 받아야 할 돈에서 미리 제해버리는 식으로 말이죠.

이 같은 일이 또 생긴 건 내가 스콧티[15]로 옮겨갔을 때였어요. 역시 나이든 흑인이 외박비를 냈고요. 그와 2차를 나갔어요. 나는 같은 일이 생길 거라곤 생각지도 못했지요. 그 미국인은 내가 하고 싶지 않는 걸 요구했어요. 펠라치오를 해달라고 하더군요. 난 울어버렸어요. "난 할 수 없어요."

그리고 이전과 꼭 같은 말을 들어야 했지요.

"네가 하지 않겠다면 돈을 찾으러갈 거야. 난 내 돈을 돌려받겠어."

"왜? 당신은 벌써 나랑 했잖아."

나는 상당히 흥분해서 그와 싸웠어요. "헌병대를 부르겠어." 친구가 가르쳐 준 덕분에 지난 번 보다는 좀더 알고 있었죠. 나와 관계를 해놓고도 돈을 찾아가려는 일이 두 번째로 생긴 거였어요. 그 미국인과 난 이미 호텔에서 4시간가량이나 함께 있었는데도 돈을 돌려받겠다고 했어요.

그 카노는 다시 클럽으로 가더군요. 업주가 내게 물었어요. "너 외박증 어딨어?" 업주에게 외박증들을 주면서 말했어요. "사장님, 돈을 돌려주지 마세요. 이미 나랑 했다고요." 업주는 그가 난폭해 보이는데다가 고약한 태도로 말하는 것이 거슬렸는지 그에게 화를 냈어요. 같은 일이 두 번씩이나 생겨서 내가 좀 안쓰럽게 보인 탓도 있었을 거예요. 업주가 돈을 돌려줄 수 없다고 했어요.

그러자 그 카노도 화를 내며 주인과 싸우려 들더군요. "왜 돈을 안 주는 거야?"

주인은 보이[16]를 시켜 헌병대를 불렀어요. 헌병이 와서 내게 물었어요.

"무슨 일이요?"

"이 사람이 돈을 돌려 달래요. 하지만 벌써 나랑 했으면서 말이에요."

"이거 취했군. 데려 갑시다."

헌병대가 그를 지프에 태워서 기지로 돌아갔어요. 업주는 돈을 돌려주지 않았고요.

클럽에서는 복싱이나 그 밖의 여러 게임들을 해요. 난 당시 몸집이 작았기 때문에 게임에 참여하고 싶지 않았어요. 복싱이든 레슬링이든 하고 싶지 않았죠. 그런데 업주가 부르더군요. "이리 와." 업주가 내 얼굴을 움켜쥐고 이러는 거예요. "말대답하지 마." 난 여러 종류의 다른 술집이 있는 걸 몰랐어요. 괜찮은 조건의 술집이 있다는 걸 알기만 했어도 거기로 옮겼을 거예요.

난 할 수 없이 알았다고 하고 복싱에 참가했어요. 복싱이 어떻게 하는 건지도 모르면서요. 내 상대 여자는 매우 멋지고 나보다 덩치도 컸죠. 내가 지는 건 뻔했어요. 경기에서 이기면 100페소를 받고 지면 50페소를 받는 거였어요. 수많은 미국인들이 이를 지켜보죠. 미국인들은 필리핀 여자들이 벌이는 복싱경기를 구경하면서 이길 것 같은 사람에게 돈 걸어 내기를 해요.

레슬링에 참가했을 때는 내가 이겼어요. 상대방이 나만큼 작았거든요. 하지만 미국인 손님이 우릴 거칠게 밀어 넣는 바람에 발목을 삐었죠. 경기 마지막에는 카노 하나가 여섯 명의 여자와 엉켜 한차례 시합을 해요. 여자들이

클럽 안마당에서 여성들이 진흙탕 레슬링을 하기 전, 사전의식을 진행 중인 사내. 한 클럽에서 이것과 관련해 파업이 일어난 이후 시의회는 1988년부터 여성들의 레슬링과 복싱경기를 금지시켰다. 팜선데이(Palm Sunday)라는 술집에서 일어난 그 파업에서 미국인 술집주인이 고용한 총잡이에 의해 파업주동자가 머리에 총상을 입고 사망하는 사건이 발생했다.

지면 그 카노는 외박비를 내지 않고 두 명의 여자를 데리고 나갈 수가 있어요. 카노가 지면 그냥 끝이고요. 여자들이 남자의 반바지를 벗기게 되면 그가 지는 거예요. 그러면 불이 켜지죠. 여자들이 이긴 거고요. 상당 시간이 지나도 바지를 벗기지 못하면 여자들이 지게 돼요. 그가 지목하는 두 여자는 함께 가야 하죠. 여자들에게는 선택권이 없어요. 간혹 여자를 한 명만 원할 경우, 나머지 한 명의 여자에 대한 대가로 티셔츠 한 장이 주어져요.

술집에서의 규칙은 매우 엄격해요. 술집에 입주해 살아야 해요. 방세는 무료였지만 음식은 그렇지 않았어요. 작은 방 하나에서 여러 명이 지냈어요. 방이 침대로 꽉 차죠. 배가 들어오면 일찍 일어나야 했어요. 그렇지 않으면 25페소의 벌금을 냈거든요. 때로는 미국인들이 들끓어서 아침 8시면 이미 영업을 시작한 적도 있었어요. 일찍 일어나서 바로 카노와 나가는 여자들도 많았고요. 난 가끔 게으름에 빠지곤 했어요. 그럴 때면 몸치장을 하고 싶지도 않고 일하기도 싫었어요. 그저 잠만 잤어요.

내가 한 미국인과 계약동거에 들어갔을 때, 그 사람은 사는 곳을 옮기라고 하더군요. 난 조그만 집을 하나 얻었어요. 거기서 사촌들과 함께 살았죠. 나까지 세 명이었어요. 각각 80페소씩 냈고요. 그런데 그 집에서 내 옷을 몽땅 도둑맞는 일이 생겼어요. 다른 문제까지 겹쳐서 다시 이사를 했지요.

임신이 되더군요. 그걸 안 애 아빠는 이랬어요. "돈을 보내줄게." 정말

↖ 술집 티즈테번(T's Tavern) 위층에 있는 리타 방의 한쪽 벽면.

↑ 티즈테번 위층에 있는 입주 여성들의 방. 약 3×2.7m(2.5평) 크기의 방들을 각각 두세 명의 여성이 함께 쓴다.

돈을 보내 줄지는 알 수 없었어요. 그냥 입에 발린 소리일 수도 있으니까요. 그런데 한 달 후, 난 애 아빠가 보내준 돈을 받았어요. 난 애를 지우는 게 두려워서 임신상태를 유지하고 있었죠. 유산은 죄를 짓는 일이고 죽은 아이는 귀신이 된다고 했거든요. 그러고 싶지가 않았어요. 그렇지만 이런 일을 하다보니 낙태를 강요당했어요. 난 임신 3개월 때까지만 일을 했어요. 가끔씩 애 아빠가 50달러든 20달러든 돈을 부치더군요.

배가 상당히 불러서 더는 일을 할 수 없었어요. 사촌과 집에 있었죠. 임신 7개월째 되었을 무렵이었어요. 애 아빠가 올롱가포에 왔더군요. 나와 함께 지내기 위해 2주간 휴가를 냈다고 했어요. 다시 돌아가면서 애 아빠가 출산에 필요한 돈을 보내주겠다고 하더군요. 그러나 돈은 오지 않았어요. 난 아주

티즈테번의 내부

화가 났죠. 홧김에 그랬어요. "미국 놈들은 진짜 거짓말쟁이야."

애를 낳게 되어 엄마가 오셨어요. 돈을 빌려야 했죠. 무사히 출산을 한 다음 한 달쯤 지나니까 애 아빠가 돈을 부쳤더군요. 도대체 좋아서 한 건지나 모르겠어요. 50달러에 불과한 돈을 보내왔지만 빚을 꽤 갚을 수 있었어요. 아들 마이크가 3개월이 되었을 때 엄마가 마닐라로 데리고 가셨어요. 나는 술집으로 돌아갔죠. 다시 스콧티에서 일을 했어요. 여전하더군요. 내겐 이미 그 일이 자연스러웠는지도 모르겠어요. 전에 미국인이 돈을 돌려받으려고 했던가 싶었어요. 미군들은 그들이 원하는 대로 나와 관계할 수 있었어요. 이미 애도 하나 낳은 몸이었으니까요.

몇 달 후 난 다른 술집으로 자리를 옮겼어요. 이렇게 생각했죠. '이젠 경험도 좀 생겼으니까 어떤 곳에서도 일할 수 있을 거야. 큰 술집에 오는 손님들은 거칠어서 같이 어울리려면 술에 취해야 해. 지금 난 그렇게 할 수 있어.' 나는 티즈테번이라는 클럽으로 가서 고고댄서로 일했어요. 오후 4시부터 다음날 새벽 2시까지 일하면 날마다 40페소를 받을 수 있었어요. 스콧티에서는 고작 20페소를 받고 그것도 한 달에 한번 받았거든요. 티즈테번에서 새벽 4시부터 정오까지 일할 경우엔 50페소를 받았죠. 적은 돈이지만 부모님께 부칠 수도 있더군요. 나도 생계를 유지할 수 있었고요. 더 이상 빚을 지지 않아도 되었어요.

클럽에서 일하고 있는 DJ

애 아빠가 편지를 보내왔더군요. 우리 모자를 미국으로 데려가겠다고 했어요. 하지만 난 믿지 않았어요. 이전에도 돈을 보내주겠다고 해놓고 겨우 몇 푼만 보내왔잖아요. 그 때와 똑같으려니 생각했죠. 그런데 600달러를 보냈더군요. 내 서류준비를 위한 돈이래요. 결국 난 믿어보기로 했어요. 그래도 난 계속 일을 했어요. 서류준비하면서 써야 할 돈인데 허투루 써버릴 수 없잖아요.[17] 또 엄마한테도 계속 돈을 보내드리고 싶었거든요.

당시 난 돈이 좀 있었어요. 늘 외박을 나갔기 때문에 돈을 모을 수 있었죠. 일부러 술을 먹거나 코프시럽① 같은 약을 먹으면서 그 일을 할 수 있었던 거예요. 함께 어울리던 바카다(*barkada*, 친구집단)가 그런 약을 복용할 때면 나를 데리고 갔어요.[18] 또 미국인들이 많이 모여들기라도 하면 난 당황해서 제대로 춤을 출 수가 없었어요. 그래서 난 술을 더 이상 나쁘다고 생각지 않았어요. 돈이 웬만큼 벌리더군요. 600달러에 손을 대지 않아도 될 정도로요.

또한 내겐 단골이 된 미국인도 한 명 있었어요. 여기서 한 3년 정도 머문 사람이었는데, 항상 나를 데리고 나갔어요. 내게 약혼자가 있다는 것도 알고 있었어요. 난 그와 계속 나가는 걸 원치 않았어요. 그 사람도 여자친구가 따로 있었기 때문이죠. 그는 만일 일이 잘 풀리면 여자친구가 필리핀으로 오게 된다고 했어요. 그렇지 못할 경우 내게 돌아오겠다고 하더군요. 난

① 감기약 중 일부 기침약은 다량으로 한꺼번에 먹으면 환각효과가 나타날 수 있다.

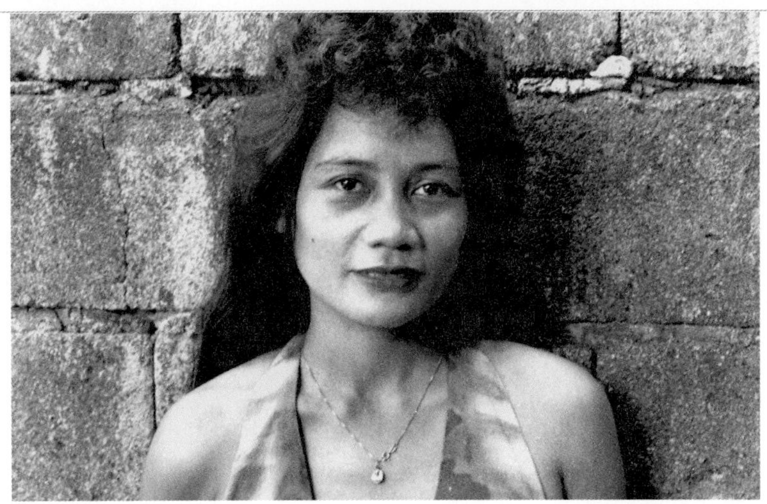

리타의 사촌인 테리는 리타와 같은 마을에서 살았다. 리타와 테리는 거의 같은 시기에 올롱가포로 왔다.

그게 별로 좋지 않은 생각이라 더는 서로 보지말자고 했어요.

내가 저지른 실수가 또 하나 있어요. 필리핀 남자를 만났던 것이죠. 티즈테번에는 DJ를 하면서 가게를 정리하고 청소도 하는 필리핀 남자가 두 명 있었어요. 그 중 한 명과 관계를 맺으면서 일도 하지 않았죠. 필리핀 남자친구를 사귄 건 처음이었고 그가 좋았어요. 어쩌면 내가 정말 좋아했던 건 바카다와 어울려 신나게 노는 것이었는지도 모르겠어요.

사촌과 바리오바레토[19]에서 마이크를 돌보고 있던 이모는 내가 계속 일을 하고 있는 걸로 생각했지만, 사실 난 일을 하고 있지 않았어요. 또 다른 사촌하고 사촌의 필리핀 남자친구, 내 남자친구, 나, 이렇게 우리 네 명은 모든 시간을 함께 했어요. 늘 영화를 보러 다니면서요.

결국 수중에 있던 돈이 바닥나 버리더군요. 마이크의 아빠가 보내줘서 은행에 맡겨두었던 돈을 찾아 쓰게 되고 말았어요. 1,300페소를 주고 집을 하나 구했어요. 네 명이 같이 살았지요. 난 마이크를 돌보면서 일하러 나가지 않았어요. 조금씩이긴 했지만, 마이크의 아빠가 계속 돈을 부치더군요. 애 아빠는 내게 필리핀 남자친구가 생겼다는 걸 모르고 있었어요.

남자친구의 아이가 들어서더군요. 그는 지우지 말라고 했어요. 난 다정한 그에게 푹 빠져 있었고 그를 사랑했어요. 내게는 약혼자가 있다는 것도 생각지 않고 같이 살았어요. 아무 생각이 없었던 거죠.

돈이 떨어지자 남자친구는 부모님과 함께 자기 집에서 살자고 했어요.

한 3주 동안 그곳에서 지내다가 그가 마닐라로 갔어요. 홀로 남은 셈이죠. 나와 마이크뿐이었어요. 마이크가 심하게 앓더군요. 난 어디서 돈을 구해야 할지 알 수가 없었어요. 수중에는 한 푼도 없었고요. 그러다 사촌 테리를 찾아갔어요. 받아주더군요. "그래, 나랑 있자."

난 생각해봤어요. '내가 잘못하고 있는 건 아닌가.' 테리 언니가 도움을 주었어요. 언니가 빌려준 돈으로 마이크를 병원에 데려가 나을 수가 있었죠.

지금도 사촌언니에게 신세를 지고 있어요. 난 언니에게 이렇게 말했어요. "남자친구랑 헤어지고 돈이 좀 들어오면 애를 지울 거야." 이미 임신 3개월째가 되던 때였죠.

남자친구 유진이 찾아왔어요. 따져 묻더군요.

"왜 말도 없이 나간 거야?"

"애가 아팠어. 넌 그 애를 먹여 살릴 수 없잖아. 돈이라곤 한 푼도 없으니까."

난 일부러 그에게 상처가 될 말들을 했어요. 그래야 나를 잊을 테니까요.

되묻더군요. "진심이야?"

난 이렇게 대답을 했어요. "나한텐 약혼자가 있어. 알다시피 우리가 만나기 전부터 있었어. 넌 그래도 좋다고 했지. 지금 넌 날 이용하고 있어. 왜 이용하는 거지? 돈 때문이야?" 그는 울면서 나를 사랑한다고 하더군요. 나를 그런 식으로 여긴 적은 없었다고 했어요. 내가 그랬어요. "난 호스티스야. 미국인이 아빠인 애도 하나 있어. 넌 내게 좋은 사람이 아니야. 난 네가 싫어졌어."

그와 헤어지기로 한 또 다른 이유는 남편과 같이 하는 생활이 어떤 건지도 알게 되었기 때문이었어요. 우리가 한집에서 같이 산다는 건 결혼한 거나 마찬가지였죠. 집안일은 어려워요. 씻고 닦고, 일찍 일어나야 하고, 아이들도 돌봐야 하잖아요. 난 모든 걸 경험했어요. 자질구레한 집안일을 하면서 아이를 돌봤죠. 그러면서 돈은 없고 빚은 늘어갔어요. 마닐라에서 식모살이할 때를 떠올리게 했어요. 그건 너무나 힘든 일이었어요. 게다가 시부모님도 모셔야 했는데, 서로 잘 지내지는 못했던 것 같아요.

내가 호스티스였고 아이까지 있다는 사실이 서로에게 좋을 리가 없었어요. 난 곰곰이 생각을 해봤어요. '사랑하지만 헤어져야겠어. 나한텐 애까지 딸려 있잖아. 그 사람에겐 좀더 나은 미래가 필요해. 그와 결혼하면 가난하게

막사이사이에 있는 티셔츠 가게. 올롱가포에서 필리핀 청년들이 할 수 있는 일 중 하나다.

될 거야. 내 애를 잘 돌볼 수도 없겠지.' 남자친구의 급료는 (한 달에) 800페소였는데, 나 때문에 직장을 잃었어요. 술집에서 같이 근무하는 사람끼리 사귀는 건 금지돼 있었거든요. 그건 손님들을 당혹스럽게 하는 일이기 때문이래요.

내 생각엔 그와 결혼하는 것과 미국인과 하는 거하고는 다를 것 같아요. 미국인은 일자리가 있잖아요. 마이크 아빠가 항상 내게 돈을 줄는지 확신할 순 없지만, 그렇게 돈을 써도 그에겐 일자리가 있어요. 하지만 그 필리핀 남자에게는 일이 없어요. 남자친구를 더 좋아하긴 해요. 그렇지만 내게 미국인 아이까지 있어요. 뱃속의 아이가 태어난다면 두 아이가 자라면서 서로 싸우게 될 테고요.

난 사촌언니에게 말을 했어요. "애를 지워야겠어." 낙태를 시키기 위해 언니가 아는 친구에게 데려가더군요. 비용으로 400페소를 달라고 했어요. 사촌언니는 낙태를 다시 한번 생각해보라고 했어요. 배가 이미 상당히 부른 상태라 나는 더 이상 아무것도 생각하고 싶지 않았어요. 더 시간을 미룰 수가 없었어요. 나는 모든 것이 하느님께 달렸다고 말했죠.

그들은 내 질 속으로 작고 긴 카테터를 집어넣었어요. 첫날에 유산이 되진 않더군요. 사흘째로 접어들자 심한 통증이 느껴졌어요. 할 수 없이 그랬죠. "병원으로 데려다 주세요. 더 이상 못 참겠어요." 낙태 시술을 받은

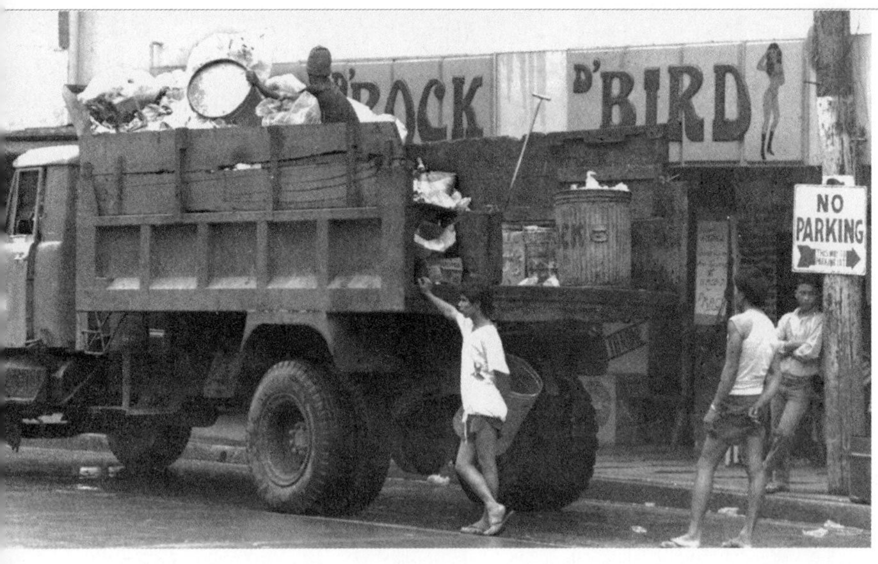

이른 아침, 막사이사이의 쓰레기차. 이곳에서 필리핀 남성들이 얻을 수 있는 또 하나의 일자리다.

당일에는 집에 있었어요. 그 다음 날엔 시술소에 가 있었고요. 그러곤 사흘째 되던 날, 결국 병원으로 옮겨진 거죠. 난 테리 언니에게 2,000페소를 빌렸어요.

상당한 양의 피가 쏟아졌어요. 병원에 가자 나를 짐대에 눕히곤 여의사가 손가락을 넣어 내진을 했어요. 의사의 말은 이렇더군요. "자궁이 닫혀 있습니다. 지금으로선 중절수술②을 하기엔 무리예요." 통증을 참아야 했어요. 다음 날 아침 간호사가 와서 소변을 보라고 했어요. 내가 소변기에 소변을 보고 나자 그 소변으로 검사를 하더군요. 검사 결과 아직 태아가 자궁 속에 살아있다고 했어요. 여전히 태아를 긁어내는 건 불가능한 상태였고요.

통증이 너무 심해서 더는 참을 수가 없었어요. 주사를 한 대 놔주더군요. 무슨 주사였는지, 왜 맞았는지도 몰랐어요. 배만 더 아팠고요. 너무 괴로워서 화장실로 갔어요. 배를 움켜쥐곤 누르고 또 눌렀어요. 그러자 마치 아이를 낳는 것처럼 많은 덩어리가 쏟아져 나오더군요. 나는 그걸 들고 가서 간호사에게 보여줬어요. 그게 태아더군요. 자기들이 시술을 해준 결과래요. 다음날 난 퇴원을 했어요.

병원에 있는 동안 테리 언니가 나를 돌보면서 보호자 노릇을 해주었어요.

② 원문에서는 구체적으로 확장소파법(Dilatation and Curettage)을 언급했다. 확장소파법은 인공임신중절술의 하나로, 자궁 입구를 확장한 다음 큐렛을 이용해 자궁벽을 긁어 태아를 제거하는 방법이다. 보통 임신 3개월 이내에서 시술한다.

올롱가포에서는 전체 노동계층 중에서도 여성들이 경제의 중심을 이룬다. 여성들이 내는 집세, 음식과 생필품 구입비, 손님을 자신의 집으로 데리고 가면서 쓰는 삼륜 오토바이 요금 등, 여성들의 일이 경제를 움직인다.

언니 외엔 아무도 날 찾아오지 않았죠. 언니에겐 마음의 빚을 지고 있어요. 퇴원을 하고 테리 언니 집에 머물고 있는데 유진이 찾아왔더군요. 그는 거의 매일 찾아왔어요.

애길 하고 싶다더군요. 난 거절했어요. "더는 널 보고 싶지 않아. 가."

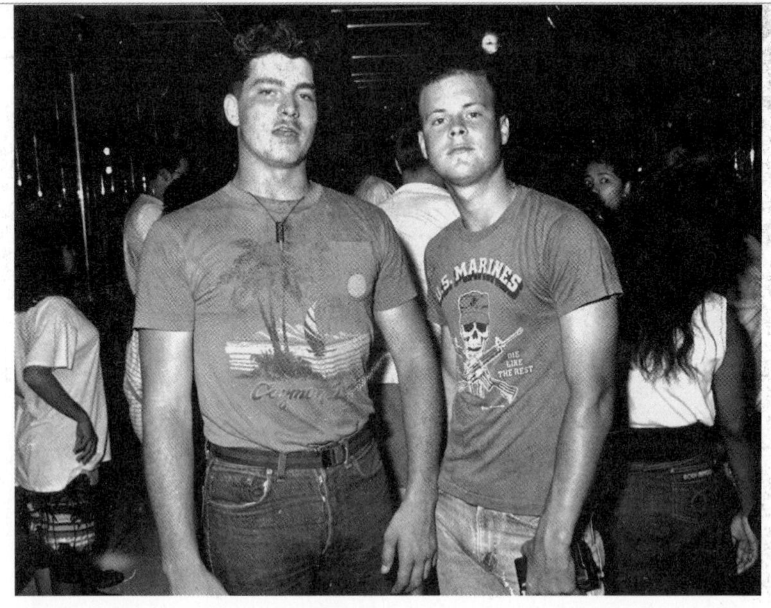

해병들

그는 칼을 들고 설쳤어요. "나랑 이야기하지 않으면 차라리 죽어버리겠어."

난 담담하게 대답했어요. "그래, 죽어버려. 하지만 여기선 하지 마."

그가 자기 손목을 긋더군요. 나는 뚝뚝 떨어지는 피 때문에 제대로 쳐다볼 수가 없었어요. 때마침 테리 언니가 일을 마치고 들어왔어요. 언니는 화를 내며 그를 쫓아냈어요. 그래도 그가 떠나지 않고 가게 앞에 앉아 있어서[20] 우리는 문을 닫아걸고 드러누워 버렸어요. 금방 그가 다시 오더군요.

"문 열어 줘. 이야기 좀 하자. 너랑 얘기하고 싶다고."

테리 언니는 화가 나서 그에게 재차 말했죠. "너, 계속 이러고 있으면 고함지를 거다. 네가 도둑이라고 할 거야." 그가 여전히 버티면서 창문을 열려고 했어요. 언니가 도둑이라고 소리를 질렀죠. "도둑, 도둑이야!" 그 소리에 이웃들이 깨어나자 그는 달아나버렸어요. 다음날 아침 언니와 나는 마을 촌장(*baranguay* captain)을 찾아가 그의 사진을 보여주고 도둑이라며 붙잡으라고 했어요.

난 마이크의 아빠와 계속 관계를 유지하고 싶었는지도 모르겠어요. 애 아빠와는 그렇게 많은 시간을 보내지 않았기 때문에 그가 어떤 사람인진 잘 몰라요. 겨우 2주일을 함께 보냈고 그때 임신을 했거든요. 거기(미국) 가면 날 다르게 대할지도 모를 일이죠. 막상 내가 미국에 가더라도 그 사람이

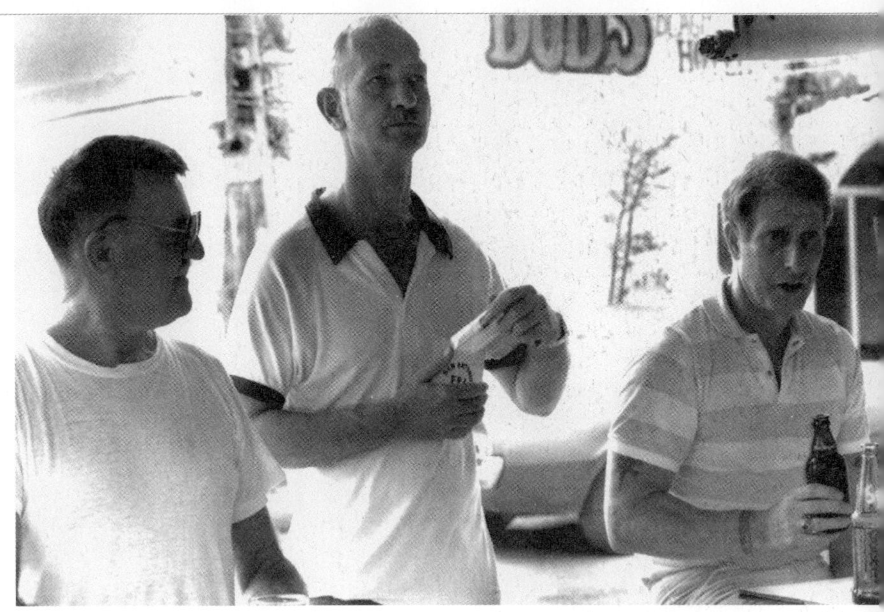

필리핀인 아내는 놔둔 채 술집에서 서성이는 은퇴한 남성들

다른 여자를 만날 수도 있잖아요. 내가 그 여자 밑에서 식모살이나 하게 될지도 모르는 일이고요. 그래서 가끔씩 가기 싫다는 생각이 들기도 해요. 난 제대로 교육받은 적도 없고, 아직도 영어를 그다지 잘하지 못하니까 어려움을 겪을 수도 있거든요. 내가 필리핀 사람이라서 다르게 취급받을 수도 있고요. 애 아빠와 헤어지기라도 하는 날엔, 난 고향으로 돌아와야 하겠죠.

내키지 않더라도 아이를 위해서라면 미국에 가야 할 것 같아요. 애 아빠는 걱정하지 말라고 했어요. "걱정 마. 네가 미국에 오더라도 우린 네 부모님께 돈을 보낼 수 있을 거야." 하지만 막상 내가 미국에 도착하면 그가 내게 돈을 안 줄 수도 있을 거예요. 마이크만 차지하곤 날 필리핀으로 돌려보낼지도 몰라요. 그가 내게서 필요한 건 아이뿐이라고 하면서 말이죠.

여기서 오랫동안 일했으니, 그것이 신이 내게 주신 운명이라면 받아들일 거예요. 지금 나는 내가 겪은 일과 여러 미국인들로 인해 지쳐 있어요. 이미 겪을 만큼 충분히 겪었죠.

난 마이크가 공부를 잘 마칠 수 있고, 나에 대해선 무엇이 됐든 나쁘게 보지 않았으면 해요. 우리가 미국에 가서 마이크가 장성하면 은행에 돈도 저축하면서 살 수 있겠죠. 그렇지만 내가 계속 이런 일을 하고 지금처럼

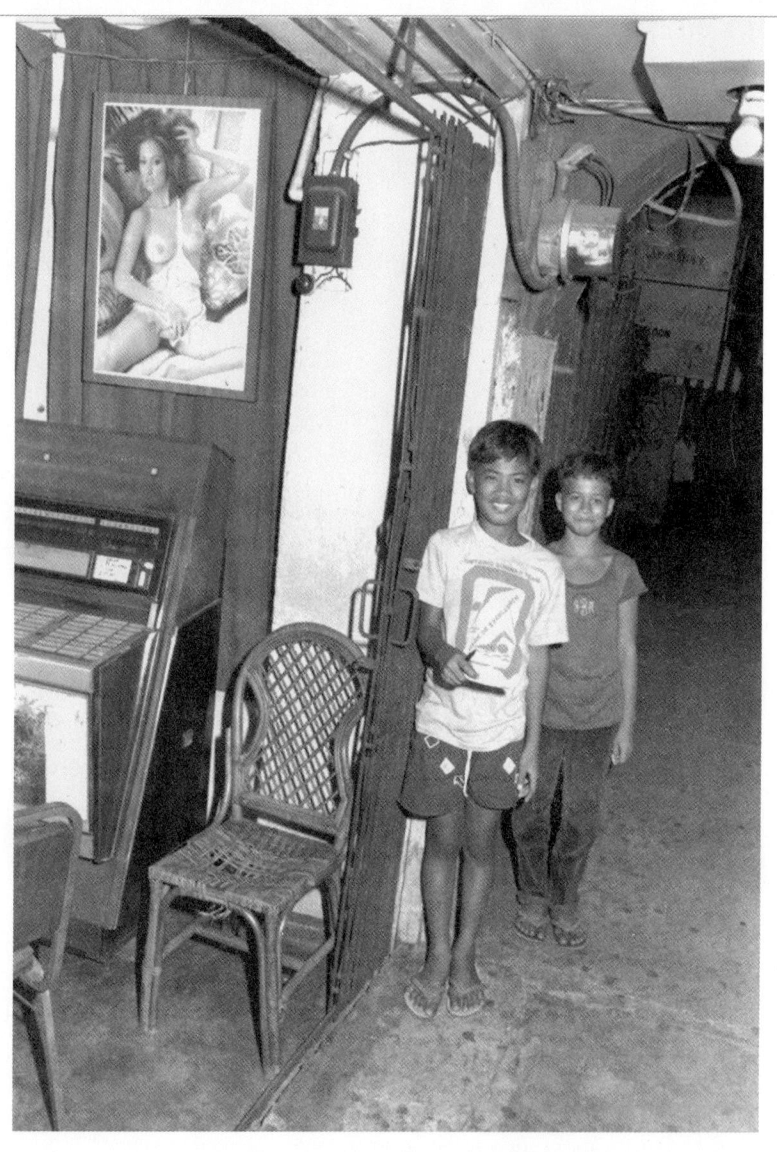

포키스바(Porky's Bar)라는 술집의 입구

여기서 자란다면 난 마이크를 학교조차 보낼 수 없을 거예요. 그리고 내가 왜 이런 일을 하는지 묻게 되겠죠. 난 마이크가 나를 비난하지 않았으면 좋겠어요. 나는 남자애들을 키우는 이곳 여자들을 많이 알아요. 그 아이들은 약물중독자가 되고 자기 엄마와 같이 살지를 않아요. 자기 엄마를 나쁘게 말하죠. 나에게는 그런 일이 없었으면 좋겠어요. 마이크가 미국인이니까 애 아빠도 미국인이었으면 해요.

흑인들이 즐겨 찾는 '정글'이라는 지역 내, 리잘(Rizal) 거리의 어느 양복점에서 일하는 여성들. 양복점에서 일하는 여성들 역시 성노동을 팔기도 한다. 클럽여성들과 마찬가지로 성병진료소(SHC)에 등록하고 보건증을 소지해야 한다.

내가 미국인들을 좋지 않게 여기는 이유는 내가 싫어하는 것을 강요한다는 점 때문이에요. 펠라치오나 자신이 원하는 여러 가지 체위를 시켰거든요. 난 충분히 이를 경험했어요. 지금은 가려서 하지만요. 시간이 지나면서 경험이 쌓이자 내가 병을 얻을 수도 있다는 생각에 나이 들고 난폭한 미국인과는 더 이상 함께 나가지 않아요.

내 눈에는 미국인들이 필리핀 여자들을 마치 장난감처럼 갖고 노는 걸로 보여요. 그들은 한 여자를 하루나 이틀 밤 정도 데리고 놀다가 다음에는 다른 여자를 데리고 가죠. 정말이지 장난을 하며 노는 것 같아요. 여자들은 나처럼 돈이 필요해서 따라 나가는 거예요. 미군들은 바다에서 오랜 시간을 보내다 왔기 때문에 흥겹게 놀고 싶어서 필리핀 여자를 좋아한대요. 필리핀 여자가 체구가 작고 까무잡잡해서 결혼하고 싶다는 미군들도 있고요. 그러면 나는 이렇게 말해요. "난 미국 여자가 더 좋아, 예쁘고 희니까. 미국 남자와 미국 여자끼리가 더 잘 어울려."

미군들은 여기 필리핀 여자들을 싼 맛에 좋아해요. 미국에도 우리 같은 여자들이 있겠죠. 그렇지만 우리보다는 비쌀 거예요. 미국 여자가 바람둥이인 데다 돈밖에 모르기 때문에 싫다고 내게 말한 미군들도 있어요. 난 이렇게 얘기했죠. "모두 다 그런 것 같진 않던데요. 기지 밖에 나온 미국 여자들은 좋던데. 난 그들과 얘기도 해요."

난 성당에 나가요. 많은 죄를 지어서 하느님께 기도를 드리죠. 난 애까지 지웠어요. 한 생명을 죽인 거잖아요. 게다가 난 호스티스예요. 여러 남자와 외박을 나가요. 그건 죄죠. 난 내 죄를 덜기 위해 성당에 나가기로 했어요. 하느님은 내가 왜 여기에 있는지 이해하실 테니까요.

돈을 제법 벌었으면서도 부모님과 형제들에게 보내지 않았던 것도 죄책감이 들게 해요. 난 하느님께 또 다른 기회를 달라고 기도해요. 내 죄를 용서해 달라고 빌어요. 또 미국에 가서 너무 힘들지 않게 해달라고 빌죠. 미국에 가면 내가 돈밖에 모른다는 말을 들을지도 모르겠어요. 난 아이 아빠와의 관계가 원만하길 기도하고 있어요.

1) 투바(*tuba*)는 주로 시골지역에서 만드는 알코올음료다. 아침에 만들어서 그 날 내로 싸게 팔기 때문에 냉장할 필요가 없다.

2) 올롱가포에 있는 여성들이 종종 언급하는 이야기를 리타가 인용했다. 필리핀 남자와 결혼하면 부부싸움이 나거나 문제가 생겼을 때, 남편은 그 문제를 매춘을 했던 아내의 과거 탓으로 돌린다고 한다.

3) 이름은 마이크다. 엄밀히 따져서는 미국인이 아니다. 그러나 리타는 애 아버지가 미국인이기 때문에 아이를 미국인이라고 한다. 이런 미국계 아시아인(혼혈) 아이들도 미국인이라고 부르는 게 보통이다. 외국인을 뜻하는 카노(*kano*)로 부르기도 한다.

4) 카모팅카호이(*kamoting-kahoy*)는 뿌리작물(根塊類)의 한 종류다.

5) 비닉(*benig*)은 여러 가지 용도로 사용되는 거적이다. 특히 잠잘 때 많이 사용된다.

6) 불라칸(Bulacan)은 마닐라 북쪽에 인접한 지역이다.

7) 대개 식모들은 주인집에 들어가서 산다.

8) 톤도(Tondo)는 스모키산(Smokey Mt.)이 위치한 마닐라의 빈민촌이다. 스모키산은 대도시에서 배출된 거대한 쓰레기더미로 이루어진 산으로, 여기서 폐품을 모으면서 사는 사람들이 있다. 톤도의 집값은 나중에 마닐라 무허가촌이 강제 이주하면서 형성된 카바이트(Cavite)보다도 상대적으로 매우 싸다. 마닐라의 집값은 폭이 너무나 커서 몇 백 페소 하는 빈민촌 집부터 수백만 페소 하는 고급 주택지역 집까지 다양하다. 카바이트는 톤도에 비해 집값이 비싸고 생활하기가 더 어렵다.

9) 칼라메이(*kalamay*)는 단맛이 도는 간식거리로 쌀과 야자, 설탕을 버무려 만든다.

10) 카바이트(Cavite)는 마닐라 외곽에서 1시간 반가량 떨어져 있는 소도시다.

11) 라구나(Laguna)는 마닐라 외곽에서 한 시간 정도 떨어진 또 다른 소도시다. 필리핀에서 가장 큰 호수인 라구나드베이(Laguna de Bay) 근처로 예로부터 큰 어장이 있었으며 최근엔 거대한 가두리양식장들이 조성돼 있다. 오염이 심한 곳이기도 하다.

12) 카노(*kano*)는 원래 올롱가포에 있는 여성들이 손님을 지칭할 때 쓰는 용어다. 그러나 때때로 서양 사람을 가리킬 때도 쓴다. 오스트레일리아, 뉴질랜드에서 온 사람을 뜻하기도 한다.

13) 처녀라면 가격이 더 높아진다. 그러나 이런 경우는 여자에게 달린 것이어서 친구들이 미군에게 돈을 더 받으라고 충고해준다. 업주는 이미 그녀가 처녀가 아닌 걸로 알고 있다.

14) 여자를 섹스에 이용하는 것을 이곳 말로 갈라윈(*galawin*)이라 하며 강간을 뜻하기도 한다. 즉 여자의 동의와는 무관하게 성관계를 맺을 때 사용된다. 한마디로 "팔린다"는 의미다. 여자들에게 이 말이 사용될 때는 타인으로부터 자신들에게 명백히 어떤 행위가 가해진 걸 의미한다. 서로 원해서 섹스를 하는 경우에는 그 말을 쓰지 않고 네키키팍팔릭(*nakikipagpalik*)이라는 말을 쓴다.

15) 펜트하우스 건너편에 있는 술집으로 같은 미국인이 소유하고 있다.

16) 청소와 온갖 종류의 잡다한 일을 하기 위해 고용된 젊은 필리핀 남성을 "보이"라고 부른다.

17) 미군과 결혼해서 미국으로 가기 위해 거쳐야 하는 행정적 처리를 리타가 이렇게 표현한 것이다. 이 일을 처리하는 데는 많은 시간과 돈이 든다. 그 중 마닐라 주재 미국대사관에서 하는 끔찍한 인터뷰도 포함되어 있다. 인터뷰를 마친 여자들은 면접관들이 자신들을 경시하며 인터뷰라기보다 심문을 하는 것 같았다고 한다.

18) 여자들은 종종 미군들 앞에서 느끼는 당혹감과 수치심을 이기기 위해 약물을 복용한다고 한다. 특히 고고댄서들의 경우가 그랬다. 약물은 여자들이 당혹감으로 인한 부끄러움을 이기고 남자들에게 접근하여 손님을 만들게 한다.

19) 바리오바레토(Barrio Barretto)는 올롱가포 외곽에 만(灣)을 따라 형성된 작은 술집지역이다.

20) 필리핀에는 업소 앞에 사람들이 걸터앉을 수 있는 긴 의자가 놓여 있는 곳이 많다. 남자들은 종종 그곳에서 어울려 맥주를 마신다.

마낭, 리타의 어머니

56살

사마르 출신

어렸을 땐 다른 것보다 공부를 하고 싶었어. 곧장 결혼해버리고 싶지 않았지. 하지만 아버지가 그러시더군. "우린 돈이 없다." 장래 희망이 무엇이건 안 되게 된 거야. 내 자식들이 일하고 있긴 하지만 난 이미 늙어서 내 몸 건사하기조차 힘들어.

나는 레이테[1]에서 태어났어. 형제가 일곱이었는데, 난 그 중 다섯째야. 내가 두 살 때까지 거기서 살았다는 말만 들었어. 부모님을 따라 사마르에 와서 살았으니까. 부모님은 사마르가 돈을 벌 수 있는 기회가 더 많아서 좋다고 했어. 정말 그랬던 모양이야. 우린 레이테로 돌아가지 않았거든.

부모님이 땅을 약간 살 수 있었어. 우린 모두 열심히 일했지. 바나나, 야자, 뿌리작물 등 모든 걸 키웠어. 그 때는 바나나가 너무 싸서 한 다발에 겨우 15센타보(1/100페소)밖에 안했어. 지금처럼 그렇게 비싸지 않았지. 옷도 쌌어. 아버지는 농사지어 몇 푼 번 돈으로 우리를 학교에 보내주셨어.

일본군들이 와서…… 싸움을 하는 바람에 난 겨우 석 달 정도 학교를 다니다 말았지. 부모님이 (농사지으러) 산에 가는 걸 무서워하셨기 때문에 그만둘 수밖에 없었어. 일본군이 필리핀 남자들을 보기만 하면 총을 쏜다는 말이 돌았거든. 산에서 총검에 찔린 아이들도 있었어. 그러니 부모님들이 무서워하셨지.

먹을 걸 구하기가 아주 어려웠어. 우리 땅은 일본군 경비 때문에 갈 수도 없었지. 우리 군과 일본군이 만날 때마다 당연히 싸움이 벌어졌어. 우리는 마을에 있는 집에 머물면서 바다로 나가 물고기를 잡아다 팔았어. 적은 돈이긴 했지만, 그 돈으로 먹을 걸 샀지.

자식 중 네 명이 딸이어서 부모님은 계속 당부를 하시더군. "산에는 위험하니 가지 마라. 일본군이나 군인들이 너희들을 보게 될 수도 있어. 군인들이

젊은 여자들을 잡아간다는구나." 모두들 일본군들이 젊은 여자를 겁탈하고선 마누라로 삼아버리는 걸로 알고 있었어. 그건 사실이었어. 그런 일이 일어났으니까.

어머니는 먹을 게 없자 울기만 하셨어. 식구는 많은데…… 어떻게 먹고살겠어? 아버지가 뭐라도 잡아오겠다고 바다에 나가셨지만, 집에 오실 때는 밥 해먹을 쌀도 사오지 못하기 일쑤였지. 내가 언니한테 그랬어.

"언니, 먹을 걸 좀 가지러 가자. 조심하면 될 거야. 근처에 군인이나 일본군은 없는지 확인하면 되니까. 누가 나타나면 수풀에 숨으면 되잖아."

"좋아, 디[2]."

언니와 난 죽어라 달려가서 뿌리작물을 캐다가 자루에 넣고 다시 뛰어서 내려왔어. 집에 오니까 어머니가 먹을 게 생겼다고 아주 좋아하셨지. 그래도 이렇게 물어보셨어. "군인들이 본 건 아니지?" 그런 일 없다고 안심을 시켜

마낭은 사마르섬에서도 한참 떨어진 작은 섬마을에 산다. 이 마을에는 도로도 없고 전기도 들어오지 않는다. 필리핀 대부분의 지역들처럼 사마르도 원래는 우림지역이었다. 광범위한 벌목으로 필리핀의 우림지역 90%가 파괴되었고 나머지 10%도 빠르게 사라지고 있다.

드렸지.

하지만 어떤 사람이 우리에게 주의를 줬어. "산에는 가지 마라. 곳곳에 군인들이 있단다." 우리는 화들짝 놀라서 두 번 다시 가지 않았지.

저녁 무렵 물고기 몇 마리를 가지고 돌아오신 아버지가 물으시더군.

"어디서 난 거요?"

어머니가 말씀하셨어. "얘들이 그랬어요. 산에 가서 먹을 걸 좀 챙겨 왔더라고요. 어디서 구했겠어? 여긴 아무것도 없는데."

아버지가 걱정하셨지. "너희들은 들켰을 수도 있어."

다음날, 일본군들이 들이닥쳤어. 우리 마을에서 싸움이 났지. 군인들이 마을 이장(*barrio* captain)[3]을 찾더군. 그런데 우리 아버지가 이장이셨어. 우리 집에다 군인들을 들이고 달걀을 해먹여야 했지. 그 일본군들은 달걀을 정말 좋아했어.

투비(*tuba*) 잔을 들고 건배하는 마낭 자매

그 다음날에는 필리핀 군인들이 몇 명 들어왔어. 우리는 죽었다 싶었지. 필리핀군과 일본군이 우리가 갔던 산에서 마주쳤지 뭐야. 서로 총을 쐈나봐. 총소리가 들리더라고. 우리는 되도록 멀리 떨어져 있었어.

전쟁이 끝나자 아버지는 여전히 같은 일을 했지…… 산에서 말이야. 나는 거적을 짜고. 우리는 거적을 쌀과 바꿨어. 거적 하나로 쌀 한 샐럽(*salop*, 약 3ℓ)과 바꿀 수 있었거든. 거적 5개를 짜야 쌀 한 포대를 얻을 수 있었어. 그걸로 우리가 먹고살았어. 나는 솜브레로①와 가방도 짰어. 우리는 그걸 마을에서 팔았는데, 많은 사람이 사갔어. 솜브레로 하나에 5페소씩 했어. 가방은 6페소를 받을 수 있었지.

공부를 할 수는 없었어. 그런 상황에 학교를 갈 수가 있었겠어? 지독한 폭풍도 계속 불었어. 어느 해에는 태풍이 세 번이나 오더라고. 돈을 벌기가 아주 어려웠지. 옷도 얻을 수가 없었어. 그래서 큰 나무껍질을 벗겨다가 옷을 해 입었어. 돈이 없으니까. 그 옷은 너무 얇아서 금방 찢어버리는 게 흠이었어. 그 때 내가 열둘인가 열셋쯤 됐던 것 같아.

내가 달라가[4]로 자라자, 남편이 구혼을 해왔어. 우리는 같은 마을 사람이었지. 부모님은 남편을 아주 마음에 들어 했어. 아버지는 "아주 부지런한 사람이야. 일하는 법도 알고, 어떤 작물이든 키울 줄 알더구나"라고 말씀하셨어.

① 솜브레로(sombrero)는 스페인·미국 남서부·멕시코 등지에서 쓰는 테가 넓고 높은 모자로 모직이나 밀짚으로 만든다.

어느 어부

부모님의 축복을 받으며 우린 결혼을 했지.

내가 열여섯 살밖에 안 돼 신부님이 열여덟까지 기다리라고 해서 결혼을 한 게 그때야. 우리 일이래 봐야 부모님과 같은 일이었지…… 농사 말이야. 시부모님이 주신 땅이 있었는데, 그 땅은 시부모님이 남편 형제들에게 나눠준 것 중 하나였어. 우리는 야자랑 다른 농작물들을 키웠어. 그걸로 우리 애들을 키웠지.

결혼하고 나서, 우리는 무슨 일이 일어나든 열심히 함께 일했어. 나는 아이들을 돌보며 닭과 돼지를 쳤지. 돼지가 자라면 그걸 내다팔고 다시 새끼를 한 놈 사왔어.

나는 열두 명의 자식을 낳았어. 그 중 여덟 아이만 아직 살아 있지. 나는 한 세 명만 낳을 생각이었는데, 별 수 있어? 애가 생기는 걸 피할 길이 없었으니까. 나는 계속 애를 배고 있었어. 마흔이 돼서야 끝났지. 리타는 서른아홉에 낳았어. 리타가 막내지. 달거리가 그치니까 애도 생기지 않더라고.

나는 애를 낳고 혼자서 조리도 했어. 집에는 나밖에 없고 우리는 산속에 살았으니까. 우리 집만 한 채 덜렁 있고 주변에는 아무도 없었어. 산파도 없었고. 애 낳는 법을 알고 있었으니까 별로 무섭지는 않았어. 마루에 누워 있으면 배가 뒤틀리면서 갑자기 애 울음소리가 들려. 애가 나오면 내가 탯줄을 잘랐어. 불빛도 없었어. 나는 단지 악귀가 찾아올까봐 걱정했어.

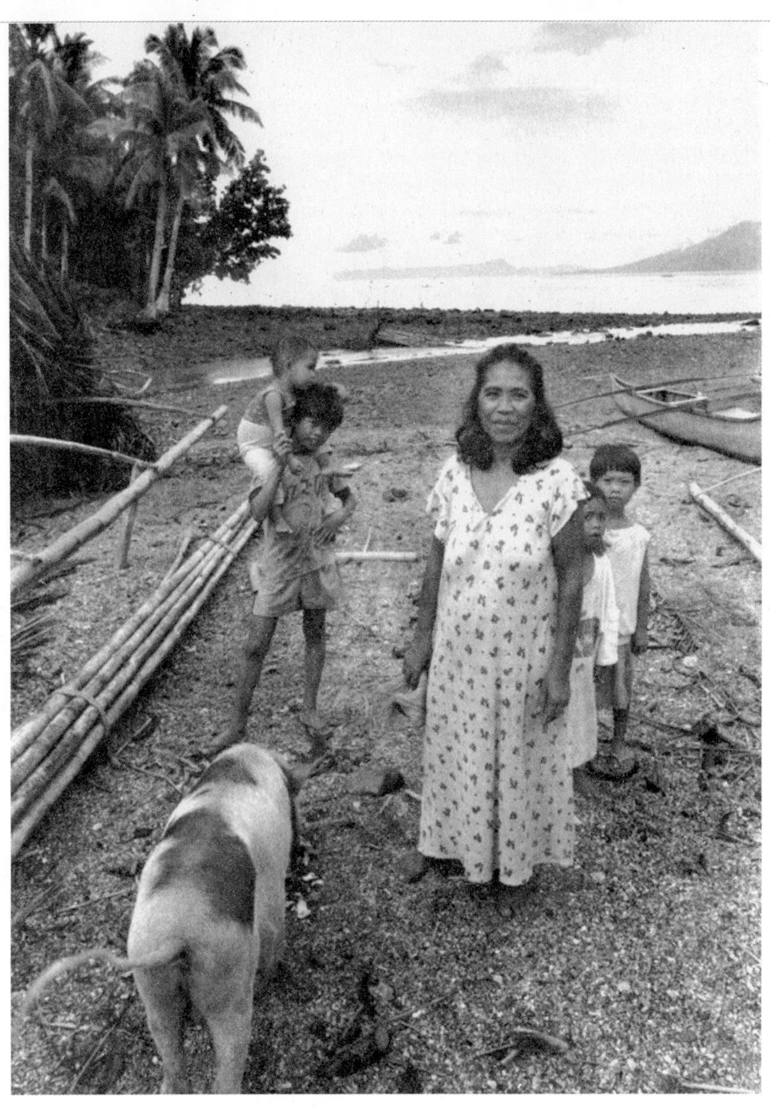
마을의 한 여성

첫째 딸이 두 살이 될 무렵 둘째를 낳았어. 둘째가 두 살이 되자 첫애가 죽었어. 이유는 몰라. 사람들은 '땅 속에 사는 난쟁이'들이 딸아이를 데려갔다고 했지.

그 무렵 난 다시 셋째를 배고 있었어. 그런데 둘째였던 아들 역시 죽어버렸어. 그때가 세 살 무렵으로 벌써 다 커 있었는데 말이야. 갑작스레 일어난 일이었어. 한 오후 4시쯤 나는 집 뒤쪽에서 청소를 하고 있었어. 애가 아픈 기색도 없었고 6시 가까이 되자 애가 갑자기 토하더라고. 그러고는 곧장 죽어버렸어.

빨래하는 여성. 필리핀에서는 보통 손으로 빨래를 한다. 살림살이에 필요한 물은 마을 공동펌프에서 길어다 쓰고, 빨래와 목욕은 강·폭포·샘 등지에서 한다.

애 셋을 낳아서 둘이 죽은 거였어. 하나만 살아남았지. 넷째 아이는 지나야.

셋째도 갑자기 죽어버렸어. 오후 2시쯤 딸애는 뒷마당에서 뛰어다니고 있었어. 무슨 일이 생길 거라곤 생각도 못했지. 벌써 다 컸으니까 말이야. 내가 깜빡 잠이 들었는데 그 사이 애가 쓰러졌던 게야. 갑자기 토하더니 이후로 아무것도 먹지 않았어. 토할 땐 피도 제법 나왔어. 나는 급히 달려가 남편을 불렀지. "빨리! 집으로 가요!"

남편과 내가 집에 오니 애는 이미 힘이 하나도 없었어. 한 2분 정도 지나니까 죽어버리더라고. 애에게 무슨 일이 있었는지도 모르겠어. 그냥 토하기만 했거든. 우리 집은 마을과 꽤 떨어진 산속이라…….

또 다른 한 애는 감기로 죽었어. 네 살이었는데, 그리 심한 감기도 아니었거든. 어찌 된 건지 그 애도 금방 죽어버렸어.

우리 마을에는 산파도 간호사도 없어. 다른 마을엔 몇 명 있지만 너무 멀어. 방카 보트(*banka* boat, 작은 고깃배)를 타면 몰라도 걸어서는 갈 수 없지. 지금도 독감에 걸린 사람이 많아. 지난번 내가 떠나올 무렵에도 세 명이 죽었어.

남편 벌이라고는 농사밖에 없으니 애들이 학교를 마칠 때까지 보낼 수가 없었어. 애들이 한창 자랄 때 태풍이 왔어. 그 덕에 농사를 다 망쳐버렸고

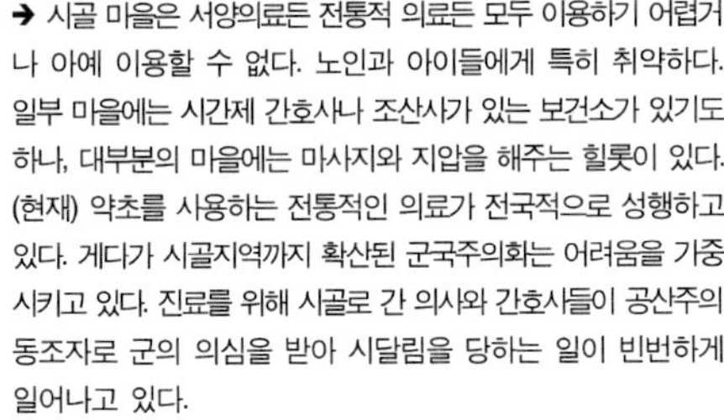

↑ 강변 나루터. 이곳에서 목욕과 빨래도 한다. 산에 자리한 마냥의 집에서 의료기관이 있는 읍이나 도시로 가려면 작은 고기잡이배(방카 보트)를 탈 수 있는 이런 곳까지 나와야 하는데, 걸어서 꼬박 하루가 걸린다.

→ 시골 마을은 서양의료든 전통적 의료든 모두 이용하기 어렵거나 아예 이용할 수 없다. 노인과 아이들에게 특히 취약하다. 일부 마을에는 시간제 간호사나 조산사가 있는 보건소가 있기도 하나, 대부분의 마을에는 마사지와 지압을 해주는 힐롯이 있다. (현재) 약초를 사용하는 전통적인 의료가 전국적으로 성행하고 있다. 게다가 시골지역까지 확산된 군국주의화는 어려움을 가중시키고 있다. 진료를 위해 시골로 간 의사와 간호사들이 공산주의 동조자로 군의 의심을 받아 시달림을 당하는 일이 빈번하게 일어나고 있다.

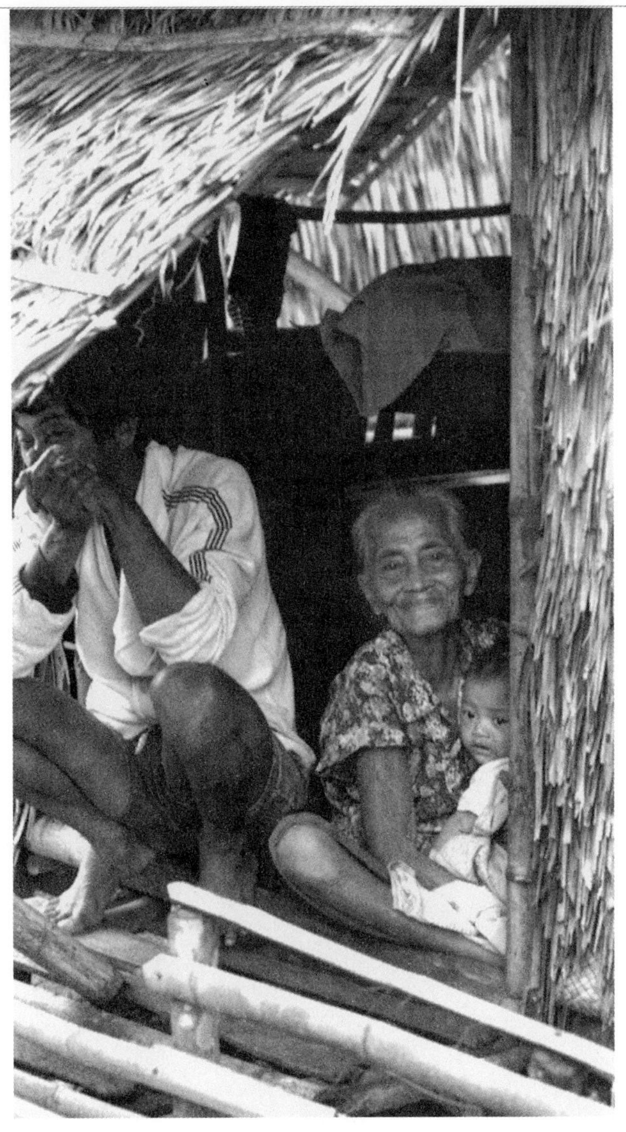

뿌리작물조차 하나도 건진 게 없었지.[5] 태풍이 계속 불고 땅이 엉망이 돼버려서 우린 다시 씨를 뿌려야 했어. 다시 씨를 뿌리고 나니까 남아있는 게 아무것도 없는 거야. 애들은 벌써 여섯인데.

남편이 일할만한 곳이 없었어. 바다에 나가 물고기라도 몇 마리 잡아오면 난 그걸 옥수수나 바나나, 야자와 바꾸거나 내다팔았지. 그 와중에도 애가 계속 생겼어. 내가 열심히 거적 같은 것을 짜서 그나마 첫째가 된 지나를

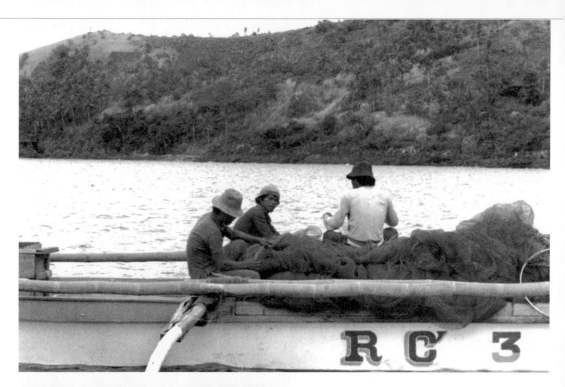

↑ 어부들이 방카 보트에서 그물을 수리하고 있다. 대대적인 벌목으로 땅이 황폐해지고 있다. 폭우와 태풍으로 토양이 유실되고 모래톱과 해변의 숲마저 물에 잠기면서 바닷물이 혼탁해지자 물고기의 종류와 어획량이 급격하게 줄어들었다. 어부들은 보다 깊은 곳을 찾아가서 다이너마이트와 청산가리로 고기잡이를 해야 한다. 지금은 25%정도의 모래톱만이 남아있다.

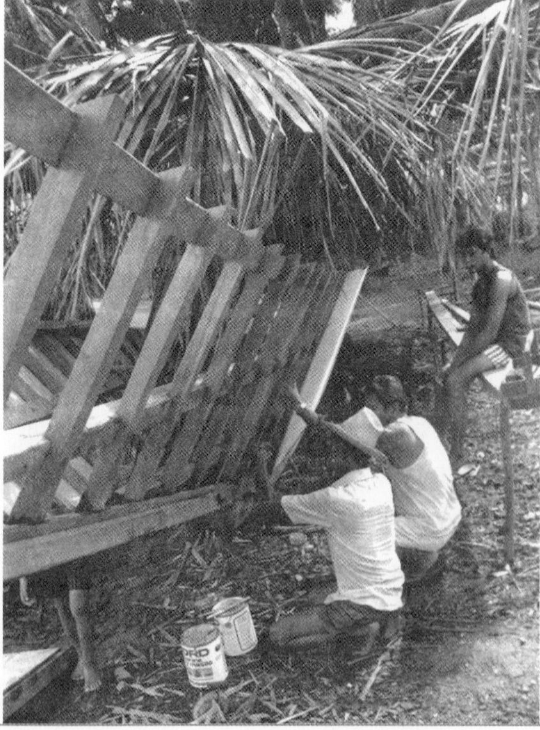

← 방카 보트는 시골 지역의 일차적인 운송수단이다. 마냥의 마을에서는 유일한 운송수단이고 고기잡이에도 필요하다. 이 사진은 마을의 남자들이 방카 보트를 만드는 모습이다.

6학년까지 마치게 할 수 있었던 것은 다행이야.

지나도 마찬가지였나 봐. 내가 그랬지. "그래, 열심히 하고 잘 참아다오. 많이 배우진 못하지만 글 쓰는 법이라도 익히지 않겠니." 나는 장사를 하는 친구한테 가서 돈을 좀 꿔다가 지나가 학교에서 쓸 종이를 샀어. 남편은 농사일을 대신 해주고 하루에 겨우 30센타보를 벌었지.[6] 쌀 한 샐럽이 15센타보였으니 하루에 두 샐럽을 살 수 있었는데 끼니를 때우기에도 모자랐어. 아이들까지 많은 형편에 남편의 벌이로는 생활이 말도 아니었어.

어떤 사람이 나더러 젊은 여자들이 있으면 직업소개소[7]로 보내달라고 했어. 나도 그걸 생각해봤지. 하지만 대개 마닐라로 가는 걸 무서워해서 그러고 싶지 않았어. 젊은 애들이 마닐라를 잘 아는 것도 아니니까. 리타만 빼고 다 혼인을 시켰어. 리타는 겨우 4학년까지 학교를 다녔지.② 내내 이사 다니느라 여기서도 학교를 못 마쳤고 마닐라에서도 못 마쳤어. 카바이트에서도 마찬가지였어. 그러다가 우린 다시 시골로 왔지.

리타와 내가 같이 마닐라로 간 적이 있었어. 내가 거기서 식모살이를 했지. 주인은 리타 식비로 월급에서 25페소를 제했어. 리타가 아직 어려서 시골에 남편과 같이 남겨둘 수가 없어서 데리고 갔지. 리타와 함께 있어서 그런지 별로 슬프거나 고향이 그립진 않았어. 주인양반은 리타를 학교에 보내주겠다고 했어. 내 월급이 깎이더라도 리타가 학교에 갈 수만 있다면 그걸로 좋았어.

이사를 했어. 나는 빨래해주는 일을 얻었지. 한 달에 70페소 하는 방을 하나 얻어서 시골에 있는 남편에게 올라오라는 편지를 썼어. "방을 하나 얻었으니까 당신이 마닐라에 와도 그리 어렵지 않을 거예요." 남편이 올라와서 우리는 마닐라에서 같이 살았지. 리타도 다 커서 자기도 일하겠다고 그랬어.

나는 말렸어. "그래도 공부가 먼저다. 다 마치지는 못하더라도 공부가 우선이야."

리타는 학교를 다녔지만 카바이트로 이사해야 했기 때문에 마치지 못했지. 정부에서 우리에게 카바이트에 있는 많은 땅을 주겠다고 해서 이사를 했지만

② 앞에서 리타 본인은 2학년도 제대로 마치지 못한 걸로 밝히고 있다. 마낭이 12명의 자식을 낳아 8명을 키우면서 잦은 이사와 생활고로 리타에 관한 사실을 착각한 것으로 보인다.

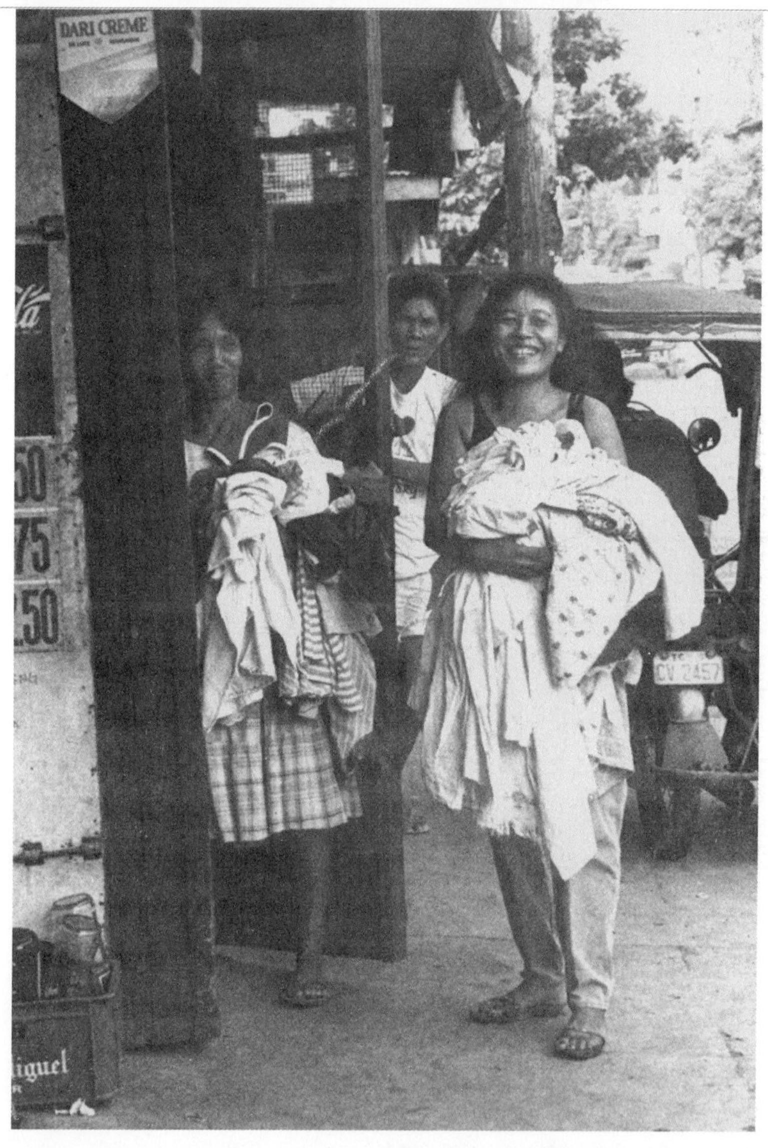

빨래를 해주고 생계를 유지하는 여성들. 세탁은 더 이상 클럽에서 일할 수 없게 된 여성들이 먹고사는 방법 중 하나다.

6,000페소를 내야 한다는 거였어.[8] 2년 뒤에 갚으라고 하는데 그건 아주 어려운 일이었어. 뭘 해서 돈을 벌겠어? 우린 점점 더 가난해질 뿐인데.

카바이트에서 사는 동안 나는 장에서 채소를 사다가 마을을 돌아다니며 팔았어. 뿌리작물로 반찬도 만들어 이집 저집 다니며 팔았지. 집에 올 때쯤에는 쌀 1kg을 살 수 있었어.

남편이 그러더군. "시골로 돌아가는 게 낫겠어. 여기가 더 힘들어. 돈을

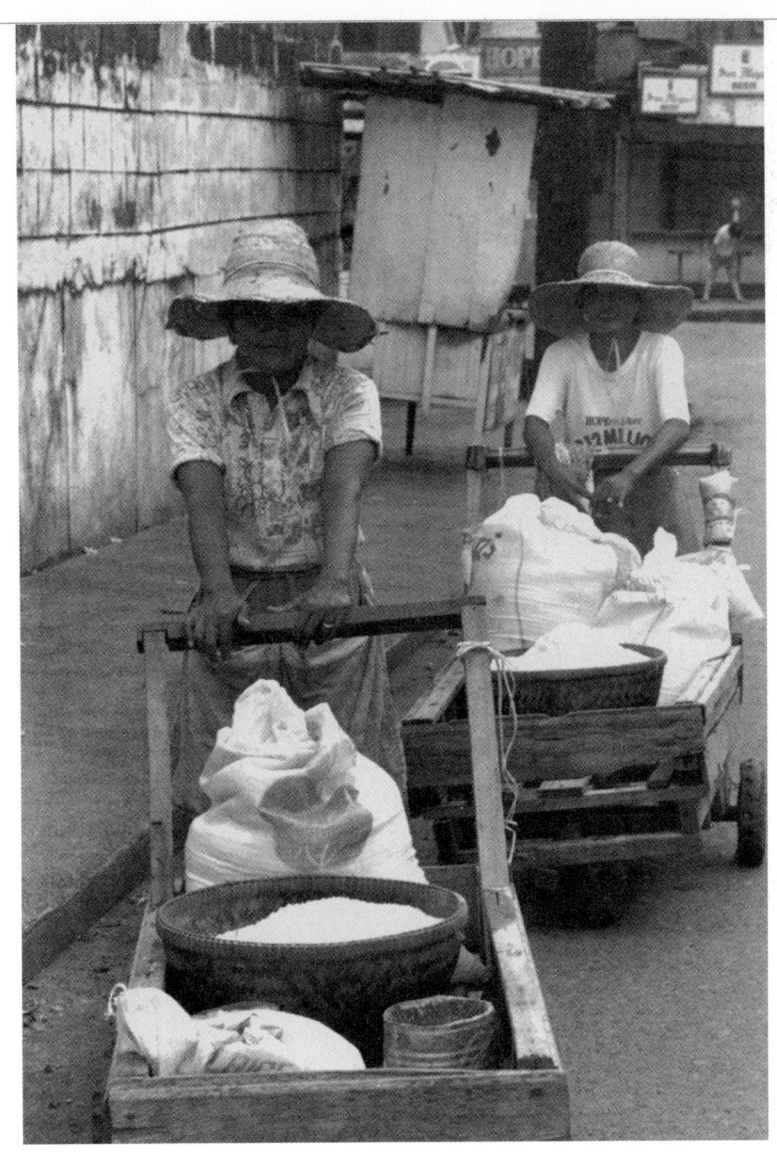

소금 행상. 이것 또한 클럽에서 은퇴한 여성들의 생계수단이다.

벌 수도 없고 빌리거나 외상으로 살 수도 없잖아." 우리는 집을 팔아서 시골로 가는 차비로 다 썼지. 집이 들어섰던 땅은 팔지 않았어. 우리 게 아니니까. 우린 시골로 갔어.

시골로 가니까 리타가 마닐라로 가서 일을 하겠다는 거야. 결국 올롱가포로 가서 그런 일을 하고 있지. 상관없어. 난 부끄럽지 않아. 리타가 결정한 거니까. 우리가 "거기 가서 일해라"라고 하진 않았어. 딸애는 우리의 가난을

마을의 여자와 아이들

생각했던 거지. 그게 이유야. 정말 마닐라로 가고 싶어 하기에 그러라고 하고 말았어. 시골 생활을 못 견뎌 했어. 딸애는 배가 들어와 있을 때는 돈을 좀 벌지만, 없으면 한 푼도 못 벌어. 남편과 나는 시골서 살아도 여전히 서로 아껴주고 있어. 지금은 늙었지. 다시 태풍이 와서 농사를 다 망쳤어.

리타가 처음 올롱가포로 갈 때, 우리는 빚이 있었어. 아픈 사람도 있고 태풍도 지독해서 할 수 없이 땅을 잡혔지. 먹을 걸 구할 길이 없었어. 겨우 농사를 지어 수확물을 장에 내다팔고, 돈이 생기면 먼저 빚부터 갚고 일꾼들에게 품삯을 줬어. 그러고 남은 걸로 땅임자와 나누곤 했지. 우리는 같은 마을에 사는 사촌에게 땅을 잡혔어. 그 사람은 마을 이장인데 우리에게 그랬어. "걱정 마세요. 수확이 있을 때만 나누면 되니까."

2년 동안 태풍이 지독해서 수확을 하나도 못했지. 그 다음 해에는 홍수까지 졌어. 작물이고 과수고 다 죽어버렸어. 우린 더욱 가난해졌어. 때때로 돈이 없어서 쌀조차 살 수 없었지. 당시는 쌀 한 샐럽이 20페소였고 옥수수가 15페소였어. 어떻게 할 수가 있어야지. 바람도 강하고 파도도 거세서 바다에 나가 고기도 잡을 수 없었으니. 몇 벌 안 되는 옷도 내다팔았어. 그럴 때 리타가 돈을 부쳐온 거야.

전에는 가족들에게 무슨 일이 생기더라도 끄떡없도록, 돈을 벌어 좋은 땅을 사는 게 꿈이었지. 하지만 그럴 수가 있어야지. 2년이 지나면 애가

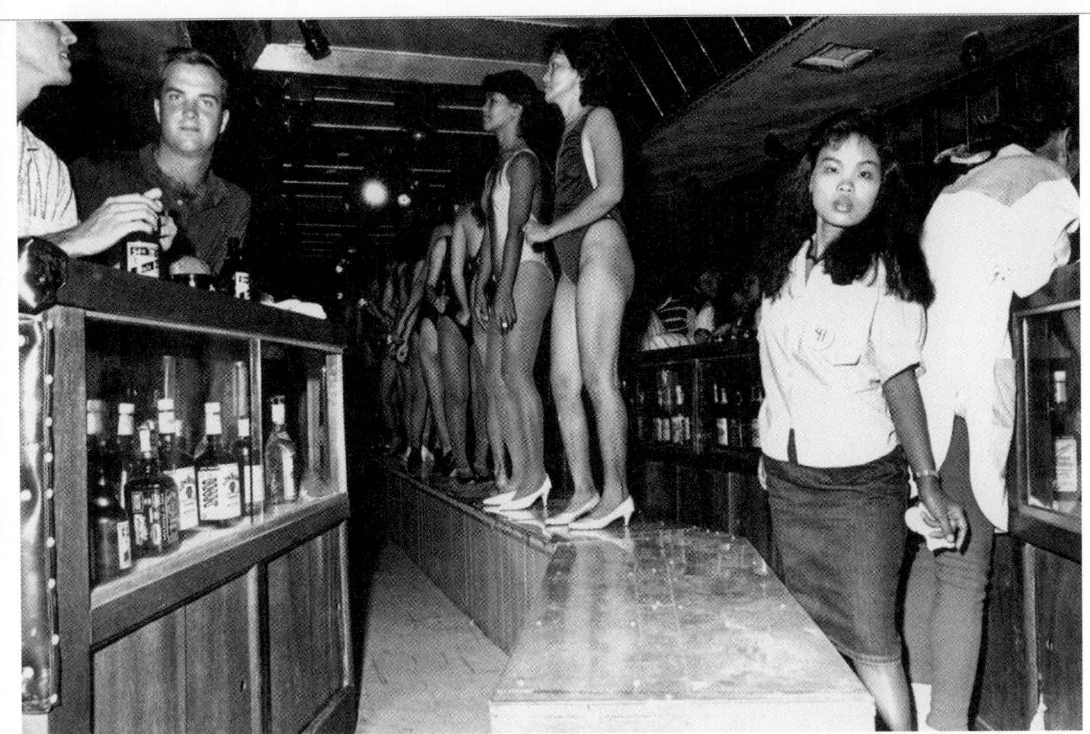

올롱가포 어느 술집의 고고댄서들. 고고댄서들은 술집과 근무시간에 따라 하룻밤에 25페소에서 40페소를 받는다. 웨이트리스는 전적으로 팁과 수수료에 의지하고 있다. 그래서 어떤 여성들은 돈을 좀더 벌기 위해 고고댄서로 나선다. 대개 3곡의 음악이 흐르는 동안 춤을 추고 한차례 쉰다. 춤추는 시간은 상당히 길고 여성들을 지치게 만든다.

하나 생기고 3년 뒤에는 갑작스런 일이 생기는데. 돈이 좀 모였다 싶으면 애들이 아팠어. 어쩔 도리가 없었어. 남편은 농사꾼일 뿐이었으니까. 옥수수 값이 오를 것 같으면 바람이 강하게 불어서 아무것도 남지 않았어. 태풍이 오지 않았다면 수확을 많이 할 수 있었을 텐데 말이지. 게다가 집마저 다 부서져버렸지. 애들만 없었더라도 살아있지 않았을 거야. 하려고 하는 것마다 제대로 되지 않았지. 너무 어려워서 한 마리 있던 카라바오(*carabao*, 물소)도 팔았어. 지금은 우리도 늙었지.

리타가 올롱가포로 갔을 때, 난 어떤 일이 생길지 알 수가 없었어. 단지 식모로 일하러 간다고만 여기고 딸애를 보냈지. 내 조카가 딸애를 데리고 갔어. 걔들은 어떤 일을 하는지 곧바로 말하지 않았어. 딸애는 아직 어렸지. 난 잘하라고 했어. "그래라, 네가 하고 싶은 대로, 꿈을 이룰 수 있도록 해." 후에 리타가 편지를 보내왔더군. 미국인 남자친구가 생겼다고 말이야.

창피했어. 그렇지만 딸애가 그런 일을 하도록 혼자 내버려둔 건 내 탓이야. 딸애는 돈을 번다고 했지. 지금은 곁에 없지만 그 애를 키운 건 나야. 당연히

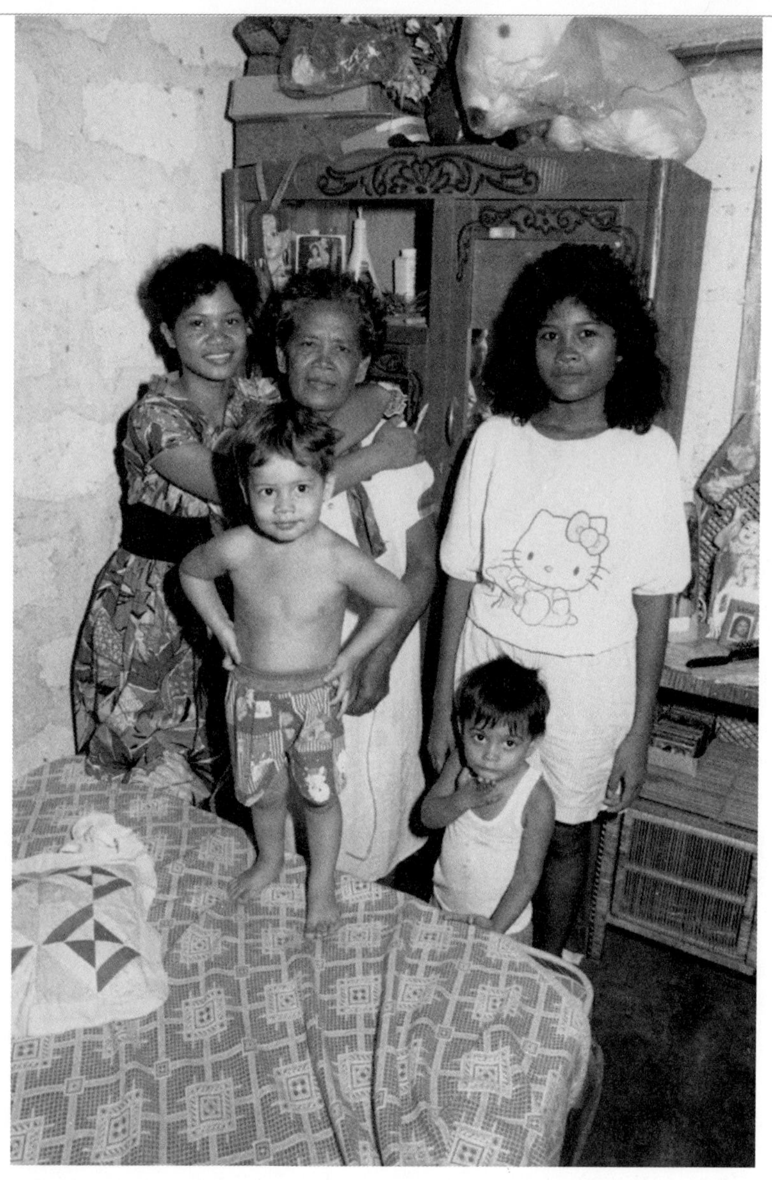

리타와 테리가 함께 쓰는 올롱가포의 방에서. 마낭을 딸 리타가 껴안고 있다. 이들 모녀 앞에 서있는 아이는 마낭의 손자 마이크다. 오른편에 선 여성은 같은 마을에서 온 친척이다. 그 앞 작은 아이는 마낭의 조카딸인 테리의 아들이다. 두 아이의 실제 아버지는 모두 미군이다. 이 사진을 찍던 날, 리타와 마이크의 미국행 서류를 구비하기 위해 마낭, 리타, 마이크는 올롱가포를 떠나 마닐라로 갔다.

엄마로서 애가 잘못될까봐 눈물을 많이 쏟고 있어. 그러면서도 하고 싶다는 걸 못하게 막을 수도 없어. 그 애가 아직 어려서 걱정스럽지만, 어쩌겠어? 딸애가 여기 있고 싶어 하니. 이런 말밖에 할 수 없었어. "잘해라. 네 남편[9]이랑 같이 살 수 있다면 그것도 좋은 일이니. 잘해. 너도 생각이 있을 테니 말릴 수가 없구나."

리타가 미국으로 가면 우리와는 아주 멀어지겠지. 우리한테 무슨 일이 일어나도 그 애는 모를 거야. 마찬가지로 그 애한테 무슨 일이 생겨도 우린 알 수 없겠지. 돈이 없으니까 그 애를 찾아갈 수도 없을 거야. 딸애를 그렇게 멀리 보낸다고 생각하니 눈물이 났어. 공부라도 좀더 했으면 나았을 텐데, 그러지도 못했어. 거기서 무슨 일이 생기지나 않을지, 당연히 걱정이 앞서. 거기서는 그 애 혼자잖아. 딸애를 말릴 수는 없으니까 당부만 하고 있어. "거기 가서 잘해라."

리타가 우리한테 돈을 보내준다면 좋겠지. 하지만 그러지 않는다고 해도 어떡하겠어? 애들이 나를 봉양해준다면 좋겠지만, 그러지 않아도 괜찮아. 애들이나 잘 살면 되지.

---

1) 레이테(Leyte)는 비사얀 제도에 있는 섬으로 사마르의 남서쪽에 위치하고 있다. 보통 사마르와 함께 가장 가난한 섬 중 하나로 꼽힌다.

2) 여동생을 부르는 말로 주로 세부아노(Cebuano)어를 쓰는 주민들이 사용한다. 사마르에서는 와리와리(Wari-Wari)어나 세부아노어를 쓴다.

3) 시골지역의 이장을 말한다. 선거로 뽑는 공무원으로 하는 역할은 시장과 비슷하다.

4) 달라가(*dalaga*)는 타갈로그어로 젊은 여자 혹은 처녀를 뜻하는 말이다(용어 해설 참고).

5) 필리핀에서는 벼가 주된 농작물이다. 그러나 가난해서 쌀조차 구할 수 없는 사람들은 뿌리작물을 먹고산다. 따라서 뿌리작물조차 없다는 것은 먹을거리가 전혀 없다는 뜻이다.

6) 1990년대 초 환율로 계산해 보면, 1센트도 안된다.

7) 마닐라에서 식모로 일하거나 클럽에서 성노동을 파는 일을 할 젊은 여성들을 시골지역에 가서 모집·알선해 주는 소개소다. 여성들은 식모자리를 얻게 된다고 듣지만, 결국은 클럽으로 보내져 빚까지 지면서 일하게 된다.

8) 이것은 쓰레기더미인 스모키산(Smokey Mt.)에 사는 사람들을 재이주시키는 프로그램 중 일부였다. 마르코스 통치 하에서 무허가촌을 마닐라 외곽 지역으로 이주시키는 것은 흔한 일이었고, 프로그램이 계속 되면서 당연한 일로 받아들이게 되었다. 대개 [도시 재개발이란 명목으로] 큰 건물을 짓기 위한 공간을 마련하기 위해서였다. 카바이트(Cavite)는 마닐라에서 남쪽으로 수 시간을 달려야 닿는 곳이다.

9) 리타가 결혼을 계획 중인 미국인[리타 이야기에서 마이크의 아빠]을 말한다.

글렌다

30살

마닐라/사팡퍼레이 출신

난 다른 사람들이 클럽에서 일하는 생활이 고달프다는 걸 알아주었으면 좋겠어요. 특히나 매춘부라 불리는 여자들…… 수면부족에…… 돈도 못 벌고 먹을 걸 살 돈도 없으면서…… 병까지 들어 약값으로 돈을 써야 하는……. 제대로 한번 들여다보면 그 여자들은 엄청난 어려움을 갖고 있습니다. 끔찍하죠. 온갖 남자들과 섹스를 해요. 보통은 남편하고만 섹스를 하겠지만, 술집에서는 온갖 남자들과 해야 합니다. 가능하기만 하다면, 나도 그 짓을 하고 싶지 않아요. 하지만 여자가 돈을 벌 수 있는 방법이란 게 아무것도 없어요. 클럽에서의 일이란 한마디로 더러워요. 미국인들이 존중하질 않으니까요. 그들은 정말 우릴 돼지처럼 여깁니다. 만약 내가 미국인 위치에 있더라도 같을 거예요. 돈 주고 산 여자를 존중하겠어요?

할 수만 있다면 기지촌 생활에서 벗어나게 하고 여자들에게 보다 나은 일자리를 주는 것이 훨씬 좋을 겁니다. 여자들은 그걸 받아들일 거예요. 여자들의 상황은 아주 나쁩니다. 기지 폐쇄를 원치 않아요. 자신들이 돈을 벌 곳이 없어지기 때문이죠. 난 이해를 해요. 하지만 난 바뀔 수 있었으면 좋겠어요. 그래야 자신의 삶을 송두리째 술집에서 보내지 않을 테니까요.

내 꿈은 공부를 마치는 거였어요. 하지만 그럴 수 없었습니다. 학창시절 난 운동선수였어요. 배구와 육상을 했습니다. 우승 트로피를 받은 적도 있었지만, 계속 할 수가 없었어요. 유니폼이 없어서였습니다. 유니폼 살 돈이 있어야 했거든요. 목소리가 괜찮은 편이어서 한때는 가수가 되려고도 했지요. 언니들이 그렇게 되긴 힘들다고 하더군요. 지금 내 희망이라곤 내 딸 안젤라가 무사히 학교를 마치는 것뿐이에요.

우리 형제는 모두 열둘인데 딸 다섯에, 아들이 일곱이에요. 난 밑에서 세 번째죠. 우리 자매들은 모두 클럽에서 일하고 있습니다.

글렌다와 딸 안젤라, 친구 인데이와 함께 집에서

부모님은 비콜 출신인데, 난 거기서 산 적이 없어요. 비콜에서 부모님은 땅도 갖고 있었지만 먹고살기가 어려워 일자리를 찾아 마닐라로 오셨어요. 아버지는 옥수수와 뿌리작물을 키웠지만 밭이라곤 작은 땅뙈기에 불과해서 엄마는 아무 할 일이 없었습니다. 그게 내가 마닐라에서 태어난 이유예요.

부모님은 일정한 직업이 없었어요. 그렇긴 해도 아버지는 그럭저럭 작은 집을 하나 지었죠. 우리 형제들은 공부까지 할 수 있었고요. 엄마는 빨래일을 하고 아버지는 목수로 일했어요. 사람들이 엄청나게 많았어요. 정말로 무허가촌이었거든요. 집들이 다닥다닥 붙어 있었습니다. 도둑과 강도들도 있어서 아주 무서웠죠.

우리는 마닐라의 어떤 높은 사람이 무허가촌 사람들을 강제로 이주시킬 때까지 거기서 살았습니다. 사람들은 어떤 사람이 높은 빌딩을 지으려 하기 때문이라고 했어요. 우리가 할 수 있는 건 아무것도 없었습니다. 거기에 살던 모든 사람이 떠나야만 했죠. 다들 사팡퍼레이로 갔어요.[1] 그 때 난 열세 살이었습니다.

올롱가포에서 파티를 벌이고 있는 팀스피리트 부대. 팀스피리트는 매년 미군과 지역의 여러 나라 군대가 함께 실시했던 합동군사훈련이다.

사팡퍼레이 생활은 힘들었어요. 마닐라에 살 때는 일거리가 없어도 엄마가 일하는 주인집이 근처에 있어서 먹는 데 지장은 없었어요. 주인집에서 먹을 걸 주고 도와주었거든요. 하지만 사팡퍼레이에선 돈이 없으면 굶어야 했습니다. 공부는 꿈도 꿀 수 없었죠. 일거리가 없으면 죽는 수밖에 없었습니다.

그나마 땅이 좀 넓다는 점이 마닐라보다 나았어요. 사팡퍼레이에서는 자기 땅을 가지고 집을 지을 수도 있었죠. 땅을 얻은 건 기뻤지만 일자리를 구하기는 어려웠어요. 특히 고등학교를 마치지 못한 경우는 더욱 어려웠습니다. 간혹 아버지 친구 분이 아버지를 집짓는 공사장으로 불러가곤 했어요. 마닐라에서는 여러 친구 분이 아버지를 청해서 여러 현장에서 일을 하셨지만, 사팡퍼레이에서는 아주 드물었습니다. 아버지는 쌀농사를 지으셨어요. 우리 형제 중 네 명이 같이 땅을 일구었죠. 전에는 집이 그렇게 많지 않았거든요. 거의 풀밭이었어요. 그 땅을 개간한 사람들이 바로 우리죠. 먹을 거라도 마련하기 위해 뿌리작물, 바나나, 벼, 옥수수를 키웠어요. 때때로 더위가 심해서 농작물이 죽기도 했죠.

나는 물을 팔았어요. 우린 우물 근처에 살았거든요. 물을 길어 우물이 없는 사람들에게 판 겁니다. 한 통에 2페소를 받았어요. 하지만 이사람 저사람 물을 파는 사람이 많아서 하루에 버는 돈은 얼마 되지 않았죠.

난 사팡퍼레이에서 6학년까지 마쳤어요. 고등학교도 3년을 다녔지만 졸업은 못했어요. 나에겐 사팡퍼레이에 애인이 있었어요. 그는 나보다 나이가 훨씬 많았어요. 결혼을 해서 처녀티가 나는 아이들까지 있었죠. 그 무렵 내 나이는 열다섯인가 여섯 정도였고요.

친구가 나를 그 사람에게 소개시켜줬어요. 난 그가 나를 좋아한다는 걸 깨닫지 못했어요. 그가 이러더군요. "우리 집에 가자…… 돈을 좀 줄게." 그 사람이 내게 무슨 꿍꿍이가 있다는 걸 눈치 챘어야 했지만, 난 전혀 생각지도 못했습니다. 오히려 그 사람 집에 간다는 것이 즐겁더군요. 돈을 주겠다고 했던 걸 떠올렸어요. 하지만 그 사람이 내게 준 건 아들 에드윈이었죠.

나한테 콜라를 좀 마시겠냐고 묻더라고요. 난 그러겠다고 했죠. 나를 잠에 떨어지게 만들려고 콜라에 뭔가를 탔으리라곤 예상치도 못했어요. 이야기를 나누는 동안 계속 콜라를 권하더군요. 결국 나는 이틀 동안이나 집에 가질 못했어요. 그 집에서 뻗어버렸던 겁니다. 사흘째 되던 날 깨어날 수 있었죠. 이미 그 사람이 내 순결을 앗아가버린 후였고. 그 사흘 날에야 난 집으로 돌아갈 수 있었습니다.

처음에 아버지는 몹시 화를 내셨죠. "너보다 나이가 많은, 아니 나보다 나이가 많은 놈한테 몸을 던진 건 추잡한 짓이야." 에드윈의 아버지는 58살이었습니다. 아버지는 나를 두들겨 패고 급기야 내 다리를 집 천장에 묶어 놓았어요. 거꾸로 매달려 있어서 매우 어지러웠죠. 아버지는 그 남자가 늙었기 때문에 노여운 거라고 하셨어요. 만약 늙은이가 아니었다면 상관하지 않았을 것이라고 했어요. 난 내가 잘못했다는 걸 받아들였습니다. 내 실수는 부모님에게도 말하지 않고 외간남자 집에 따라간 것이었죠. 그는 내 순결을 앗아갔어요. 그래서 그 사람을 원망하지만, 사실 그 사람은 매우 자상했어요.

애 아빠가 돈을 주면 난 그걸 부모님께 드렸어요. 그리고 이렇게 생각했습니다. '이게 나한테 주어진 일이라면 그렇게 해야지.' 이런 식이라도 자신을 설득하지 않았다면 나는 죽었을 겁니다.

에드윈을 낳고 나서 나는 주기적으로 애 아빠의 집을 찾아갔어요. 그 사람은 내게 학교에 가져갈 음식을 주곤 했습니다. 그리고 나와 에드윈을 돌보겠다고, 버리지 않겠다고 했어요. 하지만 결국 에드윈이 두세 살 때쯤 그 사람이 죽고 말았죠. 심장마비였습니다. 내가 필리핀 남자와 관계를 맺은

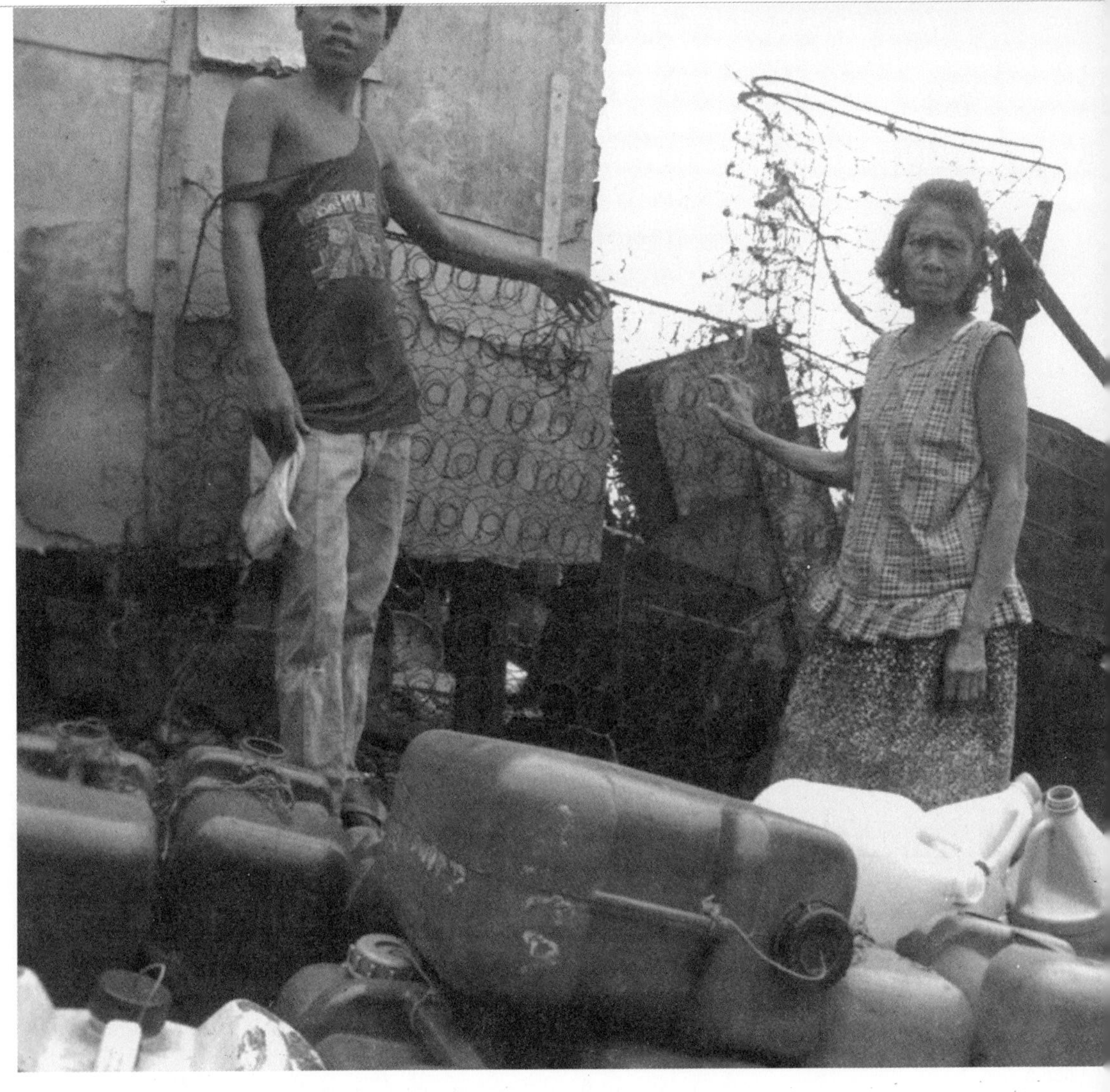

마닐라의 빈민촌인 스모키산에서 물을 파는 사람들

건 에드윈의 아버지가 유일합니다.

아버지는 더 이상 우리를 돌볼 수 없으니 공부를 그만두라고 하셨어요. "넌 언니한테 가서 식모로 일해라." 언니는 이미 올롱가포에서 일하고 있었죠. 나는 오히려 공부하기에 좋을 거라고 생각했습니다. 언니가 나를 도와주리라 생각한 거죠. 그런데 언니는 나를 학교에 보내주지 않더군요. 아버지가 그러셨어요. "공부를 마치지 못할 바에야 술집에 가서 일이나 해라."

우리 자매 중 셋은 이미 술집에서 일하고 있었습니다. 가출을 했거든요.

부모님도 술집에서 일한다는 걸 알고 있었죠. 그렇지만 부모님이라고 어찌 할 수는 없었던 거예요. 오히려 너희들이 술집에서 일하지 않는다면 누가 우리를 도와주겠냐고 했습니다. 부모님도 올롱가포에서 살면서 우리 자매들을 찾아왔어요. 가끔 한두 달씩 머물기도 했죠. 부모님은 일이란 건 좋은 거라고 하셨습니다. 돈을 많이 벌 수 있으니까 그렇다고 하셨죠.

올롱가포로 왔을 때 언니가 그랬어요. "걱정 마, 내가 남자친구 하나 구해 줄게." 나는 언니가 미국인을 소개시켜 줄 거라곤 생각지도 못했습니다.

기지촌 주민들

그 사람이 조카 생일잔치에 왔더군요. 내게 청혼을 했고 우리는 아글리파얀 성당에서 결혼식을 올렸습니다. 그가 안젤라의 아버지예요.

남편은 자상했어요. 필리핀 남자의 아이인 에드윈을 진심으로 받아들이더군요. 에드윈에게 엄하게 대하는 법도 결코 없었고요. 진정으로 그 애를 보살피며 아껴주었어요. 아이는 그를 아빠라고 불렀죠. 에드윈과 안젤라는 서로를 놀리거나 "너랑 나랑 아빠가 달라"라는 말도 하지 않았어요. 둘은 서로 도와주며 정말 친남매처럼 지냈죠. 내가 두 아이에게 진심으로 바라던 일이었습니다.

정말 마음씨 고운 미국인도 일부 있습니다. 그 사람들은 우리가족에게도 마음을 열죠. 남편은 좀 다르더군요. 그 사람은 나와 아이들만 부양하길 원했어요. 그런데 그렇게 되질 않았죠. 우리식구들이 매일 찾아왔거든요. 엄마가 와서 돈을 달라고 하면 그 다음날엔 언니나 동생이 와서 돈을 달라고 했어요. 돈을 모을 수가 없었죠. 늘 이런 식으로 찾아온다면 내가 과연 견뎌낼 수 있을까? 아마 남편은 주의를 주고 식구들이 왜 그러는지 이상하게 여기겠죠.

남편이 매달 도움을 주진 않았습니다. 미국에 사는 시어머니가 돈을 보내주긴 했어요. 편지와 소포를 언니 집 주소로 보내왔는데 언니가 돈과 소포를 챙기기 일쑤였습니다. 내겐 그 중 극히 일부만 갖다 주었고요. 가장 예쁜 옷도 언니가 챙겼더군요. 내 가족만 아니었다면, 난 지금 미국에 가 있었을지도

여자와 아이들. 클럽에서 일하는 대부분의 여성이 한 명 이상의 자녀를 두고 있다.

모르죠.

대다수의 사람들이 미국에서도 살기 힘든 건 마찬가지라고 하더군요. 일을 해야만 하니까. 이런 생각을 했어요. '난 학교도 제대로 못 다녔어. 어떻게 될까? 남편의 집에서 식모살이밖에 더 하겠어.' 지금은 미국에 갈 수 없었던 걸 다행으로 여깁니다. 나는 여기 필리핀이 좋아요. 공부를 제대로 마치지 못했더라도 일거리가 있고, 그게 무슨 일이든 먹고살 수는 있잖아요. 미국은 물가도 아주 비쌉니다. 영어도 모르는데 벌어 먹고살 수 있겠습니까?

내가 술집에서 일하기 시작한 건 1980년이었습니다. 남편의 도움만으로는 충분치 않았어요. 술집에서 일하게 된 건 가족들 때문이었습니다. 나는 수빅시에 있는 콘티넨털 바[2]에서 일을 시작했어요. 엄마한테 그랬어요. "술집에서 일하려면 어떻게 해야 하는지 모르겠어요." 그래서 엄마와 함께 갔었죠.

엄마는 "내가 술집주인을 하나 알고 있으니 가서 말해 보마"고 했고 실제 그에게 말해서 난 일자리를 얻었습니다.

인데이가 그 술집으로 오기 전에는 내게 여자친구가 없었어요. 그녀를 담당하는 삼촌이 그 콘티넨털클럽의 주인이었는데, 호색한이었죠. 그는 인데이와 자고 싶어 했어요. 난 그녀에게 주의를 주었어요. "내가 외박을 나가는 날이면 방문을 잠그고 자. 그래야 별 일이 없을 거야. 알다시피 네 삼촌은 여자를 무척 밝혀. 조심해." 우리는 금방 가까워졌고 인데이는 에드윈과 안젤라도 사랑해주었어요.

애들은 내가 술집에서 일한다는 걸 몰랐지만, 입주한 상태로 일했기 때문에

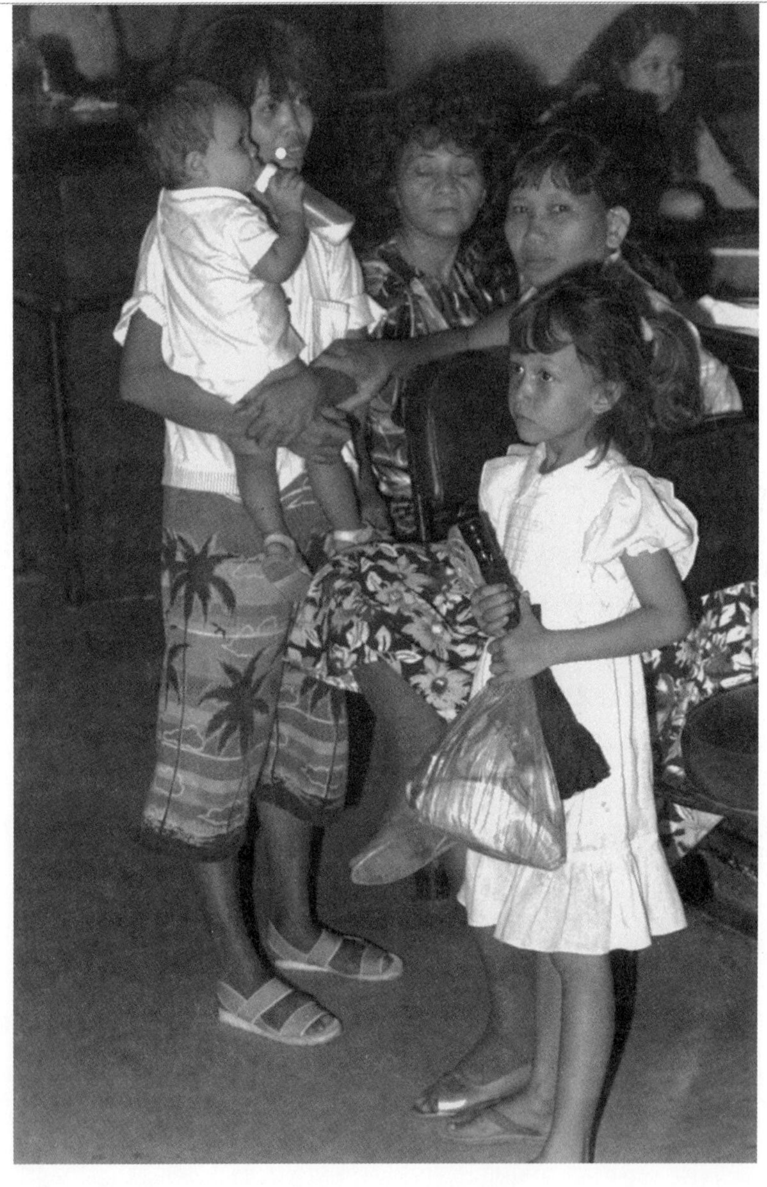

엄마의 밤일이 없는 날, 술집을 방문한 버네디트와 남동생 그리고 엄마

내가 거기서 산다는 건 알고 있었어요. 나는 애들을 술집에서 재우지 않고 별도로 키웠어요. 안젤라와 에드윈은 저녁 대여섯 시쯤 술집으로 오곤 했고 그러면 애를 봐주는 사람이 애들을 데리러 왔어요. 가끔 안젤라가 이렇게 물었어요. "이모(인데이), 엄마는 어디에 가는 거야? 왜 미국 사람이랑 같이 있어?"

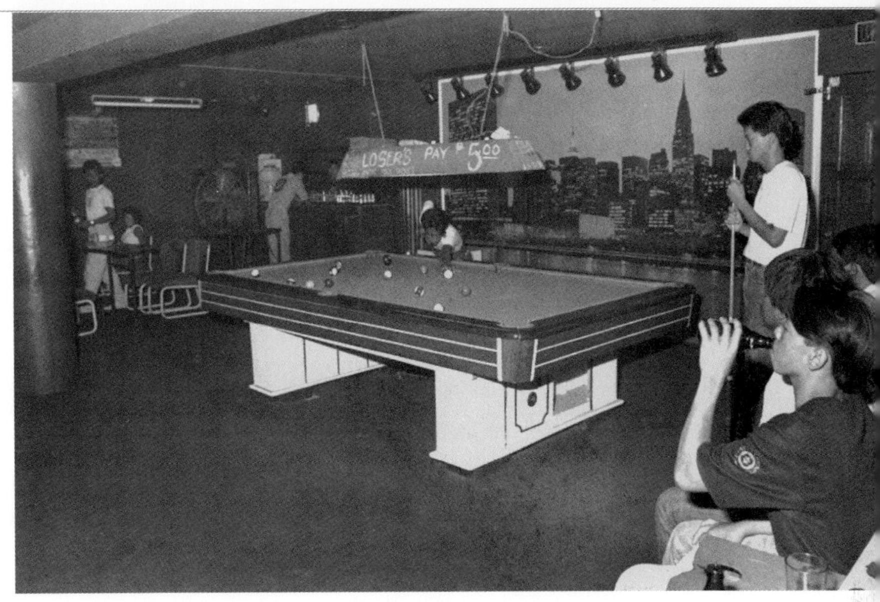

긴 밤 동안 술집에서 일하며 서성이는 필리핀 남성들. 올롱가포의 젊은 남자들은 술집에서 바텐더, 경비원, 웨이터, DJ 등으로 일한다. 작은 술집에서는 특히 밤에 지루할 때 친구들을 불러 같이 놀기도 한다.

인데이 대답은 이랬고요. "그냥 밖에 있는 손님한테 음식을 날라주는 거야. 금방 오실 거야."

에드윈은 학교에 다니고 있었는데, 조카가 가출을 하면서 애를 같이 데리고 가버렸어요. 조카애는 자주 가출을 했어요. 하지만 그 애가 왜 에드윈을 데리고 갔는지 모르겠어요. 에드윈은 겨우 여덟 살이었고 조카애는 열 살이었습니다.

우린 올롱가포를 돌아다니며 그 애들을 찾았습니다. 라디오방송도 내고 혹시나 내 친구 집에 있을까 해서 친구들도 찾아다녔어요. 거리의 아이들 주변도 찾아보았지만 애들은 없었습니다. 그 애들은 마닐라에 가 있더군요. 불라칸[3]에 사는 오빠가 아이스크림을 팔고 있던 애들을 본 거예요. 오빠가 자기 집으로 데리고 왔었지만 다시 달아났대요. 애들이 나한테 맞을지도 모른다고 생각한 모양이었어요. 아직까지도 애들을 못 찾았어요. 괴로운 일입니다. 난 그 애를 사랑해요.

내 생각에 조카애가 엄마로부터 사랑받지 못했다는 건 사실이에요. 언니는 그 애가 못 생겼다며 둘째를 더 예뻐했죠. 둘째가 잘생긴 건 맞는 얘기고요. 그래서 첫째 조카가 반발했을 수도 있어요. 엄마가 사랑해주지도 않는데, 집에 있을 필요가 없다고 생각했는지도 모르죠. 하지만 나는 에드윈에게 화를 낸 적도 없고 때린 적도 없었습니다.

지금까지도 안젤라는 오빠가 언제 돌아오느냐고 물어요. 이따금 울기도 합니다. 내가 할 수 있는 말은 나도 모른다는 것뿐이죠. 그 애가 돌아오기만 한다면 난 무조건 받아들일 겁니다. 결혼을 했건 병이 들었건 상관없어요. 그 애는 내 아이니까. 에드윈은 내 핏줄이고, 내 일부예요. 난 안젤라에게 그럽니다. 하느님의 은총으로 오빠가 돌아올 거라고 말이죠.

언니에게는 같이 사는 필리핀 남편이 있었어요. 언니는 가진 것을 몽땅 털릴 때까지 그 남자를 사랑했어요. 이미 미국인 남편이 있으면서도 그 사실은 염두에 두지 않고 오직 사랑만 생각했어요. 언니는 그 남자가 자신에게 빌붙어 살고 있다는 사실을 깨닫지 못했습니다. 은행에 넣어 둔 언니의 돈이 바닥나자 그 남자는 떠나버렸어요. 그러곤 다른 여자랑 살고 있죠. 달아나버린 거예요.

필리핀 남자친구가 있는 호스티스들을 볼 때마다 느끼지만 보기가 안 좋더군요. 여자들이 돈을 벌어서 그 남자들에게 갖다 바치는 거예요. 미국 남자보다 필리핀 남자를 더 사랑한다고 합니다. 돈은 미국 남자에게서 벌면서요. 그런 필리핀 남자들은 일을 하지 않습니다. 여자들에게 빌붙어 살 뿐이죠.

술집에서 일하는 건 아주 힘듭니다. 특히나 입주해서 일하면 더욱 힘들죠. 쉽게 술집 밖으로 나갈 수도 없어요. 성당에 가더라도 허가를 받아야만 합니다. 그리고 오후 3시 이전까지는 무슨 일이 있어도 들어와 있어야 하죠. 항상 잠이 부족해요. 그런데다 배가 들어오면 새벽 2시에 일어나 손님을 끌어야 합니다. 간혹 손님이 없을 때는 굶는 거예요. 돈도 없죠. 누구한테 빌릴 수나 있습니까? 때때로 수빅과 바리오바레토가 텅 빌 때가 있어요. 올롱가포와는 달라요. 올롱가포엔 손님이 많습니다.

처음 외박을 나갈 때 얘기를 하자면, 난 두려웠어요. 펠라치오나 '스리홀(three hole)'에 대해선 알지도 못했고요. 스스로 달래기까지 했어요. '난 이미 애 엄마잖아…….' 사람들은 출산 후 3개월 내에 섹스를 하게 되면 다친다고 했지만, 정작 내가 울게 된 이유는 항문성교 때문이었어요.

한 미국인이 나에게 그랬어요. "너 맘에 드는데."

친구가 하나 있어서 난 친구에게 물어보았어요.

바리오바레토에서 손님을 기다리며. 바리오바레토에서 일하는 여성들이 좀더 어리고 싼 편이다. 올롱가포처럼 이들도 지역경제에 깊숙이 자리하고 있다.

"마음에 든다는데, 그게 무슨 뜻이야?"

"너한테 숏 타임 요금을 지불하겠다는 거야. 그런다고 했어?"

"응."

나는 그 숏 타임 속에 스리 홀도 있다는 건 생각지도 못했어요. 정말 상상조차 못했습니다.

그 미국인이 이러더군요. "네 엉덩이에다 내 페니스를 넣을 거야."

나는 되물었어요. "뭐라고? 내 엉덩이에다 페니스를 넣는다고?"

"이렇게 해봐."

그는 내 자세를 잡아주더니 갑작스럽게 자기 물건을 엉덩이에 찔러 넣었어요. 그게 스리 홀이라는 거였어요. 난 밑에다 넣으려는 줄 알았습니다. 일을 끝내자 내게 2페소를 주더군요. 정말이지 그때 눈물이 쏟아졌어요. '영어를 모르니까 이런 꼴을 당하는 거야. 미국 놈이 날 속인 거야.'

친구가 그랬어요. "그래, 맞아. 넌 좀 똑똑해져야 돼."

처음 펠라치오를 하고 나서는 다 게워버렸어요. 게우는 게 금지되어 있는지도 몰랐죠. 이후로는 작은 수건을 갖고 다녔습니다.

손님을 기다리는 바클라(*Bakla*). 올롱가포에서는 젊은 남자들도 자신의 성노동을 판다. 그러나 여성들의 수보다는 훨씬 적다. 바클라는 타갈로그어로 게이 혹은 여자 같은 남자를 뜻한다.

거기서 한 달 동안 일했지만 그다지 돈을 벌지 못했어요. 친구 하나가 무대에 서보라고 했지요. "무대에서 쇼를 해보는 게 어때? 돈을 많이 벌 수 있을 텐데."

당시 돈이 절실하게 필요하기도 했어요. 안젤라가 몹시 앓고 있었거든요. 그래서 무대에 서보기로 했습니다. "해보겠어. 쇼에 나갈 때 나도 데려가."

친구와 나는 발로이비치[4]에서 무대 쇼를 했습니다. 지켜보는 필리핀 남자들이 많았어요. 난 울고 말았죠. 고작 세 명이서 무대에서 쇼를 했습니다. 완전히 벗은 몸으로요. 질 속에 달걀을 넣고 그것을 부순 뒤 밖으로 내보내는 쇼도 했습니다. 난 달걀 껍데기 일부가 속에 남아있었다는 걸 몰랐어요.

일주일이 지나자 아래가 아프기 시작했습니다. 속에 남아 있던 달걀 껍데기 때문에 질에서 냄새가 났어요. 욕실에 들어가서 보니 손톱조각만한 껍데기가 있더군요. 친구가 병원에 가보라고 했죠. "의사한테 가서 검사해봐. 염증이 생겼을지도 몰라." 그 때 바로 의사를 찾아가지 않았더라면 염증으로 고생했을 겁니다.

난 그 술집에 익숙해졌어요. 탁자 아래서 펠라치오를 해주며 돈을 벌기 시작한 겁니다. 한꺼번에 다섯 명에게 펠라치오를 해주기도 했어요. 한 명이 끝나면 곧바로 다음 사람에게 해주는 식이었죠. 일을 마치면 한 사람당 40페소를 받아서 나와 지배인, 업주가 돈을 나눴습니다. 이런 생각이 들더군요.

➔ 스리 홀러(Three Holer)의 경우, 손님은 섹스 시 여성의 질, 입, 항문을 사용할 수 있다. 한 손님이 다른 사람들에게 스리 홀러가 무엇인지 설명하고 있다.

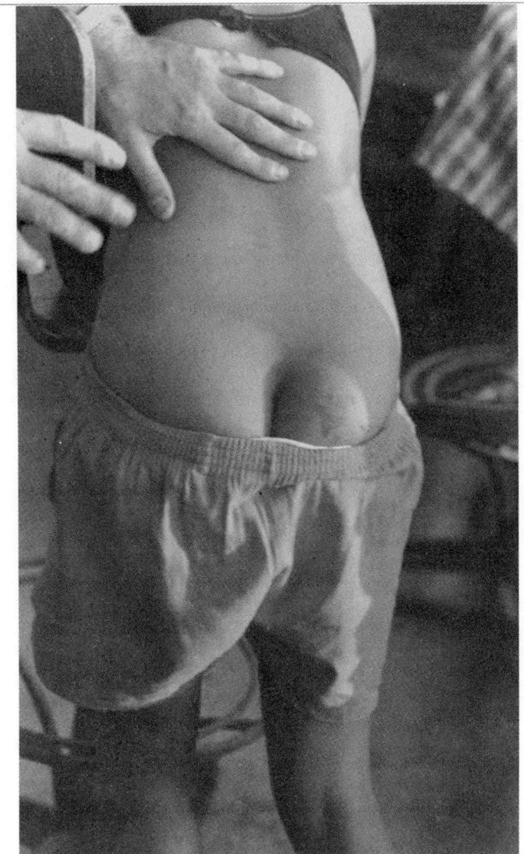

← 작업 수건을 쓴 여성. 정해놓고 펠라치오를 해주는 여성들은 일을 마친 후 게워낼 수건을 가지고 다니며 입을 닦거나 얼굴을 가린다.

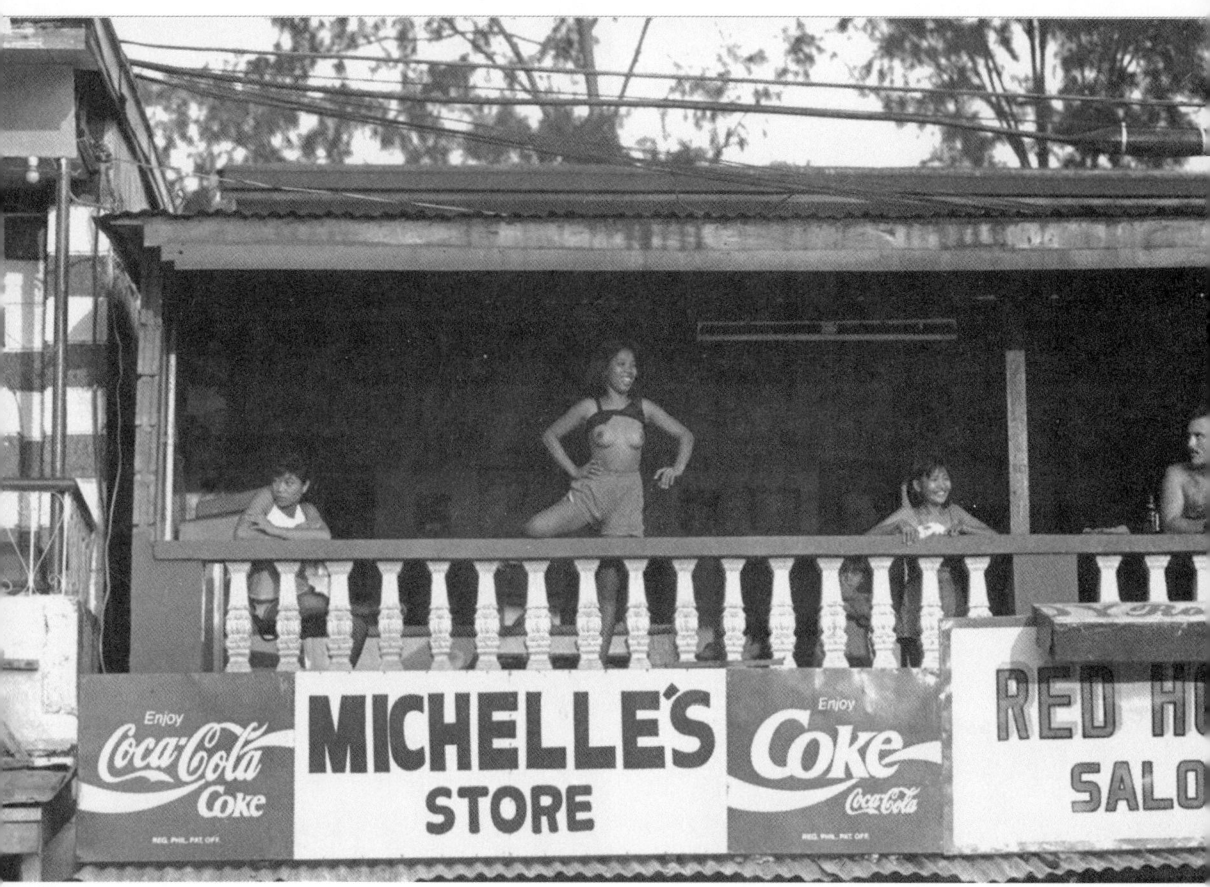

손님을 찾으며

'이렇게라도 돈을 벌지 않으면 애들이랑 나는 굶게 될 거야. 이걸 하지 않으면 우린 죽어.' 난 점점 더 얼굴이 두꺼워졌어요.

수빅의 여러 곳에서 펠라치오를 해주고 무대 쇼를 하는 데 익숙해졌어요. 나뿐 아니라 거기의 모든 여자들이 그렇게 살았습니다.

무대에서 쇼를 하다 보면 미국인들이 잔인하게만 느껴졌어요. 필리핀 사람들을 존중하지 않는 듯했습니다. 그들은 우릴 마치 돼지처럼 봤어요. 친구가 그러더군요. "그치들은 우리가 이런 일을 하니까 우리가 정말 돼진 줄 알아."

내가 그랬죠. "우리가 할 수 있는 게 있어야지. 돈 벌려고 그러는 거잖아."

사실 나는 모든 걸 경험했습니다. 언니가 경험하지 못한 것도 난 여기서 다 겪었습니다.

막사이사이 경찰서의 경찰. 대다수 필리핀 남성들과 마찬가지로 경찰들도 급료가 충분치 않다. 일부 여성들의 말에 따르면, 경찰들이 거리의 여성이나 클럽여성에게 뇌물을 요구한다고 한다. 여성들은 뇌물 대신 자신의 성노동을 제공하기도 한다. 그리고 몇몇 경찰들은 마약밀매와도 관련되어 있다고 한다.

한번은 미국인 하나가 내 외박비를 내더군요. 술이 취한 상태였어요. 같이 호텔로 갔습니다. 들어간 방은 카운터에서 멀리 떨어져 있었고요. 난 그가 폭력을 휘두르는 나쁜 인간일 거라곤 생각도 못했어요. 자상해 보였으니까요. 하지만 베개로 내 입을 막고 질에다 상처까지 입혔습니다. 내가 자신을 제지하지 못하게 했죠. 그래서 베개로 입을 막고 목에다 많은 멍 자국을 남겼어요. 입과 코가 막힌 상태라 숨을 쉴 수가 없었습니다. 그 놈은 나를 발로 차고 때렸어요. 난 구타를 피하려고 발버둥쳤고요.

그에게 발길질을 하곤 방문을 발로 찼어요. 그렇게 해서 도움을 청할 수 있었죠. 그때 방문을 차지 못했더라면, 지금쯤 죽어 있을지도 몰라요. 내가 막 울어대자 보이[5]가 와서 도와주었던 거예요. "아가씨, 큰일 날 뻔했네요. 하지만 우린 아무것도 못 들었어요. 에어컨 소리만 들렸으니까. 당신 손님이 그런 놈인 줄 몰랐네. 우릴 원망하지 말아요. 손님을 잘못 고른 당신 탓이니까." 보이들이 그 놈을 때려눕히고 지프에 태운 뒤 올롱가포로 돌려보냈죠. 그는 약물을 상용하는 놈이었어요. 직접 주사를 놓은 상태였죠. 그건 내게 잊지 못할 일이었습니다. 그런 손님은 여태껏 그 놈 하나였어요.

그 놈은 변태였어요. 친구 말에 의하면 사람을 죽인 적도 있다고 하더군요. 어떻게 체포되진 않았대요. 술만 먹었다 하면 변태가 되는 탓에 그가 취하면

친구들이 찾으러 다닌다고 합니다. 취하지 않았을 때는 멀쩡하대요. 난 그가 내 그곳으로 펩시콜라병을 넣으려는 줄 알았어요. 그런데 자신이 피우던 담배를 집어넣더군요. 담배로 자기 살가죽을 지지기도 했어요. 변태가 분명한 거죠.

인데이가 고향 타를라크(딸락)로 가버린 일이 있었어요. 그래서 내가 타를라크로 가서 인데이와 여동생 펠리를 데리고 올롱가포로 돌아왔어요. 내가 이들을 데려 오자 내 형제들은 인데이에게 말도 걸지 않았어요. 완전히 무시해버리더군요. 인데이는 죽은 사람처럼 지내야 했어요. 언니는 나를 몰아세웠고요. "꼭 친구랑 있어야 되니? 네가 걔를 먹이고 재워줘야 해?" 언니는 우리를 자기 집에서 재워주지 않더군요. 우린 아무데서나 잤습니다. 형편이 아주 어려웠죠. 달랑 5페소가 전부여서 우린 간신히 싸구려 빵으로 끼니를 때웠어요. 참다못한 인데이가 내 언니에게 화를 내더군요. 간혹 엄마도 인데이에게 모질게 굴었어요. 돈만 있더라도 그럴 엄마가 아닌데. 돈이 없으니 다른 사람처럼 대했어요.

안젤라는 외할머니를 좋아하지 않아요. 외할머니가 애를 때리기 때문이죠. 엄마는 안젤라를 부르면 애가 쪼르르 달려오길 바라지만, 안젤라는 아직 어린애죠. 안젤라에겐 노는 게 필요해요. 엄마는 애가 놀기만 하는 걸 싫어하죠. 안젤라가 항상 자기 옆에 있기를 바라는 거예요. 한번은 안젤라가 계단 아래서 놀고 있었나 봐요. 할머니가 부르는데 대답하면서 존칭을 쓰지 않았다며 철사로 때리고 창문 밖으로 밀치려는 거예요. 내가 그 장면을 보았어요. 인데이도 같이 있었어요. 인데이도 울고 나도 울었습니다.

그건 마치 내가 자랄 때 엄마가 내게 했던 것과 똑같았죠. 내 아이에게도 그러고 있는 것이었어요. 우리 형제 모두, 어렸을 때 그런 경험을 많이 했지요. 내가 꼬마였을 때는 누구보다 나를 따뜻하게 대해주시던 부모님이셨죠. 부모님도 나를 사랑하고 나도 부모님을 사랑했어요. 맞아본 적도 없었죠. 그러나 내가 열서너 살 무렵부터 부모님이 때리시더군요.

아버지는 이렇게 말하곤 했어요. "당장 일하러 가거라. 가서 내가 너한테 먹여준 걸 가져와라. 전부를 가져와." 부모님과 오래 같이 산 사람은 형제 중 아무도 없어요. 막내 여동생이 부모님을 얼마나 미워했는지 나는 잘

FOR YOUR OWN SAFETY,
PLEASE SUBMIT YOURSELF
AND HANDCARRIED BAGS
FOR INSPECTION BY OUR
GUARDS. THANK YOU
FOR BEARING WITH US.
COMDR. OMDC
CITY MAYOR
PULL
PULL

거리의 아이들은 거리에서 먹고살거나, 혹은 집에서 자더라도 가족의 생계유지에 필요한 돈을 벌기 위해 거리에서 일거리를 찾아다닌다. 껌과 담배 파는 일로 시작하는 게 보통이나, 미군의 꼬임에 넘어가 처음 자신의 성노동을 팔게 되면 그걸로 보다 많은 돈을 벌 수 있다는 것을 알게 되는 경우가 종종 있다. 거리의 아이들 중 약 10%는 술집에서 일하는 엄마를 두고 있다.

알아요. 결국 여동생은 가출을 해버렸고 그 후로 본 적이 없습니다. 동생 나이 열아홉 살 때죠. 처음에는 술집에서 일했는데 달아나버렸어요. 그건 순전히 부모님 잘못입니다.

엄마가 내 남편에게 편지를 한번 썼던 적이 있습니다. "자네 딸, 안젤라를 입양시키겠네." 엄마는 남편을 놀라게 할 생각이었던가 봐요.

내가 엄마한테 그랬죠. "왜 그래요? 그 사람은 돈을 보내겠다고 하면 보내는 사람이에요. 우리가 이런 식으로 대하면 정말 아무것도 주지 않으려 할 거예요."

안젤라에게 편지 한 통이 날아왔어요. 애 아빠가 쓴 편지였죠. "잘 있었니? 안젤라"로 시작되더군요. 그런데 내 이름은 없었어요. 안젤라에게 쓴 편지였지만 말이죠. "학교를 마쳐야 한다. 네가 열네 살쯤 되면, 아빠가 너를 여기로 데려 오마. 엄마한테도 안부 전해라. 난 지금 아내가 있단다. 네가 너무 충격 받지 않았으면 좋겠구나." 그게 전부였습니다. 돈도 없었고요.

이후론 더 이상 편지도 없더군요. 안젤라는 아빠가 돌아올 거라고 믿고 있어요. 그러면 난 이랬습니다. "좋을 대로 생각해라." 아이의 마음이나 생각을 방해하고 싶지는 않아요. 꿈이 깨지지 않길 바라면서요. 딸애는 이제 많이 컸습니다. 무엇이 옳고 그른지 알고 이해할 수 있죠.

난 남편을 사랑했습니다. 헤어지게 되자 마음에 상처가 되었죠. 남편은 내가 여자와 사랑하게 된 걸 비난하지 않았어요. 예전부터 나는 "레즈비언(T-bird)"이 될 소질이 있었습니다. 필리핀 남자와 사귀기 전에 아름다운 여자를 본 적이 있었는데, 나는…… 하지만, 내게 여자 배우자가 생긴다 해도 아이들을 포기하진 않을 겁니다.

간혹 안젤라의 친구들이 놀린대요. "네 엄마는 타이미[6]야." 사람들은 '타이마'라거나 '엄빠'라고 불렀죠. 하지만 안젤라는 인데이와 내가 사랑하는 사이라는 것을 믿지 않아요. 그게 남들에게 나쁘게 비친다는 것도 모르죠. 언젠가 딸애가 나이가 들면 결국 말을 해야 할 겁니다. 딸애가 추하다고 할지도 모르겠어요.

안젤라는 인데이가 자신을 진심으로 사랑한다는 건 알고 있어요. 딸애도 인데이를 무척이나 따르죠. 일전에 인데이가 타를라크에 갔을 때 안젤라가

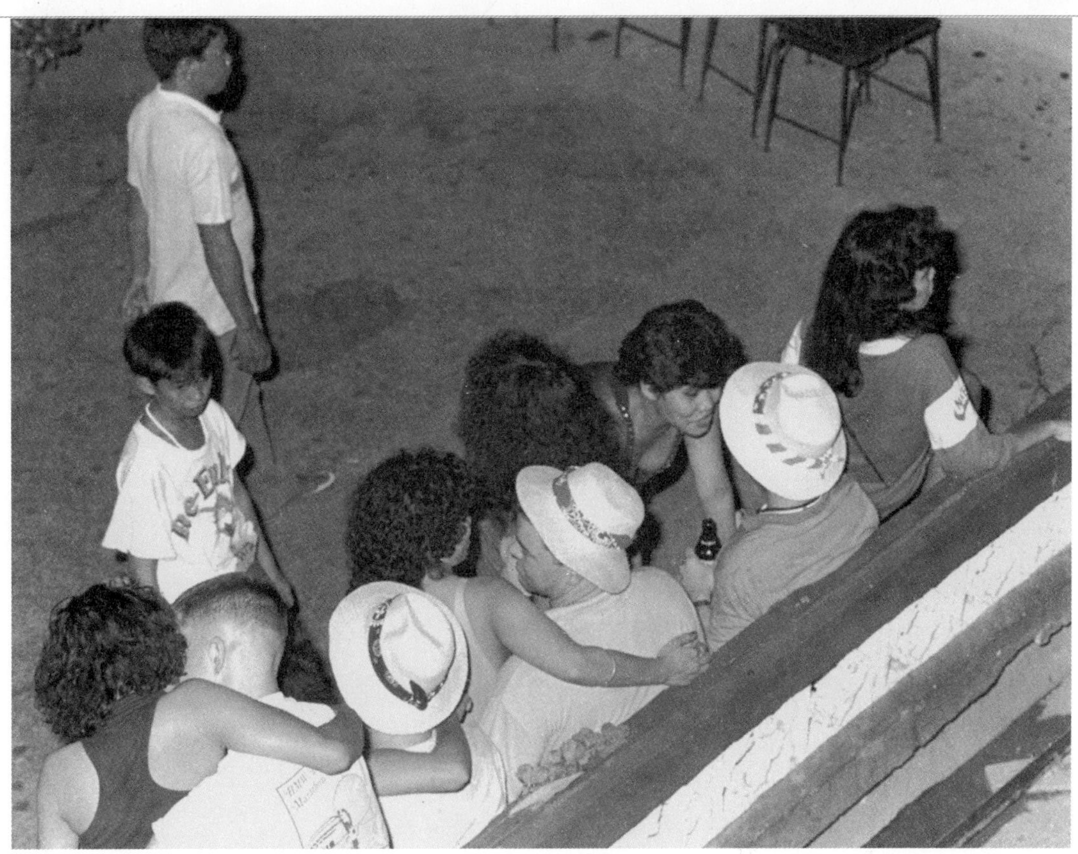

한 줄에 네 명, 일하는 여성들

물어본 적이 있어요. “이모, 왜 엄마랑 결혼 안 해?”

인데이가 그랬죠. “엄마랑 내가 어떻게 결혼하니? 엄마도 가슴이 있잖아.”

“아, 착각했네. 그러면 안 되겠다.”

여자와 사귀는 여자는 어렵습니다. 너무 많은 장애가 있어요. 나와 인데이에게는 엄마나 다른 친구들, 뭐 그런 숱한 장애물이 있어요.

안젤라는 내가 술집에서 일한다는 걸 알고 있어요. 언젠가 그러더군요.

“엄마, 미국 사람이랑 가지 마. 가끔씩 돈도 안 주고 어쩔 때는 때리기도 하잖아.”

딸애에게 물었어요.

“넌 내가 하는 일에 대해 어떻게 생각해?”

“엄마랑 잠자는 남자가 많아서 싫어. 수많은 남자가 엄마한테 뽀뽀하잖아. 그래서 난 엄마하고 뽀뽀하기 싫어. 술집에서 엄마랑 딸이 같이 일하는 사람이 많아서 역겨워."

"너도 술집에서 일하고 싶니?"

"엄마, 할 수만 있다면 엄마처럼 되고 싶진 않아. 난 바르게 살고 싶어."

안젤라는 영리하지만 TV를 너무 많이 봐서 성적표를 받아보면 학교 성적은 좋지 않아요.

나는 인데이와 펠리도 (술집에서) 돌봤습니다. 그 둘에게 손님이 생기면, 내가 대신 이야기를 나누며 둘은 아직 처녀라고 말했어요. 스콧티의 규정 역시 문제가 있어요. 가혹하죠. 처녀건 아니건 외박을 나가야 해요.

내가 인데이에게 그랬어요. "외박을 나가게 되면 그 손님한테 아직 처녀니까 집으로 보내달라고 해. 그게 안 통하면 섹스를 하기 전에 반드시 돈부터 많이 받아 놔." 인데이는 유념하겠다고 했죠. 하지만 조심하지 않아 지금은 임신까지 했어요. 인데이가 임신을 했다는 것, 처녀성을 잃은 것, 그리고 그 사실을 내가 까맣게 몰랐던 것이 내겐 가슴 아픈 상처가 되더군요. 내가 제일 늦게 알았으니까요. 마치 머리를 둔기로 맞은 것 같았습니다. 내가 그랬어요. "너만 조심했더라도 섹스를 피할 수 있었을 거야."

사실대로 말하면 난 인데이가 자신이 한 말을 삼켜버린 듯해서 정말 화가 났어요. 미국인과 같이 나가기 바로 전에 돈을 많이 요구하겠다고 말했거든요. 그런데 고맙게도 40달러를 훔쳐온 거예요. 그녀와 섹스까지 한 그 미국인이 돈을 한 푼도 주지 않더라는 겁니다. 그러니 훔치지 않았다면 어디서 그 돈이 생겼겠어요?

그 미국인은 모르고 있어요. 인데이가 임신을 했다는 사실을 말하지 않았거든요. 지금은 배가 불러 있습니다. 그는 종종 미드웨이호를 타고 왔어요. 나이가 많았습니다. 인데이를 찾아오는 법은 없더군요. 다른 여자가 생겼던 거죠. 난 그 사람에게 알리라고 했어요. "그 사람이 와서 거리에서라도 만나게 되면 취했거나 말았거나 전하란 말이야. 곁에 다른 여자가 있더라도 옷을 벗고 당신 덕분에 배가 이렇게 불렀다고 보여주라고." 인데이는 그러고 싶지 않다고 하더군요. 난 더 이상 아무것도 할 수 없었어요. 더는 말도 하고 싶지 않더라고요. 싸우기 싫었던 거죠.

이건 우리의 문제예요. 내 문제이기도 하지만 인데이에겐 더 큰 문제죠.

어느 여성

설사 애 아빠의 문제라고 해도 그 사람은 자기 문제라고 여기지 않을 겁니다. 문제가 있는 사람은 우리지 그 사람이 아닌 거죠. 분명 이 일이 내게 상처가 되긴 했지만, 인데이에게 항상 그렇게 말하는 건 아니에요. 우리는 서로 비난하지 않아요. 단지 다툴 뿐이죠. 나는 그녀가 실수했다는 걸 알고 있고 둘 다 그 사실을 받아들이고 있습니다.

지금 인데이는 카테터를 이용한 인공유산을 생각하고 있습니다. 벌써 5개월째로 접어들었어요. 난 걱정이 많아요. '출혈이 있어도 괜찮을까? 피를 많이 흘려도 살아날 수 있을까? 덩치라도 좋으면 좀더 잘 견디겠지만, 너무 야위었는데. 죽을지도 몰라.' 인데이가 낙태를 얘기했을 때 나는 한 귀로 흘렸어요. 유산이 나쁘다는 걸 알기 때문이죠. 뱃속에는 이미 한 아이가 자라고 있잖아요.

난 낙태를 생각해본 적이 없는 대신, 난관을 묶어 버렸습니다. 먹고사는 게 이미 힘든 상태여서 애를 더 낳고 싶지 않았거든요. 임신과 유산을 피하기 위해서 다른 여자들도 그렇게 했으면 좋겠어요.

생각나면 한번씩 성당에 갑니다. 걱정이 많을 때는 이렇게 기도를 드리죠. '하느님, 저를 도와주세요. 이 일을 어떻게 풀어야 하나요?' 가끔은 이런 생각도 해요. '술집에서 일하면서 성당에 가니까, 하느님도 날 받아들이시지 않을지도 모르지.' 하지만 하느님은 내 처지를 이해하실 걸로 믿어요.

성당에 다니면서, 미군 배가 들어와 있을 때는 아무도 성당에 가지 않는다는 사실을 알게 되었어요. 배가 없을 때라야 성당에 사람이 많더군요. 그렇다면 배가 들어와 있다고 왜 아무도 성당에 오지 않느냐고, 신부님은 그렇게 물어야 하지 않겠어요? 신부님들은 술집에서 일하는 여자들을 도와주지 않아요. 신부들이 술집여자들을 도와준답시고 하는 일이 뭔지 아세요? 겨우 설교뿐입니다. 여자들이 왜 그런 상황에 처하게 되었는지 이해라도 하고 있다면, 그런 설교나 늘어놓진 못할 거예요.

난 내 자신이 수치스럽습니다. 이 세상에 필요 없는 사람 같아요. 지금 비록 내가 이렇더라도 저 하늘에 계신 분만은 나를 이해하실 겁니다.

---

1) 사팡퍼레이(Sapang-Palay)는 마닐라 외곽에서 두 시간 정도 떨어진 재이주 지역이다. 마닐라의 무허가촌 사람들이 모두 거기로 이주되었다(매들린 이야기 참고).

2) 수빅(Subic)시와 바리오바레토(Barrio Barretto) 두 곳 모두 올롱가포 외곽의 만을 따라 형성된 술집지역이다. 그곳의 술집들은 규모가 작고 여성들의 나이도 어리며, 분위기는 유의해야 할 정도로 험한 편이다.

3) 불라칸(Bulacan)은 마닐라의 변두리에 위치하고 있다.

4) 발로이비치(Baloy Beach)는 올롱가포 바로 옆에 있는 해변 휴양지다.

5) 보이(boy)는 호텔이나 클럽에서 경비를 서고 심부름을 하는 젊은 남성을 말한다. 간혹 보이가 웨이터로 일하기도 한다.

6) 타이마(*tayma*)는 타갈로그어로 아빠를 뜻하는 타타이(*tatay*), 타이(*tay*)와 엄마(*ma*)의 합성어다. 자녀들에게 엄마도 되고 아빠도 되는 사람을 지칭한다.

린다

37살

일로일로 출신

난 일로일로에서 초등학교를 다녔습니다. 잔병치레가 잦았죠. 1년에도 몇 차례씩 갑작스런 복통에 시달리곤 했어요. 어떤 사람이 담배를 피우면 낫는다고 해서 아버지가 담배를 사다주기도 했어요. 담배를 피워도 병은 낫지 않더군요. 의사는 위궤양이라고 했지만, 나는 항상 잘 먹었어요. 월경이 시작되면 괜찮아진다고 하는 사람들도 있었는데, 정말 월경을 시작한 뒤로는 거의 아프지 않더군요.

내 병은 어머니한테서 물려받은 거라고 했어요. 어머니 역시 자주 병치레를 하셨거든요. 간혹 일주일씩이나 계속해서 병원에 다니기도 했는데 잘 낫지 않았죠. 그러다 무당[1]에게 다니기 시작하면서부터 아프지 않게 되었어요. 해마다 어머니는 음식을 만들어 '땅의 사람들'[2]에게 바쳤습니다. 우리 눈엔 안 보이는 사람들이었지만요. 지금은 어머니도 주술에 걸린 사람들을 치료하는 법을 알고 있죠. 누군가 열이 나면 의사를 찾아가야 하는지, 땅의 사람들 때문인지를 아는 거예요.

아버지는 농사꾼에 불과했죠. 우리 집에는 카라바오(*carabao*, 물소)가 열다섯 마리 정도 있었고 돼지와 염소, 닭도 많이 있었습니다. 어머니는 부지런히 집안일을 하면서 가축을 키우셨죠. 집에 돈이 떨어지면 어머니가 닭을 잡아서 장에 내다팔았어요. 쌀농사를 짓는 땅도 있었기 때문에 쌀은 풍족한 편이었죠. 가끔 정말로 아무것도 없을 때는 쌀을 내다팔기도 했습니다. 어머니는 물고기도 열심히 잡으셨죠. 어머니와 아버지, 두 분 모두 아주 열심히 일하셨던 덕에 그다지 가난하진 않았어요.

하지만 아버지가 암에 걸리셨죠(내가 집을 떠난 후에). 우린 땅을 팔고 카라바오와 염소도 팔아버렸어요. 마닐라에 있는 병원 두 군데서 석 달가량 아버지가 치료를 받으실 수 있도록 했죠. 그래도 아버지는 낫지 않았어요.

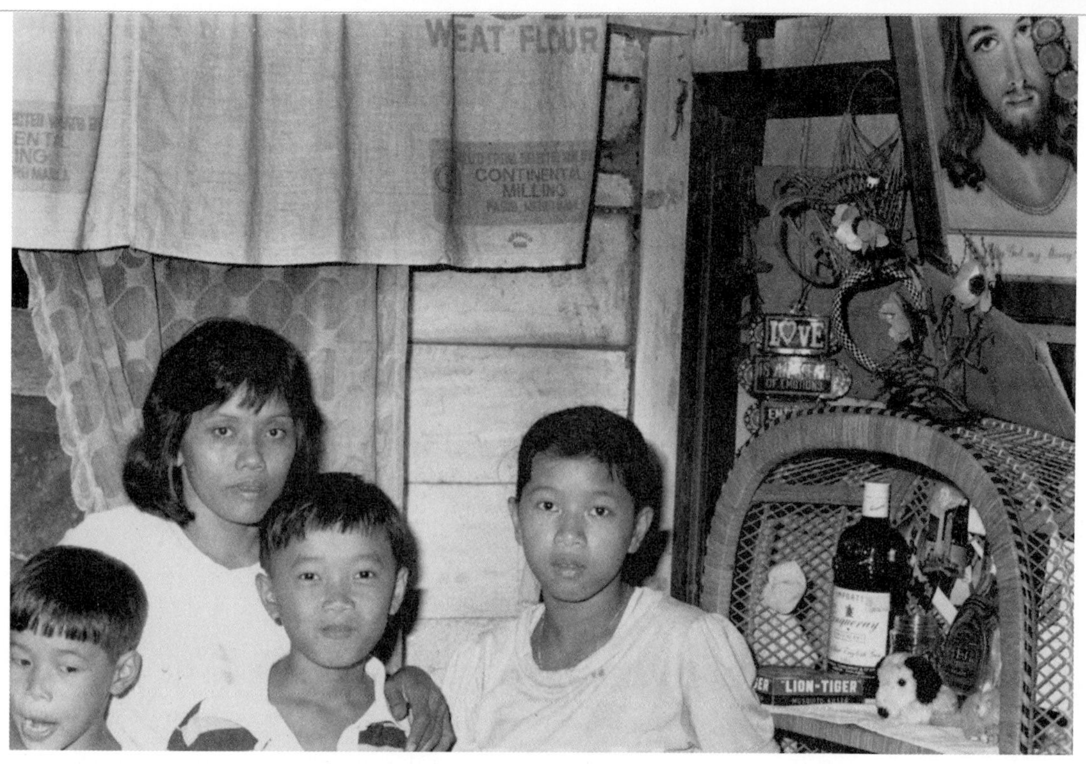

올롱가포 집에서 어린 세 아이들 말론, 마이클, 마리셀과 함께 한 린다

내가 어렸을 때 아버지는 무척 자상하셨어요. 내가 아플 때마다 돌봐주신 분도 아버지였고요. 일 때문에 피곤하시더라도 집에 와선 나를 안아주셨죠. 어느덧 내가 초등학교 6학년이 되어 다 컸을 무렵에도 나를 안아다가 무릎에 앉혀놓고 머리를 쓰다듬어주셨어요. 어머니조차도 그랬던 적은 없었는데. 그래서 우리는 아버지를 무척 따랐죠.

물론 어머니도 사랑했지만 어머니는 우리를 위해 시간을 낼 여유가 없어보였어요. 항상 아프고 화가 난 것처럼 보였죠. 그게 아무리 사소한 것일지라도 우리가 잘못을 저지르면, 아이들의 흔한 말썽에도 소리를 질렀어요. 그래도 말을 듣지 않으면 때리거나 꼬집었죠.

아버지가 마을 이장을 하실 때 부모님은 자주 다투셨어요. 아버지는 마을에서 일어나는 모든 일에 대해 책임을 지고 있기 때문에 문제가 생기면 나서서 해결을 해야만 했어요. 그 무렵 새로운 학교 건물을 짓는 일로 감독 역할을 해야 했던 아버지는 더 이상 생계나 가정을 위한 시간을 내지 못했죠.

한번은 부모님끼리 다투시면서 어머니가 산골[3])을 손에 쥐고 아버지 목을

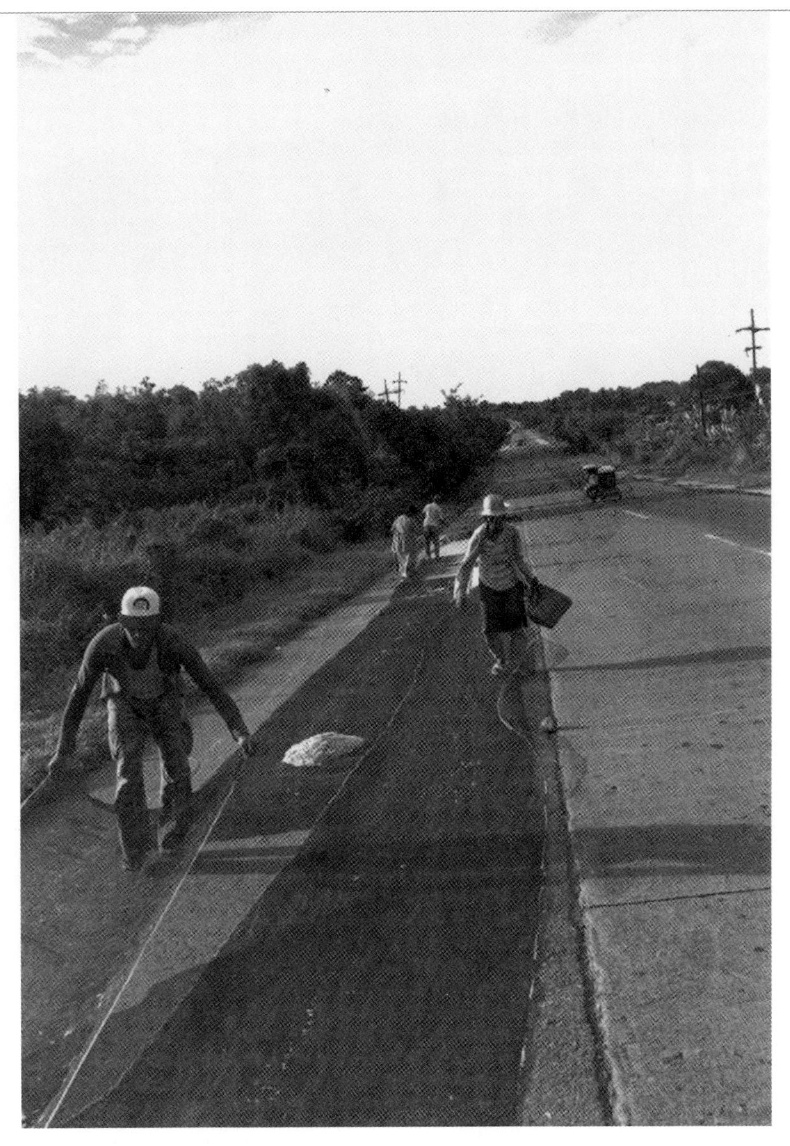

길바닥에 생선을 널어 말리고 있다.

찌르려 한 일까지 있었어요. 우리는 야자나무가 열 그루 정도 있었는데, 그 칼은 그 나무에 사용하는 것이었죠. 아버지는 투바(*tuba*)를 만들고 계셨어요. 어머니가 소리를 치셨죠. "당신은 애들이나 우리보다 그 학교에서 하는 일이 더 좋은 모양이구려. 당장 내일이면, 당신이 농사도 내팽개치고 가족을 위해서 아무것도 하지 않았던 덕에 먹을 걸 살 수도 없단 말이에요."

아버지는 물론 농사도 짓고 있지만, 학교를 위해 일할 수 있는 좋은 기회니

그걸 우선으로 생각하고 있다고 하셨어요. 사실 학생들을 위한 중요한 일이었죠. 아버지는 성을 내셨어요. "왜 날 죽이려는 거야. 저리 치워."

어머니가 자리를 뜨셨어요. 오빠가 칼을 제자리에 갖다 놓았죠. 우린 모두 울었습니다. 그 당시 나는 일곱 살이었어요. 아버지는 옷을 주섬주섬 챙기시더니 집을 나가겠다고 하시더군요. "너희들도 이제 다 컸다. 우리가 서로 보지 못하더라도 너희들끼리 먹고살 수 있을 게다. 엄마를 도와드려라. 쌀도 많이 있고, 닭이나 염소, 돼지, 카라바오를 팔아도 돼. 난 다른 곳으로 가마."

하지만 아버지는 떠날 수 없었습니다. 한 명이 한쪽 다리를 붙잡고 또 한 명이 다른 쪽 다리를 붙들었죠. 팔에도 매달리고요. 그런 식으로 우리 형제들이 아버지께 매달렸어요. 그땐 형제 모두 집에 있었어요. 언니 하나는 아버지가 챙긴 옷가방을 가져다가 찾을 수 없도록 화덕에 넣어버렸죠. 그 일이 있고난 후 부모님은 일주일간 말씀도 하지 않으시더군요. 아버지는 계속 학교에서 일을 하셨고요.

우리형제는 열두 명이에요. 둘은 죽었어요. 둘째 언니가 자신의 넷째 아이를 낳다가 죽었고, 하나는 아들이었는데 일곱 살 때 홍역을 앓다가 죽었어요.

시골 초등학교의 교문. 가족 생계유지를 위해서는 어린 자녀들의 노동력도 필요하기 때문에 아이들을 계속해서 학교에 보내기 어렵다. 클럽여성 대다수가 3년에서 6년 정도만 학교를 다녔다.

그래서 현재 열둘이죠.

큰언니는 지금 오십입니다. 아직 처녀예요. 노처녀[4]죠. 두 번 실망을 한 후 언니는 남자들이란 그저 놀기만 하려든다고 했어요. 서른다섯쯤 되었을 때는 이젠 결혼을 해도 아이를 낳지 못할 것 같다고 하더군요. 넋두리였겠죠. 언니는 마닐라에서 식모로 일했어요. 주인과 함께 살면서 37년간 식모살이를 했죠. 지금은 그 집에서 마치 한식구처럼 대한다고 합니다.

또 다른 언니 한 명은 똑똑해서 마닐라로 갈 수 있었어요. 그 언니는 늘 우등생이었는데, 선교사 몇이 언니를 데리고 갔죠. 그 선교사들은 개신교인 침례교도였어요. 언니는 신학교를 다녔고 선교사들이 학비를 대주었어요.

형제들이 모두 학교에 다닐 때는 돈이 많이 들었어요. 둘째가 된 언니는 공부를 잘했죠. 아버지는 언니가 계속 공부를 해서 나머지 형제들을 도와주길 바란다고 하셨어요. 늙으셨기 때문이었죠. "너희들에게 들어갈 건 많고, 우린 지금 늙었구나." 언니는 결혼할 계획이 없다고 하면서 부모님을 도와드리겠다고 했죠.

언니가 대학을 마치고 돌아온다고 해서 돼지를 잡았어요. 그런데 언니는 남편과 함께 왔더군요. 졸업장과 남편을 같이 가지고 왔던 거죠.

아버지는 화를 내셨어요. "우린 너 졸업할 날만 손꼽아 기다렸는데, 넌 거짓말을 했구나."

어머니는 계속 울기만 하셨어요. 우리도 모두 울어버렸고요. 어머니가 이러시더군요. "너, 그리고 너희들, 너희들도 결혼하겠지. 우린 이미 돈을 다 써버렸다. 우린 헛수고만 했어. 넌 결혼만 하면 되겠지. 넌 우리를 도와주지 않는구나."

부모님은 이렇게까지 말씀하셨어요. "지금부터 아무도 공부할 수 없다." 부모님이 정말 화가 많이 나셨구나 하는 생각이 들더군요.

내가 못생기긴 해도 구혼하는 남자들은 많았어요. 아버지가 결혼을 권하시더군요. "특히 너, 린다. 남자들마다 너랑 결혼하고 싶다는구나. 넌 결혼은 할 수 있을 거다." 난 마음이 상해서 대답하지 않았습니다.

그 무렵 마닐라에서 이모가 와 있었어요. 이모는 페이스 아카데미[5]에서 일하고 있었는데 내게 제안을 하시더군요. "부모님이 화가 나셨구나. 너희

목수의 작업을 구경하는 아이들

형제는 많은데 아버지는 농사 외엔 할 일이 없으니. 내가 선교사들에게 부탁해서 네 일자리를 구해주마. 월급도 괜찮고 방도 공짜야. 네가 부모님을 도와드릴 수 있을 거야."

걱정스럽더군요. 내가 그랬어요. "전 학교를 마친 지 3개월밖에 안됐어요. 괜한 노력일 거예요." 나는 부모님이 하신 말씀 때문에 낙담해 있기도 했죠.

이전에는 아버지가 우리 아침식사를 준비해주셨어요. 새벽 5시면 일어나셔서 밥을 하고 커피 타먹을 물을 끓이고 바나나 잎으로 싼 점심 도시락까지 준비해 두셨거든요. 우린 그저 먹고 씻기만 하면 됐죠. 그런데 언니가 온 이후 어느 날 아침에 일어나보니 식탁에 아무것도 없었습니다. 6시였는데, 아무도 움직이지 않았죠. 난 결심을 했어요. '아버지가 음식을 준비하지 않으신 걸 보니 정말 우리를 학교에 보내지 않으실 모양이다. 이모를 따라 가야겠구나.'

부모님께 말씀드렸죠. "이모랑 같이 마닐라로 가겠어요. 이모가 미국 사람들이 있는 곳에 일자리를 구해주시겠대요." 어머니는 동의하셨어요. "그래라. 일을 하겠다니 좋구나. 공부를 끝까지 마치고 싶거든 스스로 벌어서 하는 게 나을 거다. 그래야 그게 얼마나 어려운 일인지 알 거고."

난 마닐라로 갔습니다. 그 때가 열여섯이나 열일곱 살쯤이었죠. 페이스 아카데미에서 식모살이를 시작했어요. 하숙을 하는 고등학생이 몇 명 있었는데 빨랫감이 많더군요. 그래도 세탁기가 있어서 그리 힘들지는 않았어요.

몇 달이 지나자 어느 하숙집 주인 내외가 나를 마음에 들어 했어요. 내가 부지런하다고 하더군요. 그래서 나는 주인 내외를 위해 일하기로 했어요. 그들은 나를 식모로 대하지 않았어요. 내게 친절했죠. 일요일엔 쉴 수도 있었습니다. 내가 어디에 가야 할 때면 직접 바래다주기도 했죠. 대중교통수단을 이용하려면 상당히 걸어야 했거든요. 내가 음식을 만들 줄 몰랐는데도 이러더군요. "보다 보면 너도 할 수 있어." 난 그들이 어떻게 음식을 만드는지 익혔어요. 처음엔 그 사람들의 식사가 낯설더군요. 점심때도 먹는 게 없었어요. 고작 빵이나 먹고.6) 하지만 익숙해지더군요.

안주인은 내가 공부를 계속하고 싶어 하는지 궁금해 했어요. 물론 나는 그러면 좋겠다고 했죠. 그러자 "하고 싶은 대로 한번 해봐. 우린 여기에 4년 정도 있을 거야. 4년 후엔 떠나려 하는데, 네가 원한다면 같이 데려갈게"라며 거기서 일자리도 구해주겠다고 했어요.

나중에 내 남편이 된 에드워드도 거기서 정원사로 일했어요. 나에게는 이미 결혼하기로 약속한 남자친구가 있었죠. 가끔씩 난 에드워드에게 내 남자친구에 대해 이야기하곤 했어요. 에드워드는 항상 남자친구를 깎아내리더군요. 사진을 보고는 못생겼다고도 했죠. 난 에드워드가 날 좋아하는 줄 몰랐어요. 이야기를 나눌 때면 우린 그냥 오누이 같았죠.

어느 날인가 안주인이 그러더군요. "린다, 우린 한 3일간 집을 비울 거야." 나와 아이 세 명만 남게 되었죠. 저녁 무렵 아이들을 침대에 눕히고 나자, 에드워드가 부르더군요. "이리 와봐. 너한테 줄 게 있어. 팬싯(국수의 하나)이랑 달랑기타(오렌지의 일종)를 좀 사왔어."

그의 방으로 갔어요. 그를 믿었죠. 달랑기타를 받아서 껍질을 까먹었어요. 그런데 그가 팬티바람으로 문 옆에 서 있다가 내가 나가려 하자 가로막았어요. "나가게 해줘." 난 그가 장난을 치는 거라 생각했죠. 그는 나를 빤히 쳐다보기만 했어요. "왜 못 나가게 하는 거야?"

그랬더니 날 밀치더군요. 그러곤 칼을 집어 내게 겨누었어요. 긴 칼이었죠. 그때까지도 난 초조해하거나 두려워하지 않았어요. "왜 칼을 디밀고 그래?

후려칠 거야.” 그의 얼굴이 아주 벌겋게 달아오르더군요. 마치 속에 악마가 든 것 같았습니다. 나는 칼을 빼앗으려고 했어요. 칼을 두고 싸웠죠. 난 내가 칼에 벤 것도 몰랐어요. 피가 떨어지더군요.

그가 내 옷을 찢었을 때야 비로소 나를 겁탈하려 한다는 걸 눈치 챘어요. 난 달아났어요. 소리를 질렀습니다. 하지만 아무도 내 소리를 듣지 못했어요. 나는 다시 싸웠습니다. 방은 엉망이 되었죠. 선풍기가 떨어지고 물건들이 부서졌습니다. 난 점점 힘이 빠졌어요. 그는 내 옷을 모조리 벗겨냈죠. 그는 힘이 셌어요. 결국 난 강간을 당했습니다. 난 엄마를 부르며 울부짖었습니다. 이제 곧 죽게 될 것만 같더군요.

일이 끝나자 그는 미안하다고 했어요. “너한테 이런 건 다른 방법이 없어서야. 나도 네가 날 좋아하지 않는다는 걸 알아. 결혼할 사람이 있다는 것도 알고. 하지만 널 좋아해. 네가 날 오빠처럼 대하니까 말하지 못했던 거라고.”

난 물어봤어요. “날 사랑한다면서 왜 이런 짓을 한 거야? 어째서 날 강간하고 상처를 주냐고?”

“나도 왜 그랬는지는 모르겠어. 걱정 마. 너랑 결혼할게. 너랑 결혼하고 싶어서 그랬어.”

“그것도 이유라고 말하는 거야?”

필리핀에서는 남자와 한번 관계를 하고 나면, 강간이었더라도 다른 사람과 결혼을 할 수가 없습니다. 원하든 원하지 않든 그 남자와 결혼해야 하죠. 남자친구가 생겨도 처녀가 아니라는 걸 알게 되면, 결혼하지 않으려고 해요. 이것은 구세대의 관습입니다. 필리핀에는 이런 속담이 있어요. “떨어진 곳이 내릴 곳이다. 또 몸 섞은 남자가 결혼할 남자다.” 그 때 나도 그런 생각이 들었죠. 혼란스러웠습니다. 이렇게 생각했죠. ‘이게 내 인생이다. 내 꿈은 모두 날아가 버렸어.’ 처녀가 아니더라도 평소처럼 살 수 있다고 생각지는 못했죠. 내 정신상태로 그건 불가능했어요.

다음날, 그는 팜팡가[7]에 계시는 자기 부모님께 나를 데리고 갔어요. 그의 집에 가서 난 울었습니다. 그의 가족들에게 난 겁탈을 당했다고 말했어요. 그의 계모가 그러더군요. “자버렸다니 이젠 네 처다. 결혼식 올릴 돈은 있어?” 그는 은행에 저축해둔 돈이 있다고 하더군요.

막사이사이 거리 들머리. 기지 정문 건너편에 지프니가 줄지어 서 있다. 왼편에 있는 운하 위의 다리가 기지와 거리를 이어주고 있다. 물이 오염된 탓에 흔히 "똥물(Shit River)"이라 부르는 이 운하가 기지와 시내를 가른다.

이튿날 우린 얘기를 나누었어요. 에드워드는 내가 해야 할 일과 해야 할 말에 대해 일러주더군요. 언니에겐 내가 그를 좋아했다고 말하라더군요. 그래야 언니가 화를 내지 않는다고요. 주인집 여자에게도 같은 말을 하라고 했어요. 나는 그런다고 했죠. 우린 다시 마닐라로 돌아왔어요.

집에 도착하자 안주인이 나를 안으며 눈물을 쏟더군요. 그때 나는 비록 필리핀 사람은 아니지만 그녀가 진심으로 나를 생각해주고 있음을 느꼈어요. 우린 서로를 포옹했습니다. 그러다 내 살갗에 생긴 상처를 알아채고는 물었어요. "왜 이래? 무슨 일이 있었어?" 나는 겁탈당한 사실을 말했습니다. 안주인은 노여워했어요. 나는 그들이 할 수 있는 일은 아무것도 없다고 했어요. 이미 모든 게 끝났다고 했습니다.

안주인이 그러더군요. "우리가 있잖아. 만약 공부를 마치고 싶다면 우리가 널 돌봐줄게. 네가 그와 헤어졌으면 좋겠구나. 잘 생각해. 그를 좋아하지 않는다면 결혼하지 마." 나는 그들에게 필리핀의 관습과 나 역시 그런 구세대의 관습에 매여 있음을 설명했어요. 그때까지도 난 인생에 대해 잘 몰랐어요. 두려우니까 그저 관습을 따르려고 했죠.

에드워드와 나는 언니 집으로 갔어요. 언니에게 모든 걸 말해서 그랬는지, 언니 내외는 그를 좋아하지 않았어요. 남편이 너무 어리다고도 했죠. 게다가 팜팡가 출신을 좋아하지 않았어요. 사람들은 거기 사람들이 개를 즐겨 먹기 때문에 개의 피가 흐른다고 했죠. 언니는 결혼을 반대했습니다.

"무슨 일이 있었건 아직 헤어질 수 있어. 고향집으로 내려가도 되잖아."

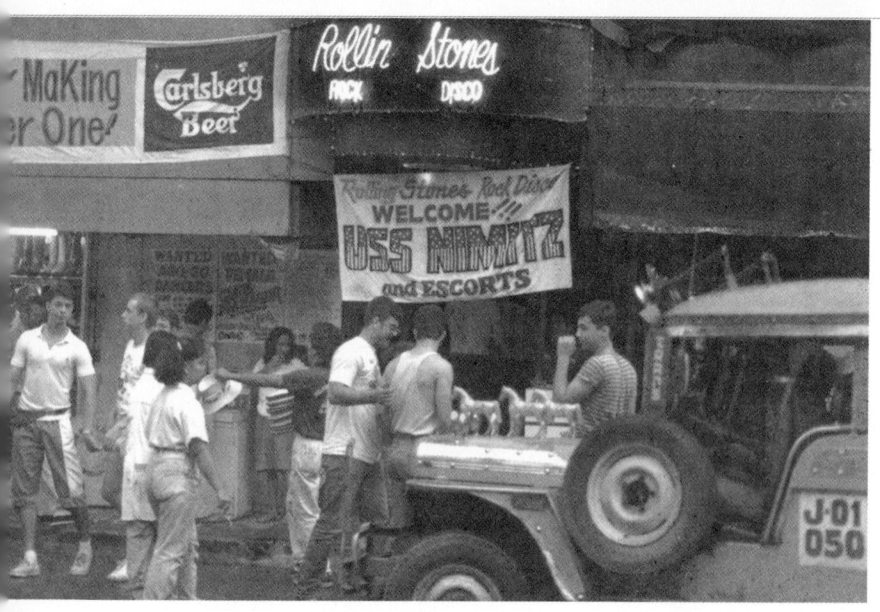

상륙 휴가. 항공모함과 호위함들이 항구에 정박하면 약 만 명에 이르는 미군들이 자유를 만끽하려 올롱가포, 바리오바레토, 수빅시의 술집으로 쏟아져 나온다. "상륙 휴가 첫날"과 "마지막 날"이 가장 장사가 잘 된다.

에드워드에게도 같은 말을 했어요.

"당신은 강간을 한 거니까, 내 동생이랑 결혼할 수 없어요. 그리고 당신은 공부도 마치지 않았잖아. 내 동생에게 좋은 미래를 보장할 수 있어요? 가족을 먹여 살릴 수 있나요?"

그가 이랬어요. "동생을 먹여 살릴 수 있습니다. 난 결혼할 거예요. 동생을 버리지 않을 겁니다. 난 직장도 있어요. 동생을 사랑했기 때문에 그랬던 거라고요."

또 다른 언니는 남자친구에게 전화를 걸라고 하더군요. "널 가엾게 여길지도 모르잖아." 난 자신에게 물어보았습니다. '강간을 당해버렸는데, 아직도 그럴 수 있을까?' 전에 남자친구는 이런 말을 했어요. "난 우리가 결혼할 때까지 네가 처녀였으면 좋겠어." 남자친구 스스로가 결혼 뒤로 미루자고 했기 때문에 우린 성관계를 하지 않았어요. 2년 동안 사귀면서 키스밖에 하지 않았죠. '그가 결혼해줄까? 내가 강간을 당했는데도' 난 울고 또 울었습니다.

이모에게도 이야기를 하자 이모는 결혼을 권하더군요. "네 인생에서 생긴 어려움을 해결하기 위해서는 지금 결혼해야 한다. 그걸 받아들이기 위해서라도 말이야." 난 또 생각했어요. '이건 운명이야. 그를 좋아하지 않더라도 결혼을 해야 해.'

은행, 슈퍼마켓, 기타 대형 상점들은 무장 경비원을 고용한다. 주로 중산층 사람들이 현금보관금고를 이용하거나 타지로의 송금을 위해 은행을 이용한다. 클럽여성들은 반짝경기에 따라 수입의 부침이 심하기 때문에 은행계좌를 개설할 정도의 돈을 만지기는 어렵다. 그래서 거리의 사채업자에게 돈을 빌리고, 흔히 집주인과 사리사리 가게(여러 물건을 조금씩 갖다 놓고 파는 구멍가게)에 빚을 지고 있다.

언니가 부모님께 돈을 보내드려서 내 결혼식을 보러 마닐라에 오실 수 있었어요. 난 부모님께 모든 사실을 말씀드렸습니다. 이러시더군요. "어쩌겠니? 이미 끝난 일인데. 결혼하는 것도 좋은 일이야."

한 달 뒤 월경이 없더군요. 아이가 생긴 것이었죠. 우린 올롱가포로 이사를 했어요. 남편은 지프니를 빌려서 다섯 달 가량 운전사로 일했어요. 어떤 날은 하루에 50페소씩 벌기도 했는데, 그런 날은 수빅까지 미국인을 태워다 주고 특별 요금을 받았기 때문이었죠.[8)]

입항한 배가 있느냐 없느냐에 따라 수입이 달라지기도 했어요. 배가 들어와 있을 때는 승객들이 많아서 200에서 300페소까지 벌 수 있었어요. 배가 없을 때는 손님이 몇 없었습니다. 클럽도 마찬가지였죠. 배가 있을 때만 버는 거죠. 올롱가포의 모든 것이 그랬습니다.

남편의 사촌 대부분은 기지 내에서 일을 했어요. 그 중 한 명이 제안을 하더군요. "기지 내 운전사 자리에 지원해. 우리가 도와줄게." 남편은 택시기사 자리를 얻을 수 있었어요. 벌이가 한결 나아지더군요. 매일 200에서 250페소를 버는 때도 있었어요. 게다가 월급까지 받았죠. 돈을 모을 수 있더군요. 은행에 돈을 맡겼어요. 돈이 생길 때마다 곧장 은행에 넣었습니다.

우린 아이도 다섯이나 낳았어요. 생활은 점차 나아졌죠. 남편도 정말 나를 사랑했어요. 나를 행복하게 해주려고 무척 애를 썼죠. 내가 그를 사랑하게

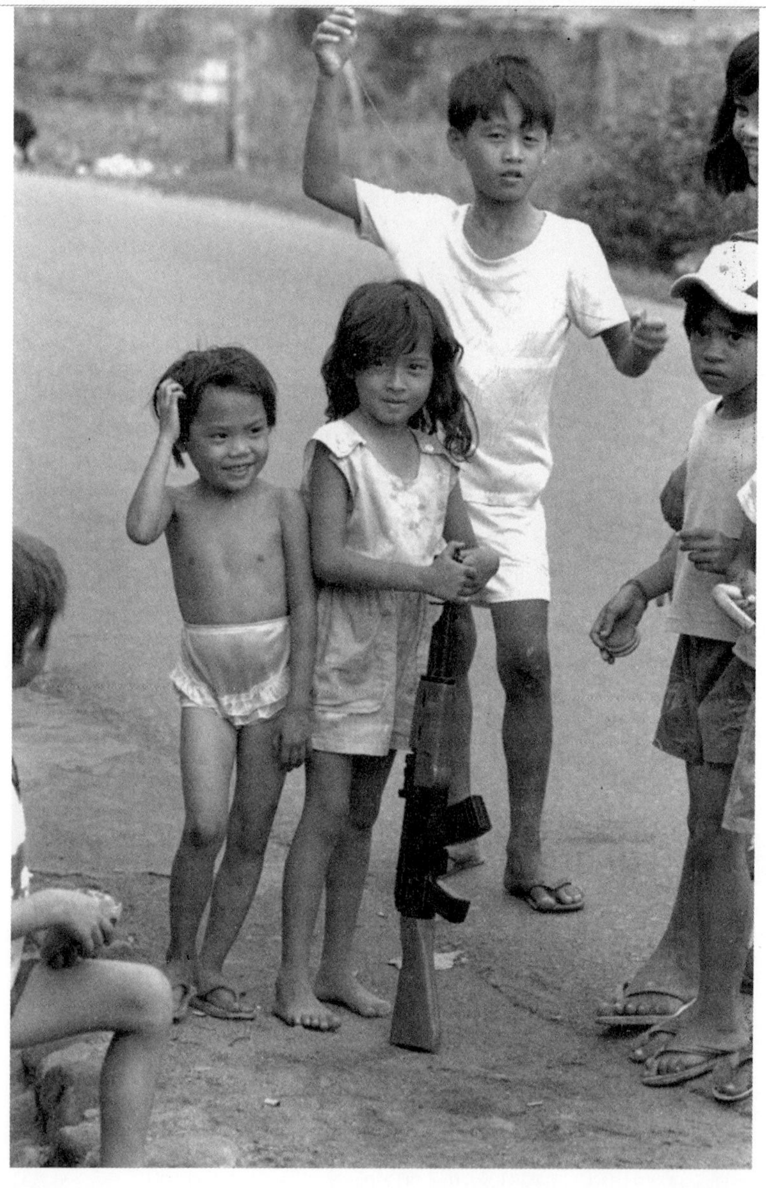

놀이에 열중한 올롱가포의 아이들

만들려고 노력했어요. 애정이 넘치는 사람이었습니다. 잠자리에 들면, 아무리 더운 날씨여도 나를 껴안으려 했어요. 내가 좋아하지 않으면 화를 내며 나를 밀어냈죠. "내가 당신을 안는 게 싫은 거지? 알았어." 그러고는 돌아눕기도 했어요. 내가 그에게 손을 내밀어야만 했죠.

남편은 집에 왔을 때 내가 없거나, 아이들이 더러우면 싫어했어요. 아이들이 항상 깨끗하길 원했죠. 집안이 지저분한 것도 싫어했어요. 간혹 치워놔도 아이들이 금방 어지르는 바람에 제대로 청소를 하지 못한 때도 있죠. 하지만 남편이 돌아올 때가 되면 청소를 해야만 했어요.

부부싸움을 할 때도 소리를 지르며 싸우지는 않았어요. 화를 내지 않고 잠자리에서 이야기를 나누었죠. 남편은 자신이 잘못했다는 걸 알면 먼저 이야기를 했어요. 나도 내가 잘못했다고 여겨지면 먼저 이야기를 꺼냈고요. 아이들은 우리 부부의 싸움소리를 듣지 않고 자랐습니다. 우리가 이야기를 할 때면 서로 기분이 좋아졌어요.

사람들은 우리더러 신혼 같다고 했어요. 이렇게 말하는 사람도 있었고요. "그런 사이가 좋은 거야. 나도 남편이랑 그랬으면 좋겠어. 남편은 항상 내게 싸움을 걸고 두들겨 팬다고." 그러면 난 그랬어요. "그건 대화를 나누는 두 사람에게 달렸죠."

우린 팜팡가로 이사했어요. 올롱가포에서는 아이들이 항상 앓았기 때문이었죠. 팜팡가엔 시댁이 땅을 갖고 있어서 거기에 집을 지었습니다. 남편은 나를 안심시키더군요. "매일 집으로 올게. 돈도 모으고, 팜팡가는 공기가 맑으니까 애들도 건강해질 거야."

남편은 꼬박꼬박 월급 전부를 갖다 주었기 때문에 그가 나를 속이고 있다고는 생각지도 못했어요. 게다가 가끔은 웃돈을 가져오기도 했거든요. 집에 올 때는 먹을 것도 많이 가져왔어요. 그는 항상 좋은 음식을 먹고 싶어 했죠. 내가 입는 옷도 모두 남편이 사주었는데, 심지어 브라, 팬티, 내의까지 사왔어요. 간혹 어떤 사람들은 남편이 좀 여자 같다고 했지만 게이는 아니었어요. 결혼하기 전에는 나도 그가 게이라고 생각한 적이 있었죠. 마이클에게도 그런 모습이 있긴 해요. 마이클은 제 아빠를 닮았거든요. 겉모습까지 닮았죠.

어쩌다 한번씩 남편은 내게 이렇게 묻곤 했어요. "내가 만약 말썽을 피우는 남자라면[9], 그래도 당신이 나를 사랑할까?" 남편은 내가 그를 사랑한다는 것을 알고 있었죠.

난 이랬죠. "첩을 둔 남편들을 많이 알아. 그렇더라도 문제만 없다면, 아이들의 생활이 유지된다면, 당신에게 여자가 생겨도 난 괜찮을 거야." 그런 이야기를 나눌 때면 남편은 특히 더 자상하게 굴더군요. 나를 꼭 안아주기

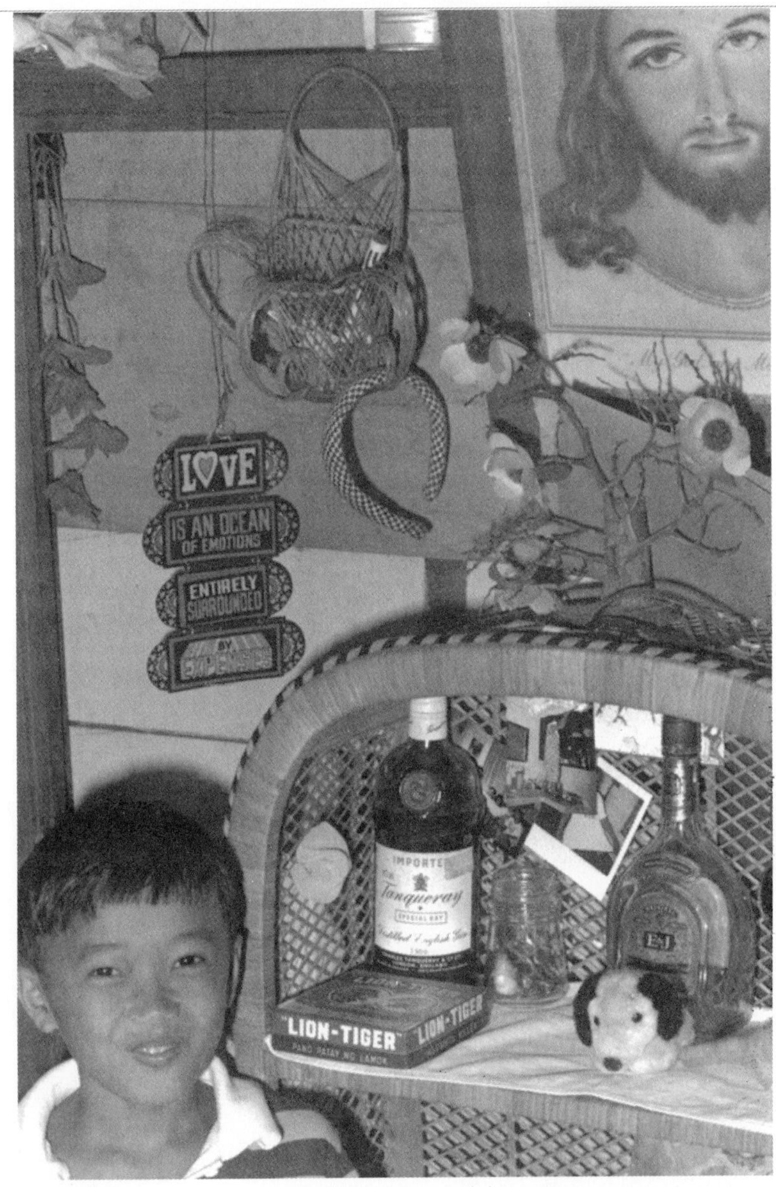

마이클

도 하고요. 그러면 나는 그랬어요. "당신은 우리가 오늘 처음 만난 것처럼 여겨지나 봐."

그런데 12월에 일이 벌어졌어요. 남편이 집에 들어오지 않았습니다. 그땐 여동생이 팜팡가에서 나와 같이 지내고 있었어요. "조카들 좀 봐줘. 올롱가포에 가봐야겠어. 가서 네 형부가 왜 집에 오지 않는지 알아볼게."

올롱가포로 가서 난 시누이를 찾아갔어요. 시누이가 그러더군요. "오, 니(시댁식구들은 나를 '니'라고 불렀어요), 네 남편은 널 속이고 있어." 난 충격을 받았습니다. 시누이는 모든 걸 얘기해주었어요. "네 남편은 지금 여기로 오고 있어. 좀 있다 오면 서로 이야기를 해봐." 시누이는 내게 친절했어요. 그리고 남동생에게 화를 냈어요. 난 말없이 생각에 잠겼죠.

극도로 화가 치솟더군요. 그를 보자마자 욕이 튀어나왔어요. "너, 이 개자식아. 부끄럽지도 않아?" 평소에 욕을 쓰지 않는 나였지만, 그때는 욕부터 나오더군요. 남편은 미국 사람처럼 아주 덩치가 컸어요. 살까지 쪄 있었죠. 그에 비해 난 아이들을 키우느라 말라 있었어요. 내가 욕을 해대니까 남편은 나를 움켜잡고 입을 막더군요. 남편은 그런 행동을 좋아하지 않았어요. "법석 떨지 마. 다른 사람들 앞에서 이러면 곤란하잖아."

"허, 이 개새끼야, 뭐 곤란해? 네가 한 짓은 곤란하지 않아? 넌 마누라도 있고 애들도 있어. 그런데도 이런 짓을 했잖아. 그래, 올롱가포 전체가 떠나가게 소릴 지르지 뭐. 이 오입쟁이! 짐승! 넌 색마야!"

남편은 나를 자기 친구 집으로 데리고 갔어요. 가는 길 내내 남편이 내 입을 막고 있었죠. 손을 치울 때마다 난 소리를 질렀어요. 우리 둘은 친구 집에 도착해서 계단을 올라갔습니다.

남편이 윽박지르더군요. "린다, 그만 소리쳐."

난 칼을 찾았어요. "널 죽일 거야." 하지만 남편이 나를 잡고 있었죠. 그는 힘이 셌어요. 난 작았고요. 난 계속 울었습니다. 남편도 나를 안고 울더군요.

"내가 지금 설명할게."

"필요 없어. 이미 벌어진 일이야. 넌 나를 바보로 만들었어. 장식품 정도로 취급했다고. 이제 애들을 먹여 살리려면 열심히 일해. 내가 나팔관을 묶어버리려고 했던 게 옳았어. 넌 나와 애들로부터 떠나려고 했어."

남편이 미안하다고 하더군요. 둘 다 울었어요. 내가 물어봤어요.

"왜? 이젠 우리를 더 이상 사랑하지 않아?"

"당신을 사랑해. 당신을 버린 게 아니야."

우리는 그 일을 잊기로 했어요. 이후 남편은 잘했어요. 제시간에 집에 오고 월급 외에 웃돈도 가져왔죠. 난 그 돈을 매일 우유와 쌀, 음식을 사는 데만 썼어요.

그런데 한달이나 지났을까, 남편이 일을 하러 나가지 않더라고요. 월급봉투에는 출근한 날짜가 기록돼 있었는데, 간혹 사나흘 정도만 나간 적도 있었어요. 당연히 월급이 줄었습니다. 그래도 여전히 월급봉투를 가져오긴 하더군요. 우린 싸웠어요. 내 관심은 오로지 돈에만 쏠렸어요. 나와 애들을 위해 월급을 제대로 받아오기만 바란 겁니다. 친구 하나가 그런 일을 알고는 충고를 하더군요. "돈에 대해서 좀 영리해져야겠다. 지금부터는 너도 돈을 벌어야 해."

그 말을 듣고 내가 이랬어요. "알았어, 그럼 우리 수박이랑 옥수수라도 팔아볼까?"[10)]

남편이 마지막으로 집에 왔던 때는 11월의 첫째 날, 묘지를 방문하는 만성절[萬聖節](All Saints' Day) 바로 그 날이었어요.[11)]

10월 29일은 월급날이어서 남편이 집에 오리라 기대하고 있었죠. 그러나 남편은 오지 않았습니다. 난 올롱가포로 가서 시숙을 만나 물었어요.

"아주버니, 월급 받으셨어요?"

"아, 그럼요. 벌써 받았지요."

시댁 식구들 아무도 나한테 뭘 숨기거나 하는 사람은 없었어요. 난 이렇게 말했어요.

"애들 아빠가 오늘 집에 오지 않았어요."

"배가 들어와 있으니까, 월급은 꽤 될 겁니다. 제가 가서 일하러 나왔는지, 월급을 받아갔는지 알아보지요."

남편이 월급을 챙겨가지 않았다면, 시숙이 타 와서 내게 줄 걸로 생각했어요. 시숙이 돌아와선 이러더군요. "니, 월급은 어제 벌써 타갔다는군요. 집에 가서 기다려보세요." 난 울고 싶었지만 그럴 수 없었습니다. 눈물은 아무 소용이 없었죠.

다음날이 되자 부들부들 떨리더군요. 아무리 생각해봐도 남편은 나빴어요. 나는 빨래를 두 포대나 했어요. 그리고 밥을 지었습니다. 밤 11시에 남편이 왔어요. 전신이 젖어 있는 나를 보고 웃어대더군요. 옷을 모조리 꺼내 빨래를

만성절의 묘지. 필리핀 사람들은 만성절 하루의 대부분을 묘지에서 보낸다. 음식, 술, 꽃과 양초를 가져와서 죽은 이를 추모하고 산 사람을 축복한다.

하고 난 뒤 그때까지 샤워도 하지 않았던 거죠.

남편에게 말했어요.

"당신 지갑 좀 줘봐."

"왜 내 지갑을 달라는 거야?"

전에 남편이 내게 지갑을 줬을 때 내가 그걸 감춰버린 일이 있었어요. 난 다그쳤죠. "왜 지갑을 주지 않는 거지? 기껏해야 애들이랑 날 위해 쓰는 것뿐인데. 난 당신이 다른 돈을 어디다 쓰는지 알아."

남편은 화를 냈어요. 이층으로 가버리더군요. 나도 따라 올라갔습니다.

"이 씨팔놈아, 날 봐." 남편을 때리고 또 때렸어요. 분노로 온몸이 떨리더군요. 그날 난 남편을 죽이고 싶었어요. 내가 남편을 때렸으니까 남편도 날 똑바로 쳐다보고 때려주길 바랐습니다. 하지만 남편은 날 때리지 못하더군요.

"이런 씨팔 세상." 남편은 내가 아니라 세상을 탓하더군요.

나는 따지고 들었어요. "누가 씹 판다는 거야? 나야? 넌 악마야. 네가 날 겁탈했으니 내가 씹 팔지 않았다는 건 누구보다도 네가 더 잘 알잖아? 네가 날 강간하지 않았으면, 내가 너 같은 놈 마누라가 됐겠어?"

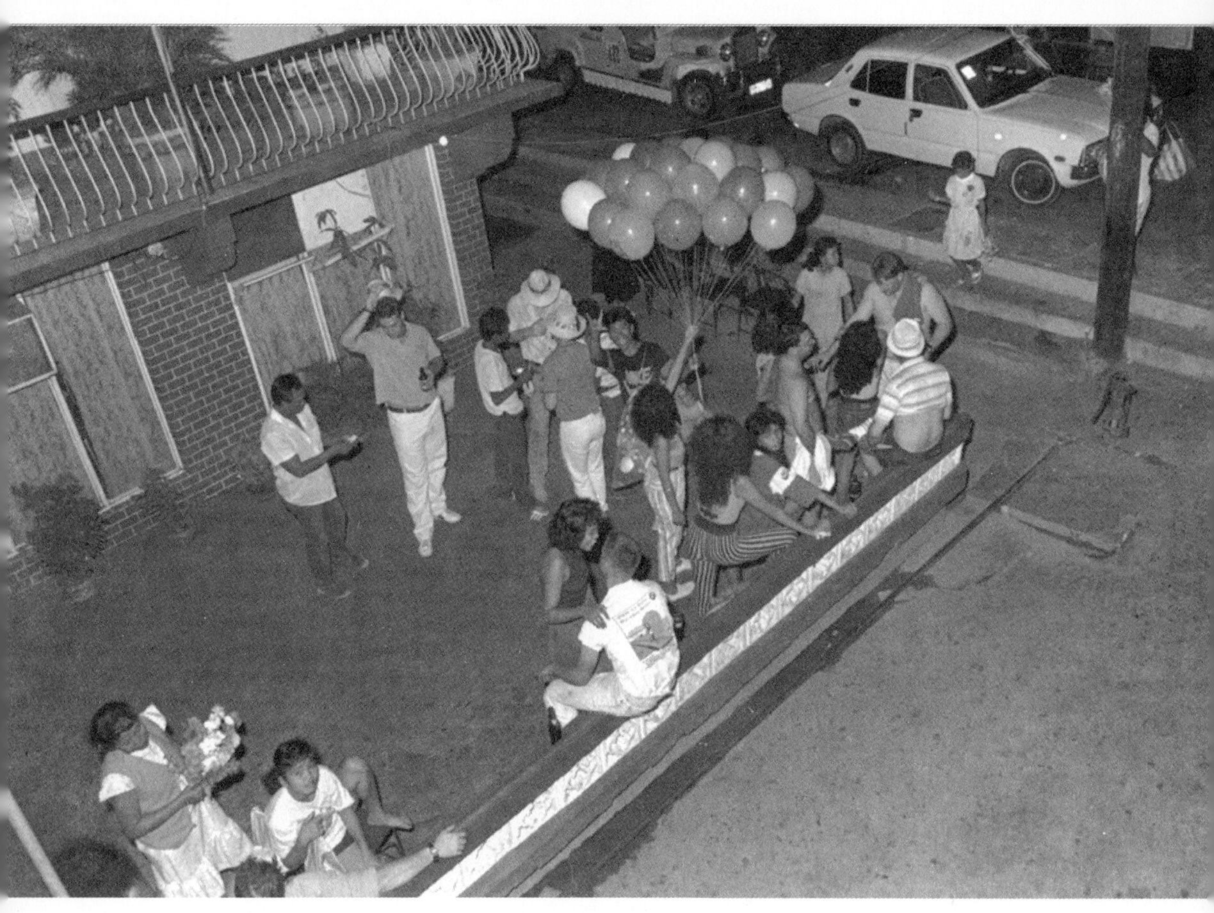

상륙 휴가. 일하는 여자, 노는 남자

남편은 계단을 내려가더군요. 당시 우리 집은 이층이었어요. 계단은 대나무로 만들어졌고 모두 여덟 단이었죠. 난 너무나 화가 치밀어 부들부들 떨렸어요. 난 계단을 내려가는 남편을 차버렸습니다. "이 씨팔놈아, 죽어버려." 남편은 계단 아래로 굴러 떨어졌죠. 시멘트바닥이었어요. 나는 더 이상 말을 잇지 못했습니다. 남편이 울부짖더군요. 남편이 다친 게 보였어요. 그걸 보곤 어쩔 수 없이 화를 가라앉혔어요. 남편을 차버린 자신을 원망하기까지 했고요. 그런데 내게 돌아온 건 남편의 옷가지뿐이더군요. 남편은 이미 변해있었어요.

남편은 다음날 떠나면서 이 말만 남겼죠. "난 묘지에 갈 거야." 그리고 다시는 오지 않았습니다. 난 울다 지쳐서 눈물마저 말라버리더군요. 생각하고 또 생각했어요. 애들을 생각하니 애들 앞에 벌어질 일들이 걱정되었습니다. 난 결국 내 문제를 생각하다가 앓아누웠어요. 내가 무슨 일을 할 수 있을지

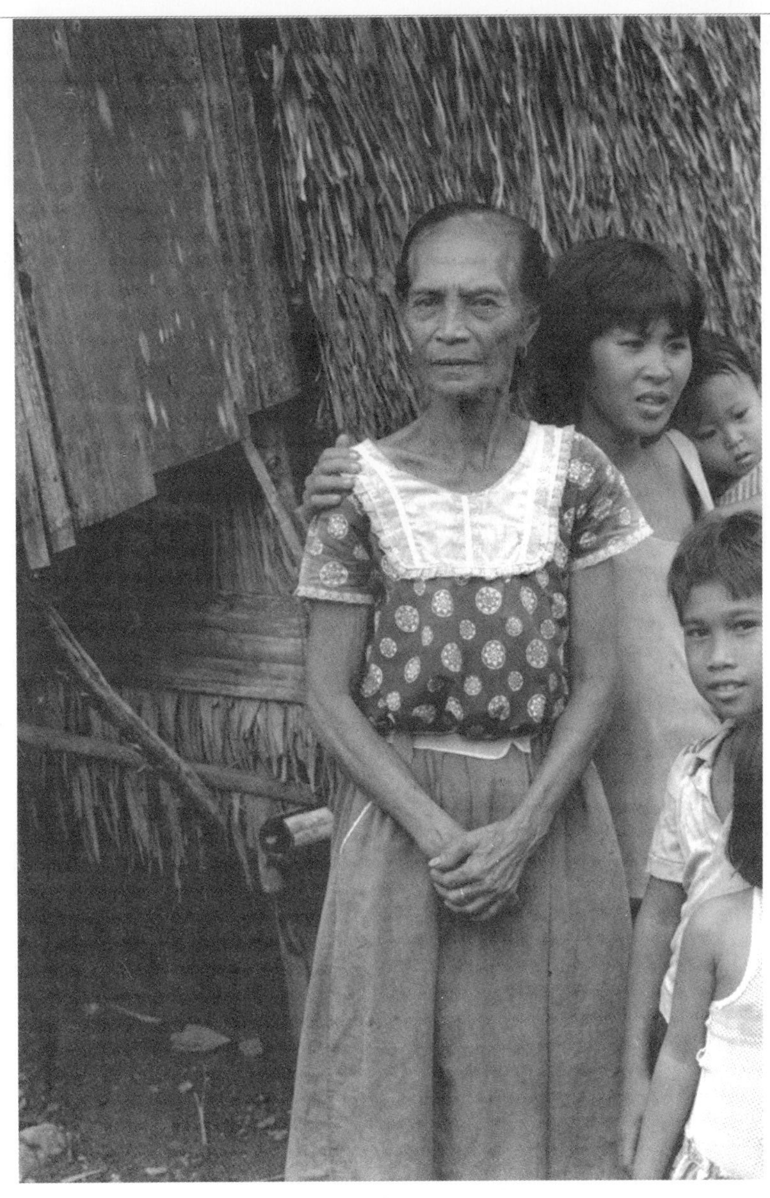

마을의 한 노파

알 수가 없더군요. 공장에라도 취직할 수 있게 좀더 배웠더라면 싶었어요. 근 한 달 동안을 앓았습니다. 때때로 먹지도 못했어요. 그러니 비쩍 말라버렸죠. 이미 다 늙어버린 것 같았어요. 벽을 잡지 않으면 일어서지도 못했죠. 죽을지도 모르겠다는 생각이 들더군요. 난 울기만 했습니다.

시어머니의 이모뻘 되는 노인에게 이야기를 했어요.

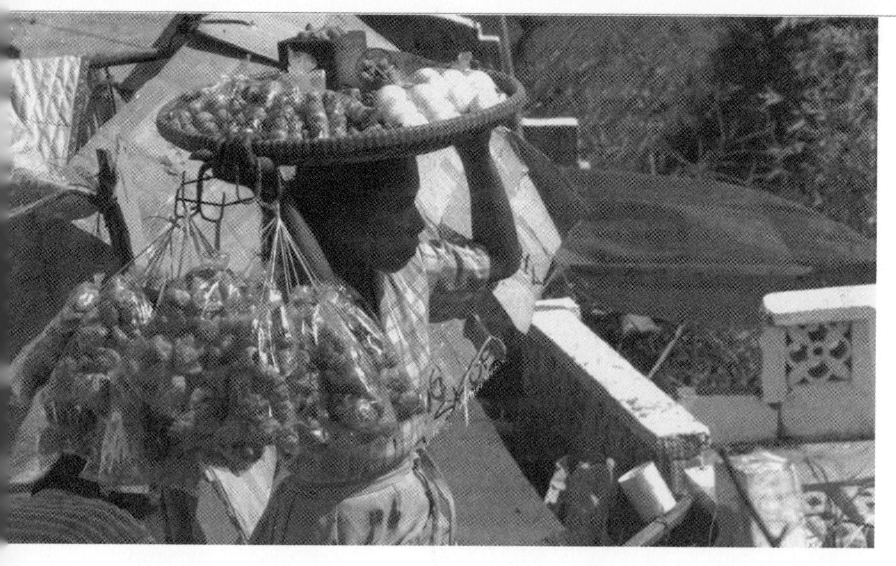

행상. 티쩨른(*Titseron*, 돼지껍질 튀김), 메추리알, 푸토(*Puto*, 떡)와 땅콩 등을 팔러 다닌다. 많은 여성이 클럽에 나가기 전이나 클럽에서 은퇴한 후 행상에 나선다. 행상은 비공식 경제의 큰 부분을 차지한다.

"죽고 싶어요. 죽고 싶다고요. 독약이라도 마실래요."

"죽고 싶다고? 애들이 불쌍하지도 않아? 그래, 죽을 수도 있을 거야. 죽으면 편안하겠지. 애들은 어떡할 거야? 아직 다 어리잖아. 넌 돈을 벌 수 있어. 넌 인생이 더 나아질 수도 있다는 걸 모르는구나. 먹는 게 문제라면 내가 쌀이라도 갖다 주마."

그 노인은 매일 쌀을 갖다 주며 그러더군요. "신랑이 없어도 혼자 먹고살 수 있다는 걸 보여줘. 자기를 잘 가꿔. 다시 결혼할 수도 있으니까." 덕분에 나는 마음을 다잡을 수 있었죠.

난 강해져야겠다고 생각했어요. 약을 사 먹고, 바나나에다 우유도 많이 마셨어요. 난 내가 부자가 되는 멋진 인생을 상상했습니다. 행복이 있는 곳으로 나아가는 걸 그려보았어요. 내 상황을 잊으려고 그런 상상을 했어요. 그러자 병이 나아지더군요. 일주일가량 지나자 아프진 않았어요. 그리고 좀더 강해졌죠.

한 달 후에는 완전히 회복이 되었어요. 이웃들이 반가워하더군요. "아, 린다, 예쁘네." 나는 웃어보였지만 진심으로 웃은 건 아니었죠. 항상 마음이 무거웠어요. 때때로 마을사람들은 내가 우는 모습을 봤을 거예요.

사탕을 파는 이웃이 하나 있었어요. 불라칸[12] 출신이었죠. 나도 사탕을 껍질에 싸서 파는 일을 시작했어요. 앤젤레스, 산페르난도 등지를 돌아다녔습니다. 올롱가포에서는 학교 앞이며, 시장에, 사리사리 가게[13]들까지 다니면서 많이 팔았어요. 저녁 7시 무렵에 일을 마치고 집으로 돌아왔죠.

그런데 그 즈음 모든 물가가 갑작스레 오르더군요. 우웃값과 교통비도 뛰었어요. 달러에 대한 페소 환율도 올랐고요. 사탕을 만드는 데 돈이 너무 많이 들었어요. 시장과 사리사리 가게의 주인들은 사탕을 이전처럼 많이 사지 않더군요. 두 개에 25센타보씩 하던 사탕이 한 개에 25센타보로 올랐거든요. 사탕을 마지막으로 이고 갔던 날, 난 그걸 다 팔지 못했습니다. 혼자 생각했어요. '이젠 뭘 해야 하지?'

이웃 여자 하나가 제안을 해왔어요.

"린다 언니, 클럽에서 웨이트리스로 일해보지 않겠어요?"

"뭐? 사람들이 날더러 호스티스라고 할 텐데."

"아뇨, 그냥 웨이트리스만 하는 거예요. 막사이사이에는 웨이트리스가 많아요. 거기엔 내 친구들도 많이 있어요."

올롱가포에서 이웃 여자의 시어머니가 집에 세를 놓고 있었어요. 그 집에 세 들어 사는 여자들 대부분이 푸시캣이라는 곳에서 일한다고 했죠.

난 망설였어요. "어려울 것 같아. 난 어떻게 하는지도 모르고."

이러더군요. "애들을 먹이고 학교도 보내야 할 것 아니에요."

그 여자는 내가 푸시캣에서 일할 수 있도록 다리를 놔주었어요. 친구에게 부탁을 하더군요. "아이다, 내 사촌이 웨이트리스로 일할 수 있도록 좀 해줘. 사촌은 남편도 나가버렸고 직업도 없어. 애들은 많은데." 그 때는 배가 들어와 있어서 손님이 많더군요. 아이다는 나를 지배인에게 데려가서 소개를 시켜줬어요. "제 사촌인데 일하고 싶대요. 남편은 도망가고 애들이 다섯이래요."

셀소(지배인 이름)가 놀라더군요. "뭐? 무슨 애들이 그렇게 많아? 당신은 이런 일이 어떤 건지 모르나 본데, 우선 살 좀 쪄야겠어. 너무 말랐어."

아이다가 이렇게 말을 받았어요.

"그러니까 일하고 싶다잖아요, 쿠야(*kuya*, 오빠). 일을 해야 돈도 벌고 돈이 있어야 잘 먹을 거 아니에요."

"좋아, 정 그렇다면 오늘부터 시작해보자고."

난 그날 바로 웨이트리스로 일하기 시작했습니다. 아이다가 가르쳐줬어요.

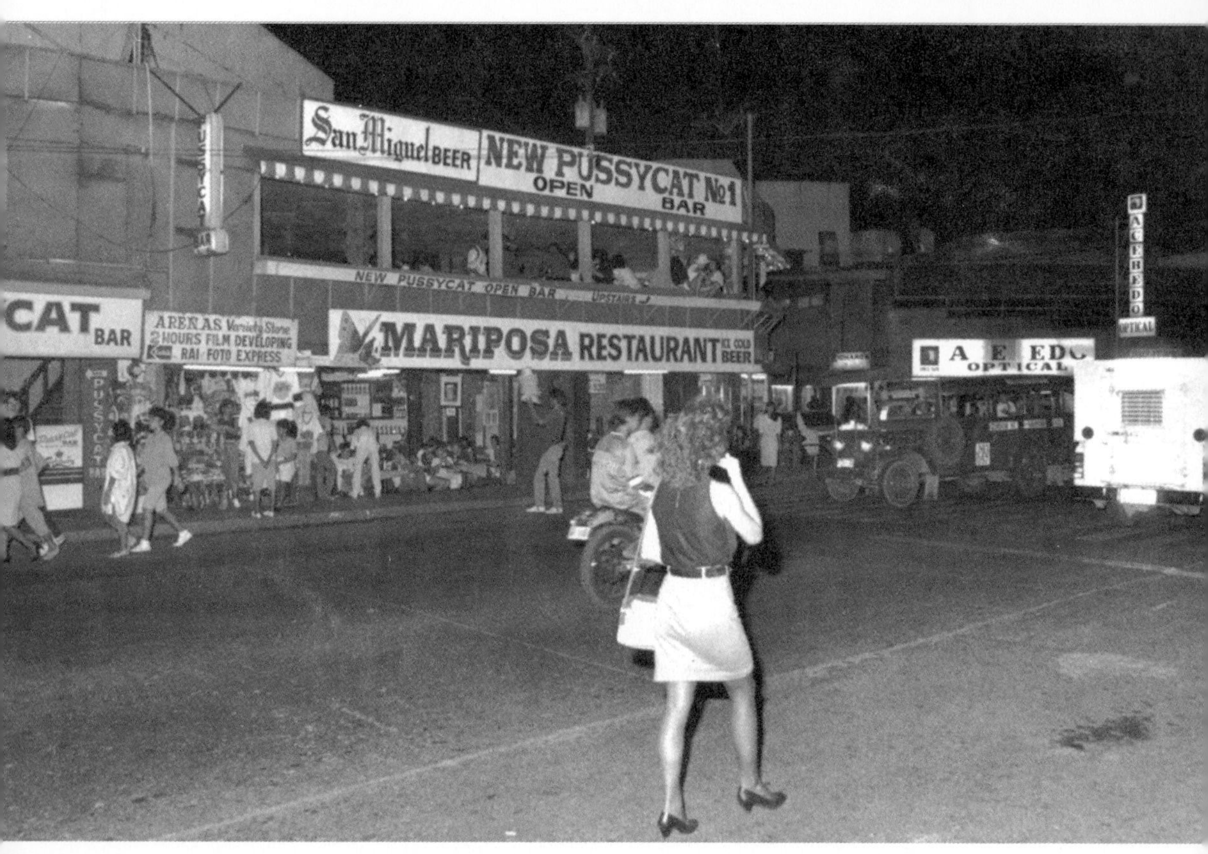

유흥가에서. 푸시캣바(Pussycat Bar)가 보인다.

"린다 언니, 음료를 나르기만 해." 아이다 역시 웨이트리스였죠. 웨이트리스가 음료를 나르고 접대도 하더군요. 아이다는 손님이 부르면 나도 데려가면서 이랬어요. "내 옆에 앉아." 그날 저녁 나는 8페소를 벌었습니다.

다음날, 난 다시 팁으로 50페소를 벌었어요. 나쁘지 않다는 생각이 들더군요. 다른 웨이트리스들은 더 많이 번다는 것도 알았어요. 배가 들어와 있을 때라서 손님이 끓었어요. 아이다가 이런 말을 하더군요. "린다 언니, 열심히만 하면 배가 있을 때는 100페소까지 벌 수 있어. 부끄럼만 타지 않는다면 말이야. 언니는 새로 온 사람이니까 다른 여자들이 따돌리고 손님을 가로챌 거야. 강해져야 해."

한 일주일이 지나자 벌이가 괜찮더군요. 1984년부터 85년 그 당시엔 미국인들에게서 받는 팁이 아주 많아 보였어요. 난 이런 생각에 빠져들었죠. '이거 괜찮은데. 열심히만 하면 돈을 많이 벌 수 있겠어.' 난 여러 경험을 하게

시골 소녀들

되었어요. 외박을 나가지는 않았지만, 아주 열심히 일했죠. 푸시캣은 하루 24시간 내내 영업을 했어요. 손님만 있으면 난 집에도 가지 않았습니다. 푸시캣에서 잤죠. 돈을 좀 만질 수 있더군요.

토요일, 일요일엔 팜팡가에 있는 집에 갔어요. 말론은 겨우 세 살이었죠. 늘 병약했지만 그 애를 돌봐줄 사람이 없었거든요. 아이에게 미안했죠. 마리안도 초등학교 4학년에 불과했고요. 그 애가 정오 무렵 집에 와서 밥을 했어요.

난 (올롱가포에) 집을 하나 빌렸어요. 같이 일하던 친구 하나가 도와주었거든요. "린다, 내가 도와줄게. 셋돈은 내가 내겠어. 300페소니까 싼 편이지. 내가 감당할 수 있어." 푸시캣에서 그 친구는 넉 달인가 다섯 달을 있었어요. 나중에 필리핀 남자친구가 생기면서 일하러 나가지 않았죠. 나만 돈을 버는 상황이니까 내가 그랬어요. "너 혼자 감당하기엔 너무 많으니까 셋돈을 나눠 내자. 나도 요즘엔 벌이가 괜찮아." 친구도 좋다고 하더군요.

그렇게 지내다 친구는 푸시캣을 그만두고 필리핀 남자를 따라갔어요. 난 혼자서 집세를 내야 했죠. 그러자 마를린이 같이 살자고 하더군요. 그녀에게는 고정된 (미국인) 남자친구가 있었어요. 그리고 같이 살겠다는 사람이 또 한 사람 더 생겨서 세 명이 한집에서 살게 되었어요.

1987년이 되자 형편이 곤란해지더군요. 팁도 줄고 배가 들어오지 않는 때도 잦았어요. 물가도 뛰었고요. 집세며 전기료는 오르는데 한 푼도 벌지 못하는 날이 자주 있었습니다.

이전에는 나를 좋아한다는 미국인이 아무리 많아도 외박을 나가진 않았어요. 두려웠기 때문이죠. 같이 일하는 여자들이 미군 중에는 변태나 성병에 걸린 사람도 있다고 했거든요. 나는 병에 걸리는 걸 원치 않았어요. 하지만 가끔 이런 생각이 들더군요. '돈은 한 푼도 없는데 애들은 내가 돌봐주지 않아서 아프다. 열이 많이 나는데도 의사를 찾아가 치료받을 돈도 없다. 식비, 학비, 점심값이 있어야 하는데. 애들 넷은 공부를 하고 있잖아.' 나는 혼란스러웠어요.

내가 팜팡가 집에 가자 마리셀이 이러더군요.

"사람들이 엄마가 호스티스래."

"뭐라고? 그렇지 않아."

"엄마, 호스티스는 되지 마."

마리안도 같은 말을 했어요. 둘 다 호스티스가 뭔지 알고 있었어요. 아주 언짢더군요. 사람들이 왜 그 따위로 말하는 거지? 이런 생각이 들었어요. '자기들이랑 무슨 상관이야. 자기들이 우릴 도와주기를 했나, 애들한테 먹을 걸 한번 주었나.'

결국 1987년 무렵부터 나는 미국 사람과 외박을 나가기 시작했습니다. 최소한 돈이 좀더 있어야겠고, 애들이 몰라야 한다는 생각 때문에 외박을 나가기까지는 마음의 준비가 필요했어요. 하지만 매도 먼저 맞는 게 낫다고 생각을 정리했습니다. 맨 처음 나갔을 땐 아무 일도 없었어요. 같이 간 사내가 술에 취했기 때문이었죠. 무섭더군요. 그 미군이 이랬어요. "왜 무서워하지? 난 당신을 다치게 할 생각이 없어." 삼륜 오토바이를 타고 그의 집까지

작은 살림공간에서 함께 사는 올롱가포의 여성들

갔었어요. 그는 올롱가포에 주둔한 미군이었죠. 외박이 뭔지는 알고 있었지만, 미국인과는 처음이었고 어찌해야 할지 모르겠더군요. 다행이라면 그가 몹시 취해있었다는 점이죠. 바로 잠만 잤으니까요. 몇 시간이 지나도록 난 잠들지 못했어요. 이렇게 생각했습니다. '술에 곯아떨어졌으니까 그냥 가도 될 거야.' 그래서 집으로 가버렸어요.

다시 외박을 나간 건 한참 뒤였어요. 내가 점점 살이 찔 때였죠. 체중이 늘어나니까 내 엉덩이가 커서 좋다는 검둥이[14)]들이 있었어요. 나 또한 그 사람들이 착해서 좋았고요. 한번은 검둥이 하나와 외박을 나갔습니다. 그 검둥이는 약간 취하긴 했지만 자기가 무얼 하는지는 알고 있는 상태였어요. 나와 같이 방을 쓰던 친구가 속삭이더군요.

"술에다 약을 타자, 린다. 아무 말 말고. 여기서 잠들어 버릴 거야. 돈도 제법 있어. 가진 돈을 슬쩍해도 되겠는 걸."

"아니, 그러지 마. 난 무서워."

"내가 처리할게."

우리는 술에다 약을 탔어요. 그는 그 술을 꽤 많이 마셨죠. 취해서 곧바로

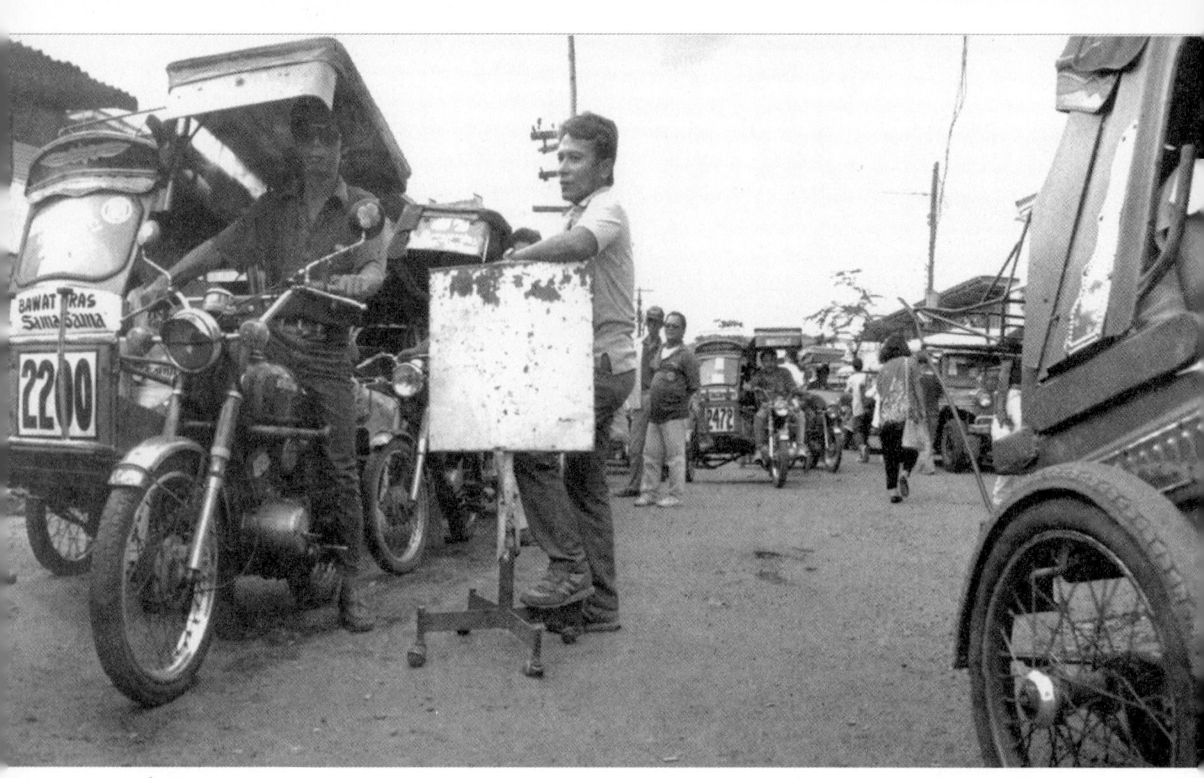

삼륜 오토바이가 손님을 기다리며 줄지어 서있다. 올롱가포의 필리핀 남성들이 원하는 직업 중 하나가 삼륜 오토바이 기사다. 모두 그렇듯이 배가 들어오면, 술집에서 여성들의 집까지 여성과 손님을 태워다주는 삼륜 오토바이 기사들도 벌이가 늘어난다.

드러눕더군요. 친구가 300페소를 꺼내 와선 내게 내밀었어요.

"린, 이건 네 거야."

"그건 내 돈이 아니야."

"걱정 마. 내일 일찍, 새벽 4시쯤 그를 깨우자."

우린 새벽 4시에 그를 깨웠어요. 친구가 이러더군요. "중요한 일이 있어서 우린 마닐라로 가야 해요."

그 사람도 일어나 나왔어요. 그 역시 일하러 가야 했으니까요. 우리가 깨워준 걸 오히려 고마워하더군요. 자기 돈 300페소가 없어진 걸 전혀 알지 못했어요. 친구가 내게 200페소를 주며 그랬어요. "편안하게 생각해. 이게 올롱가포에서 사는 방식이야. 넌 좀 배워야 돼. 그 사람들이 우리를 속일 수 있다면, 우리 역시 그들을 속일 수 있어." 난 한 수 배운 셈이었죠.

그 다음엔 정박한 미 군함에서 내려온 해병을 만났어요. 이미 그 사람 옆에 다른 여자가 앉아 있어서 나는 농담만 주고받았죠. 내가 옆에 앉은 여자에게 음료나 잘 사주라고 했어요.

바공팔렝크(*Bagong Palengke*, 새로운 시장)라 불리는 올롱가포시장. 미국 국제개발처(USAID)의 원조로 세워졌는데, 수빅 기지의 존재에 대해 긍정적인 여론을 조성하기 위한 것이었다.

그랬더니 그 해병이 이랬어요.

"너, 내가 좋아하는 타입인데."

"뭐? 됐어. 난 당신을 좋아하지 않아."

내가 다른 데 가서 앉자 내 옆으로 옮겨왔어요.

아이다가 귀띔을 하더군요. "린다 언니, 이 사람은 돈을 잘 써. 요즘은 돈 벌기도 어렵잖아. 상륙 휴가 기간도 내일이 마지막이야. 이 사람, 돈이 있을 거야."

내가 그 해병과 이야기를 나누자 셀소가 재촉을 했어요. "너한테 마실 걸 사달라고 해, 린다. 저기서 너랑 이야기하던 미국인, 아직 한 잔도 안 샀잖아."

그에게 가서 말을 했죠. "당신이 나한테 한 잔도 안 사준다고 파파상(*papasan*)이 화를 내네요."

"제기랄. 내가 왜 음료수를 사야 돼. 그 돈은 그냥 버리는 건데."

난 짜증이 나더군요. "그럼 그냥 그러고 있어."

"아냐, 아냐, 가지마."

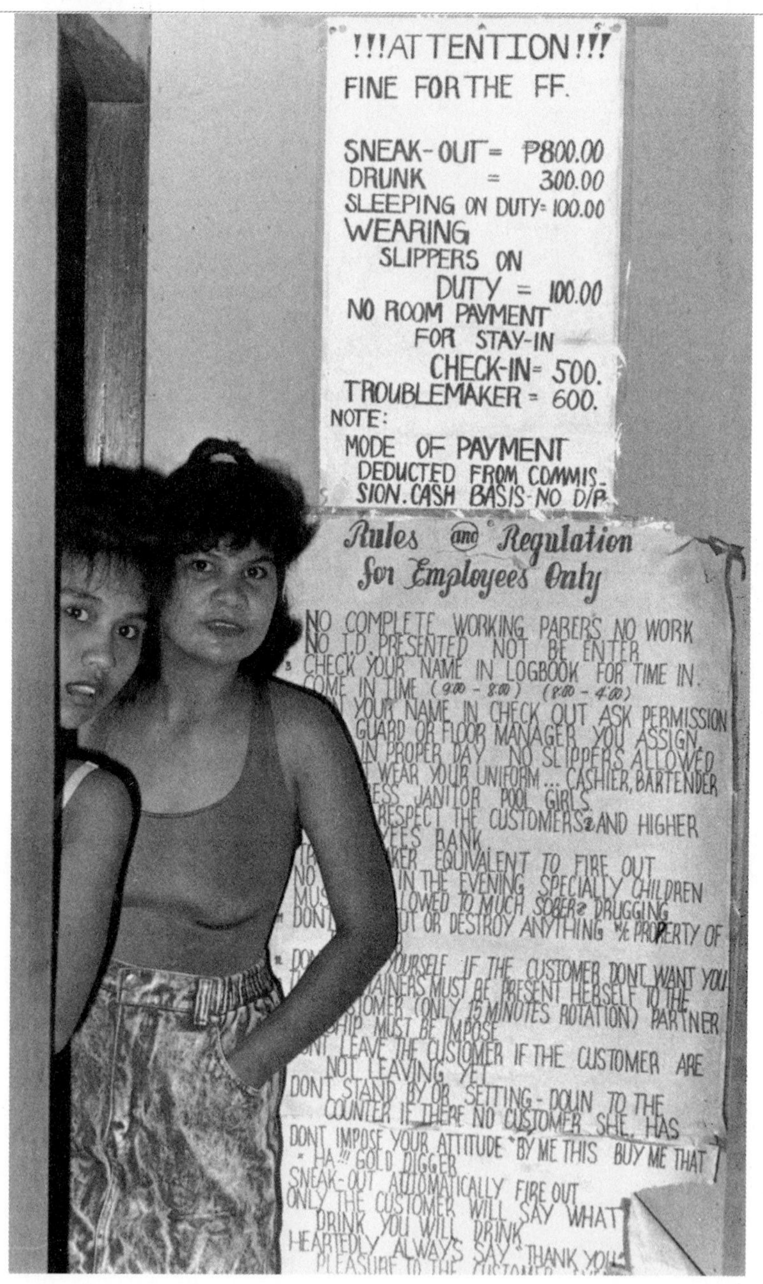

"종업원 규칙과 규정". 클럽마다 자체 규칙과 규정을 두고 있다. 술집주인들은 여성들에게 수수료를 줄 때 우선적으로 벌금부터 제한다.

그는 나가면서 내게 350페소를 주었어요. "이건 네 거야." 고맙더군요. 다음날 그가 다시 왔어요. 상륙 휴가 마지막 날이었죠. 떠나면서 불쑥 200페소를 내밀더군요. 방세라는 거예요. "다시 올 때 너랑 같이 지내기 위해서야."

외박비를 내고 여성과 함께 외박을 나가기 전, 손님들은 대개 여성들에게 "아가씨 음료"를 사주며 이야기를 나누거나 춤을 춘다. 클럽 규정상 여성과 이야기를 나누려면 꼭 "아가씨 음료"를 사야한다. 대체로 음악소리가 아주 커서 서로 귀에 대고 크게 말해야 말소리가 들린다. 큰 음악소리와 언어 차이가 대화에 어려움을 초래한다.

난 알았다고 했죠.

그가 다시 왔더군요. 그는 술집이 어떤 식으로 운영된다는 걸 알고 있었기 때문에 외박비를 내지 않았어요. 외박비는 낭비라고 하더군요. "난 네가 사는 곳으로 가겠다는 거야. 집을 하나 봐둬. 내가 집세를 낼 테니." 근처에서 250페소 하는 집을 구했죠. 방 하나와 작은 부엌이 전부였어요. 난 가진 게 아무것도 없었기 때문에 그가 세간을 장만했어요. 이렇게 묻더군요.

"집에 필요한 물건들을 사려면 얼마나 필요해?"

난 돈에 대해선 바보였어요.

"아무거나. 싼 거. 침대 하나면 돼. 난 침대가 없거든."

그가 돈을 주더군요.

"500페소를 줄 테니까, 시장에 가서 필요한 걸 사와." 그는 집세도 미리 석 달 치를 지불했어요.

난 행복했어요. 이렇게 생각했습니다. '석 달이긴 하지만 도움이 많이 될 거야. 그리고 매일 얼마씩만 준다면 더할 나위 없을 거야.' 그는 나에게 잘할 것 같았어요. 같이 살기로 했죠.

그가 말했어요. "우린 여기서 2주 정도 머물 거야."

난 이랬습니다. "일은 나가야 돼. 자리를 비우면 지배인이 화가 나서 날 해고시킬 거야. 그리고 당신은 장기외박비를 내야 돼."

"장기외박비는 지랄 같은 거야. 그게 얼마야? 1,000페소? 차라리 네가 1,000페소를 쓰는 게 어때?"

내가 동거하고 있는 줄 아무도 몰랐어요. 난 부끄러웠기 때문에 아무에게도 말하고 싶지 않았죠. 한방을 쓰던 친구에겐 이렇게 얘기했어요. "아무것도 말하지 마. 난 셀소가 알게 될까봐 무서워." 셀소가 알게 되면 해고당할 수도 있거든요. 내게 장기외박비뿐 아니라 다른 벌금을 물릴지도 모르는 판이었어요. 만약 돈을 내지 못하면 그대로 쫓겨날 수도 있고요. 그게 벌칙이죠. 그 해병은 저녁 9시부터 다음날 새벽 4시까지 일했어요. 새벽 4시면 곧장 집으로 오더군요. 오후 4시엔 그 사람과 함께 내 일터로 향했어요. 다른 사람들이 눈치 채지 못하게 술집 근처 모퉁이에서 헤어졌고요.

그가 함께 머문 건 2주 동안이었습니다. 매일 150에서 200페소를 주더군요. 간혹 달러도 받았어요. 난 부자가 되고픈 욕심은 없었어요. 단지 아이들에게 필요한 돈을 벌고 싶을 뿐이었죠. 내게 아이가 있다는 걸 말하지 않았던 건 내 실수였어요. 여자들이 내게 훈계를 했기 때문이었죠. "손님이 생기면 애가 있다는 걸 말하지 마. 그걸 알게 되면 실망해서 돈을 주지 않으려 할 거야."

그가 온 지 사흘째 되던 날 난 집에 다녀오겠다고 했었어요.

"스탠리, 엄마를 만나러 팜팡가 집에 다녀올게. 한 45분이면 갈 수 있어."

"그래, 하지만 곧장 돌아와. 정오까지는 와야 해."

그날은 그가 새벽 2시쯤 집에 왔어요. 지친 모습으로 바로 잠들더군요. 난 새벽 5시쯤 집을 나섰죠. 여동생에게 음식과 쌀 살 돈을 주고 왔어요. 다시 집으로 돌아오니 오전 10시였죠. 난 수면이 부족하다거나 피로를 느끼지도 않았어요. 단지 아이들 생각과 미안한 마음만 가득했죠. 이렇게 생각했어요. '돈벌 수 있는 기회인지도 몰라. 200페소면 괜찮잖아. 난 하룻밤에 200페소를 못 벌어.' 내가 돌아왔을 때 그는 여전히 자고 있었어요. 식사준비를 하고 그를 깨워서 먹였어요. 그런 다음 오후 4시에 일하러 나갔죠.

그는 아주 자상했어요. 이런 말을 하곤 했죠. "괜찮아. 지금 자. 방해하지

가려진 여성

않을게." 이것저것 묻기도 했어요. "일은 어때? 기분은 어떻고?" 나를 걱정해 주는 것 같았어요. 난 그가 좋았어요. 돈도 어느 정도 모을 수 있었죠. 아이들에게 옷을 사줄 수도 있었고요.

상륙 기간이 끝나고 그가 떠날 때, 난 울었어요. 슬프더군요. 나한테는 그가 남편 같았거든요. 그가 작별의 인사를 했어요. "린다, 아프지 않게 잘 먹어. 몸 관리 잘하고. 너무 잠도 안 자고 그러지 마." 문득 이런 생각이 들었어요. '왜 이렇게 말하는 거지? 이 사람은 내 남편이 아니잖아.'

"편지에 답장을 않더라도 염려 마. 훈련 때문에 편지 쓸 시간이 없을 거야."

그는 승진을 해서 다섯 달가량 훈련을 받아야 했어요. 그가 떠난 후 편지를 썼어요. 아무런 답장이 없었습니다. 그래서 나도 더는 편지를 쓰지 않았어요. 이후로 난 편지란 걸 쓴 적이 없어요.

해군을 한 명 만난 일도 있습니다. 그가 타고 온 배는 항공모함 엔터프라이즈의 호위함이었어요. 처음 만날 때부터 그 사람은 나를 떠나려 하지 않더군요. 그는 이른 시간에 친구들과 함께 클럽에 왔어요. 그가 내게 묻더군요.

"남자친구 있어요?"

"아뇨, 없어요."

"내가 남자친구가 되는 건 어때요?"

"거 좋네요."

"내가 좋아?"

"당연히 좋아하지."

난 그저 농담이었죠. 다른 사람들이 거들더군요.

"린, 그에게 음료 한 잔 사달라고 해."

"아냐, 그냥 시시덕거리는 것뿐인데 뭘."

그러고 나서 내가 슬쩍 청하자 음료를 사주더군요. 내게 음료수를 사주게 되어 좋다고까지 했어요. 친구가 이렇게 속살거렸어요. "돈을 더 벌려면 빨리 마셔." 나는 마시고 또 마셨어요. 아무 말도 하지 않고 마시기만 했죠. 그는 내가 잔을 내려놓기 무섭게 한 잔씩 또 시켜주었어요. 한 스무 잔쯤 얻어 마신 것 같아요. 속으로 '나쁘지 않군' 하고 생각을 했죠. 난 그가 돈을 잘 쓸 것 같다는 생각이 들더군요. 우리 둘은 각자의 생활에 대해 이야기를 나누었어요. 그가 꽃을 사주더군요. 함께 사진까지 찍었고요. 그 사진을 내게 기념으로 주더군요. 난 지금도 그 사진을 가지고 있어요. 뒷면에는 헌사까지 적혀 있어요. 나는 '착한 사람이야'라고 생각했어요.

내가 물어보았어요. "사랑해본 적 있어?"

반문하더군요. "물론이지. 왜? 그게 나빠? 그녀는 여자고 나는 남자라고. 하지만 두 여동생과 어머니를 사랑하기 때문에 그런 일을 좋아하진 않아." 그는 자신이 만약 여기 여자들을 억압한다면, 그건 자기 어머니를 억압하는 거라고 했어요. 이런 생각이 들더군요. '이 남자, 언젠가 목사가 되겠군.'

나는 말했죠. "손님들, 미국인들은 여자한테 잘하지 않아. 미국인들은 개야. 간혹 여자를 때린다고."

그가 이러더군요. "손님들이 취해 있을 때는 그런 말을 하지 마."

유흥가에서. 요금을 계산하고 있다.

"넌, 넌 취하지 않아?"

"아니, 난 취하지 않아."

가게 문 닫을 시간이 되도록 그는 떠나지 않았어요. 이란 말까지 하더군요.

"알겠지만, 난 네가 정말 좋아. 오늘 처음 만났지만 네가 정말 좋아. 너랑 같이 있고 싶어."

"당신 배는 이미 여기에 일주일 동안 있었어. 당신은 더 머물지 않을 거잖아."

"아냐, 당신만 좋다면 배가 여기에 있는 동안 당신과 지내고 싶어. 걱정하지 마. 난 착한 편이야. 돈도 줄게."

보다 못한 셀소가 그러더군요. "린다, 저 친구를 집으로 데려가야 끝날 것 같다. 네 외박비나 내라고 해."

그에게 이 말을 전했어요.

"문 닫을 시간인데, 당신이 아직 내 외박비를 내지 않았대."

"제기랄. 난 외박비를 내지 않을 거야. 당신한테만 돈을 줄 거라고. 얼마나 원해?”

당시 외박비는 400페소였어요. 그가 내게 500페소를 주더군요. 아마 월급날이었던 모양이에요. 돈을 많이 가지고 있었거든요. 그러더니 이랬어요. “돈을 내든 안 내든 당신이 알아서 해.”

나도 생각을 해봤어요. ‘이미 문 닫을 시간인데, 내가 왜 돈을 내야 하지?’ 한방 쓰는 친구에게도 물어보았죠.

“마를린, 그 사람이 내게 500페소를 주면서 외박비를 내든지 말든지 알아서 하래. 어쩌면 좋지?”

“간단해. 내가 받았으면 내가 데리고 가는 거야.” 마를린은 어떻게 해야 하는지 알고 있었어요. 현명했던 거죠.

마를린이 그에게 말했어요. “셀소한테 들키지 않도록 15분만 기다려요. 15분 후에 계단을 내려가서 밖으로 나가요. 그러면 내가 모퉁이에 있을 거예요. 당신이 보이면 내가 삼륜 오토바이에 올라탈게요. 그 삼륜 오토바이에 당신도 같이 타세요.”

나는 자리에서 일어났어요. 이리저리 돌아다니며 셀소가 눈치 채지 못하도록 했어요. 마를린이 그를 집에 데려갔죠. 클럽여자들이 말했어요. “셀소, 집에 갈 시간이야. 손님도 몇 명 없잖아.”

셀소가 “가고 싶은 사람은 가”라고 했어요. 난 클럽을 나왔습니다.

집에 가보니 그가 와 있었어요. 우린 얘기를 나누었죠. 그는 내가 사는 집에 있고 싶다고 하더군요. 내가 그랬어요. “여기서 살려면 당신이 집세를 내야 해. 사실 난 미국 사람과 사귀지도 않고 외박을 나가지도 않으니까.”

그는 돈을 잘 썼어요. 아예 내게 자기 지갑을 맡겨버리더군요. 아침에 우리 집으로 와서 잠을 잤고요. 집에 있을 때는 내 동료들과 어울려 이야기도 나누고 행복하게 지냈어요.

마를린이 그에게 물었죠.

“린다랑 결혼하는 게 어때요? 린다는 착해요. 당신도 린다가 잘해준다는 걸 알잖아요.”

“물론, 린다는 아주 착해. 난 그녀를 사랑해.”

하지만 그는 결혼하기 전에 진급해서 돈을 더 많이 벌고 싶어 했어요.

일부 클럽에서는 배가 항구에 들어와 있건 없건 여성들이 나와서 일할 것을 요구한다. 큰 배들은 한 달에 한번 혹은 두세 달에 한번씩 들어온다. 결국 배가 들어오지 않는 날들이 많기 때문에 여성들은 손님이 없어 돈도 못 벌고, 이런 가운데 생필품이라도 사려면 빚을 지게 된다. 배가 들어와서 번 돈은 거의 빚 갚는 데 나가버린다. 남는 돈이 있으면 고향집으로 부친다. 배가 떠나버리면 같은 생활이 반복된다. 만약 임신이라도 하게 되면 낙태를 해야 하므로 더 많은 빚을 질 수밖에 없다.

나도 좋다고 했죠.

그는 일주일 뒤 떠났어요. 내게 100달러를 주더군요. 난 몇 벌의 옷을 사기도 했죠. 이후에도 그가 다시 돌아와 함께 머물기도 했고요. 하지만 다시 떠난 후엔 영영 돌아오지 않았습니다. 예전에 그가 탔던 배가 다시 들어오기까지는 꽤 시간이 걸렸어요. 아마 일 년은 걸린 것 같아요. 그런데 그 배에 그는 없었습니다. 난 그의 친구들에게 물어보았어요. "스탠리는 어떻게 됐어요? 편지를 써도 답장이 없던데." 그 이전에는 내게 편지를 보내왔거든요.

친구들이 이러더군요. "스탠리는 사고를 당했어요. 사고가 심각해서 수술을 받아야 했죠. 그가 당신에게 전하라면서 남자친구가 있으면 좋겠다고, 곧 결혼하라고 했어요. 그가 해군으로 계속 근무할는지는 모르겠네요."

한번은 길에서 만난 미국인도 있었어요. 난 그냥 같은 지프니를 탔거니 생각했죠. 밤마다 내가 집으로 돌아갈 때면 지프니에 탄 검둥이들이 많았거든요. 그들은 자기 여자친구 집을 찾아가는 미군들이었죠. 지프니에서 내린 난 매우 빠르게 걷고 있었어요. 혼자였고요. 그 사람이 따라왔어요. 내 뒤에

바짝 붙어서 말이죠. 난 쳐다보지도 않았어요. 걸음만 더 빨리 옮겼죠. 그러자 그도 더 빠르게 걷더니 날 부르더군요. "이봐, 잠깐만." 난 멈춰 섰어요. 검둥이들에게 친숙해진 편이라 두렵지는 않았어요. 다짜고짜 이러더군요.

"당신 집에서 자고 싶어."

그래서 내가 이랬죠.

"뭐라고? 당신은 내 남자친구도 아니잖아."

"나도 몰라. 당신이 좋아. 난 여자친구가 없어."

"난 선풍기도 없고 침대도 없어. 바닥에서 자야 돼." 사실 난 선풍기도 있고 침대도 있었죠.

"그것도 괜찮네, 바닥이라도 좋아."

그는 해병이었어요.

"난 당신을 몰라. 내 집에서 자고 싶다면 돈을 내."

"얼마야?"

"얼마나 가지고 있어?"

"100페소."

"100페소라, 그건 어려운데."

"난 정말 당신이 맘에 들어."

그는 나와 사랑을 나누고 싶다고 했어요. 내가 그랬죠.

"그러면, 500페소는 내야 돼."

"선풍기도 침대도 없으면서 500페소를 내라니. 제 정신이 아니구먼."

이런 생각이 들었죠. '참 말 많은 놈이네.'

내가 이랬어요. "싫으면 꺼져."

그런데 문 앞까지 따라오더군요. "좋아, 좋아, 알았어. 300페소. 더 이상은 없어. 침대가 없어도 괜찮아. 얘기나 나누자고."

내게 300페소를 디밀더군요. 집에는 마를린이 있었죠. 외박비를 낸 남자친구도 있더군요. 내가 안으로 들어가자 마를린이 물었어요.

"누구야, 린? 외박비는 받은 거야?"

"아냐. 내가 데려왔어. 하지만 내가 찍은 게 아니라 그가 날 찍었어. 난 사랑을 나누고 싶으면 500페소를 내라고 했어."

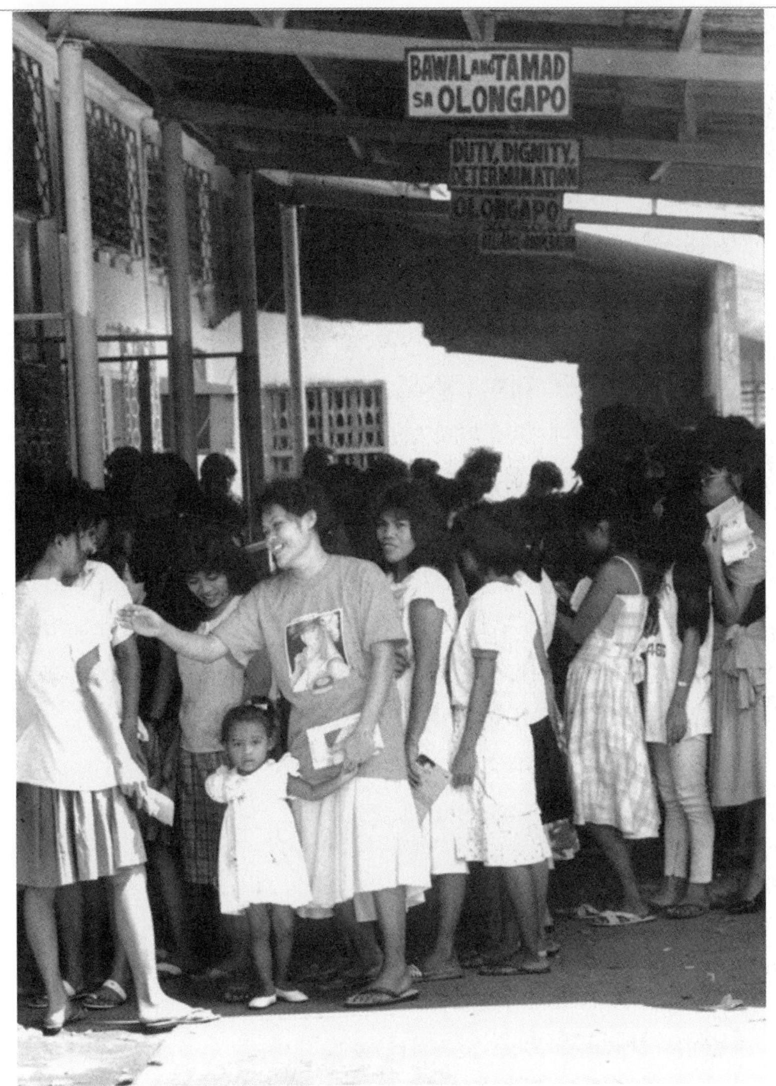

보건증을 지참한 여성들이 올롱가포 성병 진료소에서 성병검사를 기다리고 있다. 성노동을 파는 여성들은 2주에 한번씩 검진을 받아야 하는데 검사비용은 본인부담이다. 팻말에 적힌 "*Bawal ang Tamad sa Olongapo*"는 "올롱가포에서는 게으름이 용납되지 않는다"는 뜻이다.

돈이 없으면 인생이 이렇게 되는구나 하고 깨달은 건 그때였어요. 무엇이든 받아들이게 되는구나. 결국 나는 그러라고 한 꼴이었습니다.

5월엔 방학을 맞아 아이들 모두 여기에 와 있었어요. 우기인데다 배도 없어서 내겐 돈 한 푼 없었죠. 바로 학교등록을 해야 하는 6월이 그 다음주로 다가온 때였어요.

때마침 공군이 들어왔어요. 우리 집에서 자겠다는 사람이 있었습니다. 그 사람은 200페소와 택시비로 남겨둔 1달러가 전부더군요. "당신 집에서 재워주면 200페소를 줄게. 걱정 마. 우리 사이엔 아무 일도 없을 테니까. 당신이랑 사랑을 나누는 건 생각도 않을 거야. 당신을 좋아하지만, 당신이 미국 사람을 따라가는 걸 본 적이 없으니까 당신을 존중해줄게." 그가 나를 알게 된 이후, 그는 내가 남자친구와 있거나 외박을 나가는 걸 보진 못했어요. 그게 나를 좋아하는 이유였고요. 그는 헤프지 않은 여자를 좋아했죠.

미국인과 나 사이에서 생긴 문제를 난 항상 마를린과 상의했어요.

"어떡하지? 애들이 집에 있잖아."

"괜찮아. 이렇게 해. 집에 가서 애들에게 누가 자러 오니까, 오펠리아의 방에서 자야 한다고 말하는 거야."

우린 각자 따로 방이 있긴 했지만, 어차피 한집에서 살고 있었죠.

"그 미국인에게는 문 닫는 시간에, 그러니까 12시쯤 오라고 해. 그러면 내가 데리고 집에 가 있을게. 내일은 내가 당번[15]이니까 좀 일찍 들어갈 수 있을 거야."

9시쯤 집에 가자 마리셀이 이렇게 물었어요.

"왜 이리 일찍 왔어?"

"누가 여기에 잠자러 올 거야."

"미국 사람?"

"응, 검둥이."

마리셀이 소리를 지르더군요.

"난 싫어."

"조용히 못하겠어. 너희들은 방해되지 않게 펠리 언니한테 가서 자."

마리안은 생각에 잠기는 듯하더니 아무 말도 하지 않더군요. 마리셀은 울고 "난 너희들이 우는 거 싫어. 누구든 울면 매 맞는다. 그 사람은 여기서 잠만 잘 거라고. 그리고 우리한테 돈을 줄 거야. 내가 다시 올 때는 모두 자고 있어야 해." 나는 집을 나와 푸시캣으로 갔습니다.

새벽 1시쯤 난 그 미국인을 데리고 집으로 왔어요. 마리셀은 여전히 깨어 있더군요. 나머지 애들은 잠든 상태였고요. 내가 문을 열자 개가 짖는 바람에 마리셀이 내가 왔다는 걸 알아챘죠. 그 애는 커튼 사이로 쳐다보고 있었습니다. "저리로 가요." 난 조용히 말했어요. 그 검둥이는 내겐 아이도 없고 그 방은 나 혼자만 자는 방으로 여겼어요.

그가 이러더군요.

"누워. 걱정 말고. 당신과 관계하지 않겠어. 둘 다 잠이나 잡시다."

"괜찮아요. 난 바닥에서 잘게."

"아니. 이건 당신 침대잖아. 내가 바닥에서 잘 테니, 당신은 여기서 자."

"아니, 아니에요. 아, 이러면 되겠네. 내가 나중에 누울게. 자리를 바꾸면 되잖아. 당신이 누워요."

그가 옷을 벗고 팬티만 한 장 걸친 채 누웠어요. 난 애들이 볼까봐 불을 껐죠. 마리셀이 우는 소리에 마리안도 깬 기척이더군요.

미국인이 이렇게 물었어요.

"누가 울지?"

"이웃집 애들인가 봐."

"왜 애들이 여기에 있어?"

난 이렇게 둘러댔어요.

"집에 물이 샌대요. 그래서 여기서 자고 있어요."

"아, 그런데 왜 우는 거야?"

"무시해요. 잠이나 자요."

난 속으로 마리셀에게 말했어요. '울지 마라.' 하지만 단호하게 말할 수 없었어요. 그 애들은 분명 내 아이들이잖아요.

그 미국인은 잠으로 빠지더군요. 코고는 소리로 잠이 든 걸 확인하고 난 일어났어요. 마리셀에게 가서 물었어요.

"왜 우니?"

"그 사람이 여기서 자니까. 여긴 그 사람 집이 아니잖아…… 우리 집이잖아. 그 사람을 내 보내. 우리 침대에 다른 사람을 재우기 싫어."

"바보 같은 소리 마. 그 사람이 내일이면 우리에게 돈을 줄 거라는 걸 알아야지. 돈이 있어야 팜팡가 집에도 가고 학교도 갈 거 아냐. 그리고 먹을 것도 사야 하잖아."

딸애는 대답이 없었습니다.

"그만 그치고 자."

이웃 아이들과 여성들

나는 잠을 이룰 수가 없었어요. 혼자 계속 뒤척였습니다. '이건 나쁜 짓이야. 단돈 200페소 때문에 거짓말을 꾸미고 애들도 내 아이들이 아니라고 하다니.' 괴로웠어요. 눈물이 흐르더군요. 그렇지만 소리내 울 수도 없었습니다. 눈물만 조용히 떨어뜨렸지요. '이건 아냐. 이렇게 사는 건 지옥이야. 화가 나. 이런 생활은 지옥이라고. 괜찮은 일자리가 있어야 하는데. 항상 그래. 도대체 뭘 해서 돈을 벌지?'

새벽 5시쯤 그를 깨웠습니다. "지금 돌아가야 해요. 5시야." 그는 내 얼굴을 붙잡고 뺨에 키스를 했어요. 나는 애들이 보지 못하도록 베개로 얼굴을 가렸지만 마리셀이 보고 말았어요. 몹시 언짢더군요. 당연히 딸애는 내가 여기서 미국인과 자고 키스했을 거라고 생각했겠죠.

그 미국인은 내게 200페소를 주면서 이러더군요. "다음 월급날에도 아마 여기서 잘 테니까 당신에게 돈을 주겠어." 나는 그러라고 했고 그는 떠났어요. 난 돈이 없으니까 이런 거라고 생각했어요. 다음 월급날 그는 내게 300페소를 주더군요. 난 다시 돈을 받았고요.

한 3개월 후, 우리 집에 세 명의 미국인이 온 일이 있었어요. 그들은 기분이 고조돼 있더군요. 술에다가 마리화나까지 피운 상태였어요. 마를린이 귀띔을 해줬어요.

"린, 이 사람들 여자가 필요하대. 언니는 돈도 부족하고, 애들도 내일 집에 가잖아."

"바보야, 애들은 계속 여기 있을 거야."

다시 방학에 접어든 때였거든요.

마를린이 이랬어요. "내가 애들을 봐줄게. 걱정 마…… 나한테 맡겨. 먹을 것도 많이 있어." 마를린의 남자친구는 내게 아이가 있다는 걸 알고 있었지만, 다른 두 사람은 모르고 있었어요.

마를린이 내 방으로 가서 애들을 깨웠어요. "마리안, 동생들과 베개, 담요를 챙겨서 나오렴." 마를린은 애들을 밖으로 데리고 나갔어요. 미국인들이 애들을 볼 수 없도록 하기 위해서였죠. 그 미국인들은 이미 엉망으로 취해 있는데. 난 혼란스럽기만 했어요. 마리셀이 울음을 터뜨리더군요. 마를린이 달랬어요. "너, 계속 우는구나. 엄마한테 손님이 온 건데 울기만 할 거야? 엄마는 돈을 버는데, 계속 우네. 다시는 돈을 받고 싶지 않아? 그 아저씬 돈이 많아. 엄마는 너희들 옷이랑 먹을 걸 사주실 수 있을 거야."

그 모습이 싫더군요. 말론을 업고 있는 마리안에게 미안하기만 했습니다. 마이클도 깼어요. 애들은 미국인들 눈에 띄지 않게 집 뒤쪽으로 갔어요. 마리셀이 우는 소리가 들렸어요. 정말 나가고 싶지 않았는지 다리를 질질 끌더군요. 난 울지 않으려고 입술을 깨물었습니다. 집주인이 깨어나 창문을 열고 물었어요. "마리셀이 왜 울지?"

마를린이 대답하더군요. "저희 엄마한테 손님이 왔다고 그래요." 내 귀에까지 또렷이 들렸어요.

마를린이 들어와선 다 됐다고 했어요.

"됐어. 애들은 나갔어. 저 사람 데리고 방으로 가."

"애들도 있는데, 이러고 싶지 않아."

"왜 그래? 그 사람은 돈이 많아. 내가 방에 데려다 줄게."

마를린이 그 미국인을 내 방으로 데려갔죠.

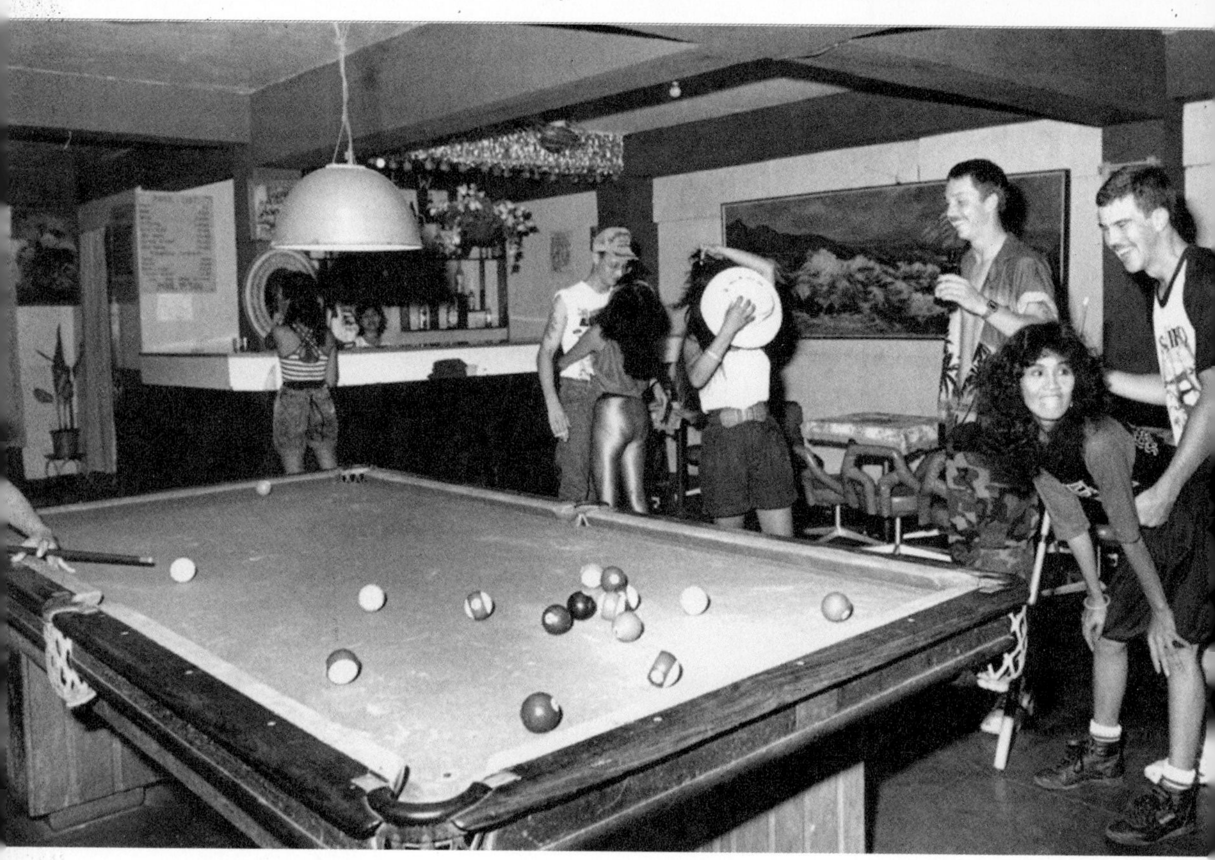

즐거운 한때. 일하는 여자, 노는 남자

그 미국인은 뭐라고 웅얼거리기만 했어요. 그러다 나와 사랑을 나누고 싶다고 하더군요. 내 옷을 벗기고는 자기 옷은 벗지 않았어요. 그러곤 나를 껴안더군요. 술 냄새가 지독했어요. 입에서는 담배 냄새랑 섞여서 지독한 악취까지 났고요. 나는 잠시 멈추자고 했어요.

"잠깐만. 할 게 좀 있어."

"빨리 해."

"알았어."

하지만 난 애들 생각뿐이었어요. 마를린이 말하는 소리가 들려오더군요. "들어가자." 애들을 데리고 자기 방으로 들어갔지요. "먹을 게 많아. 이거 먹어." 애들의 먹는 소리가 들렸어요. 방이라고 해봐야 커튼으로 벽을 삼았거든요. 마리셀 혼자만 먹지 않더군요. 이런 생각을 했습니다. '애들을 위한 게 아니라면, 나도 이러지 않아. 미국인과 함께 있진 않아. 하지만 애들은

이해하지 못할 거야, 이게 다 내가 아니라 자기들을 위해서란 걸.'

미국인이 독촉했어요.

"이리 와, 린다. 이리."

"기다려. 잠깐만."

곧 그는 곯아떨어졌어요. 술과 마약으로 굉장히 취한 상태였으니까요. 숨소리를 들어보니 깊이 잠들어 있었어요. 마를린의 남자친구 역시 취한 상태로 자고 있었고요.

"마를린, 이리와. 이 사람, 잠들었어."

"응. 곯아떨어졌네."

마를린은 웃더군요.

"돈은 좀 받았어?"

"아니, 달라고 안 했어."

"이 사람 돈을 꺼내자."

"무서워."

"내가 할게."

마를린이 호주머니를 뒤졌어요. 25페소가 나오더군요. "이게 전부네. 더 있는 것 같지 않아." 지갑에는 5달러가 있었어요. "칫, 린다. 섹스하지 않은 게 다행이야…… 이 인간 돈도 없어." 그녀가 호주머니를 모조리 뒤져보더군요. 호주머니 한 곳에 30달러가 있었어요. "이거 다 가지면 되겠네."

내가 그랬어요.

"너무 많아. 불쌍해. 섹스도 안했어."

"왜? 섹스를 해야만 돈을 받아? 안해도 돈은 줘야지. 취해 있으니까 돈을 가져도 모를 거야. 배가 떠날 테니까 우리가 5시쯤 깨워주면 될 거고."

"25달러만 가지자. 10달러는 남겨두고."

"멍청하긴. 이 사람들 배는 떠난다고, 언니가 돈을 가져간 걸 알아채더라도 벌써 떠난 후야."

"너나 가져. 난 싫어."

마를린이 25달러를 챙겼죠.

"차비로 10달러는 남겨두지 뭐. 이 돈은 내일 줄게. 이 자가 돈을 찾더라도 언니한테는 없어야 하니까."

"그래."

마리셀이 울기에 물어봤어요.

"넌 왜 자꾸 우니?"

"그러니까, 엄마, 엄마는 호스티스가 아니라고 했잖아. 왜 미국 사람을 여기에 데려왔어? 엄마는 그 사람을 우리 침대에다 재웠잖아. 난 엄마가 그 사람을 데려오지 않길 바랐어."

"그 사람이 우리한테 돈을 주잖니."

"주는 게 뭐야. 엄마는 훔쳤잖아."

"내가 아냐. 마를린이 그랬어."

"그래도, 그건 나빠. 호스티스 하지 마. 마를린 언니처럼 하지 말라고."

"그만 가서 자. 내일 이야기하자."

딸애는 자지 않더군요.

펠리가 시간을 알려주었어요. "4시야. 이 사람들을 돌려보내자."

우리는 미국 사람들을 깨웠어요. 그 사람들이 서두르도록 5시라고 말했죠. 마를린이 그러더군요. "삼륜 오토바이나 태워서 보내지 뭐." 우리 세 명 모두 미국인들과 같이 나갔어요. 밖으로 나오자, 미국인이 내 입술에 키스를 했어요. 애들이 그걸 봤죠. 난 애들을 외면했지만 부끄러웠어요. 애들이 내가 그러는 걸 똑똑히 보고 말았기 때문이었습니다.

처음 술집에서 일할 때만 해도 여자들이 미국 사람들과 연애질을 하는 걸 보고는 참을 수가 없었어요. 혼자 이렇게 생각했죠. '왜 저러지? 여자들이 연애질이라니.' 난 그걸 돈을 쉽게 버는 거라고만 여겼어요. '저러지 말아야지.' 서로 키스하는 걸 보면 내 자신이 창피스러웠죠. '자기들 집에서나 저러지.'

그러면서 여기서 오래 지내다 보니, 난 내가 그 여자들을 비난할 수 없다는 걸 깨달았습니다. 그 여자들과 이야기하다 보면 그들이 겪은 일들, 남편과 헤어지고 아무도 자신을 돌봐줄 수 없었던 상황, 그런 일들을 듣게 돼요. 그게 그 여자들이 윤락녀가 된 이유예요. 이런 생각을 굳히게 됩니다. '결국 나쁜 건 아냐.'

나는 시어머니에게 내가 올롱가포에서 호스티스로 일한다고 말했어요.

해변에서. 한 술집여성의 아이와 함께 한 마이클과 린다

시댁식구들은 그런 삶을 이해하지 못하죠. 시골에 살면서 매일 잘 먹으니까. 다른 사람들이 가난하다는 걸 몰라요. 팜팡가에는 쌀이 많아요. 하지만 다른 지방에는 먹고살 길이 없죠. 나는 그런 일을 하는 사람들을 나무라지 말라고 했습니다. 팜팡가에서 헐뜯는 것처럼, 그렇지는 않다고 했어요. 호스티스가 모두 그렇게 나쁜 건 아니라고 설명했어요. 그래도 시어머니와 시누이에게, 내가 미국 사람과 같이 외박을 나간다는 말은 차마 할 수가 없더군요. 알게 되는 걸 원치 않았죠. 부끄럽기는 해요. 특히 애들 앞에서는.

시어머니는 내가 올롱가포에서 무슨 일을 하건, 그건 네 몸이고 네가 결정하기 나름이라고 했죠. 시누이는 내가 올롱가포에서 호스티스가 된 이상, 나를 도와주지 않겠다고 했어요. 시누이는 신앙심이 깊은 사람이어서 그건 하느님 앞에 죄를 짓는 거라고 했죠. 당신은 깨끗하겠지. 오직 혼자라면 괜찮겠지만, 자신이 애들을 먹여야 하고 학교를 보내야만 하는 사람들은 어떻게 할까? 애들이 공부만 할 수 있다면 이런 내 모습도 상관없습니다. 적어도 내가 호스티스로 일하는 건, 애들을 위해서죠.

최근에 마리안이 내게 이런 말을 했어요. 자기 엄마를 부끄러워하는 친구가 하나 있다면서 이러더군요.

"알죠, 엄마, 어떤 사람들이 엄마가 호스티스래요. 엄마가 호스티스라도, 클럽에서 일해도, 난 엄마를 사랑해요."

난 울었습니다.

"엄마를 사랑해요. 우리 모두 엄마를 사랑해요."

그리고 마리안은 이렇게 덧붙였어요.

"어찌됐건, 엄마, 난 엄마를 부끄러워하지 않아요."

---

1) 린다는 여기서 "witch doctor"라는 영어를 사용했다. 그러나 영어에서처럼 경시하는 뜻으로 사용한 것은 아니다. 이것은 영어에 담긴 부정적 의미가 빠진 채 영어가 티갈로그어에 융합된 예다. 같은 문단에서 사용된 "주술(witchcraft)" 역시 마찬가지다. 필리핀 사람들은 초자연적 믿음이나 전통적 치료사들에 대해 상당히 이중적인 태도를 보이는 것 같다. "샤먼(shaman)"이 보다 적절한 용어인 듯 하나, 필리핀에서는 널리 사용되지 않는 말이다.

2) "땅의 사람들"이란 작은 언덕이나 개미총에서 살고 있다고 많은 필리핀 사람이 믿고 있는 난쟁이들이다. 필리핀 사람들은 이들이 사악하고 해를 끼치기도 하지만 때로는 선하고 도움을 주는 것으로 믿고 있다.

3) 산골(*sangol*)은 중남미 토인들이 벌채에 사용하던 메체티(machete)와 비슷하게 생긴 큰 칼이다.

4) 여기서 실제 사용된 말은 '달라가(*dalaga*)'(용어 해설 참고)라는 타갈로그어다. 의미상 '늙은 미혼녀'가 보다 적합한 번역일 것이다. 그녀는 결혼하지 않은 채 나이가 든 사람이다. 여자들은 혼외정사를 하지 않는 것으로 되어 있기 때문에 처녀라고 가정할 수 있다. 물론 현실은 이와 다를 수 있다.

5) 페이스 아카데미(Faith Academy)는 외국인 선교사 자녀들이 다니는 학교로 마닐라 근교에 있다.

6) 필리핀 사람들에게 밥이 없는 식사는 식사가 아니다.

7) 팜팡가(Pampanga)는 마닐라 북쪽에 인접한 지역이다.

8) 지프니 운전사가 추가 요금을 받을 수 있는 방법 중 하나는 미군이 그의 지프니를 타고 술집이 더 많은 수빅시로 가도록 하는 것이다. 3페소씩 받고 정해진 도로를 따라 수빅까지 가는 지프니가 있지만, 특별 운행 요금은 보통 50페소 정도 한다. 특별 운행 요금을 지불한 미군은 저녁이나 다음날 아침 다시 기지로 돌아갈 때 그 차를 이용할 수 있다.

9) 여기서 '말썽을 피운다'는 의미는 다른 여자를 사귄다는 뜻이다.

10) 마닐라에서 올롱가포로 가는 큰 길 주변 노상 가게에서 흔히 수박과 옥수수를 판다.

11) 필리핀에서는 만성절에 묘지에서 낮과 밤의 대부분을 보낸다. 사람들은 음식과 술, 꽃, 양초 등을 가져간다. 죽은 자를 추모하고 산 자를 축복하는 복합적인 분위기를 이룬다.

12) 불라칸(Bulacan)은 마닐라의 변두리에 있는 지역이다.

13) 여러 가지 종류의 물건을 조금씩 갖다놓고 파는 거리의 구멍가게다.

14) 화자는 "Negro"라는 영어를 사용했다(용어 해설 참고).

15) 낮에는 클럽의 모든 여성이 번갈아 가며 청소를 해야 한다. '당번'이란 청소를 담당하게 된 걸 뜻한다.

동두천 기지촌 지역. 왼편으로 가면 큰 길이 나오고, 오른편은 아프리카계 미군 전용클럽이 있는 흑인구역(DMZ, Dark Man's Zone)으로 이어진다.

소리사
MANHATTA
오락실
GAME ROOM
VIDEO GAME ROOM
KOREA GAME
오락실
VIDEO GAME ROOM
코리아 오락실
NEW YORK
LEE S

한국

조용한, 그러나 끔찍한

한-미 관계 속의 성적 종속

브루스 커밍스 Bruce Cumings[■]

지난 약 반세기 동안 한국에서 미국의 위치는 점령군(1945~48년)에서 대한민국 수립의 산파(1948년)로, 전쟁수행자(1950~53년)로, 신식민지 권력(1948~71년)으로, 그리고 오늘날 한국 산업의 위세를 다소 두렵고 걱정스럽게 지켜보는 구경꾼으로 변화되어 왔으며, 여기에 맞추어 미국은 마침내 주저하는 태도로 군대철수를 향한 첫걸음을 시작하고 있다. 그러나 이 모든 변화 속에서도 한·미 관계의 한 요소는 변함없이 지속되어 왔다. 단순히 과장된 것이라고 할 수 없는 미국인 남성에 대한 성적 서비스, 여성육체 거래 요구 등 세대를 이어 지속되고 있는 여성의 종속이 그것이다. 군대의 일개 사병이든 특별한 숙소가 필요한 방문 국회의원이든, 혹은 평화봉사단(Peace Corps)의 교사(1967년 나는 평화봉사단의 교사였다)든, 여성의 성적 종속은 한국인과 미국인이 상호작용하는 가장 일반적인 형태다. 또한 이는 귀머거리·벙어리·장님이 시중들게 하는 거래처럼 가장 조용하게 이루어지는 교환이다.

나는 서울에 도착한 지 단 하루 만에 이런 거래를 어느 정도 눈치 챘다. 화창한 오후였다. 반듯한 암허스트대 졸업생 데이비드 그린라이(David Greenlie)와 나는 미국대사관 건물 근처를 거닐다가 한 젊은 여성의 제안을 받았다. "아뇨! 저리가요." 데이비드는 호통을 쳤다. 반도호텔(당시 1급 호텔로 미군 고위장교의 공식숙소이기도 했다)에 투숙했을 때도 나는 또 하나의 암시를 받았다. 그 때는 새해가 밝기 전날 오후였기 때문에 평화봉사단의 파티가 준비되고 있었다. 많은 자원봉사자들이 파티 시작 전에 더운물 목욕을 원했다. 벨보이가 방을 나간 후, 전화벨이 울렸다. "여자친구가 필요하십니까?" 나는 "아뇨, 나는 아내가 있소"라고 했다.

"하지만 부인이 미국에 있지 않나요?"

"15분 후 아내가 이리로 올 거요."

"아, 죄송합니다. 실례했습니다."

■ 브루스 커밍스(Bruce Cumings) 시카고대학 역사학 교수. 동아시아와 국제관계사를 가르치고 있으며 2권으로 된 『한국전쟁의 기원 *The Origins of the Korean War*』의 저자다. 또 주요저서로 『한국현대사 *Korea's Place in the Sun : A Modern History*』가 있다.

이전에 나는 한-미 양국사이의 교환 중 이런 측면에 대해서는 거의 글을 쓰지 않았다. 부분적으로는 한국인의 자존심을 상하게 할까봐, 한편으로는 어디서나 흔하고 이상한 일도 아닌 현상에 관심을 가지는 사람은 거의 없을 것이기 때문에, 또 간단히 말해 남성적 코드 때문이었다. 하지만 처음 한국을 방문했을 때 이런 상황이 나를 가장 괴롭혔다. 민주주의와 반공을 위해 두 독립국간에 체결된 자유협약에는 전혀 언급되지 않았을 텐데도 한국 여성을 이용하고 있는 한-미 관계는 잊을 수 없는 인상으로 다가왔다.

아시아-미국 관계의 문헌과 정보에서는 거의 찾아볼 수 없는 성적 착취가 현실에서는 그렇게 노골적이고 소리 없이 이루어지는 이유가 무엇일까? 그 이유 중 하나는 분명 침묵으로 아내와 어머니, 여자친구, 여성 언론인, 캐묻기 좋아하는 페미니스트들에게 비밀을 유지하려는 무언의 남성코드일 것이다. 도덕적으로 이 모든 것이 대단한 일이 아니라고 여기기 때문에 침묵을 지키는 것이다. 사내들은 어쩔 수 없어, 옛날부터 그래왔어, 전쟁은 지옥이야, 혹은 영화감독 스파이크 리(Spike Lee)의 은유를 빌자면 "그건 아랫도리의 일인 걸" 등으로 치부한다. 누군가 대담하게 이런 끊임없는 환락에 대해 주목할 것을 요구하기라도 하면, 서울행 기차에서 내려 윤락가로 던져진 시골 소녀들의 애처로운 울음소리를 묻어버리고, 미국인의 수중에 떨어진 수많은 어린 소녀들에게 굴욕을 강요하면서 온갖 너절한 변명거리를 쏟아낸다. 사내들은 어쩔 수 없다. 말하자면 같은 부류가 아닌 사람들 사이에서도 침묵이 유지되기 위해서는, 이런 일이 논의의 주제가 되더라도 그것을 정당화할 것도 없이("아랫도리의 일"이므로) 모든 한국 여성을 미국인에게 즐거움을 주는 잠재적 대상으로 삼는 사회구조만 끊임없이 짜내면 된다. 이것은 전체 한-미 관계를 위해서나, 한국에서 복무하는 젊은 미국인 남성세대가 한국에 대해 갖게 되는 최초의 기억을 위해서도 가장 중요한 측면이다.

남성 입성식은 곧바로 시작된다. 한 나이든 "한국 전문가"에게 아내와 함께 서울에 갈 예정이라고 한 일이 있었다. 대뜸 그는 "잔치에 왜 샌드위치를 가져가죠?"라고 했다. 우리 평화봉사단팀이 서울에 도착하기가 바쁘게(물론, 성적 열기가 군대①에서는 제한된다는 뜻이 결코 아니다) 꽤 많은 독신남성 자원자들이 자주 사창가나 목욕탕을 찾고 있으며, 때로는 하룻저녁에 한번이 아니라 두세 번씩 간다는 이야기가 돌기 시작했다. 내가 그린라이와 함께 한 경험은 드문 일이 아니었으며 반도호텔에서의 경험 역시 마찬가지였다. 서울에서 지내는 동안 거리에서 여자를 제공해주겠다는 포주의 접근을 다시 받기도 했고, 큰 호텔에 투숙하는

① 여기서 군대란 평화봉사단, 즉 'Peace Corps'의 "Corps"를 가리키는 말이다.

어떤 남성이든 숙박부의 잉크가 마르기 무섭게 제안을 받았다. 그 근거가 너무 많기 때문에 일반적인 한국인들은, 한국에 머물면서 "싸구려 나라"(한국처럼 불분명하고 신비하며 잘 알려지지 않은 토착지역에 대한 미국식 은어)를 지켜본 미국 남성들이 대체로 "오직 한 가지"에만 관심을 가진다고 생각했다.

서울에 머무는 거의 모든 미국인은 거대한 용산기지 옆, 울타리가 쳐진 이태원 주택단지(통행증이 없으면 한국인은 들어갈 수 없다)에서 살았고 여전히 살고 있다. 1960년대만 해도 도시외곽 야산에 솟아있던 것처럼 보인 용산 미군기지가 지금은 미국풍의 단층집, 차량 2대가 들어갈 수 있는 차고, 골프장, 수영장 등(이들 대부분이 군대를 통해 빠른 신분상승을 추구했던 중하층 미국인들의 비위를 맞추기 위한 것이다)을 갖추고는 거대도시로 확장된 수도의 한가운데 위치하게 되었다. 비록 한국이나 베트남이기는 하지만, 존 반(John Paul Vann)처럼 노퍽의 가난한 집안에서 태어났던 사람이 20년이 지나자 모든 위락시설을 완벽하게 갖춘 곳에서 산다. 아칸소주의 한 농장에서 자랐던 사람이 18살이 되자 기지 출구 바로 바깥의 유흥가·술집·사창가, 그리고 미국인의 비위를 맞춰주는 소규모 상인들이 펠리니(Fellini)② 식으로 모여 있는 이곳을 쥐고 흔든다.

나는 일기를 계속 썼기 때문에 이런 상황의 배경에 대해 기억에 의존할 필요가 없다. 1968년 초, 서울의 북부 기지촌 의정부 지역을 둘러보았던 어느 하루의 이야기를 여기에 옮겨본다.

> 미군기지 주변 일대는 지독히도 가난하다…… 이 지역에는 기생적인 인구가…… 더럽고 낙후된, 불량한 '주거환경'에서 살고 있다. 그 중에서도 사창가는 최악이다. 구역이 따로 없이 번화가 한 편으로 속속들이 배어 있다. 미국인만을 상대하는 "클럽"들이 밀집해 있다. 거기에는 로큰롤 음악이 쿵쿵 울리고 요란하게 꾸민 간판이 걸려 있으며 우스꽝스럽게 치장한 한국 소녀들(종종 아주 어린 소녀들이다)이 문 앞에 서있다. 미니스커트를 입은 이 소녀들보다 더 바보같이 보이는 것은 없다…… 내가 걸어가자 여러 명이 '우우'하고

② 페데리코 펠리니(Federico Fellini, 1920~1993) 이탈리아의 영화감독. 난폭한 떠돌이 곡예사와 서커스단의 백치여인 사이의 내면적 편력을 사실적으로 묘사한 〈길 *La Strada*〉로 1954년 아카데미상(최우수 외국어영화상)을 수상해 세계적 명성을 얻었다. 이후에도 칸영화제를 비롯해 세계적 영화상을 다수 수상했다. 영화감독으로 데뷔하기 전부터 하층계급에 주목하면서 전후 이탈리아의 빈민가와 노동자의 삶을 그린 네오리얼리즘 걸작의 시나리오를 많이 썼다. 휴머니즘에 관한 성찰에 힘을 쏟으면서도 인간 내면의 황폐한 세계를 천착하기도 했다. 〈까빌리아의 밤 *Le Notti di Cabiria*〉 (1956)을 통해 로마 뒷골목 매춘부들의 삶을 그려냈다. 그의 이름을 기려 영화부분에서 유일하게 유네스코에서 상을 제정할 만큼 영화계의 명장이다. 유네스코 펠리니 메달은 1995년부터 인권보호와 인류애에 관한 작품에 주력한 영화감독에게 수여되고 있다.

야유를 보냈다…… 그러나 무엇보다 당황했던 것은 2명의 아이가 매달려 있는 중년여성이 거리 한복판에서, 내게로 다가와 침대에서 "놀지" 않겠느냐고 물었던 일이다.

이 도시에는 혼혈아가 곳곳에 보인다. 그들은 꽤 잘 양육되고 있는 것 같았다. 확실히 거지는 아니다. 여러 명의 흑인들이 다른 아이들과 어울려 놀고 있었다. 엷은 갈색 머리에 푸른 눈을 가진 어린 사내아이가 한국아이들과 함께 달렸다. 그리고 내게 "헬로" 하고 소리쳤다. 이곳이 미국의 영향아래 놓이면서 생긴 아이러니가 아닐까 싶다. 혼혈아를 무슨 송충이 보듯 하는 한국부유층의 편견도 미치지 못할 만큼 이 도시 전체가 하층민으로 구성돼 있기 때문에 이 아이들은 잘 보살펴지는 것 같다. 아이들을 욕할 이유가 없다. 그들은 14살만 되면 매춘부나 포주만큼 괜찮은 벌이를 할 것이다. 멍청해 보일 정도로 어리석기 짝이 없는 군인이 종종 어린 매춘부(정말 너무 어린 소녀)와 팔짱을 끼고 걸어간다. 이 미군들은 자신을 어떻게 정당화시키고 있을까?

……의정부 전체로 볼 때 미국은 증오의 유산과 악감정의 원천을 남기고 있음 또한 분명하다. 이런 요소들은 정치인이 즉각적으로 정치에 이용할 수도 있다. 이 도시는 한국의 여느 지역과 다르다. 이곳 사람들은 미국인을 봐도 놀라지 않고, 그들은 서울에서처럼 익숙해지지도 않는다. 그들은 그저 미국인들을 증오한다. 그러면서도 영원한 기지의 욕망에 영합하며 살아간다…… 그들을 쳐다보면 시선을 회피한다. 그렇지 않으면 한눈에 알 수 있을 정도로 증오에 찬 시선을 보내온다. 그들을 놀라게 하는 유일한 것은 한국말을 하는 미국인이다.

지금은 이런 판단이 나 자신에게도 다소 독선적이고 거만하다는 인상을 주지만, 한편으로는 미군기지 주변에서 먹고살아가는 구차한 생활에 대한 젊은 청년의 정상적인 반응이라 생각한다.

하긴 1950년대에는 이보다 더 치사스러웠을 것이다. 한국전쟁 휴전 직후 의정부 근처 미군부대에서 근무했던 한 친구의 이야기에 따르면, 금요일 밤만 되면 0.5톤 트럭이 흔들거리며 기지 내로 들어와선 그날 밤이나 주말 내내 머물게 될 몇 백 명의 여성들을 쏟아놓고 갔다고 한다. 최근 한국인들은 전쟁터에서 군대의 "위안부"로 삼기 위해 일본인들이 강제로 전선으로 끌고 갔던 한국 여성들에 관해 새롭게 발견된 제2차 세계대전 당시의 기록들을 중요시하고 있다. 일본인처럼 방과 판자를 주는 대신 미군들은 0.5톤 트럭에서 내린 여성들에게 현금을 지불했으니 그와는 아주 다르다고 할 것인가? 여성들을 "납치"한 흉악한 일본인에 대한 반감 때문에, 트럭에 실려 온 여성들은 이런 일을 스스로 "원했고", 한국이 1인당 국민소득 100달러에 불과한 시장이라 여성들이 이를 "자유롭게 선택한" 것이라 할 건가? 그렇다면 1950년 가을, 전시의 서울에서 미군이 정치적으로 의심스러운 300여 명의 한국 여성들(주로 공산당원과 인민위원회 지도자)을 창고에 가둬놓고 이들을 마음대로 이용했다고 밝힌, 미군에 의해 생포된 북한군 목격자의 내부보고서가 1급 비밀이 된(최근에서야 비밀해제 되었다) 이유는 무엇인가?

1960년대로 돌아가 보자. 어쩌다 게이가 된 친구 녀석과 한번은 이태원 캠프타운에서 저녁시간을 보내고 있었다. 뉴욕클럽·플레이보이·코스모스 등의 간판이 붙은 술집들이 즐비한 곳을 돌아다니며 대충 아는 영어로 떠드는 16명의 시골 아가씨들을 지켜보았다. 일부는 엉터리 흑인 은어로 흑인 병사의 비위를 맞추고 있었다. 마치 흑인거주지역에라도 온 것처럼 연보라색의 번쩍거리는 옷차림을 한 흑인행렬이 이어졌다. "무기수"와 다름없는 처지에 있었다 해도 흑인들 대부분이 처음으로 직업을 갖게 된 한창 젊은 나이였다. 한편, 사복으로 하와이풍의 셔츠를 차려입은 올챙이배의 중년남성들도 섞여 있었다. 한 잔 마시러 술집에 들어가자 전라남도에서 왔다는 예쁜 10대 소녀가 재빠르게 우리 곁에 앉았다. "난 16살 때 순결을 잃었어요." 그녀는 묻지도 않은 이야기를 했다. 다시 거리로 나와 주변을 둘러보고 있을 때였다. 10살쯤 돼 보이는 한국 소년이 짐자전거를 끄는 모습이 보였다. 어디론가 물건을 나르는 모양이었다. 앞을 지나가던 소년이 손으로 우리를 가리키는가 싶더니 느린 동작으로 권총 방아쇠를 당기는 시늉을 했다.

셀 수도 없이 많은 밤마다 게르빌루스쥐처럼 이 도시에 쏟아지는 미국인의 상황을 "사내들은 어쩔 수 없다"는 진부한 문구만으로 설명하기는 어려울 것 같다. 그러면 미국 남성들은 같은 것을 추구하는 뜨거운 한국 남성들을 가리키며 자신의 행동을 정당화하려 할 것이다. 아마 "한국에서는 한국인처럼 행동하라"는 말로 변명할 것이다. 하지만 내 경험에 따라 최선의 말을 해준다면 이렇다. "한국에서 한국인처럼 해야 할 일은 아무것도 없다. 쾌락에 빠졌더라도 가능한 빨리 지옥 같은 그곳에서 빠져나오길 갈구하라." 하지만 매매춘에 관한 한 한국의 남성들도 두말할 것 없이 후안무치한 변명거리를 갖고 있다.

내 일은 중학교에서 영어를 가르치는 것이었다. 한번은 자기 아들이 고등학교 입학시험에 합격할 수 있을지 걱정하는 어떤 돈 많은 사람이 나와 동료 교사들에게 저녁식사와 맥주를 대접하겠다며 데리러 왔다. 당시에는 소수의 아이들만이 중학교를 마쳤다. 우리는 번쩍거리는 그의 검은색 지프를 탔는데, 그 차는 전쟁부산물임을 가리기 위해 지붕 전체를 금속 차양으로 덮고, 측면이 흰 타이어를 장착했으며 실내 장식도 호사스러웠다.

완고한 유교적 정직성을 자랑하던 교사들이 그 부자를 둘러싸고 저녁식사를 위해 기생집으로 들어갔고 몇 분 내에 모두 취해버렸다. 나의 안전에 대한 책임을 맡고 있어서 맥주를 홀짝거리며 지켜보던 한 사람을 제외하고는 모든 교사가 학교에서 보던 모습으로는 상상조차 할 수 없는 망가진 모습을 보였다. 나는 내 오른편에 앉은 "호스티스"의 손이 내 허벅지를 주무르며 가랑이 사이를 파고들어서 팔꿈치를 이용해 의도적으로 막으며 그녀를 계속 경계하고 있었다. 그녀는 내게 젓가락으로 음식을 먹여주고, 평소와 달리 동료들이 나를 무시할 때마다 맥주잔을 계속 채워주었다.

우리의 우둔한 교감은 자기 옆에 앉았던 호스티스와 춤을 추려고 자리에서 일어나더니 곧장 브래지어 속으로 손을 집어넣고, 자기 물건을 그녀의 다리 사이에 넣어 꽉 쥐도록 했다. 그 바람에 술에 취한 그들은 함께 넘어져버렸다. 소란이 일면서 그녀는 풀어헤쳐진 저고리를 꽉 움켜쥐고는 기어서 방을 나갔다. 일부 교사는 여성들을 거칠게 다루면서, 넘어지지 않으려 애쓰며 몇 발씩 움직여 춤을 추었다. 나는 한국 남성들이 가정 내 가족관계에서 압박감을 느끼기 때문에 기생집에서 마음껏 풀어진다는 말을 들은 적이 있었다. 유교적 형식주의와 외설적인 내용 사이의 간극이 이처럼 깊은지 몰랐다.

저녁식사가 끝나자 기생집 마담이 비단 한복을 입은 18살 정도의 소녀를 데리고 들어왔는데, 그녀는 내 앞에서 교태를 부렸다. 원하기만 한다면 오늘밤 그녀는 내 것이라고 했다. 나는 정중히 거절했고 우리는 맥주홀로 자리를 옮겼다. 그때까지 그 부자는 내가 마음에 들었는지 옆에 앉아 연신 맥주를 따라주었다. 맥주홀의 호스티스들은 기생집보다 덜 상냥했다. 사실 그들은 내게 절망적인 기분이 들도록 했다. 나의 새로운 부자 친구는 우리 사이에 앉은 여성의 블라우스 속에 손을 집어넣더니 가슴을 꺼내 희롱했다. 그러다 다시 가슴을 블라우스 속에 집어넣고는 내 손을 끌어 그녀의 블라우스 속으로 넣었다. 잠시 동안 그 상태로 가만히 있다가 나는 "정말 정중하게" 힘없는 미소를 지으며 손을 빼냈다. 두어 시간 남짓 춤을 추고 얼마간의 맥주를 더 마시고서야 다행히 그 날 저녁자리가 끝났다. 교사들과 함께 밖으로 나오자 피곤한 얼굴의 호스티스들이 나를 둘러쌌다. 그들은 애절하게 손을 내밀며 "머니"를 간청했는데, 문자 그대로 낮은 신음소리 같았다. "음머어어니, 음머어어니, 음머어어니……"

서울에서는 거의 모든 곳에서 여성을 살 수 있었다. 목욕탕·마사지룸·식당, 혹은 도시 곳곳에 있는 다방 등. 원한다면 한 12살 정도의 아주 어린 소녀도 살 수 있었다. 가족들을 부양하기 위해 일자리를 찾아 시골에서 기차를 타고 올라온 아이들을 속여서 강제로 노예처럼 부렸다. 포주에게 납치·윤간·구타를 당하면서 필요한 몇 마디 영어를 배우면 1주일 만에 거리로 나갈 준비가 된다. "터키 골목"이라 부르는 곳을 자주 찾는 미군들 이야기에 따르면 나이든 여성도 살 수 있다고 했다. 어느 뜨겁고 먼지 날리는 오후였던 것으로 기억되는데, 친구와 동행했던 나는 기차역에서 근처 호텔로 가는 지름길을 찾고 있었다. 뒷골목 미로 속에서 한 모퉁이를 돌자 갑자기 모든 문에서 이 빠진 노파, 얽은 자국이 있는 중년여자, 초췌하고 기운 없는

30대 여자가 나와 우리 팔꿈치를 잡고 문 쪽으로 확 잡아당기더니 끈덕지게 돈을 요구했다. 벌건 대낮에 당한 끔찍하고 악몽같이 무서운 일이었다.

며칠 뒤 그 순간을 다시 떠올려야 했다. 한국인 친구 한 명과 뒷골목을 어슬렁거렸다가 당한 일 때문이었다. 술집 밖에서 토악질을 하던 한 남자가 나를 발견하고는 얼굴에 침을 뱉었다. 친구는 이 일을 지나치게 수치스러워하며 모든 한국인이 미국인을 좋아하는 건 아니라고 끈기 있게 설명을 했다. 사실 한 무리의 아이들이 "멍키?"라고 소리 지르며 뒤에서 좇아오기도 했고, 아이의 울음소리를 그치게 하려고 엄마가 "미국 사람 좀 봐!"라고 말하는 것도 일반적이었다. 한편, 미 대사관은 "반미주의"의 성장에 대해 머리를 쥐어뜯으며, 달리 설명할 길 없는 이런 현상을 다루는 비판적 학문(내 전공처럼)을 비난한다.

이것이 "그들의 문화"라고 말할 수 있을는지도 모르겠다. (물론 이런 말로는 미국인들이 왜 물 만난 물고기처럼 여기에 몰입하는지 이유를 설명할 수 없다.) 하지만 나는 그렇게 생각하지 않는다. 많은 한국 남성이 가정에서는 작은 독재자로 군림하고, 유흥업소에서는 종종 자정까지 머물며 흥청거리고 노는 멍청이에 다름없다는 말은 사실처럼 보인다. 그래서 이런 현상이 지속되는 한 여성의 평등이나 이 나라의 민주주의에는 희망이 없어 보인다는 점도 어느 정도 수긍이 된다. 그렇지만, 이태원 주변의 밤공기를 장악하고 있는 미국인들이 어떻게 "흥청거리는 멍청이"에 대해 말하고 정색을 할 수 있단 말인가?

한국에서는 축첩[蓄妾]이 오래된 역사를 갖고 여전히 만연한 관습이어서 4명이나 되는 아내가 철저한 위계서열에 따라 한 남편을 모시기도 했다. 여성들이 입었던 차도르 같은 의복[쓰개치마], 가정이라는 사적인 공간 내로 여성의 힘을 의례적으로 제한한 것 등, 이 모든 것이 여성학대를 구성하고 있다. 전후 서울은 많은 것이 달라졌지만, 같은 시대 중동지역의 사회구조와 유사한 점이 있다. 이런 관습이 저 산만큼이나 오래되었고 풍습과 의례 속에 깊숙이 자리하고 있다지만, 이것으로 한국인이 도덕적으로 타락했다거나 여성이 수치스럽게 살아간다고 단언할 수는 없다.

반면 한국인의 도덕 속에서 매춘은 인정되지 않는다. 물론 북한의 "문화" 속에서도 마찬가지다. 이런 행위를 일부 변치 않는 한국인의 "삶의 방식" 탓으로 돌리기도 어렵다. 김일성과 북한에 대해 누가 뭐라고 하든, 매춘은 존재하지 않는다. 1946년 북한정권은 매춘과 축첩을 금지함과 동시에 공식적으로 여성의 법적 평등권을 보장했다. (처음으로 북한을 방문하고 돌아왔을 때, 나는 국방대학원에서 내 경험에 대해 강의를 한 일이 있었다. 학생들은 이런저런 질문을 했지만 가장 중요한 질문은 맥주를 한 잔 하는 자리가 마련될 때까지 미루어졌다. 한국에서 좀 배웠다고 하는 사람들의 그 질문은 이랬다. "평양의 여자 값은 얼마입니까?")

더욱이 한국에서는 모범적인 현모양처와 불행한 밤거리 여성들과의 대조가 극명해서 일반적인 한국인들은 매춘여성의 존재를 제일 수치스럽게 여긴다. 내가 훌륭한 한국 여성으로 본 유일한 사람은 나이도 나보다 겨우 몇 살 위라 매춘부로 여겨질 수 있는데도 이에 상관 않고 당당하게 나와 단 둘이 서울거리로 나섰던 여성이었다. 그는 가정에서도 현명하고 꿋꿋한 어머니였다. 1950년대 MI-6〔군비밀정보국〕 서울지부장이자 유명한 러시아 스파이였던 조지 블레이크(George Blake)의 말을 인용하는 것은 적합하지 않을 수 있지만, 그에 따르면 자신이 갔던 대부분의 나라에서 남자들보다 여자들이 훨씬 더 감탄을 자아내게 했는데, 한국에서 특히 더 두드러졌다고 했다.

기지촌의 문화, 먹고살기 위한 방편으로써의 매춘, 기생관광은 한국의 문화와 전혀 관련이 없다. 그것은 20세기 대부분의 기간 동안 일본과 미국의 이해관계에 한국이 종속되는 데 절대 필요한 요소였다. 결국 이태원 지역의 기지는 40년 동안 일본이 소유했고 그 후 지금까지 40년 이상을 미국이 차지하고 있다. 1945년, 기지촌은 단지 손님이 교체되었을 뿐이다. 이렇게 특별히 허가된 종속은 누구의 눈으로 보든, 누구의 귀로 듣든 명백하다. 게다가 성적으로 왕성한 아칸소출신의 젊은 군인부터 비밀을 지키지 못하는 나이든 미 대사관저 사람들에 이르기까지, 종속의 그물망은 빈틈이 없다.

군인·장군·외교관·CIA 요원, 그리고 다양한 그들의 수행원들이 한 덩어리를 이루고 있다. 공무관계로 파견된 이들 대부분은 점잖고 인정 있으며 견실한 미국시민들로, 누군가를 착취한다는 것은 꿈도 꾸지 않았던 사람들이다. 그러나 시간이 지나면서 식민지문화가 싹트고, 개인의 의도와 무관하게 인종주의자의 담론이 힘을 얻게 되었다. 공식적인 상황에서는 이상주의자의 수사가 넘쳐났지만, 비공식적인 장소에서는 불완전한 미국방식 속에서 드러나는 거만하고 인종차별적이며 식민지적인 관료주의가 활개를 쳤다.

1960년대에는 한국인의 어리석음을 끝없이 이야기하면서 그들의 오만함을 표출했다. 과감히 "싸구려 나라"에 도전해본 적이 없는 그들은 한국인들과 함께 지내던 내게 인종차별적 사고에 젖어 한국의 전통음식인 김치가 소변으로 발효시킨 것이 맞느냐는 식의 질문을 하기도 했다. 한줌도 안 되는 차이라며 이를 절대 포기하지 않고 물고 늘어지는 한국인들에게 그들은 분개했다. 그들의 식민정책은 이리저리 합리화하면서 자신들의 특권을 유지하는 구조적 여건들을 조성하고 살찌우는 것으로 이루어져 있으며, 이는 궁극적으로 최고위층의 한국인이 주변의 가장 낮은 지위에 있는 미국인보다도 덜 중요하게 만드는 것을 의미했다.

물론 과거 일본의 지배방식과 비교해볼 때 미국은 제국주의적 기반을 적대세력과 자유주의 독트린으로 채우고 정당화시켰기 때문에 불완전했다. 이런 식이었다. 우리는 자유를 수호하고 있으며 우리의 한국인들은 훌륭한 민주주의자이거나 그렇게 되고자 하는 사람들이고, 저들의 한국인은 사악한 독재자(맥조지 번디(McGeorge Bundy)의 표현을 빌자면[1] "흉악한 전체주의자")며, 미국인은 결코 제국주의자가 될 수 없고 한국인들이 자기 날개로 날 수 있을 때까지 이타적 입장에서 지원한다 등등. 이 중 어떤 말도 누군가의 입술을 떠나는 바로 그 순간, 믿기 어려워졌다. 그들 미국인 중 단 한 사람도 한국인들이 일궈온 문화와 역사에 본질적인 관심을 피력하거나, 한국어를 배우는 데 시간을 투자하는 일은 없었다. 한국의 도처에 깔린 문화유산을 보곤 소유욕에 사로잡혔을 뿐이다. 결국 그것은 기지촌을 비열하게 정당화하고 한국인을 경시하는 태도를 강화시킨 신제국주의 체제의 기초아래 야기된 상황이었다.

나는 1985년 이후 서울에 가본 적이 없지만, 그 때까지도 기지촌은 여전히 왕성했고 도심 호텔에서 유일하게 달라진 점이라곤 여성을 놓고 일본인 남성과 미국인 남성이 경쟁한다는 것이었다…… 그리고 좀더 많은 돈을 지불했던 것 같다. 요 근래 용산기지와 골프장의 한국반환 얘기가 나돌고 미군철수에 관한 논의도 시작되고 있다. 미국은 심지어 한국의 장군들에게 명령을 내리면 한국군을 움직일 수 있다고 생각한다(1950년 이래 UN의 푸른 깃발 아래 모인 양국 군대 전체의 명령권을 미국이 가지고 있다). 상부구조의 종속적 연결고리를 끊어내면 광범하게 얽혀 있는 문제를 해결하고, 토대를 다지는 데 도움이 될 것이다.

그렇다면 너무 이른 때는 없다. 미군기지가 없어지면 기지촌도 사라질 것이다. 그러고 나면 미국인과 한국인은 자신들의 존엄성을 회복하고 서로 대등한 관계에서 상대를 알 수 있게 될 것이다.

---

1) *New York Times* Op-Ed, June 25, 1990.

동두천의 술집 시스템

산드라 스터드반트 · 브렌다 스톨츠퍼스

전체적으로 한국의 미군 기지촌 술집지역에는 약 18,000명에 달하는 등록된 여성, 혹은 "클럽여성"들이 있다.1) 여기에 등록되지 않은 여성 약 9,000명이 클럽 바깥에서 일하고 있는 것으로 추산된다.2) 동두천은 캠프 케이시 바로 옆에 있는 지역으로 84개의 클럽3)과 700~800명의 등록된 여성4)들이 있다.

모든 클럽여성은 보건증을 소지해야 한다. 사실 결혼을 해서 남편이 있는 경우가 아니라면, 미군을 상대하는 한국 여성은 누구라도 보건증을 가지고 있어야만 한다. 결혼을 했더라도 클럽에서 일하고 있다면 마찬가지로 보건증을 가지고 있어야 한다. 보건증은 성병진료소에서 발급한다. 미군을 상대로 하는 술집지역마다 성병진료소가 있다. 한국의 보건복지부는 경찰의 도움을 받아 이 진료소를 운영하고 있다.5)

보건증을 발급받기 전에 여성은 건강검진을 해야 한다. 그런 다음, 1주일에 한번씩 성병·임질·매독 검사를 받는다. 또한 6개월마다 흉부 X선 촬영과 혈액검사를 해야 하며 3개월마다 에이즈 혈액검사를 받아야 한다. 검사 결과 질병이 있는 것으로 나오면 그 여성은 성병치료를 전문으로 하는 소요산병원[수용소]①에 수용되었다. 이후 치료될 때까지 병원에 머물러야 한다. 병원에 있는 동안 치료와 식사는 무료였다. 지자체 역시 치료 병원에 행정과 재정을 지원했다.

한 달에 두 번씩 미군기지 담당자와 민사작전국(CMO, Civilian Military Operations), 한국의 행정당국이 성병 불심검문을 한다. 그들은 거리에서 여성을 불러 세워 보건증을 제시할 것을 요구한다. 민사작전국은 여성과 동행한 미군이 화를 내는 경우도 가끔 발생하기 때문에 참여한다. 여성이 보건증을 제시하지 못할 경우, 검사와 보건증 발급을 위해 차에 태워 성병진료소로 데려간다. 보건증이 없는 여성의 경우 감옥에서 12달을 보낼 수도 있다.

클럽에 대해서는 허가증과 위생상태, 특히 술집에서 사용하는 얼음과 화장실을 점검한다.

---

① 과거 성병에 걸린 여성들을 격리 수용했던 성병 수용소다. 동두천에 있던 것이 소요산 수용소고 다른 지역에도 이러한 성병 수용소가 있었다. 여성들은 소요산 수용소를 '몽키 하우스'라고 불렀다.

여성들이 묵고 있는 방 역시 위생과 난방상태를 점검한다.[6] 클럽마다 매달 성병 양성반응이 나타나는 여성 숫자를 일정 수 이내로 제한 받는다. 만일 그 수가 초과된 경우에는 미군들에게 해당업소 출입금지가 내려진다. 세 번 이상 위생검사에서 지적받은 경우 역시 출입금지 조치를 받는다. 헌병대는 출입금지 조치가 내려진 클럽에 미군들이 드나들지 않도록 클럽들을 감시한다. 클럽은 출입금지 조치를 풀어달라고 장교들이 참여하는 기지의 징계회의에 항의하기도 한다.

미군이 성병에 걸린 경우에는 상대여성과 접촉한 날짜, 클럽의 이름을 밝혀야 한다. 하사관 한 사람이 그 병사와 함께 가서 여성을 확인하면 여성은 병원에서 검진을 받아야 한다. 이후 하사관은 그 여성의 검진 여부를 병원 측에 요청하여 확인한다. 물론 여성이 다른 곳에 가서 치료를 받고 괜찮다는 확인서를 제출해도 된다. 해당미군은 다른 병사들을 위해 격리된다. 병을 얻은 미군은 기지 밖으로 외출을 할 수 없게 되어 있다. 그러나 기지 당국자에 의하면 그렇게 하지 않는다고 한다. 병사들을 위해서는 분기별로 성병교육을 시행하고, 그들이 외출할 때는 기지 정문에서 콘돔을 나누어준다. 기지에서 클럽에 콘돔을 제공하기에는 너무 비용이 많이 들지만, 성병 문제가 있는 클럽이 있을 때는 무료로 한 박스씩 제공하기도 한다.

몇몇 클럽은 월급으로 급여를 지급한다. 대체로 그런 클럽에는 한두 명의 여성만 있나. 한 여성이 바텐더를 하면 나머지 한 여성은 계산대를 맡는다. 이들은 각각 한 달에 미화로 약 80달러를 받는다. 여성들은 손님에게 고가의 주류를 마시도록 권한다. 할당량이 정해져 있어서 그 양을 넘기면 보너스를 받는다.

또 다른 급여형태는 성과급 체계다.[7] 그런 곳의 여성들은 손님에게 판 음료 수입과 성노동을 판 금액의 몇 퍼센트를 받거나 그에 따른 수수료를 받는다. 그들이 받는 수수료 금액은 술집에 따라 다양하다. 음료 할당량이 정해져 있는 건 마찬가지다. 성노동의 요금은 '숏 타임' 15달러, '하룻밤'은 25달러다. 클럽주인은 여성들에게 월말에 수수료를 지급하는데 여기서 클럽에 진 빚을 제한다.

대체로 여성들은 클럽 업주에게 많은 빚을 지고 있다. 여성들은 클럽에 취직할 때 보통 클럽 뒤편에 위치한 방에 가구들을 장만해 넣어야 한다. 이때 주인에게 침대·서랍장·선풍기·음향기기·TV 등, 필요한 물건 살 돈을 빌린다. 직업소개소를 통해 클럽을 소개받기도 하는데, 소개비는 50에서 300달러에 이른다.[8] 방세와 하루 두 끼 식사를 위해 약 15달러를 낸다.[9] 가족에게 돈이 필요한 경우, 여성은 다시 업주에게 돈을 빌리게 되고 빚은 늘어간다.

낙태를 할 때도 빚을 지게 된다. 한국에서는 원칙적으로 낙태가 불법이나, 낙태를 원할 경우 대부분 쉽게 할 수 있고 낙태가 흔하기까지 해서 상당히 '적당한' 비용으로 시술을 받을 수 있다. 종종 여성들은 클럽 업주에게 돈을 빌려 낙태비용을 지불한다.

클럽 업주와 포주들은 여성들이 밤에 딴 일을 못하도록 활동을 통제한다. 통제 수준은 다양하다. 클럽 내부를 통해서만 접근이 가능하게끔 클럽 뒤편에 방을 만들어 기거하게 하는 경우도 있고, 방으로 들어가려면 클럽 옆으로 이어진 좁은 복도를 통해야만 하는 곳도 있다. 여기서 감시인들이 출입을 살핀다. 그 외 사창가나 여관방에서 사는 여성들도 있다. 그런 곳은 중년의 마마상이 매춘을 알선한다. 마마상은 길거리에서 사내들과 접촉해 가격을 흥정한 뒤 여성들의 방으로 안내해준다.

또 현지처나 "키 우먼"으로 사는 여성도 있다. 미군이 욕실과 부엌이 딸린 방을 빌리고 그가 복무하는 동안 함께 산다. 그가 다른 곳으로 근무지를 옮기게 되면 여성은 일을 찾아 술집으로 돌아간다. 혹은 다른 사내에게 넘겨지는 경우도 있을 수 있다.

끝으로 한반도에는 비무장지대(DMZ)로 알려진 곳이 있다. 한국과 북한 땅을 가르며 3마일(약 4.8km)의 폭으로 펼쳐져 있다. 동두천에서 DMZ는 또 다른 의미가 있다. 흑인구역(Dark Man's Zone)을 DMZ라 부르는 것이다. 아프리카계 미국인 병사들이 출입하는 동두천 술집지역이다. 필리핀처럼 이 DMZ에 있는 클럽들은 규모가 작고 보다 가족적인 분위기를 풍긴다. 일부 유럽계 미군들도 DMZ의 클럽을 드나들기는 한다. 또 일부 아프리카계 미군들이 DMZ 바깥에 있는 클럽을 찾기도 한다. 그러나 그 구획은 명확하다.

---

1) 박영미, 두레방 글모음(미발간), 12쪽. 두레방은 미군과 결혼 또는 동거하고 있거나 클럽에서 일하는 여성들을 위한 센터로 의정부에 있다.

2) 위의 같은 글.

3) 캠프 케이시의 민사작전국(CMO) 소속 래리 로맥스(Larry Lomax) 병장과 1989년 7월에 가진 인터뷰.

4) 1989년 7월, 동두천 성병진료소 담당자(김씨)와의 인터뷰.

5) 위 박영미, 두레방 글모음(미발간), 12쪽.

6) 전통적인 난방법은 온돌인데, 연탄이 타면서 가스를 발생시킨다. 미군당국은 한국 여성과 함께 있던 몇몇 미군이 이 연탄가스에 중독돼 사망했다고 주장하고 있다.

7) 두레방.

8) 위 두레방.

9) 위 박영미, 두레방 글모음(미발간), 12쪽.

난희

33살

의정부 생활

부자가 가난한 사람을 도와주었으면 하는 게 내 유일한 희망이에요. 그런 세상은 얼마나 멋지겠어요. 아무것도 가진 게 없다는 이유로 멸시당하지 않아도 될 테고요. 서로 멸시하는 것보다는 서로 돕고 사는 게 좋지 않겠어요?

나는 서른세 살이에요. 오빠 둘에 언니가 하나 있고 나는 막내죠. 부모님은 모두 돌아가셨어요. 아버지는 농사꾼이셨어요. 벼농사를 짓고, 작은 밭뙈기 하나에 고추, 콩, 감자, 고구마, 옥수수를 키우셨어요. 나는 국민학교를 마치고 이태가 지나도록 집에서 농사일을 거들었어요. 학교 다닐 때도 일 때문에 학교를 빠지는 날이 많았어요. 펌프질로 물 긷고 산에 가서 땔감을 주워오고 밭에서 김매는 게 일이었죠.

아버지는 남의 땅도 부쳤어요. 먼 친척뻘 되는 사람의 땅이었어요. 수확의 절반을 나누는 조건이었죠. 그러다 땅임자가 직접 농사를 짓겠다고 해서 그 땅을 돌려주었어요.

가진 게 별로 없는 우리가족은 뼈 빠지게 일을 했어요. 재산이 많다면야 그렇게 열심히 일하지 않아도 됐겠죠. 잘 사는 집이라면 일꾼을 부리겠지만, 가난뱅이들은 매일 입에 풀칠이라도 하려면 바쁘게 일해야 하죠. 생활이 말도 못하게 어려웠어요. 빌린 돈을 갚기 위해서 그 게딱지만한 밭에서 나온 수확물도 내다팔아야 했어요. 그러고 나면 우리에겐 먹을 것조차 남지 않았어요.

아버지와 엄마 사이는 그다지 좋지 않았죠. 다툼이 잦았어요. 종종 아버지가 엄마한테 욕설을 퍼붓는 것은 들었지만 심하게 때리는 것을 보진 못했죠. 하지만 엄마 말로는 좀더 젊었을 땐 많이 때리셨다고 해요.

아버지와 자식들 간에도 서로 서먹했어요. 아버지는 있으나 없으나 마찬가지였죠. 오히려 없었더라면 더 좋았을지도 모르겠어요.

동두천 거리. 술집지역은 사진 뒤쪽으로 늘어선 건물들 뒤에 형성돼 있다. 이 도로 끝 오른쪽에 캠프 케이시(Camp Casey) 정문이 있다.

나는 열 살이 되어서야 국민학교에 입학을 해서 열여섯에 졸업을 했어요. 홍역을 앓느라 입학이 늦어졌죠. 한글이며 한자읽기도 배웠는데, 나는 공부를 하지 않았어요. 아니 하고 싶지가 않더군요. 담임선생이 잘 사는 집 애들한테만 잘해주더라고요. 못 사는 집 애들은 나 몰라라 했어요. 그렇다 보니, 그게 더 싫었던 것 같아요.

영어를 배우다 보면 공부를 좀더 했더라면 하는 생각이 들어요. 하지만 그렇다고 학교에 가지 않았던 걸 후회한다는 뜻은 아니에요. 나는 평범하게 살고 싶어요. 못 배웠다는 이유로 다른 사람들한테 멸시당하고 싶지도 않고요. 배웠다는 인간들이 사람을 깔보는 게 영 못마땅해요. 다른 사람들과 사이좋게 지내며 살고 싶은데 말이죠.

오빠 둘은 돈벌러 집을 떠났고 언니는 일찍 결혼했어요. 우리는 얼마 되지도 않는 땅까지 팔았죠. 나는 서울에서 오빠들에게 밥을 해주며 뒷바라지를 했어요.

그러다 오빠 하나가 안양[1]으로 가는 바람에 그 오빠와 같이 살면서 공장엘 다녔죠. 전구와 관련부속품을 만드는 작은 공장이었어요. 1년 동안 거기서 일했지만 벌이는 시원치 않았어요. 월급이라곤 고작 사오 만원 정도였으니까

고추를 따는 이 여성들의 연령은 25살부터 60살 사이에 분포돼 있다. 이들은 네 사람씩 조를 지어 아침 6시부터 오후 8시까지 40kg짜리 포대를 채워나간다. 여성들은 같은 일을 하고도 남성들이 받는 일당의 절반만 받는다.

요.[2] 때때로 철야작업까지 했고 보통 12시간씩 일을 했죠. 철야라도 해야 월급을 조금 더 받을 수 있었어요.

다니던 공장엔 노동조합이 있었어요. 작업반장과 마찰이 빚어지면서 작업을 중단한 일이 있었죠. 회사 측은 시간을 끌다 결국 일할 사람을 찾지 못하게 되자 작업장으로 돌아와 달라고 하더군요. 임금인상도 충분히 안 해주면서요. 한 5,000원인가 올랐어요. 입에 풀칠하기도 어려웠죠.

큰 오빠는 롯데백화점에서 일했어요. 올케 언니도 거기서 일을 했죠. 쥐꼬리만한 월급에 밥도 제때 먹기 힘들었어요. 결국 오빠는 병을 얻고 말았고요.

엄마가 우리를 시골집으로 데리고 내려갔어요. 집에 있는 동안 나는 다른 사람들 집에 가서 하루품을 팔던가 식모일을 했어요. 일당이라고 해봐야 아주 적어서 500원이나 1,000원 정도를 받았어요. 그 당시 아버지는 집 짓는 공사장에서 일을 했어요. 보수는 쌀로 받았죠. 1년에 대여섯 가마 정도였어요. 아버지는 일 때문에 남의 집에서 지냈어요.

그러다 친구 하나가 대구에 일자리가 있다고 하더군요. 한달에 8만원을 벌수 있었어요. 깔깔이① 짜는 일이었죠. 깔깔이는 옷을 만드는 원단이에요.

① 폴리에스테르 직물인 조젯(Georgette)을 말한다. 광택이 없고 촉감이 까슬까슬해서 그런 이름이 붙었다. 주로 여성의류를 만드는 데 쓰였다. 섬유산업으로 유명한 대구지역에서 1970년대 중반이후부터 80년대 초반까지 조젯 붐이 일 정도로 많이 생산되었다.

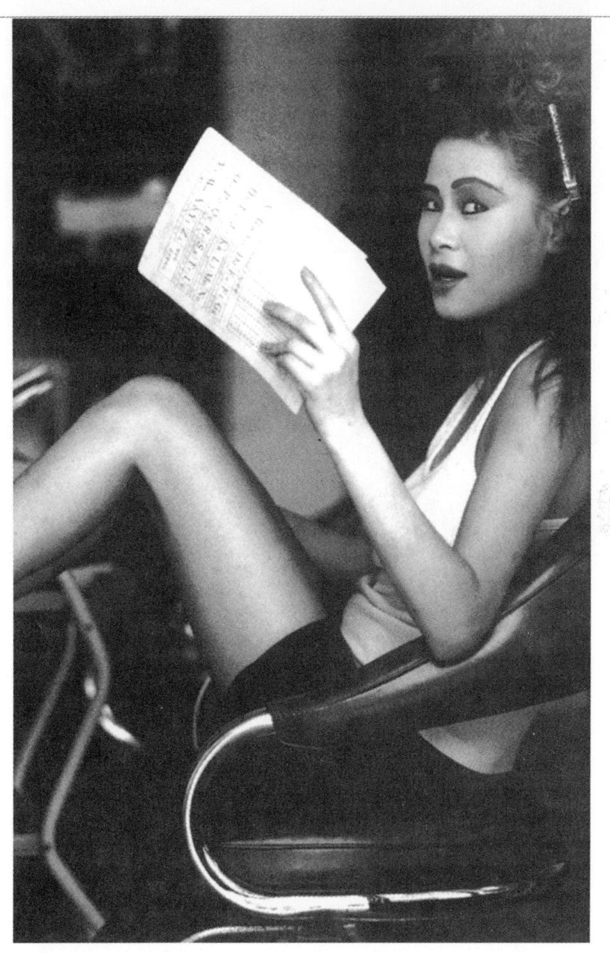

영어 공부를 하는 클럽여성. 대부분이 클럽에서 일하기 전까지 영어를 할 줄 모른다.

거기서 2년가량 일하니까 20만원 정도가 모이더군요. 나는 그 돈을 엄마한테 드렸어요.

그 공장에 다닐 때는 기숙사에서 살았어요. 그리 크지 않는 방 하나에 7~8명이 같이 지냈죠. 화장실은 건물 밖에 있었고요. 기숙사엔 한 100명 정도의 여자가 있었을 거예요. 공장엔 대개 기숙사가 딸려 있었어요. 간이식당도 있었죠. 물론 식대는 우리가 냈지요. 보통 김치쪼가리나 놓고 밥을 먹었어요. 일주일에 한번 정도 고깃국 구경을 했을까요. 양도 충분치 않았죠. 우린 2교대로 근무를 했지만 때때로 교대 없이 24시간 내내 일하기도 했어요. 일을 하면서 꾸벅꾸벅 졸곤 했죠. 공장일 때문에 나는 2년 동안 집 한번 못 갔어요.

작업장 인근에 기숙사를 가진 공장이 일반적이다. 이런 기숙사는 노동력을 최대한 활용할 수 있게 만든다. 노동자의 교대 간격(시간)을 길게 하고 필요에 따라 초과근무를 시키는 데도 용이하다. 당시 한국 노동자들은 주당 평균 56시간을 일했는데, 이는 아시아에서도 가장 긴 노동시간이었다.

기숙사에 사는 사람들은 일거리 찾아 도시로 올라온 시골출신들이에요. 또 형편이 어려운 사람들이 기숙사에서 살죠. 도시출신도 있지만, 공장에 다니는 여자들 대부분이 시골에서 올라와요.

추석이 되면서 나는 공장을 그만두고 엄마를 도와드리려 고향으로 돌아갔어요. 그 무렵 오빠들이 제대해서 집에 와 있었어요. 큰 오빠는 배 타고 월남으로 갔었어요. 작은 오빠도 그랬고요. 두 사람 다 부상도 없이 돌아왔어요. 둘 다 일자리를 찾는 중이었죠.

친구 엄마 한 분이 내게 을지로에 있는 봉제공장을 소개시켜 주더군요. 나는 시다로 시작해서 나중엔 재봉틀을 탔어요. 바느질에 눈썰미가 있어서 빨리 배운 셈이었죠. 1년 뒤 재봉사가 되었지만, 그즈음 사장이 푼돈이나 몇 푼 쥐어주곤 월급을 주지 않더군요. 우린 참고 기다렸지만 끝내 주지 않더라고요. 그래서 한마디 내뱉었죠. "지랄 같아. 식모살이가 더 낫겠어." 그길로 난 공장을 떴어요.

그런데 갈 곳이 없더군요. 내 나이 스물두 살이었어요. 먹고살아야만 했죠. 동대문 쪽으로 걸어가는데 공고 하나가 눈에 들어오더군요. "여종업원 구함" 이게 웬 떡이냐 싶었죠. 안으로 들어갔어요. 나를 쓰겠다고 하더군요.

식당이었어요. 음식 나르는 일을 했죠. 잠도 식당에서 잤고요. 요리사를 포함해서 대여섯 명이 같이 지냈어요. 우리는 아침 7시에 일어나서 8시까지

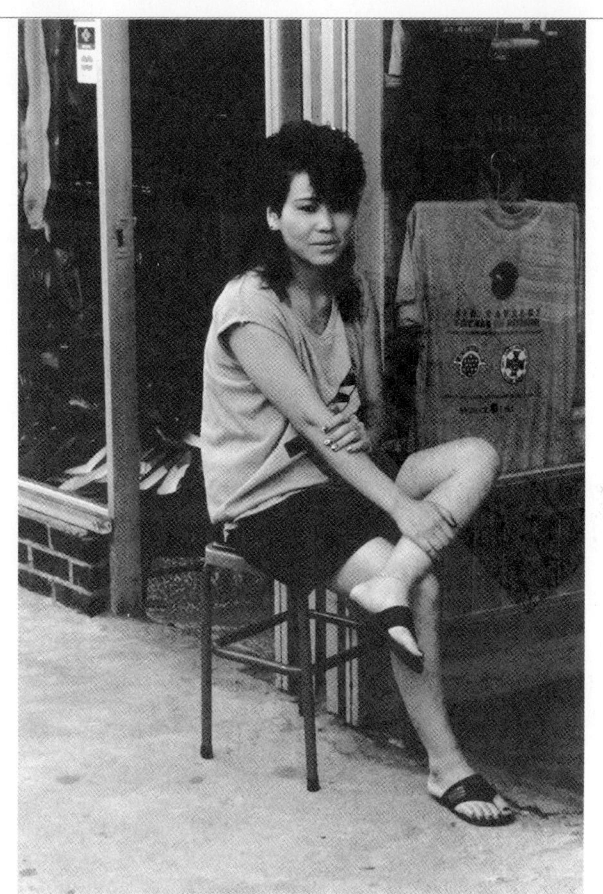

술집지역은 남성용 맞춤 양복점과 신발가게, 그리고 여성들이 클럽에서 일할 때 입는 기성 유행복가게들이 즐비해 있다. 많은 가게가 미군의 역사를 보여주는 수 제품들을 판매용으로 갖추고 있다.

영업 준비를 했어요. 밤 12시나 돼야 일이 끝났죠. 거기서 일하면서 한 남자를 사귀게 되었어요. 두 달 후, 난 그 남자와 동거를 시작했어요. 반쯤은 사랑하는 마음도 있긴 했지만, 그가 나를 겁탈했기 때문에 선택의 여지가 없었어요.

같이 살다가 혼인신고까지 했죠. 내가 식당을 그만둔 게 1982년이었고, 기록상 1983년에 결혼을 한 것으로 되어 있지만 동거를 시작한 건 1979년이었어요. 가진 거라곤 아무것도 없어서 결혼식도 못 올렸죠. 시어머니라는 분은 하는 일 없이 항상 술 취한 상태로 정신없는 짓만 했어요. 친정 역시 여유가 없긴 마찬가지였고요. 이러니 어떻게 결혼식을 올릴 수 있었겠어요?[3)]

처음 그 남자와 살기 위해 짐을 옮겼더니 시어머니와 시동생이 있었어요. 함께 살았죠. 그게 삼양동 산동네였어요. 집은 시댁 소유였지만 빚이 많더군요. 빚 독촉에 시달렸죠.

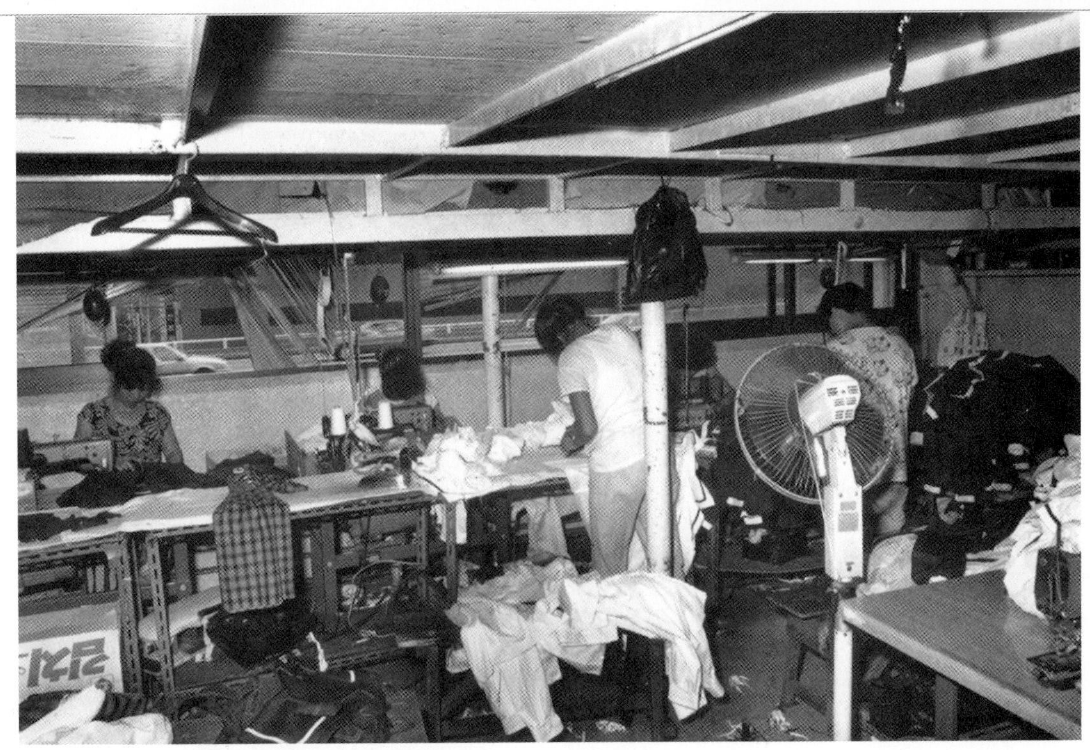

동대문의 어느 스웨트숍(Sweat Shop)*

* 노동착취공장. 일반적으로 통용되는 정의에 따르면 최저생활임금조차 보장받지 못하고 열악한 노동환경에서 일해야 하는 일터를 뜻한다. 의류업과 같이 저임금 산업에서 주로 존재하며, 이들은 최저임금 기준을 위반하고 초과 노동을 강제한다. -옮긴이

도시로 온 가난뱅이들은 우리가 살았던 산동네 같은 데서 살아요. 그런 산동네도 그 땅에 기둥이라도 박으려면 땅주인에게 세를 내요. 집이라고 해봤자 판잣집인데도 말이죠. 불법건축물이긴 해도 그건 자기 집이 될 수 있어요. 그런데 땅이 팔리기라도 하면 땅주인은 거기 사는 사람에게 집값이라고 돈을 쥐어주고 모든 걸 새 주인에게 넘기는 일도 있어요.

돈이 좀 있으면 지붕재료를 사다가 제대로 지붕을 얹어요. 그렇지 않으면 나무판자나 슬레이트를 올리죠. 내가 거기 살 때만 해도 수도 있는 집이 몇 안 돼 대부분이 펌프나 우물에서 물을 퍼 날라다 썼어요. 언덕배기까지는 수돗물이 들어오지 않았던 거죠. 수도관이 깔리지 않았어요. 사람들은 펌프질을 해서 물을 썼어요. 그런 지역에 사는 사람치고 돈 있는 사람은 아무도 없었죠.

우리가 살던 집은 불법이긴 해도 방이 일곱 개나 있어서 모두 세를 놓았어요. 시어머니, 시동생, 남편, 그리고 나, 모두가 한 방에서 살았죠. 물론 남편이나 시동생 친구들이 끼어든 적도 있었어요. 그러면 칼잠을 자야 했어요. 시어머니

는 늘 술에 취해 있었고요.

남편은 뚜렷한 직업이 없었어요. 남편이 나보다 두 살 적다는 것도 몰랐어요. 나를 속였던 거죠. 나는 철들지 않은 남편이지만 같이 살기 시작했으니 남편을 잘 돌봐야겠다고 생각했어요. 더 이상 빚지지 않고 살려고 난 (다시) 식당에 나갔어요. 남편은 그걸 탐탁지 않게 여기더군요. 오히려 화를 내며 나를 두들겨 패기까지 했죠. 사지육신 멀쩡한 인간이면 먹고살 궁리를 했어야 하는 거 아닌가요. 그 남자는 애당초 글러먹은 인간이었어요. 빚쟁이들이 늘 문 앞에 와 진을 치더군요. 집이 있으면 뭐합니까. 우리가 살던 방마저 세를 놓고 옥상에 텐트를 치고 살았거든요.

서서는 텐트로 들어갈 수도 없었죠. 거의 기다시피 해야 들락거릴 수 있었어요. 안 되겠다 싶던지 시어머니가 식당일을 나가고 시동생도 일자리를 찾아 떠나더군요. 남편과 나만 그 텐트 속에서 살았어요. 그렇다고 신혼기분에 젖을 형편도 아니었죠. 신혼방이요? 어림도 없었어요. 벌써 겨울이 닥쳤는데 난방도 되지 않았죠. 난 거의 얼어 죽을 뻔했거든요.

남편이 군대에 가야할 때가 되더군요. 입영통지서가 나와서 입대를 했어요. 입대한 남편은 군대에서 먹고 자고 할 테지만 난 혼자 살아가야 했어요. 그해 겨울은 엄청나게 춥고 눈도 많더군요. 눈이 쌓이자 (얇은) 슬라브 지붕이 무게를 견디지 못하고 주저앉더군요. 텐트를 칠 수도 없었어요. 나는 남편에게 전화를 걸어 어떻게 하겠느냐고 물었어요. 이렇게는 살 수 없다고 했죠. 우리는 각자 알아서 살아야겠다고 했던 거죠. 나는 식당일을 하며 그곳에서 살았어요. 남편은 군대에서 먹고살았던 덕에 살아남을 수 있었을 거예요. 우리는 갈라섰죠.

내가 "크리스마스이브에 만나자"고 한 일이 있었어요. 그러나 약속한 그날, 남편은 보이지 않더군요. 부대로 찾아갔죠. 이틀 전에 남편은 이미 탈영을 해버렸다더군요. 아마 군대생활은 싫고 친구들과 어울리고 싶었던가 봐요. 부대로 찾아가지 않았더라면, 나는 그날 내내 남편이 오기를 기다렸을 거예요. 남편은 마음대로 할 수 없어서 탈영을 했대요. 부대에 다시 가봤더니 그 얼간이가 영창에 들어갔더군요. 면회도 할 수 없었어요. 복무기간이 1년 남았었는데 탈영을 하는 바람에 거의 2년을 더 복무해야 제대할 수 있더군요.

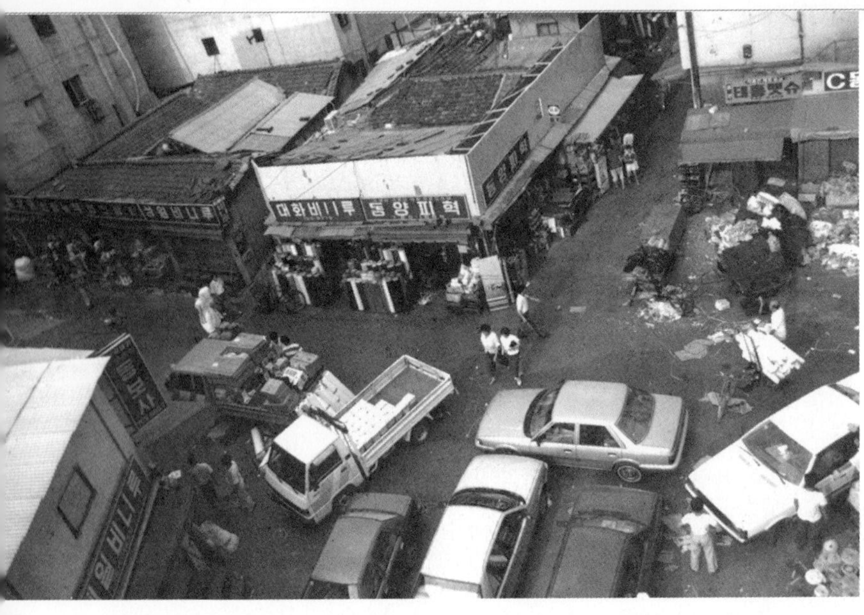

스웨트숍 창문에서 내다본 풍경

남편이 풀려날 날만 기다리며 일을 했어요. 군 교도소에서 얼마 동안 지내다 감형을 받아 남편은 부대로 돌아갔어요. 머리는 빡빡 밀려 있었죠. 내가 그 때 생각을 고쳐먹고 달아났더라면, 지금 이렇게 엉망진창이 되진 않았을 텐데 하는 생각이 들곤 해요. 함께 살기 시작하면서부터 나는 그 남자를 사랑했던 게 분명해요. 그 남자를 바꿀 수 있다고 여겼어요. 인간이 될 때까지 기다리겠다고 생각한 거예요. 하지만 도망가고 싶었던 것도 사실이에요. 제대한 남편은 내가 도망갔다고 생각했대요. 나는 이랬어요. "그래, 같이 사는 내가 바보다. 허구한 날 때리기만 하는데 왜 너랑 같이 사는지 모르겠다."

우린 다락방에서 살았죠. 이 남자는 당최 일할 생각을 않더군요. 날이 더우면 너무 더워서, 추운 날이면 너무 추워서 일하러 못 나가겠다는 거예요. 비가 와도 못 간다고 했어요. 누구든 돈을 벌어야 쓰잖아요. 그런데 남편은 의지하려고만 들더군요. 돈을 주지 않으면 나를 때렸어요. 시어머니와 시동생도 다시 같이 살게 됐는데 그들 역시 돈벌 생각은 없더군요. 그저 돌아오기만 한 것뿐이었죠.

남편이 나를 때리는 걸 식구들이 말리려고 하면, 남편은 악을 썼어요. "네가 누구라고 생각하는 거야, 네가 엄마야?" 시어머니까지 때렸어요. 남편이

옥탑방

행패를 부리면 남편 친구조차 끼어들 수 없었어요. 행여 말리기라도 하면, 나중에라도 말린 사람 집을 찾아가 싸움에 끼어들었다고 그 사람을 패는 거예요. 닥치는 대로 살림살이도 모조리 깨부숴버렸죠. 아무도 남편 말릴 생각조차 못했어요. 모든 사람이 벌벌 떨었죠.

그러다 애가 생겼다는 걸 알게 되었어요. 이웃들이 놀리더군요. "저 작은 방에 그리 많은 사람들이 잤는데, 어떻게 애가 생겼어?" 돈이 없어서 애를 지울 수도 없었어요. 저절로 유산이 되게 애를 썼죠. 한편으론 애가 있으면 남편도 달라질지 모른다는 생각이 들더군요. 하지만 헛생각이었죠. 소귀에 경 읽기였어요.

정말 먹을 거라곤 아무것도, 아무것도 없었어요. 점점 배는 불러오지. 음식을 먹지 못한 나는 더욱 쇠약해졌죠. 내내 잠만 잤어요. 어느 가겟집 옥탑방에서 살던 때였어요. 나는 아침마다 부지런히 돌아다니며 쥐가 파먹어서 내놓은 사과를 주워 먹었어요. 쥐가 건드린 사과를 가게주인이 밖에 내버렸는데, 너무 허기가 지고 약해진 나는 그 사과라도 먹어야 했죠. 그게 기운을 차리게도 해줬지만 충분치는 않았어요.

그 남자는 정말이지 나빴어요. 나는 남편이 제대로 된 인간이 되길 기다렸어요. 하지만 내가 임신 중이었을 때도 칼로 배를 찌르겠다고 위협하더군요. 난 어찌 될지도 모르면서 찌르라고 했어요. "그래 좋아, 나는 죽어도 괜찮아. 하지만 이 애는 어떡할 거야?" 찌르지 못하더군요. 난 혼자 결심을 했죠. '애가 나올 때까지만 기다리자. 그러면 안녕이다.'

12월에 몸을 풀었어요. 아들이었죠. 애를 낳고 난 이후에도 난 아무것도 먹질 못했어요. 너무 배가 고프더군요. 이웃집 할머니 한 분이 닭죽을 쑤어서 갖다 주더군요. 아이에게 젖을 물리는 데 도움이 될 거라면서요. 난 미친 듯이 먹었어요. 너무너무 배가 고팠거든요. 하지만 다른 식구들도 그걸 먹더군요. 어쩌겠어요? 식구들이 닭죽을 모두 먹어버렸죠. 옆집 아줌마가 밥해 먹으라고 쌀을 좀 주었어요. 시동생은 연탄 몇 장을 들여오더군요. 당시 시동생은 일을 나가고 있었지만, 형이란 작자가 동생 돈을 빼앗아 간 뒤라 내게 돈 한 푼 줄 수가 없었어요.

얼마 후 남편 친구 하나가 찾아온 일이 있었어요. 남편은 그날 저녁 때 친구들과 한 사람당 5,000원씩이나 하는 개고기를 먹었다고 자랑을 늘어놓는 거였어요. 기가 막히더군요. "네가 사람이냐?"고 소리를 높였죠. "이 쌍년이." 남편은 내가 다른 사람들 앞에서 자기에게 욕을 했다며 때리기 시작하더군요. 싸움이 벌어졌죠. 남편 친구는 말리기는커녕 나를 나무라며 남편 편을 들더군요.

한참 두들겨 맞다가 나는 정신까지 잃었어요. 애 걱정은 됐는지 잠시 친구 부인에게 애를 맡기곤 계속 나를 팼죠.

처음만 해도 남편에게 욕을 하진 않았어요. 그저 때리면 맞기만 했죠. 그러다 점차 화가 치미는 거예요. 그래서 대들기 시작했어요. "애 어쨌어?" 남편이 재빠르게 집을 나가더군요. 난 달아날 때가 왔다고 생각했어요. '좋아, 지금이 기회야.' 재빨리 옷을 갈아입는데 바로 남편이 애를 데리고 들어왔어요.

이웃 사람들도 남편을 좋아하지 않았어요. 사람들은 내게 도망가라고 하더군요. 하지만 마음을 추스를 수가 없었어요. '가면 어디로 간단 말인가?' 그러던 어느 날 결국 도망가기로 결정을 내렸죠. 아이는 자고 있었어요.

서울의 노동계층이 주로 거주하는 지역의 구멍가게

밤새 술을 퍼마시고 들어온 남편이 나더러 술 한 병 더 가져오라고 하면서 소릴 지르더군요. "쌍년, 내가 네 남편이다. 말 그대로" 남편에게 말했어요. "그래 그거야. 널 남편으로 생각했어. 여태껏 참았지만 더는 아냐. 이젠 끝났어. 끝이라고."

나는 뒷방에 사는 학생에게 애를 좀 봐달라고 했어요. 그 학생은 항상 내게 이런 말을 했죠. "누님, 달아나세요. 늘 두들겨 맞으면서, 왜 그러고 살아요?" 난 이제 영영 달아날 거라고 했어요. "애가 깨어나면, 내가 어디 있는지 모르겠다고 해."

나는 집 뒤 언덕으로 내달렸죠. 지름길이 있긴 했지만 그 길로 가다간 남편 친구에게 들킬 것 같았어요. 길을 걷는데 길에 100원짜리 동전이 하나 떨어져 있더군요. 그걸 약국에서 10원짜리로 바꾸어 고향 친구에게 전화를 했어요. 그때 나는 거의 미쳐가고 있었죠. 친구에게 살고 싶지 않다고 했어요.

그 당시 내 친구는 다른 여자들 다섯 명과 같이 살고 있었고 가정부까지 두고 있었어요. 5만 원만 주면 내가 가정부일을 해주겠다고 얘기했어요. 그래서 일하던 가정부가 그만두고 내가 그 일을 하기 시작했어요.

그 친구들은 클럽에서 일하고 있더군요. 친구와 나는 공장에 다닐 때부터 알고 지내던 사이였어요. 쥐꼬리만한 월급 받을 때 말이죠. 실연을 당한 여자들이 그런 세계에 빠져든 예가 많더군요. 남자와 사랑에 빠졌다가 연애가 끝나자 자신의 몸을 버렸다고 생각하는 거예요. 날을 잡아서 맥주홀만 가더라도 그런 곳들을 알려주거든요. 거기서 일하는 여자들에게 물어볼 수도 있고 직업소개소에 가서 소개받을 수도 있어요. 물론 불법소개소죠. 어떤 경우에는 친구에게 소개받기도 해요. 아니면 낙태를 해야 하는데 돈은 없고, 결국 그런 델 찾아가기도 하지요.

사실 나는 네 가지 일을 했어요. 공장 다닌 것 말고도 식당과 남자 혼자 사는 집에 파출부 일도 했죠. 여러 술집과 여관에서 청소도 했고요. 그리고 내 몸을 팔았어요. 자기 몸을 희생시킨다는 것은 쉬운 일이 아니었어요. 그래도 돈을 조금 만질 수 있어서 그 돈을 엄마한테 보내드렸지요. 몸살이 났어도 일을 했어요. 혼자 이렇게 생각했죠. '이건 지옥이야, 이렇게 사나 저렇게 사나 사는 건 지옥이야. 단지 엄마를 도와드리고 싶어. 살아계실 날도 얼마 안 남았는데 내가 보살펴드리지 않으면 누가 살피겠어?' 엄마는 돈이 필요하면 전화를 걸곤 하셨어요.

가정부일을 하다가 여자들에게 말했어요. "이일을 그만둬야 할까봐." 직업소개소를 찾아갔어요. 방이 서른 개나 되는 여인숙 일자리를 소개시켜 주더군요. 방이 서른 개…… 생각해 보세요. 모든 방을 나 혼자서 관리해야 했거든요. 주인이 내게 주는 월급은 5만 원이었어요. 여인숙 일이란 게 팁이 있으면 모를까 월급만으로 버틴다는 건 힘들었죠. 그래서 비록 힘든 일이긴 했어도 궂은일도 마다않고 했어요. 빨래를 해주는 여자만 하나 있어서 나는 청소 외에도 손님 심부름이며 조방 역할을 했어요. 손님이 아가씨를 원하면 아가씨를 불러주는 거죠. 그걸로 한 달에 4~5만 원을 더 벌 수 있었고, 콜라를 한 병에 200원씩 사서 500원에 팔기도 했어요. 적금통장까지 마련했죠.

그 때가 스물일곱인가 여덟인가 그랬어요. 나는 여인숙에서 1년간 일하면서 아무것도 쓰지 않고 악착같이 돈을 모았어요. 은행통장에 100만 원이 모이더군요. 그런데 주인이 여인숙을 팔았다며 다른 곳을 알아보라고 했어요. 어디로 가야하나? 그러나 어쨌든 가야 했지요. 나는 다시 직업소개소를 찾아갔어요. 그 동안 모은 돈은 전부 엄마한테 부쳤지요.

바로 그즈음 아버지는 병이 들어 누워 계셨어요. 간질발작까지 있어서 거동도 못했죠. 부모님은 연세가 들면서 사이가 나아지시더군요. 이미 시골에

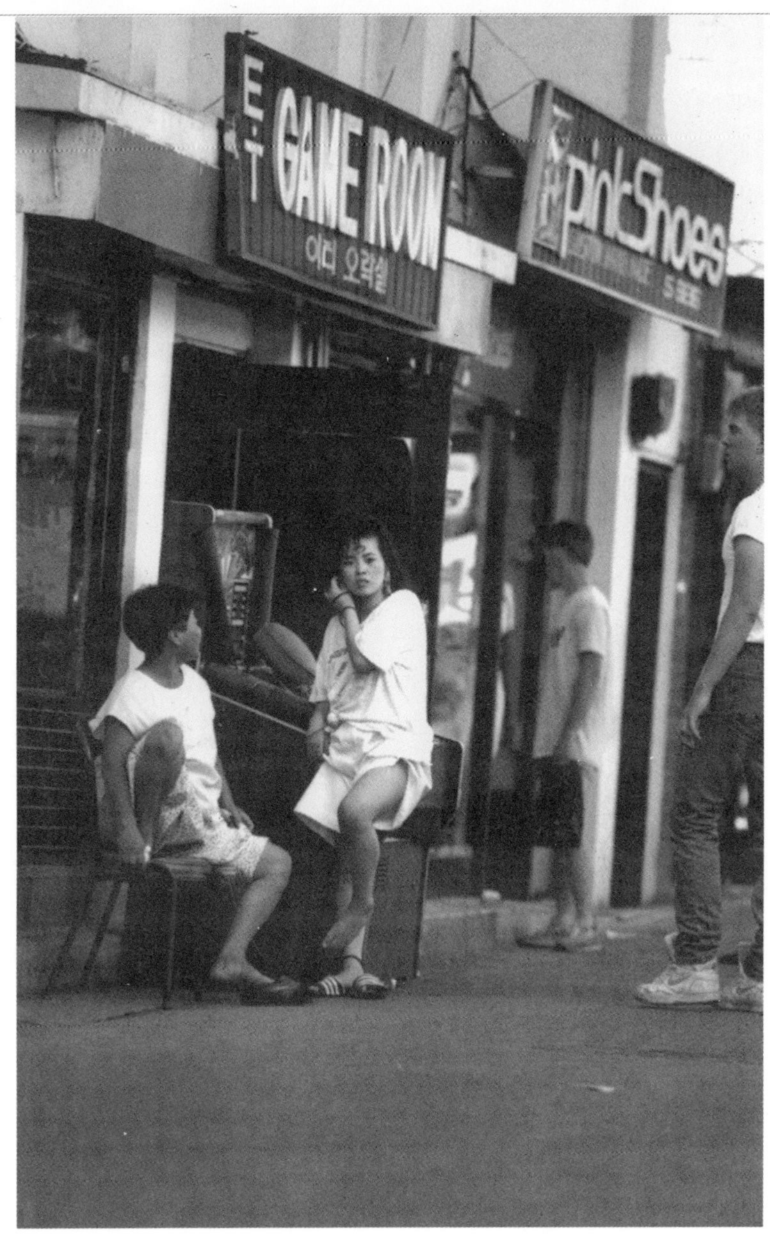

한국과 오키나와에서는 여성과 미군들 사이에 전자오락이 유행이다.

서도 농사를 많이 짓진 않았어요. 아버지는 소작도 부칠 수 없었어요. 아버지의 병환에 들어가는 병원비를 감당하기 위해서는 얼마 되지 않던 땅마저 팔아야 했어요. 부모님은 자식들이 부쳐주는 돈으로 근근이 살아가셨죠.

엄마는 나중에 내가 클럽에서 일하게 된 걸 아시고도 별 말씀이 없으셨어요.

부모님은 그게 다 우리를 가르치지 못한 당신들 탓이라고 여겼지요. 엄마는 내가 하고 싶은 대로 하라고 그러시더군요. 사실 나와 싸울 기력도, 강요할 힘도 없던 거죠. 엄마는 클럽여자가 모두 나쁘다고는 생각지 않으셨어요. 어떻게 그런 말을 하시겠어요. 결국 그런 내가 보살피고 있었는데요. 물론 엄마는 이웃들에게 내가 공장에서 일한다고 거짓말을 하셨지만요.

여인숙을 떠나 소개소에 가니 미국인을 상대하는 술집을 소개했어요. 나는 학교도 다니지 않아서 영어를 모른다고 했죠. 손과 발로 제스처만 할 수 있으면 된다는 거예요. 그래도 내가 원하는 데가 아니니 어디 다른 여인숙을 소개시켜 달라고 했죠. 하지만 결국 꾐에 넘어가 가기로 하고 말았어요.

그때 소개소에서 자신이 의정부에서 사업을 시작했는데 아직 여자를 구하지 못했다는 남자가 하나 나서더군요. 내가 거기서 무슨 일을 하냐고 묻자, 미군들이 오는 곳인데 술은 마시지 않는다고 했어요. 미군들은 주스 같은 것만 마신다는 거예요. 나는 좋다고 했어요. "좋아, 가요." 나는 선불로 10만 원만 달라고 했어요. 그 돈은 처음부터 쌓인 내 전체 빚 20만 원 중 일부가 돼버렸어요.[4)]

난 영어의 단어 하나 몰랐어요. 업주는 그저 "예스"라고만 하면 된다더군요. 그래서 내 이름을 물어볼 때도 "예스"라고 했어요. 사람들이 소리내 웃으며 나를 놀리더군요. 난 너무 당황해서 쩔쩔맸고요.

손님이 와서 3달러나 5달러짜리 주스를 마시면 나는 3달러짜리 한 잔에 100원, 5달러짜리는 150원을 받았어요. 돈은 주인이 가지고 있다가 월말에 주더군요. 내가 개인적으로 서비스를 하고 싶으면 그렇게 할 수도 있었어요. 손님과 밤을 새울 경우 20달러였고 시간당 요금은 10달러였지요. 방세와 식비가 매달 8만 원이었는데, 여기에는 방세, 식비, 전기료에다 5% 이자가 포함되어 있었어요. 만약 내가 진 빚이 10만 원이면 매달 5천 원을 이자로 내는 거였죠. 클럽에서 일을 하려면 스무 살은 되어야 했어요. 나는 좀 늙은 편이었죠. 내가 이 세계를 알게 되었을 때가 스물아홉 살이었으니까요.

한두 달 후 꿈에 엄마가 보이더군요. 한복을 차려입은 모습이었는데 아주 이상했어요. 난 도봉동에 사는 오빠 집을 찾아가봤어요. 엄마가 돌아가셨다는

여성들은 자신들이 일하는 술집 뒤나 옆에 딸린 작은 방을 하나 빌린다. 그리고 손님을 맞는 데 필요한 침대, 선풍기, 서랍장, TV, 음향기기를 사느라 빚을 지게 된다.

거예요. 세상에. 오빠와 왕래도 제대로 못했는데, 이 세계에 들어온 후로는 아예 연락도 끊고 살았거든요. 그래도 엄마한테는 계속 연락을 하고 있었는데, 여기로 오고 나서는 그마저 끊어버렸던 거예요. 나는 의정부로 돌아와 업주에게 20만 원을 빌려서 고향집으로 갔어요.

아버지께 용돈을 좀 드렸어요. 아버지는 엄마가 나를 기다리다 돌아가셨다고 하면서 우셨어요. 장례식을 마치고 나는 의정부로 돌아왔어요. 하지만 마음이 어지러워 일을 할 수 없었죠. 업주는 내가 일을 하지 않는다고 잔소리가 심하더군요. 그래서 나는 "이런 씨팔"하며 미군과 외박을 나가서 이틀 동안 들어가지 않아버렸죠. 내가 돌아오자 내가 달아났다고 생각했던 업주는 나를 한국인을 상대하는 요정으로 넘겨버리더군요.

50만 원인가 60만 원에 팔렸어요. 나는 가고 싶지 않다고 했죠. 영어도 좀 배웠기 때문에 다른 클럽에서도 일할 수 있을 거라고 했지만, 결국 나를 요정으로 넘기더군요. 거기서 하는 일은 견딜 수가 없었어요. 도저히 한복입고 하는 일은 할 수가 없더라고요. 그랬더니 업주가 나를 부산의 사창가로 팔아치우더군요.

새 업주는 비행기 삯과 함께 100만 원가량 돈을 쓴 것 같았어요. 그 남자와

일하는 여자, 노는 남자

같이 비행기를 타고 부산으로 갔지요. 업소엔 20명 남짓한 여자들이 있었어요. 남자들이 와서 고르더군요. 우리는 모두 한복을 입고 다소곳하게 앉아 있었어요. 펨푸 하나가 여자 두 명씩 관리하더군요. 항상 우리를 감시하고 있어서 도망칠 수도 없었죠. 건물이 높아 뛰어내려도 내 다리만 부러질 판이었어요. 난 기회를 더 엿보기로 했어요.

의정부의 클럽을 떠올리면, 항상 미군들이 생각났어요. 일반 한국술집이 벌이는 좀 낫지만, 한국 남자들이 비열해서 넌더리가 나더군요. 미군전용 클럽에서는 신참이라 해도 문제될 게 없었죠. 미군이 같이 나가자고 하면 그걸로 끝인 셈이었거든요. 하지만 일반 술집에서는 신참이면 신고식을 해야 했죠. 홀에서 대여섯 사람과 함께 스트립쇼를 해야만 했어요. 그리고 새로운 손님이나 특별히 중요한 손님이 올 때마다 해야 될 일이 있었어요. 이러더군요. "새로 온 앱니다. 얘가 자기 물건을 보여줄 겁니다." 지명을 받게 되면 다른 방으로 가야 했어요. 조명이 밝지 않은 그곳에서 그짓을

심야에 줄지어 늘어선 택시들. 미군들은 한국에 대한 기초 지식조차 결여돼 있기 때문에 대중교통수단을 이용하기 어려워한다. 술집지역이나 호텔로 갈 때 불가피하게 택시를 탄다.

하게 되죠. 미군클럽에선 그런 일이 전혀 없어요.

난 업주에게 그만두고 싶다고 말했어요. 계산해 보니 빚도 모두 갚았을 만큼 일했고 석 달 치 수입 정도는 손에 쥘 수 있을 것 같았거든요. 하지만 석 달이 지나도 업주는 내 장부를 정리해주지 않았어요. 계속 벌라는 말만 했어요. 더 이상 여기에 있다가는 내가 죽겠구나 싶더군요.

때마침 손님 하나가 내게 도망치고 싶으냐고 물었어요. 나는 그러고 싶지만 달아날 방법이 없다고 했죠. 그러자 그 손님은 자기가 나를 데리고 나가서 도망칠 기회를 주겠다고 했어요. 내게 남겨준 팁을 세어보니 4만 원이나 되더군요. 그 돈을 교통비로 쓰기 위해 감춰두었고요.

그 손님이 나를 보내 달라는 전화를 했더군요. 그 사람은 자주 오는 손님이었기 때문에 업주는 나를 보내줬어요. 택시를 잡아탈 수 있었어요. 그 손님은 택시기사에게 많은 돈을 주면서 내가 가고 싶은 곳까지 태워주라고 했어요. 나는 운전기사에게 도로 한가운데서 내려달라고 했죠. 내리자마자 뒷골목으로 달려서 어느 여인숙으로 들어갔어요.

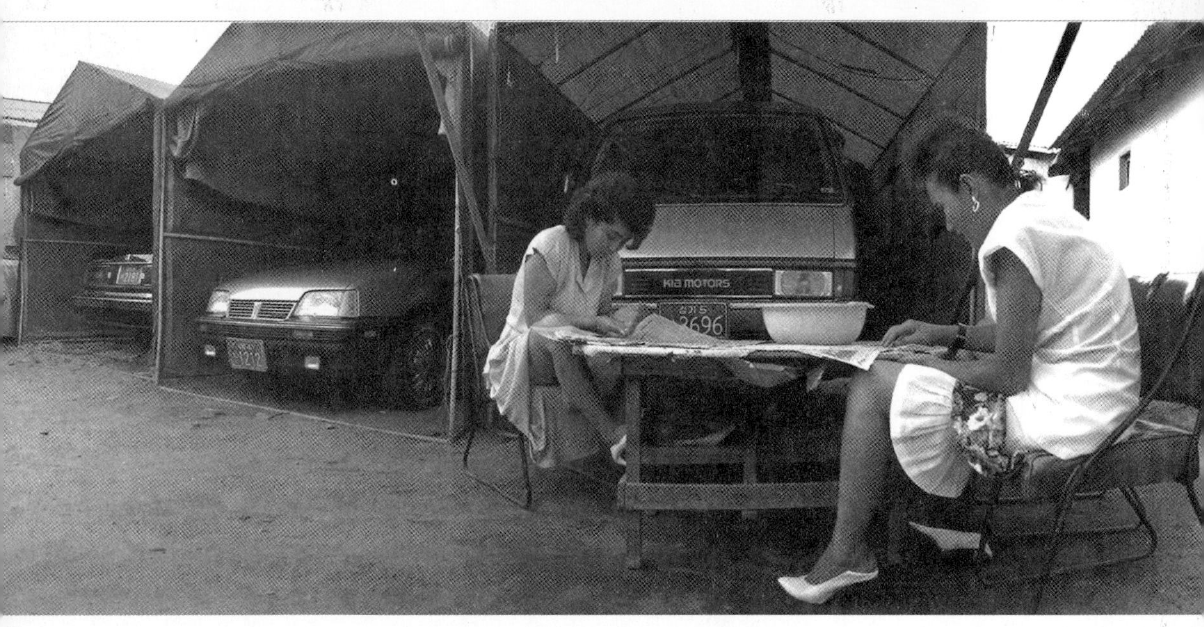

저녁 준비를 위해 쌀을 고르고 있는 술집 여성들

다음날 아침 일찍 나는 기차를 타고 의정부로 돌아왔어요. 그리고 내가 일했던 곳을 다시 찾아갔죠. 내 심정을 그 사람들에게 조금이라도 알리고 싶었어요. 왜 나를 그런 데다 팔아치웠는지 이유를 알고 싶다고 했죠. 업주는 나를 반기면서 미안하다고, 다시 와서 일해 달라고 하더군요. 나는 거절했어요. "됐어요. 난 사장님이 필요 없어요." 하지만 업주가 계속 매달리는 통에 그런다고 했어요. 하지만 난 마음속으로 벼르고 있었지요. "또 내게 열심히 일하지 않는다고 불평하면 사장님을 미성년자 고용으로 신고할 거예요." 클럽 사람들이 미안하다더군요.

언젠가는 그 인간(전 남편)이 어떻게 알았는지 찾아온 일이 있었어요. 나를 붙들고는 자기도 달라질 테니까 같이 가자고 애걸복걸하더군요.

"애가 보고 싶지도 않아?"

"그럼 넌 내가 새끼를 보고 싶어 하지도 않을 거라고 생각했어?"

그러고는 응낙을 했어요. '그래, 네 입으로 예전과 다를 거라고 하니까 한번 믿어보자.' 아들은 나를 알아보지 못하더군요. 계속 나를 "아줌마, 아줌마" 하고 부르는 거예요. 하지만 열흘도 채 못 넘기고 그 인간은 예전 모습을 드러내더군요. 그 일만 생각하면 온 몸이 부들부들 떨려요. 안양에 사는 오빠에게 전화를 걸었어요. 내가 곤경에 처해 있으니 해결 좀 해 달라고

클럽의 마마상과 나이 많은 여성들 일부는 술집여성들의 아이를 봐주기도 한다.

부탁했죠. 오빠는 정말 같이 살기 싫은 건지 묻더군요. 나는 깨끗이 끝내고 싶다고 했어요.

그전까지만 해도 오빠가 내 말을 믿지 않았어요. 하지만 오빠 눈으로 직접 그 인간이 하는 행동을 보고는 그러더군요. "애 데리고 가자." 그 인간이 칼을 휘두르더군요. 그러다가 자기 팔까지 찌르며 달라지겠다고 통사정을 하는 거였어요. 오빠는 자기가 처리할 테니 나보고는 달아나라고 했어요. 나는 아이를 데리고 뛰었어요. 의정부로 돌아왔죠. 나는 전화를 걸어 이혼을 해주면 애를 돌려주겠다고 했어요. 이혼서류를 작성해서 오빠 집에서 만나자고 했죠. 약속대로 만나러 갔더니 아무런 준비 없이 왔더군요. 어쩌겠어요? 애를 데리고 가라고 했어요.

클럽생활을 하면서 임신을 한 일이 있었지요. 나는 이전에 한방을 쓰던 친구를 찾아가서 거기서 일할 수 있겠느냐고 물었어요. 그 친구는 미군과 동거하면서 클럽에 나가는 상황이었어요. 친구가 잘라 말하더군요. "애는 포기해야 돼." 클럽에서는 임신한 여자를 재수 없다고 들이질 않았어요. 별 수 없이 나는 친구에게 업주한테 선불로 20만 원만 받아달라고 부탁했어요. 그 돈으로 병원을 찾아가 애를 지웠죠. 그래도 부엌일을 해주는 아줌마가 내게 미역국을 끓여주더군요.

여성들이 사는 작은 방은 주거공간이자 일터로 쓰이기 때문에 자녀들을 데리고 있기가 어렵다. 한국사회에서는 아이의 아버지가 아프리카계 미국인일 경우, 여성에게는 낙인이 따라다니고 아이는 그 검은 피부로 인해 인종차별을 받기 때문에 시골로 보내 친척들과 함께 살도록 하는 것이 현명한 방법으로 통하고 있다. 유럽계 미국인을 아버지로 둔 아이들의 경우는 이런 문제가 덜하다.

한국에서는 원하기만 하면 낙태를 할 수 있어요. 자기 이름과 남편 이름만 말하면 낙태를 시켜줘요. 꼭 남편이 아니더라도 아무 남자 이름만 대도 수술을 받을 수 있어요. 외국에서는 그렇게 할 수 없는 걸로 알고 있지만요. 돈도 많이 든다고 들었죠. 한국에서는 3개월 이전이면 4~5만 원이면 되거든요. 그다지 번거롭지도 않아요. 대개 클럽 업주들은 임신한 여성들의 낙태를 도와주기까지 해요. 돈은 자기가 내야 하죠. 그건 자기 스스로 잘 챙겨야 한다는 얘기겠죠.

자궁이 안 좋은 사람은 쉽게 유산이 되요. 하지만 튼튼한 사람은 그것도 마음대로 안 되죠. 나는 애를 세 번이나 수술로 지웠어요. 처음 애를 지우고 나서 루프를 넣었지만 그게 느슨해진 모양이에요.

우리는 매주 검진을 받고 피검사를 하지만 성교육은 받지 않아요. 난 에이즈에 대해 잘 몰라요. 단지 그런 게 있다고 들었을 뿐이죠. 다른 클럽에 에이즈 걸린 사람이 몇몇 있다는 말을 듣긴 했죠. 미군들은 여러 나라에서 여러 사람들과 섹스를 하기 때문에 에이즈를 조심해야 한대요.

미군과 사는 여자들은 애를 그렇게 많이 낳지 않아요. 한국에서는 결혼하면 당연히 애를 여럿 낳거든요. 많은 여자가 미군을 믿고 애를 낳지만, 그 애들은

술 마시고 여성의 성노동을 사는 것 외에 사내들이 즐길만한 것은 아주 제한적이다. 전자오락, 당구, 그리고 사진과 같은 펀치기계로 시간을 때우는 예가 많다.

부당한 대접을 받아요. 결혼까지 해서 낳은 애라도 미국에 가려면 우여곡절을 겪죠.

결혼하지 않은 상태에서 애를 낳았더라도 애가 백인이라면 입양이라도 보내죠. 하지만 애가 흑인이면 그것도 어려워요. 백인 혼혈아를 입양하려는 사람은 있지만, 그 중에 한국 사람은 거의 없어요. 애를 가질 수 없는 미국 사람들이 와서 데려가죠.

클럽에서 일하기 시작한 지 두 달이 채 못 되서 미국인 한 사람을 만난 적이 있어요. 두 번씩이나 이혼한 남자였어요. 그 남자는 나를 의심하더군요. 심심하면 패는데 그 인간(전 남편)과 다를 게 없더군요. 식탁 다리를 부러뜨리질 않나 살림살이를 박살내더라고요. 난 거의 미칠 지경이었어요.

그 남자와는 한 세 달을 같이 살았어요. 그러다 떠나겠다고 하더군요. 내가 이유를 물었지만 뭐라고 지껄이는지 알 수가 있어야지요. 그 때만 해도 영어를 못했거든요. 친구들은 영어를 못해도 당당하게 굴어야 한다고 했어요. "영어를 모르는데 어떻게 당당하게 굴어?" 하지만 친구들은 어쨌든 해보라는 거였지요. 팀스피리트 훈련이 끝난 직후였어요. 누군가 뒷담을 넘어오더군요. 그 미군이었어요. 당시 나는 혼자 지내면서 아주 만족스러운

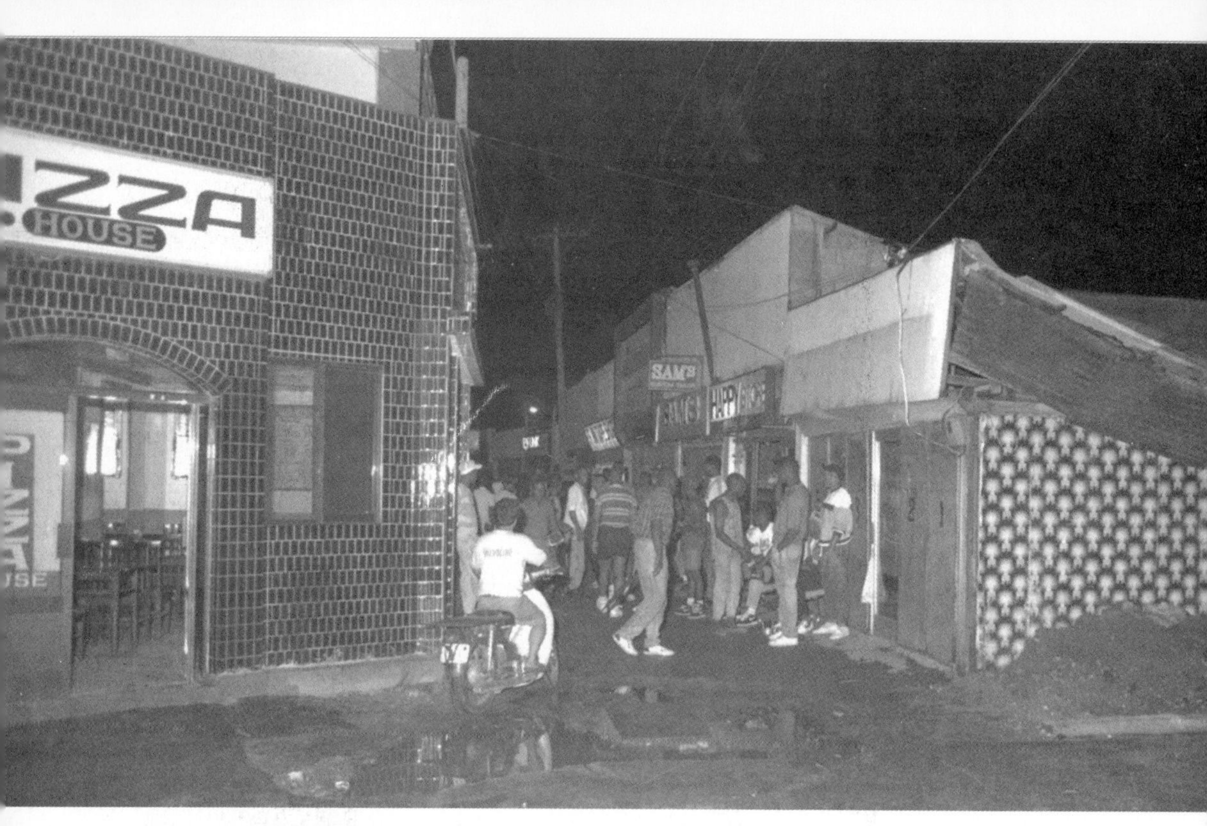

흑인구역(DMZ)의 술집은 겨우 한 구역 정도 떨어진 중심가 술집보다 작고 허름하다. 그런 만큼 분위기가 정겨운 편이다.

때였어요. 갑자기 내 옷을 찢고 덮치는 거예요. 나는 더 이상 같이 살 수 없으니 나를 괴롭히지 말라고 했죠. 한국 놈이나 미국 놈이나 다 똑같더군요.

나는 흑인 클럽으로 가기로 마음먹었어요. 흑인이 더 나을지도 모른다고 생각한 거죠. 거기서 한 달가량 일하다 푸에르토리코 출신을 만났어요. 클럽에 나가면서 일 년간 동거를 했지요.

그전에 난 50만 원을 가불해서 간질 치료비에 쓰시라고 아버지께 보내드렸어요. 바로 뒤에 푸에르토리코인, 제리를 만난 거였죠. 그가 나를 돕더군요. 다른 손님한테 번 돈을 보태서 가불 받은 돈을 모두 갚을 수 있었어요.

제리는 좋은 남자였어요. 아주 착했죠. 결코 나를 때린 적도 없었고 내가 원하는 대로 해주었으니까요. 늘 두들겨 맞고 살았던 터라 그런 사람에게 빠지긴 너무나 쉬웠죠. 그 남자가 내게 처음으로 사랑한다는 말을 하더군요. 난 대뜸 그랬어요. "당신 미친 거 아냐." 그런데도 날마다 내게 사랑한다고 말하는 거예요.

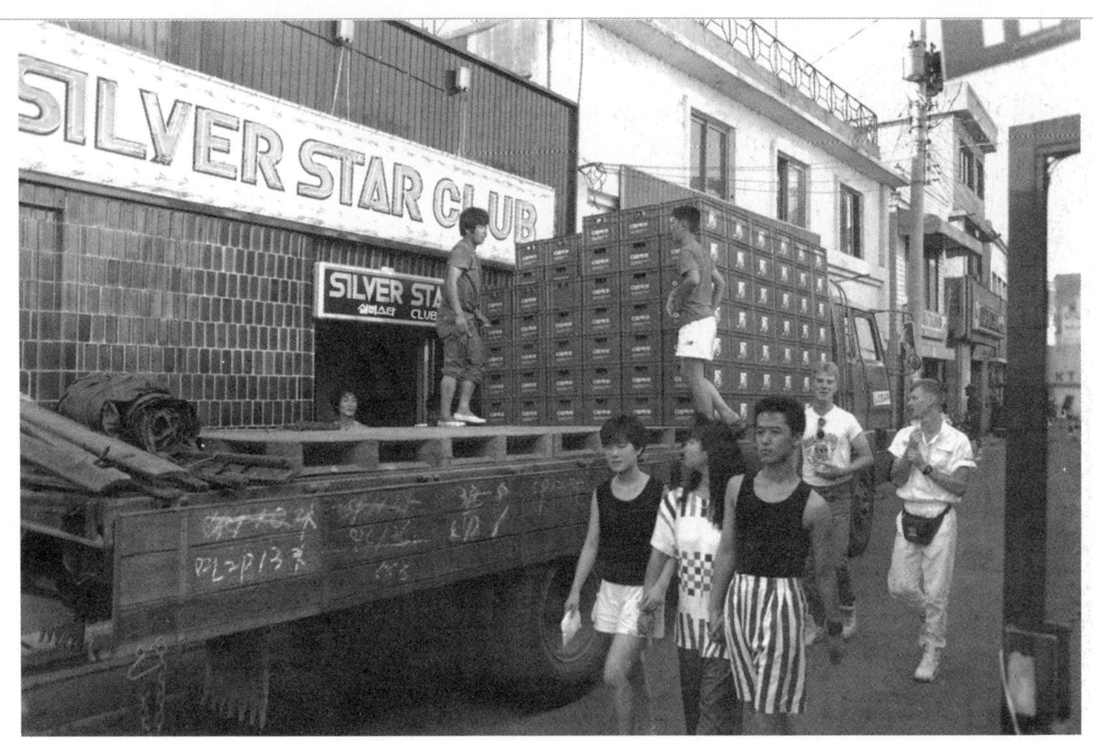

실버스타클럽은 중심가에 있는 서구식 술집이다. 춤 출 수 있는 큰 무대를 갖추고 있고 매일 밤 상당한 양의 맥주가 소비된다.

그는 모든 게 좋았어요. 단지 과음을 하면 침대에 오줌을 싸는 게 흠이긴 했지만. 나는 매일 요를 빨아대야 했죠. 하루걸러 이부자리를 적시더군요. 항상 술을 끼고 살았어요. 그래도 나는 이렇게 생각했어요. '때리지 않는 것만 해도 얼마나 다행이야.' 버려놓은 이부자리를 깨끗이 처리하고 그를 돌보는 게 일이었죠. 내가 보이지 않기라도 하면 밖으로 나를 찾으러 나왔어요.

그랬던 그가 어떻게 나를 저버릴 수 있죠? 그 사람은 분명 나보다 한두 살 적었어요. 내 생각엔 아마 자기만 편하자고 나를 떠난 것 같아요. 난 정말 그와 함께 살고 싶었어요. 나는 내가 그에게 잘해줬다고 생각해요. 그 사람을 생각해봐도 내게 좋은 사람이었고요. 나는 진심으로 그를 믿고 의지했어요. 난 술도 마시지 않았죠. 술을 마시면 상황만 더 나빠질 뿐이어서 술을 마시지 않기로 작정했었어요. 술만 마시면 난 미쳐버리거든요. 그가 떠난 후 난 모질어졌어요. 마음을 더욱 독하게 먹었죠.

우연한 기회에 그 푸에르토리코인을 다시 만나게 되었어요. 내가 빚이 늘어 걱정이 많을 때였어요. 함께 자리에 앉자 그 사람은 술을 권하더군요.

미군들은 복무기간 동안 자신의 한국 여성을 위해 술집 부근에다 셋집이나 공동주택 내 방 하나를 빌린다. 사진처럼 방이 다닥다닥 붙은 공동주택은 내부를 벽으로 막은 부엌 딸린 단칸방으로 각 세대가 구성된다. 각 세대의 문을 열고 들어가면 문 밖 프로판가스를 이용해 취사를 하는 아주 작은 부엌이 있고 그 안쪽에 방이 있다. 작은 욕조와 샤워꼭지, 변기가 있는 화장실은 외부에 별도로 있어 공동 이용한다. 집세는 한 달에 20만 원 내지 약 300달러(당시 기준)다. 전기료와 가스 요금은 별도다.

마음껏 마시래요. 그가 이러더군요. "이번엔 아무 말 말고 다시 만나자."

나는 어떻게 널 믿을 수 있겠냐고 물었어요. "난 이제 미국 놈들을 믿지 않아."

그러고 이틀이 지났는데 그가 돌아왔더군요. 나는 그때서야 아내가 있냐고 물었어요. 그렇다고 하더군요. 부인은 한국 여자였어요. 그는 하얏트 호텔에서

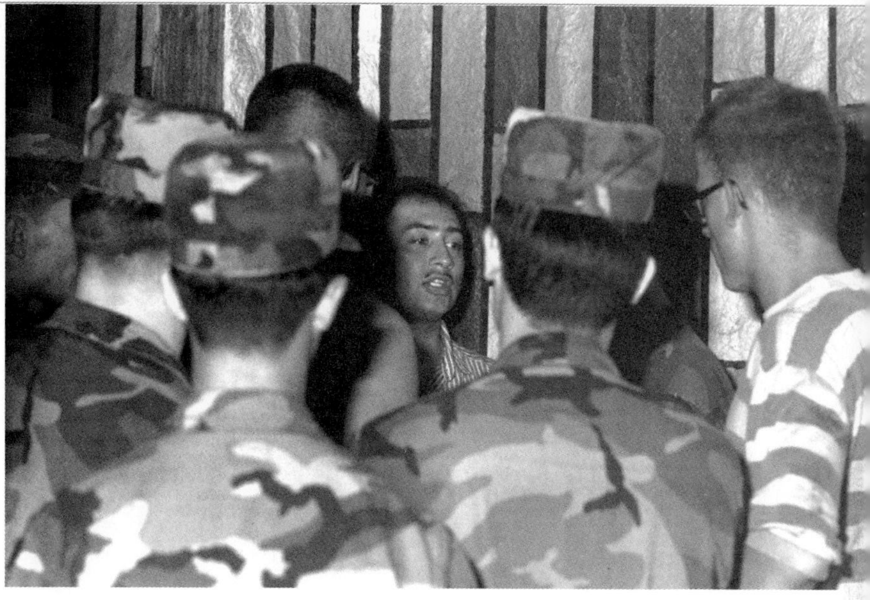

민사작전국(CMO, Civilian Military Operations)은 한국인과 미군 사이에 발생하는 대립을 중재한다. 주기적으로 순찰을 돌면서 사건, 사고 발생 시 휴대전화를 이용해 신속하게 처리한다. 때론 무력을 동원하기도 한다. 각 조마다 한국계 미군이 따라다니며 통역을 해준다.

묵고 있었고요.

월급을 받으면 그 사람은 내게 10만 원이고 20만 원이고 돈을 주더군요. 하지만 절대 나와 자지는 않았어요. 나는 계속 혼자 살았죠. 그가 매일 와서 도와주었어요. 저녁 무렵 찾아와서는 20달러고 50달러고 내놓고는 먹을 거라도 좀 사먹으래요. 나는 돈을 헤프게 쓰는 편이 아니어서 빚이 더 늘지는 않았어요.

얼마 후 제리가 나와 밤을 보내고 싶다더군요. 여인숙으로 가겠대요. 일이 끝난 뒤 나도 그리로 갔죠. 그 사람은 내게 다정했지만 나는 그게 싫었어요. 사람들은 나더러 미쳤다고 하더군요. "네가 고급 창녀라도 되는 줄 아니?"

사람들이 나더러 그를 붙잡으래요. 나는 알았다 하곤 그와 서너 달 같이 살았어요. 그 사람은 내게 돈을 주었고, 덕분에 나는 빚을 갚을 수 있었죠.

난 제리와 같이 살면서도 다시 클럽에 나갔어요. 제리는 내게 잘해줬지만, 난 그 사람과 더 가까워지고 싶지 않았어요. 내가 싫어서 떠났던 사람과 정들어 봤자 무슨 소용이 있겠어요? 한번 나를 떠났던 사람이라 나는 그를 믿지 않으려 했어요. 하지만 제리는 나를 많이 도와주었죠. 제리와 동거하고 있을 때 아버지가 돌아가셨어요. 올케 언니가 와서 아버지가 위독하다고 했어요. 임종이라도 지키려고 고향집으로 내려갔지요.

파파상과 감시인들이 일을 나가기 전에 카드놀이를 하고 있다.

올케가 오빠한테 내가 어떻게 살더라고 말을 했던 모양인지 오빠는 나를 심하게 때리더군요. 나와는 모든 게 끝났다고 했어요. 나도 혼자 살아가겠다고, 이후부터 나한테는 오빠도 언니도 없다고 했지요. 그러고 나서 나는 모두와 인연을 끊은 격이 됐어요. 내가 돌아오자 제리가 묻더군요. "무슨 일 있어?" 나는 대답도 못하고 울기만 했어요. 그래도 그가 계속 물어보기에 난 얻어맞은 얘기를 했어요.

그 이후에도 제리와 난 큰 문제없이 살았어요. 난 그에게 이혼하지 말라고 했어요. 그러면 "날 사랑하지 않아서 그러는 거야?"라며 오히려 날 나무랐죠. 그래서 난 아무 말도 할 수가 없었어요. 그 순간엔 이래라저래라 할 수 없었죠. 그렇지 않겠어요? 그 사람은 나를 많이 도와주고 있었어요. 이를 치료하는 데 드는 병원비 150만 원도 선뜻 내주었으니까요.

어느 날 클럽에서 업주와 미군 하나가 싸우는 일이 벌어졌어요. 그 미국인은 여자가 마음에 들지 않는다며 업주를 때린 뒤, 주변에 서 있던 사람들을 밀치고 나갔어요. 업주는 계단 아래로 떨어져 머리를 다쳤죠. 병원으로 실려 갔어요. 믿을 만한 사람이 나밖에 없다며 내게 클럽을 봐달라고 하더군요. 나는 제리에게 클럽에 가서 살아도 되겠냐고 물어봤어요. 제리는 이해한다고 하더군요.

“저 여자가 나를 걷어차서 피가 나.”

미군들로 인해 싸움이 벌어지는 건 다반사였어요. 대개 여자 때문이었죠. 돈을 지불했다가 여자가 만족스럽지 않으면 돈을 돌려달라고 하는 바람에 싸움이 벌어지는 거예요. 아주 흔한 일이죠.

자기들끼리도 싸워요. 옆에 여자가 있기라도 하면 싸움이 더 커지죠. 술 취해 떠들다가 서로 계급 갖고 시비가 붙어요. 계급이 높다고 낮은 계급의 사람한테 자기에게 복종하라는 거죠. 그러면 계급이 낮은 사람이 이렇게 응수해요. “당신이 기지에선 고참이지만, 여기선 아냐.” 이러다가 난폭한 싸움으로 번지는 거예요.

나는 방을 청소하고 이것저것 남에게 다 줘버리곤 작은 옷 가방 하나만 챙겨서 클럽으로 갔어요. 다시 혼자 살기 시작한 거죠. 퇴원한 업주는 더 거칠고 야비해지더군요. 나는 남자들에게 친절하게 대했어요. 내 말은 모든 사람이 좋은 음식을 비롯해 모든 걸 먹고 마시고 즐기려 한다는 걸 알고 비위를 맞췄다는 뜻이에요. 그래서 돈이 없다고 하면 내가 외상을 달아서라도 사주었죠. 난 그들에게 양심을 믿는다며 언젠가는 외상을 갚으라고 했어요. 미군들 때문에 빚을 안으면서 나는 미군들로부터 돈을 버는 여성들에게

일을 하지 않을 때 일부 클럽여성들은 밖에 나와 한가로이 시간을 보낼 수도 있다. 그러나 다른 대다수 여성들은 이런 특권을 누리지 못한다. 감시인이나 포주가 동행할 경우만 클럽 바깥으로 나갈 수 있다. 이 여성들은 망가진 안경을 고치려 하고 있다.

그 빚으로 돈을 갖다 바친 셈이었죠.

한국 남자들보다는 미군들이 낫더군요. 물론 미군들도 때에 따라 미친놈들처럼 굴지만 여자를 대하는 면에서는 한국 남자들보다 낫다고 생각해요. 우리한테 잘하는 한국 남자들도 있겠지만요. 그런데 난 착한 한국 남자를 만난 적이 없어요. 나쁜 놈들뿐이었죠.

클럽 일을 통해서 나는 미국인들에 대해 알게 되었어요. 당연히 술에 취해 말썽을 일으키는 사람들은 어디나 있기 마련이죠. 나는 그런 걸 이해하고 받아들일 수 있어요. 하지만 살림을 차리고도 정말로 상대를 멸시하는 미군들도 있어요. 나는 경험상 그런 인간들을 그렇게 많이 만나진 않았지만. 그저 여자와 놀기 좋아하는 인간들이 숱하죠. 그 때마다 걔들은 여자를 이용하려들어요. 너와 네 모든 것을 사랑한다고 속삭이죠. 그러나 등만 돌리면 완전히 남이 돼버려요.

일부 미군클럽에서는 여성들이 빚이 없으면 피해를 줄 걸로 여겨요. 빚을 다 갚으면 좀더 나은 클럽으로 가려고 할 수도 있죠. 하지만 빚이 있는 경우는 그걸 갚기 전에는 떠날 수가 없어요. 도망치는 것도 쉽지 않죠. 그냥 양심 때문에 남아서 일을 하죠.

클럽여성 대부분은 두 부류로 나뉘죠. 어떤 여자들은 업주에게 잘 보이려고

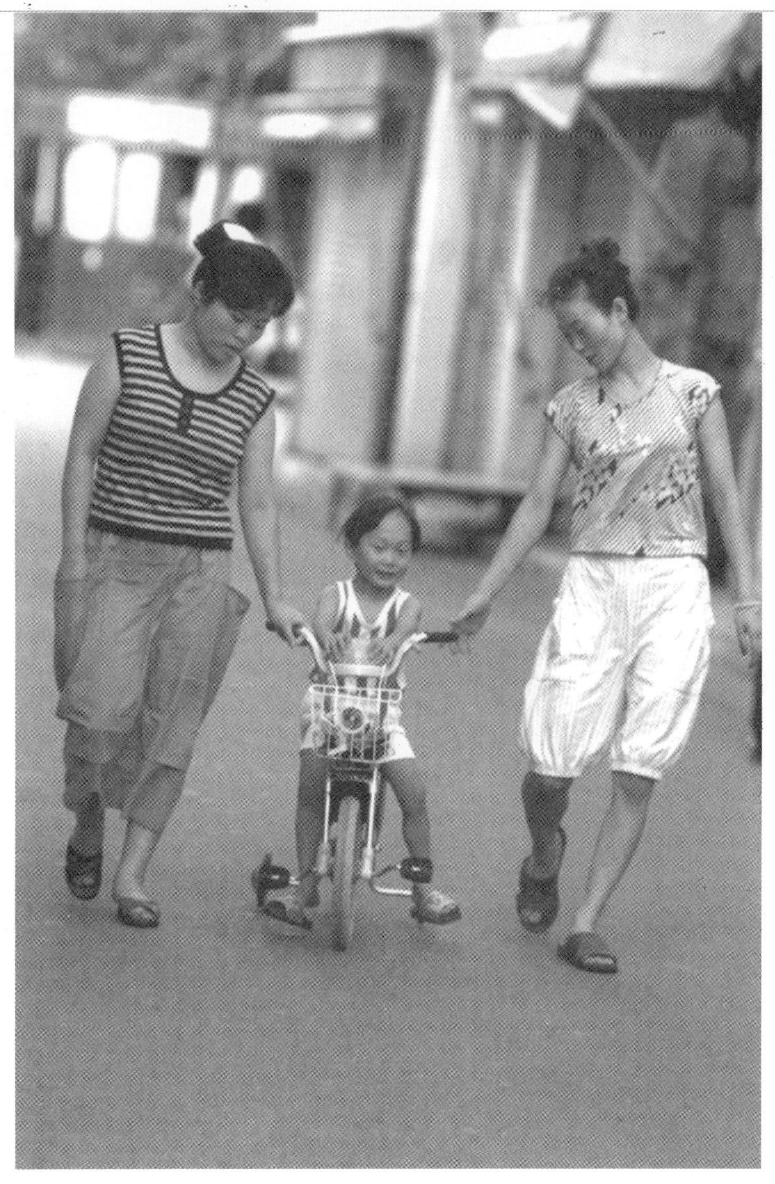

엄마와 새 자전거를 타보는 아이. 사진의 여성은 둘 다 클럽에서 일한다.

애를 쓰는 반면, 함께 힘을 합쳐 업주에게 맞서는 여자들도 있어요. 업주에게 시시콜콜 고해바치는 고자질쟁이도 있죠. 그러면 누가 누구에게 뭐라고 했는지를 가지고 큰 싸움이 벌어져요.

하지만 내가 일했던 곳에서는 어떤 여자도 주인에게 그렇게 일러바치진 않았어요. 우리끼리 뭔가를 결정했으면 그대로 따랐죠.

거리에 있는 어느 술집 내부

내가 산전수전 다 겪다보니 새로 들어오는 아가씨들을 코치해주기도 했어요. 신참을 지켜보다가 안 되겠다 싶으면 우린 오히려 도망가도록 도와주었죠. 밖으로 빼주면서 여기는 너와 어울리지 않는 곳이라고 충고를 해줘요. 심지어 업주에게 빚을 많이 진 여자를 도망가게 해준 적도 있어요. 우리에겐 그런 경우가 많았어요.

이런 일을 한다 해서 모두 나쁘기만 한 건 아니에요. 단지 매춘을 한다는 것만으로 그 사람을 나쁘다고 할 순 없는 거란 말이죠. 그들의 가정환경이 여기 있게 만든 것뿐이에요. 그래서 죄악이라고 생각지 않아요. 좋은 일 따로 나쁜 일 따로 있는 게 아니죠. 개같이 벌어 정승같이 쓴다는 속담도 있어요. 나는 내가 하는 일이 전혀 부끄럽지 않아요. 다른 사람들이 들으면

여기저기 옮겨 다니면서 말을 태워주는 손수레. 아이들에게 아주 인기가 있다. 세계 여러 곳의 고도로 군사화된 지역에서는 아이들이 헬멧을 쓰고 장난감 총을 서로 겨누며 노는 모습을 흔히 볼 수 있다. 기지촌지역에서 찍은 아이들 모습이다.

당황할 수도 있겠지만, 난 그렇지 않아요.

내 마음만 깨끗하다면 다른 사람이 뭐라 하든 상관없어요. 일부 사람들은 우리를 경멸하며 부도덕하다고 비난하지만, 나는 바로 그런 사람들이 부도덕하다고 생각해요. 제 얼굴에 침 뱉는 꼴이죠. 우리를 나쁘게 말하는 사람들이 나쁜 사람들이죠. 이게 내 솔직한 생각이에요.

나는 너무도 많은 괴로움을 겪으며 살아왔어요. 괜찮은 미래를 그릴 때마다 내 과거와 그에 따라 펼쳐졌던 삶을 떠올려요. 내가 돈만 있었어도 가난한 사람들을 돕고 베풀며 살았을 거예요. 죽어서 가져갈 것도 아니잖아요. 정말 돈 많은 부자가 되어 혼자 잘 살고 싶은 생각은 추호도 없어요. 그저 평범하게만 살 수 있으면 좋겠어요. 욕심이 무슨 소용 있겠어요?

내게 의미 있는 것이라곤 부모님이 살아계실 때 좋은 딸이 되려고 노력한 것뿐이에요. 비록 이런 곳에 있었지만. 부모와 자식간에 돈 때문에 싸우기도 하잖아요. 그렇지만 나는 우리가 항상 서로 이해하려고 노력하면서 살아야 한다고 생각해요.

한편으로는, 한국에 있는 미군들이 싫지만 그들도 사람이죠. 그들 역시 고향을 떠나 외로울 수밖에 없을 테고요. 야비한 놈들은 혐오해도, 그렇지 않은 사람에게는 안쓰러운 마음도 들어요. 가끔 술에 잔뜩 취해 자기인생을 말할 때 보면 나쁜 구석이라곤 없더군요. 하지만 술만 들어갔다 하면 말썽을 피우는 추잡하고 비열한 인간들도 있어요. 그런 인간들은 좋아할 수가 없죠. 아마 자기 행동도 다스리지 못하고 자기가 뭘 하고 있는지조차도 모르는 것 같아요. 하지만 누가 뭐라 해도 타국도 아닌 한국 땅에서 떠나온 고향조차 제대로 갈 수 없는 우리만큼이나 괴롭겠어요? 미군들 중에도 좋은 사람이 있고, 나쁜 사람도 있다고 생각해요.

나로서는 미군이 철수하면 만사 오케이일 것 같아요. 한편으로 미군들 자신은 주둔하는 게 좋겠지요. 미군이 철수해버리면 여자들은 이 한국 땅에서 갈 데가 없겠죠. 미군철수에 관한 얘기를 많이 듣기는 했지만, 그렇게 쉽게 되지는 않을 것 같아요.

통일을 바라기는 해도 그게 좋은 일인지 나쁜 일인지 잘 모르겠어요. 통일이 되어 한마음 한뜻으로 산다면 행복할 순 있을 거예요. 우리가 서로 믿고 의지한다면 통일보다 더 위대한 건 없겠죠. 하지만 그렇게 할 수 없다면 지금처럼 사는 게 더 나을지도 모르겠어요. 통일의 결과가 더 좋은 사회를 만들 수 없다면, 통일을 안 한 것만 못할 거라는 얘기죠.

---

1) 당시 안양은 공장이 많은 지역이었다.

2) 1989년 한국의 원화환율은 달러 당 660원이었다.

3) 결혼비용이 비싸서 노동계급 사람들이 결혼식을 올리지 못하는 것은 흔한 일이다. 당시 가정법률상담소(Women's Legal Aid Center)에서는 매주 토요일 어려운 처지에 있는 사람들을 위해 합동결혼식을 올려주고 여러 가지 상담을 해주었다.

4) 여자들은 자신의 방을 따로 갖는다. 대개 술집에 딸린 방을 쓰게 된다. 여자 스스로 방을 꾸며야 하는데, 침대, 옷장뿐 아니라 손님을 즐겁게 해주려고 TV와 음향기기도 갖춘다. 이것은 클럽이 여성들에게 빚을 지우는 방법 중 하나로 이용된다.

박씨

35살

오산, 군산, 의정부 생활

지금으로서는 김일성이 뭘 생각하고 있는지 알 수 없기 때문에 미군이 여기에 있는 것도 괜찮다고 생각해요. 하지만 남북이 서로 믿고 의지하고 산다면, 훨씬 좋을 것 같습니다.

내가 알기로 미국인들이 우리를 도와줬기 때문에 우리나라가 존재하고 있다는 건 맞는 애기예요. 그러나 미국이나 소련이 없었더라면, 혹은 김일성이 소련으로 유학가지 않고, 이승만대통령이 미국에서 공부하지 않았더라면 우리나라가 38선을 따라 나뉘지는 않았을 거예요. 그리고 전쟁이 났을 때 김일성이 좀더 강해서 이겼더라면, 우리나라는 공산국가가 되었겠지만 그래도 여전히 하나였을 겁니다. 마찬가지로 이승만대통령이 둘 중에 더 강하고 진정한 지도력을 발휘했더라면 단일국가로 대한민국이 되었을 테지요.

미국과 소련이 우리를 가운데 두고 가지고 놀았던 게 사실 아닙니까? 그렇다면 당신네가 우리를 돕고 있다고 말할 필요가 없는 거예요. 또 당신네들 필요에 따라 우리를 돕고 있는 거잖아요. 언젠가 나는 미군 한 명과 이 문제를 두고 논쟁을 벌인 적이 있었습니다. 그 무렵 나는 미국과 러시아가 거래를 했었다는 사실을 책에서 읽었어요. 때문에 누가 옳고 그르다고 할 게 없어요. 당신네들은 돈을 벌려고 한국에 왔을 뿐이지 돕기 위해 온 게 아니에요. 한국에 있는 어느 누구도 우리를 도우려고 여기 있는 게 아닙니다.

미국인을 상대하면서부터 나는 우리 한국인들이 여전히 가난하고 많은 사람들이 굶고 산다는 걸 새롭게 깨달았어요. 하지만 여기 온 미국인들은 원하기만 하면 뭐든지 먹을 수 있습니다. 원하는 대로 할 수 있고 원하는 걸 살 수 있어요. 우리나라 사람들은 아직도 한 방에 서너 명이 같이 살죠. 10대가 되었다고 해서 자기 방을 가질 수 있는 아이들은 드물어요. 지난 8년 내지 10년간 우리나라가 많이 발전했다고들 해요. 정말일까요? 설사

동두천의 주요 시내도로에서 탱크, 탄약 트럭, 거대한 유조차량 및 기타 미군차량을 목격하는 것은 아주 흔한 일이다.

그렇다 쳐도 당신이 초대받아 미국인들 사는 집을 한번이라도 둘러보면 우리와 너무 다르다는 걸 한눈에 알 수 있을 겁니다.

이태원에 가면 미군장교들 저택을 볼 수 있어요. 우리 같은 가난뱅이들에겐 마치 무슨 성 속으로 걸어 들어가는 것 같더군요. 온갖 종류의 술을 갖춰놓고 있어요. 그런데도 밖에 나와서는 10달러, 20달러 가지고 우리를 희롱하죠. 물론 그들이 그렇게 살 능력이 있다는 건 인정합니다. 하지만 이태원 같은 곳에서는 한 가족이 그 큰 집 전체를 쓰고 있거든요. 혼자 방 3개를 쓰더군요. 하층민들은 방 하나에 목욕통은 물론이고 일터에서 쓰는 작업도구들까지 쌓아놓고 삽니다.

미군기지에 가보면 모든 게 자동이에요. 풍부한 물과 전기를 마음 놓고 씁니다. 그런데도 정부는 우리더러 전기와 물을 아껴 쓰라고 하죠. 그곳은 딴 세상이에요. 군대에 가 있는 우리나라 남자들은 더운물로 샤워도 못해요. 충분히 먹지도 못하죠. 얇은 모포 하나 덮고 나란히 누워 잡니다. 미군들이 그렇게 좋은 집에서 편안하게 사는 걸 보면 우리 군인들이 안쓰럽기만 해요. 우리 군인들은 무척 힘들게 지내요. 김일성의 야욕만 없다면, 미군이 떠나는

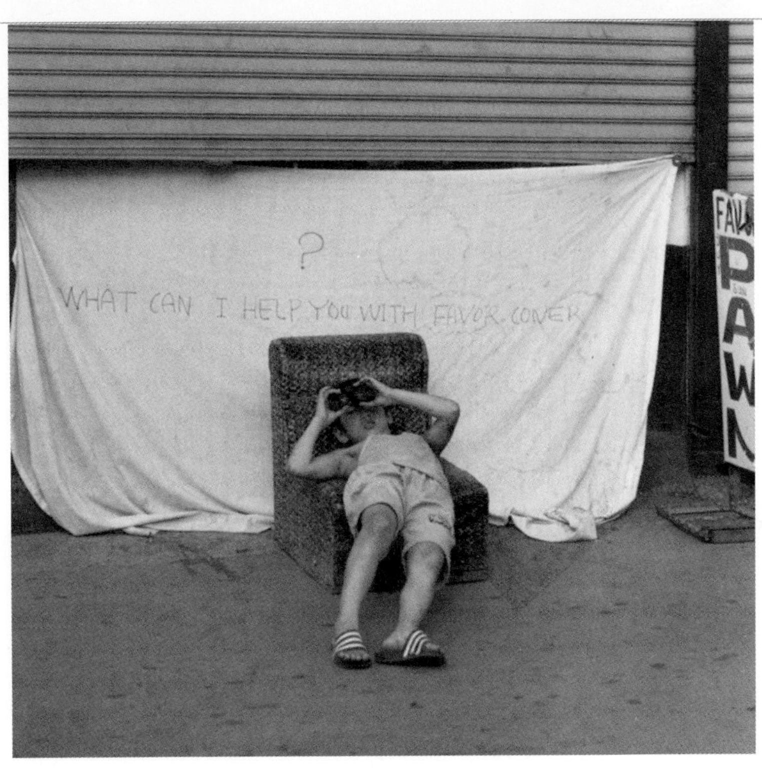

술집지역에서 놀고 있는 아이

게 우리나라를 위해서도 백번 낫다고 생각합니다.

미군들은 세금도 한 푼 안 내는 걸로 알고 있습니다. 우리 때문에 여기서 편히 살고 있죠. 기지 바깥에 집도 싼값에 빌릴 수 있어요. 그 돈도 대부분 기지 측에서 지불해주죠. 그런데 그들이 우리를 대하는 걸 보면 우리나라를 멸시하는 것 같아요. 이렇게 생각하죠. "한국은 우리가 여기 없다면 국토를 뺏길 것이다. 우리는 김일성 때문에 여기에 와 있다. 그러니까 우리는 잘 대접받아야 한다. 한국인들은 우리 없이 살 수 없다." 정말 돼먹지 않은 생각이라고 느껴집니다.

이런 계통에 있는 많은 한국 여성이 미국인을 상대하고 싶어 하죠. 다른 나라는 어떤지 모르겠지만, 한국 남자들이 다소 폭력적이라 그래요. 그걸 어떻게 설명해야 될지 모르겠어요. 가령 아무리 선량한 사람이라도 술만 마시면 다른 모습이 나타나는 경우가 있죠. 숨겨진 천성이 나오는 거예요. 한국 남자들은 사회로부터 받는 긴장과 스트레스를 술을 통해 풀어요. 미친 듯이 하고픈 대로 행동하는 거죠. 미국인들은 그렇진 않더군요. 비록 끝에

대부분의 공장들이 기혼여성의 고용을 기피하며, 미혼이라도 임신을 하거나 아이가 생긴 경우엔 고용관계를 유지하려 하지 않는다. 그에 따라 여성들이 가사와 육아만을 담당하는 거대한 비공식 경제가 존재함으로써 커져가는 경제를 받치게 된다.

가서는 거짓말을 하고 여자를 속이더라도 대개 미국 남자들은 다정하면 다정했지 여자를 못 살게 굴진 않아요.

여자들은 피임을 합니다. 주로 쓰는 방법은 피임약을 먹는 거죠. 일부는 루프를 삽입하는 데 그다지 효과적이진 않아요. 미국인들의 물건이 한국인보다 큰 거예요. 물건이 크다보니 문제가 생기는 게 사실입니다. 루프 같은 게 제 기능을 발휘하지 못하는 거죠. 안에서 뭔가 잘못될 수가 있어요. 미군의 70% 정도가 콘돔을 사용하지 않아요. 콘돔을 사용했던 사람이라도 한 여자를 주기적으로 찾기 시작하면 그 후엔 대체로 여자들로 하여금 피임약을 복용하게 하곤 쓰지 않는 거예요.

피임약조차 복용하지 않는 여성들도 많아요. 피임약 복용을 포기하죠. 임신이 될 때마다 낙태를 하는 겁니다. 여기서 오랫동안 일한 사람들 대부분이 10번 이상 낙태를 경험했을 거예요.

이곳에서 발견된 최초의 에이즈 환자는 해군이었다는 말을 들었어요.[1] 그런 얘기를 들었을 무렵 의정부 송산[2]에 에이즈 환자가 한 명 있었어요.

기지촌 전자오락실의 사내들

젊은 여성이었죠. 그 여자는 우리 같은 인생을 살기 때문에 병에 걸린 거예요. 한국 사람들에게는 에이즈라는 병이 없었습니다. 미군들로부터 얻은 거죠. 모든 경우 에이즈는 미군과 관련돼 있어요.[3]

여기서 일하면서 한국인 손님은 받지 않아요. 그러니까 에이즈나 매독 같은 것들은 모두 미군들에게서 옮는 겁니다. 이전에 한국 사람들 사이에는 이런 병이 없었기 때문에 우리는 속옷을 지금처럼 자주 빨지 않았어요. 나 또한 한국 남자와 살아보았고 여러 명과 관계했지만, 그런 병은 본 적이 없습니다.

한국 남자들은 키스나 애무를 잘 할 줄 몰라요. 잠자리 행동을 비교해 보면, 한국 남자들은 대체로 성관계 자체에 집중하고 미국 남자들은 키스를 많이 하면서 지저분하게 구는 편이죠. 한국 남자들과 살 때는 그렇게 지저분하지 않았어요. 그래서 그런 병들이 한국에서 시작되었다고 생각할 수가 없어요. 한국의 일반인을 상대하는 술집에서는 매독 검사를 할 필요가 없었죠. 그러나 여기는 매주 검사를 받아야 합니다. 꽤 엄격하죠.

섹스 후 스트레스를 받거나 피로가 누적되면 임질에 걸리기 쉽습니다. 섹스를 하면서 느낌이 안 좋으면 검사를 받고 치료를 받아야 해요. 날씨가 추워지면 임질도 사라집니다. 그러나 매독이나 임질 같은 것에 그리 많이

성병진료소(SHC)는 지자체가 운영한다. 미군을 손님으로 받는 술집여성들은 매주 성병검사와 흉부 X선 촬영을 해야 하며, 6개월마다 혈액검사를 받고 3개월 단위로 AIDS 혈액검사도 받아야 한다. 검사비용은 여성들이 부담한다.

걸리지는 않죠.

내가 이 일을 시작한 건 10년 전입니다. 그때도 매주 검진을 받아야만 했어요. 만약 검진을 받지 않은 상태에서 보건소 직원에게 걸리면 벌금을 물어야 했죠. 검진을 받기 위해 우리는 6개월마다 회비를 내야 하고 처음에는 사진까지 찍어야 합니다. 이전에는 500원에서 1,000원을 냈지만, 지금은 2,000원을 내고 있어요. 사진이 포함되면 3,500원이 듭니다.

정부가 검진을 실시해요. 미국 정부는 관여하지 않죠. 미국인들이 하는 일이란 기지 밖에 나와 여자랑 자는 게 전부죠. 남자에게는 어떤 병이라도 빨리 나타납니다. 병원에서는 어느 클럽의 어떤 여자와 잤느냐고 묻죠. 정보가 확인되면 그 여자를 찾아내서 성병진료소에 가도록 조치합니다.

우리 몸을 매주 검진 받는 것은 좋다고 생각해요. 분명한 건 성병진료소에 있는 동안은 돈을 벌지 못한다는 겁니다. 무슨 문제라도 있으면 3일간 그곳에 머물면서 치료를 받아야 하죠. 나흘째 되는 날, 다른 검사를 받아서 괜찮아야만 그곳에서 나올 수 있어요. 그러나 좋아지지 않았으면 다시 3일 동안 머물면서 다른 검사를 받아요. 완치되었다는 사실이 확인되어야 나갈 수 있는 거죠. 모든 기지촌지역에서 이건 엄격해요.

술집에 가면 선불금이라는 게 있습니다. 들어갈 때 물건을 사면서 빚을 지게 되는 거죠. 게다가 방세, 식사, 난방비 역시 물어야 합니다. 일부 업주들은 한 달에 한번씩 정산을 해줘요. 하지만 월급 한 푼 안 주는 업소가 수두룩해요. 돈을 벌기 위해서는 미군과 2차를 나가야 하죠. 하지만 어제나 오늘이나 똑같을 뿐이에요. 영리한 사람이라면 결코 속지 않을 텐데 말이죠.

나는 가는 곳마다 나를 혹사시키게 그냥 내버려두지 않았어요. 다른 여자들의 이야기를 들으면 이렇게 얘기합니다. "왜 그 인간들이 그렇게 하도록 가만있니? 이렇게 저렇게 해봐야지." 겉만 봐도 어떤 인간인지 알 수가 있어요. 화려하게 치장한 여자들이 있죠. 그런 여자들은 돈을 많이 쓸 수밖에요. 업주들은 대개 그들로부터 이익을 챙기고 있는 겁니다. 하지만 분별력이 있어 보이는 여자들에게는 속임수를 쓰지 못할 거예요. 얼마나 일했고 어느 정도 빚이 있으며 이자는 얼만지, 다음 달에는 얼마나 벌 수 있는지 계산해두고 있어야 하는 겁니다.

처음 이 세계에 들어왔을 때 미국인들은 교육도 많이 받고 대단한 사람들일 거라 생각했어요. 그래서 초기에는 정말 잘 대해주었죠. 그들이 한국말을 이해하지 못하더라도 "씨"자를 꼭 붙여서 불렀어요. 이야기를 할 때면 항상 존댓말을 썼죠. 그러다가 한두 번 농락을 당하고, 나쁜 일을 본 것도 부지기수였어요. 사실 살해당한 사람까지 봤습니다.

이런 일이었어요. 아모레 화장품 외판원이 화장품을 팔러 다니고 있었대요. 한쪽에서 미군 하나가 쓰레기를 태우더랍니다. 그런데 냄새가 이상했대요. 머리카락 태우는 냄새 비슷했다죠. 의심이 간 외판원이 경찰에 신고를 했어요.

'스튜디오 54'라는 클럽은 밤 11시 무렵 문을 연다. 유흥가의 술집 대부분이 문을 닫은 이후에 사람들이 몰린다.

경찰은 그 미군이 여자의 시신을 태운다는 걸 알아차렸지요. 서로 다투다 여자를 죽였던 겁니다.

나는 다른 사람에게 해를 끼치지 않으려 노력합니다. 나에게 아무리 나쁜 남자라 하더라도 세 번의 기회는 주죠. 서로 이해하고 받아들이려 노력하면 아무리 그런 남자들이라도 우리를 함부로 대하지 않아요. 질 나쁜 놈들은 우리를 "화냥년"이라고 불러요. 홀에 들어와서는 사람들에게 욕설을 퍼붓기 시작하죠. 그래도 난 상냥하게 말합니다. "OB 맥주 마시러 온 거 아니에요? 내가 한 병 줄 테니까 마셔요." 그러곤 이렇게 달래죠. "내게 욕하지 말아요. 당신도 여기 한국에 돈벌러 왔고 나도 여기 돈벌러 왔어요. 그러니까 험악하게 욕하지 말아요." 그러면 몇몇 젊은애들은 "미안해요"라고 사과를 해요. 하지만 적지 않은 미군들은 우리를 농락하고 이용해 먹으려고만 합니다.

흑인구역(DMZ)에 있는 'P-펑크 클럽'은 규모가 작아 한 명의 여성이 혼자 일한다. 이 여성은 종업원으로 일하면서 사내들의 말상대를 하고 성노동을 팔기도 하며 야간영업 후 청소까지 한다. 중년의 한국인 부부가 이 술집을 소유하고 있다. 아내는 바텐더로, 남편은 감시를 맡는다.

우리가 가난하고 배우지도 못했으며, 이런 생활로 돈을 벌어야 하니까 미군들이 그런 식으로 우릴 함부로 대하죠. 자기들 입으로 그럽니다. 자기 나라에서는 술을 마셔도 여자를 때리지 않는대요. 그러나 이 가난한 나라 한국에서는 원하는 대로 할 수 있다는 겁니다. 때론 그들이 도를 넘었다는 생각이 들어요. 미군들은 이런저런 말로 우리를 놀리기도 합니다. 이런 식이죠. "너휜 왜 그렇게 가난해? 김치만 먹는다며?" 이런 모습으로 인생을 살든 안 살든 무슨 문제가 됩니까. 인간이 착하게 살면 되죠. 또 다른 사람에게 이용당하지만 않으면요. 우린 가난할지 몰라요. 그렇지만 우린 제 힘으로 먹고삽니다.

내겐 남동생 셋과 여동생 한 명이 있어요. 내가 나이가 제일 많죠. 부모님은 인삼을 재배했어요. 마을사람 모두 그걸로 먹고살았죠. 그때만 해도 우린 잘 살았어요. 그런데 어느 날 큰삼촌이 집을 나가서 일주일이 지나도록 돌아오지 않는 겁니다. 노름판에서 돈을 몽땅 날렸더군요. 결국 삼촌 덕에 우린 거덜 나고 말았죠. 집을 팔고 대전으로 이사를 했어요.

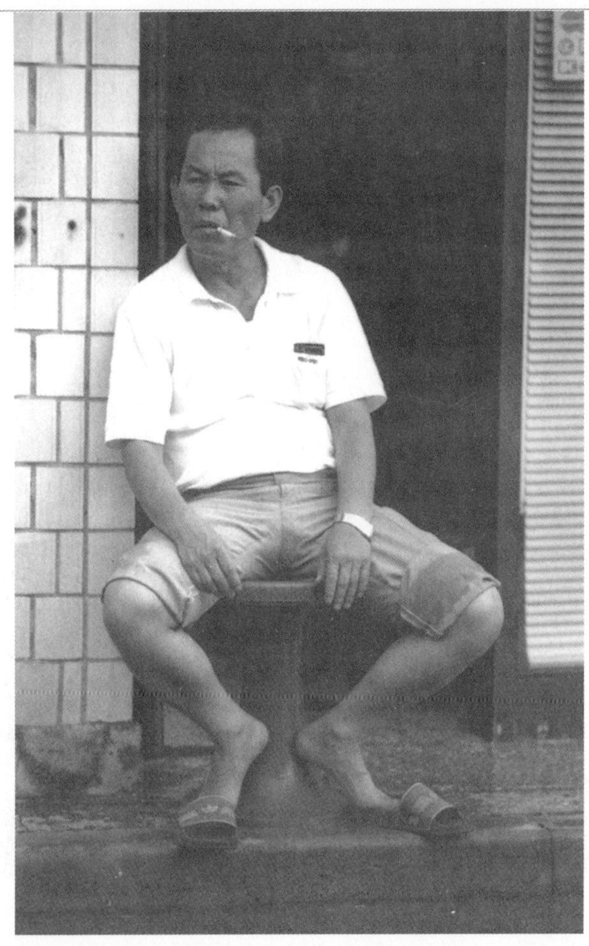

어느 술집 업주

어머니는 억척같이 일을 하셨어요. 아버진 농사 실패로 낙담하신 나머지 더 이상 일을 하지 않으셨죠. 어머니는 행상을 다니며 빵을 팔고, 개고기장수로 나서기도 했지요. 국수집을 차리기도 했어요. 또 쌀도 팔았고요. 결국 어머니 친정에서 돈을 빌려야 했습니다. 혼자서는 도저히 생활을 꾸릴 수가 없었던 거죠.

아버지는 바람둥이였어요. 잘 생겨서 그랬는지 일이 끊이지 않았죠. 내가 국민학교 5학년 무렵엔 아버지와 바람이 난 여자를 마을사람들이 쫓아낸 일까지 있었습니다. 선술집에서 일하던 여자였어요. 아버지가 그 술집만 갔다 오면 늘 어머니를 때렸죠. 마을사람들이 그래요. 어머니가 너무 착한 사람이어서 그 여자를 쫓아버렸대요.

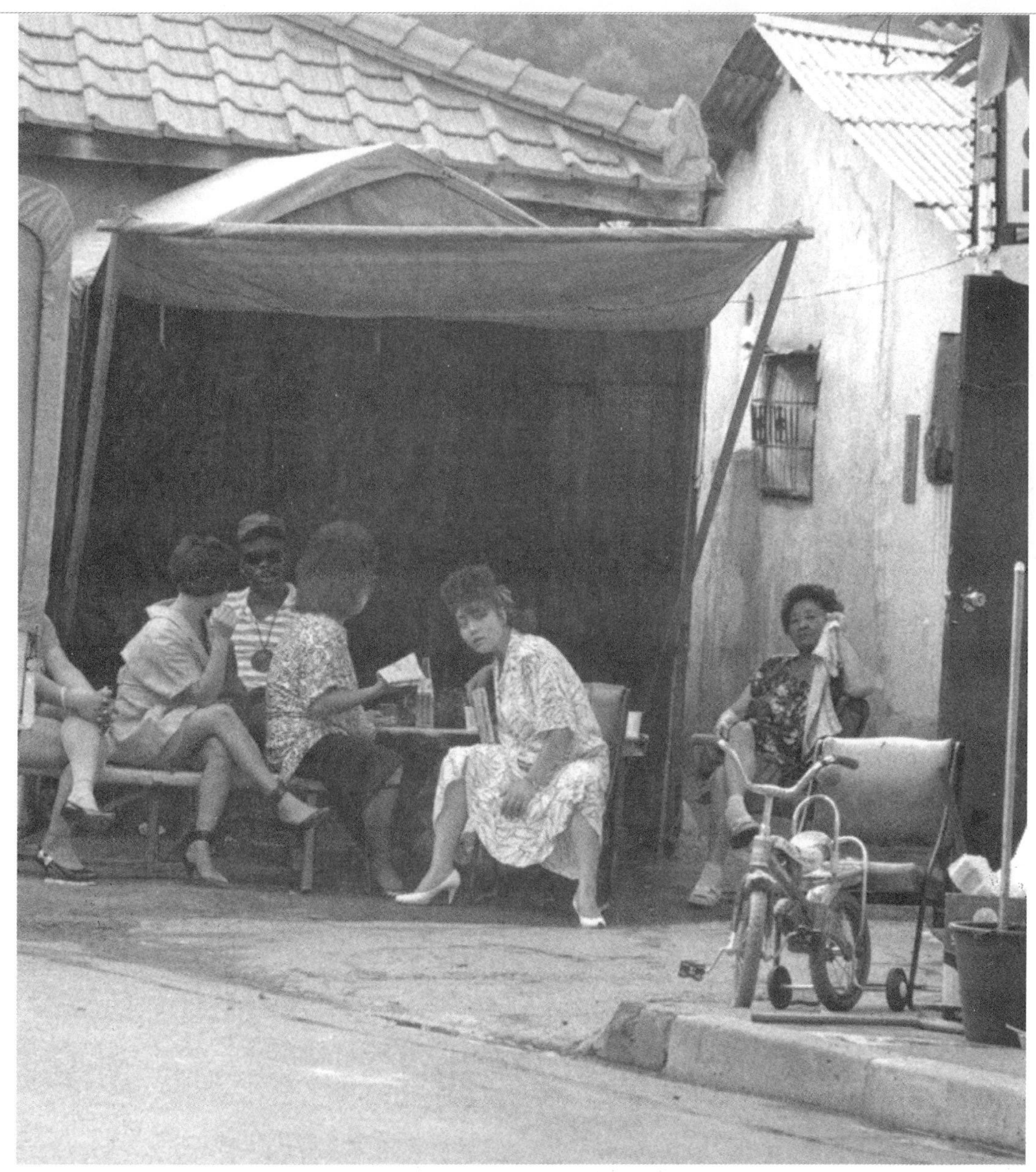

네 명의 여성이 사내 하나를 즐겁게 해주고 있다. 옆에 포주가 앉아 있다.

그랬는데 그 여자가 다시 돌아왔습니다. 자다 깨어보니 어머니가 울고 계시더군요. 아버지는 자리에 없었고요. 그 여자에게 가버린 것이었어요. 나도 알 만큼 알았죠. 그 여자가 돌아왔다는 이야기를 들었거든요. 아버지 친구 분 댁을 찾아가서 부탁을 했습니다. "아버지가 있는 곳으로 좀 데려다주

논

세요." 난 그런 상황에서 뭔가 해보려 했어요. 내 나이 열셋이었지만요.

아버지 친구 분과 여인숙을 찾아갔습니다. 소리를 질렀어요. "여우같은 년, 울 엄마는 돈을 벌려고 뼈 빠지게 일하고 있어. 왜 다시 와서 집이 시끄럽게 만드는 거야." 나는 그 여자한테 악을 쓰다가 집으로 돌아왔어요. 아버지가 그 다음날 돌아오셨지만 이후에도 바람기는 계속 되더군요.

중학교 2학년을 다니다가 난 학교를 그만두었어요. 삼촌 하나가 서울에 살고 있었습니다. 삼촌의 옷가게에서 일을 하겠다고 찾아갔죠. 남동생이 편지로 집안 소식을 계속 알려주었어요. 편지 받을 때마다 동생이 고맙고 기뻐서 눈물이 나더군요. 그 당시 나는 너무 어렸거든요. 그해 여름 삼촌 옷가게가 문을 닫게 돼버렸어요. 집으로 내려갔습니다. 서울로 다시 올라갈 일이 없어졌지요. 게다가 형제들과 어머니 곁을 떠나기 싫더군요. 그래서 집에 있었어요.

열여섯 살 무렵이었습니다. 항상 나를 끌고 다니며 영화를 보러 갔던 친구가 하나 있었어요. 그 친구는 극장에서 일하는 한 남자를 좋아했죠. 그러던 어느 날, 친구가 좋아하던 그 남자가 내게 밖으로 좀 나오래요. 아주 잘해주더군요. 군만두와 호떡을 시켰어요. 포크로 음식을 찍어 많이 먹으라고 내밀기까지 하더군요. 너무 당황스러웠죠. 거의 아무것도 먹지 못할 정도였으니까요. 그날 이후에는 친구와 나를 위해 공짜 극장표를 보내주었어요.

어느 크리스마스이브 날이었지요. 동네에서 모여 놀기로 했어요. 모두 함께 즐거운 시간을 보냈죠. 나는 포도주를 한 잔 마시고 그만 잠이 들어버렸어요. 약간 한기가 느껴져 잠에서 깨었는데, 그 남자하고 나만 남아있는 거예요. 나는 깜짝 놀랐죠. 벌떡 일어나 밖으로 내달렸어요. 나중에서야 그 사람에게 들은 얘기지만 그날 내가 달아나지만 않았더라면 아무 일도 일어나지 않았을 거래요. 그도 그날 왜 나를 뒤좇아 달렸는지 모르겠다고 했죠. 당시는 전혀 그럴 의도가 없었다는 거예요. 그 사람은 이미 많은 여자애들을 끌고 가 겁탈을 했던 적이 있더군요. 하지만 우리 아버지가 매우 엄하다는 걸 알고 있었기 때문에 나를 건드리지 않는 것이 좋다고 여기고 있었던 거죠. 나와는 단지 좋은 친구로 지내고 싶었대요. 그런데 나를 붙잡는 순간 범하기로 마음먹었다고 하더군요.

나는 흰 끈이 달린 파란색 운동화에 붉은 색 코르덴바지와 코르덴 상의를 입고 모자를 쓰고 있었어요. 아직도 생생합니다. 상의 앞에는 지퍼가 달려있었고요. 집으로 가려면 둑을 지나야 했는데, 눈이 많이 쌓인 탓에 둑이 높아져 있더군요. 아래로 도랑이 있었고요. 그가 나를 잡으려고 하는 바람에 함께 아래로 굴렀어요. 물은 얼어 있었죠. 결국 붙잡히고 말았어요. 눈 위에 눕히더니 점점 난폭해지더군요. 당장 그 자리에서 일을 시작하려고 했어요. 내 옷을 벗기려고 무척 애를 썼고 그럴수록 나는 필사적으로 옷을 붙들고 있었죠. 나는 그 사람이 나를 죽이려는 줄로만 알았습니다. 아무것도 몰랐죠. 당시 나는 너무 순진했으니까요. 난 죽을 힘을 다해 싸웠습니다. 지퍼가 뜯겨나가고 옷이 찢어졌어요. 난 기진맥진해버렸어요. 그도 그렇더군요. 그래서 거기선 나를 어쩌지 못했어요.

그런데 통행금지 시간[4]을 넘겨버린 거예요. 근처 여인숙으로 갈 수밖에 없었습니다. 그는 주인에게 우리가 여기 왔다는 사실을 어느 누구에게도 말하지 말라고 하더군요. 난 그렇게 된 상황에 미칠 지경이었습니다. 그는 나를 욕보였어요. 막 생리가 시작되는 때였지만 막무가내였어요. 하지만 오래 가지는 못했죠. 생리혈이 터졌거든요. 내가 계속 저항을 했기 때문에 피범벅이 돼버린 겁니다. 끔찍했죠. 방 전체가 피투성이였으니까요.

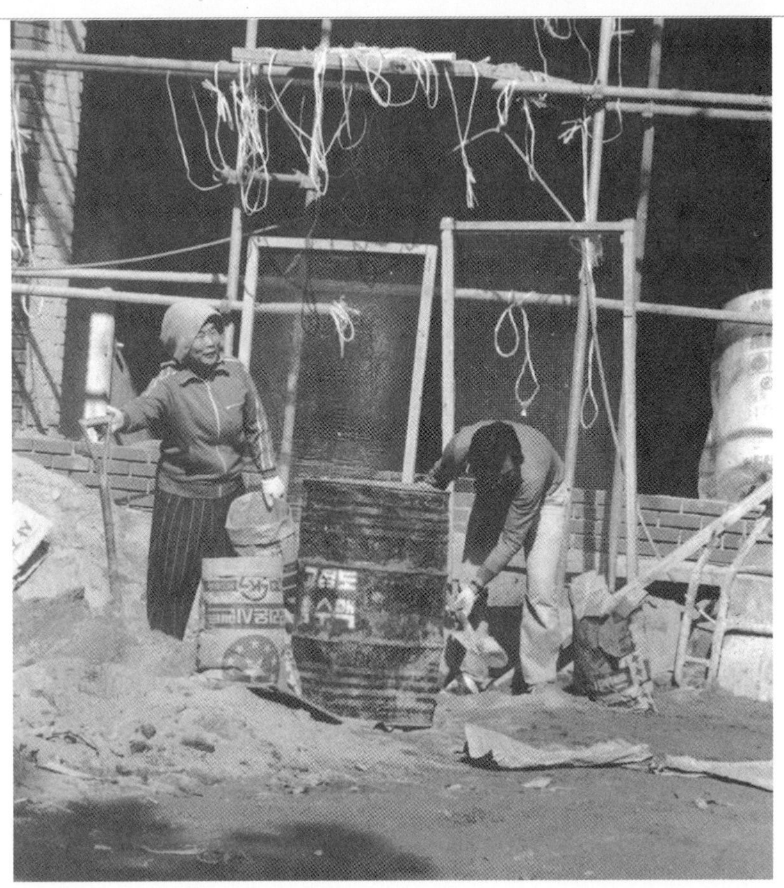

중년의 여성들이 건설현장에서 일하는 걸 자주 볼 수 있다. 강한 체력이 요구되는 이런 일을 하면서 여성들이 받는 임금은 같은 일을 하는 남자의 절반 정도밖에 되지 않는다. 이런 건축일을 하는 여성들을 보면 거의 항상 시골 출신들이다. 시골지역엔 고된 육체노동으로 이어지는 삶이 일상화되어 있다.

중년여성들은 리어카를 끌며 물건을 배달하는 일도 한다.

아침이 되어서야 집으로 갈 수 있었습니다. 아무런 힘도 남아있지 않았죠. 한 달이 넘도록 난 집에서 누워 지냈어요. 병에 걸려 곧 죽게 될 것 같은 생각만 들더군요. 내가 병이 났다고 여긴 어머니가 병원에 가자고 하셨어요. 병원 사람들이 내가 그 사람과 같이 있었다는 걸 알 것만 같더군요. 그렇게 된다면 너무나 끔찍한 일이었죠. 그래서 계속 집에 누워만 있었어요. 어머니는 걱정이 이만저만 아니셨고요.

얼마 뒤 우린 이사를 했습니다. 부모님은 시장에 가게를 얻었어요. 장사를 하시려고 했죠. 난 부모님이 나한테 일어난 일을 아셨기 때문에 이사를 하는 거라고 생각했습니다.

그런데 그 남자가 거기까지 따라왔어요. 아버지는 몹시 화를 내셨어요. 나를 때리셨죠. 그러곤 그 사람에게도 따귀를 몇 대 갈겼어요. 그러다가 이러셨죠. "너 같은 놈은 내 사위가 될 수 없다. 그러니까 때릴 이유도 없다. 꺼져라 이 놈." 그러면서 나를 계속 팼어요. "하필이면 왜 저런 놈한테 걸렸냐?" 아버지는 정말 나를 사랑하셨어요. 내가 아직 어렸기 때문에 정말 화가 나고 걱정스러우셨던 겁니다.

그 남자는 다시 찾아왔어요. 집 밖에 있는 화장실로 가다가 그와 마주쳤던 거죠. 나를 여인숙으로 끌고 갔습니다. 우리는 거기서 며칠을 묵었어요. 같이 전주로 가자더군요. "둘이서 정말 열심히 일하면 성공할 수 있을 거야. 돈을 좀 벌어서 다시 돌아오면 돼"라고 하면서 말이죠. 그는 뭔가 해보려는 의지를 가진 것 같았어요. 하지만 난 무얼 해야 될지 알 수가 없었습니다. 그래서 그에게 미안한 생각까지 드는 거예요. 그건 내가 그를 사랑하거나 좋아해서가 아니었어요. 단지 그 사람이 안쓰럽게 느껴졌던 것뿐입니다. 그는 죽고 싶다는 얘기까지 했거든요. 나도 이미 며칠이나 지나버린 지금 집에 돌아가 봐야 곤란해질 뿐이라는 걸 알고 있었기 때문에 그의 말에 따르기로 했어요.

우리는 함께 전주로 갔어요. 아주 열심히 살았습니다. 그는 양배추 밭에서 열심히 일했어요. 전에는 술에 취해 지냈지만 전주에서는 가끔 내가 사다주는 맥주만 마실 정도였지요. 월급을 받으면 꼬박꼬박 집으로 가져왔습니다. 괜찮은 생활이었죠. 그리고 난 임신을 했어요.

찬거리 채소를 다듬으며 이야기를 나누기 위해 해질 무렵 모여 앉은 마을 노인들

거의 출산일이 가까워졌을 무렵 고향이 그립더군요. 집안에 별일은 없는지 알고 싶어서 숙모한테 편지를 썼어요. 그러자 작은아버지 내외가 나를 찾아왔어요. 어머니가 돌아가셨다더군요. 어머니가 나 때문에 화병을 얻어 돌아가신 것만 같았어요. 그런데도 난 어머니가 돌아가신 사실조차 모르고 있었으니.

출산이 임박한 상태여서 집에 가볼 수도 없었어요. 나는 시댁으로 가서 아이를 낳았습니다. 시어머니는 친정엄마가 돌아가셨다는 걸 알고 계시더군요. 친정엄마가 좋은 사람이셨다면서 내게 아주 잘해주셨어요.

아이가 어느 정도 자라자, 나는 남편에게 친정에 가보고 싶다고 했어요. 당신에게도 좋은 기회일 거라고 했죠. 그러자 남편은 다시 술을 심하게 마시기 시작하더군요. 우린 다투기까지 했어요. 시어머니는 팥이며 참기름 등 이것저것 싸주시며 남편에게 역까지 나를 배웅해주라고 하셨지요. 시어머니는 얼른 다녀오라고 당부하시더군요.

서울로 와보니 동생들이 모두 굶고 있었어요. 어머니가 돌아가신 후 아버지는 서울로 이사를 했어요. 동생들도 함께였죠. 아버지는 그야말로 엉망으로 살고 계셨어요. 나는 동생들을 씻기고 먹였습니다. 어느새 한 달이 흘러가 버리더군요. 나는 계속 돌아가야 한다고 생각은 하고 있었어요. 그러나 그런 모습을 보고 어떻게 그냥 떠날 수 있었겠어요? 그렇게 한 달이 가고, 또 한 달이 지나더군요. 난 차마 떠날 수가 없었어요. 어린 동생들을 두고 갈

술집지역 인근에 있는 이 재래시장은 꽤 큰 규모를 보인다. 신선한 채소와 제철 과일, 고추, 양념류, 생선, 고기, 가정용품, 철물류, 옷 등 뭐든지 살 수 있다. 클럽여성 일부는 이웃의 평범한 여성들과 마찬가지로 여기서 장을 본다.

수가 없었던 거죠. 막내 동생은 내 아이보다 겨우 두 달 남짓 빨랐어요. 내가 딸애에게 젖을 물리고 있으면 남동생이 울었어요. 어쩌겠어요? 동생 역시 젖을 물려야 했죠. 아버지는 화곡동의 어느 복덕방(부동산중개소)에서 일하셨어요. 나는 작은아버지 옷가게에서 일을 했어요. 그러나 애들을 다른 사람들에게 맡긴다 해도 일하기가 어려웠어요. 작은집 옷가게는 사는 곳에서 너무 멀었거든요.

동생들을 돌보게 한다고 아버지가 새어머니를 들이시더군요. 새어머니는 오자마자 나를 다른 남자와 짝 지워 결혼을 시켰어요. 딸을 하나 낳았지요. 그런데 아이가 태어난 지 얼마 되지 않아 저세상으로 가더군요. 딸애가 죽자 아버지는 내 첫째 딸을 고아원으로 보내버렸어요. 어느 날 친정에

동두천 외곽의 골짜기에 위치한 농업 노동자들의 집

들렀는데 딸아이가 없는 거예요. 그 애 나이 두 살이었죠. 나는 딸아이가 어디 있냐고 물었어요. 아버지는 잊어버리라고 하더군요. 난 그 애 없이 못산다고 했지요. 그러자 고아원에 데려다 줬다고 하시더군요. 어디냐고 물었지만 아버지는 알려주지 않으셨어요. 나는 거의 미칠 것 같았습니다.

새로 결혼한 남편은 의처증이 있었어요. 남편은 시장도 못 가게 했어요. 머리를 손질하러 미장원에 가려 해도 막더군요. 내가 너무 예뻐서 다른 남자가 나를 데리고 달아나버릴 거라고 생각했던 거예요. 그 당시에는 머리를 빗질만 하고 그냥 햇볕에 말렸어요. 집에 드라이어가 없었거든요. 내가 머리를 빗으며 말리고 있으면 남편은 이랬어요. "왜 머리를 밖에서 빗는 거야? 누구 보라고?" 그 사람은 내가 다른 남자에게 잘 보이려 한다고 여겼어요. 정신이 온전할 때는 내가 그렇게 머리를 빗는 모습이 예쁘다고 말하던 사람이 말입니다.

하루는 남편이 내게 물을 한 잔 가져오라더군요. 그 물을 두 잔으로 나누어 뭔가를 넣고는 거칠게 휘저었어요. 그러곤 이거 마시고 죽으래요. 내가 마시지 않으면 때려죽이겠다면서요. 자기도 마시고 죽겠다는 거예요. 내가 너무

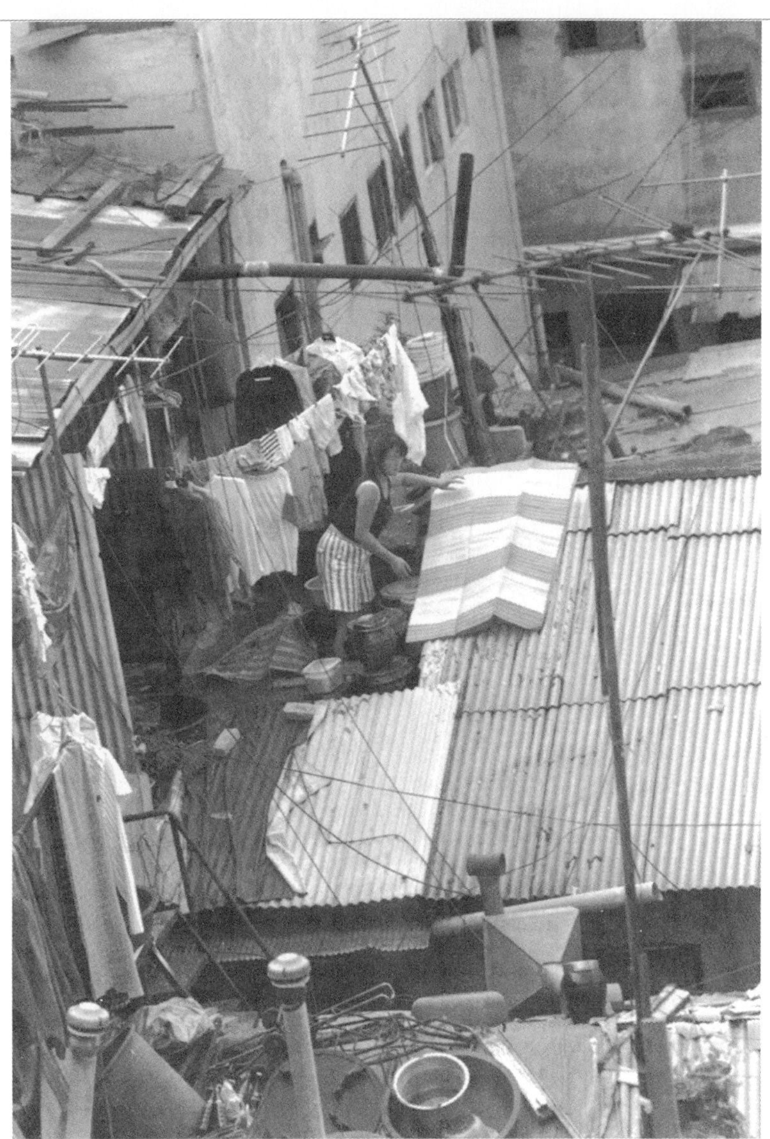
도시빈민들이 건물옥상에 판잣집을 짓고 사는 것을 자주 볼 수 있다. 막 빨래를 마친 여성이 보인다.

순진하고 어리석었죠. 그걸 마시기 시작했습니다.

내가 그걸 입에 흘려 넣자마자 시어머니가 문을 두드렸어요. 어머니가 나를 살려주시는구나 싶었어요. 사실 그걸 다 마실 용기는 없었어요. 나는 입에 머금고 있던 걸 뱉어버리고 문을 열었어요. 그런데 문을 열러 갔을 때 이미 내 입은 오그라들기 시작했어요. 시어머니께서 무슨 일이냐고 물었지요. 내 입안을 들여다보시더니 "네가 또 미쳤구나. 죽으려거든 혼자 죽지

야간영업 후 업소 청소를 하는 것도 술집 여성들의 일 중 하나다.

왜 애꿎은 사람까지 죽이려고 그래"라고 고함을 치셨어요. 시어머니는 밖으로 나가 쌀을 좀 씻더군요. 쌀뜨물을 주시며 입안을 헹구고 뱉어내래요. 쌀뜨물이 독을 없앤다고 하시면서요. 남편은 너무 지독했습니다. 난 참을 수가 없더군요. 내 입은 눈에 띄게 뒤틀렸어요. 시어머니가 약을 지으러 나가셨죠. 거기서 산다는 게 너무 무섭더군요. 그래서 집을 나와 버렸습니다. 작은집으로 갔어요. 지금은 그 남편이 죽어 없어져 부부사이도 끝나버렸습니다.

눈여겨 봐둔 다방이 하나 있었어요. 도신다방이란 곳이었죠. 전화를 걸었더니 나를 쓰겠대요. 호스티스는 아니었어요. 그래서 다른 여자들처럼 손톱에 매니큐어를 칠하고 손님들에게 주문을 받는 일은 할 필요가 없었죠. 그냥

노동자들이 많이 거주하는 서울의 어느 곳에서 남성들이 바둑을 두고 있다.

잡일을 거들었거든요. 그러니 보수가 적었죠. 다방 청소만 도맡다시피 했어요. 그러나 난 아직 젊었죠.

내가 보기에 호스티스들은 별 달리 하는 일이 없었어요. 그저 머리손질만 할 뿐인 거예요. 머릿속이 복잡해지더군요. '집엔 쌀도 떨어졌다, 그러니 동생들에게 먹일 게 아무것도 없다.' 그래서 나는 영등포의 한 직업소개소를 찾아가 마담(호스티스)이 돼보고 싶다고 했습니다. 김포[5]로 가라더군요. 마담도 될 수 있으니 아가씨(여종업원) 일을 하라는 거였어요.

소개소에서 알려준 곳은 조용한 다방이었어요. 내가 가기 전까지도 장사가 시원치 않았어요. 그러나 내가 가면서 손님이 꾀더니 단골이 늘었지요. 영업이 잘 되었습니다. 난 남자들을 돈으로만 봐야 한다는 걸 알았어요. 쉬는 날이면 남자들이 나를 밖으로 불러냈어요. 난 시간별로 약속을 잡아야 했죠.

한번은 한창 일을 하고 있는데 식구 전부가 마치 피난민 무리처럼 찾아왔어요. 책이며 부엌세간, 옷가지를 비롯해 온갖 보따리를 들고 말입니다. 나는 우선 가족들을 식당으로 데려가서 밥부터 먹였어요. 생각을 정리해야만 했어요. 큰일이었죠. 난 이미 집에 돈을 부치기 위해 월급도 가불받은 상태였거든요. 빚이 많았죠.

마침 자기 땅에다 양어장을 하는 박씨라는 사람이 있었어요. 당시에는 뱀장어를 기르고 있었죠. 박씨의 양어장에는 작은 오두막이 하나 있었어요.

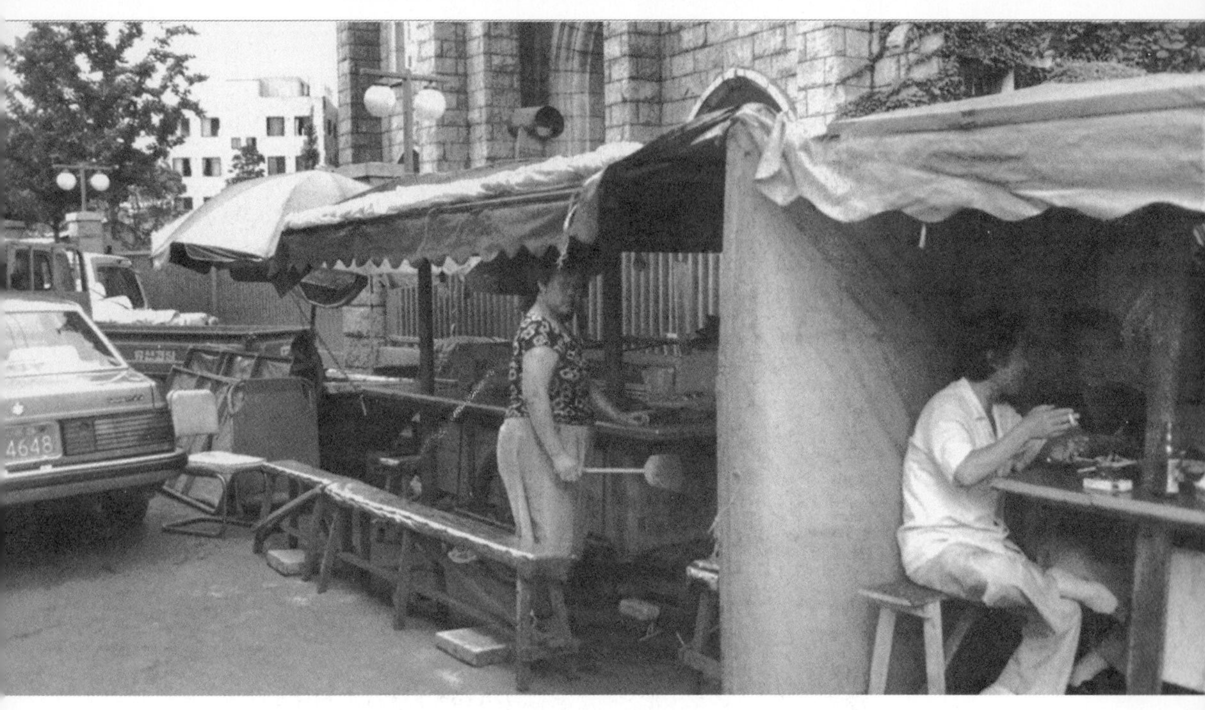

거리의 포장마차

나는 박씨에게 내가 돈을 좀 벌 때까지 우리가족이 거기에 있게 해 달라고 부탁했어요. 그게 안 되면 한 달만이라도 있을 수 없겠냐고 그랬죠. 있으라고 하더군요. 나는 계란과 쌀 등 먹을 것을 사서 가족들을 바로 데리고 갔어요.

그 후 어떤 남자한테서 가게를 차릴만한 돈을 빌릴 수 있었어요. 나는 이자를 쳐서 돈을 갚아나가겠다고 했습니다. 술집, 찻집, 다방, 인삼찻집 등을 모두 합친 것처럼 여러 가지를 팔았어요. 테이블은 겨우 네 개였지만요. 가게에서 쓸 물은 산에 있는 약수터에서 길어 와야 했어요. 난 새어머니와 새벽 4시에 일어나 물을 길었어요. 장사는 순조롭게 시작되었습니다. 한 달 만에 빌린 돈을 갚을 수 있었으니까요.

그런데 손님들이 술을 마시다가 아가씨들을 찾는 거예요. 그러곤 매춘업소로 가버리더군요. 난 손님을 잡고 싶어 여자를 한 명 고용했어요. 하지만 그 여자는 그리 잘하지 못했어요. 괜찮은 장사였기 때문에 난 큰 데로 가게를 옮기기로 마음먹었어요. 집을 한 채 빌리고 여자 두 명을 썼습니다. 둘 다 아주 괜찮았어요. 돈을 좀 만질 수 있었어요. 방이 열 개 딸린 집으로 옮기고 열 명 남짓한 여자들까지 고용했지요.

여성들이 집에서 부업으로 하는 일도 비공식 경제의 한 부분을 이룬다. 털실을 말리고 있는 중이다. 다 마르고 나면 이것을 걷어다 다른 여성의 집에 갖다 준다. 그곳에서는 시장에 팔 옷을 만드는 데 필요한 다음 과정을 밟는다.

내 나이 겨우 스물한두 살이었지만 머리가 있었죠. 하나를 보면 열을 알았어요. 정말 뭔가를 해보고 싶었어요. 손님들을 친절하게 대했습니다. 주방장이 하나 있었지만 내보내버리고 내가 요리를 맡았어요. 꽤 크게 영업을 했습니다. 주변의 더 큰 매춘업소와 경쟁을 했으니까요. 우리 집 이름은 옥녀장이었어요. 여자들은 (남자들에게서 번 돈을) 꼬박꼬박 모을 수 있었어요. 외박을 나가고 싶지 않으면 나가지 말라고 했습니다. 난 내가 겪어보았기 때문에 급료도 후하게 줬죠.

아버지는 이런 장사를 한다는 걸 창피하게 여기고 찾아오시지도 않더군요. 새어머니만 와서 일을 도와주었어요. 그러다 새어머니가 포장마차라도 하나 차렸으면 하시더라고요. 자신도 벌어서 살고 싶다는 거였죠. 그래서 내가 하나 마련해드렸어요.

그 후 아버지가 추석을 쇠야 한다며 20만 원을 달라고 하신 일이 있어요. 누군가 잔치를 하면서 10만 원만 써도 엄청난 부자라고 여기던 시기였죠. 우리 처지에선 완전히 허세였지요. 그때 나는 돈에 쪼들리기도 했어요. 돈을 모으려고 먹는 것조차 아끼고 있었죠. 아무리 부모라지만 어떻게 그런 요구를 할 수 있을까 싶은 거예요. 아버지는 내가 어떻게 돈을 버는지 알고나 있는 건지, 그 일로 나는 아버지를 싫어하게 되었어요. 난 정말 슬프고 화가 나더군요. 집을 나와 버렸습니다. 옷가지 몇 벌 챙겨 넣은 작은 가방만 하나 들고 나왔어요.

나는 어디로 가든 제일 큰 남동생에게만은 연락처를 남겼어요. 집을 나온 지 며칠 만에 동생이 나를 찾았어요. 아버지가 의식을 잃고 병원에 계신다는 거였어요. 아버지가 돈을 달라는 게 야속해서 집을 나왔는데, 바로 그런 일이 벌어졌던 거예요.

난 아버지가 돌아가실 거라곤 생각하고 싶지도 않았어요. 단지 좀 편찮으신 거라고 되뇌었습니다. 의료보험이 없었기 때문에 병원에서 달라는 대로 돈을 지불했어요. 나는 아버지가 회복되시길 바라는 마음으로 돈을 썼습니다. 돈만 쓰면 아버지가 일어나실 거라 여겼어요. 하지만 아버지는 좋아지지 않더군요.

보름인가 스무날쯤 지나자 주치의가 보호자를 찾았대요. 보호자로 곁에 계시던 새어머니가 주치의 방에 들어갔어요. 흐느끼며 나오신 새어머니는 "다 끝났다"고 하셨대요. 우리로서는 아버지를 계속 병원에 둘만한 여유가 없다고 했나 봐요. 아버지도 더는 살지 못하고 금세 돌아가실 것 같다고 했고요. 그랬더니 병원 측에서 모든 식구를 위해서라도 아버지를 집으로 모셔가라고 하더랍니다. 하필 그 얘기를 나는 나중에서야 들었어요.

만약 그 때 내게 얘기를 했더라면 아버지를 살릴 다른 방법을 찾으려 애썼을 겁니다. 지금도 그 일만 생각하면 화가 나요. 아버지가 첫 남편이

노동계층이 주로 거주하는 서울의 한 지역에서 휴식을 취하고 있는 남성

아닌데다가 생활은 어렵고 편찮으셔서 일도 못하니까 새어머니는 아버지를 그냥 돌아가시게 내버려둔 거예요. 나로서는 새어머니의 행동을 이렇게 해석할 수밖에 없어요. 새어머니는 그 후 곧장 재혼을 했거든요. 자신의 삶을 새로 시작하고 싶어서 아버지가 돌아가시길 바랐던 거죠.

묘하게도 아버지가 돌아가시던 날엔 식구가 모두 와 있었어요. 나는 안심이 되어서 잠깐 눈을 붙였죠. 나를 깨우더군요. 아버지가 움직이기 시작했어요. 상태가 좀 나아 보였습니다. 과일 같은 걸 달라고까지 하셨어요. 사람들은 뭔가 달라고 하는 것은 저승 갈 준비를 하는 것이라고 했죠. 아버지는 몸부림을 치셨어요. 계속 화장실에 가고 싶다고 하셨어요. 몸 밖으로 연결된 관을 달고 있었는데도 말이죠. 어떻게 거동할 수가 있겠어요? 화장실은 어떻게 가고요. 한 시간 가량 야단법석이었죠.

작은아버지 내외가 내게 의사를 데려오라고 했어요. 의사는 여기저기 눌러보고 반응을 살피더군요. 새어머니는 소리내 우셨죠. 내가 의사에게 "무슨 일이죠? 아버지는 어때요?"라고 묻자 의사는 아버지는 돌아가셨으니 장례식 준비를 하라더군요. 말이 나오지 않았습니다. 하늘이 무너지고 땅이 갈라지는 것 같았지요. 십 년은 더 늙어버렸을 거예요. 어머니도 내 잘못으로 돌아가셨다는 생각 때문에 난 아버지한테는 좋은 딸이 되려고 노력했어요. 난 정말 아버지가 돌아가셨다는 것을 믿을 수가 없었습니다. 아버지의 얼굴,

팔다리를 계속 만져보았지만 싸늘하더군요.

너무 슬프고 미칠 것 같았습니다. 더 이상 살고 싶지도 않았어요. 이웃들이 격려해주며 도와주지 않았다면 난 뭘 해야 하는지조차 몰랐을 거예요. 그때는 여동생도 곁에 없었어요. 새어머니와 다투고 집을 나가버린 후 아예 발길을 끊어버렸거든요. 한두 달 가량 난 완전히 탈진 상태였죠. 돈도 다 써버렸고 아버지마저 돌아가셨으니까요. 하지만 인간인 이상 산 사람은 살아가야지 어쩌겠어요?

아버지가 돌아가신 지 얼마 후 꿈에 나타나시더군요. 꿈속에서 아버지는 어머니와 아이를 자꾸 데려가시겠다는 거예요. 나는 "안 돼요"라고 소리치며 울었죠. 그러다가 잠에서 깼어요. 주변사람들이 그러더군요. 집안에 불상사가 생길 꿈이래요. 새어머니께도 꿈에 대해 말씀드렸어요. 굿을 해야겠대요. 나는 그럼 한번만 하자고 했죠. 난 정말 굿하는 게 싫었거든요.

그런데 귀신이 있더군요. 개인적으로도 경험을 했어요. 굿에는 "사자死者를 위한 굿"이 있어요. 식구들이 앉아 죽은 귀신을 안방으로 부르는 거예요. 귀신은 무당의 몸을 빌려 내려오죠. 그렇게 넋을 불러 위로하지 않으면 원혼들은 해코지를 하거나 무서워하게 만듭니다. 이승을 떠나 저승으로 가지 못하는 거죠. 우리가 굿을 할 때 무당은 새끼줄을 감고 있었어요. 새끼줄을 풀려고 했으나 도무지 풀리지가 않더군요. 힘 좀 쓴다는 남자들이 달려들어 새끼줄을 잡아당겼지만 한 30분 동안 아무리 해도 풀리지가 않았죠. 겨우 새끼줄이 풀린다 싶었는데, 우리 집 건너편에 사는 남자가 입에 거품을 물기 시작하는 거예요. 그 남자는 늙고 쇠약한 몸이었어요. 대개 귀신들은 약한 사람에게 달려드는 법이에요.

우리는 백일제를 준비했어요. 새어머니가 집안일을 보면서 음식을 장만하기로 했어요. 이웃에 큰 정미소가 하나 있었는데 우리에게 쌀 한 가마니를 거저 주더군요. 그런데 쌀이 한 달도 못 돼서 바닥나버렸어요. 난 이상한 낌새를 느꼈죠. 우리식구가 그렇게 쌀을 많이 먹었을 리가 없을 텐데 한 달도 되기 전에 쌀이 모두 떨어진 건 이상할 수밖에 없었죠.

백일제를 지내는 날 작은아버지 내외를 비롯해서 친척들이 모두 모였어요. 친척들 앞에서 나는 새어머니께 말했어요. "전 어머니를 받아들이고 친부모처

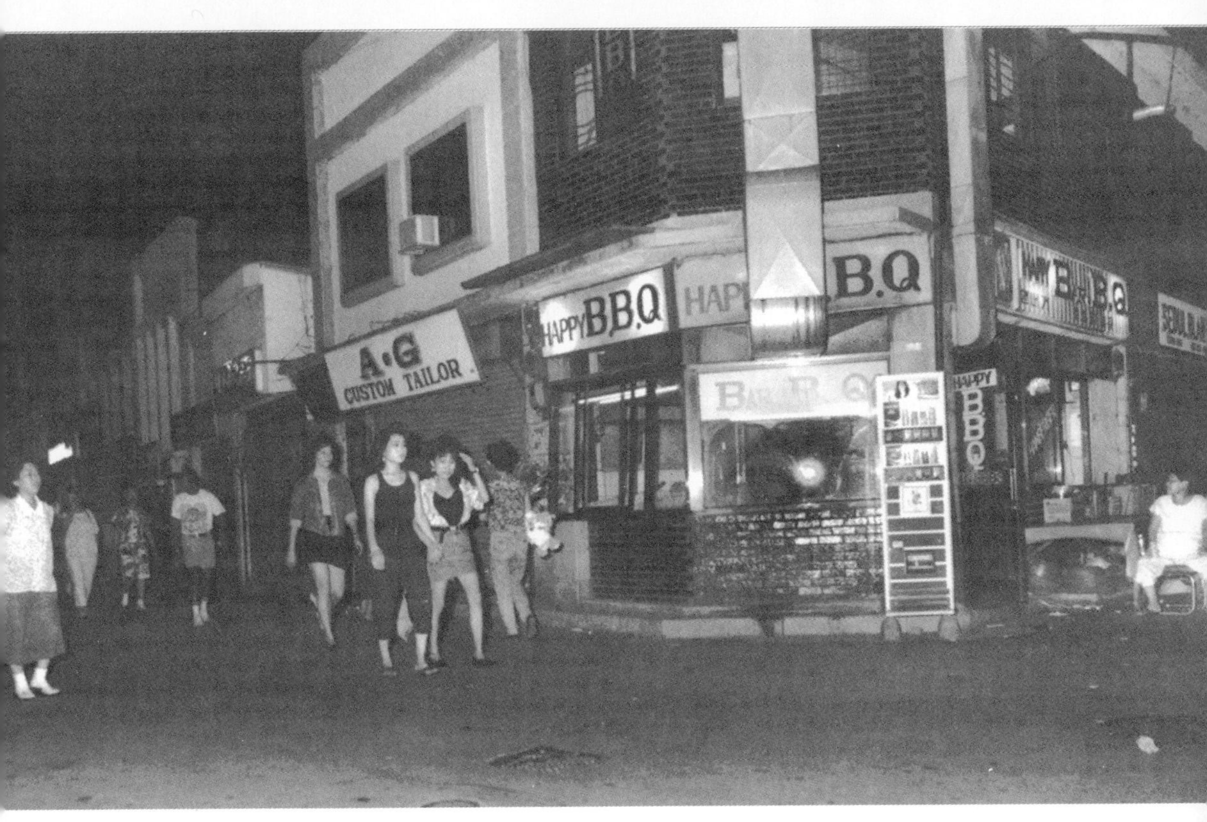

심야의 술집지역 번화가. 사람들이 스튜디오 54 클럽으로 향하고 있다. 그곳은 밤늦도록 술을 먹고 춤을 출 수 있는 대형 클럽이다. 사진의 오른쪽과 왼쪽에 가격을 흥정할 손님을 찾고 있는 마마상이 보인다. 마마상들은 여관이나 매춘업소 바깥에서 일하는 여성들에게 매춘을 알선해주는데, 가격을 흥정하고 나면 남자를 여자의 방으로 데려간다.

＊한국에서는 이렇게 클럽과 상관없이 여성들을 자신의 집에 고용해 매매춘을 알선하는 사람을 '자취포주'라고 부르며 이중에는 미군을 직접 상대하는 여성들도 있다. 그럴 경우 '히빠리'로 불린다. 대개 먹고살기 고단한 전직 클럽여성들이다. –옮긴이

럼 모셨어요. 하지만 제게 동생들보다 중요한 건 아무것도 없어요. 그런데 어머닌 이 어린 것들에게 먹일 쌀을 내다팔았어요. 난 더 이상 어머닐 부모로 여길 수가 없어요." 그래도 한때나마 아버지와 함께 살고 우리들과도 함께 사셨던 분이라 살던 셋집은 그대로 새어머니께 드렸습니다.

우린 옷가지 외엔 아무것도 챙기지 않고 나왔죠. 김포공항 쪽으로 갔어요. 방을 하나 빌리고 먹고살기 위해 일자리를 얻었습니다. 다방에 나갔어요. 동생 명숙이에게 부엌살림을 맡길 수밖에 없었어요. 명숙이는 어렸지만 참 착했죠. 내가 나가서 번다지만 다방 벌이로는 버텨낼 수가 없더군요. 밤에 일하려고 뜨개질감을 가져왔어요. 뜨개질을 해서 아침 일찍 출근길에 갖다 줬습니다.

아버지가 돌아가셨을 때, 막내인 남동생은 다섯 살이었어요. 그 애가 나중에 학교를 다니면서 쓴 일기장에 이런 내용이 있더군요. "학교에서 돌아오다가 이상한 생각이 들었다. 나는 왜 엄마가 없는 걸까? 다른 애들은 모두 엄마가

있는데. 내 친구들은 엄마 손을 잡고 학교에 온다. 나도 엄마가 있었으면 좋겠다. 우리 엄마는 어디에 있는 걸까?"

나는 조심스러워서 막내에게 묻진 않았어요. 하지만 우리는 엄마도 아빠도 안 계시니까 더 열심히 살아야 한다고 늘 이렇게 이야기를 했습니다. "엄마 아빠는 하늘나라에서 잘 살고 계셔. 두 분 다 우리를 내려다보고 계실 거야. 우리가 나쁜 짓을 하거나 불량배들과 어울리면 엄마 아빠는 무척 슬퍼하실 거야. 우린 항상 바르게 살아야 해. 내가 이렇게 말하면 잘못된 건지 모르겠지만, 아빤 다른 아빠들 같지는 않았어. 너희들은 커서 엄마나 아빠가 되면 최고의 엄마 아빠가 되려고 노력해야 돼."

"엄마는 정말 좋은 분이셨어. 불쌍한 사람을 보면 그냥 지나치지 못하셨지. 엄마는 분명 천국에 계실 거야. 하지만 아빠는 엄마가 살아계실 때 엄마가 번 돈으로 지내셨어. 아빠는 똑똑한 분이셨지. 전쟁이 끝나고 병장으로 제대하셨어. 많은 사람이 아빠를 대단한 사람이라고 했어. 그래서 아빤 너무 의기양양했고 모든 걸 가질 수 있다고 여겼어. 하지만 아무것도 이룬 게 없었지."

"아빠같이 살진 마. 자신이 노력하지 않으면 아무리 똑똑해도 소용없어. 아무리 좋은 일이라도 그게 정말 좋은 일이 되려면 최선을 다해 노력하는 것밖에 없어." 난 틈만 나면 동생들에게 다른 사람들로부터 손가락질 받거나 나쁜 일을 하는 사람이 되어선 안 된다고 말했습니다. 동생들은 모두 건강하고 착했어요.

내가 집에 올 때쯤이면 동생들은 벌써 나란히 누워 잠들어 있었습니다. 피곤했지만 그런 동생들을 볼 때마다 책임감을 느꼈어요. 눈꺼풀이 천근만근이라도 뜨개질 하나라도 더 하려고 무진 애를 썼습니다. 그래도 겨우 먹을거리나 사고 애들 학비를 주고나면 남는 게 없었어요. 나는 늘 두 달 치 월급 정도는 가불을 해야 했고 빚은 늘어만 갔지요.

다방 상황도 아주 어려웠어요. 다방에서 받는 월급은 내가 최고였습니다. 난 양심적으로 일했어요. 주인들도 나를 좋아하더군요. 하지만 다방 수입만으로는 충분치 않았어요. 돈 걱정 않고 살았던 날이 없었으니까요. 솔직히 돈을 벌려면 남자들과 어울려야 했어요. 난 동생들이 알지 못하게 꽤나 조심했어요. 동생들이 자라서도 내가 어떻게 살았는지 모르길 바랐던 겁니다.

술집지역에는 전문 양복점이 널려 있다. 사진에서 보이는 것과 같은 옷 장식품들이 미군들에게 특히 인기가 있다.

다방에서는 많은 남자가 나를 데리고 나가려고 했어요. 난 한 달에 이틀만 쉬고 있었어요. 어느 날이었어요. 돈 때문에 아주 쪼들리고 있던 터라 도리 없이 남자들과 약속을 잡았어요. 한 시간 간격으로 이 여관, 저 여관에 얼마나 많은 남자와 약속을 했는지도 모를 지경이었습니다. 내가 어려운 처지를 이야기하면 남자들은 먹을거리 등을 사라고 돈을 주더군요. 남자들과 같이 있는 동안에는 돈을 세지 않았어요. 그냥 주는 대로 백에 챙겨 넣었죠. 그렇게 해서 60만 원이라는 거금이 모이기도 했어요. 하지만 누가 얼마나 줬는지 알 수가 없었죠. 그런 날은 너무 바빴어요. 그 다음번 쉬는 날에도 같은 일을 했습니다. 몸이야 어찌 되든 돈이 모이니까 재미까지 붙는 거예요. 먹고사는 게 조금 나아지더군요. 결국 난 아버지가 돌아가신 후 인생을 망쳤는지도 모르겠어요. 더는 내 몸을 돌보지 않았으니까요.

아버지가 바람을 폈기 때문에 난 유부남과는 결코 문제를 일으키고 싶지 않았어요. 그건 지금도 마찬가집니다. 난 그 일이 얼마나 고통을 가져다 주는지 알아요. 내겐 남자친구가 없습니다. 그저 돈을 벌 뿐이죠. 예외적으로 한 사람이 있긴 했지만요. 유부남이었죠. 계속 내게 좋은 음식을 먹이고 한약까지 갖다 주었어요. 유혹하더군요. 못 돼도 오십은 되었을 겁니다. 꽤 오랫동안 관계를 유지했어요.

밤에는 항상 동생들을 위해 집으로 갔어요. 명숙이가 밥을 하긴 했지만 반찬은 못했거든요. 그래서 밤에 반찬을 만들고 설거지를 하고 교복도 다려두었죠. 동생들이 커서 이런 걸 알아줄지 어쩔지는 알 수 없었지만 나는 있는 힘껏 동생들을 키우려 애썼습니다.

한번은 처음 내가 찾아갔던 직업소개소 사람 하나가 연락을 하더니 다른 일을 해보는 게 어떻겠느냐는 거예요. 보수도 훨씬 나을 거라고 했어요. 여자들을 화장시키고 예쁜 한복을 입혀서 유리진열장 안에 앉아 있도록 하는 곳이더군요. 앉아 있는 여자들을 보고 손님이 들어와요. 나는 손님과 여자를 짝지어 방으로 들여보내는 일을 했어요. 손님이 많을 땐 20분이 지났다는 걸 알려주어야 했어요. 그러면 여자들은 다른 방으로 가서 다시 몸을 내줘야 했지요. 이 일은 쉬는 시간도 없이 24시간 계속 이어졌어요. 여자들은 틈만 나면 아무데서나 토막 잠을 청하더군요.

나는 여자들이 어떻게 생활하는지 알아야겠다고 생각했어요. 이틀간 혼자서 알아보았죠. 남자 10명이 오면 10명을 받고 100명이 오더라도 100명을 다 받더군요. 대개 한 사람이 20명가량의 손님을 받았어요. 술자리가 있으면 함께 술을 마시고, 방을 옮겨 몸을 대줬어요. 일이 끝나면 다른 커플이 방을 쓰게 재빨리 방을 비워야 했죠. 그러곤 밖으로 나와 바로 다음 손님을 맞았어요.

흑인구역(DMZ)에 있는 한 디스코클럽은 다소 화려하다. 커플들이 멋지게 차려입고 온다. 좌측의 커플도 그곳으로 향하고 있다.

테이블에 올라가 쇼도 했어요. 거기엔 오이, 달걀, 그림붓 등이 놓여 있습니다. 쇼를 한 다음에는 바로 몸을 내줘요.

업주가 내게 원하는 건 여자들을 다그치는 일이었어요. 빨리 다시 화장을 하고 유리진열장에 앉아 다음 손님을 받게 하라는 겁니다. 여자들이 유리진열장에 앉아 있지 않으면 손님이 오지 않았어요. 하지만 정말 손님이 많은 날은 사람이 할 짓이 아니었죠. 한곳에 누워 계속 다리를 벌린 채 누워있는 거나 다름이 없었으니까요. 여자들은 파김치가 돼요. 난 조금씩 쉬어가면서 하라고 했죠. 정말 날 미치게 만들더군요. 손님 중에는 여자를 학대하는 인간들도 있었어요.

내가 놀란 건 이 여자들이 돈 때문에 이 모든 걸 참고 있다는 사실이었습니다. 그들에 비하면 난 고생한 것도 아니더군요. 보수가 좀 괜찮다는 이유 하나로 여자들이 그런 곳에 머물고 있는 거예요. 짐작컨대 더 지독한 곳도 있을

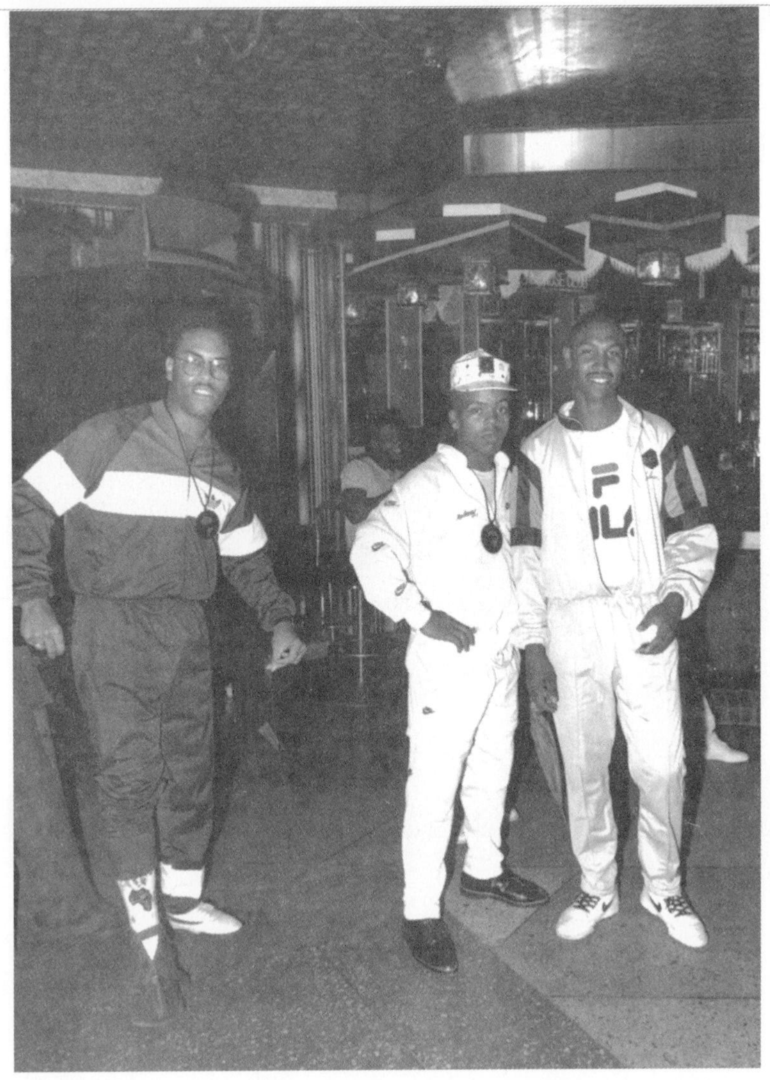

이 미군들은 훈련 중 발생한 사고에 대해 많은 이야기를 알고 있다. 보상금으로 "농장을 하나 산" 사람도 있다고 했다. 사진 왼쪽의 미군은 부대에서 전쟁훈련을 하는 도중 다른 부대가 실수로 그들의 진지에 포탄을 쏘았다고 한다. 모든 사람이 피하느라 몸을 날렸는데 이 사람은 발목에 나무줄기가 얽혀 다치고 말았다. 그의 말대로 다행히 부러지기만 했다.

겁니다.

드디어 난 손을 들고 말았어요. 비위가 좋으면 그곳에서 일을 할 수 있을까 모르겠지만 난 더는 견딜 수가 없었습니다. 이렇게 사는 게 우리 여자들 모습이라니! 난 열심히 해보려고 했지만, 지칠 대로 지친 여자들에게 다른 손님을 받으라고 하는 걸 내 자신이 용납할 수가 없더라고요. 난 하루 종일 잠만 잤습니다.

업주가 와서 묻더군요.

미군 남자라면 거의 하나같이 군대가 싫다고 할 것이다. 특히 자신들을 대하고 부리는 방식 때문에. 그러면서도 한결같이 자신이 미국인이라는 것과, 그들의 말처럼 세계 최강의 전투력 중 일부를 이루고 있다는 사실에 극도의 자부심을 갖는다.

"정말 일 못하겠어?"

난 단호하게 말했습니다.

"예, 못하겠어요. 이 여자들은 짐승이 아닙니다. 사람이라고요."

업주는 그간 내가 번 돈을 주겠다고 했어요. 그들은 내게 비밀이 바깥에 알려지는 걸 원치 않는다고 하더군요. 난 고맙다고 하고 거길 떴죠. 그런 곳이 있다는 게 믿기지가 않더군요. 돈을 아무리 많이 준다 해도 그런 일은 할 수 없을 것만 같았습니다.

그 후 서울에 있는 소개소에서 왔다는 사람 하나가 내게 어느 장교클럽을 소개했어요. 솔깃해지더군요. 결국 나는 내 몸을 포기했습니다. 결혼도 포기했죠. 스물여섯의 나이였지만 남들이 나를 아직 젊게 봤어요. 내가 일자리를 원한다면야 대개 얻을 수 있었어요. 난 전화를 걸어 소개소로 갔습니다.

미국 사람의 성기가 크다는 이야기를 들은 적은 있었어요. 그렇지만 그들과 관계를 할 거라곤 생각지도 않았습니다. 웨이트리스로만 일해도 돈을 많이 벌 수 있을 것 같았죠. 그런데 솔직하게 나오더군요. 내게 모든 것을 말해주었어요. 그러면서 돈을 많이 벌 수 있을 거라는 얘기를 덧붙였어요. 난 고민을 할 수밖에 없었습니다. '다방일로는 살 수가 없는데. 내가 미국 사람을

이 커플은 술집지역 부근 동네에서 동거하고 있다.

상대하는 일을 한다면 다른 사람들이 나를 멸시하겠지. 그렇지만 동생들과 멀리 떨어진 곳이니까 돈만 보내주면 괜찮을 거야.' 난 동생들이 학교를 마칠 때까지 몇 년간만 일하자고 생각했죠.

소개소 사람들은 동두천[6]으로 가야 한다더군요. 소개소 남자와 여자 한 명, 그리고 나 이렇게 셋이 함께 갔습니다. 더러워 보이는 동네였어요. 다닥다닥 붙은 작은 방들에 침대만 하나씩 들어가 있었어요. 그래도 업주가 지내는 방은 아주 잘 꾸며져 있었죠. 홀이라 부르는 곳이래 봐야 오두막집에 테이블 몇 개 놓은 것 같더군요. 이전에 숱한 다방을 다녀봤지만 그곳이 최악이었어요. 내 얘긴 도를 넘어섰더란 말입니다.

난 이렇게 질이 떨어지는 곳에서 일하고 싶지 않다고 했어요. 업소의 수준이 낮으면 손님도 그런 사람만 오는 법이니까요. 이건 너무 심하다고 하자 소개소 사람이 다른 데로 가보자고 하더군요. 그들은 내가 경험 많은 스물여섯의 여자라는 걸 깨달았겠죠.

나를 오산으로 데려갔어요. 작긴 했지만 무대까지 갖추고 있었어요. 미군들로 넘치더군요. 그 전에 미국 사람을 본 적이 없었어요. 몇몇은 정말 덩치가

이른 저녁식사를 마치고 자신들의 술집으로 돌아가는 마마상들

크더군요. 미군들은 미친 듯이 춤을 추고 있었어요. 그 당시만 해도 난 거대국가의 국민인 미국 사람들은 교육을 잘 받은 일등 시민이라고 여겼죠. 돈도 많이 쓸 것 같았어요. 그래서 돈을 많이 벌 수 있을 거라는 생각이 들었어요. 무섭기도 했지만요.

미군들은 춤을 추다가 조명이 번쩍거리면 옷을 벗어던지더군요. 벌거벗고 춤을 추는 걸 본 것은 그 때가 처음이었어요. 내일부터 일하러 나오라더군요. 난 선불금으로 60만 원을 달라고 했어요. 이자율은 10%였고요. 그리고 방세가 3만 원이더군요. 연탄을 포함해서 이것저것 많이 사야 했죠. 선불로 받은 60만 원 중 남은 돈은 동생들 생활비로 보내고 빌린 돈 일부를 갚았습니다.

일을 시작했지만 난 완전히 구경꾼이었어요. 그저 자리를 옮기며 앉아 있기만 했어요. 담배도 피울 줄 몰랐죠. 흑인들이 와서 뭐라고 하는 거예요. 백인들도 마찬가지였죠. 그러자 업주가 오더니 미군들이 내가 왜 저러냐고 하더래요. 내가 정상적으로 보이질 않았나 봐요. 업주가 이러더군요. "저 치가 널 보고 달아올랐어. 뭔가 좀 해봐." 가리키는 델 보니까 흑인 한 명이

이야기를 나누고 있는 클럽여성들

있었어요. 나이가 좀 들어 보이더군요. 한숨이 절로 나왔어요. 내가 뭘 해야 되는지 물어봤죠. 업주는 같이 술을 마시라고 했어요. 그 흑인은 내게 커다란 OB 맥주잔에 채운 주스를 건네더군요. 그러곤 나랑 같이 자고 싶다는 거예요.

자신을 좋아하는 남자가 있으면 그렇게 큰 머그잔에 담긴 주스라도 다 마셔야만 했어요. 많이 마실수록 자신에게 돌아오는 돈이 많아지거든요. 외박을 나가려면 장부에 적고 남자가 클럽에다 돈을 내야 해요. 2차를 나가면 개인장부에 수입이 잡히지만 업주들이 빚에서 그만큼을 제했지요.

업주가 나더러 처음부터 흑인과 자게 되어 행운이라더군요. 난 할 수 없을 것 같다고 했죠. 업주는 무조건 해야 한다는 거였어요. 난 생각할 시간을 좀 달라고 했습니다. 그 날 일을 마치고 집에 와서 혼자 누워 생각하고 또 생각해보았죠. 거긴 월급도 없었거든요.

'만약 한국 남자와 이런 일을 한다면 언젠가는 동생들의 앞날에 방해가 될 수도 있을 거야. 동생이 결혼할 때가 되어 신부집 식구들 중 삼촌이든, 사촌이 됐든 누군가가 내가 이런 일을 했다는 걸 알게 될 수도 있단 말이지. 이 바닥은 좁아. 그런 식으로 동생들의 인생을 망치고 싶진 않아. 몸을 팔아서 돈을 벌 거라면 차라리 미국 사람과 하는 게 낫겠어.'

그러면서 나는 내 몸을 이용해서 돈을 벌어야겠다는 생각을 굳혀갔어요. 일단 흑인을 받아들이기로 하고 함께 집으로 갔어요. 난 그 사람의 성도 이름도 몰랐죠. 무척 떨렸어요. 흑인이 방안으로 들어가 앉더군요. 침대나

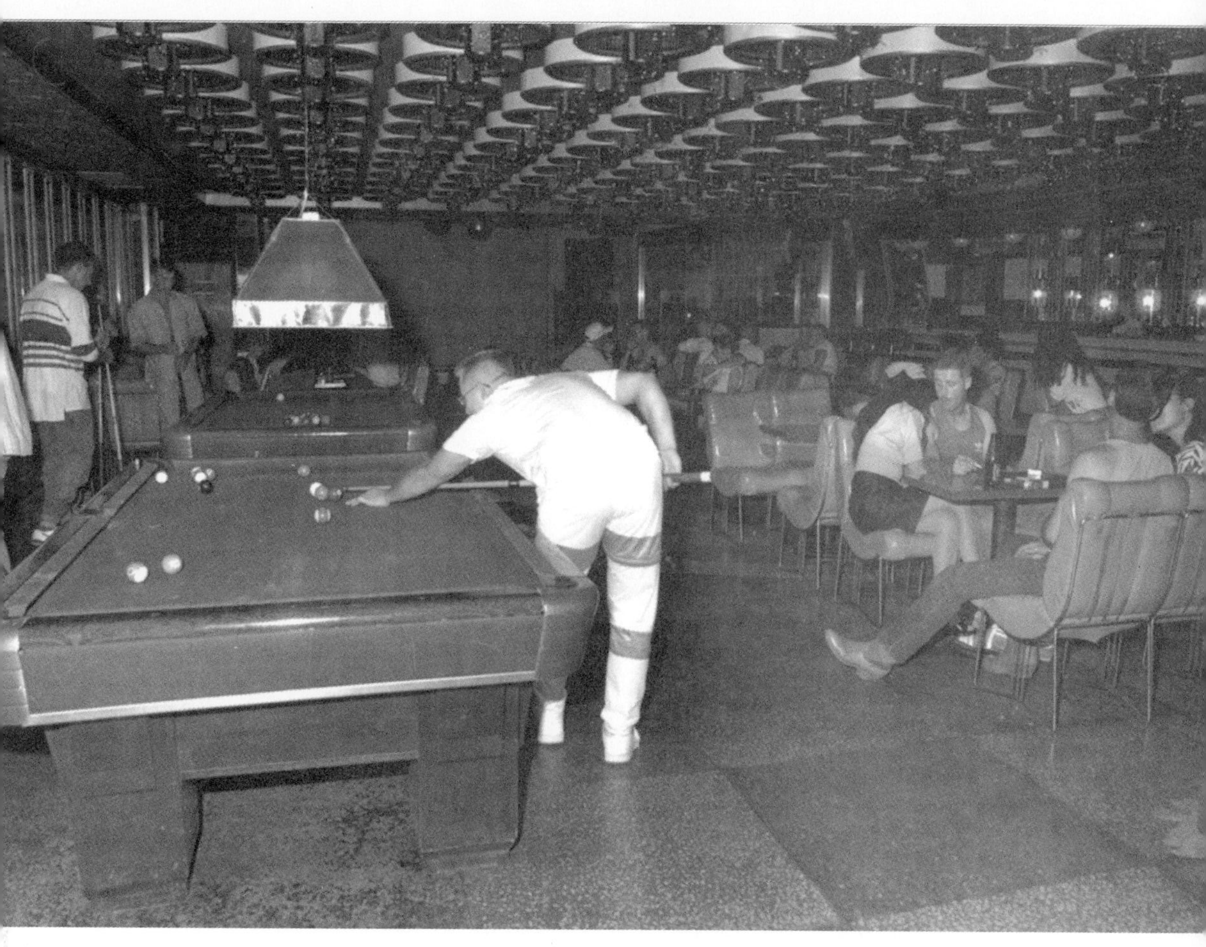

거실을 사용할 수 있었어요. 그 흑인이 나를 부르며 들어오라더군요. 난 화장실에 다녀오겠다고 했죠. 화장실에서 여러 생각을 했습니다. '흑인과 자고나면 내 피부도 검게 변하는 건 아닐까?' 온갖 생각이 다 들더군요. 그의 성기가 너무 큰 건 아닐지 걱정도 됐어요. 흑인과 관계를 하는 사람들을 보면 그들도 역시 검어 보였다는 생각까지 들더군요. 하지만 난 이미 돈을 받은 상태였어요. 그렇게 하기로 단념하는 수밖에 없었어요.

방으로 갔습니다. 흑인은 벌거벗은 채로 침대에 앉아 있더군요. 방안에 붉은 전구가 달려있었기 때문에 그의 피부는 붉은 빛을 받아 번들거리고 커다란 두 눈도 번쩍거렸어요. 도저히 들어갈 수가 없더군요. 난 문 밖에 앉아 울기 시작했어요. 바깥은 아주 추운데도 말이죠. 그는 계속 내게 들어오라고만 하더군요. 난 어쩔 줄 모르고 울기만 했습니다. 그런데 그 흑인은 꽤나 착한 사람이더군요. 그냥 들어와 잠만 자래요. 그래도 난 싫다고 했죠. 들어갈 수가 없었습니다. 그 자리에 주저앉아버렸죠. 그러자 옷을 챙겨 입더니 나가려고 하더군요. 난 손짓발짓으로 "어디 가요?"라고 물었어요. 그는 자기가 나갈 테니까 내가 방에 들어가 침대에서 잤으면 좋겠다는 거예요. 너무 고맙더군요. 나는 따라 나가서 작별인사까지 했어요.

이런 생각이 들더군요. '정말 착한 사람이다. 한국 남자였다면 돈을 냈으니까 어쨌든 뭔가 하려고 했을 거다. 화를 냈을지도 모른다.' 난 백인 정도면 괜찮을 것 같았어요. 다시 클럽으로 갔더니 그 흑인이 거기 있더군요. 난 업주에게 죽을 것 같아서 그를 상대할 수 없었다고 말했어요.

얼마 후 큰 백인 한 명이 와서 말을 걸었어요. 어깨가 굉장히 넓은 사람이었어요. 내 이름을 물었고 주변에 있던 여자들이 대신 말해주었지요. 난 영어를 전혀 못했거든요. 중학교에서 모든 걸 가르쳐주진 않았어요. 알파벳은 배웠지만 회화는 전혀 할 수 없었던 거죠.

그 백인은 업주에게 돈을 낸 뒤 내게 와서 같이 나가자고 했어요. 업주는 꼭 해야 한다고 내게 경고까지 주더군요. 방에 들어가면 미군들은 항상 옷부터 벗었어요. 서로 잘 준비를 마쳤는데 그 사람은 점잖더군요. 난 어떻게 해야 될지 걱정스럽기만 했어요. 그런데 그가 도와주는 거였어요. 좋아하더군요. 나도 괜찮았고요.

그가 계속 찾아왔습니다. 무척 잘해주더군요. 업소에 들르는 상인들의 물건을 사주기도 했죠. 클럽에 올 때마다 집에 가서 함께 잤어요. 내게 돈도 주고 재미있게 영어도 가르쳐주었어요. 그는 정말 좋은 사람이었습니다. 다른 여자들에게도 잘했어요. 상사였던 그는 골프와 배구코치를 맡기도 했어요. 나이는 나와 비슷한 스물여섯쯤이었죠. 한 달, 또 한 달이 지나자 업주는 내가 고정된 손님을 받는 걸 싫어하더군요. 내가 살림이라도 차릴까봐 그랬겠죠. 그가 오기만 하면 업주는 면전에서 문을 닫아버렸어요. 이 일이 그를 화나게 만들었죠.

난 두 달 동안 피임약을 복용하고 있었어요. 그는 먹지 못하게 했죠. 피임약을 쓰레기통에 던져버린 일까지 있어요. 하지만 난 그가 모르게 계속 피임약을

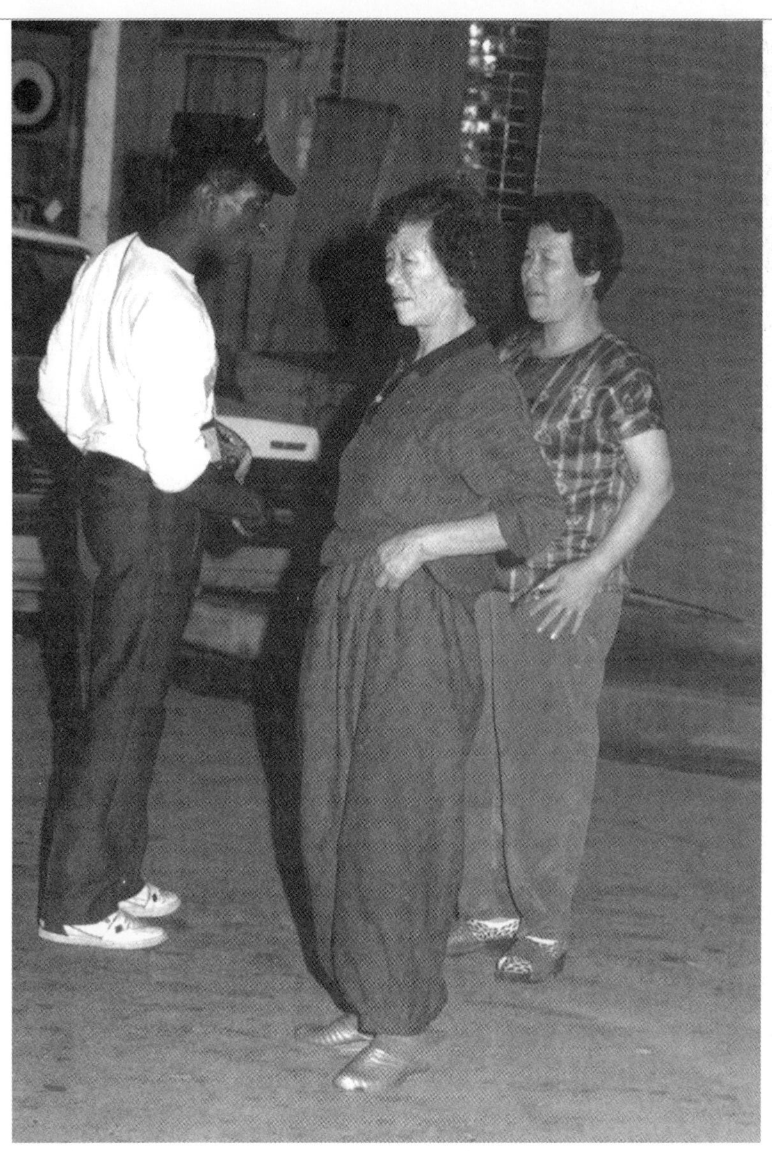

늦은 밤, 한 사내가 매춘을 알선하는 두 명의 마마상과 흥정을 벌이고 있다.

복용했습니다. 거의 매일 새로 약을 사다시피 했죠. 영어를 못하니 그와 싸울 수도 없었어요. 그는 영어를 잘하는 클럽 동료를 통해 내게 피임약을 끊으라는 말까지 했어요. 그 후 어느 날인가 한쪽은 한국어, 한쪽은 영어로 된 그림책을 사들고 왔더군요. 그 책을 가지고 단어를 짚어가며 내게 피임약을 먹지 말라더군요. 그는 아이를 원했던 거예요. 내가 나이를 먹어가고 있었기 때문에 내게도 아이가 있어야 한다고 생각했던 거죠. 하지만 그 당시 난 결혼할 생각이 없었어요. 돈이 필요할 뿐이었죠. 항상 집에 좀더 많은 돈을 보낼 궁리만 했거든요. 늘 버는 돈을 셈하고 있었어요. 내가 클럽에서 받을 돈이 얼만지 따지고 있었죠. 한 달에 두 번씩 이자를 갚고 집으로 돈을 가져왔어요.

그러던 어느 날, 내가 잠에 곯아떨어지는 바람에 그가 나와 관계를 하지 못한 일이 있었어요. 얼마 후 깨어나 보니 여전히 내 곁에 앉아 있더군요. 나는 옷을 챙겨 입고 연탄을 갈러 밖으로 나갔지요. 그러곤 방으로 돌아왔는데도 내 옷을 벗겨주려 하지 않았어요. 그래서 나는 사랑하기 싫으냐고 말하고 옷을 입은 채 잠을 청해버렸어요. 내가 조금 모질었는지도 모르겠어요. 나를 깨우더군요. 가겠대요. 보통 때는 말없이 가곤 했거든요. 나는 그러라고 했지요.

벽장에는 그의 군복이 두 벌 있었어요. 그 군복하고 군화, 그리고 그가 봉투에 담아 넣어둔 400달러를 챙기더군요. 나는 대수롭지 않게 여겼어요. 우리 한국 사람들은 설사 화가 났더라도 관계를 그렇게 빨리 정리하지 않거든요. 게다가 우리는 이미 여러 달 같이 지냈는데 말이죠. 그날 저녁 그는 돌아오지 않았습니다. 클럽에도 오지 않았어요. 나는 일이 너무 바쁘거나 무슨 일이 생겼기 때문이려니 생각했죠.

일주일을 기다려봤어요. 그래도 나타나지 않더군요. 난 더 이상 앉아서 기다리지 않기로 작정했어요. 한집에 사는 다른 여자들의 미군 남편들에게 그에 대해 물어보았어요. 그들 역시 그를 보지 못했다고 하더군요. 나는 그가 일했다는 곳을 찾아갔습니다. 거기서 일하는 사람들도 역시 모른다고 하더군요. 나는 기지 정문에서 그를 기다렸어요. 출근시간과 퇴근시간에 맞춰 그곳에 서 있었죠. 이른 아침에 서 있으려면 꽤 추웠어요. 여러 날을 그렇게 보냈습니다. 여전히 오지 않더군요. 당시로서는 그가 내게 유일한 손님이기도 했어요. 눈물이 나더군요.

그의 이름은 더글러스였어요. 그가 내 첫사랑이었습니다. 그 사람보다 내게 다정했던 사람은 없었어요. 한국 남자를 알고 난 이후로는 특히 그래요. 나를 마치 아기처럼 소중하게 대해주었어요. 그에게 많이 의지하고 있었어요. 그는 매일 와서 20달러씩 줬어요. 옷이랑 내가 필요로 하는 것들을 사줬고요.

거리의 한 술집 내부

어쩔 때는 내 동생들에게 필요한 물건들을 사주기도 했어요. 나는 아주 깊이 그를 사랑했습니다. 매일 밤 이방 저방으로 옮겨 다니면서도 울었어요. 그러다 편지를 썼습니다. 보고 싶다고 했죠. 술집과 다방을 드나들며 보석, 목걸이, 장신구 등을 파는 남자들이 있었는데, 그들은 더글러스를 잘 알고 있었어요. 우리가 함께 있는 것을 늘 보았기 때문이었죠. 나는 그 장사치들에게 편지를 건네주면서 혹시 그를 만나거든 전해 달라는 부탁까지 했습니다.

하루는 업주가 나와 이야기를 하다가 미국 놈들은 다 거짓말쟁이라고 하더군요. 지금은 너를 사랑한다고 하지만 다음에는 다른 여자에게 가서 같은 말을 하는 인간들이라며 믿지 말라는 거예요. 나더러 차라리 다른 남자를 만나라고 했어요. 그렇지만 난 한 달 이상 더글러스를 기다렸어요. 매일 눈물바람이었죠. 홀에 나가기는 했지만, 그를 찾아보느라 밖에 나와

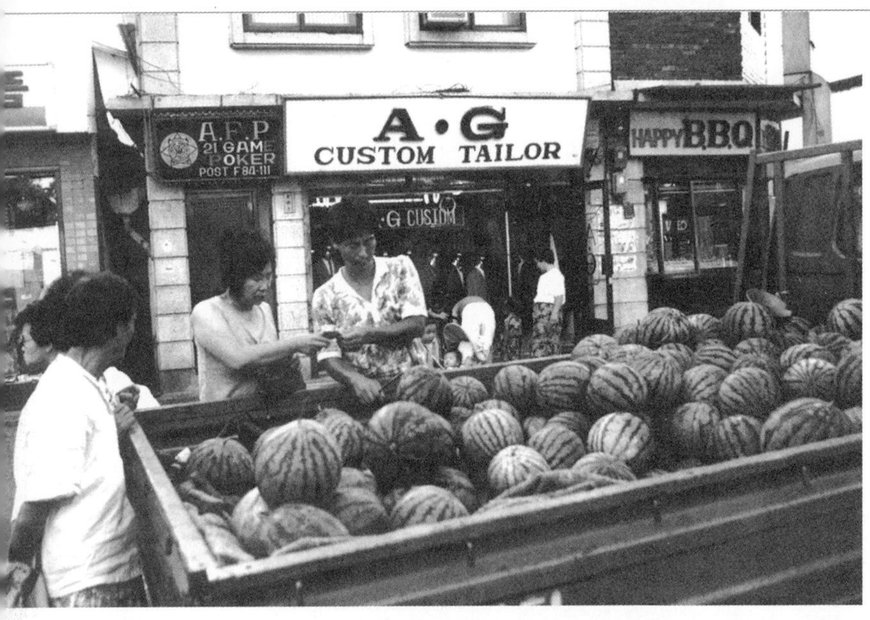

술집지역에 사는 여성들과 지역사람들은 근처 큰 시장에서 장을 본다. 그리고 생선, 달걀, 옥수수, 복숭아, 미역, 수박 등과 같은 물건 한두 가지를 싣고 술집지역을 오가는 트럭과 차도 있다.

서 있곤 했어요. 난 더 이상 거기서 일을 할 수 없을 것 같았습니다. 그렇다고 다른 업소로 갈 수도 없었고요. 집에 생활비를 보내는 것도 늦어지고 있었어요. 돈을 벌기로 마음을 다잡을 수밖에 없었죠.

난 나가고 있는 홀을 바꾸기로 했어요. 하지만 업주가 나더러 갈 수 없다더군요. 소개비 30만 원을 내놔야 한다는 거였어요. 빚 60만 원도 남아 있다며 내게 90만 원을 갚아야만 한대요. 난 싸웠습니다. "내가 세 살 먹은 어린앤 줄 아세요. 소개비가 30만 원이라는 건 대한민국 법에도 없어요." 소개비는 한 5만 원 정도였거든요. 난 30만 원은 말도 안 된다고 했죠.

그리고 덧붙였어요. 내가 원하면 어디든지 갈 수 있다고 말이죠. 친한 여자 한 명과 다른 곳으로 옮겨갔습니다. 홀을 바꾸고 보니 전에 있던 곳의 방세가 터무니없이 비싸고, 월급을 주는 업소도 있다는 걸 알게 되었어요. 나는 다른 여자들에게 "소개비는 절대 주지 마"라고 했죠. 소개비를 요구하는 놈이 있거든 내게 오라고 했어요. 난 그들을 위해 싸웠어요. 여러 명의 여자가 나를 찾아왔죠.

어떤 사람이 더글러스를 봤다는 사람이 여럿 있더라는 얘기를 하더군요. 나도 그를 볼 수 있을지 모르겠다 싶었죠. 한동안 한번씩 밖에 나가보는 게 일과가 되다시피 했어요. 한번은 내가 어딜 갔다 돌아왔는데 이런 생각이

들더군요. '여러 사람이 보았다고 하는데 왜 내 눈엔 띄지 않지?' 의아스럽기만 했어요. 홀에는 오토바이를 타고 있는 여자 사진이 하나 걸려 있었습니다. 한 남자가 그 여자를 뒤쫓고 있는 그림이었죠. 난 옆에 있던 동료에게 이랬어요.

"내가 오토바이를 탄 저 여자고, 남자들이 나를 저렇게 쫓아다닌다면 얼마나 멋질까?"

그러자 동료가 이러더군요.

"어, 저기 봐. 더글러스야."

난 어이없다는 듯 말했어요.

"미쳤니? 너 날 놀리려고 그러지?"

하지만 정말이었어요. 넓은 어깨를 가진 그가 있었습니다. 옆에 세 명의 여자가 함께 있더군요. 그는 계속 나를 보면서 그들과 이야기를 하고 있었죠. 음악 때문에 무슨 말을 하는지 들리진 않았지만. 그가 태연하게 우리 자리로 오더군요. 내게 뭘 마시겠냐고 물었어요. 나는 주스를 마시겠다고 했죠. 그가 술을 마시는 동안 나와 친구는 주스를 마셨어요.

심장이 마구 뛰었습니다. 나는 뭐라 해야 할지 몰랐어요. 아무 말도 할 수가 없었죠. 그는 내게 어떻게 지냈냐고 묻더군요. 난 잘 지냈다고 했지만 눈물로 눈앞이 흐려졌어요. 그는 평상시처럼 행동했어요. 내 등을 쓰다듬으며 "집으로 가자"고 하더군요. 나는 집에 가서 그림책으로 그에게 말을 해야겠다고 생각했습니다. 함께 집으로 갔죠. 나는 사전을 찾아가며 "왜 화가 났어? 왜 오지 않았느냐고?"라고 물었어요. 그가 그러더군요. "아무 말도 하지 마." 우리는 함께 잤어요. 다음날 아침 그가 가겠다고 하더군요. 나는 다시 올 거냐고 물었습니다. "나도 몰라" 하면서 가버리더군요.

나는 또 기다리기 시작했어요. 빚이 쌓여만 가더군요. 그런데도 일을 할 수 없겠다는 생각이 굳어지는 거예요. 하지만 냉정해야 했어요. 나는 돈을 벌어야만 했으니까요. 미국 사람이 다 그렇지는 않다는 걸 압니다. 나는 미군들과 자는 일을 계속 했어요. 우리 클럽이 사정상 일찍 문을 닫았기 때문에 미군들과 어울려 다른 클럽으로 간 일이 있었어요. 그 때 누군가 그러더군요. "이봐, 더글러스가 엉망으로 취해서 화장실에 있어." 나는 거기서 춤을 추고 있었어요. 난 화장실로 가서 그를 흔들어 깨웠어요. 그는 틀림없이 약물을 복용해온 것 같았어요. 엉망이었습니다. 나를 보자 그래도 반가웠던 모양이에요. 나는 할 말이 있으니 테이블로 가서 앉자고 했지요.

나는 내 마음을 가져가곤 왜 돌아오지 않느냐고 물었어요. 당신은 거짓말쟁이라고 했죠. 그런 말을 배운 적도 없는데 어떻게 튀어나왔는지 모르겠어요. 그는 나를 사랑했다고 하더군요. 아이를 원하고 결혼하고 싶었다는 거예요. 그러면서 자기 덩치가 너무 커서 내가 자기와 섹스를 하는 것을 좋아하지 않았다고 했어요. 그에게는 그게 가장 중요했더군요. 하지만 나를 싫어하는 건 아니래요. 그 때만 해도 나는 섹스에 대해 아무것도 몰랐어요. 단지 돈을 벌기 위해 그 걸 했던 거였죠. 그는 내가 그를 사랑하지 않는다고 하더군요. 난 돈을 벌어야 했다고 말했습니다. 그는 우리 둘이 잘 지낼 수는 없을 것 같대요. 그러고는 "친구로 남자"고 했어요. 그 후 더글러스는 돌아오지 않았습니다. 나는 그로 인해 많은 것을 잃었어요. 미국 사람은 다 그랬어요. 그랬습니다.

다른 친구도 있었어요. 3개월간의 휴가를 받아 일본에서 온 사람이었습니다. 남자를 만날 때마다 내겐 괜찮은 남자들이 다가왔어요. 그도 아주 친절했거든요. 내게 먹을 걸 사주고 돈도 건넸어요. 함께 많은 시간을 보냈죠. 그는 정말로 내게 믿음을 주더군요. 그 때도 난 여전히 촌스러워서 정말 사람을 잘 믿는 편이었어요. 그는 서른을 넘긴 나이였죠. 떠날 때 그러더군요. 지금은 가야 하지만 내년에 다시 오겠다고요. 그러나 떠나간 뒤 편지도 없었습니다.

나는 현실을 받아들였어요. 이런 일을 하면서 수많은 미국인들을 만났습니다. 그들 모두가 능숙한 거짓말쟁이였어요. 서로 호감을 느낄 때면 무슨 말이든 한 거였지요. 곳곳에서 여자와 자려고 돈을 쓰죠. 좀더 좋은 기분을 느끼려고 거짓말을 늘어놓는 거예요. 사실 우리가 바보들입니다. 하지만 왜 그들이 그런 거짓말을 하고 우릴 바보로 만드는지 아세요? 그건 우리가 천한 일을 하고 있기 때문입니다. 그게 유일한 이유예요.

난 그런 미국인들인데도 잘해줬어요. 그들에게 밥도 해먹였죠. 자신은 이혼을 했고 아이가 하나 있다는 남자가 있었어요. 내가 정말 훌륭한 엄마가 될 거라더군요. 하지만 그는 결코 돈을 내놓는 법이 없었습니다. 나는 그에게 계속 이렇게 지낼 수는 없다고 했지요. 지금까지 우리가 함께 보낸 시간만큼은

학교에서 돌아오는 소년들

돈을 내야 한다고 말했어요. 그러나 돈을 가지고 오겠다고 한 그날, 그는 또 다른 변명을 늘어놓더군요.

나는 영어를 잘하는 동료에게 그에게 말 좀 해 달라고 했어요. 동료에게 지난 얘기를 쭉 해줬죠. 그러자 그 동료가 그에게 가서 지갑을 달라고 했어요. 지갑에는 돈이 들어 있었죠. "그래, 무임승차를 하려고 했단 말이죠?" 내가 이랬어요. "여기에 공짜는 아무 것도 없어요. 당신도 생활비를 내야 해요." 그는 내가 너무 잘해주어서 아무것도 필요 없는 줄 알았다는 거예요. 내가 그렇게 잘해줬으면 당연히 돈을 주는 게 맞잖아요. 그가 나를 귀찮게 한 것도 한두 번이 아니거든요.

내가 동생들과 멀리 떨어져 지내다보니 애들 꼴이 말이 아니었어요. 상진이는 중학생이고 막내는 국민학생이었어요. 한번은 집에 가보니 벽이 시커멓게 그을려 있더군요. 왜 이러냐고 묻자 성냥갑에 불이 붙어서 번졌다는 거였어요. 그때 동생들은 지하방에 살고 있었어요. 모든 게 타버렸더군요. 동생들을 따로 두지 않기로 결심한 게 그때였습니다. 그래서 나와 좀더 가까운 곳으로 동생들을 옮겼어요. 매일 애들을 볼 수 있으니까 맛있는 음식도 챙겨줄 수 있었어요. 항상 뭐든지 주려고만 했죠. 하다못해 사탕이라도 말입니다.

그러다 나는 동생들을 모두 서울로 올려 보내 다른 학교로 전학시켰어요. 난 처음 일했던 홀에서 같이 일한 여자와 함께 군산으로 갔습니다. 그 뒤로 상황이 조금씩 나아지더군요. 동생들도 돈을 벌게 되었고 가끔씩 내가 돈을 가지고 서울로 올라가기도 했거든요. 군산에서 서울까지의 여정은 무척 피곤했지만요.

난 항상 돈 몇 푼이라도 보내려고 애를 썼어요. 밤새 일했죠. 꽤 돈을 벌었지만 자라는 아이들은 먹는 게 상당했어요. 내가 어릴 때부터 잘 먹여서 그런지 동생들은 먹성이 좋았어요. 애들 입이 점점 고급이 되더군요. 돈도 그만큼 많이 들었죠. 매 끼니마다 고기가 있어야 했어요. 남긴 음식은 먹지도 않더군요. 그래도 난 동생들이 건강하고 정상적으로 행복하게 크기만 바랄 뿐이었습니다.

언젠가 한번 다시 찾아가보니 집이 엉망이었어요. 제일 큰 남동생이 돈을 마구 쓴다는 걸 알게 되었어요. 혼자 방까지 따로 얻어서 여자친구와 살고 있더군요. 이렇다할 직업도 없으면서요. 한 직장에 진득하게 붙어있질 못했어요. 아직 어리고 경험도 없는데 말이죠. 동생은 장사를 하겠다며 30만 원을 달라더군요. 돈을 만들어 주었어요. 그런데 모두 엉뚱한 데 써버리는 거예요. 그러곤 다시 50만 원만 달래요. 나는 동생에게 전문대학에라도 가라 했지만, 동생은 내게 너무 부담이 될 거라더군요. 동생은 돈을 벌고 싶어 했어요. 난 가불까지 해가면서 돈 얼마를 줬어요. 하지만 지금 동생은 모든 게 엉망입니다. 그 아버지에 그 아들인가? 내가 생각할 수 있는 원인은 그것밖에 없을 정도예요.

나는 좋은 사람 만나 결혼할 수 있을 거라는 생각은 하지 않았어요. 어쨌든 결혼하고 싶지 않았거든요. 그런데 정말 좋은 사람이 하나 있긴 있었습니다. 그가 정말 괜찮아서 결혼을 생각해보기도 했거든요. 이혼한 사람이었어요. 아이가 하나 있었죠. 자기 어머니가 큰 회사의 사장이라더군요. 어머니가 수입도 아주 많았고 그는 독자였어요.

그는 편지에다 1년 뒤에 돌아오겠다고 했습니다. 하지만 난 그와 결혼할 수가 없었어요. 동생들을 돌봐줄 사람이 아무도 없었거든요. 내가 미국에 갔다면 돈은 보내줄 수 있겠지만, 동생들이 혼자 살아나갈 수는 없었을 거예요. 내가 곁에 없으면 무슨 일이 일어날지도 모른다는 사실을 외면할 수는 없었습니다. 나는 상진이가 학교를 마친 후라야 결혼을 하든지 말든지 해야겠다고 마음먹었어요. 내가 떠나더라도 그전에 좀더 동생들을 가르치고 싶었어요. 이렇게 생각했죠. '난 비록 이런 일을 해왔지만 동생들은 아무런 책임이 없어. 그러니까 동생들은 어렵지 않게 결혼할 수 있을 거야. 그 때까진 동생들을 돌봐야 해.'

---

1) 두레방 유복님에 의하면, 최초의 에이즈 환자는 한 대학의 미국인 강사였다고 한다.

2) 역시 미군 기지촌 술집지역이다. [고산동을 포함해 '뺏벌'로 유명했다. 예전에 그곳이 배밭이었기 때문에 '배벌'로 불리었던 게 다시 '뺏벌'로 전이되었다고도 하나, 대다수의 사람들은 '한번 발을 들이면 빼도 박도 못한다' 해서 '뺏벌'로 불린다고 말한다. - 옮긴이]

3) 유복님은 한국 에이즈 환자 중 50%가 미군에게 성노동을 파는 여성들이라고 한다.

4) 당시 한국에서는 모든 사람이 밤 12시 이후에는 거리에 다닐 수가 없었다. 거리를 돌아다니게 되면 누구든 연행되었다.

5) 김포에는 한국전쟁기와 이후로도 한동안 미 공군기지가 있었다.

6) 한국 내에서 가장 오래되고 규모가 큰 미군기지 중 하나인 캠프 케이시가 위치하고 있으며, 기지 인근에 큰 술집지역을 형성하고 있다.

오키나와 농부들이 철제 도로난간에 최근 추수한 볏단을 펼쳐놓고 있다. 술집지역은 여기서 약 여섯 구역 정도 떨어져 있다.

오키나와

오키나와의 그 때와 지금

산드라 스터드반트

1988년 6월, 이 프로젝트를 수행하기 위해 오키나와에 간 것이 내겐 잠깐이나마 휴식을 취할 기회가 되기도 했다. 당시 필리핀에서는 아키노 정부의 저강도 전쟁이 일상 속에 만연해 있었다. 도시에는 잠재적인 폭동과 쿠데타의 위협이 있었고 시골지역에서는 실제 폭동이 일어나서, 아키노 집권 시기 약 100만 명에 달하는 국내 난민이 발생했다.

다시 오키나와에 오게 된 게 무척 기뻤다. 원래 화산섬이었던 오키나와는 개발이 시작되기 전인 1950년대의 하와이와 놀라울 정도로 비슷하다. 태평양 전체에 거대하게 피어오르는 뭉게구름, 투명한 물빛, 고운 모래해변, 야자수, 작렬하는 태양, 빗물과 꽃잎에 반사된 투명한 햇살, 흰 생강꽃, 부겐빌리아, 푸른 나팔꽃, 연어빛 히비스커스 등으로 장관을 이루고 있다. 게다가 이곳 사람들은 친절하고 상냥하다.

대부분의 미국인들은 오키나와 전투를 통해 오키나와를 인식하게 되었다. 1945년 6월 23일, 3개월간의 전투가 끝났다. 은신처에서 저항하는 일본군을 패퇴시키기 위해, 배낭형 충전기와 화염방사기를 들고 동굴과 동굴을 옮겨 다니며 싸우는 미 해병대의 고충과 고통을 보여주려 한 스미스(W. Eugene Smith)의 사진이 이 전투를 가늠하는 시금석이 되고 있다. 두 번이나 부상을 당해 후송되었던 스미스에게 그런 일만 없었더라면, 스미스는 그 나라 사람들에게 퍼부어진 유린의 장면들 또한 사진에 담을 수 있었을 것이다.

오키나와 전투에서 오키나와 인구의 약 1/4이 사망했다. 그 당시 상황을 조사했던 오키나와 현지인으로부터 전해진 주된 내용은 일본이 일본 본토 방어를 위해 오키나와를 이용하고, 오키나와와 오키나와 사람들을 희생시켰다는 것이다. 오키나와 일본군 사령관에게 본토에서 내린 군의 명령이 이 판단을 뒷받침해준다. 그 명령은 전쟁을 가능한 한 길게 끌어서 미국이 본토를 공격해오는 데 대비할 시간을 벌라는 지시였다.

이런 지연작전의 끔찍한 측면 중 하나는 미 점령군에게 당하게 될지 모르는 잔인한 행위에 대해 오키나와 사람들이 극렬한 일본인이 되도록 세뇌를 했다는 점이다.[1] 포로가 되었을 때를 가정해서 일본인들이 제시한 대책은 가족을 죽이고 자살하는 것이었다. 약 15만 명에 달하는 오키나와 사람들이 이런 선전으로 인해 사망했다고 하나 명확치는 않다. 아주 최근에서야 오키나와 사람들은 자신들의 역사 속에서 벌어진 당시의 죽음과 생존자에 대해 입을 열기 시작했다.

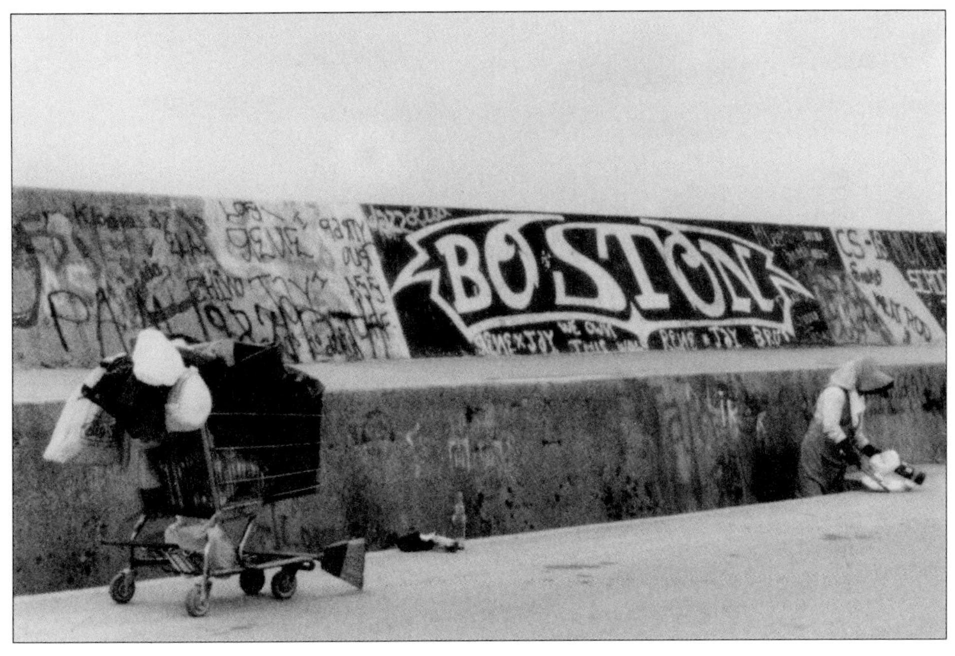

바닷가 제방 주변을 청소하는 오키나와 여성. 오키나와 음악을 틀고 오키나와 말로 뉴스와 정보를 제공해주는 지역 라디오방송을 듣고 있다.

일본통치자에 대한 불신이 오키나와 사람들 내면에 주축을 이루는 것도, 천황반대와 반전 경향을 강하게 드러내고 있는 것도 이런 쓰라린 잔재 때문이다. 또 다른 하나는 야만적인 식민지시대 때문이었다. 오키나와 전투 후 미군의 점령으로 19세기 후반부터 시작된 일제 식민시대가 종막을 고했다. 식민지 기간 동안 일본은 오키나와인들의 독특한 문화·역사·언어를 말살하려고 온갖 노력을 기울였다. 한국에서 일본의 식민지 지배에 대한 저항이 있었던 것처럼, 오키나와 사람들의 저항도 여러 방법을 통해 지속적으로 표출되었다. 그리고 한국에서와 마찬가지로 일본의 억압 또한 늘 즉각적이고 철저했다.

반전 성향은 뿌리가 깊다. 오키나와현의 새 지사로 선출된 오타 마사히데①의 정치적 표현에서도 이 같은 반전 성향이 드러나는데, 그는 미군철수를 정견에 포함시켜 발표했다. 하지만 나중에 오타 마사히데는 미국 정부관료들이 합리적인 미군철수 일정표를 제시한 그의 제안을 받아들이지 않는다는 것을 알게 되었다. 오키나와에 미군부대를 주둔시켜야 할 필요성이 매우 크다는 점이 걸프전을 통해서도 드러났다는 미군의 인식이 작용한 결과였다.

하루해가 저물 무렵 나이 든 오키나와 여성들은 크로케[게이트볼]를 하기도 한다. 여성들 한 무리가 크로케를 하면서 자신의 순서를 기다리고 있다.

① 1990년 선거에서 지사로 당선, 1994년 재선출되었다. 지사로 재임하면서 미군 철수와 미군기지 반환을 위해 많은 힘을 쏟아 부었다. 특히 1995년 9월에 발생한 미군병사 3명의 초등학교 여학생 성폭행 사건을 둘러싸고 그가 견지한 태도 및 역할은 주민의 대표가 해야 할 일이 무엇인가를 여실히 보여주었다고 해도 과언이 아니다. 당시 성폭행 사건은 미군범죄를 비롯해 미군에 의해 저질러진 각종 사건·사고로 오키나와 주민들 사이에 뿌리 깊게 자리한 미군기지 반대여론에 새롭게 불을 댕긴 사건이었다. 이에 오타 지사는 범죄인 인도, 범죄수사권과 관련해 미-일 SOFA개정을 요구하며 미·일 양국 정부에 강력하게 맞섰다. 이후에도 그는 오키나와 미군기지의 강제수용에 필요한 대리서명을 거부하고, 기지문제와 관련한 최초의 현민투표를 실시하면서 일본정부에 대항해나갔다. 또한 1996년 후텐마 미 공군기지에서 헬기 추락사고가 발생하자 기존의 미군기 추락사고에 대한 조사보고 내용의 공개를 요구하는 등 주민들과 함께 싸우면서 결국 미국 정부의 타협책을 이끌어냈다. 그 결과 미·일 정부는 1996년 오키나와 미군기지를 축소하고 후텐마 공군기지를 반환한다는 합의에 서명한 바 있다. 지사에서 물러난 뒤에도 그는 주한미군을 포함, 오키나와 주둔 미군과 미군기지 철수를 위해 많은 활동을 벌이고 있다.

미군의 오키나와 점령은 1972년 오키나와가 일본 정부에 반환될 때까지 지속되었다. 미군의 일본 본토 점령기간이 7년이었던 반면 오키나와 점령기는 그보다 20년이나 더 길었다. 오키나와 반환은 베트남전쟁으로 야기된 강력한 반전 압력이 거둔 성과였다. 반전단체, 노동조합, 정당, 기지반대단체가 오키나와에서 미군기지를 철수시키기 위해 강력한 연합전선을 형성했다. 이후 전술적 타협이 이루어져 나타난 게 일본으로의 반환이었다. 먼저 반환이 성사되면, 논의했던 대로 일본 정부에 기지를 철수시키도록 압력을 행사하기가 더 용이할 것이라고 본 것이다. 그러나 결과는 그렇게 되지 않았다.

오키나와 전투 기념식. 1945년 6월 23일 막을 내린 오키나와 전투는 오키나와를 점령하려는 미국과 일본간에 벌어진 전쟁으로, 개략 15만 명의 오키나와 사람들이 사망했는데 이는 전체 인구의 1/4에 해당한다. 모든 연령층을 망라한 사람들이 종전 기념식을 참관하고 있다. 기념식은 가족, 친구들이 모이는 것은 물론이고 반전시위와 함께 진행된다. 또 음식과 술을 올리며 죽은 사람들의 넋을 위로한다.

오키나와에는 여전히 상당수의 미군부대가 주둔하고 있다. 점령기 동안 미국이 설치한 145개의 기지가 점점 줄어들어 1980년대 중반에는 46개로 축소되었지만, 이는 일본 전역에 설치된 미군기지의 75%에 달하는 숫자다. 그리고 일본에 주둔하고 있는 6만 명②의 미군

② 미 국방성에 의하면 2002년 말 기준 4만7천여 명의 주일미군이 있다.

중 절반 이상이 오키나와에 있다.

따라서 오키나와는 여전히 미 군사력의 최전방 전투사령부 역할을 담당하고 있다. 오키나와에 있는 미 공군과 해병대의 일차적 임무는 일본·한국·필리핀에서의 미국의 존재를 지키기 위해 유사시 즉각 대응하는 것이다. 항시적으로 긴급전개부대(Rapid Deployment Forces)를 훈련시켜서 필요한 경우 중동이나 한국까지 즉각적으로 항진할 수 있도록 대비하고 있다. 걸프전 기간 동안 오키나와에 주둔하고 있던 약 2만 명의 해병 중 1만 명이 사우디아라비아로 파병되었다.

카데나 공군기지는 필리핀에 있는 클라크 기지 규모에 비견할 정도로 거대하다. 그리고 미국이 클라크 기지를 포기한 지금, 전체적인 안보 부담을 카데나 기지가 안게 될 것이다. 서태평양 전진 사령부인 공군 제313사단 본부는 카데나 기지에 자리 잡고 있다. 전략 정찰항공부대, 핵 항공부대, 전술적 전폭기부대 및 기타대대가 포진하고 있다.

오키나와에서는 자주 반전시위가 발생하는데, 카데나 기지가 그 대상 중 하나다. 1986년에는 2만 명 이상의 오키나와인들이 인간띠를 만들어 카데나 기지를 둘러싸고 아주 조직적인 시위를 펼쳤다. 그날 얼마나 폭우가 몰아쳤던지 띠를 형성한 바로 옆 사람을 보기 어려울 정도였다. 시위자들은 인간띠를 확실하게 잇기 위해 재차 자신들의 몸을 뻗어 손을 잡으며 안간힘을 썼다.

카데나 기지 폐쇄를 요구하는 시위에서 드러났듯이, 오키나와의 반전 열기는 1945년 이래 두 나라 역사 속에서 벌어진 참혹상과 미국의 세계전략 실현에 있어서의 카데나 기지의 역할 모두를 반영한다. 핵무기 문제가 그 핵심이다. 미국은 1972년 오키나와를 일본으로 반환하기에 앞서 오키나와에 핵무기가 비축되어 있음을 시인했다.[2)]

오키나와 반환 이후 미-일간에 체결된 협정에는 미국이 일본으로 핵무기를 들여오려면 사전에 일본 정부의 허락을 구하도록 명기돼 있으나, 양국 정부 모두 핵무기에 관한 한 어떠한 언급도 거절했다. 케네디 행정부 시절 주일 미국대사를 역임한 에드윈 라이샤워(Edwin O. Reischauer, 1961~1966년 역임)가 핵무기를 탑재한 미 해군 항공모함이 일본(과 오키나와) 항구에 정기적으로 정박한다는 사실을 공개적으로 주장한 1981년 5월까지 핵무기 문제는 언급되지 않았다.[3)]

핵으로 인한 전멸 위협이 동시대 오키나와인의 의식 중 한 부분을 이루고 있다. 오키나와는 "핵의 중심(Nuclear Bull's-eye)"이라고 불린다. 또 다시 누군가의 전쟁으로 인해 오키나와가 싸움터가 된다는 것은 공포스런 일이다. 오키나와에 사는 많은 사람은 일본이 본토 방위를 위해 오키나와를 희생시키는 상황이 다시 발생할 수 있다고 여기고 핵전쟁 시에 오키나와가 전쟁터가 되어서는 안 된다고 주장하고 있다. 모든 것이 파괴될 것이기 때문이다.

오키나와현의 현청소재지인 나하시 중심가에서 모퉁이를 돌고 있는 대규모 시위대. 황태자 시절 아키히토[1989년 왕위 계승]의 오키나와 방문계획이 발표되자 방문을 반대하는 시위를 벌이고 있다. 반일감정은 식민지 시기 동안 겪어야 했던 고난과 1945년 오키나와 전투에서의 무수한 죽음, 그리고 현재까지 계속되고 있는 일본의 경제적·문화적 지배의 확대에서 유래한 것이다.

일본이 미국과의 조약에서 엄청난 수의 미군기지와 미군들을 본토가 아닌 오키나와에 주둔키로 한 사실로 볼 때 그와 같은 추론이 가능하다. 또한 오키나와에 핵무기를 존속시킬(아마 증가시키고 최신형으로 바꿀) 다른 방법을 찾고 있는 게 바로 일본이라는 점 때문이다. 결국 오키나와 땅에서 미군과 함께 훈련하고 계획을 세우고 있는 것은 일본 자위대다.

많은 오키나와인은 인상적인 일본의 경제성장과 함께 군비지출이 증가하고 있는 현실에서 같은 역사가 되풀이될까봐 우려한다. 1980년 환태평양 합동훈련(RIM-PAC)에 일본 해군과 공군이 참가한 것에서부터 1980년대 후반 미-일 해군의 대규모 합동기동훈련에 이르기까지, 미-일 합동군사작전이 늘어난 1980년대 초 이래 이런 우려는 더욱 커지고 있다. 양국간 안보와 경제체제 사이에 새로운 국면이 나타나고 접촉면이 확장되는 것은 불안한 일이다.

미국이라는 존재는 일상 속에 스며 있다. 전투복을 입은 미군병사들이 군차량을 타고 한 기지에서 다른 기지로, 또는 섬의 어디에선가 훈련을 받기 위해 이동하는 모습을 고속도로와 시내중심가에서도 쉽게 볼 수 있다. 미 해병대는 중요한 식수원인 후쿠치 저수지에서 상륙훈련을 한다. 헬리콥터 날개의 '두두두' 하는 진동소리, 고막이 터질 것 같은 제트기 소리, 요란한 굉음을 울리는 폭격기 소리 등과 같은 항공기 소리가 끊이지 않는다. 미군들이 사는 아파트에는 꼭대기 층을 가로지르며 거대한 성조기가 그려져 있다. 미국을 상징하는 '엉클 샘'의 동상과 자유의 여신상, 미국 제과점, 디스코클럽, 피자 가게, 중고차 판매점 등을 선전하는 광고판들, 군용장비를 파는 가게들이 즐비하다. 여러 모로 볼 때 이는 오키나와에 미군이 주둔하는 것이 아니라, 미군이 차지한 영역에 오키나와인들이 살고 있는 실정이다.

카데나 공군기지는 태평양지역에서 가장 큰 기지에 속한다. 카데나 기지가 건설되기 전, 이 땅은 옥토 중의 옥토였다. 오키나와섬에서 미군을 철수시키기 위해 오키나와 사람들은 셀 수도 없을 만큼 대표단을 파견하여 탄원하고 찬반투표를 하는 등 온갖 노력을 기울였다. 1986년에는 2만 명 이상의 사람들이 인간띠를 만들어 카데나 기지를 에워싸고 시위를 벌이기도 했다.

미군 주둔에 내재된 역사적·지정학적·경제적 이해관계가 광범위하다는 사실은 부정할 수 없다. 동시에 군 주둔은 여러 가지 방식으로 여성들에게 영향을 미치는 자체 생명력을 가지고 있다는 점도 분명하다. 예를 들어, 한때 일본 해군의 소유였던 많은 항구와 기지가 지금은

이 거대한 미군 통신시설물을 오키나와 사람들은 "코끼리 우리"라고 부른다. 화산섬이기 때문에 오키나와에는 농사를 지을만한 평지가 거의 없다.

오키나와 어느 가족묘에서 바라본 요미탄 전경. 요미탄은 1945년 미군부대가 상륙한 곳이다.

미 해군의 관할지다. 그리고 이전에는 여성들이 일본군대에 성노동을 제공했던 이 항구와 기지 주변 지역은 이후 미군병사들에게 유사한 노동을 제공하고 있다. 오키나와에서의 한국 여성에 대한 처우는 여성 성노동의 상품화를 생생하게 보여주는 사례다.

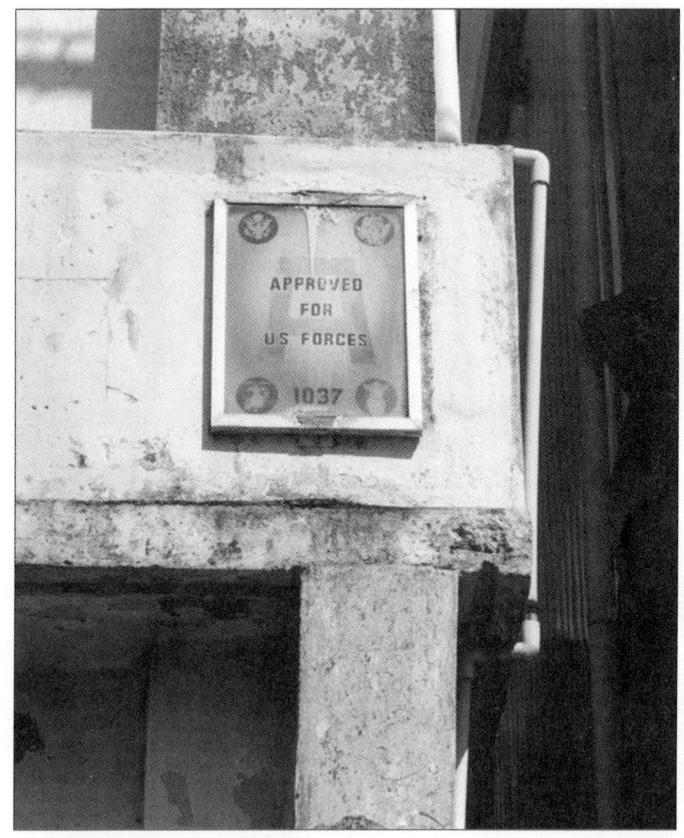

미군 점령기와 베트남전쟁 시기 동안 사진과 같은 표지판은 이 건물의 위생상태가 1등급임을 미군들에게 알려주었다. 미군들은 이곳에 들어가 술을 마시고 여성의 성노동을 구입하는 것이 가능했다. 이 표지가 없는 곳은 출입이 금지되었다. 헌병이 순찰을 돌면서 이런 표지판을 부착했다.

미군이 오키나와를 점령했을 때 일본군은 그들에게 한국 여성들을 제공했는데, 이들 중 대부분이 일터와 집에서 납치되어 일본군을 위한 '정신대'(위안부)에서 강제로 일하게 된 여성들이었다. 일본 군부의 정책은 자국 군대의 성적 표출을 인정하고 이에 필요한 대상을 공급, 조절하는 것이었다. 1937년에서 1944년 사이 약 20만 명의 한국 여성들이 중국과 동남아시아, 태평양지역 여러 섬에서 일본군위안부로 성노동을 제공했다.[4] 얼마나 많은 한국 여성들이 오키나와에 동원되었는지 정확하지는 않지만, 오키나와 전투 중 약 1만 명이 사망했다. 생존

여성들은 일본에 의해 미군에게 제공되었다.5)

미 점령기 동안 오키나와 여성들도 미군병사들에게 성노동을 제공했다. 오키나와 전투 중 15만 명 이상의 사람들이 죽었고, 가장이 사망하거나 부상당해 온전치 못한 가족의 수도 막대했다. 그리고 이런 희생자 수도 엄청난 살육을 수개월간 목격한 생존자들을 무기력하게 만든 정신적 외상을 설명하기엔 불충분하다.

킨 술집지역의 한 식당에서 청소를 마치고 집으로 돌아가는 오키나와 여성

미군의 경제 통제 속에서 대피소와 식량, 의료가 제공되었으며, 곳에 따라 미 달러를 통화로 사용하는 것도 지극히 어려운 일이었다. 이 기간에 성노동을 판 여성들은 주로 전쟁미망인과 한 가정의 딸들로, 농사와 고기잡이로 생계를 꾸리다가 삶의 터전을 잃은 가족을 살리려고 나선 여성들이었다. 이 일은 한국전쟁과 베트남전쟁 동안에도 계속되었으며 그 당시 오키나와 여성 30~40명 중 1명이 성노동을 팔았다.

이 여성들의 노동은 직·간접적으로 새로운 경제활동이 활성화되는 일차적 수입원이 되었다. 1970년대 초, 성노동이 창출한 총 경제규모는 오키나와의 어느 산업부문보다 컸다. 류큐 지방정부의 법무국에 의하면 1969년 전일제 매춘여성의 수는 7,362명이었다.[6] 실제 숫자는 이보다 훨씬 많았지만, 오키나와 출신 작가 시마부쿠로 히로시는 7,000명의 여성을 가정하고 이들이 하룻밤에 평균 20달러를 번다고 하면, 이 노동으로 벌어들이는 연간 수입은 약 5,040만 달러라는 계산을 제시했다. 1970년 오키나와 최대 산업인 사탕수수 생산으로 벌어들인 수입은 4,350만 달러였다.[7]

오키나와가 일본으로 반환되면서 일본의 법률과 이를 시행할 제도가 발효되었다. 일본에서는 1956년 매춘을 불법으로 규정하는 법률이 제정되었고, 따라서 반환과 함께 매춘금지는 오키나와로 확대되었다. 본토와 마찬가지로 이 법을 시행하는 데는 많은 문제가 있었다. 1980년대 중반까지 미군에게 유흥과 성노동을 제공했던 사람은 필리핀 여성이었다. 이들이 일하는 술집지역은 미군기지 부근에 있었으며, 오키나와인과 일본 남성을 상대로 오키나와 여성들이 성노동을 파는 지역과는 분리되어 있었다. 지역과 관계없이 야쿠자나 야쿠자와 결탁해 있는 사람들이 이들을 관리했다.

일의 특성상 필리핀 여성들이 언제부터 오키나와에 유입되기 시작했는지 정확하게 파악하기는 어렵다. 그러나 반환이 이루어진 1970년대 중반 이후에 시작되었으며 미 달러에 대한 엔화의 환율과 관계가 있음이 분명하다. 일본의 물가는 미군병사의 월급에 비해 너무 비쌌다. 필리핀 쪽에서 보면, 마르코스 대통령 시절 외화를 벌어들일 수 있는 확실한 수단은 노동력 수출이었다. 필리핀 여성들은 홍콩·대만·싱가포르·쿠웨이트·사우디아라비아 등지에서 가정부와 아이 봐주는 일을 찾을 수 있었다. 선진국 남성들은 필리핀 여성들을 '우편주문신부(Mail-ordered Bride)'로 구입해오고 있다. 그리고 1980년대 중반까지 10만여 명의 필리핀 여성들이 일본 본토에서 유흥과 성노동을 제공했다. 이외에도 4,000명의 여성들이 오키나와 미군 기지촌 술집지역에서 일했다.

1) 군인이건 민간인이건 마찬가지였기 때문에, 유럽에서의 전투와 달리 태평양전쟁은 전면전이었다. John Dower, *War without Mercy* (New York: Pantheon, 1987) 참조.

2) 비밀해제된 자료에 의하면 1950년대 중반부터 오키나와, 괌, 이오지마(硫黃島)에 핵무기를 비축하기 시작했다. *The Nation*, 13 August, 1985. 참조.

3) *New York Times*, 11 August, 1985.

4) 원래 일본 군부는 하루에 한 여성이 상대할 수 있을 군인 수를 29명으로 추정했다. 그러나 이는 다른 곳에서 계산을 잘못한 것과 마찬가지로 잘못된 수치였는데, 실제 여성들은 70명에서 90명까지 상대해야만 했다. 이런 사실은 1992년 초, 일본의 역사학 교수 요시미 요시아키에 의해 보다 명백해졌다. 그는 1930년대 중반 이후 20만 명이 넘는 여성들이 아시아 전역의 일본군 전선으로 끌려나왔다는 사실을 입증했다. 그들 대부분이 한국에서 끌려온 어린 10대였다. 중국에서 온 여성도 있었으며 극히 일부는 일본에서도 왔다. 요시미 요시아키의 연구는 일본 군부가 이 과정을 관리했고 이것이 공식적 정책이었음을 보여준다. 이전의 주장처럼 업자들의 저지른 일이 아니었다. 한국 여성들은 피해여성을 포함해 다른 단체와 연대해서 한국정신대문제대책협의회를 결성했다. 이후 미야자와 기이치 일본 총리가 서울을 방문했을 때는 일본정부의 역할에 대해 사과할 것을 요구했다[1992년 1월]. 그러나 그것만으로는 충분치 않던 이들은 일본 정부가 그 당시 상황의 진실을 밝히고 실질적인 사과와 배상할 것을 요구하고 있다. 일본정부는 1992년 7월 이를 처음으로 시인했다.

5) William T. Randall, *Okinawa's Tragedy: Sketches from the Last Battle of WWII*, (Ginowan, Okinawa: Oma Books, 1986).

6) Takazato Suzuyo, "Women in Relation to the Base Situation in Okinawa", 이 자료는 1984년 9월 3~6일 오스트리아 비엔나에서 개최된 '국제노예폐지론자연합(International Abolitionist Federation)'의 제2차 국제대회에서 발표된 미발간물이다. 다카자토 스즈요가 성노동을 파는 오키나와 여성들의 실태를 조사한 자료다. 그녀가 저자들에게 건네준 이 원고는 이 주제와 관련된 많은 역사적 정보를 담고 있었다. 다카자토 스즈요는 오키나와현 나하시에서 수년간 공무원으로 재임했다. 그녀의 주된 책임 하나는 1972년 5월 이전, 즉 오키나와가 미군의 통치하에 있을 때 성노동을 팔았던 여성들을 상담하는 일이었다. 1989년 그녀는 나하시 시의원으로 선출되었다[2003년 현재 나하시의회 부의장].

7) 위의 같은 자료에서 재인용. 다카자토 스즈요가 시마부쿠로 히로시의 글 "The Actual Situation of 'Sex Industry', Okinawa's Biggest Industry"를 자료출처로 인용했다.

킨의 술집 시스템

산드라 스터드반트 · 브렌다 스톨츠퍼스

킨은 미 해병기지 캠프 한센 주변에 있는 술집지역이다. 이곳 술집에서 일하는 필리핀 여성들은 6개월 계약직 노동자들이다. 이 지역의 끄트머리에는 나이 든 몇몇 오키나와 여성들이 성노동을 파는 낡은 호텔들이 있다. 여기서 기술한 술집 시스템은 필리핀 여성들이 일하는 곳에만 해당된다. 술집과 관련된 정보는 일차적으로 그곳에서 일하는 여성들과의 대화를 통해서 얻은 것이다.

연예기획사들은 술집에서 일할 여성들을 필리핀 현지에서 모집한다. 기획사의 소유주는 일본인이나 오키나와인으로 대개 야쿠자들이며 사무실은 마닐라에 있다. 필리핀 남자들이 모집인으로 일한다. 술집 업주들은 여성들을 새로 보충하기 위해 기획사에 돈을 주고, 기획사가 여성들에게 급료를 지불한다. 필리핀 남성 모집인은 자신이 모집한 여성 개개인의 월급에서 한 달에 100달러를 수수료로 받는다. 수수료를 제하지 않은 상태에서 여성들의 월급은 350에서 400달러다. 오키나와를 오가는 경비 역시 여성들이 번 돈에서 뺀다.

오키나와에서 일하는 여성들은 합법적인 계약 노동자다. 필리핀에서 여성이 지원을 하면 먼저 한 무리의 다른 여성들과 함께 춤을 배워야 한다. 무용수업을 받고 나면 심사위원 앞에서 오디션을 받는다. 여기서 통과하면 번호가 찍힌 파란 카드를 받게 된다. 순번에 따라 비자를 받아서 오키나와로 간다. 이런 시스템과는 대조적으로 일본 본토에는 거의 10만 명에 달하는 많은 필리핀 여성들이 관광비자로 불법취업을 하고 있다.

오키나와에 있는 필리핀 여성들은 사실 민속무용수로 고용된 사람들이다. 오키나와로 오기 전까지는 자신들이 민속무용수로 일하게 될 것이라고 믿는다. 하지만 도착하고나면 기획사가 여성들을 술집에 배치시킨다. 일하고 싶은 술집에 대한 선택권마저도 없다. 보통 출근 첫날밤에 여성들은 벌거벗고, 혹은 반라상태로 혼자서 춤을 추도록 요구받는다. 대부분의 클럽들이 2~3명의 여성들을 고용한다. 일부 적은 수이긴 하지만 8~10명을 고용하는 데도 있다. 과거에는 항상 여성들이 완전히 벌거벗은 채로 춤을 췄다. 그러나 필리핀·일본·오키나와의 여성단체와 오키나와에서 일하는 여성들 자체의 압력으로 나체로 춤을 추는 것은 불법이 되었다. 지금도 거의 모든 클럽에서 여성들이 상반신을 드러낸 채 춤을 추지만, 아직까지 나체로 춤을 추는 곳도 몇 곳 있다. 완전히 벗고 춤을 추는 클럽에는 항상 많은 손님이 들끓는다. 오키나와 출입국관리소는 나체쇼를 하는 곳이 있는지 거의 매달 조사하지만, 술집들은 사전에 이들이 온다는 연락을 받고는 정상영업을 하거나 아예 문을 걸어 잠근다.

클럽여성들은 미군을 상대로 한 달에 음료를 400잔씩 팔아야 한다. 한 잔당 가격은 10달러고, 한 달 동안 이 할당량을 채운 여성은 1달러를 수수료로 받게 된다. 할당량을 채우지 못한 경우에는 한 잔당 50센트를 받는다. 이 여성들이 한 달에 쉴 수 있는 날은 단 이틀에 불과하다. 식사는 직접 클럽에서 해결하거나 식대를 받는다.

클럽에서 이 여성들에게 외박을 강제하지는 않는다. 선택 여부는 여성들에게 달려 있다. 손님이 술집에 치르는 외박비의 가격은 보통 100~150달러다. 이는 다른 방식으로 성노동을 파는 것보다 일반적으로 낮은 가격이다. 어떤 술집에는 손님이 원하는 모든 형태의 성노동도 살 수 있는 "암실"이나 어두운 구석 장소를 둬서 외박비를 내고 여성을 데리고 나갈 필요가 없게끔 만든다.

숙소는 술집 위층이나 뒤, 그렇지 않으면 인근에 있다. 작은 규모의 술집인 경우 업주는 여성들을 감시하기 위해 업소 안에서 자거나, 일을 마친 뒤 여성들을 방에 넣고 자물쇠를 채워버린다. 방의 창문에는 창살도 쳐져 있다. 숙소가 다소 떨어져 있는 경우에는 여성들을 차에 태워 클럽을 오가며 감시한다.

1983년 11월, 2명의 필리핀 여성이 '어퍼 리마 클럽'이란 곳에서 발생한 화재로 숨졌다. 창문에 쳐진 창살과 잠긴 문 때문에 화재 당시 이 여성들은 방 밖으로 나올 수가 없었다. 보험에 들어있던 업주는 오히려 보험금을 받아 술집을 유행에 맞춰 새로 꾸몄다. 반면 여성들의 가족은 아무것도 받지 못했다.

여성들이 일하는 클럽의 통제 방식에 따라 일부 필리핀 여성들은 낮에 미군과 데이트를 하기도 한다. 그건 클럽에 온 미군과 만날 장소를 정하면서 이루어진다. 그러나 대다수 클럽의 경우, 클럽이 영업하지 않는 낮에도 외출을 금지 당한다. 그 밖의 경우로 매일 밤 정해진 숙소에서 자기만 한다면 낮 동안 자유롭게 움직일 수 있는 곳도 있다.

법적으로는 연예기획사가 이 여성들을 민속무용수로 데리고 왔기 때문에 이들에게 피임약이나 피임교육을 전혀 제공하지 않는다. 그러나 만약 임신을 하게 되면 기획사는 낙태시술을 받을 수 있도록 연결을 해주고 수술비를 월급에서 빼버린다(약 385달러). 만약 임신을 했음에도 낙태를 거부하면 계약이 깨진 것으로 간주해서 더 이상 일을 할 수 없게 만든다. 당연히 필리핀으로 돌아가는 비용도 여성이 부담해야 한다.

필리핀 영사관에서는 어떤 어려움이나 문제가 없는지 이 여성들과 주기적으로 모임을 갖기는 한다. 이론적으로는 불만 사항이 있을 경우 영사관 직원이 기획사 대표에게 내용을 전달하고, 기획사 대표는 술집 업주에게 이야기를 하게 돼 있다. 그러나 나체춤을 강요했다든가, 그런 얘기를 꺼내기라도 한다면 그 여성은 감금당한 채 기획사로부터 집요한 괴롭힘을 당하고 다음 번 계약도 할 수 없게 된다.

상황은 아주 고달프지만 필리핀에서 버는 것보다 많은 돈을 벌 수 있기 때문에 여성들은 대개 2차 계약을 하고 싶어 한다. 오키나와에서 버는 것이 필리핀에서 백화점 점원을 하거나, 심지어 교사를 하는 것보다 많이 벌 수 있다. 게다가 한번 오키나와에 발을 디밀고 나면 자동적으로 낙인이 찍힌다.

필리핀과 한국의 술집지역이 인종에 따라 구역이 나뉜 반면 킨 술집지역은 구역이 분리되어 있지는 않다. 그러나 유럽계 미국인들이 주로 드나드는 클럽은 보통 하드록 음악을 틀어준다. 아프리카계 미국인들이 즐겨 찾는 클럽에서는 랩을 많이 틀고, 대개 춤추는 무대도 갖추고 있다.

오키나와 여성이 성노동을 파는 지역은 필리핀 여성들이 일하는 곳과 분리되어 있다. 그런 곳은 미군들의 출입이 금지되어 있기 때문에 오키나와 여성의 성노동을 살 수는 없다. 야쿠자가 거리를 순찰하며 강제로 이들을 분리시키고 있다. 그러나 최근에는 미군들이 출입하는 클럽에 일부 오키나와인과 일본 남성들이 드나들기도 한다.

로위나

30살

팜팡가 출신

나는 팜팡가[1])에서 태어났지만, 우리가족은 마닐라와 팜팡가를 오가며 여기저기 이사를 자주 했어요. 아버지는 지프니 운전사였고요. 지프니를 한 대 가지고 있었거든요. 그러나 돈이 없어서 그 차도 팔아버려야 했어요. 엄마는 동네를 돌아다니면서 이것저것 팔았죠(행상).

아버지와 엄마는 늘 다투셨어요. 엄마가 장사하러 다니는 게 아버지는 탐탁지 않았던 거예요. 엄마는 할로할로①도 파셨어요. 시장에서 요리용 바나나를 사다가 좌판에다 놓고 할로할로와 함께 팔기도 했죠. 아버지는 엄마가 일하는 걸 원치 않았어요. 엄마는 일을 하려고 했지만요. 엄마는 그러셨죠. "내가 일을 안하면 뭘 먹고살아요? 당신은 게으르잖아요."

아버지는 남의 밑에서 일하는 걸 싫어했어요. 자신이 남을 부리고 싶어 했죠. 운전기사들이 일을 하러 나가면 사장은 늘 지프니 청소를 시켰대요. 하지만 아버지는 그걸 싫어했어요. 왜 자기가 청소를 하느냐는 거죠. 자기 일은 운전이라고 했어요. 아버지는 내기 당구도 좋아했죠.

한번은 부모님 두 분이 아주 심하게 다툰 일이 있어요. 엄마는 우리 형제를 모두 데리고 고향 팜팡가로 가버렸죠. 아버지는 자존심 때문에 이를 무시했어요. 오빠와 어린 남동생, 이렇게 남자 형제 둘은 팜팡가에서 그리 오래 있으려고 하지 않더군요. 마닐라에서 아버지 곁에 살던 할머니한테 가버렸어요. 여자들만 엄마와 함께 남았던 거죠.

가끔 엄마는 우리를 남겨둔 채 마닐라에 다녀오셨어요. 그러면 우린 아직 어렸던 때라 내내 울기만 했어요. 외할머니가 우리를 돌봐주셨지요. 엄마가 돌아오면 그렇게 기쁠 수가 없었어요. 한 일 년 동안 못 본 것처럼 말이죠.

---

① 한국식으로 말하면 팥빙수의 일종이다. 할로할로는 필리핀말로 섞는다는 의미를 가지고 있다(이 책 뒤편 용어 해설 참고).

당구는 청년들에게 인기가 좋다. 동네와 마을 거리에는 대부분 당구장이 있다. 노상 당구대를 갖춘 곳도 있다.

간혹 엄마는 앤젤레스에 있는 아버지 형제들 집을 찾아가기도 했어요. 삼촌들은 부자였거든요.

아버지와 헤어져 팜팡가로 왔을 때 엄마는 임신 중이었어요. 엄마는 병원에서 아이를 낳았어요. 내가 초등학교 5학년일 때였죠. 마닐라에선 학교를 잘 다녔지만 부모님이 다툰 후 팜팡가로 오는 바람에 공부가 엉망이 돼버렸어요. 엄마가 아이를 낳았다는 소식을 듣고 아버지가 학교로 찾아오셨더군요. "네 엄마한테 가자"고 하셨어요. 나는 선생님께 동생을 낳은 엄마를 보살펴드려야 한다고 말했죠. 그 때가 열한 살이었어요.

아버지는 일 때문에 마닐라로 돌아갔어요. 엄마는 외할머니가 계시는 집으로 왔고요. 막 아이를 낳은 뒤였는데 엄마는 벌써 빨래를 하셨죠.[2)] 애들이 많았기 때문에 빨랫감도 엄청났어요. 나는 펌프질을 했지요. 아직 어렸던 터라 그렇게 많은 빨래는 할 수 없었거든요. 빨래를 하다가 엄마가 피를 흘리기 시작했어요. 주변이 피로 흥건할 정도로 하혈이 심했죠.

엄마가 헤이디를 낳을 때 병원에서 거즈를 집어넣고 그걸 꺼내지 않았던 거예요. 그 거즈 때문에 세균에 감염이 되었어요. 열이 나면서 앓아 누우셨죠. 열이 너무 높아서 엄마는 움직일 수조차 없었어요. 진찰을 받기 위해 우린 엄마를 모시고 병원으로 갔어요. 돈도 얼마를 빌렸죠. 진찰을 마치고 집으로

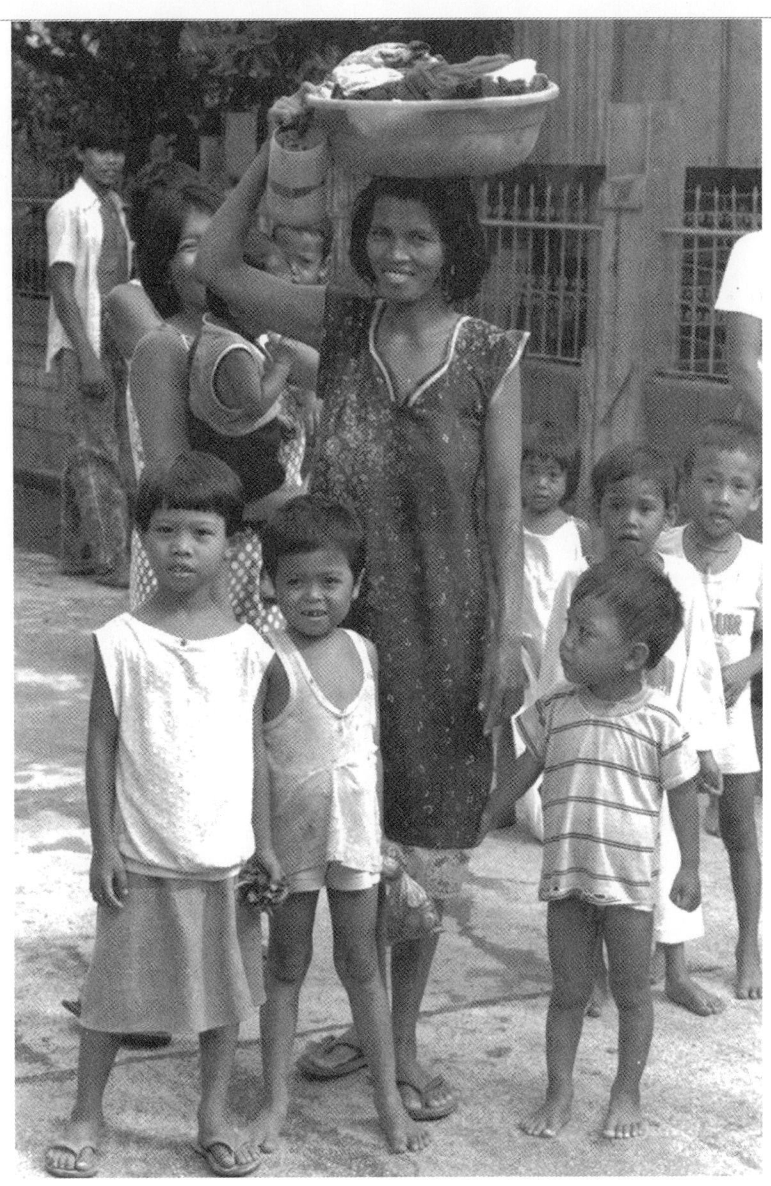

마을의 여자와 아이들

돌아갈 때쯤 의사가 약을 건네주더군요. 엄마는 꼼짝도 못했어요. 고통을 못 이겨 비명만 내지르셨죠. 가볍게 손만 건드려도 비명을 지를 정도였어요.

내가 엄마와 갓 태어난 여동생을 돌봐야 했어요. 새벽 한두 시쯤 일어나 엄마한테 약을 드렸죠. 엄마의 상체를 일으켜드려야 했어요. 엄마가 너무 크고 무겁더군요. 동생이 배가 고플까봐 엄마 젖을 물려줘야 했고요. 그땐

이른 아침 마을에 펼쳐놓은 쌀과 숯 자루들

정말 힘들었어요. 공부도 해야 했거든요. 엄마가 아프니까 가끔 학교도 갈 수가 없었어요. 어떻게 학교를 가겠어요? 내가 장녀였기 때문에 동생들을 돌봐야 했지요. 첫째는 오빠였고 내가 둘째였어요.

때때로 돈이 한 푼도 없어서 우리는 아주 비참했어요. 아버지는 마닐라에서 지프니 운전을 하고 있었기 때문에 엄마한테는 돈이 없었죠. 외할머니 역시 벌이가 없으셨고 외할아버지는 너무 연로하셨어요. 외할머니는 음식장사를 하는 이모할머니께 의지하고 있었어요. 이모할머니가 쌀과 반찬을 가져다 주셨죠.

어느 날 이모할머니가 오셔서 방구스(어류) 몇 마리를 주시더군요. 이모할머니는 우리를 참 예뻐했어요. 엄마 안부부터 물으시더군요.

"엄마는 어떠니?"

"엄마는 아파요, 할머니."

"왜 나한테 말을 안했니? 엄마가 죽어도 나한테 이야기 안할 거니? 어서 가서 지프니를 불러와라."

우리는 지프니를 불러서 엄마를 병원에 모시고 갔어요. 나는 막내 헤이디를 돌봐야 했기 때문에 함께 가지 못했어요. 내 아래 여동생은 내가 병원에 가서 엄마를 간호했으면 했지만요. 난 이렇게 말했어요. "내가 병원에서 엄마를 돌볼 수는 없어. 헤이디와 같이 있어야 하잖아. 엄마를 봐드릴 사람은 너밖에 없어."

우린 아버지한테 엄마가 병원에 있다고 전보를 쳤어요. 한 사흘 후던가, 아버지가 오셔서 곧장 병원으로 가셨지요. 막내남동생 알링이 아버지와 함께 갔지만 아직 어려서 바깥에서 기다려야 했어요.

아버지가 들어서자 엄마는 알링부터 찾으셨대요.

"알링은 어딨어요?"

"아래층에. 의사가 애는 들여보내지 말라고 했어. 그 애는 앤젤레스에 있는 로롱 누님에게 데려다줘야겠어."

"알았어요. 데려다주고 다시 오세요."

"좀 어때?"

"봐요. 지금은 움직일 수 있어요. 내가 좋아지고 있으니 감사기도를 해주세요."

"물론, 당신은 나을 거야. 우선 알링부터 앤젤레스에 데려다주고 올게."

"그래요. 다녀오세요. 나도 곧 나갈 거예요."

"당신은 계속 괜찮다고 하지만 아직 완전히 나은 건 아냐."

"봐요, 이렇게 움직이잖아요."

엄마가 모처럼 웃었어요.

아버지가 알링을 데리고 앤젤레스에 도착하자 동생은 고종사촌의 방으로 들어갔어요. 사촌과 동생은 함께 어울려 놀았죠. 아버지는 고모와 이야기를 나누고 있었는데 고종사촌 동생이 달려 나오더니 아버지한테 그러더래요. "외숙모를 봤어. 외숙모를 봤어." 아버지는 뭔가 이상한 예감이 느껴졌대요. 그래서 급하게 병원으로 왔지요.

아버지가 병원에 도착했을 때 엄마는 이미 병실에 없었어요. "여기 있던 환자 어디 갔소?" 다른 환자들이 소식을 전해주었어요. "아저씨가 가고 나서 아주머니는 돌아가셨어요. 지금은 아래층에 있어요." 아버지는 우셨죠. 아버지가 곧장 아래층으로 내려가 보니 엄마는 영안실에 안치되어 있었대요.

난 막내를 돌보고 있었고 다른 여동생들은 놀고 있었죠. 우린 외할아버지가 울면서 오시는 소리를 멀리서도 들을 수 있었어요. "아, 애야, 애야, 내 딸아."

외할머니는 우리부터 감싸 안으시더군요. "내 새끼들, 불쌍한 것들. 엄마가 너무 일찍 죽었구나." 우린 모두 울었어요.

엄마 시신은 집에서 염을 했어요. 우린 모두 울고 또 울었어요. 특히 난 울음을 그치질 못했어요. 밤을 새워 장례를 치르는 동안 많은 사람이 와서 잤지요. 나는 잠이 오지 않더군요. 엄마의 시신을 지켰어요. 다들 잠들어 버리고 아무도 죽은 사람을 지켜보지 않으면 좋지 않다고들 했거든요. 나는 정말 엄마를 지켜드리고 싶었어요. 한편으로 무섭기도 했지만요. 그래서 가끔씩 동생들 사이에 가서 눕기도 했어요.

묘지에서 나는 거의 울부짖다시피 했어요. "엄마, 나도 따라 갈래." 아주머니 두 분이 나를 붙잡더군요. 장례식을 마친 후 내게 엄마가 나타나셨어요. 3일째 되는 날 죽은 사람이 나타난다더니 정말이었어요. 우린 모두 한 침대에서 자고 있었어요. 여동생과 사촌들이 내 옆에 있었죠. 나는 그 사이에 누워 좀체 잠을 못 이루고 있었어요. 그런데 몸이 아주 뜨거워지더군요. 바람이 세차게 불어서 이불로 얼굴을 덮었는데 뭔가 이불을 벗겨내는 거예요. 엄마가 공중에 떠 있더군요. 혼령이었어요.

엄마는 이모와 헤이디에게도 나타났어요. 아버지는 헤이디를 자식이 없는 이모한테 입양시키기로 했었어요. 나는 학교에 다니고 있었기 때문에 막내를 돌볼 수가 없었거든요. 엄마가 나타나 헤이디와 놀아주셨어요. 헤이디는 "엄마, 엄마" 하고 불렀고 그걸 보고 우린 울 수밖에 없었어요. 우린 어리기만 한 헤이디를 엄마가 데려갈지도 모르겠다는 생각이 들어 헤이디에게 빨간 옷을 입혔어요. 그러곤 이모가 엄마한테 그랬죠. "언니, 이 애를 데려가지 마. 우리는 애를 버리지 않아." 그 후로 엄마는 더 이상 나타나지 않으셨어요.

아버지는 우리를 마닐라로 데려가서 할머니(친할머니)께 맡겼어요. 외할머니는 우리를 무척 아껴주셨지만 친할머니는 우리를 그다지 좋아하지 않으셨죠. 끔찍하게 무서울 정도였어요. 우린 학교를 다녔는데 내가 저녁 6시쯤 집에 돌아오면 시시콜콜 별걸 다 물으셨어요. "왜 이제야 집에 왔냐? 사내애들과 어울려 놀다 왔구나." 이러기 일쑤였죠. 내가 짧은 옷이라도 입으면 때리기까지 했죠.

어느 바카다(*Barkada*, 친구집단)

나는 닥치는 대로 일을 해야 했어요. 다림질, 요리, ……빨래. 수도 없이 많은 옷을 빨았어요. 그러면서 학교를 다녔지요. 밖에 나가 노는 건 꿈도 못 꿨어요. 거기서 우린 아주 고달프게 살았어요. 할머니가 병원에 입원하셨을 땐 내가 가서 간호를 해야 했어요. 학교도 계속 다녀야 했죠. 점점 내 몸은 말라갔어요.

할머니는 너무 많은 것을 요구했어요. 나는 더 이상 그렇게 모진 할머니를 따를 수가 없더군요. 결국 가출을 했죠. 같은 반 친구와 함께 지냈어요. 그 친구에게는 나랑 사귀고 싶어 하는 오빠가 하나 있었어요. 난 그 오빠와 같이 살게 되었어요. 열다섯 살 때였죠. 정확하겐 열넷에서 막 열다섯 살로 접어든 무렵이었어요. 너무 어린 나이였죠. 전에 누가 나를 집적거리기라도 하면 아버지는 항상 "그 놈이랑 말도 하지 마라"고 하셨어요. 아버지는 아주 엄격하셨거든요. 구속을 받을수록 더 반항하고 싶은 법인가 봐요.

아버지가 캠프 아기날도[3)]에서 대령으로 근무하던 삼촌을 앞세우고 오셨어요. 삼촌은 비서와 함께 차를 타고 왔더군요. 권총도 차고 말이죠. 아버지는 내게 아무 말도 하지 않으시더군요. 아버지나 나나 서로 감정이 상해 있었거든요. 그냥 차에 탄 채로 내리지도 않았어요. 삼촌과 비서가 총을 찬 채 집 안으로 들어섰어요. 나를 데려가겠다고 하더군요. 난 정녕코 가고 싶지 않았어요. 그러자 가버리더군요.

임신을 했어요. 배가 점점 불러오더군요. 입덧을 했죠. 정말 힘들었어요. 일어날 수조차 없었는데 항상 먹은 걸 토해버렸으니까요. 배는 자꾸 불러왔어요. 1980년 8월 14일 아이를 낳았죠. 매우 토실토실한 아들이었어요.

할머니가 돌아가셔서 무덤자리 하나 차지했을 때, 그 애는 태어난 지 겨우 3개월이었죠. 아이는 아주 통통했어요. 그때까지도 아버지와 난 여전히 말을 않고 지냈죠. 하지만 장례식 때 외손자를 보고 나서는 나와 화해를 하셨어요. 서로 말도 하지 않고 지내다가 어느 날 갑자기 화해를 한 셈이었어요. 아이를 본 순간 말이죠. 아버지는 정말로 손자를 곁에 두고 싶어 하더군요. 그리고 첫 손자를 봐서 아주 기쁘다고 하셨어요. 하지만 아버지는 여전히 내 남편을 좋아하지 않으셨어요. 남편과 나는 같이 살긴 했지만 정식으로 결혼한 건 아니었어요. 그런데 아버지가 결혼승낙을 해주지 않은 게 오히려 다행이었어요. 남편과 식을 올렸더라면 그에게서 벗어나기가 쉽지 않았을 테니까요.

남편 역시 지프니 운전사였어요. 운전하러 나갈 때마다 남편은 내게 돈을 달라고 했지요. 그 땐 집에 아무것도 없었어요. 아직 서로 서먹하기도 했고요. 시어머니가 우리에게 조그마한 방을 하나 내주셨죠. 나는 선풍기와 카세트, 담요 등을 할부로 장만했어요. 출산 전에야 그 빚을 갚을 수 있었죠. 그러다 아이를 낳은 거고, 그 이후 남편은 그 물건들을 저당 잡히더군요. 마리화나를 피우고 코프시럽(기침약)②을 마시기 시작한 거예요. 살기가 아주 힘들어졌죠.

남편은 저녁 무렵에 운전하러 나갔어요. 그런데 바카다(*barkada*)들과 어울리느라 집에도 들르지 않고 바로 일을 나갔어요. 친구들과 모여선 마리화나를 피워댔어요. 운전할 때는 이미 마리화나에 상당히 취한 상태였던 거죠. 나는 새벽 한두 시에 깨어나 그를 찾으러 나갔어요. 모든 지프니가 차고에 들어갈 때까지 기다려보기도 했죠. 끼니도 거른 채 말이에요. 항상 저녁밥상을 차려놓고 그를 기다렸어요. 난 아주 야위어버리고 말았죠. 점점 화가 나더군요. 욕이 목젖까지 치밀었어요. '이 빌어먹을 인간, 내가 너랑 사나 봐라.' 그러면서

② 약에 따라 다르나, 다량으로 복용할 경우 환각작용을 일으키는 종류가 있다.

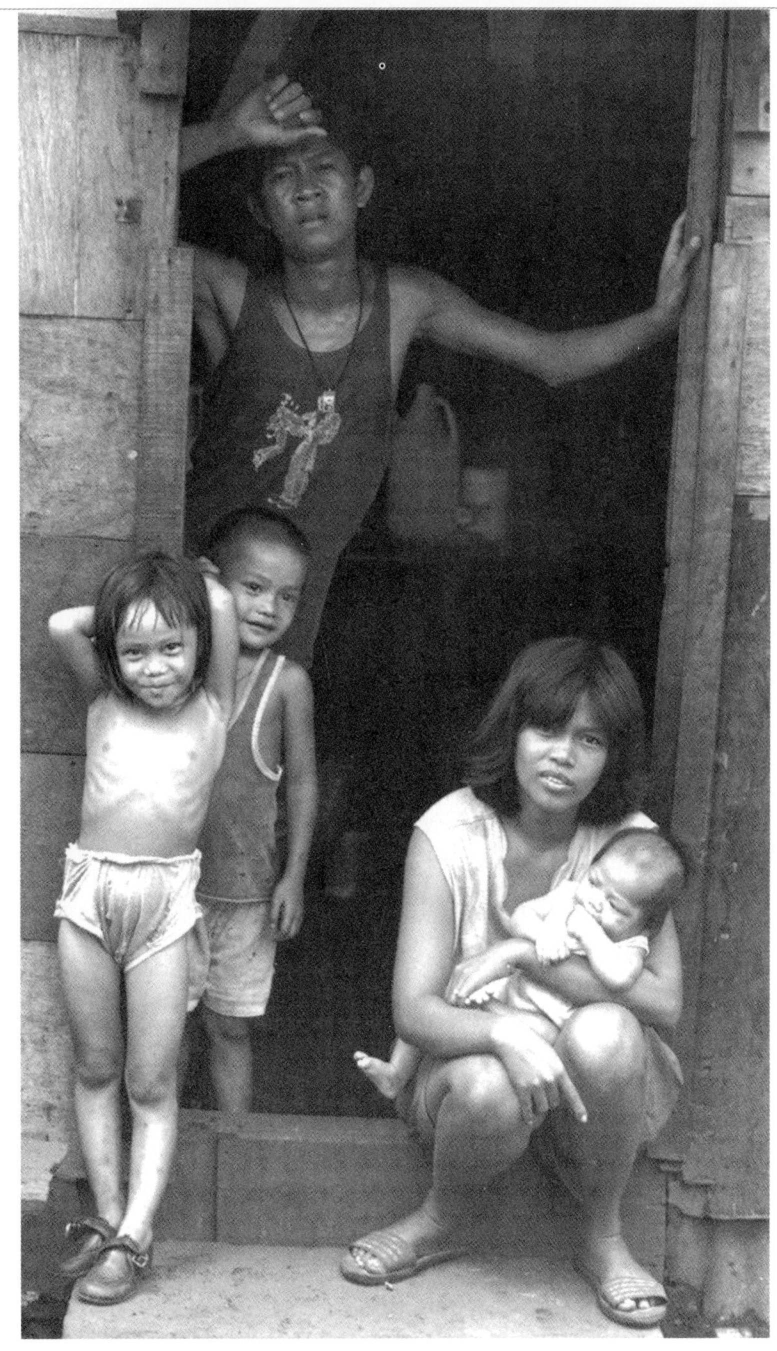

마닐라 빈민촌 중 하나인 톤도(Tondo)의
일가족

남편을 찾아다녔어요. 어떻게 찾아다녔는지도 모르겠어요. 걸음이 닿는 대로 남편이 있을만한 곳을 찾아다녔죠. 무조건 걸었어요. 어디에 있는지도 모르면서 무작정 찾아갔어요. 어느 식당에서 남편을 찾을 수 있더군요. 그걸 보고 난 욕설을 퍼부었어요. "이 나쁜 놈아, 난 굶고 있었어!"

내가 아이를 낳고 병원에서 퇴원했을 그 즈음이었어요. 바로 내 생일이 돌아온 때이기도 했고요. 창문 옆에서 밖을 내다보고 있었죠. 길가 2층에 살고 있던 때였어요. 남편이 거리를 어슬렁거리는 게 보이더군요. 어떤 사람이 남편에게 사람들을 마카티[4]로 데려가 달라고 이야기하더군요. 남편은 그러자고 했어요. "좋아, 가자. 타." 그런데 승객이 모두 어린이들이었어요.

나는 남편에게 소리를 쳤어요. "가지 말아요! 전부 다 애들이잖아요. 자신을 한번 봐요. 제대로 걷지도 못하면서 운전을 해요? 애들을 태우고 가다가 사고라도 나면 어쩔 거예요." 남편은 화를 냈어요. 자기가 신고 있던 차인라스(*chinelas*, 슬리퍼의 일종)를 벗어들고 뛰어올라와 내 머리를 있는 힘껏 내리치더군요. 아주 두꺼운 신발이었어요. 나는 시어머니를 불렀어요. 시어머니께서 남편을 나무랐어요. "이런 못 돼먹은 놈. 네 처는 막 애를 낳은 몸이야. 여기서 없어져라. 미련한 놈." 그나마 남편이 나가버려 다행이다 싶더군요.

그런데 얼마나 지났을까, 남편이 주유소에서 휘발유를 한 통 사들고 온 거였어요. 집 주변을 돌며 휘발유를 뿌려댔어요. 그 건물에는 많은 사람이 살고 있었는데도 말이죠. 처음 불을 붙인 장소는 우리 집 부엌이었어요. 엄청나게 불이 치솟았죠. 난 잠든 상태였는데 마침 시어머니가 집에 계셨던 게 다행이었어요. 시어머니가 고함을 치셨어요. "불이야! 불이야! 빨리 피해!" 시어머니는 큰 모포를 가져다 물에 담갔다가 그걸로 벽을 막았어요.

남편은 숨어 있더군요. 마을 촌장(*baranguay* captain)이 남편을 찾았고 사람들이 경찰을 불렀어요. 경찰이 소리쳤죠. "토토이, 나와라. 넌 포위됐다." 사진기자까지 왔더군요. 덕분에 난 신문에 났죠. 출산 직후라 유독가스를 안 마시려고 수건으로 얼굴을 감싼 모습으로 실렸어요. 정말 언짢더군요. 시어머니는 촌장에게 남편이 구속되지 않게 얘기를 좀 잘해 달라고 부탁하셨어요. 측은해보였는지 촌장은 힘써보겠다고 하더군요.

시어머니가 남편에게 그러셨죠. "이 집에서 나가라. 무노즈[5]에 있는 네

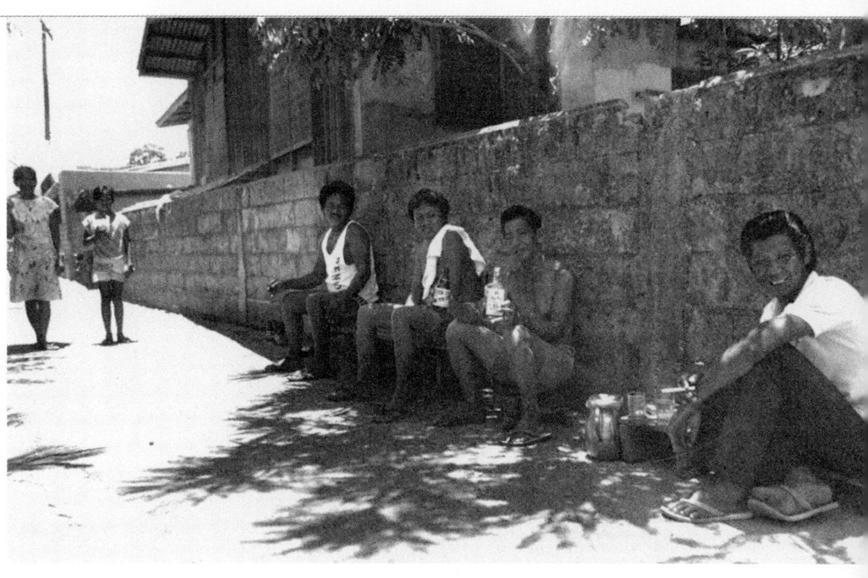

거리에 모여 앉은 이웃 남자들

이모한테나 가라." 우리는 바공바리오[6]에서 살집을 하나 구할 수 있었어요. 사는 데는 괜찮았지만 시어머니가 안 계시니 힘들기만 했어요. 남편과 나, 아이 이렇게 세 식구뿐인데도 말이죠. 먹을 게 아무것도 없었어요. 남편은 여전히 하루 종일 약물에 절어 있었고요. 남편에게 넌더리가 나더군요. 시어머니는 남편을 철들게 하려고 우리를 떼놓은 거라 하셨지만 소용없었던 거죠.

난 돈이 조금이라도 생기면 음식을 만들었어요. 울람(*ulam*, 반찬거리)을 만들어 감춰두었죠. 아들에게는 "아빠가 오시면 아무것도 못 먹어서 배고프다고 해"라고 가르칠 지경이었어요.

아이는 제법 자라서 영리했어요. 남편이 오면 시킨 대로 하더군요. "아빠, 배고파요. 엄마와 난 아무것도 못 먹었어요."

남편은 벌컥 화를 내며 소리를 질렀어요. "이런 씨팔, 뭐? 돈은 어쨌어?"

내가 대꾸했죠. "나한테 돈 한 푼 갖다 주지 않았잖아."

정말 아이가 불쌍하다는 생각밖에 안 들더군요. 때때로 티쩨른[7]이 유일한 반찬이었어요. "얘야, 우린 돈이 없단다. 반찬이라곤 티쩨른밖에 없구나." 내가 이렇게 말하면 아이는 "괜찮아, 엄마. 난 이게 좋아"라고 했어요.

그래도 쌀은 있었어요. 먹을 만큼 있었죠. 단지 반찬이 없을 뿐이었어요. 우리는 티쩨른을 식초에 담갔다가 밥에 얹어 먹었어요. 쌀은 시어머니가 대주셨어요. 수요일과 일요일마다 시어머니를 찾아갔어요. 그러면 시어머니가 쌀과 밑반찬 몇 가지를 사주셨죠. 인정이 많은 분이셨어요. 크리스마스를 맞아 옷을 사주기도 하셨죠.

시어머니는 베이비라는 여자랑 바클라란[8]에서 옷 장사를 했어요. 베이비[9]는 내게 일본에 가라고 권유한 사람이었어요. "일본에 가고 안 가고는 너한테 달렸어. 넌 아직 젊잖아. 토토이와 같이 살기에는 인물이 아까워. 같이 살아봤자 얻어맞고 굶기만 하잖니."

나는 생각을 해본 후, 그런다고 했어요.

"베이비 언니, 그럼 신청서 좀 내줘요."

"먼저 네 시어머니한테 가서 말해 봐. 안 된다고 하실 수도 있어."

나는 시어머니께 말씀을 드렸죠. "어머니, 저 일본에 가고 싶어요."

마지못해 허락을 하시더군요. "그래라."

남편 토토이에게도 말을 했어요. 동의하지 않더군요.

"일본? 일본, 넌 못 가."

"어머니도 그러라고 했어. 난 일본에 갈 거야. 당신은 당신 하고 싶은 대로 살아. 난 일본으로 갈 테니."

일본에 갈 준비를 하는 동안에도 나는 아침에 일어나 식사준비를 하고 집을 치우고 아이를 씻겼어요. 그런 다음 밥을 먹고 아이를 재웠죠. 남편이 하는 일이란 아무것도 없었어요. 일도 나가지 않았죠. 아이나 쳐다보는 게 유일한 일이었어요. 내가 모든 일을 다 해야 했어요. 오후 1시면 난 기획사 사무실로 가야했고요. 아이를 남겨놓고 가게 되니까 남편에게 당부를 했어요. "애 좀 잘 봐줘요. 지금은 잠들었어요."

1시에서 5시까지 기획사에서 지내다 집으로 돌아오면 무척 피곤했어요. 집안은 모조리 어질러져 있었죠. 남편은 남자라는 이유로 아무것도 하지 않았어요. 내가 다시 청소를 해야만 했지요. 남편은 빈속에 술만 잔뜩 퍼마셨어요. 하는 일이 없었어요. 아이는 집에서 내내 혼자 놀고 있던 거죠. 겨우 두 살짜리 어린애여서 어디서 떨어질 수도 있었어요. 아이는 아주 더러워져 있곤 해서 매번 다시 씻겼어요.

밥을 하는 것도 여전했죠. 아이를 먹이고 재웠어요. 가끔 아이가 자려고 하지 않을 때도 있었어요. 잠들기 전에 내가 옆에 누워있기를 바랐어요.

내가 등을 쓸어주면 그제야 잠이 들곤 했죠. 그러고 나서 한 통 가득 찬 빨래를 했어요. 남편은 그저 취해있을 뿐이었죠.

한밤중이 돼야 일을 끝낼 수 있었어요. 하지만 물을 길어 와야 했죠. 집으로 돌아오려면 항상 좁은 골목길을 내려와야 했어요. 다른 집들 사이를 지나다녀야 했죠. 그 때만 해도 난 항상 짧은 옷을 입고 다녔어요. 내가 아주 날씬하고 몸매가 괜찮았나 봐요. 동네에서 누군가 날 좋아한다는 걸 알게 됐어요. 준이라는 사람이었어요. 처음엔 그 사람이 나를 좋아하는지 몰랐죠. 내겐 미라라는 친구가 있었어요. 준이 미라에게 부탁을 했더군요. "미라, 로위나 좀 소개시켜 줘."

어느 날, 미라가 우리 집에 와서 말을 하는 바람에 알았어요.

"로위나, 누가 널 만나고 싶어 해."

"누가?"

"준."

"준이 누구야? 난 그 사람을 모르는데. 만나고 싶지 않아. 난 남편이 있어."

"난 그냥 한번 보라는 얘기야."

간혹 토토이는 집에 들어오지 않았어요. 쉘 주유소에서 지프니 세차하는 일을 시작했었거든요. 언젠가 저녁 때 준을 소개받게 되었어요. 준이 요기를 하자더군요. "'버거머신'으로 먹으러 갈까? 같이 가죠."

그 당시엔 토토이의 남동생이 함께 지내고 있던 게 다행이라면 다행이었죠. 아이를 재워놓고 시동생한테 부탁을 했었거든요. "레이, 애 좀 봐줘요. 친구가 좀 나오라고 하네요."

우린 버거머신에서 배를 채우고 샤키스라는 주점으로 갔어요. 새벽까지 술을 마셨죠. 내가 술을 마신 건 그게 처음이었어요. 취하더군요. 시동생은 그때까지 자지 않고 있었어요.

"레이, 토토이는 들어왔어요?"

"아뇨. 아직 안 왔어요."

"천만다행이네. 그이가 있었더라면 아주 화를 냈을 거야."

나는 레이에게 닭튀김을 조금 내밀었어요.

"어디서 난 거예요?"

“미라랑 있었어요. 같이 먹고 술 한 잔 했죠. 토토이가 집에 오지 않아 다행이네요.”

시동생은 자기 빨래를 해주는 사람이 나밖에 없으니까 내게 잘했어요.

다음날 토토이가 들어왔어요. 돈을 쥐고 왔더군요. 내가 물었어요.

“돈이 있어요? 어디서 나서? 지프니 세차를 많이 했어요?”

“아냐, 훔쳤어.”

남편이 지프니를 세차하고 있는데 택시 하나가 들어왔대요. 남편은 택시기사가 연료통을 가득 채운 후 지갑을 꺼내는 걸 본 거죠. 지갑에는 돈이 많이 들어 있었대요. 남편은 그 지갑을 잡아채서 도망쳤던 거예요. 마약에, 이제 도둑질까지 별 짓을 다한 셈이죠. 남편은 아주 깡말라 있었어요. 마약 때문에 눈도 움푹 꺼져 있었고요.

어느 날 저녁, 토토이의 술친구가 그에게 내 이야기를 했더군요. “이 봐, 마누라 간수 좀 해야겠어. 이 주변에 사는 어떤 놈이 네 마누라를 쫓아다니고 있으니까 잘 지켜보라고. 넌 모르겠지만 미라가 뚜쟁이야.” 그날 밤 남편은 만취했더군요.

난 물을 길어 오는 중이었어요. 남편이 나와서는 소리를 질러대더군요.

“이 씨팔년, 이리 와.”

“왜 그래? 난 피곤해. 아직 물 긷는 것도 못 끝냈어.”

그러자 나를 팼어요. 정말 심하게 때리더군요. 아이가 깨지 않아 그나마 다행이었어요. 나는 울지 않으려고 애를 썼어요. 남편이 배를 때리는 바람에 배가 심하게 아팠어요. 얼굴도 때렸어요. 손으로 얼굴을 가렸지만 내 손을 치우더니 눈 위를 치더군요. 눈이 검게 멍들었죠. 시동생이 있었지만 남편한테 맞을까봐 그랬는지 말리지 않더군요. 우리 둘만의 싸움이었죠.

내 꼴은 엉망이었어요. 속으로 기도를 드렸어요. ‘도망갈 수 있도록 일찍 일어나게 해주세요’라고 말이죠. 다음 날 아침, 나는 종이 백에 옷가지를 챙겨 넣고 시동생에게 아이를 부탁했어요. 시동생은 모든 상황을 보았죠.

난 도망쳤어요. 시어머니께 전화를 걸어 하소연했어요. “어머니, 전 집에 가지 않을래요. 토토이가 절 때렸어요.”

시어머니는 날 달래시더군요. “집에 가거라. 또 다시 널 때리면 그 때 떠나거라."

할 수 없이 돌아갔어요. 남편은 또 때리더군요. 그길로 집을 나와서 다신 돌아가지 않았어요. 칼루칸[10]에서 베이비와 같이 살기 시작했던 거죠.

남편이 나를 찾아다녔더군요. 누가 "로위나, 로위나" 하고 부르는 것을 들었어요. 벽에 난 구멍을 통해 바깥을 내다보니까 남편이 보이더군요. 나는 베이비의 엄마를 부른 뒤 새로 태어난 강아지들이 있는 침대 밑으로 기어들어 갔어요. 어미가 막 새끼를 낳은 터라 물리지 않은 것만 해도 다행이었죠.

남편의 목소리가 들렸어요.

"로위나는 어디 있어요? 로위나와 얘기 좀 해야겠어요."

"로위나는 여기 없네. 자네 집사람 정말 불쌍했어. 눈가가 검게 멍들었더군. 어떻게 그럴 수가 있나. 로위나는 자네에게 돌아가지 않을 거야. 자넨 부끄럽지도 않나."

이후 난 칼루칸에 있는 핑크팬더라는 클럽에서 접대부로 일했어요. 그때까지도 베이비가 일본행 준비를 해주는 매니저였죠. 나는 베이비 집에서 살고 있었기 때문에 그녀에게 식비를 지불했어요. 가끔씩 내 아들에게도 돈을 보냈죠. 그리고 토토이가 없는 날을 골라 시어머니 댁에 찾아가곤 했어요.

핑크팬더에는 지배인이 두 명이었어요. 그 중 한 명이 나를 좋아했어요. 그런데 손님 접대하러 테이블로 나가기 전에 자신들과의 섹스를 원하더군요.[11] 그래서 다른 클럽으로 옮기고 말았죠.

거기서 며칠이 지나자 핑크팬더의 지배인이 찾아오더군요. 그래서 또 라스베가스 클럽으로 일자리를 옮겼어요.

그 클럽은 규모가 컸어요. 거기 지배인들은 칼루칸 시청직원들을 잘 알고 있더군요. 한번은 손님을 맞으러 자리를 옮기려는데 지배인 하나가 나를 불렀어요. "가만있어 봐. 널 위해 준비한 게 있지." 조금 지났을까, 그 지배인이 시청직원들과 합석을 시키더군요. 그 자리에서 데니와 보엣이라는 사람을 알게 되었어요. 다른 여자는 다 내보냈더군요. 데니는 내게 자기 전화번호를 알려주었어요. 다정한 사람이었어요. 나는 항상 데니에게 전화를 걸었어요. 나를 좋아했죠. 나이가 지긋했어요. 내게 젊은 남자는 없었어요. 항상 나이든 사람들이었죠.

나는 계속 일본으로 가기 위해 춤연습을 하고 있었어요. 그 즈음 내가 관광비자로 오사카에 갈 수 있도록 누군가 TNT(불법 체류)[12]를 주선해주었어요. 데니와 나는 공항에서 아주 달콤한 시간을 보냈지요. 눈물이 나더군요. 나는 온통 백색의 화사한 옷을 입고 있었어요. 여행객처럼 보이기 위해서였죠. 우리는 관광하러 가는 것처럼 행세했지만 실은 일하러 가는 처지였죠. 그 일이 성을 파는 일인지는 몰랐지만 말이죠.

사실 나는 그곳에 가지 못했어요. 떠나면서 내내 울었는데, 그게 안 좋았죠. 울기만 하면 얻고 싶은 걸 얻을 수 없다는 걸 절감했어요. 오사카 공항에 도착하자마자 우린 추방을 당했거든요. 입국심사관이 여권을 보더니 "보증인은 누굽니까?" 하고 묻더라고요. 난 어떤 일본 남자의 이름을 말했죠. 그러자 심사관이 깜짝 놀라더니 예민하게 반응했어요. 우리 앞으로 와선 공항에 머무르게 하더군요. 사람을 시켜 내가 댄 일본 남자를 찾는 거였어요. 우리에게 여러 질문을 던졌어요.

"여기서 무슨 일을 하려고 합니까?"

"일이라뇨? 단지 관광차 왔을 뿐이에요. 구경만 할 거라고요."

돈에 대해서도 묻더군요. "돈은 얼마나 갖고 있지요?"

가져온 돈도 보여줬어요. "예, 여기요. 천 달러."

정말 천 달러였기 때문에 꽤 두툼한 뭉치였죠.

그래도 믿을 수 없었는지 결국 우리를 필리핀으로 돌려보냈어요. 웃어야 할지, 울어야 할지 모르겠더라고요. 친구가 투덜거렸어요. "제기랄, 일본에 있어야 할 우리가 집으로 가고 있다니! 완전히 산책만 하고 가는군." 필리핀에 도착하자 매니저가 우리에게 화를 내더군요.

데니에게 전화를 걸었어요. 나를 데리러 나오더군요. 베이비의 집에는 갈 수 없었기 때문에 갈만한 곳이 아무데도 없었어요. 사람들은 다 내가 떠난 줄 알고 있어서 더 난처하기만 했어요. 게다가 내가 다른 연예기획사에 지원해서 일본으로 가게 된 것 때문에 베이비와 다투기까지 했었거든요.

데니와 나는 450페소를 주고 방을 하나 빌렸어요. 하지만 데니는 결혼한 몸이라 자고 가지는 않더군요. 그 이전까진 아내가 있다는 걸 몰랐어요. 오후 5시쯤 퇴근을 하고 와서는 10시쯤 집으로 돌아갔어요. 난 혼자 잤죠.

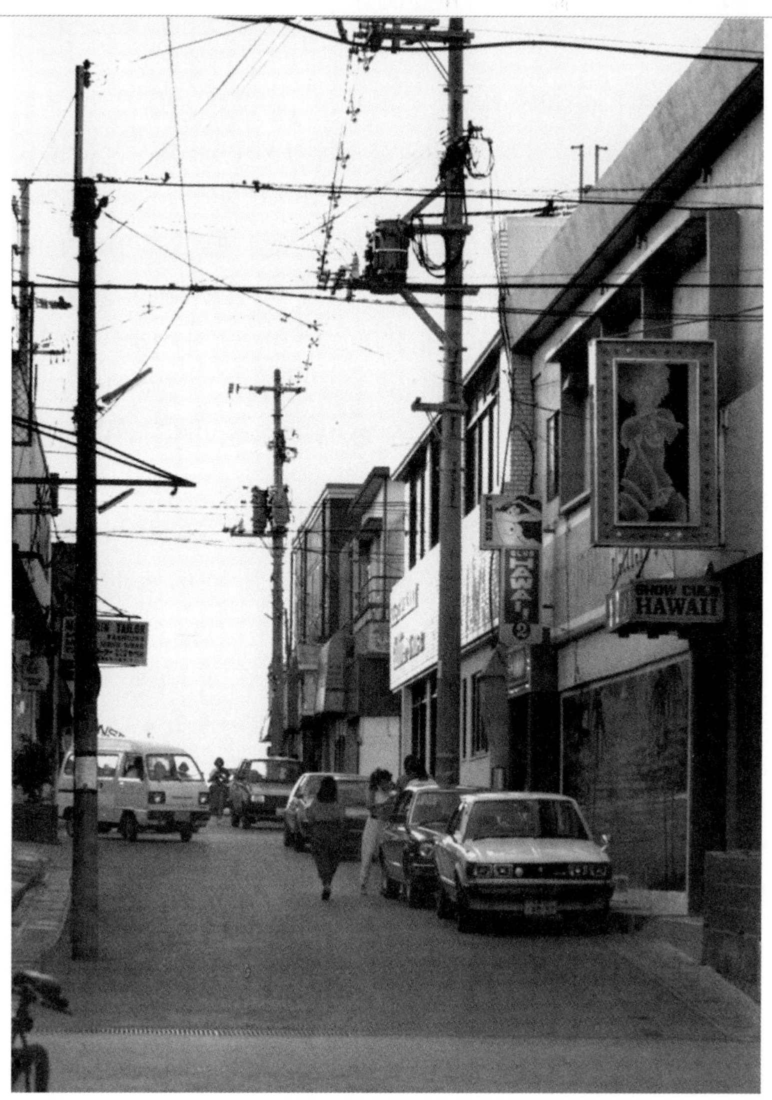

많은 클럽이 여성들의 움직임을 완전히 통제하려고 한다. 사진의 소형승합차는 클럽 하와이에서 일하는 여성들을 실어오고 있는 중이다. 한밤중이나 새벽 무렵에 이 승합차는 다시 여성들을 태워 그들의 방으로 데려간다.

같이 사는 것도 처음이었기 때문에 집엔 아무것도 없었어요. 선풍기조차 없었으니까요. 데니는 자상했어요. 처음 알게 되었을 때부터 그랬죠.

또 다른 매니저가 와서 제안을 하더군요. "내일 나랑 같이 가자. 오디션을 보게 해줄게." 나는 그러마 하고 가서 춤을 췄어요. 그래서 1988년 7월 7일 일본으로 올 수가 있었어요. 그러나 그렇게 오래 있지는 못했어요. 내가 너무 살이 쪘다고 기획사가 석 달 반 만에 집으로 돌려보냈거든요. 지금도 다시 살이 찌고 있지만 돌려보내진 않고 있어요. 오히려 지금이 더 뚱뚱한

편이죠. 여기에 6개월만 있기로 하고 왔는데 8개월째 머물고 있네요.

데니는 내가 돌아오지 않을 거라고 생각했던가 봐요. 눈물까지 보였거든요. 우린 칼루칸에 집을 얻어 이사한 후 함께 살았어요. 결국 그의 부인이 알게 되어 헤어지고 난 다시 일본으로 갔죠.[13] 나는 돈이 별로 없었어요. 때문에 돈을 벌기 위해 일본으로 가려고 아주 애를 썼어요. 정말 다시 가고 싶었죠. 다행히 업주 두 사람이 나를 요청했더군요.[14] 여기에 처음 왔을 때, 나는 어떤 일을 하게 될 건지 몰랐어요. 우린 민속무용수라고만 알고 있었거든요. 대부분이 춤을 배우고 오디션을 보고 왔으니까요. 오디션을 같이 받았기 때문에 여기서도 무용단으로 같이 일을 하게 될 걸로 알고 있었어요. 큰 클럽에서 함께 쇼를 할 것이라고 기대했었죠. 그런데 도착해보니 충격 그 자체였어요. 여자는 둘뿐인데다가 클럽도 우중충했거든요. 필리핀에 있는 클럽이 더 낫더라고요.

무대에 선 첫날 밤 혼자 춤을 추라고 하더군요. 단체로 춤출 걸로 생각했는데 말이죠. 난 무대위에서 울고 말았어요. 사람들도 많이 있었어요. 파파상은 내게 옷을 벗으라고 했어요. "브라를 벗어. 브라 벗어." 눈물이 치솟더군요. 나는 옷을 벗기가 싫었어요. 파파상은 팬티도 벗는 게 더 좋다며…… 그러면 최고가 될 거라는 거예요. 참다못해 내가 소리쳤죠. "제길, 최고는 팬티를 벗는다고? 그건 당신 사정이야."

파파상은 항상 우리에게 다른 클럽 여자들 얘기를 떠벌렸어요. "챔피언[15]에 있는 여자들은 말이야, 영리해서 돈을 꽤 벌었어. 너, 넌 돈이 싫은 모양이지." 챔피언에 있는 여자들은 클럽 내에서 섹스를 한대요. 암실 하나가 있다는 거죠.

암실은 클럽 안의 컴컴한 곳이지 방은 아녜요. 단지 아주 어두운 장소죠. 거기엔 의자가 몇 개 있고 커튼이 쳐져 있어요. 다른 사람이 그곳을 볼 수는 없죠. 손님이 여자를 원하면 돈을 지불하고 여자랑 암실로 가는 거예요. 그게 그 여자의 일이에요. 돈을 벌고 싶다면, 그건 여자가 하기 나름인 셈이죠. 암실로 가려면 술값 명목으로 20달러에서 30달러를 내야 돼요. 시간은 짧죠. 일이 끝나면 그냥 나오면 되고.

다른 여러 클럽에서 업주가 이를 강요하죠. 정말 여자들이 그 짓만 하는

데이트

클럽이 하나 있어요. 누구나 다 아는 클럽이에요. 그곳에 갈 때까지만 해도 여자들은 그런 사실을 몰라요. 마마상이 그들을 강제로 밀어 넣는 거죠. 여자들은 미칠 지경이 돼버려요. 그 일을 하고 싶지 않아 울지요. 하지만 그렇게 하면 쉽으로 놀려보내버려요. 클럽에 감금된 여자도 한 명 있었어요.

시키는 대로 하지 않는다고 3일간 먹을 것도 주지 않았어요. 그 여자는 그건 자기 일이 아니라고 했거든요. 여자들을 클럽에 배치하는 건 기획사 몫이었어요. 한번 발을 들여놓으면 꼼짝할 수가 없는 거죠.

내가 있는 업소의 파파상은 술만 먹었다 하면 우릴 몹시 힘들게 했어요. 그가 취하면 모두 두려움에 떨었죠. 부끄러움이라곤 당최 찾아볼 수 없는 사람이었어요. 한번은 나를 세게 걷어찬 일이 있었어요. 난 너무 아파서 비명을 지르며 화장실로 달려가 문을 걸어 잠갔어요. 그러자 문을 쾅쾅 두드리며 나더러 나오라는 거예요. 나는 그래도 나오지 않았죠. "대변 보고 있어요"라고 했어요. 그는 의자에 앉았다가 작정을 한 듯 누워버리더군요. 난 아주 천천히 조심스럽게 나왔어요. 그런데 나를 좇아와 따귀를 갈기더군요. 정말 나를 해칠 기세였어요.

내 미국인 남편이 나를 데리러 왔어요.[16] 나는 그의 숙소에서 잤죠. 내 얘기를 들은 그는 아주 화를 냈어요. "빌어먹을 파파상, 망할 자식." 다음 날 남편은 클럽으로 가서 소리를 지르더군요. "나와, 파파상. 당신한테 할 말이 있어. 야, 이 빌어먹을 놈아. 겁쟁이 자식아. 나와." 파파상은 나오질 않았어요. "야, 씨팔놈아. 다시 로위나 털끝 하나라도 건드렸단 봐라, 내가 가만있지 않겠어. 여자들을 네 맘대로 때려도 되냐." 남편은 정말 화가 났었죠.

그 일이 있은 후 어느 날이었어요. 파파상이 남편을 깎아내리더군요. "그 자식, 그런 놈하곤 상대도 하지 마. 미국에 마누라랑 새끼도 있는 놈이라고." 남편은 이혼당할 처지에 있었어요. 변호사에게 이혼서류를 보내라고 부인이 요구하고 있었거든요. 그의 아이가 전화를 걸었을 때 내가 그와 함께 있던 게 탈이었죠. 파파상이 그랬어요. "그 놈은 클럽에서 아주 살아. 바람둥이라고. 필리핀에서 사는 게 훨씬 나을 걸. 여기 있는 동안 돈이나 벌어서 필리핀으로 가라고. 그게 행복할 거야. 만약 그 놈이랑 결혼하면 아주 끔찍할 거야."

내 급료는 월 400달러지만 내 손에 들어오는 건 고작 290달러였어요. 기획사가 필리핀에 있는 매니저에게 100달러를 보내고 보험료로 10달러를 뗐거든요. 우리에게 월급을 주는 건 기획사였어요.

우리에겐 한 달에 음료 400잔씩이 할당되었어요. 한 잔을 티켓 한 장으로 쳤죠. 400잔을 팔게 되면 400달러를 받는 식이에요. 음료 한 잔은 10달러였고요.

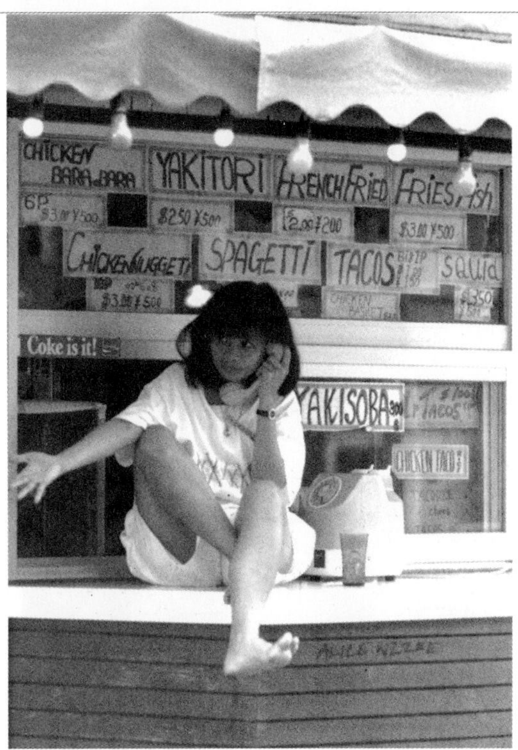

클럽에 놀러오라고 전화를 거는 여성들. 매달 팔아야 할 음료 할당량을 채우기 위해서 여성들은 쉴 때도 아주 많은 시간을 기지에 있는 미군과 접촉하는 데 허비한다. 할당량은 월 400~500잔이다.

그러니까 거기서 겨우 1달러를 수수료로 받았어요. 하지만 이 할당량을 채우지 못하면 수수료도 절반으로 줄었죠. 300잔을 팔았다면 150달러를 받는 거예요. 내가 이 할당량을 채운 것도 몇 번 안 돼요.

공식적으론 우리 클럽에서 외박은 없었어요. 하지만 우리가 (미군과 외박을 나가길) 원하는 경우에는 가능했어요. 결정은 우리가 하는 거였죠. 하기 싫다고 해도 파파상이 강요하진 않았어요. 손님들은 업주에게 100달러나 200달러를 내죠. 손님이 100달러를 내면 우린 음료 10잔 판 것에 해당되는 티켓 10장을 받았어요. 손님이 얼마를 내야 하는지는 주인이 결정했죠.[17] 한번은 파티가 있어서 남편이 나를 데려가면서 돈을 지불했어요. 우리는 클럽에서 오후 6시에 나왔죠. 아직 영업시간 전이라 남편은 50달러만 냈어요. 낮엔 50달러라도 10잔에 해당하는 티켓을 받았고요.

사실 우리는 방을 벗어날 수 없어요.[18] 방에 있어야만 해요. 저녁 때 자리를 비우면 100달러의 벌금이 매겨졌죠. 한번은 외출했다가 걸린 적이 있었어요. 슈왑 기지[19]에서 일하는 필리핀 남자친구가 한 명 있었는데, 그가

클럽 위의 방. 일부 클럽들은 여성들을 클럽 인근 숙소에 묵게 한다. 창문과 문에 창살까지 치고 업주들은 여성들의 출입을 통제한다.

퇴근길에 내게 들러 술동무를 청하더군요. "모두 금방 들어가야 할 테니까 잠깐 나가서 한 잔만 하자." 나와 클럽 동료 하나가 같이 나갔죠. 결국 밤늦도록 마시게 됐어요.

클럽 숙소로 온 게 새벽 1시쯤이었어요. 2층으로 올라가서 아주 조심스럽게 문을 열었죠. 소리를 내지 않으려고 무척 애를 썼어요. 그런데 문이 열리면서 큰 소리가 나버리더군요. 밤이라 더 시끄러웠죠. 낮이면 그렇지 않았을 텐데. 우리는 아주 천천히 살그머니 계단을 올라갔어요. 구두소리도 내지 않으려고 신발을 벗어 손에 든 채였죠. 시멘트 계단이었어요. 그런데 불을 켜자 문 앞에 파파상이 있더군요. 난 그 때까지도 손에 신발을 쥐고 있었고요.

"너, 넌 최하야. 열 번째도 아니고 지금은 꼴찌라고." 전만 해도 쩔쩔맸겠지만 그저 그러려니 했죠. 우린 아무 말도 하지 않았어요. 파파상은 같이 나갔던 동료에게 화를 내더군요. "너, 네가 로위나에게 가르쳤지. 전에는 저러지 않았어. 최고였다고. 지금은 너랑 똑같아." 심하게 화를 내는 바람에 우리는 아주 놀랐어요. "내일 벌금 50달러를 내. 둘 다." 그는 잔뜩 취해서 자신이 무슨 말을 하는지도 모를 것 같았어요. 다음날 아침이 되자 역시 파파상은 아무것도 기억하지 못하더군요. 우리도 가만있었고요. 전엔 강하지 못했어요. 하지만 남편을 알게 되면서 더는 그렇지 않았어요. 남편으로 인해 내가 점점 자신감을 얻어가는 것 같았죠.

지난해 필리핀 영사관에서는 우리가 일에 대해 불만은 없는지 알아보기 위해 한 차례 모임 자리를 만들었어요. 영사관 직원들은 업주에게 (우리의 불만사항을) 얘기해주거든요. 우리가 도움을 충분히 받고 있는지, 화장실은 깨끗한지, 쉬는 날이 있는지, 혹시 암실은 없는지 이것저것 묻더군요. 클럽에서 외박비를 받는지도 물었어요. 클럽 별로 물어보더군요. 여자들은 꺼려했어요. 말하길 원치 않았죠. 결국 아무것도 말하지 않았고요.

영사관이래 봐야 하는 일도 없었기 때문에 여자들은 말하기조차 싫었는지 몰라요. 또한 필리핀 여성들이 일본에서 일자리를 잃게 될까봐 걱정했죠. 필리핀에선 (클럽) 일을 하더라도 하룻저녁에 200페소를 벌까 말까 했어요. 하지만 여기서는 달러로 받았죠. 그 돈을 고향에 가져가면 수천 페소나 돼요.

간혹 상당히 많은 돈을 모으기도 하죠. 여자 나름이었어요. 돈을 벌고자 한다면, 그래요, 매일 할 수 있는 만큼 남자와 그걸 한다면 필리핀에 돌아갈 때쯤 그 여자는 상당한 돈을 쥐겠죠. 어떤 클럽여자 하나가 있었어요. 그 여자를 모르는 사람이 없었죠. 11시간씩 일을 하는 여자였어요. 파파상은 항상 그 여자와 우리를 비교했어요.

"그 클럽엔 돈번 여자들이 수두룩해. 애를 넷이나 키우는 여자도 있어. 나이도 꽤 들어서 벌써 서른여덟인데도 젊어 보인다고."

그러면 나는 이렇게 응수했어요.

"그 여자는 오럴섹스를 하잖아요. 우린 그게 싫은 거라고요."

어떤 클럽에서는 25에서 30달러를 받고 오럴섹스를 해주죠. 점점 달아오르면 여자에게 이렇게 제안하는 남자도 있어요. "좋아, 50달러를 줄 테니까 모든 걸 다 해줘." 그리고 돈을 마마상에게 내는 거죠. 그 클럽 여자들은 아주 인기가 좋더군요.

난 내가 일하는 클럽에 불만이 많아요. 지난달이었어요. 어느 날 업주가 술을 마시더군요. 밤 10시에 시작한 게 새벽 1시를 넘기고 2시가 되도록

로위나의 파파상

자러 가질 않는 거예요. 3시가 되어도 가지 않더라고요. 우린 업주가 괴롭힐 거라는 걸 알고 있었기 때문에 잘 수가 없었어요. 얼굴을 가리고 자는 척했어요. 눈은 바쁘게 움직이고 있었지만요.

얼마나 지났을까, 업주가 소리를 질렀어요. "로위나, 이리 와봐."

나는 조심스럽게 말했어요. "다 자고 있어요. 사장님도 이제 주무세요."

대뜸 그러더군요. "넌 돈을 좋아하지 않아. 넌 멍청해."

"나 역시 돈을 좋아해요. 돈을 좋아한다고요. 술도 많이 팔았잖아요. 벌써 할당량도 채웠고요."

"빌어먹을. 내일, 아니 모레 널 집으로 보낼 거다."

업주는 항상 그런 식이었어요. 그러면 우리가 겁을 먹을 거라고 생각한 거죠.

"좋아요. 어서 가서 나를 집으로 보내요."

모두 졸렸기 때문에 나는 말을 바꿨어요.

"이제 자러 가세요. 모두 피곤해요."

"뭐? 피곤해? 뭘 했다고 피곤해?"

그는 내게 모욕감을 주려하더군요. 난 화가 나서 이가 갈렸어요.

"몇 잔이나 팔았어?"

"스물네 잔요."

"너, 이젠 아주 뻔뻔해졌구나. 겨우 스물네 잔 판 걸 갖고."

이런 개자식이 있습니까. 그 놈은 여전히 만족스러워하지 않았어요. 난 이미 스물네 잔이나 팔았고 그건 할당량을 넘긴 것이었거든요. 그는 악마였죠. 나는 이를 부득부득 갈았어요. 그는 침대를 주먹으로 세게 내리치더군요. 난 무시했어요. 속으로 그랬죠. '망할 자식, 이제부터 상대를 말아야지.' 그 놈은 내가 잔다고 생각했는지 모르겠지만 난 잠을 이룰 수가 없었어요. 업주가 나를 한쪽으로 밀어젖히더군요. 나는 그 놈 얼굴을 똑바로 쳐다보았어요. 그러자 그도 지쳤는지 자러 가버리더군요.

다음날 아침이었어요. 우리 중 누구도 업주와 말 한마디 안했죠. 업주도 자신이 어떻게 했는지 알고 있는 게 뻔했어요. 어쩔 때는 자기 행동을 기억하지 못했지만 기억하는 경우도 종종 있었거든요. 난 그를 보고 얼굴을 찌푸렸어요. 지금까지도 우린 업주와 말하지 않고 지내요. 업주가 말을 걸면 나는 인상부터 썼죠. 그래서인지 동료인 샐리에게 계속 이렇게 떠들더군요. "로위나가 하는 말은 아무것도 듣지 마. 그 말대로 했다간 임신하게 될 거야. 넌 돈도 없잖아. 집으로 돌아가서 애를 지워야 할 걸."

임신한 상태로 돌아가면 부모님이 어떤 반응을 보일지 두려워하는 여자들도 있어요. 그래서 낙태를 하죠. 여기선 낙태가 가능해요. 임신을 하게 되면 여자를 필리핀으로 돌려보내요. 돌아가는 비용도 여자들이 내야 해요. 기획사에 임신을 했다는 걸 말하지 않기 때문이죠. 하지만 임신상태를 유지하고 싶어 하는 여자들도 있어요.

업주는 내가 낮에 항상 남편과 같이 지낸다는 걸 몰라요. 데이트하러

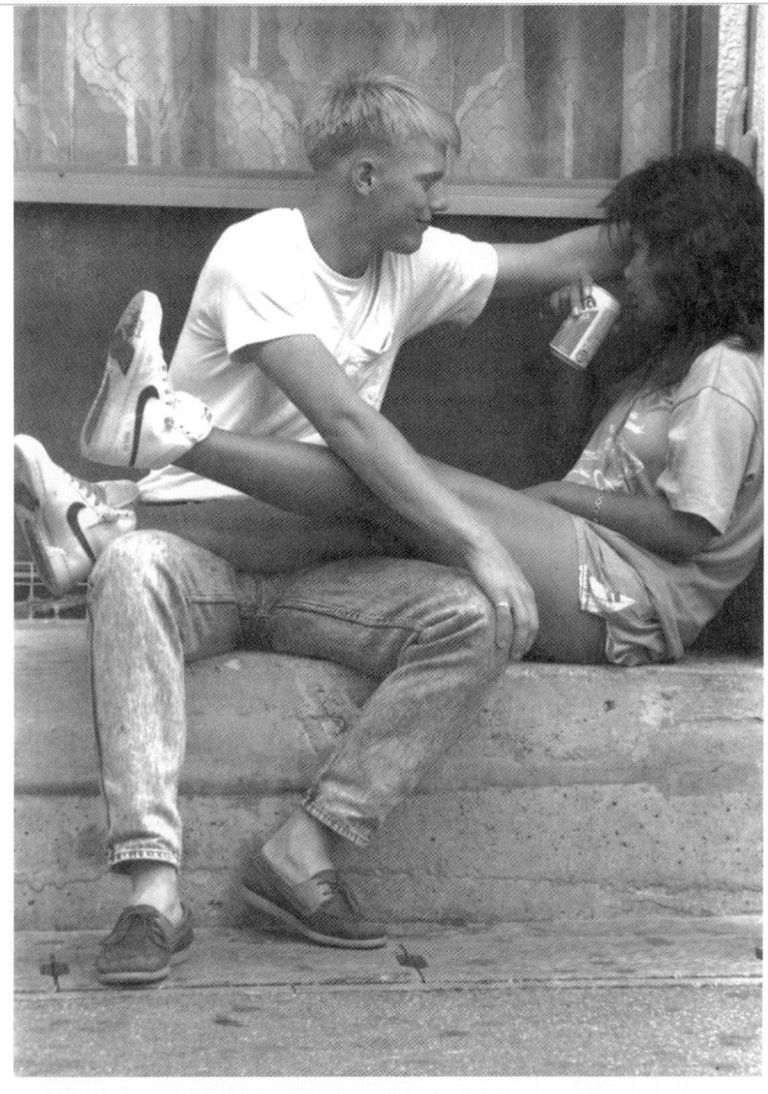

데이트

나가는 것은 가능하지만 기지 내로는 들어가지 말라는 말을 (기획사로부터) 늘 들어요. 여자들이 임신하는 걸 막기 위해서라죠. 그러나 여기 필리핀 여자들은 기지 내에 들어가는 걸 좋아해요. 미군과 함께 들어갈 수 있거든요.

나는 이 클럽에서 남편을 알게 되었어요. 동료가 우릴 소개시켜 주었죠. 그녀가 나가서 그와 이야기를 했어요. 추운 날이었죠. 12월이었으니까요. 나는 덜덜 떨었어요. 그는 우리 두 사람 음료를 모두 사주며 내게 같이 앉자고 했어요. 계속 나를 바라보더군요. 우리는 이야기를 많이 했어요.

그러고는 어떤 담배를 피우냐고 묻더니 몇 갑을 사주더군요. 장미꽃이며 마실 것도 많이 사줬어요.

클럽에 왔을 때 내가 다른 손님과 있으면 질투를 하고 화까지 내더군요. 나는 이야기를 마치고 그의 옆에 가서 앉았죠. 그는 아주 자상했어요. 주인을 잘 섬기는 개처럼 말이죠. 사람은 자기 일에 충실해야 해요. 그를 알게 된 이후부터 나는 어떤 누구하고도 나가지 않았어요. 오로지 그밖에 없었죠. 남자친구가 있는데도 다른 남자와 데이트를 하면 남자친구가 이를 알 테고, 진지하게 대해주지 않을 거예요. 내가 속이면 그 역시 속이겠죠. 서로 속고 속일 거예요.

난 이미 지난 6월 10일에 집으로 돌아갔어야 했어요. 하지만 남편과 나는 지금 7월에 함께 필리핀에 가서 (결혼)서류를 준비하기로 했었죠. 이 일을 빨리 처리하려면 남편이 필리핀에 갈 필요가 있어요. 그러나 난 가지 못했어요. 기간이 연장되었거든요. 우리 클럽에는 여자가 두 명밖에 없었는데 나를 대신할 사람이 없는 거였어요. 내 매니저가 압력을 가하더군요. 그래도 난 머물고 싶지 않았어요. "쿠야(*kuya*, 오빠), 난 연장을 할 수 없어. 집에 가고 싶어. 우리 파파상이 하는 짓 때문에라도 여기 있고 싶지 않아. 우리가 할당량을 채우면 우리한테 잘해야 하잖아. 또 한 달에 이틀은 쉬어야 하는데 지금은 하루밖에 못 쉬어. 파파상은 우릴 마치 바보 취급한다고."

매니저가 나를 설득하려고 애쓰더군요. "그러면 마마상과 잘 지내려고 해봐. 문제가 있으면 기획사로 찾아오고." 우리 기획사는 괜찮은 편이었어요. "봐. 여자가 없잖아."

남편에게 얘기했더니 그러대요. "로위나, 연장하고 싶은지 어떤지 결정을 내려. 파파상이 하는 꼬락서니를 보라고." 나 역시 결혼 계획도 세운 마당에 집으로 가고 싶었어요.

난 갈팡질팡했어요. 남편에게 갔다가 기획사에 있는 매니저에게 갔다가…… 남편에게…… 다시 매니저에게. 매니저는 내게 정말 압력을 넣더군요. 난 하소연을 했어요. "쿠야, 남편하고 얘길 좀 해봐요. 우린 결혼하기로 했는데 어찌할 바를 모르겠어요."

매니저와 남편이 이야기를 나누었어요. 매니저는 "우린 로위나가 연장하길

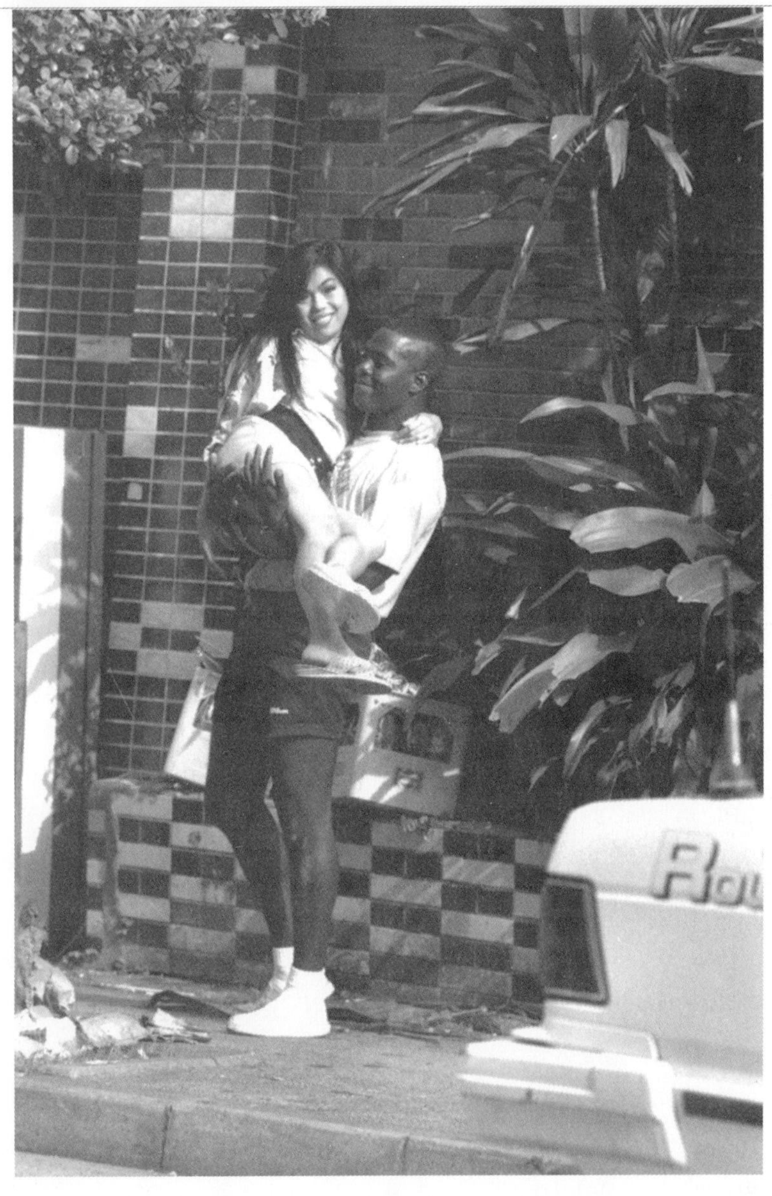

데이트

원합니다. 부디 여기에 따라주세요"라고 하더군요. 남편은 내가 결정할 일이라고 했어요. "당신도 내가 왜 로위나의 연장을 원치 않는지 알고 있을 거요. 거기 파파상이 여자들을 때리기 때문이오. 로위나가 몇 번이나 맞았는지 알기나 하오? 내가 클럽에서 몇 번이나 흥분했는지 아시오? 그 늙은이는 절대 바뀌지 않소. 하지만 결정자는 내가 아니오. 그녀가 해야 하오. 나는 그녀 곁에 있을 거고, 이건 그녀가 결정하기 나름이오."

매니저는 연장을 권했어요. "단지 4주 정도만 집에 가는 걸 늦추는 거야."

난 결국 그러겠다고 했어요. "알았어요. 나도 할 수 있는 한 많이 벌어야죠."

매니저는 필리핀 영사관 전화번호를 알려주더군요. 불만이 있을 경우 내가 됐든 남편이 됐든 그리로 전화를 하래요.

사람들은 필리핀 여자들이 오카나와엔 다시 가지 않으려 한다고 했어요. 그들이 하는 일이란 게 이 사람 저 사람과 섹스를 하는 것이라서 미군들이 여자들을 깔보기 때문이라는 거죠. 필리핀의 대통령조차 미군들이 필리핀 여자들을 멸시한다고 실토했어요. 필리핀 여자들이 순전히 그런 일을 하기 때문인 거죠. 필리핀 시골사람들은 여자가 일본에 있었다는 것을 알게 되면 대뜸 그러죠. "몸 팔았구먼."

필리핀 여자들은 이렇게 강변해요. "우리가 왜 그런 말을 들어야 하죠? 그렇게 말하는 건 참을 수가 없어." 일부 필리핀 여자들은 가족을 부양하기 위해 여기서 일하거든요. 그들은 오히려 자기 가족을 잘 돕지 못한다고 미안해해요.

(오키나와로) 다시 올 수 없다면 더욱 형편이 나빠질 것이기 때문에 이 일을 계속하는지도 몰라요. 그들이 할 수 있는 일은 없거든요. 겨우 필리핀에 있는 클럽에서 일하는 것뿐이죠. 게다가 벌이도 시원치 않죠. 가족을 부양할 수가 없어요. 여기선 6개월만 일해도 많은 돈을 모을 수 있어요. 두 차례 오고가면(6개월씩 두 번) 집이라도 하나 지을 수 있거든요.

나는 돈이 없어서 여기 왔어요. 다른 일은 할 줄 모르기 때문에 클럽에서 일할 수밖에 없었죠. 전에 의류공장에서 옷 만드는 일을 한 적이 있었어요. 옷 한 벌에 50센타보씩 받았죠. 그걸 주급으로 받았는데 어떤 때는 150페소, 일감이 많아봐야 고작 300페소를 받았어요. 나는 돈 때문에 일본에 가는 걸 심각하게 고민했어요. 여기서는 달러로 벌어요. 생각해보세요. 단 한방에 300달러를 버니.

여자들이 없다면 클럽 업주들 역시 장사를 할 수 없을 거예요. 미군들이 자기가 마신 것만 돈을 낸다고 해봐요. 한 3달러로 보면 되겠죠. 하지만 여자들이 할당량을 채울 경우 클럽이 얼마나 버는지 아세요? 수천 달러예요.

락아메리카 클럽에서 술에 취하고 음악에 취한 미군들

한 달에 400잔이면, 그것만으로도 이미 천 달러가 넘잖아요.

지금은 내게 돈이 좀 있다보니까 필리핀 남편이 돌아오고 싶다고 하네요. 편지에 이렇게 썼더군요. "내가 당신에게 한 일을 용서해요. 나도 자신을 나무라고 있어. 우린 당신을 사랑해." 그는 내가 다시 자기에게 관심을 갖게 만들려고 애쓰고 있어요. 내 감정을 바꿀 수 있을 거라 여기는 거겠죠. 하지만 난 결코 그에게 돌아가지 않을 거예요. 그와 함께 살면서 수없이 많은 괴로움을 겪었거든요.

지금의 나를 본다면 그는 아마 충격을 받을 거예요. 우리가 헤어질 무렵만 해도 내 얼굴은 수척했었지요. 몸은 말라 있었고 눈도 움푹 꺼져 있었어요. 날 몰라볼지도 모르죠. 젊었을 땐 예뻤거든요. 자랑이 아니에요. 그가 나를

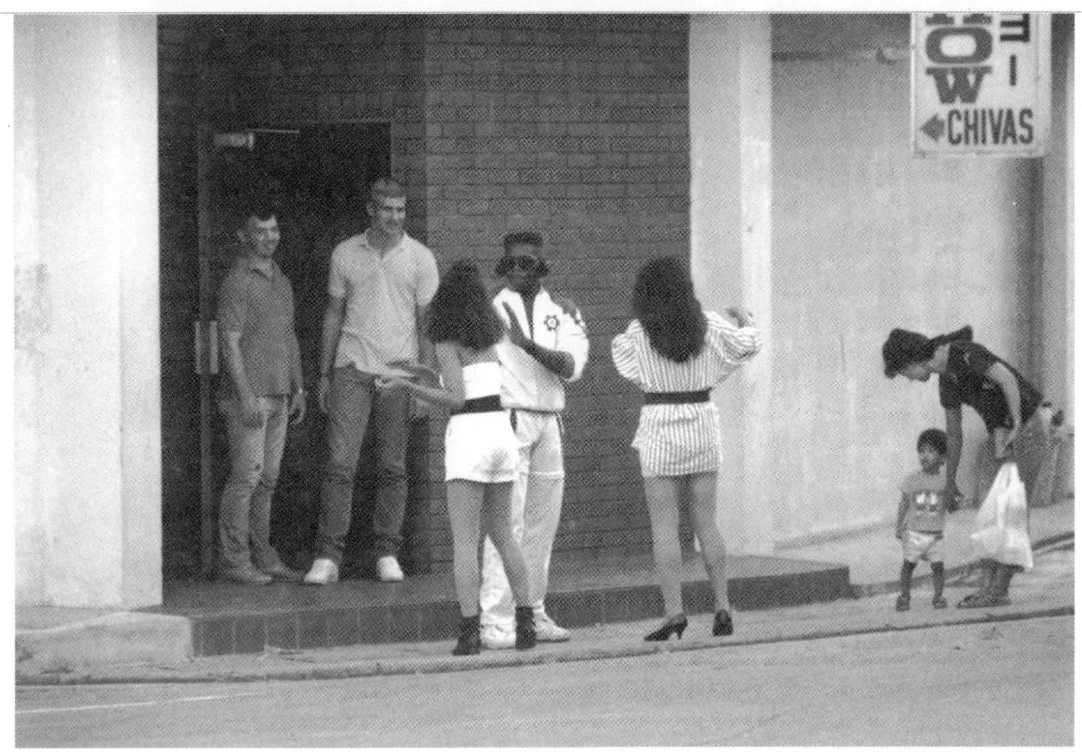

매달 할당량을 채우려고 여성들이 취하는 방법 중 하나는 클럽 문 앞까지 나가 호객 행위를 하는 것이다.

잡은 것도 그것 때문이었어요. 몸매며 다리도 예뻤어요. 그가 그걸 망가뜨렸죠. 내 몸을 망친 사람은 그 사람이었어요. 이웃들은 내게 이런 말들을 했어요. "어떻게 그런 사람과 살아? 미모가 아깝다. 그 사람이 사랑의 묘약이라도 먹인 모양이야."

"잘 모르겠어요." 나는 이렇게 대답하지만 사실 정녕코 그를 좋아하지 않았어요. 난 가출을 한 상태에서 달리 갈 곳도 없고 가족들로 인해 혼란스러웠기 때문에 그와 함께 살았던 것뿐이에요. 아버지와 나는 서로를 이해하지 못했죠. 그 때 내 나이 겨우 열네 살이었어요.

미군들은 하나같이 필리핀 여자들이 잘해주기 때문에 필리핀 여자를 원한다고 해요. 이혼한 남자도 일부 있었죠. 필리핀 여자들은 정말 그들에게 잘해요. 미국 여자들과는 다르죠. 미국 여자들은 결혼을 해도 자기 방식대로 살잖아요. 미군들은 필리핀 여자들이 따뜻하다고 하죠.

클럽에서 미군 한 사람을 만났던 적이 있어요. 처음 보는 얼굴이었죠. 그는 자기를 소개하며 내게 한 잔 하겠냐고 묻더군요.

술집에 일 나가기 전인 오후시간을 업주의 허락아래 자유롭게 보내는 여성도 일부 있다. 미군들과 마찬가지로 여성도 일본말을 못하기 때문에 대중교통수단을 이용하지 못한다. 그래서 주로 클럽이 있는 지역에 머물게 된다. 사진의 여성들도 자유시간을 허락받아 친구와 함께 어울려 즐거운 때를 보내는 것 같다.

"물론이죠."

"내가 한 잔 사면 나와 이야기하겠어?"

"그래요, 당신과 이야기하죠. 좋아요. 한 잔 사줘요."

그는 갑자기 이러더군요. "나와 결혼해줘."

이제 막 그를 만난 상태였죠 "당신과 결혼하고 싶어. 난 이혼했어. 전처는, 그 여자는 날 엿 먹였어."

그는 아내가 자기 집 침대에서 다른 남자와 있는 걸 보았다고 했어요. 거의 죽이고 싶었지만 아내를 쫓아내고 지금은 결혼할 다른 여자가 필요하다더군요. 필리핀 여자를 원한대요. "당신을 사랑해" 하는 말이 꼭 장난을 치는 것 같더라고요.

내가 이랬어요.

"어떻게 사랑한다는 말을 할 수 있죠? 오늘밤 처음으로 날 봤잖아요. 날 알지도 못하잖아요."

"그래. 하지만 처음 본 순간부터 사랑하게 됐어."

이런 생각이 들더군요. '이 미군은 허풍을 치고 있어. 수작을 부리는 게 분명해.' 미군들은 엿 먹이는 데는 도사들이었거든요. 필리핀 여자들도 안 그렇다고 할 순 없지만요.

그는 곧장 데이트를 신청하더군요. "내일 어디로 좀 나와 주겠어?" 이러고 나선 또 다른 여자에게 역시 같은 말을 할 테죠. 다른 클럽을 찾아가 여자를 부르고…… 또 다시 데이트를 즐길 거예요.

정말 한 여자를 좋아하게 된 미군이라면, 데이트를 신청해 식당에 가서 같이 먹는 걸로 그치죠. 상점으로 데려가 물건을 사줄 수는 있겠죠. "원하는 게 있으면 말해." 개중에 괜찮은 미군도 있긴 해요. 척보면 알 수 있죠. 처음에는 지켜보다가 하는 말을 들어보는 거예요. 그 사람이 바보가 아닌 한 금방 알 수가 있어요. 얼간이 같으면 근처에 가지도 않죠. 괜찮은 사람으로 보이면 가서 이야기를 나누죠.

틈틈이 나는 샐리를 가르쳐요. 샐리가 처음 이 클럽에 왔을 때, 손님이 하나 왔었어요. 그는 샐리에게 음료를 많이 사주었어요. 다음날 또 왔더군요. 하지만 안으로 들어오지는 않았어요. 샐리는 접대하고 있는 손님에게 양해를 구하더군요. "죄송해요. 저를 찾아온 손님과 할 이야기가 있어요. 곧 올게요." 그러곤 문 앞에 서 있는 그에게 가서 "안녕" 하고 인사를 건네며 키스를 했어요. 10분인가 15분쯤 얘기를 하더군요. 매일 그런 일이 반복되었어요. 결론을 말하자면 그는 클럽에 들어온 게 아니었어요. 음료를 마시지도 않았죠. 샐리가 문 앞으로 갔으니 음료를 사줄 필요가 없던 거죠.

난 충고를 했어요. "네 손님이 오더라도 그에게 가지마. 쪼르르 달려가지

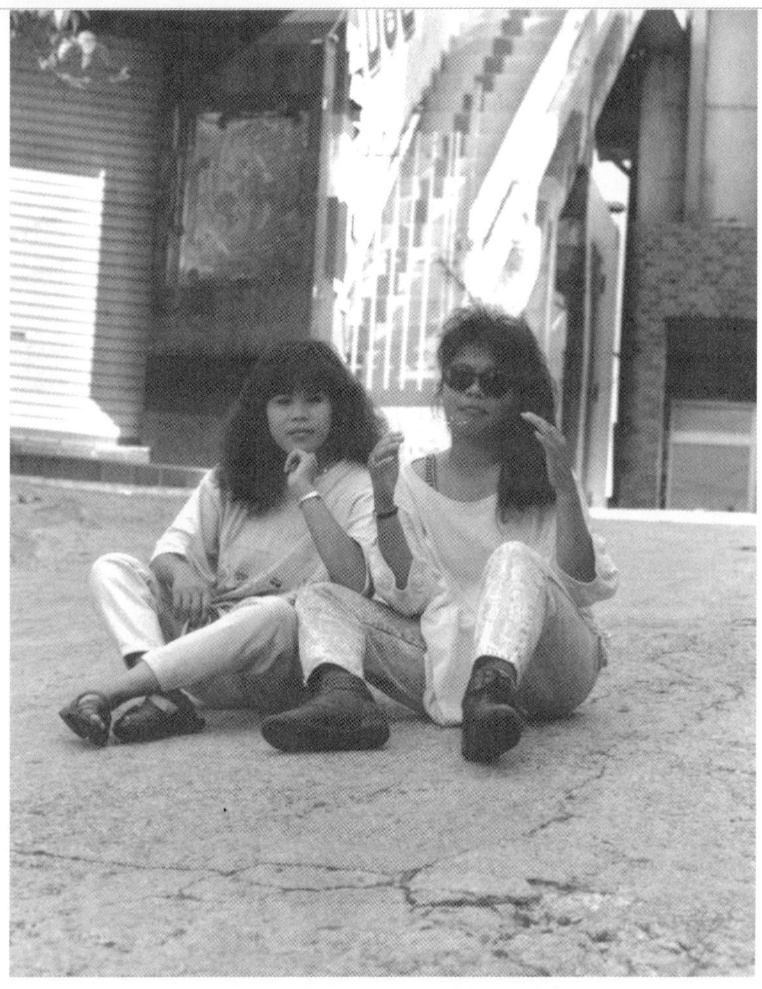

낯선 이국땅이기 때문에 여성들은 친구의 우정과 남의 격려라도 듣고 싶은 마음이 간절하게 된다. 종종 같은 클럽에서 일하는 여성들이 아주 절친해지는 걸 볼 수 있다. 그러나 오히려 경쟁자가 돼버리는 좋지 않은 경우도 있다.

말라고. 그러면 네가 정말 그 사람을 좋아하는 줄 착각하게 돼. 이미 자기랑 이야기하고 있으니까 들어오지도 않고 음료도 안 사주잖아. 그런 사람과는 말도 하지 마. 일단 안으로 들어오게 해. 가만히 앉아서 이렇게 말만 하란 말이야. '들어와서 한 잔 해요.' 그때 들어오는 사람이 정말 너를 좋아하는 사람이야." 처음엔 손님 몇을 잃었지만 내가 어떻게 해야 하는지 가르쳐준 후부터 샐리는 할당량을 채우기 시작했어요.

샐리는 파파상을 무서워했어요. 그녀가 술을 충분히 팔지 못하면 화를 냈거든요. 전에 한번 내가 20잔을 팔고 샐리는 겨우 7잔을 판 날이었어요. 파파상은 그녀에게 화를 냈죠. "너, 지금 당장 집으로 가라. 어떻게 그리

머리를 못 쓰니." 파파상은 항상 샐리에게 화를 냈어요. 신참이었는데도 말이죠. 샐리는 구석에 앉아 불쌍하게 눈물만 흘렸어요. 나는 샐리가 안쓰러워서 요령을 알려주었어요.

나는 늘 샐리를 가르치며 자신감을 심어주고 있어요. "파파상을 무서워하지 마. 그를 놀라게 할 수도 있어. 싸우면 돼. 내가 하는 걸 잘 봐." 나는 그에게 대들며 싸우죠. "너도 싸워. 네가 무서워하면 널 더욱 겁줄 거야. 그치는 네가 무서워한다는 걸 알고 있단 말이야." 지금은 샐리도 곧잘 싸워요.

샐리는 나 같은 동료라도 있어서 다행인 셈이었어요. 가르쳐주길 귀찮아하는 여자들도 많거든요. 내가 신참일 때만 해도 여기 동료는 내게 아무것도 가르쳐주지 않더군요. 혼자 눈치껏 배워야 했어요. 겁이 나서 고참에게 물어보기도 했지요.

"크리스티, 좀 가르쳐 줘. 어떻게 해야 돼? 일을 어떻게 하지?"

"그냥 미군이랑 얘기나 하면 돼."

그게 전부였죠.

그리고 매일 아침 10시면 그녀는 외출을 나갔어요. 클럽에는 둘밖에 없었는데 방에 나 혼자 남겨두고 말이죠. 서럽더군요. 2주 동안이나 내내 울었어요. 그녀는 업소 문을 열 때쯤 돌아오더군요. 이미 목욕까지 마친 상태로요.

크리스티에겐 손님이 있었지만 내 손님은 없었어요. 한번은 마마상이 크리스티의 손님을 내 옆에 앉히더군요. "여기 앉아 봐요. 얘한테 한 잔 사주는 거 어때요." 그 손님은 내게 음료를 사주었어요. 하지만 난 아무 말도 못했어요. 크리스티는 이미 한 손님을 상대하고 있었어요. 그런데도 나를 기분 나쁘게 쳐다보더군요. 자기 남자친구가 오자 내 이야기를 했어요. "로위나 좀 봐. 내 손님을 훔쳐가는 거 있지. 그 손님이 음료까지 사줬다니까." 그게 내 잘못은 아니잖아요. 또 그 손님이 내게 사줄 마음이 없었다면 사주지도 않았을 테니까요. 그녀는 자기만 손님들을 상대하고 싶어 했어요. 내겐 손님 하나 없더라도 말이죠. 항상 자기가 가장 많이 음료를 팔아서 가장 많은 돈을 벌려고 했죠.

샐리가 새로 왔을 때 나는 오히려 손님들에게 이렇게 말했어요. "앞으로 얘한테도 많이 좀 사줘요. 새로 왔어요." 항상 그녀를 도와주었죠. 그녀가

필리핀으로의 귀향. 보통 오키나와에서 일하는 계약기간은 6개월이다. 화물승용차에 한 여성이 자신과 가족들을 위해 구입한 물건들이 실린 게 보인다. 상자 하나에는 마닐라의 빈민촌인 톤도(Tondo)로 보낸다는 주소가 적혀 있다.

아직 한 잔도 못 팔았으면 내게 온 손님에게 부탁하기까지 했어요. "저 애에게 한 잔만 사주세요. 아직 한 잔도 못 팔았어요." 내 손님은 샐리의 손님이기도 했지요. 우리는 서로 주고받았어요.

샐리는 운이 좋은 편이죠. 그녀가 처음 왔을 때, 난 남편과 데이트하러 나갈 때마다 샐리를 데리고 갔어요. 우리는 코사[20]로 가서 이곳저곳 걸어 다녔죠. 그녀가 남편의 한쪽에 서고 나는 다른 쪽에 섰어요. 우리는 함께 손을 잡고 다녔어요. 나는 샐리와 친해요. 친자매처럼 지내죠.

여기 술집들은 필리핀의 술집과는 딴판이에요. 마닐라에서 내가 일했던 업소엔 여자들이 많았어요. 여자들은 구석 테이블에 앉아서 손님을 기다렸죠. 6명의 무대 지배인이 있을 정도였어요. 필리핀 남자 손님들이 대다수였죠. 종종 외국인들도 찾아왔고요. 때때로 군인과 경찰도 손님으로 왔어요.

필리핀 여자들 여럿이 나체로 함께 춤을 추었어요. 모두 그런 식이었어요. 여기서는 상체만 벗고 추죠. 그곳에선 고고댄서들을 모델이라고 불렀어요. 손님들은 테이블에 앉아서 고고댄서 중에서 자기 옆에 앉힐 여자를 골라요. 예쁘거나 지적인 여자를 찾겠죠. 그러면 무대 지배인이 뒤로 가서 손님이 고른 여자를 불러냈어요. 지배인은 갖고 다니는 전등을 켜서 여자의 얼굴을 비추며 말하죠. "손님이 찾는다." 여자가 테이블에 가서 앉아요. 손님이 마음에 들어 하면 계속 앉아 있게 되죠. 그렇지 않으면 그녀를 돌려보내고 다른 여자를 찾아요.

일반무대도 있었어요. 빠른 음악이 나오면 자리에 있던 여자들이 나와 춤을 춰요. 일반여자들이 와서 춤을 추기도 했어요. 손님은 지켜보다 마음에 드는 여자가 있으면 지배인을 부르죠. 지배인은 그 여자에게 전등을 비추며 불러서 연결을 해주죠. 나는 접수원으로 일했어요. 그리 오래 일하진 않았죠. 한 3개월 정도 일했죠.

이곳 클럽에는 여자들이 몇 되지 않아요. 많아야 여덟 명, 열두 명이고, 어떤 곳은 네 명, 두 명도 있고 단 한 명만 있는 곳도 있어요. 무대 지배인도 없고 그저 클럽주인만 있죠. 물론 업주들이 술집 일을 직접 다 봐요. 손님이 오면 여자들이 그를 맞아들여요. 남자가 음료를 살 용의가 있을 때 옆에 가서 앉아요. 나는 손님을 고르기까지 해요. 멍청한 사람은 좋아하지 않죠. 필리핀에서와 달리 손님에게 접근하는 사람은 우리들인 셈이죠. 거기선 무대 지배인이 접근했잖아요.

필리핀에서는 일을 나가고 싶지 않거나 아프면 결근을 할 수가 있어요. 돈만 받지 못할 뿐이에요. 그렇다고 계속 안 나갈 수는 없지만요. 오늘 나가지 않았으면 내일은 꼭 나가야 하죠. 안 그러면 싫은 소리를 듣게 되니까요. 그래도 3일, 길면 1주일가량이나 결근을 해야 일자리를 잃어요. 하지만 여기는 일을 나가지 않으면 바로 해고죠.

필리핀 업소에서 버는 돈은 형편없긴 해요. 여기선 달러를 벌죠. 한 달에 천 달러를 벌 수도 있어요. 다달이 월급도 받죠. 손님이 없고 술 한 잔 못 팔았더라도 월급은 그대로 다 받아요.

필리핀에서는 급료라는 게 없죠. 단지 음료를 팔아서 수수료만 받아요.[21] 예를 들어 음료 한 잔값이 45페소라면 우리는 그중 절반을 받죠. 음료 잔수로 티켓을 셈하는 건 같아요. 업소 문을 닫을 때쯤 티켓수를 확인해요. 업주가 매일 저녁 계산해주는데, 돈 받는 때가 새벽이니까 다음날 일당으로 받는 셈이죠. 여기선 달마다 월급을 받는데 말이죠. 음식은 무료로 제공받아요. 여자들 처지로 보면 통제가 더 심하긴 하지만 이곳이 돈을 더 벌어요.

1) 팜팡가(Pampanga)는 마닐라에서 정 북쪽에 있는 지방이다. 두 지역 사이의 왕래는 쉽다.
2) 필리핀에서는 거의 모든 빨래를 손으로 한다. 부자나 외국인만이 세탁기를 갖고 있다.
3) 캠프 아기날도(Camp Aguinaldo)는 마닐라의 큰 군사기지 중 하나다.
4) 특별한 여행을 목적으로 지프니를 빌리는 것은 흔한 일이다. 특히 단체로 많이 빌린다. 마카티(Makati)는 마닐라에 있는 큰 상업 지역이다.
5) 무노즈(Munoz)는 마닐라의 한 지역이다.
6) 바공바리오(Bagong Barrio)는 마닐라의 빈민촌이다.
7) 티쩨른(*titseron*)보통 간식으로 먹는 돼지껍질 튀김이다.
8) 바클라란(Baclaran)은 마닐라에 있으며 옷을 싸게 살 수 있는 지역이다. 상인들은 거리에서 노점상 형태로 옷을 판다.
9) 베이비는 일본으로 가고자 하는 사람을 찾는 모집인으로 보인다.
10) 칼루칸(Kalookan)도 마닐라의 한 지역이다.
11) 어떤 클럽에서는 여성들이 손님을 접대하기 전에 지배인(매니저)과 자야 한다.
12) TNT는 타고 응 타고(*Tago ng Tago*)의 머리글자로 문자적 의미로는 숨기고 숨긴다는 뜻이다. 외국에 나가 있는 불법 취업자나 불법 체류자를 완곡하게 표현한 말이다.
13) 필리핀 여성들은 오키나와와 일본(본토)을 따로 구분하지 않는다. 어느 곳으로 일하러 가든지 일본으로 간다고 한다.
14) 술집 업주들은 연예기획사에 자기 업소에서 일했던 여성을 다시 불러달라고 요청할 수 있다. 여성만 동의하면 자동적으로 그 곳으로 가게 된다.
15) 같은 지역에 있는 다른 클럽(자넷 이야기 참고).
16) 비교적 관계를 오래 지속하는 경우, 여성들은 종종 미군을 남편이나 말 그대로 배우자라고 한다.
17) 외박비(bar fine)를 처리하는 방식은 술집마다 다르다(자넷 이야기 참고).
18) 대개 방들은 클럽의 뒤편이나 위층에 있다. 이 클럽의 경우 방은 길 건너편 건물의 2층에 있었으며 업주도 거기에 머물렀다.
19) 슈왑(Schwab)은 캠프 한센(Camp Hansen)에서 30분정도 소요되는 곳에 있는 작은 해병기지다. 이곳의 필리핀 남자는 미군에 배속된 사람이다. 이들은 타갈로그어를 할 줄 알고 필리핀에 살고 있어야 채용될 수 있다. 이는 그들이 필리핀 현지에서 모집됐다는 걸 말해준다. 이러한 신병모집은 필리핀 사람이 미국 시민권을 얻을 수 있는 방법 중 하나다. 매년 할당된 수만큼의 필리핀 사람이 채용되고 있다.
20) 코사(Kosa)는 카데나(Kadena) 공군기지 부근에 있는 술집지역이다.
21) 로위나는 마닐라에 있는 클럽에서 일할 때의 경험을 이야기하고 있다. 그런데 이 이야기는 마닐라의 술집이나 필리핀 여타지역에 있는 술집 전부에 해당하는 것은 아니다. 조건은 아주 다양하다.

자넷

21살

산페르난도 출신

나는 알베이의 산페르난도에서 태어났어요. 형제는 7남매로 여섯 자매에 남동생이 하나 있어요. 내가 둘째죠. 하지만 언니가 결혼을 하고 아이까지 하나 있기 때문에 내가 장녀 역할을 하고 있어요. 엄마는 전업주부고 아버지는 농부예요. 땅뙈기에 불과하지만, 할아버지 소유의 땅이 있긴 해요. 아버지 형제들은 모두 열두 분이셨죠. 형제분들이 할아버지 땅을 각각 나눠가지긴 했지만, 몇몇은 멀리 떨어진 곳에서 가정을 이뤄 살고 있어요. 멀리 사는 형제분들은 가게를 하거나 지프니, 삼륜 오토바이를 모는 등 여러 방식으로 먹고살고 있어요. 형제 중 농부인 사람은 아버지가 유일해요. 아버지만 땅을 갈고 있지만, 아버지 이름으로 된 건 아니죠.

우린 채소와 쌀농사를 지었어요. 가난하니 아이들도 일을 도와야 했고요. 초등학교에 다닐 때 이미 나는 채소를 팔러 다녀야 했어요. 시장에 내다팔기도 하고 떠돌며 팔기도 했죠. 그리고 옥수수, 뿌리작물, 쌀, 채소 농사도 거들었어요. 학교를 가지 않는 토요일, 일요일에는 형제들 모두 일을 도왔어요. 딸들이 말이죠. 시골이다 보니 변변한 풍로도 없이 장작을 때서 밥을 해먹었어요. 물도 길어다 먹었죠. 이런 일들이 다 학교를 가지 않는 날 우리 몫이었어요.

고등학교 1학년 때부터는 야간에 학교를 다니며 낮에는 식당 종업원으로 일했어요. 등교를 하면 이미 지쳐 있었죠. 때론 너무 피곤한 나머지 답은 알고 있는데 대답할 기력조차 없기도 했어요. 그저 앉아서 토론하는 걸 듣기만 했죠. 고등학교 2학년 때는 낮에 수공예품을 만들었어요. 물론 밤에 학교 갔고요. 밤 9시나 10시쯤 학교를 마치고 나서도 축제나 무도회, 학교행사 등을 찾아다니며 담배, 땅콩, 청량음료를 팔곤 했어요.

더 나이가 들어서는 학교도 그만뒀어요. 부모님을 조금이라도 돕기 위해 일을 계속했죠. 레가스피에 있는 백화점에서 판매원으로 일하며 근처에서

미국 독립기념일인 7월 4일, 오키나와 킨의 해병기지 캠프 한센(Camp Hansen)을 개방했다.

하숙을 했어요. 거기서 2년 남짓 있었던 것 같아요. 급료래 봐야 일당 32페소였죠. 월급날이면 항상 엄마한테 돈을 부쳤어요. 동생들은 아직 학교에 다니고 있었고요. 집에는 뿌리작물이나 옥수수 같은 먹을거리는 있었지만 학비를 감당할 만큼의 돈은 없었죠.

1987년 고향마을에 지독한 태풍이 몰아쳤어요. 우리 집은 완전히 부서져버렸죠. 여동생이 찾아와서는 입을 옷이 없다며 옷을 몇 벌 빌려달라고까지 했어요. 식구를 도울 수 있는 사람은 나밖에 없었죠. 내가 살던 하숙집은 별탈이 없었어요. 큰 건물이라 태풍에도 피해를 입지 않은 거죠. 식구들이 불쌍하다는 생각이 들어 비상금으로 감춰둔 50페소마저 찾아온 동생에게 주었어요.

전에 어떤 판매여사원 하나가 "일본에 가자"[1]고 했던 적이 있었어요. 그녀 역시 가족이 가난해서 돈이 필요한 처지였죠. 태풍이 몰아친 후, 난 생각을 바꾸고 그 제안에 대해 심각하게 고민했어요. 그 여사원은 내게 확신을 주더군요. 나는 마음을 굳게 먹었죠. 우리는 함께 마닐라로 떠났어요. 그 친구는 마닐라에서 누굴 찾아가야 하는지 알고 있었어요. 우린 춤을

껍질을 벗겨내기 위해 벼를 찧고 있다.

배워서 일본에 가겠다고 지원을 했죠.

여기(오키나와) 오기 전에는 그런 일이 나쁘다고 생각했어요. 사람들은 클럽여자들, 특히 일본에서 일하는 여자들을 아주 나쁘게 봤거든요. 난 일본에 가본 적이 없었기 때문에 두려웠죠. 어떤 곳일지 궁금하기도 하면서요. 또

캠프 한센에서 바라본 술집지역 들머리

전쟁으로 인해 필리핀 사람들이 일본을 좋게 보지 않는다는 이야기도 들었어요. 우리 부모님도 전쟁을 경험했던 탓에 일본인들에게 나쁜 감정을 갖고 있었어요.[2)]

난 그런 일을 해낼 수 없을지도 모른다는 생각도 들었지만 돈이 절실했어요. 스스로 마음을 다독였죠. '많은 필리핀 여자가 거길 갔다가 집으로 돌아와서 잘 지내고 있어. 떠날 때와 같은 모습으로 돌아오면 무슨 일을 했든 탈이 없을 거야.' 내가 들은 이야기는 무용단에 관한 거였어요. 우리에게 모든 걸 말해주지는 않더군요. 다소 걱정은 됐지만, 신중하게 생각을 했고 거기서 하는 일도 내 할 나름이란 걸 알고 있었어요. 그래서 나는 마음을 단단히 먹었죠.

부모님은 내가 일본에 가려하는 걸 모르셨어요. 그런 일은 허락하지 않을 것이 뻔했기 때문에 나는 거짓말을 했죠. 엄마한테 편지를 썼어요. 나는 가게에서 일하고 있다, 그렇지만 춤을 배우고 있다고 썼죠. 내가 일을 할

바클라(*Bakla*, 게이) 하나가 벽에 그려진 마릴린 먼로를 흉내 내며 축배를 들고 있다.

때만 해도 집에 계속 돈을 부쳤어요. 하지만 그때는 집에 돈을 부치기 위해 하루에 50페소씩 매니저에게 현금을 빌려야 했죠. 일본으로 떠나기 전까지 계속 그랬어요. 돈까지 빌렸으니 우린 매니저와 함께 지내야 했죠. 당연히 빚이 하루하루 늘어갔어요. 그래도 일본에 갔다가 돌아오면 그 돈쯤이야 갚을 수 있을 걸로 생각했죠.

우리에게 춤을 가르친 건 연예기획사 '텐스토리'에 소속된 바클라(*bakla*, 게이) 한 사람이었죠. 춤을 배운 후 일본인 앞에서 기획사의 오디션을 받았어요. 우리는 춤과 자기의 개성을 보여주어야만 했죠. 기획사 사장은 일본인이지만 거기서 일하는 사람 중에는 필리핀 사람도 꽤 있었어요. 절반 정도가 필리핀 사람이고 나머지는 일본 사람이었죠. 우리는 한 달 반에 걸쳐 연습을 하고 나서 통과되었어요. 곧이어 떠날 때가 다가왔죠.

나는 떠날 때가 되어 비콜에 있는 집에 들렀어요. 부모님도 모르는 먼 곳에 간다는 사실이 견딜 수가 없더군요. 부모님께 말씀을 드렸죠. 일본에

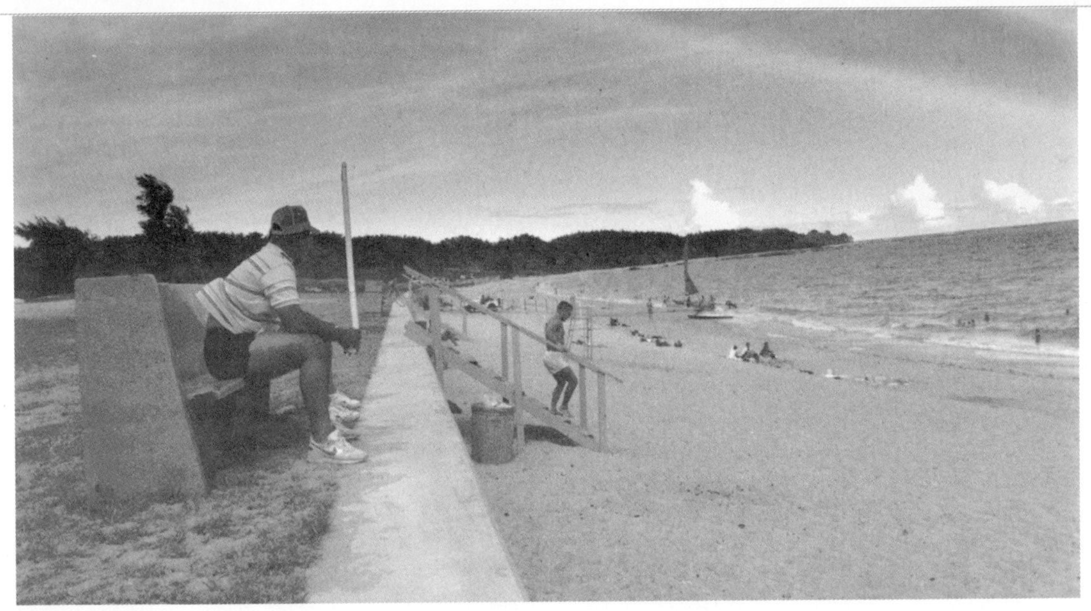

술집지역에서 걸어서 약 30분이면 닿는 킨 해변이다. 혼자 왔거나 데이트 중인 미군을 볼 수 있다. 멀리 해병대가 우둔하게 힘자랑이나 하듯 기동훈련을 하는 게 보인다.

가서 하는 일은 사람마다 다르다고 이해를 시켜드렸어요. 지금까지도 엄마는 내가 쇼를 하는 큰 식당에서 일하는 걸로 아셔요. 내가 이랬죠. "우린 춤을 추고 가끔 밴드가 노래를 청하면 노래를 불러요." 그래서 부모님은 아직도 내가 클럽에서 일한다는 걸 모르세요. 부모님은 정말 그런 일을 좋아하지 않으시죠. 만약 내가 일본으로 다시 돌아오지 않을 거라면 그때 가서 부모님께 사실을 말씀드리려고 해요.

처음 오키나와에 도착하니 온통 산만 보이더군요. 나는 일본에서도 꽤 아름다운 곳인가 보다 하고 생각했어요. 하지만 그 풍경은 내 고향마을과 비슷해서 고즈넉하기도 했어요.[3] 이곳 풍경은 필리핀과 거의 똑같아요.[4]

처음 내가 이곳에 온 건 1988년 11월이었어요. 지금은 한번 돌아갔다가 다시 와 있는 중이에요. 처음 왔을 때만 해도 이런 일을 하진 않았어요. 초조하더군요. 많은 사람이 와 있었는데 동료들이 나를 무대위로 밀어 올렸어요. 네 명의 여자가 있었죠. 내가 네 번째로 왔고요. 동료들이 이러는 거예요.

"다음은 너야."

"춤을 어떻게 추죠?"라고 물었어요. 일본으로 오기 전에 춤연습을 하긴 했지만 그땐 무용단으로 한 거였거든요.

여기선 혼자 추게 했어요. 나를 자꾸 밀더군요.

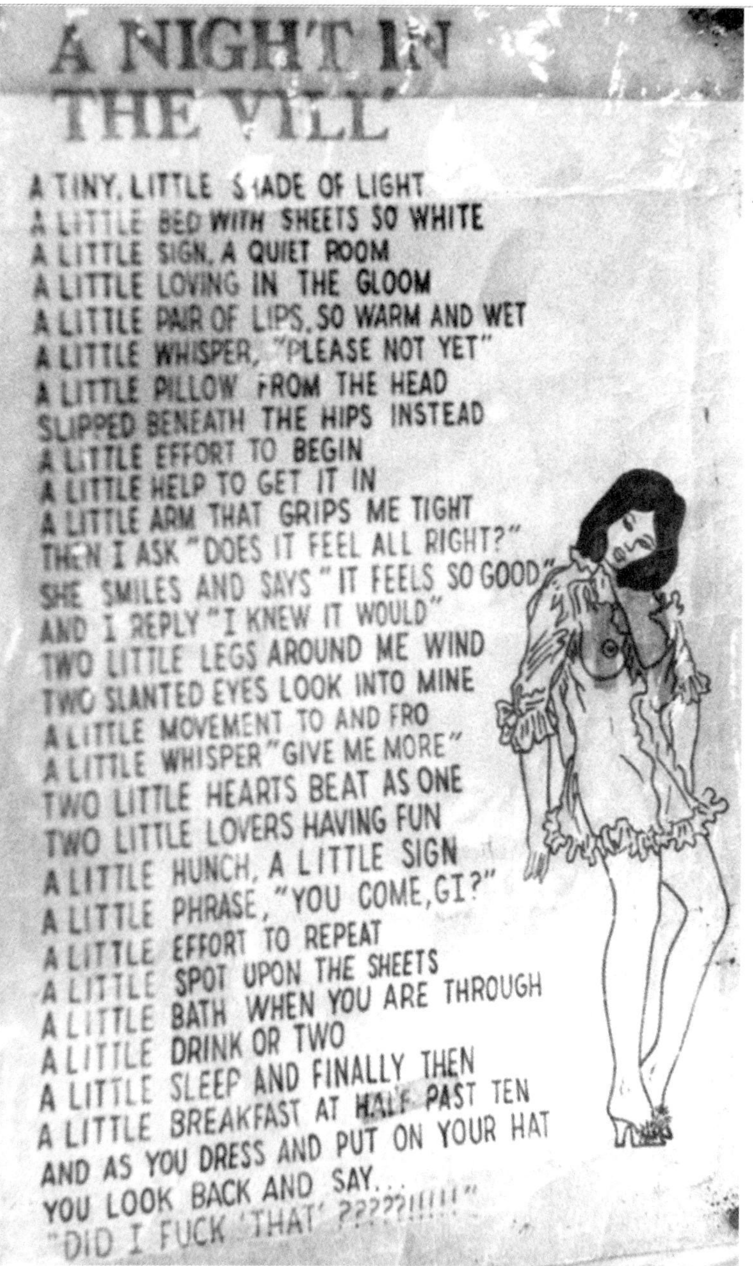

A NIGHT IN
THE VILL
A TINY, LITTLE SHADE OF LIGHT
A LITTLE BED WITH SHEETS SO WHITE
A LITTLE SIGN, A QUIET ROOM
A LITTLE LOVING IN THE GLOOM
A LITTLE PAIR OF LIPS, SO WARM AND WET
A LITTLE WHISPER, "PLEASE NOT YET"
A LITTLE PILLOW FROM THE HEAD
SLIPPED BENEATH THE HIPS INSTEAD
A LITTLE EFFORT TO BEGIN
A LITTLE HELP TO GET IT IN
A LITTLE ARM THAT GRIPS ME TIGHT
THEN I ASK "DOES IT FEEL ALL RIGHT?"
SHE SMILES AND SAYS "IT FEELS SO GOOD"
AND I REPLY "I KNEW IT WOULD"
TWO LITTLE LEGS AROUND ME WIND
TWO SLANTED EYES LOOK INTO MINE
A LITTLE MOVEMENT TO AND FRO
A LITTLE WHISPER "GIVE ME MORE"
TWO LITTLE HEARTS BEAT AS ONE
TWO LITTLE LOVERS HAVING FUN
A LITTLE HUNCH, A LITTLE SIGN
A LITTLE PHRASE, "YOU COME, GI?"
A LITTLE EFFORT TO REPEAT
A LITTLE SPOT UPON THE SHEETS
A LITTLE BATH WHEN YOU ARE THROUGH
A LITTLE DRINK OR TWO
A LITTLE SLEEP AND FINALLY THEN
A LITTLE BREAKFAST AT HALF PAST TEN
AND AS YOU DRESS AND PUT ON YOUR HAT
YOU LOOK BACK AND SAY...
"DID I FUCK 'THAT' ?????!!!!!"

미군이 주둔하고 있는 곳에는 그곳의 여성과 문화, 그 나라를 깔보는 이 같은 포스터가 술집지역마다 도처에 깔려 있다. 심지어 모자, 셔츠, 깃발에도 좀 간결할 뿐이지 비슷한 내용이 담긴 게 많다.

"네 차례야."

"난 어떻게 하는지 몰라요. 어떡해?"

어쩔 수 없이 난 춤을 췄어요. 하지만 마마상이 원하는 춤이 아니었죠.

마마상이 화를 냈어요. 음악까지 꺼버리더군요. 무대위에서 창피를 톡톡히 당했죠. 손님들도 아주 많았거든요. 난 정말 울어버리고 말았어요. '클럽 일과 똑같잖아. 이건 아니야.' 엄마 생각이 절로 나더군요. 손님들 때문에 계속 울 수도 없었어요. 손님들에게 난 신참이라는 게 너무도 분명히 드러났죠. 필리핀에선 클럽 안에 들어가 보지도 못한 나였는데 말이죠.

처음 왔을 때는 (춤추는 내내) 발가벗고 있어야 했어요. 지금은 그래도 다 벗는 게 금지돼 있어요. 상반신만 드러내죠. 필리핀 여자들이 여기서 미군들에게 돼지처럼 취급받는다고 필리핀 영사관에 호소를 하는 바람에 그나마 금지될 수 있었어요. 손님 중에는 정말 여자들을 깔보는 사람이 적지 않아요. 종종 아주 무례하게 굴죠. 우리는 무례하게 취급당하는 걸 줄이기 위해서라도 아래는 벗지 않겠다고 싸웠어요.

대다수의 여자들은 위만 벗고 춤추길 원했어요. 나체로 춤추는 게 익숙해졌고 클럽에 손님을 더 끌 수 있어서 돈을 더 벌 수 있다고 하는 여자들도 있지만요. 지금은 많이 수그러들었어요. 여자들이 벗지 않으려 해서 그럴 거예요. 손님들은 다 벗는 게 더 좋겠지만. 우리 클럽은 무대에서만, 그것도 허리 위까지만 벗어요.5) 그렇다보니 정해진 손님만 우리가 좋다고 꾸준히 찾아와서 음료를 사주죠. 내 생각에는 비록 우리가 술집에서 일하더라도 최소한의 정결함을 지키기 위해서는 중간정도까지만 나가는 게 좋을 것 같아요.

처음 일본에 왔다가 필리핀으로 돌아갔을 때는 잠깐 동안만 머물렀어요. 겨우 3주를 보냈죠. 이미 2차 계약서에 서명을 한 상태였거든요. 그때 생리가 있었어요. 그런데 단 하루만 나오다 그치더군요. 하루만 나오는 게 이상하게 생각되었어요. 그즈음 미국인 남자친구 역시 필리핀에 와 있었어요. 우리는 올롱가포에서 이틀 저녁을 같이 보내고 하루를 더 만났죠. 마침 그가 2주 동안 올롱가포에서 근무를 하게 된 덕택이었죠. 우린 호텔에 머물렀는데, 속이 메스껍고 어지러운 거예요. 이미 임신 중이었던 거죠.

나는 비콜의 집에선 겨우 나흘 있었어요. 부모님께는 이전처럼 식당에서 일한다고 말씀드렸죠. 얘기를 많이 나누지도 못했어요. 내 첫째 조카가 세례를 받느라고6) 주변 사람들이 들끓었어요. 바쁘다 보니 진지한 이야기를 하지

오키나와의 가족묘지들과 토리 통신기지(Tori Station)의 통신탑

못했죠. 가족끼리 이야기할 시간도 없었거든요. 그래서 식구들은 내가 전에 말한 대로만 알고 있어요. 달라진 게 없죠.

지금은 벌이가 더 줄어들어 다시 여기로 오고 싶진 않아요. 벌이가 적으니 시간만 허비하는 셈이죠. 잘 모르겠어요. 돈을 많이 모으면 다시 공부를 할 수 있을지. 공부를 더 하거나 조그만 장사라도 해보고 싶어요. 그게 내 꿈이에요. 학교 다닐 땐 간호사 되는 게 꿈이었어요. 아이들을 도와주고 싶었거든요. 하지만 이제 간호사는 불가능하겠죠.

나는 남자친구에게 임신했다는 사실을 올롱가포에선 말하지 않았어요. 여기 와서야 그에게 말했죠. 그는 토리 기지[7]에서 일하고 있었어요. 나를 도와주겠다고 하더군요. 나와 결혼하겠다고까지 했죠. 그렇게 약속했어요. 그런 그가 2주가 지나자 더 이상 오지 않더군요. 근무처에 전화를 걸어봤어요. 그가 미국에 있다더군요.

화가 났어요. 당연히 그에게 의지하고 있었거든요. 내 꿈이 순식간에 산산조각 나는 것 같았죠. 혹시 하는 마음에 그의 집을 찾아가봤어요. 사실은 그가 미국으로 돌아간 게 아니더군요. 여전히 거기에 살고 있었던 거죠. 나를

주둔 미군들은 대개 나이가 17살에서 24살 사이에 든다. 오키나와에서는 자전거가 좀 특별한 대접을 받아 본래 기능 외에 오락거리로도 환영받고 있다.

속인 거예요. 내게만 감추고 있었던 거죠. 그가 나에게 한 짓이 그렇게 고통스러울 수가 없었어요.

그에게 물어봤어요. "왜 자기가 한 일에 대해 책임을 지려하지 않죠? 당신도 알다시피 나를 임신시킨 사람은 당신이잖아요." 그는 이혼을 했고 아이가 하나 있었어요. 또 다시 가족을 꾸릴만한 준비가 되어 있지 않다더군요. "왜 내게 말하지 않았죠? 당신은 나를 도와주겠다고 약속했어요. 내 사정을 알잖아요. 나는 돈이 필요해서 여기 일하러 온 거지 그짓(섹스)하러 온 게 아니에요. 하다못해 '100달러나 300달러를 줄 테니까 고향에 가 있어라'라는 말이라도 할 수 있잖아요. 그런데 그런 말 한마디 없었어요. 사무실에 전화를 하니까 당신은 미국에 있다고 하더군요. 하지만 당신은 미국에 간 게 아니라 숨어 있었어요."

그는 다시 찾아와서 미안하다더군요. 나와 결혼하러 필리핀에 가겠다고 했어요. 알 수가 없었어요. 그에 대한 사랑도 어느 정도 식어버렸고 다시 그런 일을 겪긴 싫었거든요. 내가 다시 임신을 했을 때 그가 또 숨어버린다면? 정말 상처받을 거예요. 그는 왜 사실대로 말하지 않았을까? 내가 그랬어요. "한 번으로 족해요. 두 번은 너무 많아요."

배가 점점 불러와서 5월엔 집에 가야겠다고 생각했어요. 그러려면 기획사와의 계약을 파기해야 했어요. 계약기간을 지키지 못하면 기획사에 위약금까지 물어야 하죠. 막막했어요. 비행기표를 살 돈은 또 어디서 구해야 할지. 그런데 다행이라고나 할까, 5월 7일에 나는 유산을 했어요. 낙태를 한 것이 아니라, 말 그대로 유산이었어요. 임신해서는 안 되는 때였던가 봐요.

아마 하느님이 내게 깨우침을 주려고 일부러 임신을 시킨 게 아닐까 하는 생각까지 들었어요. 그 남자가 나를 데리고 놀고 있다는 걸 깨닫고, 그가 정말 어떤 인간이었는지 알게 됐으니까요. 임신을 하지 않았더라면 지금까지도 관계가 계속 되었을 거예요.

여기서는 원하기만 하면 인공유산을 할 수가 있어요. 기획사에 말하면 되거든요. 기획사는 의사까지 두고 있어요. 하지만 나는 무서워서 만약 유산을 하지 않았더라도 임신상태를 유지했을 거예요. 물론 부모님과 형제들을 돕고 있었기 때문에 임신을 유지하는 것 역시 힘들었을 테지만요. 우리가족은 여전히 가난해요. 먹고살기에 넉넉하지 못하죠. 그래도 임신 사실을 부모님께 말씀드렸을 거예요. 부모님도 그 사실을 받아들이셨을 거고요. 어찌 되었건 아이가 뱃속에서 자라고 있었을 테니까요.

이전에 멕시코 출신 해병대원도 하나 알고지낸 일이 있어요. 내 두 번째 남자친구였죠. 지금은 미국에 있으면서 편지를 보내와요. 그는 내 과거를 몰라요. 그 일만 생각하면 여전히 고통스럽고 지금까지도 그 고통을 지울 수가 없어요. 이따금 나는 미국인을 믿지 못하게 돼요. 다시 사랑에 빠져

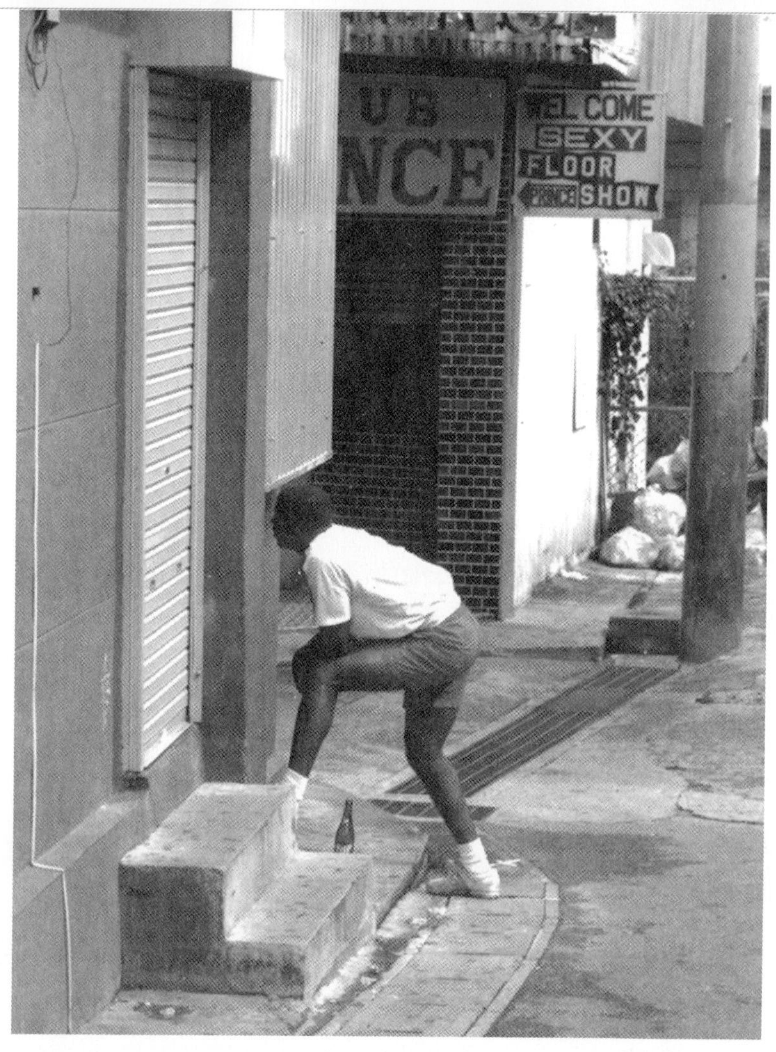

많은 술집이 여성들의 움직임을 철저히 제한하고 있기 때문에, 대화를 나누기가 지극히 어렵다. 한 미군이 셔터에 난 구멍을 통해서 여성과 이야기를 하고 있다.

그 사람을 믿게 되면 그 사람이 또 나를 떠날지도 모르기 때문이죠. 한번 사랑을 나누고 나면[8] 남자들은 마음이 변해요. 내 고향에선 한 사람과 같이 지내고 그 사람을 사랑하면 오로지 그 사람만 원하게 된다고 생각하는데 여긴 그렇지가 않아요. 미군들을 상대해보면 그들의 마음이 어떻게 움직이는지 알 수가 없어요. 그들에겐 아무 일도 없는 거죠. 그런데 여자가 임신을 하고 홀로 남겨져요. 그게 어려운 얘기죠.

임신에 신경을 쓰지 않는 것만큼이나 에이즈에 대해서도 무관심해요. 에이즈에 걸리면 바로 죽을 수가 있으니까 오히려 행운이라는 말들을 하죠.

난 여기서 누가 에이즈에 걸렸다는 얘기는 듣지 못했어요. 잘 모르긴 하지만, 성병이 있다 해도 쉽게 회복되는 걸로 알고 있어요. 약이 있죠. 증상이 있을 때 곧바로 의사를 찾아가면 24시간 안에 나을 수 있어요. 기획사로 찾아가기만 하면 되죠. 보험료 때문에 월급이 깎이긴 하겠지만요. 평상시엔 아파서 의사를 찾아가더라도 보험료를 월급에서 더 제하진 않아요. 그러나 치료비가 아주 많이 나오면 본인이 갚아야 할 거예요.

에이즈는 나쁜 사람들한테나 걸리는 병이지 착한 사람들은 걸리지 않는다고 하는 사람들도 있어요. 하지만 내 생각엔 설사 착한 사람이라고 해도 억지로 섹스를 해야 한다면 단 한번만으로도 에이즈에 걸릴 수 있을 거예요.

난 피임을 하진 않아요. 피임법은 알고 있지만 여기 일본에서는 피임약이나 콘돔을 어디서 사야 하는지도 몰라요. 외박이 알려져 금지될까봐 그러는지 기획사도 도와주지 않아요. 그러나 때론 사랑에 빠지잖아요. 그런 일이 일어나거든요. 콘돔 쓰는 걸 좋아하지 않는 미군들도 꽤 있어요. 마마상이 내게 콘돔 몇 개를 주더군요.

기획사는 미군과 외박을 나가는 것이 우리 일은 아니래요. 하지만 사실은 우리 일이죠. 아니라고 떠들어도 그건 사실이에요. 외박비를 받고 나가거든요. 그건 여자한테 달렸어요. 나가고 싶으면 나갈 수가 있어요. 원하지 않는 것도 여자 나름이에요. 호텔들이 있어도 난 남자친구랑 집으로 가요. 내게는 일본인 손님들도 있어요. 지난해 12월에 휴가를 맞아 여기 찾아온 일본 남자들이 있었거든요.

외박비는 마마상에게 내요. 내 남자친구는 200달러를 내죠. 남자가 100달러를 내면 여자 앞으로 20잔을 판 만큼의 금액이 기입돼요. 그런데 내가 가격을 올려버렸어요. 그래봐야 겨우 몇 푼 더 버는데도 말이죠. 남자가 200달러를 내면 여자는 티켓 40장을 확보해요. 금액이 적다 싶으면 난 나가지 않아요. 마마상은 돈이 많으나 적으나 횟수나 많으면 좋아하기 때문에 내가 가격을 정해버려요. 나에게 제의가 들어오면 정말 가격을 올려 불러요. 간혹 남자에게 술집에는 50달러만 내고 나한테 150달러를 내라고 하기도 하죠.

우리 클럽에서는 매달 500잔이 할당량이에요. 내가 신참으로 처음 왔을 때만 하더라도 할당량을 채울 수 있었지만 지금은 그렇지가 않아요. 내가

오토바이광들

무슨 짓을 해도 할당량을 채울 수가 없어요. 술 한 잔 얻어 마시기가 아주 힘들어요. 게임을 벌여야 할 정도죠. "한 잔만 사줘요……." 붙잡고 늘어지죠. 그러면 손님들이 키스를 해요. 그렇게 하지 않으면 돈을 벌 수가 없어요. 손님과 키스를 하지 않으면 손님은 그 여자를 거들떠보지도 않고 술도 안 사주죠. 다시 오지도 않아요. 가끔은 그것 가지고도 충분치 않아요. 손님들은 여자를 데리고 가서 몸을 갖고 싶어 하죠. 대화라는 건 말해서 무엇하겠어요. 여자가 말하기 지쳐서 입이라도 닫으면 그 여자를 다시 찾거나 음료를 사주는 법은 없을 테니까요.

이전에 한 잔 당 우리가 받는 수수료는 50센트였어요. 결국 우리만 불쌍하죠…… 업주들 돈벌어주는 건 우리니까요. 그런데도 돈을 제대로 주질 않아요. 우린 1달러로 해 달라고 싸웠어요. 필리핀 영사관에서 싸웠던 이유도 그거죠. 여기서 필리핀 여자들이 하는 일은 너무나 힘들기 때문에 술집 업주들이 수수료를 올려주어야 한다는 데는 영사관에서도 동의를 했어요.

필리핀 여자들의 상황이 정말 그런지 확인해보겠다며 필리핀 영사관 직원들이 여자들을 방문했어요. 우리는 단체를 만들었고 클럽에서 일하는 모든 여자들에게 닥친 문제점들을 공개했어요. 우리는 다만 얼마라도 수수료가 인상돼야 한다고 주장했어요. 1달러는 돼야 한다고. 우리 여자들이 그랬죠. "우리가 착취당하고 있다는 것은 사실이다. 따라서 우리 수수료를 올려야

술집지역의 미용실

한다.” 또한 휴일을 보장해줄 것과 휴일에 일할 경우 우리가 받는 티켓을 두 배로 달라고 요구했어요. 그것은 받아들여지지 않았죠. 그러나 다른 지역의 일부 술집들은 그렇게 하고 있어요. 게다가 코사[9]에서는 여전히 나체로 스트립쇼를 해요. 챔피언이라는 술집에서도 마찬가지죠.

필리핀 영사관에서는 문제를 파악하러 올 때면 먼저 우리에게 알려주고 있어요. 여기선 영사관이 우리의 보호자나 마찬가지죠. 영사관이 기획사에 이야기를 하면 기획사는 업주들에게 이야기를 전했어요. 영사관이 자리를 만들어 업주들에게 어떤 형태든 나체춤을 시키지 말아 달라고 하기도 했죠. 내 생각엔 겁도 주었던 것 같아요. 영사관이 출입국관리소에 요청해서 심사를 시키겠다고 말이죠. 여자들은 무용단이나 모델 자격으로 입국심사를 받고 들어오지 벌거벗고 춤추려고 오는 게 아니거든요.

바로 얼마 전 출입국관리소에서 어떤 사람이 나왔었어요. 우리 업소는 문을 닫아걸었죠. 여자가 세 명인 걸로 올라 있지만 둘밖에 없는데다 그것도 무용단으로 돼 있었기 때문이었어요. 다른 클럽에서는 출입국관리소 직원이 나온 그날 저녁에 여자들이 단체로 춤을 추도록 했죠. 업주들은 출입국관리소 직원들이 나온다는 걸 이미 알고 있었어요. 기획사가 술집 업주들이 대비할 수 있도록 알려주었기 때문이죠. 간혹 업주가 구속되기도 했어요. 업주들이 알아채지 못하도록 출입국관리소 직원이 사복을 입고 나온 경우예요. 실제

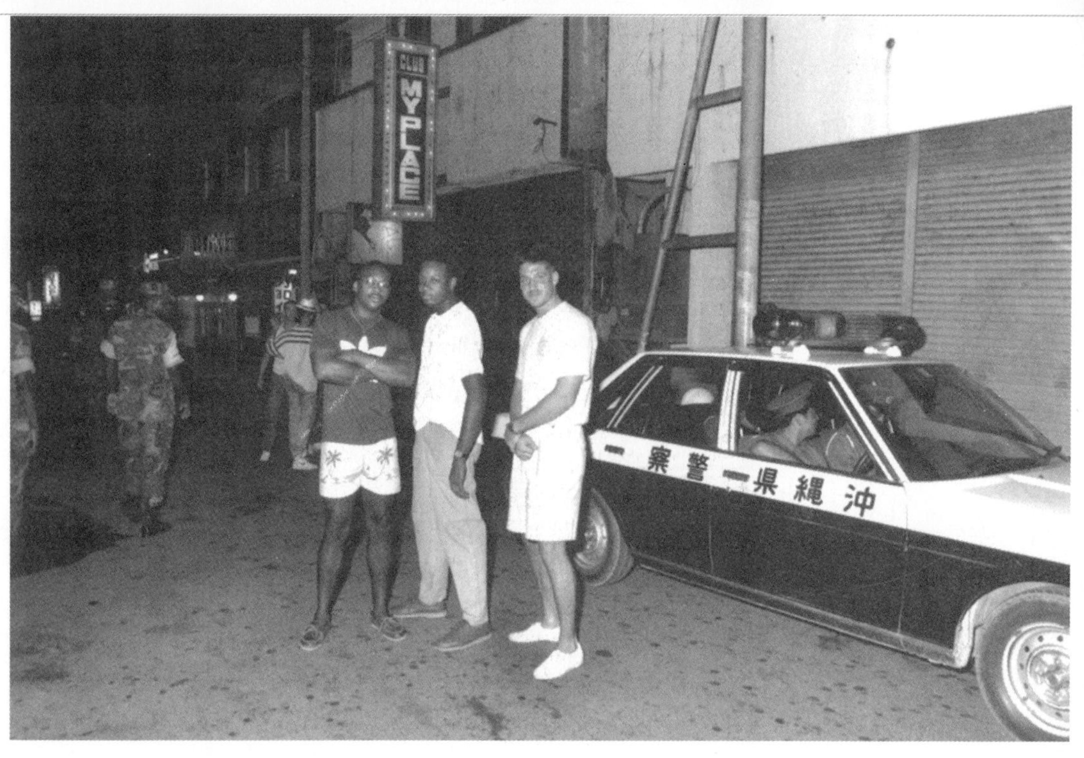

상황을 보고나서 업주들이 거짓말을 한다는 걸 알게 된 거죠.

술집지역에서 밤에 본 미군들과 오키나와 지방경찰. 왼쪽에 미 헌병도 보인다.

우리는 일하게 될 클럽을 선택하지도 못해요. 기획사가 일하게 될 곳을 알려줄 뿐이죠. 모두 운에 달린 거예요. 나에겐 워싱턴이라는 클럽에서 일하는 친구가 몇 명 있는데, 거기엔 어두운 구석자리가 있다고 그래요. 구석에서 손님들과 뭐든 할 수 있대요. 손님을 계속 끌어 모으려는 방편이죠. 우리 클럽은 아주 밝아요. 숨을만한 곳이나 어두운 구석, 암실 같은 게 없어요. 어떤 손님 하나는 그런 게 더 좋다고 하더군요. 그래야 우리가 수모를 당하지 않는다는 거였죠. 우린 수치스러워서 그런 일은 하고 싶지가 않아요. 다른 클럽여자들은 같은 여자인 마마상이 시킨다고 창피해하지도 않아요. 내 생각에 그곳은 할당량도 너무 많아요. 여자들이 할당량을 못 채우면 집으로 돌려보내거나 벌금을 매기는 것 같아요.

아무튼 내가 있는 이 클럽이 다른 클럽보다는 상황이 약간 나은 편이에요. 마마상이 인정도 있거든요. 우리가 외출을 원하면 그녀에게 말하고 나갈 수도 있어요. 배가 고파서 먹을거리를 사러가겠다고 하면 언제든지 다녀오라

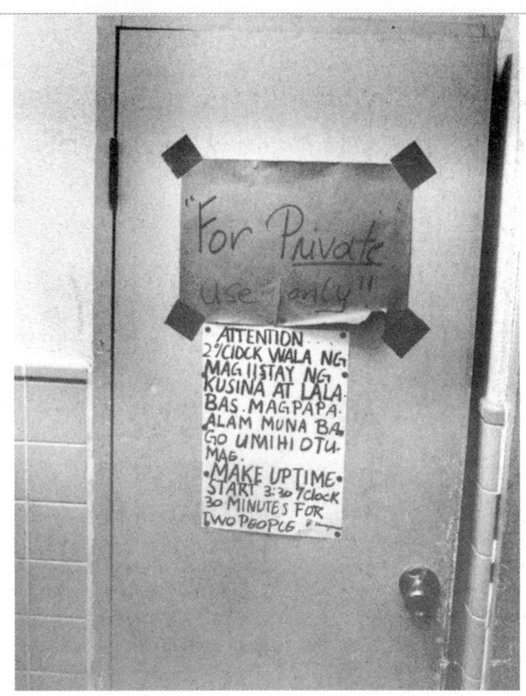

↑ 사진 오른쪽으로 간판이 보이는 챔피언 카바레는 한국전쟁과 베트남전쟁 당시 술집에서 일했던 오키나와 여성이 운영하고 있다. 챔피언에서 일하는 필리핀 여성들은 나체로 춤을 추고 클럽 안의 어두운 구석에서 성노동을 팔아야 한다.

↗ 챔피언 카바레에 있는 화장실은 다용도로 사용된다. 이 문을 열고 들어가면 한쪽에 있는 작은 방이 암실로 사용되는 것 같다. 문에 써 붙인 내용은 다음과 같다. "주의 – 2시 이후에는 어떤 사람도 부엌에 남아 있거나 외출을 할 수 없다. 소변이나 대변을 보기 전에 먼저 허락을 받아야 한다. 화장시간은 3시30분에 시작되며 두 사람 당 30분씩이다."

고 하죠. 여자들을 자리도 못 뜨게 하는 클럽들도 있거든요. 우리를 보고 운이 좋다고 하죠. 적어도 우리를 그렇게 심하게 깔보진 않아요.

우리가 떠나고 나면 대신할 사람이 있을지 모르겠지만, 들은 바로는 더 이상 사람이 없다고 해요. 한 일 년 전만 해도 우리 매니저는 일본에 계속 여자들을 보내려고 싸움을 벌였어요. 코리(코라손 아키노)와 말이죠. 코리는 일본에 있는 필리핀 여자들이 돼지처럼 취급당하고 있다고까지 했으니까요. 아마 코리는 여자들이 일본 가는 것을 좋아하지 않았던 모양이에요. 우리 매니저 말로는 그러려면 코리가 여자들에게 일자리를 줘야 한대요. 필리핀 여자들이 (경제적) 상황 때문에 가는 것이니까요. 생계 때문에 여기서 일하고 있는 여자들은 어떻게 해야 하죠? 코리가 일자리를 줄까요? 최근엔 여기 여자들이 한국에서 온 여자들로 바뀔 거라는 얘기도 나오고 있거든요.

나는 여자들이 계속 올 수 있게 해줘야 한다고 생각해요. 우리에게 여기 일은 큰 도움이 되거든요. 오래 계속돼야 해요. 그래야 더 도움이 되거든요. 그리고 자신이 수모와 착취를 당하느냐 아니냐 여부는 여자에게 달려 있어요. 학대받지 않으려면 자신을 존중할 줄 알아야만 해요. 이걸 그만두려면 우리에

일하러 나가기 전인 오후시간에 앤디의 가게 앞에 앉아 있는 사내와 여자들. 앤디 가게는 파키스탄인이 운영하는 옷가게다.

게 일자리가 있어야 하고요. 우리는 달라지고 싶어요. 적당한 일자리만 생긴다면 우리도 더는 클럽에서 일하지 않을 거예요. 한때 클럽에서 일했더라도 공부를 하고 싶어요. 그러면 좀더 좋은 직업을 가질 수 있겠죠.

남자친구를 만나기 위해 올롱가포에 갔던 적이 있어요. 우린 여기저기를 걸어 다녔죠. 이곳 오키나와의 술집에서 일하다 돌아갔던 때였어요. 올롱가포에 있는 클럽들이 훨씬 낫더군요. 더 크고 사람도 많았어요. 더 예쁘고 다양한 색채를 가진 여자들이며 거리에는 많은 사람이 걸어 다니고 있었죠. 올롱가포는 항상 사람들로 넘쳐났어요. 여기 일본에는 겨우 몇 사람만 보이지만요. 배가 들어오면 장사도 아주 잘 된다더군요. 그러나 올롱가포에서 하는 일이 여기보다 더 험하긴 하대요. 올롱가포에서 줄곧 일했던 친구가 이러더군요. "여기서 일하는 건 올롱가포와 비교도 안돼." 여기서는 올롱가포에서 경험한 것의 반밖에 겪지 않는다고 했어요.[10] 지금 그 친구는 결혼을 해서 이곳에 살고 있어요.

나는 결혼을 하고 싶어요. 결혼이 내 인생의 한 부분이라고 생각하니까요. 물론 알맞은 때에 아이도 낳고 싶어요. 하지만 문제만 생기고 골치 아플 거라면 하지 않는 게 낫겠죠. 남편이 필리핀 남자면 좋겠어요. 가난하면서도 아이만 계속 생기던 우리가족과 같은 상황에 놓이고 싶진 않아요. 더 가난해지

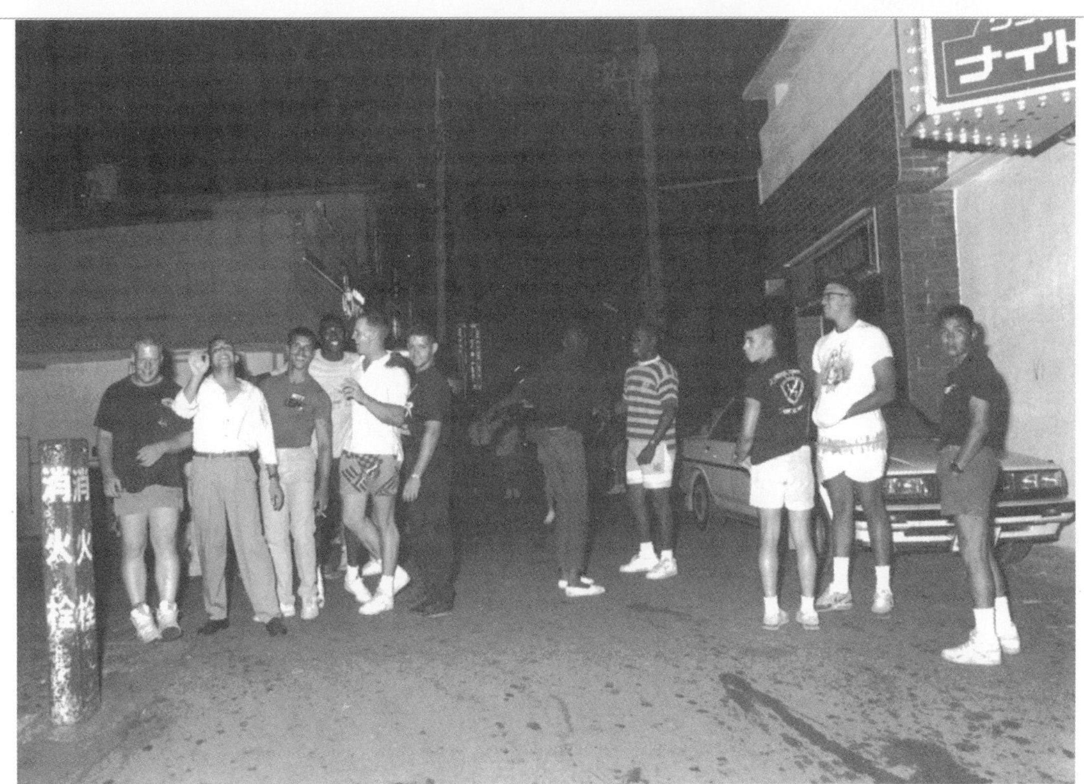

술집으로 몰려다니는 거리의 미군들

기만 할 테니까요. 대부분의 필리핀 사람들은 아이를 자꾸 낳아요. 우리가족처럼 말이죠. 형제들은 많고 아버지 벌이는 쥐꼬리만했어요. 모든 게 부족했죠. 어렸을 때부터 항상 가난에 찌들었어요.

내가 겪었던 일을 계속 겪긴 싫어요. 내 인생이 좀더 나아지길 바라죠. 살아가는 동안 한번쯤 쉴 수 있었으면 좋겠어요. 가족들을 도울 수 있으면 좋겠고요. 나 몰라라 할 수는 없죠. 어쩌면 미국인과 같이 살아도 그처럼 가난할지도 모르겠어요. 그렇지만 자기를 도와주고 이해해줄 수 있는 사람을 찾아야 할 거예요.

필리핀 남자와 결혼하려 해도 또 다른 문제가 있어요. 이미 (성)경험이 있는 여자를 좋아하지 않는다는 점이죠. 그 여자에 대해 온갖 이야기를 다 하면서 소문만 무성해질 거예요. 때문에 미국인과 결혼하는 게 더 나을지도 모르겠어요. 어떤 경험이 있건 미국인들은 개의치 않거든요. 정직하기만 하다면 무슨 일을 했더라도 상관하지 않아요. 나는 지금 미국인들을 믿기

귀국길에 오른 필리핀 여성을 두 사내가 희롱하고 있다. 묶여진 상자들은 여러 필리핀 여성의 것으로 집에 가져갈 물건들이다.

어려운 상태에 있지만, 그가 나를 사랑하는지 여부는 알아보려 노력해야 할 것 같아요.

현재 남자친구는 지난 5월에 떠난 상태예요. 나는 그를 이해해야만 해요. 그는 내가 마음에 든다고 했어요. 나를 믿었고 적어도 그가 믿지 못하는 다른 여자들 같진 않았대요. 그는 나와 결혼하고 싶댔어요. 지금까지도 편지를 보내와요. 계속 될 수도 있을 것 같아요. 그가 내게 정직하고 나를 속이지만 않는다면 내게 유일한 사람이 될 거예요. 하지만 알 수 없는 일이죠. 난 이미 한번 상처를 입었던 몸이라 누군가를 믿는다는 게 참 어려워요.

미국인들은 정말 즐기는 걸 좋아해요. 즐겁게 지내지 않으면 자신의 삶이 지겹기라도 한 모양이에요. 이집 저집 술집 옮겨 다니는 걸 좋아하더군요. 그러나 괜찮은 사람들도 있어요. 여자들의 상황을 이해하고 여자들을 도우려는 미국인들도 일부 있거든요. 그저 여자의 몸에만 흥미를 갖는 게 아니라 여자들과 공감하는 방법을 알고 있더라고요. 게다가 여자의 내면에도 관심을 가지죠. 여자에게 엿 먹이려고만 하는 돼먹지 못한 인간도 일부 있어요.

이런 문구가 담긴 모자나 셔츠는 술집지역 어디서나 볼 수 있다.

그런 인간들이 원하는 건 오로지 여자의 육체죠. 게다가 퉁명스럽기 짝이 없어요. 이런 식이죠. "그거(여자의 몸) 써도 되나?" 나는 허락하지 않아요. 내 몸만 망치는 짓 아니겠어요? 난 자신을 생각해봐요. 또 그 사람이 나를 사랑하는지, 나를 도와줄 수 있는지 먼저 알아보려고 애쓰죠.

이전에, 아직 클럽에서 일하기 전에는 술집여자들을 나쁘고 더럽다고 생각했어요. 그 여자들이 혐오스러웠죠. 어릴 땐 남자가 여자와 몸을 섞었는데도 결혼을 하지 않으면 나쁘다고 여겼어요. 시골에서는 남자와 여자가 자고 나면 반드시 결혼을 해야 했어요.11) 결혼도 하지 않고 관계를 맺는 것은 자기인생을 스스로 망치는 나쁜 여자로 비춰졌거든요. 그런 여자는 쳐다보기도 싫어하죠.

난 여전히 내 사고가 보수적이라고 생각해요. 아직까지도 클럽여자들을 보면 나쁜 감정을 느끼게 되요. 그러나 관대한 마음으로 사람들이 말하는 걸 의심해보기도 하죠. 단지 헛소문일 수도 있거든요. 여자마다 사정에 따라 다르다고 생각해요. 그런 일을 하고 싶어서 하는 여자는 없을 거예요. 여자들은 일을 하기 위해, 돈을 벌기 위해 여기에 왔지 놀러 온 게 아니거든요. 나만 해도 돈이 필요해서 여기에 왔으니까요.

집으로 돌아가고 싶지만 아직도 그게 가능치가 않네요. 계약기간이 끝나지 않았거든요. 우리는 단체로 여기에 와요. 초보자라면 조심해야 해요. 공항까지 배웅을 받죠. 비행기에 오르고 나면 목적지에 내릴 때까지 알아서 해야

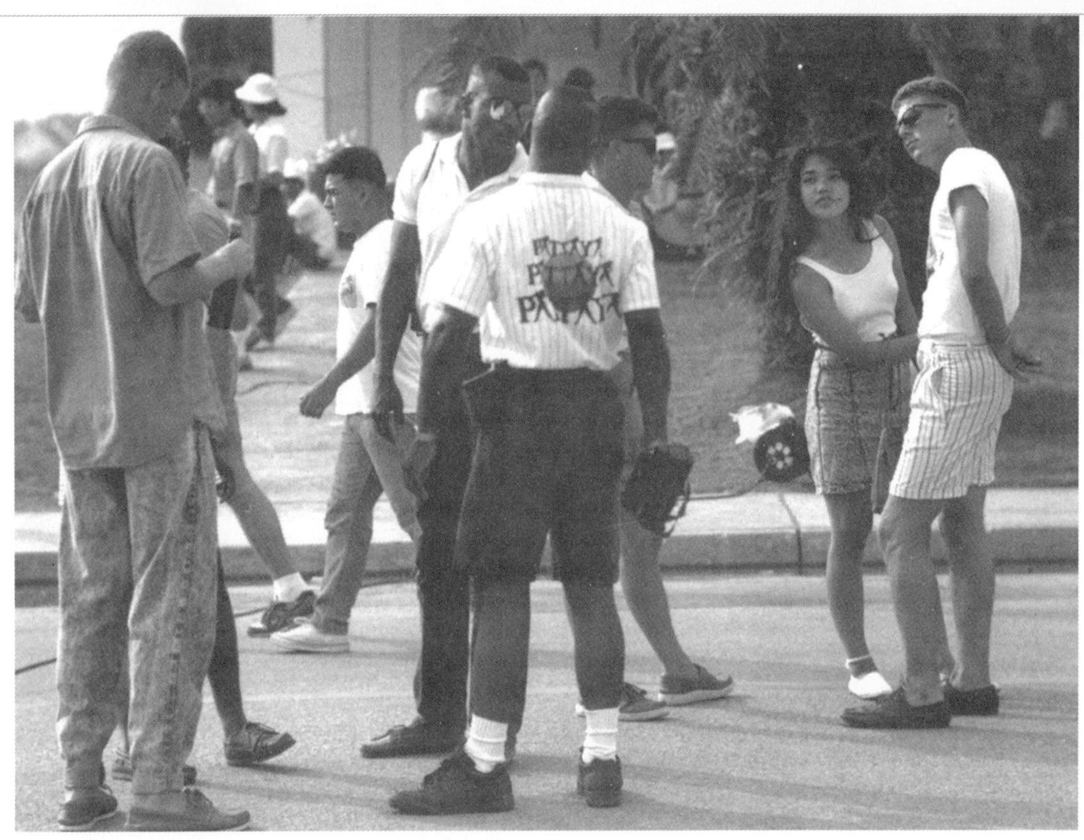

기동성이 뛰어난 미국군대는 여러 휴양지에서 미군들이 파티를 즐길 수도 있게 해준다. 각 나라의 미군 라디오방송국은 아시아의 다양한 휴식과 오락(R&R) 지역 행 항공편 정보를 계속해서 알려준다. 약 6개월가량 한 국가에서 복무하면 이후 군 항공기도 탈 수 있다. 10달러만 내면 필리핀에서 태국 파타야까지 갈 수 있다.

돼요. 그리고 공항에서 차에 실려 이곳 클럽들로 호송되죠. 앞으로 일하게 될 어디론가 말이죠.

업주한테 폭행당하거나 어떤 일을 당하게 되면 기획사나 필리핀 영사관을 찾아갈 순 있어요. 일본인(업주)에게 얻어맞거나 다치는 일이 없게끔 돼 있기도 하고요. 우리는 여기 일본에서 일할 노동자로 계약을 했거든요. 내 경우 미군들한테 얻어맞았다거나 살해되었다는 이야기를 들은 적은 없어요. 만약 그런 짓을 해서 잡힌 미군이라면 크게 문제 삼아서 본국으로 쫓겨가게 해야만 할 거예요.

폭행 같은 일로 클럽에서 곤경에 처하더라도 난 자신을 스스로 지키고 있어요. 나는 다른 사람으로부터 수모와 착취를 당한다거나 자존심이 상하는 걸 스스로 용납하지 않아요. 무슨 일이 됐든지 간에 그들이 나를 존중해야 한다는 걸 몸소 보여주죠. 난 내 생각을 바꿀 수가 없어요. 내 자존심을 계속 지킬 거예요. 그래야 다른 사람들도 나를 존중할 테니까요. 상대가 미국인이건 누구건 상관없어요. 그들이 많이 배우고, 비록 내가 클럽에서 일하는 여자에 불과할지라도 학대받거나 우습게 보이거나, 돼지처럼 취급당하진 않을 거예요. 난 내 생각을 지키기 위해서라도 자신을 돼지처럼 막 굴리지 않아요. 사람들이 나를 호스티스에 불과하다고 말해도 난 스스로 지켜요. 그래서인지 이렇게 말하는 사람들도 있어요. "그 여자는 호스티스야, 클럽에서 일해. 하지만 내적으론 훌륭하지. 존경스런 여자야."

이건 내가 무분별한 일부 다른 여자들처럼 섹스를 하진 않기 때문이에요. 그 여자들은 자기 자신을 다르게 보는 것 같아요. 단순히 행동거지와 말만이라도 자신을 존중한다면, 말과 행동을 조심한다면 비록 호스티스로 클럽에서 일한다 해도 존중받게 될 텐데 말이죠.

수모를 당하면 난 화가 나요. 욕설을 퍼부어서라도 나를 괴롭힐 수 없다는 걸 보여주죠. 무슨 말이든지 내게 상처를 주려는 말을 하면 난 그들에게 더 가혹한 말을 하죠. 그들은 내가 저항하지 못할 거라고 여기죠. 수모를 당해도 그저 웃기만 하면 습관적으로 그런 짓을 해요. 엿 먹이려고 작정한 인간들이 특히 그렇죠. 내 귀에 거슬리는 얘기를 하는 인간들에게 내가 욕을 퍼붓는 건 그 때문이에요. 날 만만하게 봤다가는 큰코다친다는 걸 보여주는 거죠. 그러면 이럴 거예요. '어, 이 여자는 좀 다르네.' 겁을 먹게 해줘야 돼요. 미친놈 같은 인간들도 있기 때문이죠. 아무리 뭐라고 얘기를 해도 먹히지 않는 미친놈들이 꽤 있어요. 온갖 악담으로만 일관하는 놈들이죠. 간혹 내 자신 분노를 억제할 수가 없기 때문에 그런 놈들하고는 두 번 다시 말도 하지 않아요.

내가 그러는 건 우리가족, 엄마와 아버지 덕분이기도 해요. 사실 결혼한 부부끼리도 싸우잖아요? 하지만 우리는 싸우는 소리를 안 듣고 자랐어요. 물론 부모님도 다투신 적이 있었겠죠. 그렇지만 우리한테 들리지 않도록 하셨죠. 그러니까 20년 가까이 부모님과 함께 살며 자랐지만 욕설이나 악담하는 것을 듣지 못했어요. 우리가족은 아주 조용하고 온순했어요. 우린 그렇게 자랐죠. 욕은 다른 사람들한테 배웠어요. 특히 여기 와서죠. 종종 내가 필요할 때, 욕먹어도 싼 인간한테 욕을 해요. 하지만 그렇지 않은 경우에 욕하는 법은 없어요.

고향에서 우리의 생활은 아름답고 행복했어요. 돈이 없는 게 유일한 문제였죠. 돈에 쪼들리지만 않았다면 내가 여기 일본에 오는 일도 없었을 거예요. 먹고사는 데 넉넉하기만 했다면 내가 여기에 와서 이렇게 자신을 모질게 만들지 않아도 됐겠죠. 하지만 우린 정말로 그렇지 않았어요.

---

1) 오키나와에서 일하는 필리핀 여성들은 오키나와를 일본이라고 한다. 그들은 오키나와와 일본을 구분하지 않는다. 이는 그들이 이곳으로 오기 전에 자신들이 일본으로 가는지, 오키나와로 가는지 알지 못했기 때문일 수도 있다.

2) 1941년부터 1942년에 일본이 필리핀을 점령했다. 당시 일본 군대는 끔찍하게 탄압하면서 필리핀 사람들을 지배했다. 그런 전쟁의 기억 때문에 많은 필리핀 사람들은 아직도 일본인을 싫어한다(마낭 이야기 참고).

3) 여기서 사용한 단어는 타갈로그어로 말렁콧(*malungkot*)인데 도시의 바쁘고 혼잡스러움과 대조되는 시골의 조용함을 뜻한다. 혹은 외롭고 슬프다는 의미도 있다. 꼭 그런 것은 아니지만 두 가지 의미를 동시에 나타낸다고 볼 수도 있다.

4) 오키나와와 필리핀은 모두 태평양에 있는 섬들이다. 거리도 그다지 멀지 않은데, 직항공기 편으로 약 2시간 정도 걸린다.

5) 어떤 클럽에서는 무대에서 나체로 춤을 추고 난 이후에도 벗은 채로 클럽 내부를 걷게 한다. 미군들이 여성들을 마음대로 만지고 다른 것도 할 수 있도록 한 짓이다.

6) 타갈로그어에는 남여를 구분하는 단어가 몇 개 없다. 대명사는 아예 없다. 이 경우 세례를 받는 아이의 성별은 분명하지 않다.

7) 토리 기지(Tori Station)는 오키나와에 있는 통신기지다.

8) 자넷은 성관계를 의미하는 듯하지만 여기서 의미는 명확치 않다.

9) 코사(Kosa)는 카데나 공군기지 바깥에 있는 거리다. 술집지역이다.

10) 올롱가포의 술집여성들이 오키나와에서 일하는 여성들보다 더 여러 가지 학대를 경험한다는 뜻으로 보인다.

11) 시골이나 전통문화 속에서는 남자가 여자와 결혼을 목적으로 겁탈을 하기도 한다. 한번 강간을 당하고 나면, 여자가 원하건 원하지 않건 그 남자와 결혼을 해야 한다(린다 이야기 참고).

하나의 이야기 속에 서로 다른 실마리

해석적 소론

산드라 스터드반트 · 브렌다 스톨츠퍼스

성노동과 국제여성단체

필리핀에서 열린 국제연대회의에서 한 여성이 '과연 여성연대가 세계적인가?'라는 의문을 제기하며 토론을 제안한 일이 있었다. 그 토론에는 선진국과 제3세계국가에서 온 여성 여럿이 참석했다. 한 20분이 지났을까, 그 여성은 토론을 중단하자고 했다. 시작한 지 20분이 지나도록 제3세계에서 온 여성들의 발언은 전혀 없었다는 점을 지적했다. 발언을 한 여성들은 모두 선진국 여성들이었다.

필리핀 가브리엘라(Gabriela)[1]의 대표로 미국에서 열린 또 다른 회의에 참석했다가 필리핀으로 돌아온 아둘 드 레온(Adul de Leon)은 이런 말을 했다. "브렌다, 당신이 미국으로 돌아가면 그곳 여성운동 때문에 힘들지도 모르겠네요. 그 사람들은 매매춘이 자유로운 선택일 수 있느냐, 없느냐를 두고 회의 내내 논쟁을 벌이더군요. 우리 제3세계 여성들은 그런 논쟁에 정말 질려버렸어요. 매매춘을 둘러싸고 벌어지는 우리의 문제는 정말 달라요."

아둘의 언급은 지배와 권력이라는 오래된 문제를 제기한다. 누가 의제를 설정하는가? 누가 쟁점과 문제를 정하는가? 그러면 누가 말하는가? 또 이익을 얻는 것은 누구인가? 의사결정, 이론화, 계획수립, 토론 등에서 제목소리를 낸다는 것은 권력을 갖고 있거나 권력을 가질 가능성이 있다는 걸 뜻한다. 아둘은 이런 문제에 대해 명확하게 의견을 표명한 셈이다. 일부 페미니스트들은 지배와 권력이 뚜렷이 나타나는 고전적이고 가장 뿌리 깊은 영역은 양성관계라고 주장한다. 미국 여성운동 내의 인종·계급·성적 지향은 다양하다. 그래서 여전히 아둘이 그토록 지겨워했던 자유선택이라는 문제를 논쟁의 중심에서 찾아볼 수 있다.

1980년대와 90년대에 걸쳐 매춘여성에 의해, 매춘여성과 함께, 그리고 페미니스트와 활동가들에 의해 조직된 매매춘 관련 단체가 전세계적으로 빠르게 증가했다. 매춘여성단체가 증가하면서 매매춘에 대한 여러 페미니스트들의 분석에 이의가 제기되었다. 매춘여성들이 조직을 만들기 전만 해도 페미니스트들을 통해서는 매춘여성들의 목소리를 제대로 들을 수 없었다. 제2차 세계매춘여성대회(World Whore's Congress)에서 인용한 내용에는 선진국의 매춘여성들이 페미니스트들에게 느끼는 상호 모순된 감정이 뚜렷하게 나타나 있다.

> 매춘여성의 권익을 위한 국제위원회(ICPR, International Committee for Prostitutes' Rights)는 지금까지 대부분의 나라에서 전개된 여성운동이 대표자나 이론가로 매춘여성을 포함시키지 않았다는 것을 알았다. 포함시켰더라도 겨우 몇몇을 형식적인 회원 정도로 가입시켰다. 역사적으로 여성운동은 (사회주의와 공산주의 운동처럼) 매춘여성에 대한 지원을 주장하면서도 매춘제도에 반대해왔다. 그러나 매춘여성들은 자신들을 매매춘에서 떠나도록 요구하는 그런 지원을 거부한다. 매춘여성들은 자신들을 억압의 상징으로 여기는 것에 반대하며 노동자로 인정받고자 한다. 매매춘을 합법적인 일로, 매춘여성을 일하는 여성으로 인정하는 것에 대해 페미니스트들은 주저하거나 거부했기 때문에 매춘여성 대부분이 페미니스트로서 그들과 일체감을 갖지 못했다. 그럼에도 불구하고, 많은 매춘여성은 독립심, 재정적 자립, 성적 자기결정권, 개인적 능력, 여성연대와 같은 페미니스트적 가치에 공감하고 있다.[2)]

선진국의 매춘여성단체와 매춘여성들은 자신들의 목소리를 내고 있으며, 따라서 자신들의 문제를 스스로 규정할 힘을 갖추고 있다. 그들은 매춘을 자유롭게 선택할 수 있는 일이라고 주장한다. "매춘여성은 가장 자유로운 여성이며, 남성이 수많은 여성과 섹스를 하는 것만큼이나 수많은 남성과 섹스할 권리를 찾은 유일한 여성"이라는 주장에서부터 여성에 대한 차별과 억압이 명백한 상황에서 택할 수 있는 여러 가지 어려운 선택 중 하나라는 주장에 이르기까지 편차가 다양하다.[3)] 매춘과 결혼은 모두 경제적 선택이다. 양쪽 모두 남성에게 성적 서비스를 제공하며 본래부터 여성에 대한 폭력이 행사될 가능성이 있다.

아둘이 설명한 논쟁에서의 또 다른 관점은 매춘을 여성노동의 한 유형으로 인정하게 되면 여성의 몸을 상품으로 보는 의식을 받아들이는 것과 마찬가지라는 것이다. 여성에 대한 남성 지배와 폭력의 핵심을 이루는 사고를 받아들이는 것이라는 주장이다. 더 나아가 매매춘이 존재하는 한 강간이 존재할 것이라는 얘기다. 살 수 있는 것은 훔칠 수도 있다고 본다.[4)] 다시 매춘과 결혼을 비교해보면, 둘 다 여성이 억압을 경험하거나 성적 노예가 되는 일차적 제도다.[5)] 강제로 어떤 유형의 매춘을 하게 되거나, 거기서 벗어나지 못하는 여성들은 희생자가 되어 성적 폭력과 착취의 대상으로 전락한다.[6)] 매춘은 여성의 몸을 상품으로 보는 관점을 영속시키기 때문에, 자발적으로 매춘을 선택한 여성은 사회적으로 책임 있는 방식으로 처신한 것이 아니라는 점을 내세운다.[7)]

사회적으로 책임 있는 방식으로 처신한 것이 아니라는 매춘여성에 대한 비판적 견해는 "착한" 여성과 "나쁜" 여성이라는 대립을 심화시키고 성노동을 파는 여성에게 낙인을 찍는다. 매매춘과 결혼을 비교해보더라도 이런 비판은 매춘여성들만 지나치게 몰아세우는 격이다. 이 견해에 의하면 매춘여성이 정당화될 수 있는 유일한 방법은 희생자로서의 정체성과 이미지를 가장하는 것이다. 그리고 이런 희생자로서의 정체성은 매춘에서 벗어나고 싶다는 욕구를 전제한다.[8)]

매춘에서 떠나고 싶다는 여성들의 욕구나 요구는 종종 여성에게는 제한적으로 열린 선택기회 때문에 생기는 분노와, 이런 일의 비인간적 측면에 대한 분노를 끌어내기 때문에 이해할만하다. 동시에 이런 욕구나 요구는 〔자신이 몸담고 있으면서도〕 성노동을 파는 여성과 거리를 두고 싶다는 것을 반영한다. 소위 재활이란 단순히 직업을 바꾸는 문제로 나타날 때가 많다. 하지만 그렇게 간단하지 않다.

사실 우리는 성노동을 팔기 때문에 발생하는 소외와 비통함, 인권의 박탈, 다양한 수준의 가족 및 인간관계 붕괴로 인한 육체적·정신적 상처에 대해 거의 모른다. 베트남전쟁 기간 내내 미군들에게 성노동을 제공한 오키나와 여성들을 상담한 다카자토 스즈요는 성적 학대에 대한 지속적인 망상에 시달리며 한 달에 두 번씩, 미군부대의 월급날인 15일과 30일에 몹시 초조해하고 평소와 달리 안절부절못하는 여성에 대해 쓰고 있다. 또한 하룻밤에 20~30명에 달하는 미군을 상대하면서 생긴 윤간을 당하는 영상을 떨쳐내고 밤 동안 마음을 진정시키기 위해 약물을 복용해야 하는 여성도 있다. 이는 극단적인 경우일 수도, 아닐 수도 있지만, 그리 드물지 않다.[9)]

아둘이 지적했듯이, 자유선택이라는 변수만을 가지고 성노동 판매를 논하는 것은 상황을 지나치게 단순화하는 것이다. 이것은 여성들이 그 일을 해야만 하는 사회적 맥락을 드러내지 못한다. 제3세계 매춘여성들의 목소리는 선진국 매춘여성들의 목소리와 공명할 수 없다. 그들의 의견과 의제는 아주 다를 수 있다.

두 논쟁 모두 범한 가장 큰 오류는 일반화의 문제일 것이다. 가령, 케스린 베리(Kathleen Barry)는 여성의 성적 노예상태를 기술하는 엄청난 작업을 해냈다. 하지만 그녀는 매춘여성단체의 의견이나 논쟁을 포함시키지도 않은 채, 자신의 작업에 기초한 분석을 모든 형태의 성노동에 확장, 적용하려 한다. 그리고 선진국의 매춘여성조직은 비록 매춘여성 및 매매춘에 관련된 법과 낙인에 맞서 커다란 진전을 가져왔지만, 제3세계 매춘여성이나 선진국으로 이주해 매춘에 종사하는 여성의 문제를 고려하지 않고 자신들의 경험을 모든 매춘여성들에게 일반화시키는 잘못을 범했다. 제2차 세계매춘여성대회에서 선택에 대한 토론이 한창일 때, 필리핀에서 이주해 매춘을 하는 한 여성은 매춘부로 내몰리지 않을 권리를 토로했다.[10] 탄담 트롱(Thanh-Dam Truong)은 "매매춘이 일어나는 광범한 환경은 단일하지 않다. 단순한 선언만으로 매매춘의 감소를 운운하는 것은 지양할 필요가 있다"는 말로 간결하게 정리를 했다.[11]

성노동의 두 가지 상황을 대표하는 인도 럭나우(Lucknow)의 고급매춘부와 마닐라의 카사(*casa*)라는 한 윤락가 필리핀 여성을 비교해보자. '리웨이웨이'라는 필리핀 여성은 괜찮은 식모자리를 약속한 말에 속아서 시골에서 마닐라로 왔다. 하지만 그녀는 마닐라 윤락가로 보내졌고 그곳에서 문자 그대로 감금생활을 하며 필리핀에 관광 온 외국남성들에게 성노동을 팔았다. 그러다 한 손님의 도움으로 그곳을 탈출했으나, 이후 올롱가포에 있는 클럽에서 다시 성노동을 팔고 있다.

비나 올렌버그(Veena Talwar Olenburg)의 조사연구에 따르면, 럭나우의 고급매춘부들은 여러 가지 곤경으로 인해 그들이 속해 있던 "선망 받는" 세계를 떠난 여성들이다.[12] 그들의 목표는 자율성과 남성으로부터의 재정적 독립이다. 이 여성들은 올렌버그가 인식한 것처럼, 대항문화와 공동체를 창조할 가능성이 있었다. 남성에게 유흥과 성노동을 파는 것은 단지 그들 삶의 중심이 되는 공동체의 재정적 기반을 마련하기 위한 것이었다. 그들 사이에는 아주 친밀한 정서적 연대가 자리하고 있었다. 어떤 이들은 레즈비언임을 인정하기도 했고 어떤 이들은 자신의 사생활에 대해 자세히 논하려 하지 않았다. 올렌버그는 그 상황을 다음과 같이 요약했다.

> 양성간 불평등에 맞선 싸움에서 섹슈얼리티와 경제가 우선순위를 두고 경쟁하는 것은 놀라운 일이 아니다. 양성간 성행위를 일상의 극히 일부분인 것으로 상정한 곳에서는 남성의 성적 통제와 공격이 중화된다. 그리고 열정과 쾌락을 가장하거나 거리를 두는 것이 아마 아내든 매춘부든, 여성들이 자신의 정서적 통합성과 존엄성을 지키기 위해 보편적으로 사용해왔던 필수 기제일 것이다.[13]

선진국의 페미니스트들은 종종 섹슈얼리티와 육체를 분리시키는 것의 유해한 측면을 강조해왔다. 케스린 베리는 "총체적인 한 개인에게서 성적 경험을 분리시키려는 시도를 하는 경우는 객관화의 첫 단계를 왜곡으로 시작한 것"이라고 한다.[14] 이전에 아둘은 아주 다른 관점에서 필리핀 마르코스 치하의 정치적 억압, 고문, 강간에 대해 자세히 이야기한 적이 있었다. 심문과정에서 강간을 당하는 일이 빈발하자 여성들은 살아남기 위한 방편으로 자신의 몸에서 자신을 분리시키는 방법을 익혔다. 아둘은 장차 정치범이 될 수 있는 필리핀 여성은 아마 이 같은 자신과 거리를 두는 능력을 익혀야 할 것이라고 했다. 그리고 이것은 성노동을 파는 여성들에게도 유용할 것이라고 했다.

성노동 매매에 관한 분석틀은 진공상태에서 개발될 수 없다. 어떻게 분석하느냐에 있어서 성노동 매매가 일어나는 맥락을 짚어보는 것이 절대적으로 중요하다. 그리고 자신의 성노동을 파는 여성들의 목소리도 분석의 일부가 되어야 한다. 이 글에서는 식민제국의 확장과 미국의 군사·정치·경제적 지배라는 맥락 속에서 성노동 매매를 다루고자 한다. 비록 여성들의 이야기, 즉 그들의 목소리를 담고 있지만 그들이 이론가로 참여한 것이 아니기 때문에 분석은 불완전하다. 그러나 아시아의 미군 기지촌에서 성노동을 팔고 있는 여성들에 대한 침묵을 깨뜨리는 것은, 바라건대 자조력계발(empowerment)을 향한 출발점이리라.

성병과 미군

필리핀 독립운동과 미국 사이의 전쟁이 막바지로 치닫던 1902년에 이미 윌리엄 하워드(William Howard) 총독은 필리핀의 모든 군 기지에 "매춘업소"가 있다고 발표했다.[15] 당시 미군은 군대의 "육체적 요구" 때문에 윤락가의 존재를 인정하고 육성했으며 미국인 의사가 매춘여성들을 대상으로 매주 성병검사를 실시했다.[16] 그래도 이 조처는 성병 유병률을 낮추지 못했다. 1917년 군 당국의 보고에 의하면 필리핀에 있는 병사 100명 당 17명이 성병에 감염된 걸로 나타났다.

미국 내에서도 그와 유사한 조처가 이어졌다. 1916년 멕시코와의 국경전쟁 당시 참전미군의 약 30%, 즉 병사 1,000명 당 288명이 성병에 감염되었다. 또 다시 군의관들은 2주에 한번씩 매춘업소 여성들을 검진하고 개별적으로 질병이 없다는 것을 확인해주는 증명서를 발급했다.[17] 제1차 세계대전 당시 군대 내 의사들은 일차적으로 중점을 두어야 할 일은 부상자 치료가 아니라, 전투부대에 정작 필요한 것은 성병을 통제하여 임무를 수행할 수 있도록 하는 것임을 알게 되었다. 많은 장교가 병사들을 위해 매춘업소를 후원하며 성병통제를 도우려는 노력을 기울였다.[18)]

상황이 급박해지자 성노동을 파는 여성들과 관련된 정책이 민간부문으로까지 확대되었다. 1918년 3월까지 32개 주에서 성노동 시장의 모든 여성들에게 의무적으로 성병검진을 받도록 하는 법률이 통과되었다. 당국은 감염여성을 검사 결과 음성이 나올 때까지 격리하는 방안도 모색했다. 심지어 매춘을 범죄로 보고 매춘여성들을 구치소에 수감한다는 내용의 법안도 통과되었다.[19)]

이 같은 군 당국과 민간의 노력 속에는 주목할만한 반여성적 수사가 따라다녔다. 성노동 여성들이 남성들의 "생식력을 고갈"시킨다는 비난이 그것이었다. 다윈주의가 풍미하던 시대에 여성들을 유전적으로 저능하다거나 다소 타락한 존재로 묘사하는 것은 그리 드문 일이 아니었다. 미국 내 군시설 근처의 성노동 여성들은 대개 배우지 못한 촌뜨기 취급을 당했다. 반면 남성들은 반드시 보호받을 대상이었고, "늪을 말리듯이 홍등가를 말려버려야" 이득이 되는 사람들이었다. "착한 소녀"와 "나쁜 소녀"가 분명하게 존재했다. "불량하고 병에 걸린 여성은 독일의 항공편대보다 더 해를 끼칠 수 있다"는 유명한 표어까지 등장했다.[20)]

"늪 말리기"는 제2차 세계대전이 끝날 때까지 계속된 전술이었다. 1941년 3월, 미 육군 군목들의 수장이었던 윌리엄 아놀드(William R. Arnold) 목사는 국회 군사위원회에서 다음과 같이 연설했다.

> "교육받지 못한 사람, 병약한 사람, 잘 다투는 사람은 유혹의 손길이 닿지 않도록 보호받아야 합니다. 악한 이는 수용해서 벌을 줘야 합니다. 우리 군목들은 병사들이 영적 능력을 개발하도록 기도하고 노력합니다. 그리고 캠프와 기지 정문 앞에서 먹잇감을 노리며 어슬렁거리는 늑대들의 주둥이를 몽둥이로 혼내줄 것을 요청합니다."[21)]

이런 이미지는 극단적으로 보일 수 있지만 매춘여성들을 대상으로 한 반여성적 광기가 증가하고 있음을 반영한다. 그리고 제2차 세계대전 동안엔 "승리의 소녀(victory girl)"①, "놀기 좋아하는 샬럿(good-time Charlotte)"②, "이웃집 소녀(girl next door)"라 칭하며 비매춘여

① 애국심에서 장병과 관계하는 여자.
② 방탕한 여자.

성으로까지 그것이 확장되었다. 이들 비매춘여성들은 점차 유혹자이자 성병의 전파자로 묘사되었다. 어떤 사내도 이들로부터 안전하지 않았다. 즉 1943년 페니실린이 개발되기 전까지는 말이다.

1944년 군에서는 페니실린을 광범위하게 사용하기 시작했다. 페니실린이 싫다면 예방법을 잘 따르라는 지시가 내려졌다. 사실 성병예방도구 배급소가 곳곳에 있었고 콘돔이 대량으로 배포되었다. 전쟁 동안 매달 약 5천만 개의 콘돔이 팔리거나 무상 배포되었다.[22] 군의 한 연구보고서에 의하면 전쟁을 수행하는 동안에도 미혼자의 80%, 기혼자의 50%가 성관계를 가졌다고 한다.

아시아의 미군 – 제2차 세계대전 이후

제2차 세계대전 종전 이후 미군은 아시아에서 대규모로 두 전쟁을 치렀다. "휴식과 오락(R&R, Rest and Recreation)" 시설의 필요성은 지속되어 군과 관련된 민간의 주요 구성요소가 되기에 이르렀다. 군 당국은 그것이 해외파병 미군을 위한 지원체계로 자리 잡았다는 점을 보증하기 위해 정책으로 이를 공식화했다. 현지 여성들의 육체에 접근하는 것은 불가피한 것으로 인식되었다. '휴식과 오락' 시설을 옹호하고 이를 지역에 세웠던 군과 민간의 지지자들, 그리고 이런 시설을 만드는 것에 경고를 했거나 기지로부터 일정한 거리를 유지해야 한다고 주장했던 사람들 사이에 더 이상 이견이 존재하지 않았다.

중요하게 주목해야 할 일은 한국전쟁이나 베트남전쟁 시기 여성의 성노동 매매와 관련된 정보가 극히 드물다는 점이다. 관련 논문은 물론이고 심지어 하나의 책 중에서 한 장[章]이나마 다뤄진 걸 찾는 것조차 헛수고다.[23] 학술서든 기사든 다 마찬가지다. 영어·베트남어·한국어로 된 자료에서는 틀림없는 사실이다. 그래서 이 주제에 관심을 갖고 성노동을 파는 여성들이 처한 상황을 담고 있을 법한 인쇄물이라도 죄다 찾아보기 시작했다. 상황이해에 도움이 될만한 구술기록조차도 모을 수 없었다. 사진기록 역시 그다지 도움이 되지 않았다. 사실 똑같은 사진, 거리에 서 있거나 클럽에서 비키니를 입고 있는 여성들의 사진만 40여 년 동안 찍히고 또 찍혔다. 처음 이런 사진을 접한 이후 사진을 통해서는 더 이상 얻을 게 없다는 걸 알았다.[24]

한국전과 베트남전쟁의 파괴 과정과 전쟁이 해당국가와 사람들, 사회구조에 미친 영향에 초점을 둔 연구는 수백 편에 달한다. 그러나 이 두 나라의 수백만 매춘여성의 삶에 대해서는 알려진 바가 거의 없다는 점은 놀랍기만 하다. 뿐만 아니라 전쟁 기간 여성의 성노동 매매가 엄청나게 증가했던 인접 국가들, 즉 필리핀·태국·대만·오키나와와 일본에 대한 연구 역시 없다.

우리는 당시 그런 일의 본질적인 측면을 서술하기 위해 몇 가지 세부 작업에 돌입하고 사람들의 기억을 상기시켰다. 앞서 언급했듯이 1944년에 이르러 미군은 더 이상 매독과 임질을 치명적인 질병으로 여기지 않았다. 그들은 성병예방도구와 콘돔을 나누어주고, 매춘여성에 대한 주의를 환기시키면서 이런 도구 사용의 불가피성을 교육하는 정책을 지속했다. 그런 정책은 현재까지 계속되고 있다. 또한 미군부대에 성노동을 제공하는 여성들을 검진, 치료, 확인하는 미군의 정책 방향 역시 그대로 이어지고 있다.

한국과 남베트남지역에서는 엄청난 수의 여성들이 성노동을 팔았다. 북한에 가해진 미국의 맹폭은 단층 이상 남은 건물이 하나도 없게 만들었고, 지상전만으로도 수를 셀 수 없을 만큼의 사망자와 대규모 인구이동 및 피난민이 발생했다. 베트남에서도 상황은 이와 유사했다. 지상전과 함께 수행된 미군의 폭격 정책은 일순간에 인구를 도시로 밀집시켜 통제를 용이하게 하려는 계획 아래 자행된 것이었다. 그것은 소기의 목적을 달성했다. 죽음의 공중폭격이 계속되는 동안 시골사람들은 고향을 버리고 달아났으며 도시의 인구는 팽창했다.[25] 1965년부터 1973년 사이에 총 1,800만의 인구 중 1,000만 명이 피난민 신세로 전락했다.[26]

전쟁 동안 한국과 베트남 모두 고도로 군사화된 사회가 되었다. 이들 나라 대다수 남성들은 전투에 참여하거나 적극적으로 전투를 지원했고, 경제는 전시경제체제로 조정되었으며 대규모 미군부대의 주둔이 지속되었다. 어린 형제자매, 아직 도움이 필요한 자녀, 노부모, 그리고 자신의 생계를 위해 여성들은 피난길에서도 자신들이 할 수 있는 일을 찾아 나섰다. 1975년, 베트남에서 미군이 떠날 당시에 남베트남지역에서만 약 50만 명의 여성이 성노동을 팔고 있었다.[27] 한국의 경우 1953년 휴전 당시의 비교 수치가 없다.

성노동이 팔리는 방식은 다양했다. 그 스펙트럼의 한쪽 끝에는 계약동거 여성이 있었다. 주둔국 내 미군과 합의해 "아내"처럼 일하는 여성이었다. 남자가 집 열쇠를 가지고 있기 때문에 이 여성들은 "키 우먼(key woman)"이라고 불렀다. 계약기간은 1주일부터 1년까지 다양했는데 1년이라는 것은 곧 미군의 복무기간이었다. 이런 형태는 여성과 남성 모두에게 이점이 있었지만 불안정했다. 집세와 여성에게 주기로 한 돈의 계속 지급 여부, 폭행, 학대, 알코올과 약물남용, 여성 측 가족의 요구, 임신과 유산, 남성의 바람기 등이 문제였다.[28]

여성의 입장에서는 "키 우먼"이 되는 것이 술집이나 매춘업소에서 일하는 것보다 나았다. 그러나 그녀의 위치는 너무도 불안정해서 합의가 깨지면 거리나 술집으로 돌아가야 했다. 미군의 시중을 드는 것과 다름없는 어려움이 상존하면서도 이런 종류의 계약동거가 오늘날까지 동두천과 올롱가포에서 계속되고 있다.

"키 우먼"의 수는 인·허가받은 술집과 매춘업소에서 일하는 여성의 수와 비교해볼 때 극소수였다. 이보다 훨씬 많은 수의 여성들은 거리와 일반인출입금지지역에서 일했다. 술집과 매춘업소가 미군을 상대로 유흥과 섹스를 제공할 수 있도록 허가나 인가를 받으려면 거기서 일하는 여성들이 주기적으로 성병검진을 받고, 만약 양성판정이 나오면 치료를 받아야 했다. 허가나 인가를 받지 않은 술집과 매춘업소, 또는 너무 많은 여성들이 검사상 양성판정을 받은 업소는 미군출입이 금지되었다. 베트남에서는 이를 테면 "깨끗함(clean)"이라는 배지를 단 여성들이 성노동을 팔고 있다는 표지판이 술집 내부에 걸려 있었다.[29)]

베트남에도 "유흥지구"가 있었다. 라이케(Lai Khe)에는 철조망으로 둘러막고 입구를 미 헌병이 지키고 있는 1에이커(약 4,047m^2) 규모의 복합단지가 있었다. 안전상의 이유로 이곳은 낮 동안만 열렸다. 안쪽에는 두 개의 큰 막사가 있었는데 각각 두 곳의 술집과 연주회장 하나, 커튼을 치고 베트남 여성들이 살면서 일하는 60개의 방이 있었다. 이 여성들 대다수가 피난민들이었다. 나머지는 이전에 사이공에서 일했던 여성들이었다. 도지사가 이들에게 급료를 지불하고 모집했다. 이 여성들이 머무는 곳에는 라이케의 시장조차 출입할 수 없었다. 미군은 베트남 여성들을 알선하고 가격을 흥정하는 일에는 전혀 손을 대지 않았다. 그러나 보건과 안전 측면은 미군이 관리했다. 군 의료진은 매주 여성들을 상대로 성병검진을 했다.[30)]

인증을 받았기 때문에 그런 관리가 필요하지 않은 지역에서는 한국과 베트남 모두 술집과 매춘업소 바깥에 표지판을 부착하여 허가받은 사실을 나타냈다. 미군 헌병대는 그 지역을 순찰하며 치안을 유지하고, 출입금지업소로 정해진 술집에서 여성의 성노동을 이용하는 병사들이 생기지 않도록 감시했다.

베트남 전쟁 기간 동안 미군이 주둔하기 시작하면서 오키나와에도 이와 유사한 시스템이 생겼다. 한국전쟁 당시에도 북한 전역 폭격임무를 띤 미 공군 전폭기대대가 오키나와에 주둔했지만, 오키나와의 '휴식과 오락' 산업이 최고로 성장한 것은 베트남 전쟁 동안이었다. 카데나 공군기지에 주둔한 B-52 폭격기대대는 베트남 북부지역에 폭격을 가했다. 그리고 베트남에서 온 육군과 해군은 오키나와에서 휴식과 오락을 즐겼다. 미군은 술집과 매춘업소가 합법적이라는 것을 나타내기 위해 "승인(approved)"의 표시로 "A"라는 표지를 사용했다. 1,200개 이상의 업소가 이 "A"를 받았고, 1969년 류큐 지방정부의 법무국은 7,362명의 전업 매춘여성이 등록되어 있다고 밝혔다. 하지만 실제 성노동을 파는 여성의 수는 이 수치의 두 배였다.[31)]

야쿠자나 야쿠자와 관련된 폭력조직들이 이 기간 동안 오키나와 여성들의 성노동 판매를 통제했다. 기본적인 통제수단은 육체적·정신적 테러와 협박이었다. 일단 여성이 한 매춘업소에 배치되면, 이번에는 포주가 "선불금 시스템"으로 이들에게 또 다른 형태의 직접 통제를 가했다. 이 시스템에서는 업주가 폭력조직에게 여성에 대한 일정 대가를 지불한다. 이 구입비용은 여성의 빚이 되어 성노동 판매를 통해 갚아야 했다. 우리가 연구한 기지촌 지역 킨(Kin)에서 일했던 한 여성은 베트남 전쟁기간 자신의 처지를 다음과 같이 묘사했다.

> "손님 대부분이 기지에서 나온 군인들이에요. 일년도 안 돼 나는 심한 병에 걸렸고(아마 성병인 듯), 한 달 내내 누워서 지내야 했어요. 선불금은 늘어가고 베트남에서 돌아온 군인들을 받는 것이 무서워서 나는 여기저기 옮겨 다녔어요. 결국 7년 전, 이곳 킨으로 왔죠. 난 어떻게 돌아가는지도 몰랐고, 심지어 하룻밤에 20~30명을 받았지만 내 선불금은 결코 줄어들지 않았어요. 오히려 생리 중일 때나 임신을 했을 때, 또 손님을 받지 못할 때마다 5달러나 10달러의 벌금이 붙어서 총 금액은 늘어만 갔죠……."[32)]

여성의 신체에 질병이 없도록 하고, 그런 여성을 군인들이 이용할 수 있도록 하는 것이 분명 미국의 정책이지만, 여성의 성노동에 접근하는 방식을 결정하는 것은 그 나라의 정치·경제·사회적 현실이다. 당사국이 전쟁으로 인해 완전히 파괴되거나 경제적으로 피폐해지면 매춘을 하게 될 여성들이 생긴다. 우리는 특정 기간 동안 한국과 베트남, 오키나와에서 어떤 상황이 벌어졌는지 살펴보았다. 그 지역 여성을 이용할 수 없거나 그 수가 충분치 않으면, 혹은 그 나라가 경제적으로 강력해서 여성들이 너무 비싸면 점령군은 자체적으로 여성들을 공급했다. 베트남에서 프랑스군은 알제리 여성들로 구성된 이동 매춘부대를 운영했다. 미군이 프랑스군을 대신하게 되면서 온 나라가 전쟁으로 파괴되자 미군 입장에서는 이용가능한 베트남 여성의 수가 충분히 늘어났다.[33)] 오늘날 오키나와에서는 오키나와 여성을 사려면 비싼 값을 치러야 한다. 때문에 필리핀 여성들이 미군들에게 성노동을 제공하러 오키나와에 온다. 오키나와 남성 지도자들은 정치적·도덕적 이유로 미군에게 성노동을 제공할 이런 상품수입을 옹호한다. 필리핀 여성마저 없다면, 미군은 오키나와의 "고귀한" 여성들을 이용하고 위협할 것이다. 그래서 필리핀 여성들은 오키나와 사회의 안전과 안녕을 보증하는 장벽인 셈이라는 주장이다.[34)]

오늘날 아시아의 미군

오늘날 한국과 필리핀 양국에서는 미군에게 "깨끗한" 여성들을 보증하기 위해 성병진료소(SHC) 시스템을 활용하고 있다.[35)] 미군 기지촌의 모든 술집지역에는 성병진료소가 있다. 이들 지역에서 성노동을 파는 모든 여성은 성병진료소 시스템의 일부를 구성하며, 자신의 합법성을 드러내는 보건증을 발급받아 "깨끗함"을 증명한다. 보건증을 가지고 있지 않은 여성은 단속대상이 된다. 술집·매춘업소·마사지업소의 여성들이 보건증을 갖고 있지 않은 경우, 해당업소는 미군 당국에 의해 출입금지업소로 지정되며 결과적으로 영업을 할 수 없다. 성병진료소는 영업을 하기 위한 수단인 셈이다.

두 나라 모두 보건증을 발급 받기 전에 여성은 의학적 검진을 받아야 한다. 보건증 발급 이후에도 한국에서는 1주일에 한번씩, 필리핀에서는 2주에 한번씩 성병·임질·매독 검사를 받는다. 한국에서는 양성반응이 나오면 "깨끗해"질 때까지 병원에 격리 수용된다. 필리핀에서는 약물을 처방하고 "깨끗해"질 때까지 외박을 나가지 못하도록 한다. 또한 6개월마다 흉부 X선 촬영과 혈액검사를 받고 한국에서는 3개월에 한번씩, 필리핀에서는 6개월에 한번씩 에이즈 혈액검사를 받아야 한다. 필리핀의 경우 검사결과 에이즈 바이러스 양성반응이 나오더라도 그것이 의미하는 바에 대해서 사실상 해당여성에게 아무런 정보도 주지 않는다.[36)] 성병진료소의 지시에 따라 외박이 금지될 뿐이다. 그러나 여성들이 처한 경제적 사정은 계속 외박을 나갈 수밖에 없게끔 만든다.[37)] 이런 경우 한국에서는 여성에게 어떤 일이 일어나는지 쓸만한 정보가 없다.

이런 상황 앞에 미국은 뒷짐만 진 채 관여하지 않는다. 한국의 성병진료소는 미국으로부터 어떠한 자금이나 도움도 받지 않는다. 그러면서 미군당국은 여성의 보건증을 확인하는 불심검문에 참여하고 술집의 위생검열을 지휘한다.[38)] 필리핀의 성병진료소는 미 해군과 올롱가포 시당국이 합동으로 시행하는 프로젝트다. 두 나라 모두 거리에서 미군과 동행하는 현지 여성들은 보건증과 외박증을 제시하라는 요구를 받을 수 있다.[39)] 이런 증명서를 제시하지 못할 경우 그 여성은 감옥에 갈 수도 있다.

이런 통제시스템은 미군과 해당국 정부, 그리고 거의 독보적으로 지역의 상류층을 구성하는 술집주인 사이의 협력관계를 통해서만 이루어질 수 있다.[40] 업주들은 매매춘 산업을 통제하고 조정함으로써 재정적, 정치적으로 이익을 보는 사람들이다. 현지 행정당국 역시 질병통제를 통해 여성들이 술집이나 매춘업소 시스템과 별개로 움직이기 어렵게 만든다. 술집과 매춘업소 시스템 안으로 여성을 끌어들여 여성의 성노동을 팔게 해야 여성이 개별적으로 파는 것보다 업주들은 더 많은 돈을 벌 수 있다.

현재 오키나와에서는 일본본토처럼 야쿠자가 술집주인, 출입국관리소와 협력하여 계속 술집 시스템을 통제하고 있다. 연예기획사는 여성들을 모집, 훈련, 고용하는 "합법" 수단이다. 미군은 이곳 술집 시스템에 거의 관여하지 않는 것으로 보인다. 여성들은 자기나라를 떠나온 상태이기 때문에 연예기획사에 전적으로 의존한다. 그들은 언어도 모르고 술집 바로 바깥의 지리조차 모른다. 야간에는 문이 잠기는, 클럽 위층이나 뒤에 딸린 방에서 살거나 주인이 운전하는 소형승합차에 실려 일터와 숙소를 오간다.[41]

모든 사람이 현실이 어떻다는 것을 알고 있지만, 오키나와에 있는 여성들은 합법적인 계약노동자이기 때문에 술집주인과 연계기획사는 겉치레라도 합법성을 유지해야 한다. 자넷이 자신의 이야기를 통해 말했던 것처럼, "기획사는 미국인과 외박을 나가는 것이 우리 일이 아니라고 한다. 하지만 현실은 그렇지 않다." 가장 인기 있는 클럽은 상체만 드러내고 춤추는 곳이 아니라, 완전한 나체로 춤추는 곳과, 사실상 어떤 형태의 성노동이든지 클럽 안에서 곧바로 살 수 있는 곳이다. 어쩌다 기획사에 의해 이런 클럽에 배정되기라도 하면 여성들은 거의 그 클럽을 떠날 수 없다. 술집들이 법규를 잘 지키고 있는지 확인하기 위한 출입국관리소의 "불시" 방문을 모든 클럽들이 사전에 예고 받는다. 이런 날 밤에는 술집들이 법규를 따르든지 아예 문을 닫아걸든지 한다.

아시아의 미군시설 주변에서 일어나는 매매춘은 각 나라의 법률과 관계없이 사실상 합법화되어 있다. 그래서 다른 경우의 합법화처럼 여성의 성노동 매매를 고도로 관리, 통제할 수 있으며 이런 거래를 통한 이윤의 배분까지도 조정할 수 있었다.[42] 여성이 합법적으로 일하려면 허가를 받아 이 시스템의 일부가 되어야 하고, 일하는 장소와 형태, 수입과 관련된 내용이 계약조항에 명시되어야 한다. 허가를 받지 않은 여성은 불법이며, 따라서 위험한 상태에 놓이게 된다. 이들은 수감되거나 어쩔 수 없이 벌금을 물어야 하고, 이를 피하기 위해 뇌물을 바치거나 현지경찰에게 성노동을 제공하기도 한다.

매춘여성에 대한 이런 광범위한 통제는 분명 정치적 이득이 있다. 인구집단 중 특정비율을 그것도 대규모로, 비교적 쉽게 조작할 수 있다. 1986년 필리핀 대통령선거 당시 올롱가포의 클럽여성들은 선거 당일에 일하러 나올 것을 요구받아 투표할 때까지 일터에서 대기했다. 트럭이 투표소까지 여성들을 실어 날랐고 투표 후 다시 태워서 돌아갔다. 그들은 일자리를 유지하려면 마르코스에게 투표해야 한다고 들었다. 선거 전, 이 지역에서는 친마르코스 행렬과 친아키노 행렬이 주기적으로 유세를 펼쳤다. 곁에 지나가던 친아키노 행렬에 손을 흔들었다는 이유로 일자리를 잃은 여성도 있었다.

또한 이런 고도의 통제는 영속적으로 매춘여성을 사회로부터 고립시킨다. 이는 여성의 양극화와 미군 기지촌 성노동 매매에 대한 침묵 때문에 존속된다. 오키나와 여성들은 기자나 글 쓰는 사람들과 이야기를 나눌 수가 없었다.[43] 폭력의 위협이 특별하게 드러나지는 않지만 여성들이 겁을 먹고 있는 것은 분명하다. 필리핀 여성들은 술집규칙을 따르지 않거나 거부하면 일자리를 잃는다. 심지어 기지반대와 약간이라도 관련이 있어 보이는 행사에 참여하거나, 기지반대 운동가나 페미니스트로 알려진 사람과 관계만 있어도 일자리를 잃을 수 있다.[44]

에이즈와 미군

에이즈 문제에 비하면 고립, 양극화, 침묵은 분명 그렇게 중요하지 않다. 미 당국과 사내들은 미군기지 주변에서 성노동을 파는 여성들이 질병의 근원이자 이를 확산시키는 장본인이라고 억측을 편다. 상륙 휴가 전 선상 브리핑에서 장교들은 미군들에게 다음과 같은 경고를 한다. "저곳에는 에이즈가 있다. 물건 쓸 때 조심해라."

그곳에 에이즈가 있는 건 사실이다. 그러나 여성들이 질병의 근원은 아니다. 이전에 그들에게는 에이즈라는 병이 없었다. 누가 그들에게 에이즈를 가져다주었는가? 운반자는 누구인가?

한국에서는 에이즈 바이러스 보균자 혹은 에이즈 감염자가 20명 미만③으로 알려져 있는데, 이들 중 약 절반가량이 미군들에게 성노동을 팔았던 여성들이다. 오키나와에 있는 필리핀

③ 감염자와 환자를 혼동했을 개연성을 배제할 수 없을 것 같다. 국립보건원 자료에 의하면 1985년에서 1993년까지의 국내 에이즈 감염자는 320명으로 이 중 에이즈 환자는 16명이었다. 2003년 9월말까지 확인된 에이즈 감염자는 총 2,405명이며 환자는 366명이다(1985년부터 2003년 9월까지의 누적치). 감염자의 97.5%가 성접촉에 의한 것으로 밝혀졌다.

여성들 중에는 에이즈 바이러스 보균자 혹은 에이즈 감염자로 밝혀진 사례가 없다. 그러나 오키나와로 가기 전이나 오키나와에 머무는 동안, 필리핀으로 돌아갈 때, 그 어느 때에도 검사란 없다. 표면상으로 오키나와에서 이들의 일은 성노동을 파는 것이 아니기 때문에 감시대상에서 제외된다.[45)]

필리핀에서는 미 해군 제2의학연구소와 필리핀 보건부가 함께 1985년 말부터 1986년 초까지 등록된 여성들을 대상으로 검사를 시작했다. 마닐라, 바기오, 다바오, 세부, 일로일로, 바콜로드, 잠보앙가 등지의 관광지에서 실시한 검사에서는 에이즈 바이러스 양성자를 찾는 데 실패했다.[46)]

올롱가포와 앤젤레스시의 술집지역, 클라크 공군기지 주변의 번화가에서 성노동을 파는 여성들의 상당수는 에이즈 바이러스 양성반응을 보였다. 올롱가포에는 6명이 있었다. 성병진료소는 6개월마다 등록된 여성들의 혈액검사를 한다. 검사비용은 여성들이 지불한다. 1988년 후반까지 약 50여 명의 여성이 양성반응자로 나타났다.[47)]

이는 분명 어림잡은 수치다. 다중적 노출, 의학적 관리의 결여, 전반적인 사회경제적 궁핍, 판정의 문제 등으로 인해 상당한 수준으로 질병이 확산되고 있다. 많은 술집이 야간 부업을 하는 해군 의무관과 계약하여 술집 내에서 검사를 하고 있다. 그리고 거리에서 일하는 미등록 여성도 술집에서 일하는 등록된 여성만큼 많다.

올롱가포와 앤젤레스 거리의 여성들에게서 발견된 에이즈 바이러스의 근원은 미군이라는 사실이 필리핀의 경험을 통해 드러났다. 많은 필리핀 사람들은 미 해군이 동남아시아에서 처음으로 이런 종류의 연구를 지원한 사실은 해군의 유죄를 암묵적으로 인정한 것이라고 주장한다.[48)] 1986년 후반, 여성운동과 보건단체들의 압력으로 인해 필리핀 보건부는, 미군 주둔의 지지자이자 수혜자인 피델 라모스(Fidel Ramos) 장군에게 필리핀으로 파견되는 모든 미군을 대상으로 에이즈 바이러스 검사를 하겠다는 보증을 미국으로부터 받아달라고 요청했다.[49)]

라모스 장군과 아시아 각국의 노력이 부분적으로 작용했는지 뒤늦게나마 레이건 행정부 내에서 해외파병 미군 모두에게 검사를 실시하는 군 정책이 마련되었다. 이 정책이 시행되면서 이미 해외에 나가있던 군인들 역시 검사를 받도록 했다. 해외근무 중 에이즈 양성반응이 나온 사람은 즉각 미국으로 돌려보내는 걸 원칙으로 삼았다.

군 관리들은 이 정책이 적절하다고 보고했다. 병사들은 매번 상륙 휴가 때마다 검사를 받으며 실제 에이즈 바이러스 양성반응자는 미국으로 귀환되었다고 했다.[50] 그러나 에이즈 바이러스의 잠복기는 수개월에서 몇 년에 이르기 때문에 현재 시행되고 있는 검사가 얼마나 효과적이냐는 의문이 남는다. 한 달에 평균 10척의 미 해군 함선이 제7함대의 모항인 수빅에 정박한다. 전형적인 정박유형은 동아프리카로 가는 도중이나 동아프리카에서 호놀룰루, 샌프란시스코, 또는 샌디에이고로 가는 중에 수빅에 들르는 것이다. 관례적으로 병사들은 영국과 미국 해군 모두에게 편의를 제공하는 〔케냐〕 몸바사 항구에서 상륙 휴가를 보낸다. 보고된 바에 의하면, 몸바사에서 성노동을 파는 여성 중 약 40%가 에이즈 바이러스 양성반응자다. 몸바사에서 휴가를 보낸 후, 병사들은 배로 돌아가서 에이즈 검사를 받는다.[51]

병사들 사이에서는 에이즈를 부정하려는 경향이 높다. 흔히 볼 수 있는 벽보의 문구는 이런 정도다. "주목 : 최근 에이즈의 유행으로 인해 성접촉을 일시적으로 금함." 보다 개인적인 수준에서 병사들은 에이즈를 "에어컨이나 …… 어떤 것 ……에서 비롯한 …… 어떤 질병 …… 여기 있다가 바로 사라져 버리는 …… 에이즈란 그런 것 ……" 정도로 여긴다.[52] 오래전부터 있던 질병에 새 이름을 갖다 붙인 것으로 보는 측도 있었다.

신뢰할만한 정보의 부족으로 이렇듯 에이즈를 부정하는 수준이 높다. 교육을 통해 에이즈 바이러스에 감염되면 에이즈로 진행한다는 사실을 병사들에게 알리면 좋을 것을, 군은 그런 일을 하지 않는다. 기본적으로 콘돔을 사용하라는 말만 하며 그것이 전부다. 하지만 콘돔 사용에 대한 저항도 크다. 콘돔을 받으면 사내들은 거리에서 그것을 불어서 머리 양쪽위로 흔들며 자신은 토끼라고 장난이나 친다. 이런 행위들은 에이즈의 현실이 좀더 분명해짐에 따라 변화하기 시작할 것이다.

필리핀에서 미군당국이 시행하는 에이즈검사는 병사들을 보호하기 위한 질병통제 유형이지만, 현지에선 또 다른 관심을 불러일으키고 있다.[53] 올롱가포의 클럽에서 일하는 10명의 여성들이 모여, 에이즈는 분명 미군이 가져온 것이기 때문에 미군 병사들 역시 질병이 없다는 것을 보여주는 증명을 소지해야 하며, 미국은 에이즈 바이러스 양성반응을 나타낸 여성과 그들의 자녀를 치료하는 데 재정적 책임을 져야 한다는 요구를 담아 에이즈 탄원서를 작성했다.[54] 이 여성들은 클럽에서 일하는 동료 600명의 서명을 받았다. 올롱가포, 마닐라, 앤젤레스에 있는 여성단체, 보건단체, 교회단체들은 이 탄원에 지지를 표하는 별도의 탄원서들을 배포했다.[55]

올롱가포에서는 1986년 1월부터 에이즈검사가 시작되었다. 1986년 2월, 마르코스 대통령이

미 항공기로 망명하고 코라손 아키노(Corazon Aquino)가 대통령이 되었다. 아키노 여사가 취한 첫 번째 조처 중 하나는 지방선거 전에 지방정부 내 마르코스 지지자들을 자신의 지지자들로 교체하는 것이었다. 아키노 대통령은 충실한 마르코스 지지자인 리처드 고든(Richard Gordon) 대신 강력한 아키노 지지자인 마카파갈(Macapagal)을 올롱가포 시장으로 임명했다. 마카파갈 시장은 재빨리 에이즈 교육프로그램을 시작하고 올롱가포 전역에 에이즈에 관한 커다란 광고판을 설치했다. 에이즈가 국내 언론보도에 아주 많이 등장했다. 에이즈는 미군이 필리핀에 들여온 것이라는 주장도 심심치 않게 보도되었다. 이렇게 에이즈가 주목받게 된 것은, 대중들에게 에이즈 문제를 알리고자 했던 가브리엘라의 노력이 부분적으로 맺은 결실이었다. 그러나 이는 미군기지당국으로서는 좋지 못한 소식이었다. 더구나 기지협상도 임박해 있었다. 그러나 다음해 치러진 지방선거와 함께 모든 것이 달라졌다. 양측 모두 거대한 부정이 있었다고 주장했지만, 선거에서 고든이 당선된 것이다. 고든 행정부가 권력을 되찾은 지 수개월 만에 에이즈 광고판은 사라져버렸고 어떠한 교육도 이루어지지 않았다. 올롱가포에는 다시 침묵이 자리 잡았다.

침묵은 점점 끔찍해질 수 있다. 특히 성병의 근대사를 돌아볼 때 그렇다. 영토를 침탈하고 식민지를 획득해가면서 미군 병사들 사이에서 성병 발생률이 증가했다는 점에 대해선 이미 간략히 언급한 바 있다. 성병의 증가는 진단방법의 개선뿐만 아니라, 외국 땅에 군대를 주둔시키는 것도 어렵게 만들었다.[56] 이런 측면에서 미국의 경험은, 공식적이든 비공식적이든 시장과 식민지를 획득, 지배하기 위해 거대한 군대를 파견한 결과 성병의 만연을 가져온 유럽의 경험을 그대로 반영했다. 자본주의적 산업화에 힘입어 영국·프랑스·독일은 아시아·아프리카·아메리카 곳곳을 다양한 수준으로 통치하며 19세기 동안 번영을 구가했다. 그러나 해외에 주둔하는 군대 내에서는 성병이 급속히 퍼져나갔다.

영국군대에서는 적어도 1823년 이후 성병의 확산이 나타났다고 한다.[57] 크리미아 전쟁(1854~56년) 시기 영국군은 전쟁터에서 발생한 사상자보다 성병으로 인한 사상자수가 더 많았다.[58] 인도에서 영국군은 110개 식민지 군사 지역에서 일어나는 매매춘을 통제하기 위해 군대를 이동시켰다. 초점을 문제의 근원을 추정하는 데 맞추곤 군대에 성노동을 파는 인도 여성을 주목했다. 그 결과 검진 시스템을 통해 여성들을 규제하고 통제했다.

이런 조처가 대영제국의 전략적 필요에 의해 정당화되었을지언정 인도나 그 밖의 지역에 있는 군대 내의 성병문제를 감소시키는 데는 아무런 기여도 하지 못했다.[59] 1864년을 예로 들면, 영국군 환자 3명 중 1명은 성병으로 인한 것이었고 임질과 매독으로 입원하는 수가 군대 총 병력 1,000명 당 290.7명에 달했다.[60)]

영국군이 귀향하자, 국내 육군기지와 해군기지 부두 부근에서 성노동을 팔던 여성들의 성병 발생률이 증가했다. 그리고 매춘과 관계없는 여성들에게까지 성병이 퍼져나갔다. 19세기 동안 임질과 매독이 너무도 만연해서 1867년 파리에서 열린 국제의학학술대회(International Medical Congress)는 성병을 금세기의 "새로운 콜레라"로 선언하기까지 했다.[61)] 이 콜레라의 이미지는 특히 매독의 예후를 볼 때 적절하지만, 인간의 신체에 미치는 파괴력은 오늘날의 에이즈와 다르지 않다.

로드 액턴(Lord Acton) 같은 정치지도자와 《란셋 *Lancet*》 같은 영향력 있는 의학매체가 규제법률 제정을 선동하여 영국 내에서 제정된 법규도 해외파견 군대가 실행하는 것과 유사했다. 전염성질환법이 1864년, 1866년, 1874년에 잇따라 제정, 보완되었다.[62)] 처음에 이 법령은 군에 입대한 남성과 영국·아일랜드의 특수 군사지역에서 성병이 확산되는 것을 통제하기 위한 특별법이었다. 육군과 해군의 군의관이 감염된 매춘부로 확인된 여성들을 검진하도록 하면서 이 법령을 육군성과 해군본부가 시행했다. 성병에 감염된 것이 확인되면 그 여성을 3개월까지 지역 병원에 수용할 수 있었다.[63)] 점차 국가는 이 법령을 여성들이 생업에 뛰어드는 노동계층 밀집지역과 노동단체가 늘어나는 지역을 단속하기 위한 법령으로 활용했다.

성병이 19세기의 콜레라였다면, 에이즈는 20세기의 콜레라다. 이 에이즈 시대에, 미군의 기동력은 과거 어느 군대보다 훨씬 뛰어나다. 오늘날 세계자본주의경제의 작동을 수호하라는 요구가 미국에게 들씌워지는 것을 볼 때 이는 분명 파멸의 우려를 자아내는 상황이다. 지금과 같은 상황이 유지된다면 미군에게 성노동을 파는 현지여성들 사이에서 에이즈가 계속 확산될 것이다. 그리고 그 영향은 점점 미국과 그 밖의 지역에 있는 여성들을 아우르며, 즉 성노동 시장 안팎의 모든 여성에게까지 미칠 것이다.[64)]

기지촌의 여성과 경제

여성의 성노동 매매는 기지촌 지역을 둘러싼 복잡한 경제기반 아래 이루어진다. 술집과 매춘업소의 주인들은 술과 음식뿐 아니라 여성들의 성노동을 통해 경제적 이익을 얻는다. 식료품가게, 주류상, 구멍가게도 술집 고객들에게 의존한다. 식당, 패스트푸드 테이크아웃

가게, 아이스크림 가게, 티셔츠와 모자 판매점, 당구장 역시 즐비하다. 사내들의 눈을 끌기 위해 잘 차려입고 일하러 가야 하는 여자들을 상대하는 옷가게와 신발가게도 아주 많다. 그리고 훌륭한 솜씨로 디자인하고 바느질한 옷을 아주 저렴한 가격으로 구할 수 있는 양복점 역시 그렇다. 미군들은 양복점에서 아름다운 실크로 만든 옷, 가죽 또는 폴리에스테르 옷을 맞춰 입는다. 최신 음악테이프와 값싼 일본·한국제 스테레오 컴포넌트를 갖춘 레코드가게, 상당히 많은 카메라와 렌즈를 갖춘 사진관, 유명 선글라스와 콘택트렌즈를 파는 상점도 많다. 그리고 도처에 자동판매기, 비디오가게, 잡화점, 성병을 상담하는 곳까지 있다.

또한 여성의 성노동 매매는 집주인에게는 집세로, 옷과 시트를 세탁하고 미군의 군복과 속옷, 양말을 빨아서 다림질해주는 여성들에게는 품삯으로, 호텔이나 클럽에서 경비를 서거나 레스토랑에서 웨이터로 일하는 현지남성에게는 임금이 되어 지역경제를 뒷받침한다. 현지남성들은 신발·시계·카메라·우산·핸드백을 광내고 수리하는 일을 한다. 대개 허름해 보이지만 면도와 등·목 마사지를 값싸게 받을 수 있는 이발소도 있다. 그리고 올롱가포에는 늘 같은 자리에서 영자신문과 튀긴 땅콩, 바나나, 완두콩, 껌이나 담배를 낱개로 파는 행상들(노인, 아에타족, 아이들)이 있다.[65)]

한마디로 지역경제 전체가 여성의 성노동 매매에 기초하고 있다. 술집지역에 있는 상점들은 성노동을 파는 여성과 성노동을 사는 남성들의 요구를 채워준다. 사내들이 만족감을 느끼고 소비할 수 있도록 하는 것이 목표다. 주말이나 한 부대가 2주 내지 4주간의 현장훈련을 마치고 돌아왔을 때, 팀스피리트 병력이 들어왔을 때, 항공모함이 입항했을 때, 거리는 축제 분위기가 된다. 마르디그라스(Mardi Gras) 행사 사진은 어떤 일이 벌어지는지 어느 정도 짐작케 한다.

여러 상점의 주인들은 많은 돈을 벌기 위해 쉬지 않고 일한다. 지방정부와 중앙정부는 주류 판매, 호텔, 여러 가지 소비재에 붙은 세금으로 재정을 채운다. 수많은 외국기업, 특히 미국기업들은 상품판매나 가맹점을 통해 직접적으로 수입을 올린다. 웬디스, 스트로우햇 피자, 던킨 도너츠, 샤키스 피자, 미스터 도넛, 윔피스, 코카콜라, 펩시, 버드와이저 맥주는 어디에나 있다. 게다가 미국 국제개발처(USAID, United States Agency for International Development)는 많은 사업체 설립에도 자금을 빌려줬다. 예를 들어, 필리핀에 있는 커다란 올롱가포 시장은 국제개발처의 기금으로 세워진 것이다.

역사적으로 여성의 성노동 매매는 경제체계에서 상당한 비중을 차지하는 기반이 되어왔지만, 여성 자신에게는 거의 보탬이 되지 않았다.[66] 이 같은 양상은 필리핀·태국·한국의 정부, 상류인사, 사업가에게 큰 사업이 된 매춘관광 지역에서는 물론이고, 우리가 연구한 3개국의 기지촌에서 오늘날까지 계속되고 있다.

베트남 전쟁 시기 미군이 만든 '휴식과 오락' 센터가 아시아 매춘관광산업의 개발모델이 되었기 때문에 관광유흥지와 미군 기지촌은 상당한 유사점을 보인다.[67] 마닐라, 제주도, 방콕에는 유명한 관광유흥지가 몇 곳 있다. 선진국과 제3세계 사이의 역학관계가 관광지와 기지촌에서의 성노동 매매와 연결되어 있는 것이다. 본질적으로 부자가 사고 가난한 사람이 판다. 관광객이건 군인이건, 휴식과 오락 유흥지에서 즐기는 사람은 일차적으로 북유럽·북미·오스트레일리아·일본에서 온 남성들이다. 여기서 일하는 사람은 제3세계 여성과 아이들이다.[68] 기본적인 경제적 거래가 성노동 매매며, 이 시스템은 매매춘으로 벌어들인 돈의 극히 적은 일부만 여성에게 돌아가게끔 되어 있다. 그 결정권은 구매자와 사업운영자가 쥐고 있다. 이 두 사람 중 한 명이라도 만족하지 않으면 여성은 간단히 해고된다. 빈곤이 젊은 여성의 지속적인 공급을 보장해주기 때문이다.

그러나 유흥지는 제3세계 여성의 성노동 매매가 일차적인 경제적 거래가 되는 무대 중 하나일 뿐이다. 매춘부·가정부·아내로서 제3세계 여성에 대한 국제적 교환은 선진국과 제3세계 사이의 역학관계를 나타내는 또 다른 측면이다. 해외에서 가정부로 일하는 여성들은 종종 그들의 동의여부에 관계없이 주기적으로 주인에게 성노동을 제공할 것을 요구받는다. 강간당하기도 한다. 우편주문신부(Mail-ordered Bride) 시스템은 자신이 바라는 자국여성을 찾지 못했거나 자국여성을 원치 않는 선진국 남성에게 제3세계 여성을 제공한다. 이 남성들은 성노동과 가사노동 모두를 구입한 것이다. 우편주문신부 사업과 해외취업자모집은 때때로 여성을 속여 다른 나라에서 성노동을 팔도록 하는 데 이용된다.[69]

미국인과의 결혼 가능성에 대해 이야기하면 올롱가포의 여성들은 대개 이렇게 말한다. "그 사람이 원하는 건 하녀예요." 이는 근거없는 이야기가 아니다. 미 해군들은 종종 올롱가포에 배가 머무는 동안(보통 5일 정도) 여성의 장기외박비를 지불하고, 그 기간 동안 여성과 함께 산다. 여성은 성노동과 가사노동(세탁·요리·목욕 등)을 모두 제공한다.

소외된 여성들 – 이미지와 복잡성

목욕은 복잡한 상황을 나타내는 유용한 예다. 목욕은 남성이 대접과 보살핌을 받고 있다는 느낌이 들도록 하는 방법이지만, 불쾌한 냄새를 제거하고 남성이 깨끗하다는 것을 확인하기 위한 여성의 예방책이기도 하다. 목욕은 성노동을 팔아야 하는 여성의 삶 중 아주 작은 부분에 불과하지만, 여성의 관점에서 보면 모든 것이 얼마나 다르게 나타날 수 있는지를 말해주는 좋은 예다. 그러나 그들의 삶에 대해서는 거의 알려진 바가 없고, 깊이가 있거나 섬세하게 촬영된 사진도 드물다. 이는 베트남·필리핀·한국·태국·대만·오키나와와 일본 등지의 그들 주변에 침묵의 장막만이 맴도는 것과 같다. 침묵은 두 가지 이유로 지속된다. 하나는 제3세계의 여성을 주목받을 만큼 중요하게 여기지 않기 때문이고, 또 다른 하나는 미군들이 기지외출 시 벌이는 행태가 세상에 알려지는 것을 미국이 원치 않기 때문이다.

침묵이 깨져 기자, 학자, 작가들이 이 주제에 대해 글을 쓴다고 가정해보면, 두드러지고 표면상으로는 대조적인 두 가지 이미지가 떠오른다. 사진이나 만화는 비키니를 입은 고고댄서로 이들을 묘사한다. 유혹적인 자세를 취한 모습으로 떠오르는 그녀는 매우 큰 가슴을 가지고 있다.[70] 그녀는 아주 즐기는 것처럼 보인다. 행복한 매춘부다. 즐겁게 미군병사를 따라가거나 기지 정문에서 그들을 기다린다. 이와 대조적인 이미지는 희생자, 즉 너무나 절망적으로 가난해서 자신의 성노동을 파는 것 외에 달리 대안이 없는 여성의 이미지다. 글의 정치적 관점에 따라 제국주의적 억압의 상징이 되기도 하고, 기지가 존재함으로써 일자리와 돈을 버는 사람이 되기도 한다. 기지가 없어지면 그들은 굶어야 한다.

두 가지 이미지 모두 판에 박은 고정관념을 영속시키고 여성들과 그들의 삶을 피상적으로 다룬 격이 된다. 스스로 즐기고 있는 것처럼 보이는 고고댄서의 이미지는 "우리"가 줄곧 믿어왔던 것처럼 그녀들이 도덕적으로 비난받을만하다는 판단을 반영한다. 또는 도덕적으로 비난받지 않더라도, 그들의 직업상 기지존속을 찬성할 것이기 때문에 정치적으로 별 가망이 없는 사람으로 몰린다. 이런 이미지는 이 일의 본질을 인식하는 데 있어서나 알리는 데 실패하고 만다. 여성들이 손님을 끌고 유지하기 위해서는 행복하고 활달하게, 또 매력적으로 보여야 한다. 이는 그녀 일의 한 부분을 차지해서 진짜 그런 것처럼 보여야 한다. "겉으로는 웃고 속으로는 운다"는 말은 올롱가포에서 자주 듣는 말이다. 그러나 대부분의 고정관념처럼, 이 또한 전체 진실의 한 조각일 뿐이다. 여성들이 정말 즐거워하는 시간도 있다. 억압당하고 착취당하는 사람들은 대개 웃음거리를 찾아내는 방법을 안다.

적어도 이성적으로 보면 일부 사람들의 눈에 "죄"를 지은 것처럼 보이는 그녀들은 오히려 희생자이기 때문에 죄가 없다. 그렇더라도 여전히 매춘여성이거나 매춘을 했다는 낙인을 달게 된다. 희생자로서 추방당하든 숭배되든, 그녀는 소외될 것이다. 여전히 힘없고 자신의 삶을 통제하지 못한 타인일 뿐이다. 이런 이미지로 정당성을 획득하려면 결코 자신의 일을 즐기고 있는 것처럼 보이지 말아야 한다. 희생자 이미지에 담긴 진실의 한 조각은 클럽으로 오기 전부터, 클럽에서 일을 하는 동안, 또 클럽을 떠난 후에도 가난과 폭력, 차별만이 여성 삶의 여정의 전부라는 사실이다. 가난이 원인은 아니지만, 근원 중 하나다.

항상 고고댄서와 희생자의 이미지를 사용하여 매춘여성들을 아주 단순하고 피상적으로 대중들에게 알림으로써, 모든 매춘여성을 똑같은 사람으로 환원시켜버리는 오래된 여성혐오주의자의 시선이 계속되고 있다. 그래서 여성들의 삶의 다양성과 복잡성이 부당하게 취급당하는 것이다.

여성들 삶의 복잡성을 단적으로 보여주는 건 그들의 연령이다. 클럽에서 일하는 여성들의 나이는 13살부터 50살에 이른다. 리타 같은 13살 내지 14살의 어린 여성들은, 이미 결혼한 상태에서 다섯 아이와 함께 술집으로 오게 된 린다처럼 35살에서 45살에 이르는 여성과는 어느 정도 다르게 행동하고 가족에 대한 의무도 달랐으며 짧은 인생경험을 가지고 있다. 10대인 리타는 올롱가포에서 지내는 동안 역시 10대처럼 행동하고 애써 번 돈도 다소 무책임하게 노는 데 써버린다. 린다는 다섯 아이를 먹여 살리고 학교에 보내야 하기 때문에 자신을 챙기는 데는 거의 관심이 없다. 그녀의 주요관심사는 아이들이었다. 그녀가 어떤 일을 하는지 알게 되더라도 충분히 이해할 수 있을 만큼 잘 자라길 바랄 뿐이었다.

여성들은 또한 술집문화에 다양한 방식으로 대처한다. 방식은 나이, 술집에서 보낸 시간, 성격에 따라 차이를 보인다. 희생자 이미지는 살아남기 위해 최선을 다하는 숭고한 여성을 보여준다. 행복한 매춘부의 이미지는 돈이라면 무엇이든지 하고 그것을 즐기는 사악한 여성을 보여준다. 하지만 실제의 여성들은 숭고한 것도 아니고 사악한 것도 아닌, 아주 다양한 생존 방식을 취한다. 예를 들어, 린다의 친구 마를린은 기회를 봐서 손님의 돈을 훔치기까지 했다. 그러나 린다는 도둑질을 했다는 생각에 마음이 불편하기만 했다.

여성들을 고고댄서 이미지 속에 내재하는, 가망 없는 기지찬성론자로 판단하는 것 역시 부당한 단순화다. 그런 판단의 근거로 내세우는 것이 올롱가포나 앤젤레스에서 벌어진 기지찬성 시위에 술집여성들이 대규모로 참여했다는 이야기다. 그러나 실제 모습을 보면 올롱가포에서는 이들이 시위에 참여하지 않을 경우, 술집주인들이 여성들에게 상당한 금액의 벌금을 매긴다. 벌금은 여성들이 받아야할 급료에서 미리 공제된다. 보다 심한 경우에는 참여를 거부했다고 해서 일자리를 잃기도 한다. 클럽에서 일하는 대다수 여성들이 미군기지의 유지를 선호한다는 것은 사실이지만, 다시 한번 깊이 살펴보면 복잡한 내막이 있다. 기지가 유지되길 바라면서도 클럽에서 일하고 싶지 않다는 여성들이 있다. 그들은 다른 일을 하고 싶어 한다. 질문을 "미군기지가 계속 있었으면 좋겠어요?"에서 "기지가 떠난 후 새로운 일자리를 얻을 수 있더라도, 기지가 계속 있었으면 합니까?"로 바꾼다면, 그 결과는 아주 다르게 나타날 수 있다.

필리핀이건 한국이건 클럽여성 대부분은 자신들의 낮은 학력으로는 다른 일을 구하기가 아주 어렵다는 사실을 알고 있다. 일자리가 적다는 것뿐 아니라 클럽에서 일했다는 낙인 역시 다른 일자리를 얻기 어렵게 만든다. 한국에서는 미군을 손님으로 상대했을 경우, 이런 낙인이 더욱 심하다. 자녀의 존재 역시 이 일을 그만두기 어렵게 만드는 요소다. 미군병사를 아버지로 둔 아이는 어머니의 일이 무엇인지 혹은 무엇이었는지 말해주는 살아있는 증거가 된다. 여러 인종과 언어가 존재하는 필리핀보다 대단히 단일한 문화를 이어온 한국에서 혼혈아들이 더 많은 어려움을 겪는다. 한국에서는 이런 아이들은 입양시키는 것이 일반적이다. 필리핀의 경우 유럽계 미국인의 아이가 아프리카계 미국인보다 더 대접을 받는다. 필리핀에서 밝은 피부색은 더 높은 계층에 소속되어 있다거나 식민지 권력과 가까운 관계에 있다는 것을 말해주는 지표로 작용한다.

가망 없는 기지찬성론자라는 이미지 또한 개인의 정치적 발달과정에 미치는 교육의 중요성을 간과하고 있다. 몇몇 지역을 놓고 봐도 일반적으로 클럽여성들에게는 기지나 이 나라의 정치·경제적 상황, 페미니즘 등에 대해 교육받고 정보를 얻을 수 있는 기회가 없다. 그들은 정보의 대부분을 특정한 견해를 가지고 분석하는 업주나 손님에게서 얻는다. 이들 나라에서 여성을 조직화하려는 노력이 배가되면서 비록 소수이긴 하지만 클럽여성들이 업주와 손님이 말하는 것에 맞설 수 있는 정보와 교육을 제공받고 있다. 올롱가포 여성들이 작성한 에이즈 탄원서는 그들이 정보와 지원에 접근할 수 있을 때 어떤 행동을 취할 수 있는지 보여주는 좋은 예다.

희생자, 고고댄서, 병든 자(하나 더 보태자면)와 같은 이미지는 일차적으로 소외를 낳고 유지시키는 기능을 한다. 도덕적으로 비난받아야 하건, 정치적으로 가망이 없든, 또는 가난의 희생자, 병든 자이든, 그녀는 타인으로 남는다. 그녀는 다른 계층, 즉 병사들의 사기를 위해 미군이 요구하는 여성계층일 뿐이다. 소외는 기지촌 지역을 지속시키고 여성들을 통제하는 데 있어 중요하다. 힘을 가진 자들은 침묵이 깨지거나 이미지가 변화되는 것을 원치 않기 때문에 여성들을 소외시킨다. 그들은 누군가 나서서 기지촌에 대해 대중에게 교육하거나 술집에서 일하는 여성들을 교육하는 걸 원치 않는다. 여성들은 고립된 상태로 있어야 한다. 그래야 여성들과 함께 하는 적색분자를 탄압하기 쉽고 조직활동가들을 괴롭힐 수가 있다.[71]

고고댄서 이미지는 여성들에 대한 비난을 유포한다. 때문에 그들은 알아서 살도록 내버려진다. 소외가 지속된다. 희생자 이미지는 클럽에서 벗어난 몇몇 여성들을 구제해줄 수 있는 사회사업의 필요성을 불러일으킬지언정 사회구조를 향해 의미 있게 도전하지는 못할 것이다. 역시 소외는 계속된다. 사회사업가에 의해 이동한 여성들을 대신할 신선한 젊은 여성들은 수도 없이 많다. 그러나 여성들 스스로 떨쳐 일어나 힘을 갖기 시작한다면, 여성들이 교육받고 조직된다면, 그들은 곧장 권력구조를 위협할 것이다.[72] 그리고 여성들이 소외를 극복한다면, 다른 여성들이 클럽여성들과 연대한다면, 역학관계마저 위기에 봉착할 것이다.

빈곤과 저개발 속의 여성들

한국은 신흥산업국(NIC, Newly Industrialized Country)의 대표적 사례로 꼽힌다. 반면 필리핀은 가난에 찌든 국가로 잘 알려져 있다. 그러나 여성들의 체험담을 보면 확실히 동일한 주제를 담고 있다. 농촌 출신이며 시골에서 도시로 이주했고 반여성적 폭력과 차별을 받아왔다는 점이 그것이다. 가난과 성노동 판매는 분명 연관성이 있지만, 관계가 단순한 것만은 아니다. 실제적인 맥락은 보다 광범위한 연결망과 국제관계 속에 자리하고 있다.

식민주의와 신식민주의(제국의 확장과 유지)는 한국과 필리핀에서 직·간접적으로 대규모 이농현상과 환경파괴를 유발했다. 필연적인 가난과 이농으로 공장, 서비스분야, 그리고 성노동 판매에 종사할 도시노동자계층이 형성되었다.

이런 관계는 지리적으로도 역사적으로도 특이한 것이 아니다. 19세기 유럽은 대도시와 식민지 주둔 기지 주변에서 여성의 성노동 판매가 엄청나게 증가하는 것을 경험했다. 산업화와 식민화에 의한 토지소유권 합병과 토지사용의 변화로 많은 사람이 어쩔 수 없이 농촌을 떠났다. 농촌에서 이주해온 여성들은 도시의 서비스분야나 공장에서 일자리를 찾았다.[73] 결국 그들 중 대다수는 성노동을 팔았다.[74] 개발은 종종 시골출신의, 19세기 유럽여성이나 20세기 후반 50년간 제3세계 여성들을 퇴보 속으로 내몰았다.

한국의 이농률은 세계 최고 수준이다.[75] 도시로 이주하지 않은 사람들은 점점 빚이 늘어갔다.[76] 한국 농촌을 붕괴로 몰아간 주범 중 하나는 제국을 확장하고 유지하려 한 미국이다. 미국은 잉여농산물로 제3세계에 덤핑 공세를 펼치고, 신흥산업국의 수출 제조상품의 미국시장 접근물량에 대한 대가로 수입자유화를 요구했다.[77]

난희는 성노동을 팔기 전까지 한국의 공장에서 수년간 일했던 여성이다. 그녀는 장시간 힘들게 일했지만 임금은 아주 적었다. 이것이 한국의 급속한 산업화를 구성했던 한 요소다. 즉 성장의 바탕에는 장시간 노동, 저임금, 효율적인 생산시스템, 안전한 작업환경은 등한시한 최소한의 투자 등이 깔려 있었다.[78] 공장들은 겨우 중학교를 마친 16~25살 사이의 미혼여성들을 고용했다. 이들이 남성들보다 다루기 쉽고 임금도 약 50%가량 싸기 때문이다.[79] 여성이 결혼을 하거나 임신을 하면 해고시켜 버린다. "선 성장, 후 분배"가 급속한 산업화를 위한 정부의 경제 슬로건이었다.[80] 난희와 같은 여성들에게 분배는 허울뿐이었다.

아키노 대통령이 집권한 초기 3년 동안(1986~89년) 필리핀의 GNP는 상승했고, 정부 경제기획자들은 필리핀의 경제가 신흥산업국인 대만과 한국을 따라잡을 것이라는 예측을 내놓았다. 그러나 1988년에도 필리핀 국민의 70%가 여전히 절대빈곤 상태에서 살고 있는 것으로 보고되었다.[81] 한국에서처럼 이농으로 인해 대규모 인구의 도시유입이 발생해 엄청난 수의 젊은 여성들이 가정부로, 혹은 클럽에서 일할 처지에 놓이게 되었다.

필리핀에서 이농은 대체로 미국의 식민지화에 따른 수출주도형 개발정책에서 기인한다.[82] 민다나오에 파인애플과 바나나농장을 조성한 돌과 델몬트 같은 미국의 거대 농업기업은 그런 수출주도형 개발정책을 실현한 최신 매개체였다. 네그로스에서는 합법, 불법을 가리지 않은 대량 벌목과 사탕수수 경작도 이루어지고 있었다. 그 결과로 나타난 것은 토지약탈, 독점적 지배, 이농을 더욱 가속화시킨 엄청난 환경파괴였다. 세계 설탕가격이 폭락하면서 네그로스에 기아가 발생해 동아프리카와 다를 바 없게 되자, 그 실상이 수출주도 개발정책의 결과라며 세계적인 뉴스거리가 되었다.

땅을 잃지 않은 소농들도 혁명세력에 대한 마르코스와 아키노 정부의 "전면전 정책"으로 인해 종종 일을 할 수가 없었다. 필리핀에서는 20년에 걸쳐 혁명이 진행 중이며 점차 그 세력이 커지고 있다. 민족민주전선(NDF), 필리핀공산당(CPP), 민족민주전선의 무장세력인 신인민군(NPA)이 혁명세력들이다. 민족민주전선은 이미 대안적 정치토대가 마련된 일부 지역과 더불어 전국 마을단위의 20%에서 지원을 받고 있다고 주장한다.[83] 혁명세력에 대한 "전면전"은 베트남 시골지역에서 사용된 것과 유사한 전술로 필리핀 마을주민들과 벌인 전쟁이었다.[84] 미국은 필리핀 영토를 미국의 기지로 사용하는 대신 무기와 자금을 지원하고 필리핀 군대를 훈련시키는 형태로 군사적 원조를 한다. 시골지역까지 무장하는 데 활용되는 이런 식의 군사원조는 농민들의 이농을 가속화시킨다.

1986년 11월, 브렌다는 올롱가포에서 고향마을 사마르로 가는 한 여성과 동행한 일이 있었다. 그녀의 아버지는 약간의 땅을 가지고 있었지만 오후 6시(일몰)에 시작되는 마을통행금지령으로 인해 농사를 지을 수가 없었다. 시골에서 오후 6시 이후에 보이는 사람은 누구든 신인민군이나 그 지지자로 간주되었다. 해가 있는 동안 매일 오가기엔 농지가 너무 멀기 때문에 농사를 짓기 위해서는 한번에 며칠씩 가족들이 집밖에서 지내야만 했다. 결과적으로 그들은 전혀 농사를 지을 수가 없었다. 이들 가족 중 맏딸은 결혼을 해서 아이가 있었고, 그 아래 세 딸이 모두 올롱가포의 클럽에서 일하며 두 남동생이 학교에 다닐 수 있도록 가족에게 돈을 보내고 있었다.

사마르는 필리핀 내 "제3세계"라고 불릴 만큼 궁벽한 곳이다.[85] 사마르의 마을 대부분에는 젊은 사람들이 거의 없다. 리타의 고향마을도 사실상 모든 젊은 여성들이 올롱가포로 갔다. 거의 대부분의 집들도 이들이 번 돈으로 지어졌다. 다른 지역들도 재앙 수준의 환경파괴로 인해 빠르게 사마르처럼 되어가고 있다. 현재 필리핀 원시림은 약 10%만 남아있고, 살아있는 산호초도 25%에 불과하다.

여성과 일, 의무, 폭력

필리핀의 이주에 관한 연구를 살펴보면 아들보다 딸들이 도시로 보내지는 경우가 많다. 전통적으로 아들에게는 자유와 독립이 부여되는 반면, 딸들은 가족과 더 친밀한 관계를 유지하고 책임감을 갖도록 배우기 때문이다.[86] 5살 소녀는 요리와 청소를 하고 5살 소년은 놀이를 한다. 여자는 구멍가게를 운영하고 남자는 술에 취해 거리를 서성인다. 클럽여성이 오빠와 남동생들의 교육을 위해 집으로 돈을 부친다.

여성들의 이야기에서 두드러진 주제는 바로 성실하고 책임감 있는 딸이다. 박씨는 어린 동생들을 키우며, 이들을 학교에 보내고 먹여 살리기 위해 성노동을 판다. 리타는 땅을 담보로 얻은 빚을 갚기 위해 자신의 처녀성을 판다. 매들린은 아픈 언니의 치료비를 위해 처녀성을 판다. 자넷은 가족의 생활비를 책임지고 어린 동생들을 학교에 보내기 위해 올롱가포로 간다. 성노동을 파는 여성들은 대개 충실한 딸을 자기 역할의 한 부분으로 여기고 책임감 있는 사람으로 행동한다. 남자 형제들에 비해 직업선택의 여지가 거의 없고 낮은 임금을 받는데도 불구하고 젊은 여성들은 사회화되면서 가족에 대한 책임감을 강요받는다. 올롱가포의 한 여성은 이런 말을 했다. "배운 것도 없는 여자가 뭘 할 수 있겠어요? 가정부가 되거나 웨이트리스가 될 뿐이죠. 하지만 남자들은 목수가 될 수도 있고 지프니나 택시를 운전할 수도 있잖아요."

여성이 처녀성을 판다는 것은 사소한 문제가 아니다. 필리핀과 한국 모두 여성은 결혼할 때까지 처녀여야 한다. 일단 처녀성을 잃고 나면, 결혼에 대한 기대는 아주 낮아지고 낙인까지 찍히게 된다. 린다와 박씨의 경우처럼, 강간은 남자들이 여성에게 결혼을 강요할 수 있는 한 가지 방법이다. 처녀 상태로 클럽에서 일을 시작한 경우, 처녀성을 팔거나 빼앗긴 시점이 그녀에게는 중요한 인생의 전환점이 된다. 그 이후부터 여성들은 어쩔 수 없이 거기서 지내야 한다고 여기게 된다. 이는 리타의 체험담에서 가장 뚜렷하게 나타난다. 미국인들은 처녀성에 관심이 없기 때문에 미군병사와 결혼하고 싶다는 여성들도 간혹 있다. 이런 결혼을 통해서 여성들은 다시 떳떳해질 수 있다. 그러나 많은 여성이 미군과 사느니 차라리 결혼하지 않겠다고 한다. 그렇지만 결혼을 고려한다. 어쨌든 결혼은 그 자체로 기회가 될 수 있으며 자녀들에게만은 보다 나은 미래를 보장해줄 수 있는 길이라 생각하기 때문이다.

선진국의 경우, 성폭력이나 성적 학대가 피해여성을 매춘여성으로 만든다는, 그 상관성을 살핀 연구가 많다. 그러나 매춘여성단체는 통계가 이론을 뒷받침하는 건 아니라고 주장한다. 게일 피터슨(Gail Pheterson)은 "아동기의 성적 학대가 매춘여성을 구분 짓는 특징은 아니다. 그것은 여성 억압의 공통적 특징이다"라고 언급했다.[87] 필리핀이나 한국에서 그런 상관관계를 조사한 연구는 거의 없지만, 인종·계급·직업·결혼상태·성적 지향에 관계없이 여성에 대한 폭력은 세계 어디서나 만연해 있다. 여성들은 클럽으로 오기 전이든 후든 폭력과 성적 학대를 경험한다. 난희는 심한 학대를 일삼던 남편을 결국 떠나 미국인과 살게 되지만, 그 미군의 폭력을 겪은 후 모든 남자는 다 똑같다고 단정한다.

매춘여성은 강간을 당할 수 없다는 허구적인 통념 때문에 매춘여성은 강간을 당했을 때 거의 도움을 받을 수 없다. 그리고 남성들은 돈을 지불했기 때문에 자신이 원하는 대로 할 권리가 있다고 믿는다. 올롱가포의 많은 여성은 손님과 호텔로 가느니 집으로 데려가고 싶어 한다. 사람이 많은 도시빈민지역의 혼잡한 환경으로 인해 손님이 폭력을 가할 경우,

집 부근에는 이를 듣고 도와줄 수 있는 누군가가 항상 있기 때문이다. 호텔에서는 그녀를 도와줄 사람이 아무도 없을 수 있다. 한국에서는 여성들의 방을 술집 뒤편에 두고 마마상과 감시인이 손님들의 출입을 통제한다. 미국인의 집에 들어가 사는 난희나 계약동거 중인 '키 우먼' 같은 여성들은 더욱 위험하다. 술에 취하면 백인이 흑인보다 더 거칠고 난폭해진다고 올롱가포 여성들은 말한다. 그러나 인종을 막론하고 가장 최악인 것은 해병이라고 이구동성으로 말한다. 많은 여성이 학대당할 것이 두려워서 해병과는 외박을 나가려 하지 않는다. 학대당한 이야기만 꺼내면 첫 질문이 "그 사람, 해병이었니?"다. 해병대는 보다 강도 높은 규율과 훈련을 거치기 때문에, 그들이 여성에 대해 더욱 폭력적이라는 사실은 그리 놀라운 일이 아니다.

아시아에 복무 중인 남성의 일과 유흥

병사들은 누구인가? 베트남전쟁에 대한 국내 여론의 반대로 인해 징병제가 폐지된 1973년 이후 모두 자원입대한 사람들이다. 그들은 젊다. 대다수가 17살에서 25살 사이이다. 그런 젊은 남자들이 긴급전개부대(Rapid Deployment Forces), 보병, 공군, 해군의 대표적인 구성원들이다. 젊기 때문에 이직률도 높다. 약 50%만이 재입대한다.[88] 대부분의 남성에게 군대가 첫 해외경험을 안겨준다. 입대하고 나면 신속하게 아시아에 배치된다.

태평양에서의 이권을 지키기 위해 미국은 미 서부해안에서 인도양에 걸쳐 수많은 기지에 38만 명 이상의 병력을 주둔시키고 있다. 관심 지역인 한국에는 43,000명④, 필리핀 16,000명, 오키나와에는 30,000명이 주둔하고 있다. 그 외 제7함대 70,000명의 병력이 550대의 항공기를 탑재한 90척의 군함에 배속되어 있다.

거의 모든 병사들이 홀몸이며, 홀몸이 아니라 해도 현실적으로는 홀몸과 진배없다. 기혼자는 극소수에 불과하고 결혼을 했더라도 군이 가족을 동반할 수 있도록 허락하는 경우는 극히 드물다. 해상생활이 많은 해군들의 경우는 더욱 그렇지만 해병과 육군도 마찬가지다. 한국에 주둔 중인 약 43,000명의 병력 중 단 2,000명만이 사령관의 허가를 받아 복무기간 동안 가족을 동반할 수 있는 자격을 갖고 있다.

우리가 연구한 세 나라 미군기지의 특성은 서로 다르다. 수빅은 미군 제7함대의 사령

---

④ 미 국방성 자료로는 2002년 말 기준, 37,000여 명이 주둔하고 있다

기지였다. 제7함대는 미국 서부해안에서 아프리카 동부해안에 이르는 태평양지역을 순찰하고 감시한다. 수빅 기지는 함선 수리작업에 필요한 3개의 부양식 건선거乾船渠와 함께, 뛰어난 병참 체계를 갖추고 있었다. 그곳의 필리핀 노동력은 고도로 숙련된 인력으로 구성돼 있지만, 그 지역 내 미군이 고용한 노동력 중 가장 낮은 임금을 받았다.

오키나와 킨에 있는 해병기지, 캠프 한센은 긴급전개부대를 훈련시킨다. 긴급전개부대는 유사시 아시아 대륙과 동남아시아의 여러 섬나라, 그리고 중동까지 미국의 군사력을 투사할 수 있도록 해주는 고도로 훈련된 기동전투부대다. 한국의 동두천은 남에서 북으로 가는 자연스런 길을 형성한 통로다. 따라서 그곳에 주둔하는 부대는 항상 최고 수준의 경계태세를 갖추고 있다.

병사들은 어디에 있든 계속 훈련을 받는다. 동두천의 보병이나 캠프 한센의 해병은 종종 2주에서 3주간의 고된 전투훈련을 받는다. 한국에서는 70~80파운드(약 32~36kg)의 군장을 차리고 "황천 가는 길" 45마일(약 72km) 행군을 하거나, 험준한 산악지대를 쉬지 않고 10시간을 걸어서 넘어가는 산악훈련을 받는다. 오키나와에서는 낙하산 훈련, 상륙훈련과 함께 고온다습한 정글에서 힘든 훈련을 받는다. 그리고 올롱가포의 수빅 기지로 가서 아에타족 사람에게 강도 높은 정글생존훈련을 받기도 한다.[89] 해군은 함상에서 전투훈련과 무기관리, 경계태세, 정비훈련을 받는다. 그것은 육체적으로 힘든 일이다. 모든 미군이 이전에 자국 내에서 받은 어떤 훈련보다 더 힘든 일을 하고 있다고 얘기했다.

휴가가 주어지면 파티가 벌어진다. 어느 날 밤, 동두천에서 벌어진 파티에서 쏟아진 말이다.

> "이봐, 우리가 야전에서 무슨 훈련을 하지? 한국군보다 더 많은 산을 오르내려. 불알이 터진다고. 당연히 돌아와서는 어디선가 휴식을 취해야지. 그래서 밖으로 나와서 술에 취하는 거야. 우리는 긴장을 풀려고 여기에 온다고…… 그냥 술집에 가서 먹고 마시고 즐기는 거지…… 알다시피 우리는 2주 반에서 3주간, 거의 한달 동안 지랄 같은 곳에 있었다고. 우리를 둘러싸고 있었던 건 더러운 옷과 지독한 냄새뿐이었어…… 샤워도 할 수 없었어…… 쓰레기 같은 전투식량을 먹고 제대로 된 식사 한 끼 못 먹었지. 그래서 여기 와서 맥주를 마시면서 기분이 좋아지면 이렇게 말해. '어이, 난 다른 곳으로 갈 거야…… 내가 여기에 몇 달간 있었지? 제기랄, 밤새 마실 거야…… 동두천에 있는 인간들은 다 그럴 거야. 훈련을

마치고 돌아오면, 우리는 개새끼들이 되는 거야…… 보다시피.'"[90]

병사들에게 파티시간이란 귀청이 터질 것 같은 하드록 속에서 함께 취하고 뒤떠드는 것을 뜻한다. 그리고 여성을 사는 것도 빠지지 않는다. 술집·환락가·매춘업소·호텔, 그리고 여성들의 숙소가 기지 바로 바깥에 있다. 미군이 주둔하는 곳마다 이런 광경이 너무도 흔한 걸 보면 미국 정부가 정책으로 이를 뒷받침한다는 것이 명확하다.

이런 장치는 군이 병사들을 완전히 통제할 수 있도록 해준다. 근무하는 동안에는 죽어라 일하고, 그에 대한 보상으로 주어지는 휴가 때는 술에 취해 있거나 여성을 사서 침대에서 뒹군다. 다른 경우는 거의 없다. 병사들은 현지 언어를 모른다. 회화집을 활용할 생각조차 하지 않는다. 어느 나라에 주둔하든 미군은 술, 피자 한판, 여자, 하룻밤 숙박료를 제외하고는 현지 화폐가치에 대해서는 완전 무식할 정도다. 현지 교통수단도 제한적으로 이용한다. 올롱가포의 예를 들더라도 가까운 거리를 이동할 때나 겨우 삼륜 오토바이와 지프니를 이용한다. 지역 밖으로 운행하는 버스를 이용하는 일은 거의 없다. 한국과 오키나와에서는 택시를 제외한 대중교통수단을 이용하지 않는다. 그런 가운데서도 택시기사와 바가지요금이라고 실랑이를 벌이는 일이 많다.

다른 나라, 낯선 문화 속에 있다는 것이 병사들에게는 상당한 위협으로 다가오기도 한다. 그래서 현지 남성들에게 강도나 구타를 당한 동료들의 이야기를 귀담아 듣기는 하나, 다른 것에 대해서는 복잡하다고 관심을 두지 않는다. 군목들은 병사들이 섹스를 하는 것은 당연시하면서, 여성들에 대해선 그들을 유혹하여 결혼하고 자신과 가족들을 부양하도록 하는 "나쁜" 여자들이라며 위험에 대해 경고한다. 또한 미군들은 라디오방송을 통해 테러리스트 운운하는 군의 발표를 듣는다. 오키나와에서는 군당국자가 상업 라디오방송에까지 출연하여 위압적인 목소리로 주의를 촉구한다. "몇 가지 간단한 예방수칙만 지키면 테러리즘 역시 막을 수 있습니다. 문과 창문을 잠그고 옥외등을 켠 뒤, 응급전화번호를 누르십시오."[91] 필리핀에서도 역시 음산한 음악을 배경으로 위압적인 군당국자의 목소리가 흘러나온다. "마티와 릭은 미국인임을 자랑스러워합니다. 그러나 테러리스트를 포함해서 미국인들을 이용하려는 사람들의 표적이 되지 않기 위해, 자신들이 누구이며 어떤 사람인지 과시하지 않습니다. 이 때문에 이들은 눈에 띄지 않으려 애쓰고…… '보이지 않는 곳'으로 숨어듭니다."[92]

병사들은 주둔 국가의 정치·경제·사회·문화·역사적 현실에 대해 거의 모른다. 그들은 오키나와의 반전시위나 필리핀의 민족운동을 이해하지 못한다. 지난 50여 년간 한국에서 거의 지속적으로 벌어진 시위와 관련해서도, 그들은 반미적 요소에만 초점을 둔다. 그러면서 이를 분석할 지식이나 잣대가 없기 때문에 개인적으로 해석한다.[93)]

"나는 독일로 가게 돼 있었어요. 그러나 지시가 변경되더군요. 현재 나는 보병입니다. 그게 내가 돈을 버는 일이고, 조국이 내게 기대하는 것이며 계약한 내용이죠. 나는 조국을 위해 이 일을 합니다. 내가 서명한 건 그걸 의미하죠. 하지만 서명할 때만 해도 내가 해야 할 일이 무언지 쥐뿔도 몰랐어요. 난 여기 한국에 와서 내 일을 하고 있습니다. 솔직히 말해 미 육군을 좋아하진 않아요. 하지만 난 아주 애국적이고 내 나라를 사랑해요. 누군가 미국에 욕을 하면 기분이 좋지 않아요. 그들이 원하는 건 우리의 돈뿐이면서 말이죠.

자세히 살펴보면, 사실 우리는 여기에 꽤 많은 돈을 뿌리고 있어요. 기지의 건설인부, 작업반장, 경비, 기지 바깥의 매춘부와 가게에 상당한 돈을 지불하고 있죠. 우리가 없다면, 그들도 있을 수 없어요. 우리가 여기서 이렇게 돈을 쓰고 있는데도 그들이 뻔뻔스럽게 앉아서 미국에 욕이나 해대는 건 말이 안 돼요.

독일이나 다른 나라와 마찬가지로 우리가 여기에 주둔한 이유는 단 한 가지, 정치적 이유 때문이죠. 공산주의자의 침략 저지가 그 유일한 이유입니다. 그게 전부죠. 한국군은 미군에 의존하고 있어요. 정말입니다. 그들의 무기도 우리 것 아닙니까. 장비도 우리 거예요. 차량은 어떤가요, 우리가 준 거잖아요. 판 게 아니고 준 거란 말입니다. 하다못해 차에 거는 체인도 우리 겁니다. 모든 게 우리 걸로 돼 있죠. 우린 여기서 꼭 필요한 존재죠. 우리가 한국의 이익을 지키고 있는 거예요. 지금 한국이 민주화된 것도 미국이 여기 있기 때문이죠. 한국 대통령도 그걸 알고 있어요."

군사문화에 물든 남성성과 남성

제3세계 국가에 초점을 맞춘 미군의 대외정책과 전략은 베트남에서 얻은 중요한 교훈 중 하나를 바탕으로 한다. 즉 신속한 개입과 대규모 군사력동원만이 미국의 이해를 확실히 보장해준다는 것이다.

노골적인 공격성이 군사적 임무의 전부와 동일시되고, 현실에 대한 군인의 시각이 군대의 시각이 되는 군사문화 속에서 남성적 정체성의 주입은 당대의 전투행위에서 오는 극심한 스트레스를 위한 처방이다.[94)]

남자가 된다는 것, 사내가 된다는 것은 군대식으로 말하자면 타인에 대한 공격성과 지배력을 갖춘다는 의미다. 전투 기초훈련은 신병을 육체적으로 정신적으로 무장시킨다. 여러 가지 살인기술을 습득한 사내들은 살인을 강요받다가 결국 살인을 해보고 싶어 하는 자신을 느끼게 된다. 살아남기 위해서는 그렇게 해야 한다. 그렇게 되기까지 신병은 극도의 고통스런 변화를 겪는다. 명령에 대해 의문을 갖지 않고 절대복종을 내면화하는 것이 핵심 요소다. 그것이 세계 속의 군인으로 거듭나는 방식이다.

기초훈련에서는 이런 남성성을 기르기 위해 육체적·정신적·언어적 폭력을 사용한다. 군대는 사회·경제적으로 주변부에 있는 젊은 남성들을 기반으로 삼는다. 미국의 도시와 시골지역을 막론하고 교육, 보건, 복지 서비스의 유용성과 질이 떨어지자 거리에서 거래되는 약물의 종류와 수가 증가했고, 1980년대 블루칼라의 일자리가 감소하자 당시 왜곡상을 반영하듯 군입대가 늘어났다. 군대는 항상 중하층 노동계급 청년들이 마지막으로 의지하는 고용주 역할을 해왔다. 오늘날에는 미군 신병 가운데 제3세계 출신이 증가하고 있다.[95)]

남성과 젠더, 포르노그래피, 인종주의, 힘

군대사회에서 군인이 사회화되는 과정에 대해 우려하는 것 중 하나이자 우려하는 이유는, 그것이 잠재적으로 양성간의 관계에 영향을 미치기 때문이다. 예를 들어 부드러움과 관련된 느낌은 여성스런 것으로 치부되어 군대에서의 사회화 과정 동안 뿌리를 뽑아 없애버려야 하는 것이 된다. 여기에는 종종 동성애 혐오와 여성 혐오적 요소를 품고 있다. "고양이 같은 녀석", "이 호모 자식", "계집애 같은 놈"은 일반적으로 제대로 일을 해내지 못하는 병사들에게 지르는 고함이다. 행진하면서 부르는 군가에도 부정적인 여성 이미지로 가득 차 있다.

> "이것은 나의 소총 …… 이것은 나의 대포 …… 이것은 싸우기 위한 것 …… 이것은 재미를 위한 것."
> "나는 몰라 …… 하지만 나는 들었지 …… 에스키모 여자의 그곳은 엄청 차다네."
> "도시를 강간하라 …… 사람을 죽여라 …… 바로 그것 …… 우리는 그일을 사랑한다네."

여성적 이미지를 가지고 대상을 조작하는 것 역시 중요하다. 배·비행기·탱크·무기·장비·

시스템에 여성의 이름(대개 유명한 섹스 대상의 이름)을 붙이고, 신병들은 그것을 사용하면서 기술과 힘을 얻고 우월감에 빠진다.

사물을 통한 조롱과 조작에 익숙해지면서 청소년기와 성인기 사이에 있는 젊은 남성들의 의식 속에 여성이 자리 잡는다. 남성-여성의 사회적 관계에 대한 신병들의 지식은 가족관계, 동료집단, 지역사회뿐만 아니라, TV·영화·광고·유머·대중잡지·포르노그래피·대중매체로부터 얻은 것이다. 아무리 좋게 평가해도 그런 사회화는 기존의 왜곡된, 전통적인 남성의 사회화를 악화시켜서 양성간의 차이를 극복하는 데 필요한 언어적, 사회적 기술을 익히도록 압박을 가하지 못한다. 최악의 경우, 여성에 대한 경시와 폄하를 가르치며 수용 정도에 따라선 갈등을 해결하는 데 폭력까지 동원하게 만든다.[96]

기지촌 술집지역에 출입하게 되면서부터 병사들은 무엇이든 살 수 있고 포르노그래피 상품으로 오감이 곤두서는 하부문화에 빠져들게 된다. 그들이 이용하는 모자와 티셔츠에는 그런 모습이 생생하게 담겨 있다. 술집지역에서는 개별 남성의 선택방법이 무엇인지, 원하는 정도가 어떤 수준인지에 상관없이 군대화된 남성성이 불러온 여성 혐오가 활개를 친다. 이는 뿌리 깊게 파고든 과도한 남성숭배이자, 남근중심의 지배라 할만하다. 군대화된 남자다움은 돈이 지불된 강간으로 나타나기도 하므로 강간과 구매의 경계는 종이 한 장 차이에 불과할 수도 있다. 애정 없는 여러 파트너와의 섹스를 가능하게 하고, 가장 어리고 값싼 여성을 멋대로 취할 수 있는 힘이기도 하다. 그리고 성노동을 판 여성에 대한 특별한 형태의 폭력일 수도 있다. 그러나 그렇게 학대와 지배가 횡행하더라도 그것은 진정한 개인의 힘을 보여주는 것이 아니고, 개인은 온데간데없이 남성 집단의 힘만 반영된 결과를 보여줄 뿐이다.

전투가 예정된 군인에게 매춘여성과의 섹스는 사회화 과정의 정점이다. 첫 휴가를 함께 경험한 부대원들은 서로 끈끈해진다. 그들을 묶는 핵심 요소는 함께 술에 취하고 매춘여성과 섹스를 했다는 것이다.[97] 이런 의식을 통해 각 병사들은 부대원들을 위해 목숨까지 던질 수 있는, "열정을 함께 태운 올바른" 군인이 된다.

그것은 성노동을 파는 여성의 몸을 이용한 성적 제국주의다. 이 제국주의에는 강한 인종차별적 요소가 들어 있다. 병사들은 여성을 묘사하는 데 있어 동양인에 대한 경멸적 호칭으로 잘 알려진 "슬로프(slope)", "슬랜트(slant)" 등 인종차별적 용어를 오랫동안 일상적으로 사용해 왔다. 한국에서는 전쟁 당시와 이후, 미군들이 모든 한국여성을 "무스(moose)"라고 불렀다. 남베트남지역에서는 "키 우먼"처럼 일하는 여성들이 "집쥐(house-mouse)"로 불렸다.[98]

필리핀에서는 미군들이 여성을 "쌀로 힘을 내는 작은 갈색 섹스기계(Little Brown Fucking Machines)" 혹은 줄여서 LBFM이라 불렀다. 병사들은 여성들의 피부가 어느 정도 갈색인지, 얼마나 많은 여성과 관계했는지, 얼마나 가격이 싼지, 어떻게 했는지, 얼마나 어린지에 대해 끊임없이 뒤떠든다. 그리고 이런 말도 지껄인다. "난 정말 죽여주는 섹스를 했어", "섹스 약속이 있어", "씹, 그게 필리핀의 전부지." 태양이 이글거리는 일요일 오후, 지퍼를 내리고 성기를 발기시킨 채 오른손은 엉덩이에 대고 왼손으로 레드호스 맥주병을 쥐고 앉아있는 한 남성을 볼 수 있다. 그러면 손에 수건을 쥔 여성이 무릎을 구부리고 앉아 상체 전체를 문질러 성기가 끝까지 팽팽해지도록 한다. 모퉁이를 돌자마자 2m 거리에 술집이 있는데, 그녀는 거기서 씻는다. 4살배기 혼혈 딸이 그녀를 도와준다.

술집지역은 사내들의 군대화된 남성성이 논리적으로 귀착하는 곳이라 할만하다. 미 군사문화의 핵심은 누가 됐든, 뭐가 됐든 그에 대한 책임감을 기본적으로 결여하고 있다는 점이다. 여성이 낳은 아이들이 여기에 해당한다. 아이들은 여성만의 책임이다. 자신이 생부인 아이에 대해 유대감을 표하는 남성을 찾아보기란 지극히 어렵다. 여성 혼자 떠맡도록 내버려둔다. 남성들은 이 여성들을 채워야 할 빈 그릇쯤으로 여긴다. 사회적 장소, 즉 술집·거리·지프니안·식당 등지에서 사내들은 끼리끼리 어울리며 이야기를 나눈다. 여성들은 상품일 뿐이다. 그들은 즐기기 위한 도구며, 오로지 성적 요소에 의해 규정된다.

오키나와에서만 양성관계가 다소 차이를 보였다. 병사들은 상시적으로 전투훈련을 받지만, 캠프 한센으로 돌아오면 기지촌 지역을 찾는다. 술집에서 일하는 몇몇 필리핀 여성들과 일부 병사들은 서로에 대해 알기 시작하면서 연인관계를 맺기도 했다. 이런 병사들은 여성들의 처지, 즉 집을 떠나 타국에 와서 일하게 된 이유, 자기 가족에 대한 의무에 연민을 보냈다. 그리고 여성들도 병사들 역시 어려운 환경 속에서 살아왔다는 것을 이해했다.

오키나와에서의 그런 관계는 필리핀 여성과 병사 모두 고국을 떠나 힘들게 일하며 종종 아주 억압적인 상태에 놓인다는 공통점 때문에 다소 좋게 볼 수도 있다. 그렇지만 여성들은 남성에 비해 한층 더 취약한 위치에 있다. 그들은 노출돼 있으며, 변함없이 자신들에게 들씌워진 포르노그래피적 이미지를 보면서 욕망·경멸·환상·모욕과 같은 모순적 메시지를 경험한다. 성노동을 파는 그들은 남성과는 달리 고정된 방향으로 대상화된다. 여러모로 구타당하거나 학대당할 경우, 누가 여성들을 되돌려 줄 수 있을까? 고국에서라면 말을 할 수도, 친구와 이웃도 있다. 오키나와에서는 아주 운이 좋은 경우 로위나처럼 좋은 관계를 맺고 그에 의지할 수도 있다. 그렇지 않다면 자넷의 경우처럼 아무것도 남는 게 없다.

어디든 여성들에 비해 남성들이 훨씬 더 많은 힘을 가지고 있다. 그들의 힘은 육체적인 것이고, 한편으론 경제적인 것이다. 그리고 사내들이 기지를 옮겨 다니는 것은 이 힘을 증가시키는 요소다. 그들은 완력을 사용하고 학대를 일삼으며, 자신이 원한다면 무엇이 됐든지, 어떤 방식으로든지, 횟수에 상관없이 요구하고 얻을 수 있다. 이런 것들이 충족되지 않으면, 돈을 돌려받기까지 한다. 그리고 오늘 여기 있는 그들이 내일이면 가고 없다. 비록 한 나라에 주둔하고 있더라도 말이다. 여성들은 사실상 그의 생활에 대해 아는 것이 없을 뿐더러 피해를 주장하는 것도, 조사를 요구하는 것도 불가능하다는 게 확실하다. 이것이 우리가 연구한 세 나라 기지촌의 양성관계 속에 자리한 현실의 본질이다.

올롱가포의 여러 클럽에서 일한 경력이 있는 릴리는 이렇게 말했다.

"평생을 살아가면서 우리 여성들은 내적으로 강해져야 합니다. 우리는 싸워야 합니다. 두려워하지 말아야 합니다."

올롱가포 집에서, 릴리와 그녀의 딸 일레인

1) 가브리엘라는 여성들의 자조력계발을 위해 선도적으로 싸워온 필리핀의 전국여성단체연합이다.

2) 제2차 세계매춘여성대회 의사록에서 인용.

3) Laurie Bell, *Good Girls, Bad Girls: Feminists and Sex Trade Workers Face to Face* (Toronto: Seal Press, 1987), p. 84.

4) Susan Brownmiller, *Against Our Will: Men, Women and Rape* (New York: Simon and Schuster, 1975), pp. 391~92.

5) Kathleen Barry, *Female Sexual Slavery* (Englewood Cliffs, N.J.: Prentice-Hall, 1979), p. 271.

6) 위의 같은 책, p. 163.

7) Barry, Bunch and Castley, *International Feminism: Networking against Female Sexual Slavery* (New York: International Women's Tribune Center, 1984), p. 27.

8) 성노동에 대한 관점과 몇 가지 추가 분석을 둘러싼 보다 폭넓은 비평은 Thanh-Dam Truong, *Sex, Money and Morality* (London: Zed Books, 1990)를 참조. 트롱은 여기서 다루지 못한 성노동에 대한 여러 이론적 견해를 고찰하고 비평하는 훌륭한 작업을 했다.

9) Takazato Suzuyo, "Women in Relation to the Base Situation in Okinawa" 이는 1984년 9월 3~6일, 오스트리아 비엔나에서 열린 '국제노예폐지론자연합(Internation Abolitionist Federtion)'의 제2차 국제대회에서 발표된 미발간 원고다. 현대사에서 매춘여성의 재활을 포괄적으로 다루고자 했던 정부는 사회주의 국가인 베트남과 중국뿐이다. 1975년 미군철수 후 베트남 정부의 정책은 단호했다. 재활에는 성병과 약물중독 치료, 직업훈련이 포함되었다. 베트남 정부는 이 문제를 개별적 문제가 아닌 정치적 문제로 보았다. 베트남전쟁 당시 마을과 가옥의 파괴, 인명살상을 동반한 미국의 정책으로 인해 이 같은 매춘이 생겨난 것으로 본 것이다. 참조: Melanie Beresford, *Vietnam : Politics, Economy and Society* (London and New York: Printer, 1988), pp. 182~83. 그러나 베트남의 경우처럼 이렇게 역사적 전환기에 진척되거나 시작된 사회주의 국내정책은 전면 실행이 불가능했다. 1975년 공식적으로 캄보디아의 정권을 장악한 크메르루주와의 전쟁 때문이었다. 1991년 후반에서야 이 전쟁이 해결될 징후가 나타났다. 중국공산군이 일본군과 국민당 군대를 성공적으로 패퇴시킨 후, 1949년에 수립된 중화인민공화국에서는 사회주의정부가 일제 치하(1931~45년)에 들어간 지역과 국민당 통치지역에서 성노동을 팔던 100만 명 이상의 여성들을 대상으로 광범위한 재활사업을 실시했다. 중공군은 매춘업소를 폐쇄시키고 업주들을 체포했으며 성병과 약물중독, 영양실조에 걸린 여성들을 병원으로 보내 치료를 받게 했다. 거의 90%에 달하는 여성이 성병에 걸려 있었고, 이들 중 대부분이 증세가 깊었다. 이것이 1단계 조치였다. 2단계에서는 이 여성들이 일할 공장(대체로 직물공장이나 경공업공장)과 거처할 주택을 지었다. 많은 여성이 전에는 신부집에 줄 결혼지참금이 없어서 결혼할 수 없었던 가난한 농부나 노동계급 남성들과 결혼했다. 여성들의 재활이 중국사회주의국가의 우선순위 사업이었다. 이는 일본 및 국민당과 싸우면서 힘을 얻은 공산당과 중국 여성운동의 뒷받침으로 이루어졌고 재활사업은 산업국가 건설과 맞아떨어졌다. 정책결정과 이행 과정에서 양심세력과 자원 활용을 의탁한 민중, 정치권력이 힘을 모은 드문 시기 중 하나였다.

10) Gail Pheterson, *A Vindication of the Rights of Whores: The International Movement for Prostitutes' Right*(Toronto: Seal Press, 1989), p. 94.

11) Truong, p. 87.

12) Veena Talwar Olenburg, "Lifestyle as Resistance: The Case of the Courtesans of Lucknow, India", *Feminist Studies* 16 (1990): 259~87.

13) 위의 같은 책, p. 283.

14) Barry, Bunch and Castley, p. 266.

15) Motoe Terami-Wada, "Karayuki-san of Manila: 1890-1920", *Philippine Studies* 34 (1986): 287~316. 필리핀과 일본 여성 모두 성노동을 팔았다. 1900년 이전에는 소수의 일본 여성만이 필리핀에 와 있었지만, 1900년에 처음으로 64명의 대규모 일본 여성이 필리핀으로 왔다.

16) 위의 같은 책.

17) 군의관들은 병사들에게 매 성관계 후 복용할 예방약도 나누어주었다. 참조: Allen M. Brandt, *No Magic Bullet : A Social History of Venereal Disease in the United States Since 1880* (New York: Oxford University Press, 1985), ch. 2.

18) 아프리카계 미국 여성들은 아프리카계 미군들만 상대하도록 한 것은 문제 중 하나였다. 참조: 위의 같은 책, 3장.

19) 위의 같은 책.

20) 위의 같은 책.

21) 1941년 3월, 제77차 국회 하원 군사위원회에서의 연설, 'H.R. 2475: 육군 및 해군시설이 있는 일정거리 내 매매춘금지법안' 심의 전 발언한 내용이다. 켄터키 출신의 위원장 앤드류 메이(Andrew J. May)는 군목 아놀드의 "매우 훌륭한 언급"에 찬사를 보냈다.

22) 또한 정부는 임질·매독·연성하감에 감염되었더라도 합병증이 없는 경우에는 입대시키기 시작했다. Brandt의 책, 5장 참조.

23) 알렌 베르크만(Arlene Eisen Bergman)이 쓴 *Women of Vietnam* (San Francisco: People's Press, 1974)의 한 장만 예외다.

24) 세계의 다른 지역에 있어서는 독보적인 사진이 있었다. 메리 마크(Mary Ellen Mark)의 섬세한 컬러사진들은 인도 봄베이에서 성노동을 파는 여성과 복장도착자가 일하는 모습과 어렴풋하나마 그들의 사생활을 느낄 수 있도록 해준다. Mary Ellen Mark, *Falkland Road: Prostitutes of Bombay* (London: Thames and Hudson, 1981) 참조.

25) Samuel P. Huntington, "Squaring the Error", *Foreign Affairs*, 1968. 7. 이 글에서 헌팅턴은 시골사람들이 베트남 혁명세력에게 도움을 주지 못하도록 하기 위해 민간인들에게 끔찍한 폭격을 가한 미국을 철저하게 옹호하고 있다. "물고기가 헤엄칠 수 있는 물을 제거"하는 이 방법은 대량학살을 학문적으로 정당화시킴으로써 대량학살정책의 고전이 돼버렸다.

26) Gloria Emerson, *Winners and Losers: Battles, Retreats, Gains, Losses and Ruins from the Vietnam War* (New York: Harcourt Brace Jovanovich, 1976), p. 357.

27) Ngo Vinh Long, "Prostitution in Vietnam", draft manuscript, 1990, p. 16.

28) 남자들은 이 꽃에서 저 꽃으로 날아다니는 "나비" 같은 존재다. "나비"는 술집지역에서 사용하는 공통용어다. 여성들에 따르면 나비 같은 남성은 경멸감을 갖고 바라보고, 그렇지 않은 남성을 찾는다고 한다.

29) Brownmiller, p. 96.

30) 위의 같은 책, p. 95.

31) Takazato Suzuyo, 미발간 원고.

32) 위의 같은 책, 다카자토 스즈요는 1972년 오키나와 반환 당시 선불금 시스템으로 인한 여성들의 빚은 평균 2,000달러, 최대 17,000달러였다고 한다(1972년 당시 환율은 1달러 당 360엔이었다).

33) Brownmiller, p. 93.

34) 필리핀 여성을 이용한 이런 "장벽" 정책은 오키나와와 일본의 여성운동으로부터 비판받아 왔다. 그런데 아직까지도 남성들은 이에 귀를 기울이지 않고 있다. 미군기지 폐쇄와 미군철수를 공약에 포함시킨 오타 마사히데가 오키나와현의 새 현지사로 선출되었다. 그러나 이 공약과 관련해 그는 이 정강에는 매매춘이 과거(베트남전 시기)만큼 심각하지 않고 미군들도 "좀 더 낫게 처신하고" 있다고 언급했다. 이런 견해는 "장벽" 시스템이 잘 작동하고 있음을 말해준다. *New York Times*, 1991. 4. 22.자 참조.

35) "성병진료소(Social Hygiene Clinic)"로 불리는 이름의 뿌리는 1900년대 초까지 거슬러 올라간다. 미국에서 성병의 증가를 심각하게 여긴 외과의와 내과의가 사회위생(Social Hygiene) 운동을 조직했다. 그들은 남성이 여성의 성노동을 구입하는 것을 당연히 여기고 여성의 통제와 검진을 통해 질병을 조절하자고 주장했다. 1911년 록펠러 2세(John D. Rockefeller, Jr.)가 이 운동에 재정적 지원을 했다. 제1차 세계대전이 발발하자 미 정부는 1918년, 미군들을 성병에서 보호하기 위한 정책을 수립하고 집행하는 사회위생위원회(Social Hygiene Board)를 구성했다. 1900년대 초부터 사회위생운동에 참여했던 많은 사람이 이 일에 관여했다. 전쟁이 끝난 후, 1922년 이 위원회는 해체되었다. Brandt의 책, 4장 참조.

36) 올롱가포에서 에이즈 검사가 시작된 직후, 브렌다는 지역 기자와 함께 처음으로 에이즈 바이러스 양성반응을 나타낸 6명 중 1명과 인터뷰를 했다. 18살의 그녀와 이야기를 시작하자마자 우리는 그녀가 에이즈에 대해 아무것도 모른다는

사실을 알 수 있었다. 성병진료소가 추가 검사를 위해 그녀를 3개월마다 마닐라의 한 병원으로 보낼 것이라는 게 그녀가 아는 것의 전부였다. 몇 달 후 브렌다는 같은 기자와 함께 두 번째로 그녀를 방문했다. 이번에는 타갈로그어로 에이즈 정보를 담은 그림을 복사해서 가지고 갔다. 그것을 받아든 그녀는 곧바로 읽기 시작해서 다 읽을 때까지 고개를 들지 않았다. 다 읽고나서는 "제가 가져도 되나요?"라고 물었다. 그녀가 에이즈에 관한 정보를 얻은 것은 그 때가 처음이었다. 검사결과 양성반응이 나온 후에도 그녀는 계속 클럽에서 일을 했고 미군과 외박을 나갔다. 또한 그녀에게는 필리핀 남자 애인도 있었다.

37) 1989년 4월 3일자 《네이션 *The Nation*》 지에 실릴 기사를 준비하면서 산드라는 에이즈 바이러스 양성반응이 나온 3명의 여성과 인터뷰를 했다. 이들 모두 양성반응이 나온 후에도 계속 술집에서 일하며 외박을 나갔다. 그리고 3명 중 2명의 여성은 나란히 임신까지 했다. 인터뷰 당시 1명의 여성은 이미 출산을 했고 1살 남짓한 아들이 있었다. 그녀는 아들이 에이즈 음성이란 말을 들었다고 했다. 또 1명의 여성은 임신 9개월이었다. 인터뷰는 고참의사가 참석한 가운데 성병진료소에서 진행한 것이었다. 인터뷰 도중 한 여성은 개인적으로 알고 지내는 여러 명의 다른 여성도 에이즈 바이러스 양성 판정을 받았다고 산드라에게 말했다. 그들 중 적어도 한 사람은 막사이사이의 술집 중 하나인 롤링스톤즈에서 일하고 있다고 했다.

38) 미국은 한국의 성병진료소에 재정적 지원을 하지 않으며 검사소는 지자체에 의해 운영되는 것처럼 보인다. 브렌다가 동두천에서 성병진료소 관리자와의 인터뷰를 청했을 때, 그녀는 미군기지에 가서 허가를 받아야만 했다. 2명의 미군관리가 인터뷰에 동석해서 한국인 담당자와 나눈 질문과 대답을 꼼꼼하게 청취했다.

39) 외박증(night-off pass)은 외박비가 지불된 여성에게 주어지는 증명서다. 클럽에 고용되어 있지만, 여성이 업주 모르게 손님과 외박을 나가 돈을 차지하려다 발각되면 업주에게 벌금을 물거나 수감되기까지 한다. 그러나 린다 이야기에서 보듯이 많은 여성이 이런 모험을 한다(린다 이야기 참고).

40) 필리핀의 술집 업주들 중에는 은퇴한 미군들도 있다. 특히 바리오바레토와 수빅시에 많다. 필리핀 여성이 주인인 경우도 일부 있다.

41) 1983년 '어퍼리마'라는 클럽의 화재로 2명의 필리핀 여성이 사망했다. 방문에 자물쇠가 채워진 그들 방 창문엔 창살까지 쳐져 있었다. 1989년 산드라와 브렌다가 오키나와에 갔을 때, 어퍼리마에서 일하는 필리핀 여성들은 화재가 난 것도, 사망자가 있었다는 것도 전혀 모르고 있었다. 1984년 태국에서도 이와 유사한 사건이 있었는데, '푸켓아일랜드'라는 매춘업소에서 5명의 태국 여성이 함께 사망했다. 화재가 발생하자 문이 잠긴 방에 갇힌 5명이 목숨을 잃은 것이다. 《사우스 차이나 모닝 포스트 *South China Morning Post*》 1986년 11월 6일자 참조.

42) 매춘여성단체든, 일반여성단체든 국제적인 여성단체들은 매매춘의 합법화가 여성들에게 이익이 되지 않는다는 점에 대해 거의 만장일치로 동의한다. 이는 면죄부를 줄 수 있다는 점에서 싸울 필요가 있고 싸워야 하는 문제다. 매매춘의 합법화는 〔여성들의 삶이〕 경찰과 술집 및 매춘업소 업주의 손아귀에서 좌우되는 결과를 초래한다.

43) 이런 이유로 오키나와에서의 작업은 무척 어려웠다. 업주가 우리와 이야기를 나누지 못하게 해서 로위나와 길게 얘기하지 못했다. 얘기를 나누는 게 눈에 띄지 않도록 우리는 술집 밖에서 만나야만 했다. 처음 우리가 챔피언이라는 술집에 갔을 때, 브렌다가 타갈로그어로 말을 하자 그곳 여성들은 친근감을 보였다. 그러나 그들 역시 우리를 멀리하라는 경고를 받은 게 틀림없었다. 이후 다시 챔피언에 갔을 때 그들은 우리와 전혀 이야기하려 하지 않았고 분명하게 거리를 유지했다.

44) 1987년 세계여성의 날을 맞아 열린 가브리엘라의 행진에 브렌다와 동행했다는 이유로 리타와 사촌 테리는 해고위협을 받았다. 대신 벌금을 내는 걸로 끝났으나, 모든 여성이 클럽 안에서 브렌다와 이야기하는 것이 발각될 경우 해고해버리겠다는 말을 들어야 했다. 또 다른 사례로, 1988년 올롱가포와 마닐라의 술집여성 여럿이 인기 있는 TV 토크쇼에 나와 인터뷰에 응한 일이 있었다. 이들은 일자리를 잃거나 경찰에게 시달릴 것이 두려워 자신들의 정체가 드러나지 않게 그림자로 처리해 달라고 해야 했다.

45) 일본, 오키나와의 국민과 정부는 자국 내에 에이즈를 퍼뜨린 이들이 외국인, 특히 미군들이라고 점차 확신하고 있다. 미군은 이에 대해 흥분했다. 비난을 피하고자 미군당국이 찾아낸 방법은 오키나와 미군에게 지역병원에 헌혈하지 말라는 지시를 내리는 거였다. 동시에 병사 중 에이즈 바이러스 양성자는 아무도 없다는 태도를 견지했다. 참조: William Wetherall, "Japan Curses Gaijin and AIDS Still Spreads", *Far Eastern Economic Review*, 1987. 4. 9., 111~113.

46) 위의 같은 주간지, *Far Eastern Economic Review*, 1987. 4. 9.

47) Saundra Sturdevant, "The Millitary, Women and AIDS: Bar Girls of Subic Bay", *The Nation*, 1989. 4. 3.

48) 위의 같은 주간지, *The Nation*, 1989. 4. 3. 에이즈 바이러스는 이성간 성관계 시, 여성이 남성에게 옮기는 것보다 남성으로부터 여성에게 전파되는 것이 더 쉽다고 알려져 있다. 신체적 건강, 위생상태, 성관계 빈도와 유형, 파트너의 수가 바이러스 전파에 영향을 미치는 요소로 작용한다는 것 또한 사실이다. *The Lancet*, 1986. 3. 8.자 참조. 한편 Debi Brock, "Prostitute are Scapegoats in the AIDS panic", *Resources for Feminist Research* 19 (1989. 6)를 보면, 서부 아프리카 세네갈에서 성노동을 파는 여성들 사이에 퍼진 신종 바이러스 HIV_4의 근원이 백인이라는 논지를 전개하고 있다.

49) William Wetherall, "Japan Curses Gaijin and AIDS Still Spreads", *Far Eastern Economic Review*, 1987. 4. 9.

50) 하지만 귀환 후 어떤 조치가 취해지는지 불분명하다. 해당 군인들은 제대시켜 버리는가? 그렇다면, 어떤 상담과 의학적 처치를 하는가? 보훈병원은 치료를 제공하는가? 그리고 그 미군의 가족과 친구, 애인은 어떠한가? 그들과도 상담이 이루어지는가? 이런 모든 것들이 어떤 방식으로, 얼마동안 이루어지는가? 이러한 질문에 응답해야 한다. 특히 1991년 미국 남부의 시골지역에서 대규모 에이즈 감염실태가 새롭게 보고된 사실을 보면 말이다. 이 사실은 질병통제센터(CDC)의 1992년 7월 연구보고서에서 밝혀졌다. 미국 남부지역에서만 1991년 한 해 동안 15,761명의 에이즈 환자가 새로 발생했다(1990년 신규 발병 14,301명보다 10.2% 증가). 신규 발병건수가 두 번째로 높은 증가율을 보인 지역은 중서부지방으로 4,418명의 환자가 새로 발생해 8.6%의 증가율을 나타냈다. 참조: *New York Times*, 1992. 7. 3.

51) 최초로 기록된 에이즈 환자는 25살의 영국 선원으로, 1959년 이 병으로 사망했다. 《란셋 *The Lacet*》 1990년 7월 7일자에서 인용 보도한 《뉴욕타임스 *New York Times*》 1990년 7월 24일자 참조.

52) Saundra Sturdevant, "Talk with the Guys", 동두천(TDC), 1989년 8월(미발간 인터뷰).

53) 올롱가포 여성들에 의하면, 출입금지업소 공고가 나붙는 기지 정문의 게시판에 에이즈 바이러스 양성반응이 나온 여성들의 사진이 붙어 있었다고 한다. 이는 병사들이 해당 여성들을 피할 수 있도록 하기 위한 조처였다. 그 여성들은 접근금지 대상이었다.

54) 참조: 부록 1. 에이즈 탄원서 전문.

55) 메노나이트중앙위원회(Mennonite Central Committee), 주빌리(Jubilee)와 같은 미국 내 일부 단체들은 미 해군당국과 국방성에 미군이 필리핀에 에이즈를 전파시킨 문제를 지적한 편지를 보냈다. 또한 에이즈 바이러스 양성반응을 나타낸 여성들에 대해 미 해군이 일정한 재정적 책임을 지는 문제에 대해서도 언급했다. 해군성 소속의 의무대 루이스 시튼(Lewis H. Seaton) 중장은 답장을 통해 한 가지 문제에 대해서만 다음과 같이 밝혔다. "우리는 올롱가포와 앤젤레스 여성들의 공중보건에 관심을 갖고 있다. HTLV-III 항체에 양성반응을 나타낸 여성들에 대해 금전적 지원을 해야 할 의무는 없지만, 필리핀 보건부와 합동으로 성병진료소(SHC)를 후원하면서 의학적·기술적 자문을 제공하고 있다."

56) Brandt, 3장. 미군의 성병 유병률은 1897년부터 1910년 사이에 1,000명 당 84.59명에서 196.99명으로 두 배 이상 증가했다. 또 복무손실일수의 약 1/3이 성병으로 인한 것이었다.

57) Judith Walkowitz, *Prostitution and Victorian Society: Women, Class and the State* (Cambridge: Cambridge University Press, 1982), p. 49.

58) 위의 같은 책, p. 74.

59) 위의 같은 책.

60) 위의 같은 책, p. 49.

61) Maria Luisa T. Camagay, "Prostitution in Nineteenth Century Manila", *Philippine Studies* 36 (1988): 241~55.

62) 월코비츠(Walkowitz)는 이 법규의 실행과 이에 대한 저항, 다른 표적집단을 다루기 위한 법률의 확대에 대해 뛰어난 연구를 했다.

63) 군대 내 성병 유병률의 증가와 관련해서 19세기 이탈리아에서는 군인들에게 성노동을 파는 여성들을 매주 검진하는 체계를 마련했다. 일요일마다 신병들 역시 검진을 받았다. 이 검진에서 장교는 제외되었다. 참조: Mary Gibson, *Prostitution and the State in Italy, 1860-1915* (New Brunswick, N.J.: Rutgers University Press, 1986), p. 24.

64) 베트남 전쟁(1965~75년) 동안의 성병 유병률 증가추세를 살펴보면 임질이 3배로 상승했으며, 1975년에 이르자 매독이 임질과 수두 다음으로 가장 흔한 전염성질환이 돼버렸다. Brandt, 5장 참조. 1980년까지 성병 환자 중 표준 항생제치료에 내성을 나타낸 비율은 분명치 않지만, 당국은 이것이 상당한 문제가 되고 있음을 인정했다. 군에 있는 사람들만 상당 기간 동안 이를 알고 있었다. 1976년 한 해 약 2,200만 명의 미국 여성들이 임질 치료를 하지 않아 발생한 합병증인 골반염으로 입원했다는 사실만 놓고 보더라도, 여성에게 미친 영향은 엄청났다. 브랜트(Brandt)는 또한 임질은 여전히 세계에서 가장 유행하는 세균감염이며, 전 세계 감염자가 1억 명을 상회한다고 지적했다. 이런 현실은 질병의 직접 전파가 만연된 한편 전쟁 및 전쟁관련 산업에만 투자가 이루어졌으며 그 결과 교육과 치료를 위한 예산과 인력이 감소된 상황을 반영한다.

65) 동두천과 오키나와에는 이런 유형의 행상들이 없다. 서울과 나하에서 영자신문을 구할 수는 있지만, 기지촌 지역에서는 찾아볼 수 없다.

66) 16세기 스페인 세빌에서는 이런 노동이 여성의 대안적 일자리였을 뿐만 아니라 요식업과 숙박업자, 중고의류판매업자, 매춘업주를 비롯해 여러 상업주들을 먹여 살렸다. 참조: Mary Elizabeth Perry, "Lost Women in Early Modern Seville : The Politics of Prostitution", *Feminist Studies* 4 (1978): 195~214. 19세기에서 20세기 초까지 미국에서는 일본 이세이 남성들이 이세이 여성의 성노동을 팔아서 돈을 벌었으며 이를 토지매매와 같은 정당한 상업행위로 희석시켰다. 참조: Yuji Ichioka, "Ameyuki-san: Japanese Prostitutes in 19th Century America", *Amerasia Journal* 4 (1977): 1~23. 20세기 초기 몇 년간 필리핀에서는 필리핀을 침탈하고 점령한 미군들에게 성노동을 판 일본 여성들이 작은 가게와 하숙집, 호텔업자, 보석 세공사, 기모노 판매상, 미용사들을 먹여 살렸다. 모토 테라미와다(Motoe Terami-Wada)의 글 참조. 이런 예들은 얼마 되지도 않는 기존 연구에서 뽑아낸 것이지만, 우리 연구에서 분명히 드러나는 양상을 강조하고 있다. 이에 관한 조사는 더 필요하다. 이 책에 실린 브루스 커밍스의 글, 「조용한, 그러나 끔찍한: 한·미 관계 속의 성적 종속」은 이런 연구작업에 대한 학계의 저항 수준도 통찰하고 있다.

67) 우리는 현시대 아시아 매춘관광산업의 발전과 '휴식과 오락(R&R)' 모델과의 관계를 천착하여 명쾌하게 요인을 분석해낸 탄담 트롱(Thanh-Dam Truong)의 연구에 빚을 지고 있다. 그녀의 사례연구는 태국에서 이루어졌다. 기본적으로 트롱은 베트남전쟁이 끝나고 대규모 미군병력이 철수하자, 그 지역은 경제적 어려움에 직면하게 되었다고 주장한다. 지역경제는 미군의 여성 성노동 구입과 기지촌 지역에서의 소비지출로 발생하는 수입에 의존도가 굉장히 높았다. 국제기업들은 구조적으로 유사하게 노동유연성을 증대시키면서 남성노동력을 거의 독점적으로 활용하는 한편, 미군 방식의 유흥을 즐길 수 있는 기회를 제공한다. 결과적으로 이들이 매춘관광에서 여성 성노동의 일차 구매자가 되었다. 기업과 거기에 소속된 피고용인이 향유하는 이점은 하나의 조직으로서의 미국군대와 거기에서 일하는 일꾼으로서의 미군이 누리는 이점과 유사하다. 게다가 해당 국가와 그곳 지자체는 그와 관련된 세금과 수입원으로 재정을 충당한다.

68) 현재 일본인들의 섹스관광은 동남아시아 전역에 잘 알려져 있다. 일본기업들은 생산성 향상에 대한 보상 차원에서 관리자급 남성들을 대상으로 동남아시아 단체관광을 보내주고 있다. 그들은 해변 휴양지와 관광지를 다닌다. 그런 관광에는 일본에서 저녁식사 후 마시는 브랜디 한잔 값이면 여성을 살 수 있는 매춘이 포함된다. 마닐라와 팍상한에서는 남성 관광객이 필리핀 소년을 사는 일도 흔하다. 영화 〈지옥의 묵시록 *Apocalypse Now*〉이 촬영되기 이전부터, 팍상한은 아름다운 폭포로 유명했다. 그러나 지금은 어린 소년과 몇몇 어린 소녀들의 성노동을 살 수 있는 곳으로 더 유명해졌다. 1970년대 초, 이 도시와 주변의 산이 영화 촬영지로 이용되었을 때 영화제작팀의 많은 사람이 어린 소년의 성노동을 샀다고 한다. Emilio R. Aquino, *Tourism and Child Prostitution in Pagsanjan*, (Rural Organization and Assistance for Development, United Church of Christ in the Philippines, 1987), 28. 이 얘기는 영화에 출연했던 필리핀 여성과 브렌다가 대화를 나눠 본 결과 사실로 확인되었다. 에밀리오 아키노(Emilio R. Aquino) 역시 1980년대 후반 팍상한에는 성노동을 파는 폼폼스(Pompoms, 마닐라에서 휴가를 보내던 미군들이 매춘여성을 일컫기 위해 만든 말이나 지금은 어린 소년을 가리킨다)가 대략 3,000명가량 있었다고 기록했다. 평일에는 약 500~600명의 외국인이 팍상한을 방문한다. 주말이나 휴일에는 그 수가 2,000명에 달한다. 한 소년을 찾아낸 후(일반적으로 호텔에서는 여러 모습의 소년들을 풀에서 수영하도록 해서 최대한의 관찰기회를 제공한다), 남성 관광객은 그 소년의 학비를 보태주고 가족들에게도 돈을 준다. 대신 소년은 관광객이 머무는 동안 성적 서비스를 제공해야 한다.

69) 잘 알려진 사례 중 하나가 필리핀 여성 니나(Nena)다. 그녀는 네덜란드의 자기 호텔에서 일할 수 있도록 해주겠다는 네덜란드 사업가의 제안을 받고 지원을 했다. 그러나 그녀는 네덜란드에 있는 그의 한 농장가옥에 수용되어 감금당한 채, 강제로 성노동을 팔아야 했다. 니나와 그녀의 친구 몇 명은 '네덜란드 여성인신매매반대 재단(Foundation Against Trafficking in Women in the Netherlands)'의 도움으로 탈출할 수 있었다. 그녀의 고소에 따라 업주는 징역 2년6월형을 선고받았다. Mila Astorga-Garcia, "Trafficking in Women", *National Midweek*, 1989. 9. 6., 38.에서 인용. 참조: Chrizz Diaz Nagot, "Tricked into Prostitution", *New Directions for Women* 17 (1988년 11-12월호): 10~11. 또한 결혼을 위해 다른 나라로 이주했다가 파경에 이른 여성들도 간혹 그 나라에서 성노동을 팔기 시작한다.

70) 대만과 일본, 그리고 다른 나라도 마찬가지로 생각되는데 돈을 번 매춘여성들이 외국인 손님에게 더욱 매력적으로 보이기 위해 가슴을 크게 하는 실리콘 조형 삽입 수술을 받는다.

71) 1986년 3월, 바리오바레토(올롱가포 외곽)의 한 술집에서 여성들이 여성복싱경기 강요에 항의하며 파업을 했다. 업주는 미국인이었다. 그 해 종려주일날 새벽 5시경 파업을 주도했던 사람 중 한 명이 머리에 총을 맞고 사망했다. 살인청부업자가 체포되었다. 그는 이미 해외로 달아난 업주가 고용한 사람이었다. 파업은 계속되었고 결국 올롱가포 시의회는 술집에서의 여성복싱경기를 금지시켰다. 복싱경기의 세부내용에 관해서는 리타 이야기 참고.

72) 1989년 9월, 올롱가포의 매춘여성들은 외부 인사의 도움없이 자체적으로 첫 세미나를 열었다. 버클로드에서 일하던 펄리(Pearly)와 린다(Linda)가 전국적 상황에 대한 정보만 제공한 세미나에서 그들은 올롱가포 상황과 성노동 매매에 대해 토론했다. 본 회의가 진행되면서 여성들은 금세 파업을 해야 한다는 합의에 도달했다. 그러나 약 9,000명의 여성 중 겨우 20명만 참석했기 때문에, 우선은 좀더 사람들을 조직하는 것이 필요하다는 결론을 내렸다.

73) 참조: Eric Hobsbawm, *Industry and Empire* (London: Penguin, 1968).

74) Perry and Walkowitz의 글 참조. 이들의 저작은 생산과 분배 관계의 변화, 그리고 그것이 여성과 노동계급에 미친 영향에 대한 뛰어난 연구 성과를 보여준다. 중상주의 시대 스페인의 유사 과정을 기술한 페리의 글은 특히 흥미롭다.

75) Walden Bello and Stephanie Rosenfield, *Dragons in Distress: Asia's Miracle Economies in Crisis* (San Francisco: The Institute of Food and Development Policy, 1990), p. 77.

76) 위의 같은 책, p. 86.

77) 위의 같은 책, pp. 11~12.

78) 위의 같은 책, p. 24.

79) 위의 같은 책, p. 25.

80) 위의 같은 책.

81) Aida Fulleros Santos and Lynn F. Lee, *The Debt Crisis: Treadmill of Poverty for Filipino Women* (Manila: Kalayaan, 1989), 22.에서 인용. 산토스와 리는 자신들의 이 저작에서 절대빈곤을 이렇게 설명했다. "절대빈곤이란 가족에게 필요한 영양요구를 채울 수 없고, 번갈아 입을 두 벌의 옷을 살 수 없으며, 자녀들에게 초등 6년의 교육을 시킬 수 없고, 최소 의료비용을 감당할 수 없으며 연료비와 집세를 지불할 수 없는 소득 수준 이하를 뜻한다."

82) 이 책에 실린 아이다 산토스(Aida F. Santos)의 글「쌓인 먼지: 필리핀의 미군기지 문제」 참고.

83) Thomas O'Brien, M. M., *Crisis and Instability: The Philippines Enters the Nineties* (Davao City: Philippine International Forum, 1990), p. 30. 필리핀국제포럼(PIF)은 필리핀 국민과 연대한 필리핀 내 외국인 거주자들의 네트워크다.

84) 필리핀 사람들은 스페인-미국 전쟁에서 패한 스페인이 필리핀 통치권을 미국에 넘겨준 뒤에 벌어진 필리핀-미국 전쟁(1898~1906년) 당시에도 미군이 이런 전술을 사용했다고 지적한다. 미국 역사에서는 필리핀-미국 전쟁을 1902년까지로 기술하고, 이를 미국에 대한 "반란"으로 부르고 있다.

85) 더 나아가 아이다 산토스와 린 리는 사마르를 이렇게 묘사했다. "항상 농사만으로는 먹고살기 힘들었지만, 벌목의 영향으로 농경지가 파괴되고 곡물이 귀해지면서 가격이 오른데다가 다른 수입원이 되어줄 산업이나 일자리도 없기 때문에 더욱 살기 힘들어졌다. 정부가 모든 정부프로그램 예산을 빚으로 충당하면서 그나마 농업분야에 지출해야 할 자금을 산업화에 투자하는 바람에 시골지역에서는 심각한 빈곤이 제도화되었고, 특히 사마르의 내륙 오지 마을들이 가장 심각했다. 외화를

번답시고 그들 삶의 터전을 파괴해 아들과 딸들마저 멀리 쫓아버린 벌목꾼들의 '생산적' 활동을 사마르의 나이든 여성들은 손자들을 떠맡은 채 하염없이 바라볼 뿐이다."(pp. 44~45.)

86) Jennifer Lauby and Oded Stark, "Individual Migration as a Family Strategy: Young Women in the Philippines", *Population Studies* 42 (1988): 485.

87) Pheterson, p. 70.

88) 아프리카계 미국인의 62.1%, 유럽계 미국인의 37.6%가 재입대한다. 참조: *New York Times*, 1991. 8. 7.

89) 이 아에타족은 미 해군이 훈련을 위해 고용한 사람들이며, 훈련은 필리핀의 얼마 남지 않은 원시림 어느 곳에서 이루어지는데, 그곳은 아에타족 사람들이 예로부터 신성하게 여기는 땅이었다.

90) Saundra Sturdevant, "Talk with the Guy", 미발간 인터뷰.

91) 위의 같은 인터뷰.

92) 위의 같은 인터뷰.

93) 위의 같은 인터뷰.

94) R. Wayne Eisenhart, "You Can't Hack It, Little Girl: A discussion of the Covert Psychological Agenda of Modern Combat Training", *The Journal of Social Issues* 31 (1975): 13~24. 이 글은 군대에서의 사회화 과정을 매우 간결하고 집중적으로 그리고 있다.

95) 미 육군의 한 조사에 따르면 신병의 65%가 군이 대학교육을 보장해주거나 사회생활을 하는 데 있어 취직에 유용한 훈련을 받을 수 있을 거라는 믿음을 입대 이유로 꼽았다(*New York Times*, 1990. 11. 13. 참조). 애리조나주 푸마 출신의 한 해병대원의 말이다. "군대는 우리같이 가난한 소년들에게 남겨진 곳이죠……대학에 진학한 부잣집 아이들은 모두 그걸 알고 있어요." 그는 21살의 조지프 스미스(Joseph E. Smyth) 병장이었다(*New York Times*, 1991. 5. 31.에서 인용). 이런 현상은 아프리카계 미국인의 경우에 특히 두드러진다. 군복무 중인 아프리카계 미국인의 수는 전체 인구에서 그들이 차지하는 규모와 비례하지 않는다. 전체 인구에서 아프리카계 미국인은 약 12%를 차지하고, 18~24살의 인구집단에서는 14%를 구성하고 있으나, 200만 현역병 남성 중에는 21%가 아프리카계 미국인이다. 여성의 경우 22만3천 명의 현역병 중 31%가 이들이다(*New York Times*, 1991. 8. 7. 참조). 브루킹스 연구소의 군사전문가 마틴 빈클린(Martin Binklin)은 1990년을 기준으로 자격을 갖춘 모든 흑인 청년의 33~35%가 군대에 복무하고 있으며, 이는 같은 연령대의 백인 14%가 복무하고 있는 것과 비교된다고 평했다(*New York Times*, 1991. 1. 25.). 그들이 수적인 면에서만 불균형을 드러내는 것은 아니다. 군사령관들 또한, 아프리카계 미국 청년이 더 많이 입대하는 경향을 보이고, 남부나 남서부지역 출신이 대부분인 유럽계 미국인보다 그들이 동기유발이 더 쉬우며 더 적극적으로 교육에 임한다고 종종 보고한다. 이는 아마 거리를 방황하던 아프리카계 미국 청년 상당수가 살기 위해 군에 입대하기 때문인 것으로 보인다.

96) Shirley Litch Mercer, "Not a Pretty Picture: An Exploratory Study of Violence against Women in High School Dating Relationships", *Resources for Feminist Research* 17 (1988): 15~23. 참조.

97) 한국전 참전 이래 오랫동안 군대생활을 해온 고위급 장교와 산드라가 가진 토론에서 나온 얘기다. 그는 처음으로 그린베레의 개념을 개발하고 이를 실전에 적용시킨 고위 장교 중 한 사람이다.

98) "집쥐(house-mouse)"의 어원은 명확하지 않다. 그러나 "무스(moose)"의 경우는 다른 설명이 가능하다. 미군에 따르면 당시 병사들은 여성들이 무스(뿔사슴)처럼 추하게 생겨서 그렇게 부른 게 확실하다고 했다. 그러나 이 말의 어원은 일제식민지 시절 일본어에서 유래했을 수 있다. 일본말로 미혼여성/처녀를 '무스메(むすめ)'라고 한다.

아에타(Aeta) 네그리토스(Negritos)라고도 불리는데 필리핀에서 문화적으로 소수가 돼버린 부족이다. 수빅 해군기지가 들어선 땅은 옛날부터 아에타족이 신성시한 땅이었다. 인류학자들은 아에타족을 필리핀의 원주민으로 믿고 있다.

아테(ate) 문자적 의미로는 언니를 뜻한다. 전통문화 속에서 혈연관계는 없지만 자기보다 나이가 많은(부모보다는 적은) 여성을 부를 때 사용된다. 친언니에게 애정을 느끼는 것처럼 이 말에는 애정이 담겨 있다. 뿐만 아니라 (전통문화에서 언니가 지녔던 지위처럼) 권위를 인정한다는 뜻도 담고 있다. 그런데 술집 문화에서는 애정여부에 관계없이 여성 관리자(매니저, 지배인)들도 여성들이 아테라고 부른다.

바클라(bakla) 게이 또는 여성적인 남성을 일컫는다.

방카 보트(bangka boat) 필리핀에서 고기를 잡을 때 사용하는 작은 배를 말한다.

바랑가이 캡틴(baranguay captain) 바랑가이는 도시나 시골을 막론하고 지리적으로 구분할 때 가장 작은 행정단위다. 바랑가이마다 바랑가이 캡틴(마을 촌장)을 공식적으로 선출한다. [원래 바랑가이는 부족단위의 부락을 뜻했다.]

바카다(barkada) 보통 오랫동안 함께 시간을 보낸 친한 친구의 무리를 뜻한다. 바카다는 서로 도움을 주는 집단일 수 있으나, 개별 행동에는 제약이 따르기 때문에 부정적인 영향을 끼칠 수도 있다. [우리 문화로 볼 때, 긍정적 의미의 동아리와 부정적 의미의 패거리를 포괄한다고 볼 수 있다.]

카라바오(carabao) 물소를 말한다.

차인라스(chinelas) 때때로 그냥 슬리퍼라고 부르기도 하는 끈 달린 고무샌들이다.

달라가(dalaga) 처녀나 미혼여성을 뜻하는 타갈로그어다. 이는 여성의 성경험 유무와 관련될 수 있으나 반드시 그런 것은 아니다. "나이가 들고" 성관계를 했던 적이 있는 여성이라 할지라도 결혼만 하지 않았으면 여전히 달라가라고 부른다. 그런 경우 대개는 마탄당 달라가(*matandang dalaga*, 노처녀)라고 한다.

할로할로(halo-halo) 과일과 설탕, 얼음을 섞어서 만든 여름철 간식이다. 가끔 맨 위에 아이스크림을 얹기도 한다. 할로라는 말은 섞는다는 뜻이다. 여름철 길거리에서 파는 걸 볼 수 있다.

카노(kano) 여성들이 은어처럼 쓰는 말로 미국인 손님을 뜻한다.

쿠야(kuya) 문자적 의미로는 오빠를 뜻한다. 아테(*ate*)와 마찬가지로 전통문화 속에서 혈연관계는 없지만 자기보다 나이 많은(부모보다는 적은) 남성을 부를 때 사용된다. 친오빠에게 느끼는 애정처럼 이 말에는 애정이 담겨 있다. 역시 오빠의 권위를 인정한다는 뜻도 담고 있다. 술집 문화에서는 애정에 관계없이 남자 관리자(매니저, 지배인)도 여성들이 쿠야(*kuya*)라고 부른다.

막사이사이(Magsaysay) 올롱가포의 한 거리 이름이다. 기지 정문에서 다리 하나만 건너면 바로 시작되는 이 거리에는 술집·마사지업소·식당·환전소·기념품 가게가 줄지어 있다. [인물 이름에서 따온 거리명이다.]

마마상(mamasan) 의미의 차이가 약간씩 있지만 3개국에서 모두 사용되는 술집지역의 용어로, 필리핀과 오키나와에서는 필리핀 여성들이 여자 업주를 칭할 때 쓴다. 한국에서는 여성 포주나 청소, 세탁을 해주는 여성을 뜻한다.

NDF 민족민주전선(National Democratic Front). NDF는 1973년에 결성된 필리핀의 지하혁명단체다. 필리핀 공산당(CPP, Communist Party of the Philippines), 필리핀 공산당의 신인민군(NPA, New People's Army), 민족해방기독교도연맹(CNL, Christians for National Liberaton) 및 여러

부문별 조직들이 연합해서 만들었다. NDF는 “전면적인 토지개혁, 주요 산업의 국유화, 민족경제 회생을 위한 외국 자본 특권 폐지, 미국과 맺은 군사기지협정 및 기타 불평등 조약 폐기, 중립적 대외정책 추구, 모든 시민권과 인권의 보장”을 부르짖고 있다. (“A Letter of Concern from U.S. Missioners in the Philippines to the Christian Churches of the United States”, Philippines International Forum(PIF), July 1986.에서 인용)

니그로(Negro) 아프리카계 미국인을 뜻하는 이 말은 보통 술집지역의 필리핀 여성들이 사용한다. 타갈로그어화한 영어다. 이런 말을 타글리시(Taglish)라고 한다. 〔백인들이 흑인을 비하하는 투로 많이 썼기 때문에 흑인들은 이 말을 싫어한다.〕

NPA 신인민군(New People’s Army). 필리핀 공산당(CPP)의 혁명 무장세력이다.

OPM 헌병대(Office of the Provost Martial). OPM과 해군 헌병(SP) 모두 올롱가포의 미 헌병(조직)이다. OPM은 기지 정문 바로 안쪽에 상설 사무실을 두고 있다. 이들은 미군과 필리핀 사람 사이에서 발생한 문제를 조정하고, 통제가 되지 않는 경우 미군을 기지로 돌려보낸다.

파파상(papasan) 술집지역에서 남자 술집 업주나 포주, 관리자(매니저, 지배인)를 칭하는 말로 3개국 모두 사용한다.

SP 해군 헌병(Shore Patrol). 헌병대(OPM)와 함께 일하면서 같은 직무를 수행한다. 그러나 이들은 수빅에 정박해 있는 함선에서 파견된다.

스테이인(stay-in) 필리핀에서 여성이 술집의 위층이나 뒤에 있는 방에서 기거할 때 입주(stay-in)라고 한다. 일반적으로 2.7m×3.6m 정도의 작은 방 하나에 2~3명이 함께 지낸다. 어떤 클럽은 방이 다소 크긴 하지만, 그러면 더 많은 여성이 함께 산다. 방을 빌리는 조건은 아주 다양하다.

투바(tuba) 필리핀 시골지역에서 흔히 마시는 알코올음료다.

울람(ulam) 밥과 함께 먹는 반찬거리를 말한다.

야쿠자(Yakuza) 일본의 마피아라 할 수 있는 암흑가 세력이다. 1983년의 일본 경찰청 조사에 따르면 98,771명의 야쿠자가 2,330개 파로 나뉘어 활동 중이다. 야쿠자라는 말은 블랙잭과 유사한 카드[화투] 게임에서 유래했는데, 블랙잭과 달리 19를 좋은 점수로 친다[9끗]. 일본말로 8-9-3을 뜻하는 야-쿠-자는 그 수를 합치면 끗수가 0인 20이 된다. 그래서 쓸모없는 인간들을 칭한 데서 비롯됐다. 클라이드 하버먼(Clyde Haberman)의 글 "TV Funeral for Japan's Slain Godfather"(*New York Times*, 1985년 2월 1일자)를 참조하라. 그러나 야쿠자는 쓸모가 없는 것과 거리가 멀다. 적어도 19세기 후반부터 존재해왔으며 제2차 세계대전을 겪은 이후에도 온전히 살아있는 몇 안 되는 조직 중 하나라는 게 드러났다. 일본의 정치구조와 정치자금 면에서 이들의 역할은 - 매춘, 마약, 유흥업, 노동계 폭력개입에서 중심을 차지하고 있는 것을 포함해서 - 알렉 듀브로(Alec Dubro)와 데이비드 캐플런(David Kaplan)이 쓴 『야쿠자 *Yakuza*』(San Francisco: Centre for Investigative Reporting, 1986)에 자세히 기술되어 있다. 일본 당국은 이 책의 일본 내 판매를 금지시켰는데 그 이유는 무엇보다 저자들이 야쿠자와 여당인 자민당과의 밀착관계를 철저하게 기록했기 때문이다. 자민당은 전후 계속 정권을 잡은 정당이다.

Aquino, Emilio R. (1987), *Tourism and Child Prostitution in Pagsanjan*, Manila: Rural Organization and Assistance for Development, United Church of Christ in the Philippines, p. 28.

Ballhatchet, Kenneth (1980), *Race, Sex and Class Under the Raj.*, London: Weidenfeld and Nicolson.

Barry, Bunch and Castley (1984), *International Feminism: Networking against Female Sexual Slavery*, New York: International Women's Tribune Center.

Barry, Kathleen (1979), *Female Sexual Slavery*, Englewood Cliffs, N.J.: Prentice-Hall, p. 271.

Bell, Laurie (1987), *Good Girls, Bad Girls: Feminists and Sex Trade Workers Face to Face*, Toronto: Seal Press, p. 84.

Bello, Walden and Rosenfield, Stephanie (1990), *Dragons in Distress: Asia's Miracle Economies in Crisis*, San Francisco: The Institute of Food and Development Policy, p. 77.

Beresford, Melanie (1988), *Vietnam: Politics, Economy and Society*, London and New York: Printer, pp. 182~83.

Bergman, Arlene Eisen (1974), *Women of Vietnam*, San Francisco: People's Press.

Bernheimer, Charles (1989), *Figures of Ill-Repute: Representing Prostitution in Nineteenth-Century France*, Cambridge: Cambridge University Press.

Brandt, Allen M. (1985), *No Magic Bullet: A Social History of Venereal Disease in the United States Since 1880*, Oxford: Oxford University Press.

Brock, Debi (1989), "Prostitute are Scapegoats in the AIDS panic", *Resources for Feminist Research 19*(Jun): 13~17.

Brownmiller, Susan (1975), *Against Our Will: Men, Women and Rape*, New York: Simon and Schuster, pp. 391~392.

Camagay, Maria Luisa T. (1988), "Prostitution in Nineteenth Century Manila", *Philippine Studies 36*: 241~255.

Cronin, Richard (1990), *Japan's Expending Role and Influence in the Asia-Pacific Region*, Washington D.C.: Congressional Research Service.

Dijkstra, Bram (1986), *Idols of Perversity: Fantasies of Feminine Evil in Fin-de-Siècle Culture*,

New York: Oxford.

Eisenhart, R. Wayne (1975), "You Can't Hack It, Little Girl: A discussion of the Covert Psychological Agenda of Modern Combat Training", *The Journal of Social Issues 31*: 13~24.

Emerson, Gloria (1976), *Winners and Losers: Battles, Retreats, Gains, Losses and Ruins from the Vietnam War*, New York: Harcourt Brace Jovanovich, p. 357.

Enloe, Cynthia (1989), *Bananas, Beaches and Bases: Making Feminist Sense of International Politics*, Berkeley: University of California Press.

Friedman, George and Lebard, Meredith (1991), *The Coming War with Japan*, New York: St. Martin's Press.

Gerson. Joseph and Birchard, Bruce, eds. (1991), *The Sun Never Sets*, Boston: South End Press.

Gibson, Mary (1986), *Prostitution and the State in Italy, 1860-1915*, New Brunswick, N.J.: Rutgers University Press, p. 24.

Hearn, Jeff and Morgan, David, eds. (1990), *Men, Masculinities and Social Theory*, New York: Unwin Hyman Ltd.

Hobsbawm, Eric (1968), *Industry and Empire*, London: Penguin.

Ichioka, Yuji (1977) "Ameyuki-san: Japanese Prostitutes in 19th Century America", *Amerasia Journal 4*: 1~23.

Lauby, Jennifer and Stark, Oded (1988), "Individual Migration as a Family Strategy: Young Women in the Philippines", *Population Studies 42*: 473~486.

Mark, Mary Ellen (1981), *Falkland Road: Prostitutes of Bombay*, London: Thames and Hudson.

Matsuura, K. (1989), "Administering Foreign Aid: The View from the Top", *Economic Eye*: 12~13.

Mercer, Shirley Litch (1988), "Not a Pretty Picture: An Exploratory Study of Violence against Women in High School Dating Relationships", *Resources for Feminist Research 17*: 15~23.

Motoe, Terami-Wada (1986), "Karayuki-san of Manila: 1890-1920", *Philippine Studies 34*: 287~316.

Nagot, Chrizz Diaz (1988), "Tricked into Prostitution", *New Directions for Women 17* (Nov.-Dec.): 10~11.

O'Brien, Thomas M. M. (1990), *Crisis and Instability: The Philippines Enters the Nineties*, Davao City: Philippine International Forum, p. 30.

Olenburg, Veena Talwar (1990), "Lifestyle as Resistance: The Case of the Courtesans of Lucknow, India", *Feminist Studies 16*: 259~287.

Perry, Mary Elizabeth (1978), "Lost Women in Early Modern Seville: The Politics of Prostitution", *Feminist Studies 4*: 195~214.

Pheterson, Gail (1989), *A Vindication of the Rights of Whores: The International Movement for Prostitutes'Right*, Toronto: Seal Press, p. 94.

Pollock, Griselda (1988), *Vision and Difference: Femininity, Feminism and Histories of Art*, London: Routledge.

Santos, Aida Fulleros and Lee, Lynn F. (1989), *The Debt Crisis: Treadmill of Poverty for Filipino Women*, Manila: Kalayaan.

Scott, Anne Farrer (1991), "Women and War", *Hungry Mind Review*: 23.

Truong, Thanh-Dam (1990), *Sex, Money and Morality*, London: Zed Books.

Vogel, Steven (1989), *Japanese High Technology, Politics, and Power*, Berkely: Berkely Roundtable on the International Economy.

Walkowitz, Judith (1982), *Prostitution and Victorian Society: Women, Class and the State*, Cambridge: Cambridge University Press, p. 49.

Worsley, Peter and Hadjor, Kofi Buenor, eds. (1987), *On the Brink: Nuclear Proliferation and the Third World*, London: Third World Communications.

1986년 7월, 버클로드센터의 개소식에 앞서 센터를 만들기로 결정하는 데 참여한 클럽여성들과 이틀간에 걸쳐 세미나를 열었다. 그리고 1986년 9월에는 제1차 건강세미나가 열렸다. 그 무렵 올롱가포에서 에이즈 검사가 시작되었기 때문에 에이즈가 심각한 토론주제가 되었다. 건강세미나를 마친 몇 주 후, 10명의 클럽여성들이 브렌다의 집에 모여 아래와 같은 탄원서를 작성했다. 모임은 브렌다가 주도했지만 탄원서는 여성들이 직접 썼다. 그리고 이를 복사해서 기지촌의 다른 여성들에게 나누어주었다. 총 600명의 서명이 모아졌다.

에이즈 탄원서

우리는 올롱가포에서 접대부와 웨이트리스로 일하는 여성들이다. 우리는 에이즈가 미국인들로부터 유래했다는 데 동의한다.

따라서 우리는 다음과 같이 요구한다.

1. 미군은 올롱가포와 앤젤레스의 에이즈 희생자에게 다음과 같은 지원을 해야 한다.
   a. 그들에게 의존하고 있는 사람들을 에이즈 여성 희생자들이 부양하는 데 충분한 소득 지원
   b. 이 여성들의 건강유지에 필요한 약품 지원과 정기적인 검진 실시
   c. 에이즈라는 질병에 돈 한 푼도 쓸 수 없었던 필리핀 정부와 국민들에 대한 지원
2. 에이즈의 확산을 줄이기 위해 미군은 기지에서 외출하기 전 반드시 검사를 받아야 한다. 그들 역시 에이즈에 걸리지 않았다는 것을 확인시켜줄 증거나 확인증을 소지해야 한다.

우리는 이 곳 올롱가포와 앤젤레스의 술집에서 일하는 모든 사람 및 미국인들의 안녕을 위하여 서명과 함께 위와 같이 탄원한다.

다음은 버클로드(Buklod)의 임원이자 전직 클럽 웨이트리스였던 알마 불라완(Alma Bulawan)이 쓴 성명서다. 기지에 대한 대안책을 모색하던 정부에 제출했다. 알마는 이 성명서를 작성하기 전, 버클로드에서 여성들과 얘기를 나누는 한편 기지촌의 친구, 이웃들과도 이야기를 나누면서 소규모 조사 작업을 수행했다.

미군기지의 대안은 무엇인가?

알마 불라완과 '버클로드'의 여성들

현재 우리나라에서는 미군기지의 존속 여부에 대한 진지한 의문이 제기되고 있다. 그리고 이 문제를 토의하기 위해 많은 전문가회의가 열리고 있다. 대번에 기지 내에서 일하는 많은 필리핀 남성의 실직을 일차적인 문제이자 장애물로 여길 것이다.

정부와 이 나라의 크고 막강한 분야에서 이 문제를 심각하게 고민하고 있다. 나는 기지가 폐쇄될 경우 대책이 필요한 또 다른 부문이 있음을 모든 사람이 알아주길 바란다. 또 다른 부문이란 접객업에 종사하고 있는 9,000명의 여성들을 말한다.[1] 나는 이 성명서를 통해 여성들의 중대한 요구에 대해 결정을 내릴 책임이 있다는 사실을 모든 사람과 당국에 알리고자 한다. 잠시 귀를 기울여 이런 일에 종사하는 여성들이 무엇을 전달하고자 하는지 생각해보길 바란다.

현재로서는 미군기지에 대한 대안 중 하나가 올롱가포시에 자유무역항을 만드는 것이라고 한다. 그러나 우리가 가진 의문과 지식에 기초해볼 때, 우리는 그것을 해답이 될 수 없다고 믿는다. 오히려 상황을 더욱 악화시킬 뿐이다. 여러 종류의 많은 배들이 입항하면 다종다양한 손님들이 들어오게 된다는 건 자명한 이치다. 그러면 보다 많은 여성이 접객업에 종사하는 상황이 초래될 것이다. 이는 입국 외국인을 제대로 관리하지도 배려하지도 못하는 결과를

야기할 것이다.

또 다른 대안으로 고려되고 있는 것이 복합산업단지다. 이는 여성들이 공장에서 일할 수 있게 된다는 것을 의미한다. 이는 법규와 조건이 확실히 보장된다면 현 상황에선 적절한 해답이 될 수 있다. 예를 들자면, 적정급여, 근로 외에 여성이 다양한 역할과 책임을 다할 수 있게 여가시간, 여성들의 처지에 합당한 사회보장보험, 자녀와 가족부양에 필요한 지원, 학력과 경력에 따라 평가되지 않는 처우 등의 보장이 담보돼야 할 것이다. 그러나 이것이 실현되지 않는다면 공장에서 일한다는 것도 분노와 좌절만 가져올 뿐 아무것도 달라질 것이 없다. 또한 수입이 충분치 않다면 여성들은 이전에 해왔던 일로 돌아가기 쉽다.

우리의 문제제기는 만약 정부가 대책을 제시하고자 한다면, 다수의 여성이 작은 사업이라도 시작할 수 있는 얼마간의 자금지원을 원한다는 점을 알고 시행해 달라는 것이다. 이는 아마 가능성 있는 여러 해결책 중 하나겠지만 세밀하게 검토될 필요가 있다. 그럴 경우 먼저 고려돼야 할 추가사항이 있다. 제한적이나마 우리의 경험으로 볼 때, 아무리 적은 돈이라도 그것을 갚지 못하는 여성들이 다수 생길 수 있다는 점이다. 여기에는 최소한 세 가지 이유가 있다. 우선 사업 경험이 없다는 점, 둘째로 상거래시스템에 대한 지식의 부족을 들 수 있으며, 셋째는 안 그럴 수도 있겠으나, 어느 정도 책임감의 부족 때문에 그런 상황이 올 수도 있을 것이다. 사업자금을 대출해주더라도 적절한 교육과 경험 기회 또한 필요하다. 교육과 경험 제공은 여성이 하려는 일의 발전에 필요한 모든 것에 부응해야 한다. 그러한 교육과 경험은 다음과 같다.

1. 의식을 고양시킨다. 그럼으로써 생계유지를 위한 선택권을 스스로 박탈하고, 성이란 고귀한 자원인데도 불구하고 단순히 먹고살기 위해서는 성노동이라도 싸게 팔아야겠다고 억지로 생각하는 것은 옳지 않다는 점을 여성들에게 이해시킨다.
2. 여성의 권리와 책임에 대해 교육한다.
3. 생식生殖과 관련된 건강 및 기타 건강관리의 이해도를 높이는 데 초점을 맞춘 건강교육을 한다.
4. 국민의식과 자신감의 중요성을 일깨운다.
5. 사업에 필요한 교육과 훈련을 한다. 즉 신중하고 원칙적이며 분명한 자세를 갖추도록

한다. 미래를 위한 저축을 권장하고 일과 인간관계의 중요성을 인식하게 한다.

실천 방법론 또한 교육과 경험만큼 중요하다. 방법론은 여성의 의식 향상에 부합해야 한다.

마지막으로, 어쩔 수 없이 접객업에 종사해왔던 여성들에 대한 사회적 경시풍조의 근절이 무엇보다도 중요할 것이다. 우리 모두는 그들도 필리핀이라는 나라의 귀중한 구성원이라는 데 한 치의 의심이나 예외도 없이 그들을 수용하기 위해 노력을 기울여야만 한다.

이 모든 것이 이루어질 때, 우리는 올롱가포의 우리 여성들을 위한 진정한 대안이 마련되었다고 말할 수 있을 것이다.

'버클로드'의 여성

올롱가포시

---

1) 여기서 언급된 9,000명이라는 숫자는 올롱가포의 등록여성 수다. 올롱가포의 등록된 여성과 미등록 여성을 모두 합한 추정치는 약 16,000명이다.

사진을 촬영하는 데는 니콘(Nikon) 카메라 F3 2대와 FM2 1대, 즉 3대가 사용되었다. 카메라 장착 렌즈는 니코르(Nikkor)의 초점거리 28mm 렌즈밝기 f 1.2 렌즈, 55mm 마이크로 렌즈 f 2.8, 85mm f 1.4와 135mm f 1.2 렌즈를 사용했다. 그 외 와이드앵글로 찍을 필요가 있는 경우에 한해 와이드럭스(Widelux) 카메라를 이용했다. 거리 야경과 술집이나 공장, 주택에서 실내촬영 시엔 Metz 60CT2 조명 시스템도 사용했다.

필름은 거의 전적으로 코닥(Kodak) Tri-X 감광도 ASA 400 필름을 썼으며, ASA 3200 필름을 다중(노출)촬영에 사용했다.

성매매가 일상화되다시피 한 지금의 한국사회에서 가난과 학대, 폭력에 시달리다 기지촌에 이른 고전적 매매춘 여성들에 관한 이야기는 한 편의 신파극보다 더 뻔한 넋두리가 될지도 모르겠다. 시골의 가난한 농가에서 태어나 오로지 가족의 생계를 위해, 혹은 원치 않은 성관계나 강간에 의해 자기혐오에 빠진 비련의 여인을 쉽게 떠올리며 잠깐 연민의 감정을 품는 것으로 충분하다고 여길 수도 있을 것이다. 반대로 매춘여성들의 '자발성'을 거론하며 연민조차 거부할 수도 있다. 어쨌든 사람들은 그들을 우리와 동떨어진 어떤 존재로 보고 있다.

초등학교 5, 6학년 때쯤으로 기억된다. 초겨울 무렵 부산의 '하야리아 부대' 근처에서 미장원을 하시던 먼 친척뻘 되는 아주머니 댁을 찾아가는 길이었다. 머리가 하얀 할머니가 가냘픈 초겨울 햇살 아래 까만 피부에 곱슬머리를 한 어린 남매를 돌보던 모습은 나에게 정확히 뭐라고 꼬집어 말하기 힘든 혼란을 던져주었다. 당시 나는 그것에 대해 누구에게도 감히 물어보지 못했다. 어린 마음에도 벌써 어른들의 묵계가 느껴졌던 탓일까? 지금도 생생한 그 짧은 순간 속에 얼마나 많은 것이 얽혀 있는지 알게 된 것은 성인이 되고 나서도 한참 후였다.

그 동안 이 땅에는 얼마나 많은 기지촌 여성이 있었을까? 그리고 지금은 또 누가 그곳에 있을까? 기지촌이 생겨난 지 50년이 넘었지만 그곳의 현실이 알려진 것은 비교적 최근이다. 의정부·동두천·평택·파주·부산·대구·원주·군산·마산·광주·춘천 등 전국 곳곳에 산재해 있는 미군기지와 기지촌은 우리의 일상과 멀지 않은 곳에 있으면서도 늘 침묵 속에 파묻혀 있었다. 간혹 끔찍한 살인사건으로 세간의 이목을 집중시키기도 했지만, 여성들의 처지는 그 때나 지금이나 그리 달라지지 않았다. 더구나 지금은 필리핀 여성이나 러시아 여성들이 대거 유입되면서 매매춘의 형태가 갈수록 다양해지고 있는 형편이다. 하지만 그들의 목소리는 들리지 않는다. 한반도에서 미군기지와 관련된 문제는 여전히 뜨거운 감자다.

1993년에 출간된 이 책 『*Let the Good Times Roll: Prostitution and the U.S. Military in Asia*』를 통해 듣게 되는 필리핀, 한국, 오키나와 여성들의 삶은 놀랍도록 닮았다. 그들은

인격적 교류를 배제한 성관계를 통해 돈을 벌고 그로 인해 하나의 자위도구 정도로 취급되어 왔기에 '인권'을 따지는 것조차 인정되지 않는 존재라는 공통점을 가지고 있다. 그리고 이들을 이어주는 결정적인 연결고리는 바로 미군기지다.

저마다 가슴 한 곳에 어두운 사연들을 품고 기지촌으로 유입된 여성들은 숱한 오해를 받는다. 하지만 이들은 인신매매의 올가미에 걸려, 가진 것 없고 배운 것 없는 자신에 대한 사회적 차별과 냉대 때문에, 남성의 폭력 앞에 자포자기의 심정으로, 혹은 실상도 모른 채 돈을 벌 수 있다는 유혹 하나에 무너져 기지촌이라는 깊은 수렁에 빠져버렸다. 한편 기지촌에서 매매춘이 일어나기 위해서는 우선 강대국과 약소국, 제국주의, 전쟁, 군대, 주둔국 정부의 암묵적인 지원, 일상적 차별과 폭력에 노출된 여성이 있어야 한다. 기지촌 매매춘에 종사하는 여성은 이런 복잡한 함수관계 속에서 도출된 하나의 결과물이다.

매매춘에는 너무 많은 것이 얽혀 있어서 어떻게 말해도 그럴 법하지만 어떤 설명으로도 충분치 않다. 그러나 중요한 것은 기지촌 여성들을 낯선 존재로만 여기는 우리들 역시 '그들'이 그렇게 살도록 일조하고 있다는 점이다. 무관심과 소외, 오해와 편견은 그들도 우리와 다르지 않은 보편적 인간이라는 점을 잊게 만든다. 사실 결혼과 매매춘의 경계가 불분명하듯 우리와 그들의 경계 역시 불분명하다. 단지, 운 좋게 내가 그들이 되지 않았거나 우연히 그들이 거기에 있게 되었을 뿐이다. 필연 속의 우연, 아니면 우연 속의 필연.

여성들의 목소리를 온전히 담아내기 위한 저자들의 노력은 섬세하고 열정적이다. 생생한 현실로부터 배우며 연구의 객관성을 방패삼아 실천을 꺼리지 않았다. 부유한 국가의 백인 여성이라는 태생적 한계가 어떤 의미에서 우월주의적인 시각을 떨쳐버리지 못하도록 했다는 지적을 할 수도 있겠지만, 어느 누구도 자신의 존재 기반으로부터 자유로울 수 없다는 점을 감안한다면 이 책이 나오기까지 저자들이 기울인 노력은 결코 폄하될 수 없는 것이라 여겨진다.

생각보다 번역이 끝나기까지 많은 시간이 걸렸다. 가장 고민스러웠던 부분은 글이 아닌 이야기를 글을 통해 전달해야 한다는 점이었다. '육성'이 살아있도록, 적어도 여성들의 이야기가 훼손되지 않도록 해야겠다는 마음만은 굴뚝같았지만 쉬운 일이 아니었다. 꼼꼼한 편집자의 노력이 더해지지 않았더라면 혼자서 끙끙 앓기만 할 뿐 여전히 마무리하지 못했을 것이다.

모자란 능력으로 여러 사람 괴롭히며 여기까지 왔다. 감사의 말을 전하자면 한이 없지만, 제한된 머리로 읊어보아야 빠뜨린 것에 대해 서운타 할 사람이 더 많을 것 같아 앞으로 더 열심히 살겠다는 말로 마음을 대신하고자 한다.

2003년 11월

김윤아